21世纪全国高职高专市场营销类规划教材

市场营销学

主　编　许开录　郑继军
主　审　张　永
副主编　郑燕燕　孙志洁
　　　　赵欣然　吴书博
参　编　徐西莹　陈乐群　李冬芹
　　　　周雪瑛　赵　鹏　芦丽琼
　　　　李　正

内 容 简 介

本书是在对现代市场营销理论进行深入研究和对众多企业的营销实践进行经验总结的基础上编纂而成的。全书共 16 个模块，包括现代市场营销理论与实务两大部分。理论部分主要介绍市场营销的基础知识、基本理论，包括市场营销入门、现代市场营销理念的构建与企业的营销环境分析、市场细分与目标市场的选择、企业的市场定位与竞争战略、经济全球化背景下现代市场营销理论的创新与发展。实务部分以营销情景为载体，以经典营销案例为支点，以工作任务分析为基础，以学生职业行为能力的培养为目标，详细介绍了企业的市场营销调研、产品策略、价格策略、分销渠道策略、促销策略的制定与应用，在此基础上，简要介绍了营销控制、客户管理、服务营销与国际市场营销的一些实用知识与技能技巧。

本书以项目教学的体例格式进行课程内容的编排，结构严谨，脉络清晰，实用性、针对性、可操作性强，符合高职高专学生的特点与"知识+素质+能力"的目标要求，是高职经管类专业培养职业型、应用型、技能型营销人才的主干课程教材，也可作为企业营销人员和管理人员的学习培训教材。

图书在版编目(CIP)数据

市场营销学/许开录，郑继军主编. —北京：北京大学出版社，2009.7
（21 世纪全国高职高专市场营销类规划教材）
ISBN 978-7-301-15257-7
Ⅰ. 市… Ⅱ. ①许… ②郑… Ⅲ. 市场营销学－高等学校：技术学校－教材 Ⅳ. F713.50
中国版本图书馆 CIP 数据核字（2009）第 091148 号

书　　　名：	市场营销学
著作责任者：	许开录　郑继军　主编
责任编辑：	吴坤娟
标准书号：	ISBN 978-7-301-15257-7/F·2198
出　版　者：	北京大学出版社
地　　　址：	北京市海淀区成府路 205 号　100871
网　　　址：	http://www.pup.cn
电　　　话：	邮购部 62752015　发行部 62750672　编辑部 62756923　出版部 62754962
电子邮箱：	xxjs@pup.pku.edu.cn
印　　　刷　者：	三河市博文印刷有限公司
发　行　者：	北京大学出版社
经　销　者：	新华书店
	787 毫米×1092 毫米　16 开本　29 印张　568 千字
	2009 年 7 月第 1 版　　2018 年 7 月第 5 次印刷
定　　　价：	42.00 元

未经许可，不得以任何方式复制或抄袭本书之部分或全部内容。
版权所有，侵权必究
举报电话：010-62752024；电子邮箱：fd@pup.pku.edu.cn

前　言

作为为我国社会主义现代化建设培养应用型、技能型人才的高职教育是我国国民教育体系的重要组成部分。近年来，高职教育发展迅速，数量规模不断扩张，已达到与普通高等教育等量齐观的地步。但高职教育人才培养质量与社会需求之间的系统性偏差与结构性矛盾却日益突出。为适应我国高职教育课程改革与内涵发展对实用教材的需要，北京大学出版社在对现有高职高专教材和高职学生情况进行广泛调研的基础上，于2008年7月组织全国几十所高职高专院校的领导与骨干教师，在苏州召开了"21世纪全国高职高专系列规划教材建设研讨会"。在会上由来自全国十六所高职高专院校长期担任《市场营销学》教学的教师和部分企业界的营销实践专家一起，深入讨论了高职高专《市场营销学》教程的课程模式与编写思路，要求从实用教材建设与课程模式的创新上，对我国高职教育的培养目标、人才质量与社会发展需要不相适应的现状作历史性的反思与变革的尝试。因此，本教材具有以下特点。

一是在教材内容上，突出实用、有用与够用。着眼学生现代营销理念的建构与实际营销能力的培养，注重营销情景、营销活动与营销案例的研究分析，删除或削减了一些宏观的、战略的、理论性过强的、一线营销人员用不上的内容，相应增加了企业营销活动开展过程中可能遇到的实际营销问题的解决、营销人员的工作任务分析与学生营销技能强化的实训项目。理论减少，实务增加，改变了目前大多数高职营销教材仍是本科教材"压缩版"的状况。

二是在体系结构上，采用了项目教学的体例格式。按照企业营销活动的基本流程设计教材的体系结构，序化、简化、例化、实化教材内容，将营销知识的传授与营销能力的培养置于现实营销情景与营销案例之中，每个项目都有明确的知识、能力、素质目标、有针对性的教学方法、关键的技能（知识）点和与项目内容相匹配的营销情景和引导案例，在介绍相关知识之前，先让学生接触营销实践，面对现实营销问题，以职业营销人的身份，独立思考解决所碰到的营销障碍，然后再去探究学习所需要的营销知识与技能，以引导学生在工作中学习，在学习中工作，达到主动学习、自主建构、模拟实践、强化技能的目的。

三是在教学组织上，强调以学生为中心。优化教学设计，创新教学方法，注重教学互动，把教材从教师"教"的范本，转变为教师组织引导学生"学"的系统方案。使教学过程的组织设计彻底打破传统教育模式下，教师唱独角戏，学生被动机械接受，提不起学习兴趣，课堂与实践相脱节的桎梏。通过灵活多样的教学方式，促进教师与学生互动，启发学生独立思考、潜心钻研，大胆实践，建构创新，实现教、学、做在项目实施过程中的衔接与统一。

本书由甘肃农业职业技术学院的许开录拟定编写提纲，并与陕西航空职业技术学院的郑继军共同主编，由北京工商大学商学院副院长张永教授担任主审。撰稿的具体分工是：许开录编写第一、七模块；郑继军编写第二模块；芦丽琼编写第三模块；徐西莹编写第四、十五模块；吴书博编写第五模块；周雪瑛、赵鹏编写第六、八模块；孙志洁、李冬芹编写第九、十六模块；李正编写第十模块；郑燕燕编写第十一、十二模块；赵欣然编写第十三模块；陈乐群编写第十四模块。最后由许开录统改、定稿。本书在编写过程中，编者参阅采撷了大量国内外同类教材和专家学者的研究成果，恕不能一一列出，在此谨向各位作者致谢！北京工商大学张永教授、中国海洋大学管理学院的博导高强教授对本书的写作提出了许多宝贵意见，在此一并表示感谢！

  本书是高职高专院校经管、国贸、财会、营销、物流等专业的使用教材，也可作为其他专业学生和企业营销人员的培训教材。由于高职教育的课程模式改革与实用教材建设是一个长期而艰辛的过程，加之编者水平有限，书中缺点纰漏在所难免，恳请同行及读者批评指正。

编 者

2009 年 4 月

目 录

市场营销学课程总体框架 ... 1

模块一 现代市场营销理念的构建 ... 4

项目一 市场与市场营销 ... 4
一、市场 ... 6
二、市场营销 ... 8
三、市场营销管理 ... 9

项目二 市场营销环境分析 ... 12
一、市场营销环境的概念与特点 ... 15
二、宏观营销环境分析 ... 15
三、微观营销环境分析 ... 23
四、营销环境分析与企业对策 ... 25

项目三 现代市场营销理念的构建 ... 29
一、传统市场营销观念 ... 31
二、现代市场营销观念 ... 32
三、现代市场营销理念的构建 ... 34

模块二 企业市场营销调研 ... 37

项目一 市场调查方案的制订 ... 37
一、调查方案的设计 ... 41
二、调查方案的撰写 ... 42

项目二 调查问卷的设计 ... 44
一、调查问卷设计 ... 46
二、调查问卷的编排 ... 48
三、调查问卷的评审与制作 ... 49

项目三 调查对象的确定与调查方法的选择 ... 51
一、调查对象的确定 ... 54
二、调查方法的选择 ... 54
三、市场调查的抽样设计 ... 57

项目四 市场调查的组织与实施 ... 60
一、组建市场调查机构 ... 61
二、培训市场调查人员 ... 61
三、市场调查活动的管理与控制 ... 63

项目五 调查结果的分析、评价与应用 ... 64
一、调查资料的整理 ... 65
二、调查资料的分析 ... 66
三、调查结果的应用 ... 67

模块三 市场细分与目标市场的选择 ... 70

项目一 市场细分 ... 70
一、市场细分的概念与客观基础 ... 72
二、市场细分的依据 ... 72
三、市场细分的有效标志 ... 75
四、市场细分的方法与步骤 ... 76
五、市场细分应注意的问题 ... 76

项目二 企业目标市场的选择 ... 78
一、目标市场的概念 ... 79
二、选择目标市场应考虑的因素 ... 80
三、目标市场的营销策略 ... 81

项目三 企业目标客户的购买行为分析 ... 83
一、消费者市场目标客户的购买行为分析 ... 85
二、产业市场目标客户的购买行为分析 ... 92

模块四 企业的市场定位 ... 98

项目一 企业所处行业的竞争态势分析 ... 98
一、SWOT分析 ... 101
二、企业所处的行业结构分析 ... 104
三、企业竞争态势分析 ... 105

项目二 企业的优势与劣势分析 ... 110
一、优势劣势分析的意义 ... 112
二、企业内部资料的收集与分类 ... 112
三、企业优势劣势的分析模型与方法 ... 113
四、企业建立竞争优势的基础 ... 115
五、企业建立竞争优势的策略 ... 116

项目三 企业的市场定位 ... 117
一、市场定位的概念 ... 119
二、市场定位的步骤 ... 119

三、市场定位的方法 120

模块五　企业竞争战略的制定 123

项目一　竞争对手的界定、识别与
　　　　分析 123
　　一、企业竞争对手的界定与
　　　　识别 125
　　二、竞争对手的分析 126
项目二　市场主导者竞争战略的制定 ... 130
　　一、市场主导者的含义 131
　　二、市场主导者战略 132
项目三　市场挑战者竞争战略的制定 ... 136
　　一、确定战略目标和挑战对象 138
　　二、选择进攻战略 140
项目四　市场跟随者竞争战略的制定 ... 142
　　一、市场跟随者的含义及特征 143
　　二、市场跟随者的竞争战略 144
项目五　市场补缺者竞争战略的制定 ... 145
　　一、市场补缺者的含义 147
　　二、补缺基点的特征 147
　　三、市场补缺者的战略与任务 148

模块六　产品策略的制定 151

项目一　产品与产品组合策略的制定 ... 151
　　一、产品的概念与分类 155
　　二、产品组合 157
项目二　品牌策略的制定 162
　　一、品牌的概念和作用 163
　　二、品牌的设计 164
　　三、品牌策略 165
项目三　包装策略的制定 168
　　一、产品包装的含义与类型 169
　　二、包装的作用 170
　　三、包装设计的基本要求 171
　　四、包装策略 172
项目四　产品生命周期各阶段营销
　　　　策略的制定 174
　　一、产品的市场生命周期理论 177
　　二、产品市场生命周期各阶段的
　　　　主要特征及营销策略 179

　　三、影响产品生命周期的因素 182
　　四、产品生命周期理论的具体
　　　　应用 183
项目五　新产品的研发与扩散 185
　　一、新产品的概念 187
　　二、新产品的开发原则 188
　　三、新产品的开发形式 189
　　四、新产品的开发过程 190
　　五、新产品的开发策略 192
　　六、新产品的采用与扩散 193

模块七　价格策略的制定 199

项目一　产品定价的影响因素 199
　　一、影响企业定价的内部因素 201
　　二、影响企业定价的外部因素 203
项目二　成本导向定价法及其应用 207
　　一、成本导向定价法的概念 208
　　二、成本导向定价法的具体
　　　　方法 208
项目三　竞争导向定价法及其应用 211
　　一、竞争导向定价法的概念 212
　　二、竞争导向定价法的具体
　　　　方法 213
项目四　需求导向定价法及其应用 215
　　一、需求导向定价法的概念 217
　　二、需求导向定价法的具体
　　　　方法 217
项目五　企业的价格策略及其应用 221
　　一、折扣让价定价策略 223
　　二、心理定价策略 225
　　三、地区定价策略 226
　　四、产品组合定价策略 227
　　五、差别定价策略 228
　　六、新产品的定价策略 229

模块八　分销策略的制定 232

项目一　产品分销渠道 232
　　一、分销渠道的概念与特征 234
　　二、分销渠道的功能作用 234
　　三、分销渠道的类型 236

四、分销渠道模式 237
项目二　分销渠道的设计 241
　　一、分销渠道设计的影响因素 243
　　二、分销渠道的设计 244
　　三、分销渠道方案的评估 246
项目三　中间商的选择与确定 248
　　一、中间商的类型 250
　　二、中间商的选择与确定 255
项目四　渠道成员的激励与管理 258
　　一、渠道成员的激励与评估 260
　　二、渠道冲突的类型及解决 262
　　三、渠道的修正与改进 264
项目五　商品的实体分销 266
　　一、商品实体分销与物流系统
　　　　设计 268
　　二、仓库选择与存货控制 270
　　三、运输决策 272

模块九　人员推销策略的制定 277
项目一　推销人员的选拔与培训 277
　　一、推销人员的选拔 279
　　二、推销人员的培训 281
项目二　人员推销的程序和技巧 282
　　一、人员推销的程序 284
　　二、人员推销的方法技巧 285
项目三　销售人员的绩效评价 287
　　一、销售人员的绩效评价程序 289
　　二、销售人员的绩效评价指标 290
　　三、销售人员的绩效评价方法 291
项目四　销售人员的激励与管理 293
　　一、销售人员的激励 294
　　二、销售人员管理 297

模块十　广告策略的制定 302
项目一　广告媒体的选择 302
　　一、广告媒体的概念与种类 303
　　二、广告媒体的选择 306
项目二　广告方案的设计 308
　　一、广告方案的设计构思 309

　　二、广告方案设计的媒体应用 310
　　三、广告方案设计的语言艺术 310
项目三　广告信息的发布 311
　　一、广告信息决策 313
　　二、广告信息发布的注意事项 313
项目四　广告效果的测定 315
　　一、广告沟通效果的测定 317
　　二、销售效果的测定 318

模块十一　销售促进策略的制定 320
项目一　销售促进的特点、目标及方式
　　　　　选择 320
　　一、销售促进的特点 321
　　二、销售促进的目标确定 322
　　三、销售促进方式的选择 323
项目二　销售促进方案的制订 325
　　一、销售促进方案的内容 327
　　二、销售促进方案的制订 328
项目三　销售促进方案的组织实施 330
　　一、销售促进方案的预试 332
　　二、销售促进方案的实施与
　　　　控制 332
　　三、销售促进的结果评价 332

模块十二　公共关系策略的制定 334
项目一　公关计划的制订 334
　　一、公关促销的概念与活
　　　　动方式 336
　　二、公关计划的制订 337
项目二　公关计划的实施 340
　　一、公关计划实施的出发点 342
　　二、实施公关计划应注意
　　　　的问题 343
项目三　公关人员的管理 344
　　一、公关人员必备的素质
　　　　与能力 345
　　二、公关人员的职责 346
　　三、公关人员的行为准则 347
　　四、公关人员的管理措施 348

模块十三 会议营销策划 350

项目一 会议营销的特点与适用范围 350
    一、会议营销的概念 352
    二、会议营销的特点 352
    三、会议营销的适用范围 353

项目二 会议营销的筹划 355
    一、会议营销的流程 358
    二、会议营销的筹划 361

模块十四 客户管理 366

项目一 客户分析 366
    一、对客户的全新认识 368
    二、客户的分类 369
    三、客户分析的内容 371

项目二 客户投诉的处理 373
    一、客户投诉的主要内容及产生过程 375
    二、客户投诉的处理原则 376
    三、客户投诉的处理 376

项目三 客户满意与客户忠诚 379
    一、客户满意的概念与衡量 381
    二、客户忠诚的评价 382
    三、客户满意度与客户忠诚度的关系 384

模块十五 服务市场营销 387

项目一 服务质量的测定 387
    一、服务质量的概念与构成因素 389
    二、服务质量的测定标准 390
    三、服务质量的测定方法 392

项目二 服务的有形展示与环境设计 394
    一、服务有形展示概述 395
    二、服务环境的设计 397

项目三 服务价格的制定 400
    一、服务产品定价的影响因素 402
    二、服务产品的定价方法 404
    三、服务产品定价技巧 406

项目四 服务产品的分销与促销 408
    一、服务分销 412
    二、服务促销 415

模块十六 国际市场营销 421

项目一 国际市场营销环境分析 421
    一、国际市场营销的特点 423
    二、国际市场营销环境 425
    三、国际市场营销环境分析 430

项目二 国际市场细分与目标市场的确定 431
    一、国际营销调研 433
    二、国际市场细分 434
    三、国际目标市场选择 435

项目三 国际市场进入方式的选择 437
    一、贸易进入模式 438
    二、合同进入模式 439
    三、投资进入模式 440

项目四 国际市场营销组合策略的制定 442
    一、产品策略 445
    二、价格策略 446
    三、分销策略 447
    四、促销策略 447

参考文献 453

市场营销学课程总体框架

课程目标定位：培养职业营销人员的综合营销技能与素质

课程服务的专业领域：高职高专经管类专业的主干课程，其他专业的基础课程

课程服务的职业领域：销售业务员、市场信息员、客户代表、公关人员、营销内勤人员、销售服务人员、广告设计人员、营销策划人员、销售主管、企划主管、门店店长、市场总监

课程设计构思：

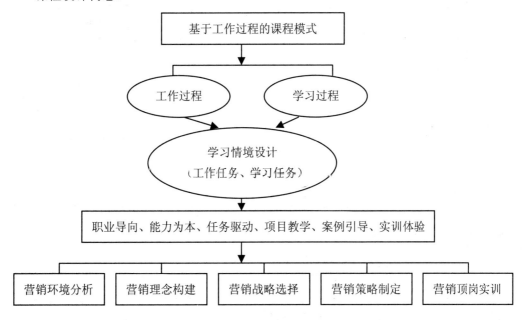

课程知识脉络：《市场营销学》课程内容以企业营销活动过程为主线，从市场环境分析、市场营销调研、市场细分、目标市场选择、市场定位、营销组合策略（产品策略、价格策略、分销策略、促销策略等）的制定到客户关系管理，涉及销售业务员、销售主管、企划主管、门店店长、市场总监、市场销售经理等多个职业岗位的工作任务。知识脉络如下：

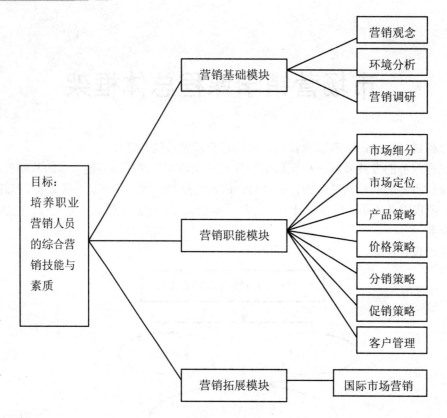

课程能力体系：（本课程建立三级能力目标体系）

一级目标

培养职业营销人员的综合营销技能与素质：具体是指从事营销与相关职业的专业能力、方法能力和社会能力。

二级目标

通过本课程的教学与实训，培养学生的六大关键能力：市场调查与分析预测的能力、识别市场机会与规避风险的能力、制订市场营销策划方案的能力、市场开发与渠道建设的能力、客户沟通与销售管理的能力以及投资决策与创业发展的能力。

三级目标

（1）培养市场调研、环境分析与界定问题的能力；
（2）培养搜集与处理信息的能力；
（3）培养识别市场机会、规避经营风险的能力；
（4）培养市场细分、确定目标市场和市场定位的能力；
（5）培养依据企业目标优势，制定竞争战略的能力；
（6）培养制定企业产品组合策略、品牌策略与包装策略的能力；
（7）培养制定企业价格策略的能力；
（8）培养制定企业分销渠道策略的能力；
（9）培养市场开发与渠道建设管理的能力；
（10）培养制订产品促销方案的能力；

（11）培养广告创意设计的能力；
（12）培养会议营销策划的能力；
（13）培养制订公关计划的能力；
（14）培养客户关系管理的能力；
（15）培养协调关系和与他人沟通的能力；
（16）培养团队合作意识和对工作进行有效控制的能力；
（17）培养投资决策和创业发展的能力。

注：第十六个模块"国际市场营销"是一个拓展模块，其能力培养目标未在此列出。

模块一　现代市场营销理念的构建

有这样一个故事，英国的一家鞋厂派一位销售人员到非洲的一个小岛去考察市场，一个星期后，这位销售人员发回电报说："岛上的居民很多，但居民从来没有穿鞋的习惯，这里没有市场。"后来，鞋厂又派了一位营销人员去该岛考察市场，一个星期后，这位营销人员也发回电报："我发现了一个新的市场！岛上居民很多，从来没有穿鞋的习惯，如果我们能教会他们穿鞋，这里将是一个巨大的市场。"最后，鞋厂再派一位营销人员去该岛考察，这位营销人员在考察之后也发回电报说："岛上盛产香蕉，如果我们能帮助岛上的人卖掉香蕉，再教会他们穿鞋，岛上的人就会有钱购买我们的鞋，这里自然就会成为一个巨大的市场。"

这个故事说明，促销与营销不同，促销是营销的一个环节，是营销的外在表现。促销关心的是怎样把现成的、已有的产品卖出去，而营销则是在市场调查的基础上，通过分析人们的消费心理、消费特点来引导需求、创造需求，并为满足人们的需求制定行之有效的策略。因此，营销是一种战略，而非战术、技术、战役。营销不是推销、拉销、促销、直销，是在环境扫描、数据挖掘、机会识别基础上发现需求、引导需求、创造需求，进而满足需求的系统运作，是一种互动式的沟通。营销注重的是过程的管理，强调以消费者为中心，以市场为导向的互利共赢。海尔集团总裁张瑞敏曾对促销与营销做过非常经典的总结："促销只是一种手段，而营销却是一种真正的战略。"

在现代市场经济条件下，企业要想在复杂多变，竞争激烈的市场上长盛不衰，持续发展，就必须深刻理解营销的内涵，必须创新营销理念，规范营销行为，彻底抛弃传统的生产决定消费的促销观念，从满足顾客需求、提升顾客价值的前提出发，着眼企业的长远发展和核心竞争力的培养，通过深入的市场调查和顾客需求分析，制定符合目标市场、有利于发挥企业优势的产品策略、价格策略、分销策略和促销策略，以此来扩大产品交换，实现顾客价值最大化和企业利润最大化的双赢目标。因此，现代企业从事经营销售活动，必须树立正确的营销哲学思想。唯有这样，企业的营销行为、营销活动才能达到预期的效果。

项目一　市场与市场营销

◆ 知识、能力、素质目标

使学生深入理解市场与市场营销的定义，明确推销与营销的区别，并在深刻领会市场营销原理的基础上，了解企业的基本营销活动，熟悉市场营销的主要工作任务与基本流程。

◆ 教学方法

问题导入法　课堂讲授法　分组讨论法

◆ 技能（知识）点

市场与市场的构成因素　市场营销的定义　推销与营销的区别　企业的基本营销活动及每项活动的主要工作任务

市场在哪里？

林晓彤是北方地区一家乡镇企业华丰果脯加工厂的业务员，厂长派她带上企业生产的系列果脯产品去寻找销路，林晓彤在工厂所在的周边地区转了近半个月，总觉得周边市场不理想，销路不是很好，且有其他厂家相同或相近的产品在市场上销售。于是她乘火车来到了南方的一个省会城市，她几乎跑完了该市的所有副食品市场和一些有一定知名度的超市，但未发现有任何果脯产品销售，她心中暗喜，总算是找到了一个巨大的空缺市场。她给厂长电话汇报后，便在一个大型副食品批发市场租下了一个 120 多平方米的门店，并通知企业给她发货，企业将产品配齐后，派另外两名促销员跟车一同前往。然而，令厂长和林晓彤没有想到的是，几个月过去了，系列果脯产品以企业确定的最低批发价格销售也没有人购买，偶然购买一点的，也是北方来此出差或旅游的人，当地人则很少过问，更不用说购买了。后来一打听，才知道南方人不喜欢吃干鲜果品。无奈之下，企业只好又雇车将十几吨果脯产品拉回了厂。

根据营销情景中描述的事实，学生独立思考并回答：

1. 林晓彤的问题出在哪里？有人说市场是人们现实需求和潜在需求的总和，你赞成这一定义吗？
2. 如果你是林晓彤，你会到哪里寻找果脯产品的销售市场？

锐步公司基于需求的营销创新

运动鞋问世后，西方消费者都认为它比布鞋更为耐用、舒适、好看，便踊跃购买，市场需求量很大。由于生产运动鞋利润丰厚，刺激许多生产者步入市场，大批量生产，市场供给急剧增加，销售出现困难，有些生产者便加强促销活动，以维持产品的销量。但因企业推销的仍是以往的产品，尽管运动鞋的款式设计有了一定的改进，但由于消费者对运动鞋的需求向多元化、差异化、个性化的方向发展，仅有款式设计变化而没有功能效用创新的大众化的运动鞋，其市场销路总是不畅。

面对市场的变化和消费者的需求走势，锐步公司的创始人保尔·法尔曼认为，随着社会经济的发展和人们消费水平的提高，消费者的需求发生了质的变化，如果只从促销方面努力，而不在企业的营销组合策略上下工夫，是很难摆脱产品滞销困境的。于是，保尔·法尔曼根据消费者的需求特点，推出"自由式"健美操运动鞋，在"保持健康就是追求自由"的广告推动下，既表现时髦又能起到保健作用的"锐步"鞋在推出新产品一年后销售额达到了 1280 万美元，创造了运动鞋销售历史上的最高纪录。

但锐步公司没有陶醉在胜利的喜悦中，而是借产品销量猛增、公司声誉提高、实力大增的良好时机，迅速推出一种充气式高腰篮球运动鞋，其柔软膨胀的脚脖护腕有助于运动弹跳，这种鞋博得了青少年的青睐。接着，锐步公司又推出两种新型鞋：一种是带两面膨胀护腰的双充气运动鞋，另一种是厚皮面硬底的"黑面"篮球鞋。

在产品供大于求的买方市场环境下，以产品为表征的企业之间的竞争十分激烈，每个行业都有众多的竞争者，稍不留神，原来的市场领导者就有可能会落后甚至被市场所淘汰。锐步公司运用市场营销原理，对消费者需求进行研究分析，并根据消费者的需求变化，研制开发新产品，使公司的产品在市场上获得非常强势的竞争优势，并行销世界各地，使自己在运动鞋市场上立于不败之地，成为名列世界前茅的运动鞋制造商。

◆ 工作任务分析

市场是企业销售产品的场所，也是检验企业生产经营活动是否符合社会需要的晴雨表。企业要想获得经营成功，就必须着眼市场、分析市场、研究市场，进而根据市场的需求变化进行资源配置、经营决策和生产安排。企业营销部门及营销人员要想使营销达到期望的效果，保证企业的产品有市场、有销路，就必须深刻领会市场营销的本质内涵，熟悉市场与市场营销活动。为此，企业营销部门在此项目实施中的主要工作任务就是培养营销人员的市场意识、竞争意识和服务意识，使他们掌握市场营销的基本原理，进而自觉规范自己的营销行为，从顾客价值提升和企业核心竞争力的培育出发，卓有成效地开展市场营销工作。

◆ 相关知识

一、市场

（一）市场的概念

市场是指具有特定需要和欲望，而且愿意并能够通过交换来满足这种需要或欲望的全部顾客的总和。市场，最早是指买主和卖主聚集在一起进行商品交换的场所。经济学家将市场表述为买主和卖主的集合。而在营销者看来，卖主构成行业，买主构成市场，从这个意义上来讲，市场则是指某种货物或劳务的所有现实购买者和潜在购买者的总和。因此，营销学中的市场专指买方而不包括卖方，专指需求而不包括供给。

具体而言，市场包含人口、购买力和购买欲望三个基本因素。用公式表示就是：

$$市场=人口+购买力+购买欲望 \tag{1.1}$$

人口是构成市场的最基本的要素，哪里有人，哪里就有消费者群体，哪里就有形成市场的可能。人口数量越多，现实和潜在的消费需求就越大，相应的形成的市场也就越大。购买力是人们购买商品和劳务的实际货币支付能力。一般来说，购买力的大小主要受人们收入高低的影响，收入越高，人们的购买力越大，收入越低，人们的购买力越小。购买欲望则是人们购买商品的动机、愿望和要求，它是潜在购买需求转变为现实购买行为的重要条件。人们的购买欲望受多种因素的影响，其中价格是影响购买欲望的一个非常重要的因素。

市场的这三个构成要素相互制约，缺一不可，只有三者结合起来才能构成现实的市场，才能决定市场的规模和容量。例如，一个国家或地区的人口众多，但收入很低，购买力有限，则不能形成容量很大的市场。又如，购买力虽然很大，但人口很少，也不能成为很大的市场。再如，人口虽多，购买力也大，但人们没有购买欲望，仍然不能形成现实的市场。所以，只有具备了这三个要素的市场才是一个现实有效的市场。

（二）市场形成必须具备的条件

市场的形成必须具备以下三个基本条件：
（1）必须具有可供交换的商品；
（2）必须具有提供商品的卖方和具有购买欲望和购买能力的买方；
（3）必须具备买卖双方都能接受的交易价格、行为规范及其他条件。

（三）市场的类型

按照不同的标准，市场可以划分为不同的类型。现代营销学通常按买方的购买特点和不同的购买目的将市场分为消费者市场、生产者市场、中间商市场、政府市场和国际市场。

1. 消费者市场

消费者市场又称最终市场，是指为满足生活消费需求而购买商品或服务的个人和家庭所构成的市场。用于个人和家庭消费的商品或服务，在完成交易活动后，就退出了生产和流通领域而进入到消费领域。消费者市场是现代市场营销学研究的主要对象。

2. 产业市场

产业市场又叫生产者市场或企业市场。它是指一切购买产品和服务并将之用于生产其他产品或提供其他服务，以供销售、出租或供应给他人需要的个人和组织构成的市场。通常由以下产业所组成：农业、林业、畜牧业、水产业、制造业、建筑业、通讯业、公共事业、金融保险业、服务业等。

3. 中间商市场

中间商市场，是指那些通过购买商品和劳务以倒手转卖或出租给他人获取利润为目的的组织。转卖者不提供形式效用，而是提供时间效用、地点效用和占用效用。中间商市场由各种批发商和零售商组成。批发商购买商品和劳务的主要目的是将其购买的商品和劳务转手卖给零售商、产业用户、公共机关用户和商业用户等，但它一般不直接面对终端消费者。而零售商购买商品和劳务的目的则是将其购买的商品和劳务直接卖给终端消费者。

4. 政府市场

政府市场，是指那些为执行政府的主要职能而采购或租用商品或劳务的各级政府机关、事业单位、科研院所、群众团体等构成的市场。由于各国政府通过税收、财政预算、国家公债的形式，掌握了相当大的一部分国民收入，所以形成了一个很大的市场。

5. 国际市场

国际市场，通常也叫世界市场，是指商品或劳务在世界范围内跨国界流通销售所形成的市场。如欧盟市场、亚洲市场、美国市场、日本市场、韩国市场等。

二、市场营销

（一）市场营销的概念

对于什么是市场营销，曾经有过许多不同的表述。1960 年美国市场营销协会给市场营销下的定义是：市场营销是"引导产品或劳务从生产者流向消费者的企业营销活动"。这一定义显然是以产品制成后作为市场营销的起点，以送达消费者手中为终点。也就是说，产品生产出来后，企业通过推销、广告、定价、分销等把产品销售出去的活动就是市场营销。这一定义显然是将市场营销局限在了流通领域，因此，它不够完整。

事实上，市场营销包括了从产前到售后的一系列经营活动。市场营销活动不仅局限于生产与消费之间的流通领域，而且还渗透到了生产领域和消费领域之中，是全方位的营销活动。美国著名营销学家麦卡锡指出："市场营销应该从顾客开始，而不应该从生产过程开始……"。著名营销学家菲利普·科特勒也认为："市场营销是通过市场促进交换以满足人类需要和欲望的活动……交换过程包含下列业务：卖者要寻找买者并识别其需要，为其提供适当的产品，进行产品促销、储存、配送和为产品定价等。企业基本的营销活动包括市场调研、产品开发、信息沟通、分销、定价和服务活动。"他强调指出，市场营销的核心思想是交换。也就是说，市场营销是一种使各方相互满意的交换关系，是负责识别、预测和满足顾客需求，同时使企业有利可图的管理职能，是通过科学、合理的方法手段促进卖方和买方交易行为顺利实现的活动和过程。

美国市场营销协会根据营销实践的发展，又于 1985 年对市场营销下了一个更为完整和全面的定义：市场营销"是对思想、产品及劳务进行设计、定价、促销及分销的计划和实施的过程，从而产生满足个人和组织目标的交换"。这一定义比前面的诸多定义更加全面和完善。主要表现在：

（1）产品概念扩大了，它不仅包括产品或劳务，还包括思想；

（2）市场营销概念扩大了，市场营销活动不仅包括赢利性的经营活动，还包括非赢利组织的活动；

（3）强调了交换过程；

（4）突出了市场营销计划的制订与实施。

由此可见，市场营销是在以消费者为中心的经营思想指导下，企业所进行的有关产品生产、流通和售后服务的一系列经营活动，旨在满足社会需求，实现企业的既定经营目标。是个人和群体通过创造产品和价值，并同他人进行交换以获得所需所欲的一项管理活动。

中国人民大学商学院郭国庆教授则建议将市场营销定义为：市场营销既是一种组织职能，也是为了组织自身及利益相关者的利益而创造、传播、传递客户价值，管理客户关系的一系列过程。

（二）现代营销与传统促销的区别

前面已经讲到，现代市场营销与传统促销有着本质的区别。二者的不同如表 1-1 所示。

表 1-1 现代营销与传统促销的区别

区别	现代营销	传统促销
目的不同	满足顾客需求，同时实现企业目标	推销产品
出发点不同	从顾客的需求出发	从企业已有的产品出发
活动的起点不同	从产前环节的市场调研、需求分析及产品的选型定位开始	从产后环节的产品销售开始
产生的结果不同	满足需求的同时实现企业既定的经营目标	单纯地销售产品
顾客的反应不同	需求被满足	强制性让顾客接受产品，消费者可能不满足

三、市场营销管理

在现代市场经济条件下，企业必须十分重视市场营销管理，根据市场需求的现状与趋势，制订计划，配置资源。通过有效地满足市场需求，来赢得竞争优势，求得生存与发展。

（一）市场营销管理的实质

市场营销管理是指为创造达到个人和机构目标的交换，而规划和实施理念、产品和服务的构思、定价、分销和促销的过程。市场营销管理是一个过程，包括分析、规划、执行和控制。其管理的对象包含理念、产品和服务；管理的基础是交换；目的是满足各方需要。

（二）市场营销管理的任务

市场营销管理的主要任务是刺激消费者对产品的需求，但不能局限于此。它还帮助公司在实现其营销目标的过程中，影响需求水平、需求时间和需求构成。因此，市场营销管理的任务是刺激、创造、适应及影响消费者的需求。从这个意义上说，市场营销管理的本质是需求管理。企业在开展市场营销的过程中，一般要设定一个在目标市场上预期要实现的交易水平，然而，实际需求水平可能低于、等于或高于这个预期的需求水平。换言之，在目标市场上，可能没有需求、需求很小或超量需求。市场营销管理就是要对付这些不同的需求情况。

1. 负需求

负需求是指市场上众多顾客不喜欢某种产品或服务，即指绝大多数人对某个产品感到厌恶，甚至愿意出钱回避它的一种需求状况。如近年来许多老年人为预防各种老年疾病不敢吃甜点心和肥肉，又如有些顾客害怕冒险而不敢乘飞机，再如有些顾客害怕化纤纺织品有毒物质损害身体而不敢购买化纤服装。市场营销管理的任务是分析人们为什么不喜欢这些产品，并针对目标顾客的需求重新设计产品、定价，作更积极的促销，或改变顾客对某些产品或服务的信念，诸如宣传老年人适当吃甜食可促进脑血液循环，乘坐飞机出事的概率比较小等。把负需求变为正需求，称为改变市场营销。

2. 无需求

无需求是指目标市场顾客对某种产品从来不感兴趣或漠不关心的一种需求状况。如许多非洲国家居民从不穿鞋,对鞋子无需求。市场对下列产品无需求:①人们一般认为无价值的废旧物资;②人们一般认为有价值,但在特定市场无价值的东西;③新产品或消费者平常不熟悉的物品等。在无需求情况下,市场营销管理的任务是刺激市场营销,即通过大力促销及其他市场营销措施,努力将产品所能提供的利益与人的自然需要联系起来。

3. 潜在需求

这是指现有的产品或服务不能满足许多消费者的强烈需求,而现有产品或服务又无法使之满足的一种需求状况。例如,老年人需要高植物蛋白、低胆固醇的保健食品,美观大方的服饰,安全、舒适、服务周到的交通工具等,但许多企业尚未重视老年市场的需求。在潜在需求情况下,市场营销管理的任务是开发市场营销,准确地衡量潜在的市场需求,开发有效的产品和服务,即开发市场营销,将潜在需求变为现实需求。

4. 下降需求

这是指目标市场顾客对某些产品或服务的需求出现了下降趋势的一种需求状况,如近年来城市居民对电风扇的需求已饱和,农村居民对缝纫机的需求急剧减少等。在需求下降的情况下,市场营销者要了解顾客需求下降的原因,或通过改变产品的特色,采用更有效的沟通方法来刺激需求,即创造性的再营销,或通过寻求新的目标市场,以扭转需求下降的局面。

5. 不规则需求

许多企业常面临因季节、月份、周、日、时对产品或服务需求的变化,而造成生产能力和商品的闲置或过度使用。如在公共交通工具方面,在运输高峰时不够用,在非高峰时则闲置不用。又如在旅游旺季时旅馆紧张和短缺,在旅游淡季时,旅馆空闲。再如节假日或周末时,商店拥挤,在平时商店顾客稀少。在不规则需求情况下,市场营销的任务是通过灵活的定价、促销及其他激励因素来改变需求的时间模式,使物品或服务的市场供给与需求在时间上尽可能协调一致,这称为同步营销。

6. 充分需求

这是指某种产品或服务目前的需求水平和时间等于期望的需求,这是企业最理想的一种需求状况。但是,在动态市场上,消费者需求会不断变化,竞争日益加剧。因此,在充分需求情况下,企业营销的任务是改进产品质量及不断估计消费者的满足程度,通过降低成本来保持合理价格,并激励推销人员和经销商抓住时机,大力促销,千方百计维持目前的需求水平,维持现时需求,这称为"维持营销"。

7. 过度需求

是指市场上顾客对某些产品的需求超过了企业的供应能力,产品供不应求的一种需求状况。比如,由于人口过多或物资短缺,引起交通、能源及住房等产品供不应求。在过量需求情况下,企业营销管理的任务是减缓营销,可通过提高价格、减少促销和服务等方式暂时或永久地降低市场需求水平，或者设法降低来自盈利较少或服务需要不大的市场的需求水平。企业最好选择那些利润较少、要求提供服务不多的目标顾客作为减缓营销的对象。减缓营销的目的不是破坏需求，而只是暂缓需求水平。

8. 有害需求

有害需求是指市场对某些有害物品或服务的需求。对于有害需求，市场营销管理的任务是反市场营销，即劝说喜欢有害产品或服务的消费者放弃这种爱好和需求，大力宣传有害产品或服务的严重危害性，大幅度提高价格，以及停止生产供应等。降低市场营销与反市场营销的区别在于：前者是采取措施减少需求，后者是采取措施消灭需求。

◆ 任务实施

第一步，组织引导学生以组为单位对某类消费品市场（如服装市场、家电市场、粮油市场等）和产业市场（如建材市场、机电产品市场、农资市场等）进行实地考查；

第二步，根据调查了解的情况和自己的切身感受分组讨论现实生活中的市场，哪些属于消费品市场，哪些属于产业市场，并从营销的本质内涵出发，讨论消费品市场营销和产业市场营销的主要区别；

第三步，结合消费者的需求特点，以某种产品的市场销售为例，分组讨论针对不同需求状况的市场营销管理任务。

◆ 总结与回顾

市场是指某种产品的现实购买者与潜在购买者需求的总和。市场一般由人口、购买力、购买欲望三个基本要素构成。市场营销学则是对企业市场营销实践经验的提炼与总结，并将随着企业营销实践的发展和营销环境的变化而不断向前发展。因此，市场营销简单地讲就是引导需求、创造需求、进而满足需求的市场交换活动，它涉及需要、欲望、需求、产品、效用、代价、满足、交换、交易和关系等若干概念。现代市场营销与传统市场营销的目的不同、出发点不同、活动的起点不同、产生的结果不同、顾客的反映也不同。

市场营销管理的实质是需求管理。在不同的需求状况下，市场营销管理承担的任务不同，如负需求要改变市场营销，无需求要刺激市场营销，潜在需求要开发市场营销，下降需求要重振市场营销，不规则需求要协调市场营销，充分需求要维持市场营销，过量需求要减少市场营销，有害需求要反市场营销等。

本项目的教学重点和核心技能是市场营销的本质内涵与不同需求的营销管理。

◆ 复习思考题

1. 简述什么是市场？什么是市场营销？
2. 简述现代市场营销与传统市场营销的主要区别？
3. 简述市场营销管理的实质？
4. 分别说明在不同的需求状况下，企业营销管理应承担的主要任务是什么？

◆ 实训练习

1. 实训项目：营销调研：市场与市场营销
2. 实训目标：
（1）加深对市场营销概念的感性理解；

（2）结合企业的营销实践，认知传统营销与现代营销的区别。

3. 实训内容与方法：

（1）以自愿为原则，3～5人为一组，利用课余时间调查当地的饮品市场、化妆品市场、汽车市场、房地产市场、人才市场或其他比较熟悉的市场；

（2）结合平时的社会实践和市场调查过程中的切身感受，对什么是市场和市场营销进行概括总结，为其下定义；

（3）分组讨论为什么说市场营销管理的本质是需求管理。

4. 标准与评价：

（1）标准：能够对市场、市场营销的本质以及传统营销与现代营销的区别进行较为恰当的概括，能够从现实营销的角度说明营销管理的本质是需求管理；

（2）评价：每个人写一份市场调研的心得体会，作为一次作业，或在班上组织一次心得交流活动，依每个同学的表现，由教师与各组组长组成的评估小组对同学进行打分。

项目二　市场营销环境分析

◆ 知识、能力、素质目标

使学生深刻理解市场环境因素与企业营销的关系，明确企业的一切生产经营活动都是在特定的市场环境条件下进行的，市场营销环境的变化既能给企业创造机会，又会给企业造成威胁，企业只有不断适应市场环境的变化，才能在瞬息万变的市场环境中及时调整营销策略，创新取胜，持续发展。市场营销环境分析的学习目的是培养学生或营销工作者审时度势，灵活应变，捕捉市场信息，把握市场机会，规避市场风险的能力。

◆ 教学方法

情景教学法　案例教学法　课堂讲授法

◆ 技能（知识）点

宏观环境因素及其对企业的影响　微观环境因素及其对企业的影响　环境威胁与市场机会的分析与评价

售楼小姐的无奈

当房地产业成为一个城市的主流行业后，售楼小姐也似乎率先成为城市白领的新型一族。一直以来，她们似乎是人们心目中一群令人羡慕而又神秘的高收入者，大概是需要体现职业价值的原因，售楼小姐喜欢人们称呼她们"置业顾问"。作为一个特殊的行业，众多的售楼小姐像浮萍一样漂浮于购房者和高楼大厦之间，她们施展自己的才能，用自己的魅力、智慧及沟通技巧，向购房者推销合适的住房，丰厚的收入也让许多人为之羡慕、为之倾倒。

然而，中国楼市在持续几年的火热之后，从2008年初开始，国家实行的货币紧缩政策让房地产商手头的钱突然紧了起来,再加上受全球金融危机的影响,房地产市场陷入了从未有过的萧条和低迷。楼市的转折和异变,首先在售楼小姐这个特殊社会群体的脸上表现了出来,她们没有了往日的阳光微笑和坚定自信,有的只是无奈、失落和涩涩的期盼。以前的推销技巧用不上了,从2008年到2009年,仅仅一年的光景,售楼小姐就从"金领一簇"跌落为贫民,因收入的急剧下滑,许多售楼小姐不得不跳槽转行。很显然,楼市的冷暖与国家的政策调整、经济大环境的变化以及消费者理性消费的回归有着密切的联系。作为投资人和营销人必须准确预测,尽早采取应对措施,否则,就会陷入进退两难的境地。

根据营销情景中描述的事实,学生独立思考并回答:

1. 售楼小姐的收入变化与哪些环境因素有关?在楼市萧条的情况下,企业的营销努力和促销人员的推销技巧还有作用吗?

2. 在楼盘的经营销售过程中,哪些环境因素企业可以控制,哪些环境因素企业不能控制?针对以上楼市行情,如果你是一名售楼小姐,你该怎样应对?

引导案例

欧莱雅进军中国市场的微观环境分析

法国欧莱雅集团为全球500强企业之一,由发明世界上第一种合成染发剂的法国化学家欧仁·舒莱尔创立于1907年。历经近一个世纪的努力,欧莱雅从一个小型家庭企业跃居为世界化妆品行业的领头羊。2003年初,欧莱雅荣登《财富》评选的2002年度全球最受赞赏公司排行榜第23名,在入选的法国公司中名列榜首。欧莱雅集团的事业遍及150多个国家和地区,在全球拥有283家分公司及100多个代理商,5万多名员工、42家工厂和500多个优质品牌,产品包括护肤防晒、护发染发、彩妆、香水、卫浴、药房专销化妆品和皮肤科疾病辅疗护肤品等。1996年,欧莱雅正式进军中国市场;1997年2月,欧莱雅正式在上海设立中国总部。目前,欧莱雅集团在中国拥有约3000名员工,业务范围遍布北京、上海、广州、成都等400多个城市。欧莱雅对中国市场的微观环境分析包括以下几点。

(1) 顾客与公众。2001年,中国化妆品市场销售总额为400亿元,2002年,销售增长速度为14%~15%,实际销售总额大约为450亿元~460亿元。2003年,化妆品行业发展速度保持稳定增长,增幅不低于15%,销售总额达到500亿元。国内化妆品生产企业已达2500家,品种3万余种,市场总额居亚洲第二位,在全世界范围内而言已经成为一个美容大国。因此,世界名牌化妆品一致看好中国的消费潜力,几乎无一遗漏地抢滩中国内地,进驻中国市场,并且受到中国广大消费者的青睐,在中国市场上大放异彩。

(2) 竞争对手。目前欧莱雅集团在中国的主要竞争对手也是国际名牌化妆品,主要有雅芳、雅诗兰黛、倩碧、玉兰油系列、露华浓、圣罗兰、克里斯汀·迪奥、歌雯琪、旁氏、凡士林、克莱伦丝、妮维雅、威娜、花牌、资生堂等。这些品牌在国内都具有极高的知名度、美誉度和超群的市场表现。除了世界品牌在国内的混战外,欧莱雅集团还面临诸多国内本土品牌的进攻。国内的大宝、小护士、羽西(合资)、上海家化依然占有不少的护肤市场份额。所以,目前国内的化妆品市场可以说是处于战国时代,群雄逐鹿，市场竞争极为激烈，不时有品牌从市场上消失或者被其他公司吞并。为此，各化妆品公司无不如履薄冰，不敢懈怠。

（3）企业自身。虽然欧莱雅于1996年才进入中国市场，但早在20世纪80年代起就在巴黎成立了中国业务部，专门从事对中国市场的调查研究。90年代欧莱雅在其香港的分公司里设立了中国业务部，准备开拓中国市场，并在广州、北京、上海等地都设立了欧莱雅形象专柜，测试中国消费群体对欧莱雅产品的市场反响。为进入中国市场，欧莱雅其实花费了将近20年的时间做准备！

（4）营销中介。欧莱雅采取以目标客户来选择销售渠道的策略，如：针对高端客户生产的兰蔻等产品，只有在高档的商店才可以买到；而走大众路线的美宝莲，则在普通商场及超市就可以买到。盖保罗的理想还不止于此，他希望有一天，大家买美宝莲就像买可乐一样方便。因为欧莱雅给美宝莲的定位是"国际化的品牌，平民化的价格，要让中国的消费者不仅买得起，而且购买方便"。欧莱雅的广告策略也与其品牌定位及目标客户相匹配。美宝莲是大众化的品牌，所以要在覆盖面最广的电视媒体做广告，让更多的消费者知道。而薇姿和理肤泉因为是在药房销售，卡诗和欧莱雅专业美发在发廊销售，兰蔻等高端品牌只有在高档商店才有，网点并不像美宝莲那么多。宣传渠道一定要针对目标群体才有效。

欧莱雅公司通过对中国化妆品市场的营销环境分析，以其与众不同的品牌战略和差异化的产品定位进入中国市场，对所有的细分市场进行了全面覆盖，加上全球顶尖演员、模特的热情演绎，向公众充分展示了"巴黎欧莱雅，你值得拥有"的理念。目前已在全国近百个大中城市的百货商店及超市设立了近400个形象专柜，并配有专业美容顾问为广大中国女性提供全面的护肤、彩妆、染发定型等相关服务，深受消费者青睐。由于欧莱雅公司对中国市场分析到位、定位明晰，产品组合与市场推广模式适应了中国不同区域市场环境消费者的需求。因此，2003年，系列产品在中国市场的销售额达到了15亿元人民币，比2002年增加了69.3%，比1997年增长了824%。兰蔻在高档化妆品市场、薇姿在通过药房销售的活性化妆品市场、美宝莲在彩妆市场、欧莱雅染发在染发的高端市场已经占据了第一的位置。

◆ 工作任务分析

任何企业的营销活动都不会在真空中进行，总是在一定的市场环境中进行的。尤其是在现代市场经济条件下，企业的营销活动时刻充满风险与威胁。企业只有对影响生产经营的各种环境因子进行深入细致的分析研究，并努力去了解它、适应它和把握它，才能正确决策，趋利避害，实现既定营销目标。为此，企业营销部门及营销人员在此项目实施中的主要工作任务就是时刻关注与企业生产经营活动有关的各种环境因子，经常了解国家产业政策、投资政策、税收政策的导向以及宏观经济的运行状况，深入分析人口环境、社会文化环境、科学技术环境以及主要竞争对手营销策略的变化对企业营销的影响，研究目标客户的消费心理及消费特点，并将掌握的有价值的情报信息及时反馈给企业，协助企业的营销决策部门识别市场机会，调整营销策略，以机动灵活的竞争战略规避市场风险，参与市场竞争。

◆ 相关知识

一、市场营销环境的概念与特点

1. 市场营销环境的概念

市场营销环境是指与企业营销活动有关的所有力量和影响因素的集合，它是影响企业生存和发展的各种内外部条件，也是企业制定营销组合策略必须要考虑的因素。企业的市场营销环境一般分为宏观环境因素和微观环境因素。宏观环境因素是指对企业的市场营销活动造成威胁或提供机会的各种社会力量，包括人口、经济、政治、法律、科学技术、社会文化和自然地理等。微观环境因素则是指与企业紧密相连，直接影响其营销能力的各种参与者，具体包括企业自身、供应商、经销商、营销中介、顾客、竞争对手和社会公众等。

2. 市场营销环境的特点

（1）多样性和复杂性。营销环境的构成因素多，涉及范围广，各种环境因子之间相互影响，并且经常存在矛盾关系。这些环境因素的相互关系，有的能够评价，有的却难以估计。

（2）动态性和多变性。随着社会、经济、技术的发展，营销环境始终处在一个不稳定的状态中，不断发生着变化。尽管各种环境因素变化的速度与程度不同，如市场竞争状态的变化可能瞬息万变，而社会环境的变化一般较慢，但变化是绝对的，而且从总体上说营销环境的变化速度越来越呈现出加快的趋势。因此，企业的营销活动必须与营销环境保持动态平衡，一旦环境发生变化，企业营销就必须积极反应，以适应环境的变化。

（3）不可控性和可影响性。一般来说，宏观营销环境企业无法控制，因为企业不能改变人口因素、政治经济制度、社会文化因素等。但企业可以通过改善自身条件和调整经营策略，对营销环境施加影响，以促进某些营销环境朝着有利于企业产品营销的方向发展。

二、宏观营销环境分析

宏观营销环境是对企业的营销活动或提供机会，或造成威胁的主要社会力量，是企业的外部环境。它主要包括人口、经济、政治法律、科学技术、社会文化和自然地理等六大因素。一般来说，宏观环境是企业的不可控因素。如图1-1所示。

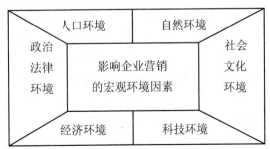

图1-1 影响企业营销的宏观环境因素

（一）人口环境

市场营销学认为，市场是由那些想买东西，同时又具有购买力的人构成的。这种人越多，市场的规模也越大。同时，人口的年龄结构、地理分布、风俗习惯、文化教育等，又会使其在需求结构、消费习惯、消费方式等方面具有显著的差异，对市场需求格局产生深刻影响，并直接影响企业的市场营销活动和企业的经营管理。企业必须重视对人口环境的研究，密切注视人口特性及其发展动向，不失时机抓住市场机会，当出现威胁时，应及时、果断调整营销策略以适应人口环境的变化。

1. 人口数量与增长速度对企业营销的影响

世界人口将呈现出爆炸性增长趋势。据人口学家统计，1991年世界人口为54亿，并且每年以8000万～9000万的速度增长，到21世纪初，世界人口将达到62亿，其中80%的人口属于发展中国家。众多的人口及人口的进一步增长，给企业带来了市场机会，也带来了威胁。首先，人口数量是决定市场规模和潜量的一个基本要素，人口越多，如果收入水平不变，则对食物、衣服、日用品的需要量就会增多，那么市场也就越大。因此，按人口数目可大略推算出市场规模。我国人口众多，无疑是一个巨大的市场。其次，人口的迅速增长促进了市场规模的扩大。因为人口增加，其消费需求也会迅速增加，那么市场的潜力也就会很大。例如，随着我国人口增加，人均耕地减少，粮食供应不足，人们的食物消费模式将发生变化，这就可能对我国的食品加工业产生重要影响；随着人口增长，能源供需矛盾将进一步扩大，因此研制节能产品和技术是企业必须认真考虑的问题；而人口增长将使住宅供需矛盾日益加剧，这就给建筑业及建材业的发展带来机会。但是，另一方面，人口的迅速增长，也会给企业营销带来不利的影响。比如人口的迅速增长会引起食品短缺、重要矿产资源枯竭、环境污染、交通拥挤、人们生活质量恶化等一系列问题，企业对此应予以关注。

2. 人口结构变化对企业营销的影响

人口结构主要包括人口的年龄结构、性别结构、家庭结构、社会结构以及民族结构等。

（1）年龄结构。人口可划分为六个年龄阶段：学龄前儿童、学龄儿童、青少年、25～40岁青年、40～60岁中年人和60岁以上的老年人。目前，许多国家的人口正趋于老龄化。人口老龄化，一方面，对医疗、保健用品、助听器、眼镜、旅游、娱乐等的市场需求会迅速增加，这样就给经营老年人用品的行业如旅游业、旅馆业、娱乐业提供了市场机会；另一方面，市场对摩托车、体育用品等青少年用品的需求将减少。有些国家的老年人一般不再愿意添置住宅、汽车等某些高档商品。所以，这种人口动向对经营青少年用品、某些高档商品的行业就是一种环境威胁。我国人口年龄结构的特点是：现阶段，青少年比重约占总人口的一半，反映到市场上，在今后20年内，婴幼和少年儿童用品及结婚用品的需求将明显增长。目前我国人口老化现象同世界整体趋势相仿，21世纪初，65岁以上的老年人已达到7%，且人口老化速度已大于西方发达国家。反映到市场上，将使老年人的需求呈现高峰。这样，诸如保健用品、营养品、老年人生活必需品等市场将会有较大的潜力。

（2）家庭结构。第二次世界大战结束后的一段时间，"两个孩子、两辆汽车、郊区家庭"这种思想在西方很流行。但是现在，美国是世界上离婚率最高的国家，而且美国人普遍晚婚，婚后一般都不生孩子或少生孩子，妇女婚后参加工作的人数也在增加。美国家庭的这种变化，引起了市场需要的相应变化。例如，由于普遍晚婚，致使市场对结婚用品的需要减少；由于离婚率很高，很多人离婚后不愿再婚，致使市场对住房、汽车、轮胎、日托服务等物品或服务的需要增加。近几十年来，有些东方国家的家庭规模呈小型化趋势，给经营这些家庭用品的行业提供了市场机会。欧美国家的家庭规模基本上户均 3 人左右，亚非拉等发展中国家户均 5 人左右。在我国，"四代同堂"现象已不多见，"三位一体"的小家庭则很普遍，并逐步由城市向乡镇发展。家庭数量的剧增必然会引起对炊具、家具、家用电器和住房等需求的迅速增长。

（3）性别结构。反映到市场上就会出现男性用品市场和女性用品市场。例如，我国市场上，妇女通常购买自己的用品、杂货、衣服，男子购买大件物品等。

（4）社会结构。我国人口绝大多数在农村，农村人口约占总人口的 70%左右。这一社会结构的客观因素决定了企业在国内市场中，应当以农民为主要营销对象，市场开拓的重点也应放在农村。尤其是一些中小企业，更应注意开发价廉物美的商品以满足农民的需要。

（5）民族结构。民族结构不同，消费结构也有很大差异。如日本是一个单民族国家，几乎所有的人都是日本民族。而新加坡则恰好相反，人们的民族背景各不相同。新加坡人口 78%为华人，14%为马来人，7%为印度人，还有 1%为混血。美国人口基本是由过去两个世纪以来的移民构成的，因而是个多民族的国家。中国人口由 56 个民族构成。企业要分析研究不同国家、不同区域的人口结构，以便根据不同民族的宗教信仰、风俗习惯开展营销活动。

3. 人口的地理分布及区间流动对企业营销的影响

地理分布是指人口在不同地区的密集程度。人口的这种地理分布表现在市场上，就是人口的集中程度不同，则市场的规模不同，购买力的大小不同。此外，人口的流动性也是影响企业营销的一个重要因素。目前世界上许多国家的人口社会结构表现出两大流动趋势：一是农村人口大量流向城市。这对零售商业结构影响很大，同时也为房地产行业提供了广阔的市场前景。二是城市人口不断流向郊区。二战后，许多发达国家的城市交通日益拥挤，污染日益严重，许多人纷纷从城市迁往郊区。于是在大城市周围出现了郊区住宅区，而且在郊区住宅区周围出现了郊区的郊区。这些必然带动城郊经济的发展。

（二）自然环境

自然资源是指自然界提供人类的各种形式的物质财富，如土地资源、矿产资源、森林资源、水力资源等。自然资源环境对企业营销的影响主要表现在以下三个方面。

1. 某些自然资源短缺或即将短缺

自然资源有些属于无限资源，有些则属于有限资源。无限资源是指那些取之不尽、用之不竭的资源，如空气、"水"等。世界各国尤其是一些现代化城市在近几十年来用水量增加很快（估计世界用水量每 20 年增加 1 倍）；世界各地水资源分布不均，且每年和各个季节的情况各不相同,所以目前世界上许多国家或地区面临缺水。这不仅会影响人民的生活,而且对相关企业也是一种环境威胁。有限资源则是指那些数量稀缺但可以更新的资源,如森林、粮食等。我国森林覆盖率低,仅占国土面积的12%,人均森林面积只有1.8亩,大大低于世界人均13.5亩的水平。我国耕地面积少,而且随着城镇化进程的加快,耕地面积将进一步减少,这一状况不遏制,我国的粮食安全和其他土地密集型农产品的市场供应将会成为严重问题。另外,一些数量有限但不能更新的自然资源,如石油、煤、铀、锡、锌等矿物。这类资源必须寻找代用品,以便给企业造成新的市场机会。

2. 环境污染日益严重

随着工业化和城市化的发展,环境污染日益严重,公众对这一问题越来越关注,纷纷指责环境污染的制造者。这种动向一方面对那些造成污染的行业和企业是一种威胁;另一方面给防治污染、保护环境的企业及相关产业带来了新的市场机会。

3. 政府对自然资源管理的干预日益加强

随着经济的发展和科学的进步,许多国家的政府都加强了对自然资源的管理与干预。政府的干预更多的是为了社会利益和长远利益,这往往与企业的经营战略和经营效益相矛盾。例如,为了控制污染,政府往往要求企业购置价格昂贵的污染处理设备,这必然会影响企业的经营效益。再如,如果政府严格按照污染控制标准监督管理企业,一些企业就要关、停、并、转,这样就可能影响一些工业品的市场供给。因此,企业要统筹兼顾地解决好这种矛盾,力争做到既能减少环境污染,又能保证企业发展,提高经营效益。

(三)经济环境

经济环境是指企业营销活动所面临的外部经济条件,其运行状况和发展趋势会直接或间接地对企业的营销活动产生影响。

1. 直接影响企业营销活动的经济环境因素

(1)消费者收入水平的变化。消费者的购买力来自消费者的收入。消费者的收入一般包括工资、红利、租金、退休金、馈赠等收入,当然也包括第二职业取得的收入,且其比重呈上升趋势。消费者收入是影响社会购买力、市场规模大小以及消费者支出多少和支出模式的一个重要因素。但消费者并不是把全部收入都用来购买商品或劳务,消费者的购买力仅是收入的一部分。因此,消费者收入的研究具体包括个人收入、个人可支配收入和个人可随意支配的收入三个方面。个人可支配收入是指扣除消费者个人缴纳的各种税款(如所得税)和交给政府的非商业性开支(党费、会费、罚款等)后可用于个人消费和储蓄的那部分个人收入。个人可支配收入是影响消费者购买力和消费者支出的决定性因素。个人可随意支配收入是指个人可支配收入减去消费者用于购买生活必需品的固定支出(如房租、保险费、分期付款、抵押贷款)所剩下的那部分个人收入。个人可随意支配收入一般都用来购买奢侈品、汽车、大型器具及旅游度假等,所以,这种消费者个人收入是影响奢侈品、汽车、旅游等商品销售的主要因素。除此以外,还要区别货币收入和实际收入,因为实际收入会影响实际购买力。货币收入一定,实际收入与物价变动呈反比。另外，实际收入也受通货膨胀因素的影响，当消费者的货币收入随着物价上涨而增加时，若通货膨胀率超过了货币收入增长率，消费者的实际收入也会减少。

（2）消费者支出模式和消费结构的变化。随着消费者收入水平的变化，消费者的支出模式会发生相应的变化，继而使一个国家或地区的消费结构也发生相应变化。西方一些经济学家常用恩格尔系数来反映这种变化。恩格尔系数的计算公式是：恩格尔系数=食品支出/总支出。食品支出占总消费量的比重越大，恩格尔系数越高，生活水平越低；反之，食品支出占总消费量的比重越小，恩格尔系数越低，生活水平越高。目前，西方经济学对恩格尔定律是这样解释的：①随着家庭收入的增加，家庭用于购买食品的支出占家庭收入的比重逐渐下降；②随着家庭收入的增加，家庭用于住宅建筑和家务经营的支出占家庭收入的比重变化不大（燃料、照明、冷藏等支出占家庭收入的比重会下降），但绝对值增加；③随着家庭收入的增加，家庭用于其他方面的支出（如服装、交通、娱乐、卫生保健、教育）和储蓄占家庭收入的比重就会增加。

二战以来，联合国粮农组织规定了衡量各国生活水平的恩格尔系数。其标准是：恩格尔系数大于60%为贫困水平，50%～60%为温饱，40%～50%为小康水平，30%～40%为富裕水平，20%以下为最富裕。现在发达国家的恩格尔系数一般都在20%左右。我国根据城镇职工家庭收入抽样调查资料提供的数据。恩格尔系数1981年为56.66%，1983年为59%，1984年为58%，1987年为53.50%。到2000年，我国大部分城镇居民恩格尔系数已下降到45%，农村居民为50%左右，达到小康水平，预计2010年，则可分别达到35%及40%，达到富裕水平，进入中等收入国家行列。企业，特别是生产消费品的企业应注意这一数字的变化。

消费者支出模式除了主要受消费者收入的影响外，还受家庭生命周期阶段和消费者住所所在地的影响。就家庭生命周期阶段来讲，有孩子与没有孩子的年轻人家庭的支出情况有所不同。没有孩子的年轻人往往把更多的收入用于购买电冰箱、家具、陈设品等耐用消费品，而有孩子的家庭在孩子成长的不同阶段其收支状况表现不一。就消费者的住所而言，所在地不同的家庭用于住宅、交通、食品等方面的支出情况也有所不同。例如，住在中心城市的消费者和住在农村的消费者相比，前者用于交通方面的支出较少，用于住宅方面的支出较多。

（3）消费者储蓄和信贷情况的变化。储蓄来源于消费者的货币收入，其最终目的还是为了消费。但是，在一定时期内储蓄的多少将影响消费者的购买力和消费支出。当收入一定时，储蓄越多，现实消费量就越小，但潜在的消费量就越大；反之，储蓄越少，现实消费量就越大，但潜在的消费量就越小。企业营销人员应当全面了解消费者的储蓄情况，尤其是要了解消费者储蓄目的的差异。储蓄的目的不同，往往对潜在需求量、消费模式、消费内容、消费发展方向的影响不同。另外，目前许多国家的消费者不仅以其货币收入购买他们需要的商品与劳务，而且还用消费者信贷的方式来购买商品与劳务，即消费者凭借信用先取得商品与劳务的使用权，然后再按期归还贷款。这就要求企业营销人员在调查、了解消费者储蓄与信贷动机的基础上，制定不同的营销策略，以便为消费者提供适宜的产品与劳务。

2. 间接影响企业营销活动的经济环境因素

（1）经济发展水平。企业的市场营销活动要受到一个国家或地区整体经济发展水平的制约。经济发展阶段不同，居民的收入不同，顾客对产品的需求也不一样，从而会在一定程度上影响企业的营销。例如，以消费者市场来说，经济发展水平比较高的地区，在市场营销方面，强调产品款式、性能、特色，一般品质竞争多于价格竞争。而在经济发展水平比较低的地区，则较侧重于产品的功能及实用性，价格因素比产品品质更为重要。在产业市场方面，经济发展水平高的地区注重投资较大而又能节省劳动力的先进、精密、自动化程度高、性能好的生产设备。因此，对于不同经济发展水平的地区，企业应采取不同的市场营销策略。

（2）经济体制。世界上存在着多种经济体制，有计划经济体制，也有市场经济体制，还有混合经济体制。不同经济体制对企业营销活动的制约和影响不同。在计划经济体制下，企业是行政机关的附属物，没有生产经营自主权，企业生产什么、生产多少、如何销售都不能自主决策，因而就谈不上开展市场营销活动。而在市场经济体制下，企业是自主经营、自负盈亏的商品经济实体，企业的一切生产经营活动都必须以市场为导向，企业的经营目标能否实现最终要看产品在市场上的销售情况，因而企业必须高度重视市场营销活动，通过市场需求分析，为消费者生产提供适宜的产品，并以适宜的价格、顺畅的渠道和积极有效的促销，实现自己的既定经营目标。

（3）地区与行业的发展状况。我国地区经济发展很不平衡，逐步形成了东部、中部、西部三大地带和东高西低的发展格局。同时在各个地区的不同省、市，还呈现出多极化发展的趋势。这种地区经济发展的不平衡，对企业的投资方向、目标市场以及营销战略的制定等都会带来巨大影响。另外，我国行业与部门的发展也有差异，今后一段时间，我国将重点发展农业、原料和能源等基础产业。这些行业的发展必将带动商业、交通、通讯、金融等行业和部门的相应发展，也给市场营销带来了一系列影响。

（四）技术环境

科学技术是社会生产力最活跃的因素，作为营销环境的一部分，技术环境不仅直接影响企业内部的生产经营，而且还同其他环境因素相互依赖、相互作用，共同对企业的营销活动造成威胁。

1. 知识经济带来的机会与挑战

知识经济是以不断创新和对这种知识的创造性应用为主要基础而发展起来的新经济形态。它以不断创新为特色，新的超过旧的，旧的退出市场丧失效用，新的占领市场获得超额价值。这个创新过程是急速旋转、异常快捷、没有终止的。这种不断创新的知识与智慧和土地、矿藏不同，它不具有唯一性和排他性。这块地你拥有了，他就不能再同时拥有；种了小麦就不能同时再种玉米。这座矿藏为你占用就不能同时为他占用；挖完了就没有了。知识和智慧可以同时为多人所占有，并可一再重复使用。作为人类智慧的成果，它可以与其他知识连接、渗透、组合、交融，从而形成新的有用的知识。知识也有"自然损耗"，它的直接效用没有了，但还可以再开发，成为嫁接、培育新知识的"砧木"，成为启发新的智慧的火花。在知识经济时代，企业如果离开了知识管理就不可能有竞争力。知识管理的目的就是运用集体的智慧提高企业的应变能力和创新能力，使企业能够对市场需求作出快速反应，并利用所掌握的知识资源预测市场需求的发展趋势，开发适销对路的创新产品，更好地满足市场需要。

2. 新技术是一种"创造性的毁灭力量"

新技术本身创造出新的东西，同时又淘汰旧的东西。每一种新技术都会给某些企业造成新的市场机会，因而会产生新的行业，同时，还会给某个行业的企业造成环境威胁，使这个旧行业受到冲击甚至被淘汰。例如VCD、DVD技术的出现，无疑将会夺走录像机、录像带的市场，给录像带制造商以"毁灭性的打击"。大量启用自动化设备和采用新技术，将出现许多新行业，包括新技术培训、新工具维修、电脑教育、信息处理、自动化控制、光导通信、遗传工程、海洋技术等。如果企业高层富于想象力，及时采用新技术，从旧行业转入新行业，就能求得生存和发展。当今世界，科学技术飞速发展并向现实生产力迅速转化，日益成为现代生产力中最活跃的因素和最主要的推动力量。科学技术为劳动者所掌握，就会极大地提高人们认识自然、改造自然和保护自然的能力；科学技术和生产资料相结合，就会大幅度地提高工具的效能，从而提高使用这些工具的人们的劳动生产率，就会帮助人们向生产的深度和广度进军。社会主义制度为科学技术的运用和发展开辟了极其广阔的前景，使科学技术对发展生产力和推动社会进步的作用得到了更为充分的发挥。

3. 新技术会引起企业经营管理的变化

技术是管理变革的动力，它向管理提出新课题、新要求，又为企业改善经营管理、提高管理效率提供了物质基础。目前，一场以微电子为中心的新技术革命正在蓬勃兴起。许多企业在经营管理中都使用了电脑、传真机等设备，这对于改善企业经营管理，提高经营效益起了很大作用。现在凡是大众化的商品，在商品包装上都印有条纹码，使得结账作业迅速提高，大大提高了零售商店收款的工作效率，缩短了顾客等候的时间。另外，网络传媒技术使政府部门的事务管理也更加便捷。

4. 新技术革命将影响零售企业的结构和消费者的购物习惯

随着电子技术的迅速发展，出现了"电视购物"这种在家购物的方式。顾客若想购买东西，可以在家里打开连接各商店的终端机，各种商品的信息就会显示在电视荧光屏上。顾客可以通过电话订购电视荧光屏上所显示出来的任何商品，然后按一下自己的银行存款账户号码，即把货款自动传给有关商店，所订购的商品很快就送到顾客的家门口。此外，人们还可以在家里通过"电脑电话系统"订购车票、飞机票和影剧票。企业也可以利用这种系统来进行广告宣传、营销调研和推销商品。

（五）政治法律环境

政治法律环境是影响企业营销的重要宏观环境因素。政治因素调节着企业营销活动的方向，法律则为企业规定商贸活动的行为准则。

1. 政治环境因素

政治环境因素是指企业市场营销活动的外部政治形势和状况以及国家方针政策的变化对市场营销活动带来的或可能带来的影响。一个国家的政局稳定与否会给企业营销活动带来重大影响。如果政局稳定，生产发展，人民安居乐业，就会给企业营造良好营销环境。相反，政局不稳，社会矛盾尖锐，秩序混乱，这不仅会影响经济发展和人们的购买力，而且对企业的营销心理也有重大影响。战争、暴乱、罢工、政权更替等政治事件都可能对企业的营销活动产生不利影响，能迅速改变企业环境。另外，一个国家在不同时期，根据不同需要制定的经济政策、发展方针也会直接影响企业的营销活动。例如，我国在产业政策方面制定的《关于当前产业政策要点的决定》，明确提出了当前的生产领域、基本建设领域、技术改造领域、对外贸易领域各主要产业的发展序列。还有诸如人口政策、能源政策、物价政策、财政政策、金融与货币政策等，都给企业研究经济环境、调整自身的营销目标和产品结构提供重要依据。目前国际上各国政府采取的进口限制、税收政策、价格管制、外汇管制、国有化政策等，对企业的营销策略也有重大影响。

2. 法律环境因素

对企业来说，法律是评判企业营销活动的准则，只有依法进行的各种营销活动，才能受到国家法律的保护。因此，企业开展营销活动，必须了解并遵守国家或政府颁布的有关经营、贸易、投资等方面的法律、法规。如果从事国际营销活动，企业既要遵守本国的法律制度，还要了解和遵守市场国的法律制度和有关的国际惯例和准则。例如，美国《反托拉斯法》规定不允许几个公司共同商定产品价格，一个公司的市场占有率超过20%就不能再合并同类企业。另外，由于产品的物理和化学特性事关消费者的身心安全，各国法律对产品的纯度、安全性能都有详细甚至非常苛刻的规定，目的在于保护本国的生产者而非消费者。从当前企业营销活动的法律环境来讲，有两个显著的特点：一是管制企业的立法增多，法律体系越来越完善，二是政府机构执法更严。各国都根据自己的情况，建立了相应的执法机关。企业必须懂法守法，用法律来规范自己的营销行为并自觉接受执法部门的管理与监督。

（六）社会文化环境

人类在一定的社会环境中生活，必然会形成某种特定的文化，包括一定的态度和看法、价值观念、宗教信仰、道德规范及世代相传的风俗习惯等。文化是影响人们欲望和行为（包括企业的和顾客的欲望和行为）的一个很重要的因素。例如，我国人民在春节都要买年货、贴春联、相互拜年，欢度春节等；西方人每逢圣诞节就大量购买食品、礼品、互送圣诞礼物，欢度圣诞节等。人们的这种行为就受其传统文化的影响，企业做市场营销决策时必须分析研究特定目标市场的文化环境因素。

1. 价值观念

价值观念就是人们对社会生活中各种事物的态度和看法，在不同的文化背景下，人们的价值观念具有很大的差别，消费者对商品的需求和购买行为深受价值观念的影响。如战后美国年轻的一代比他们的父辈更追求自由和享受，随之而来的是家庭观念的淡漠，个人主义受到鼓励和提倡，在这种社会风尚的影响下，个人消费水平大大提高。对于不同的价值观念，企业的市场营销人员就应该采取不同的营销策略。一种新产品的消费，会引起社会观念的变革。而对于一些注重传统、喜欢沿袭传统消费方式的消费者，企业在制定促销策略时应把产品与目标市场的文化传统联系起来。

2. 宗教信仰

纵观历史上各民族消费习惯的产生和发展，可以发现宗教是影响人们消费行为的主要因素之一。某些国家和地区的宗教组织在教徒购买决策中也有重大影响。一种新产品的出现，宗教组织有时会提出限制，禁止使用，认为该商品与宗教信仰相冲突。所以，企业可以把影响大的宗教组织作为自己的重要公共关系对象，在经销活动中也要针对宗教组织设计适宜的方案，以避免由于矛盾冲突给企业营销活动带来不利影响。

3. 生活习惯

不同国家和地区的人们都有自己的风俗和生活习惯，不同的生活习惯具有不同的需求，研究风俗和生活习惯，不但有利于组织好消费用品的生产与销售，而且有利于积极主动地引导消费。了解目标市场消费者的禁忌、习俗、避讳、信仰、伦理等是企业进行市场营销活动的重要前提。如"白象"作为商品的商标，在我国是无可非议的，"白象"电池在东南亚也很受欢迎，但在英美市场却遭到挫折，其原因就是"白象"这个词，在西方国家的习惯里是愚蠢的东西，给人以厌恶感，用它作为商标，自然不会受英美消费者的欢迎。

4. 审美观念

人们在市场上挑选、购买商品的过程，实际上是审美观念在日常生活中的实践与应用。近年来，我国人民的审美观念随着物质生活水平的提高，发生了巨大变化。一是追求健康美；二是追求形式美；三是追求环境美。企业营销人员必须注意消费者审美观念的变化，把消费者对商品的评价作为重要反馈信息提供给企业的决策部门，以使商品的功能效用、外观设计、艺术化的展示与经营场地的美化融合为一体，以达到刺激消费，扩大购买的效果。

三、微观营销环境分析

企业的微观环境是与企业紧密相连，直接影响企业营销能力的各种微观环境因子。具体包括企业自身、供应商、经销商、顾客、竞争对手和社会公众等。如图1-2所示。

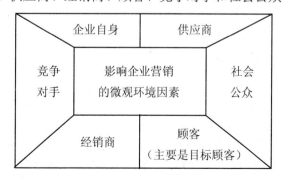

图1-2 影响企业营销的微观环境因素

（一）企业自身

企业的市场营销，起主导作用的是企业自身。它处于市场营销的中心指挥位置。企业为实现其目标,必须进行制造、采购、研究与开发、财务、市场营销等业务活动,而市场营销部门一般由市场营销副总裁、销售经理、推销人员、广告经理、营销调研经理、市场营销计划经理、定价专家等组成。市场营销部门在制定决策时,不仅要考虑企业的外部环境力量,而且还要考虑企业的内部环境因子。首先,市场营销部门要考虑其他业务部门(如制造部门、采购部门、研究与开发部门、财务部门等)的情况,并与之密切协作,共同研究制订年度和长期计划;其次,市场营销部门要考虑最高管理层的意图,以企业任务、目标、战略和政策等为依据,制订市场营销计划,并报告最高管理层批准后执行。

(二)营销渠道中的企业

要使一个企业的营销成功必须依靠高效的市场营销渠道,因而,市场营销渠道的参加者对企业的营销具有很大的影响。市场营销渠道的企业包括:

(1)供应商,是向企业供应原材料、零部件、能源、劳动力和资金等生产资源要素的企业或组织;

(2)经销商,是专门从事商品购销活动,并对所经营的商品拥有所有权的企业或组织,如批发商、零售商等;

(3)代理商,是协助买卖成交、推销产品,但对所经营的产品没有所有权的中间商,如经纪人、制造商代表等;

(4)辅助商,是辅助执行中间商的某些职能,为商品交换和物流提供便利,但不直接经营商品的企业或机构,如仓储公司、运输公司、保险公司、广告公司、银行、市场调研部门、市场营销咨询公司等。

(三)市场

企业的生存依赖市场,企业的发展也依赖市场。找不到市场的企业是没有生命力的。从一般营销角度来讲,市场可以分为以下五种类型。

(1)消费者市场。即为最终个人消费而购买的个人和家庭所构成的市场。

(2)生产者市场。即为了生产、取得利润而购买的个人和企业所构成的市场。

(3)中间商市场。即为了转卖、取得利润而购买的批发商和零售商所构成的市场。

(4)政府市场。即为了履行职责而购买的政府机构所构成的市场。

(5)国际市场。即由国外的消费者、生产者、中间商、政府机构等所构成的市场。

(四)竞争者

市场营销实践表明,企业所要做的并非仅仅迎合目标顾客的需要,而是要通过有效的产品定位,使得企业产品与竞争者产品在顾客心目中形成明显差异,从而取得竞争优势。从消费需求的角度划分,企业的竞争对手包括以下几种。

(1)愿望竞争者。是指供应不同产品以满足不同需求(愿望)的竞争者。如果你是DVD制造商,那么,生产电视机、洗衣机、地毯等不同产品的厂家就是愿望竞争者。如何促使人们首先购买DVD,这是一种竞争关系。

(2)普通竞争者。是指提供能够满足同种需求的不同产品的竞争者,如自行车、摩托车、小汽车都是能满足家庭需要的交通工具，它们之间的竞争是普通竞争。

（3）产品形式竞争者。是指产品相同，但规格、型号、款式不同的竞争者。如自行车有各种款式，26型、24型等。

（4）品牌竞争者。是指产品相同，规格型号也相同，但品牌不同的竞争者。如24型自行车有永久、飞鸽等不同品牌。

前两种竞争是不同行业的竞争，后两种竞争是同行业的竞争。

（五）社会公众

社会公众是指对企业的营销活动发生直接或间接影响的团体或机构。企业的周围有各种各样的公众。这些公众有时尽管不直接购买商品，但他们的行为会对企业的营销产生重大影响，有时甚至会给企业的营销造成巨大损失。企业所面临的社会公众主要包括以下几种。

（1）金融公众。主要指关心和可能影响企业取得经营资金的组织和机构，如工商银行、投资公司、证券交易所、保险公司、各种形式的财务公司等。

（2）政府公众。指与企业的业务活动有直接或间接关系的政府机构。直接关系的机构主要指各企业的上级主管部门，间接关系的机构主要指对企业的经营行为有监督、指挥、制约功能的政府部门，如财政、工商管理、税务、物价、商检、海关等。企业只有处理好同这些机构的关系，才能避免正常经营中的一些麻烦。

（3）媒体公众。主要指从事信息传递工作的媒体公众，如广播、电视、报纸、杂志等大众传播媒体，他们的宣传，从不同的方面影响着企业的营销活动。

（4）环境公众。主要指企业周围的一些地方利益公众，如周围的居委会、社会组织、电力部门、自来水公司等。企业的营销活动，必然和这些公众发生联系，有时可能会产生对立与冲突，企业应派专人负责协调处理和这些公众的关系，通过提供一些社会公益赞助，取得他们的信任与支持。

（5）消费者公众组织，即保护消费者利益的组织。如我国的消费者协会，还有像环境保护组织、绿色组织、地区性的行业协会等。这些公众对企业的经营行为都会产生一定的制约作用，如在"中国质量万里行"中，消费者协会就发挥了重要作用。

（6）内部公众。指企业内部的公众，包括董事会、经理、工人等。一些大的企业通常发布内部通讯，对职工起沟通和激励作用。同时，内部公众的态度也会对社会上的公众产生影响。如企业内部管理差，职工情绪低落，往往会改变社会公众对企业的态度，从而影响到企业的经营效率。

四、营销环境分析与企业对策

企业要想获得经营的成功，必须要适应其所处的环境，并能根据环境条件的变化及时调整其经营战略，以把握市场机会，规避环境威胁。

（一）环境威胁与市场机会

环境发展趋势基本上分为两大类：一类是环境威胁；另一类是市场营销机会。所谓环境威胁是指环境中一种不利的发展趋势所形成的挑战，如果不采取果断的市场营销行为，这种不利趋势将威胁到企业的市场地位。企业应善于识别所面临的威胁。并按其严重性和出现的可能性进行分类，然后为那些严重性大、可能性也大的威胁制订应变计划。

所谓市场营销机会，是指客观存在的、竞争对手尚未满足的对企业的营销管理富有吸引力的需求或领域。在该需求领域内，企业将拥有竞争优势。这些机会可以按其吸引力以及每一个机会可能获得成功的概率来加以分类。企业在每一个特定机会中成功的概率，又取决于其业务实力是否与该行业所需要的成功条件相符合。

假设某烟草公司通过其市场营销信息系统和市场营销研究了解到足以影响其业务经营的动向有以下五种：

（1）一些国家政府颁布法令，规定所有的香烟广告包装上都必须印上关于吸烟危害健康的严重警告；

（2）一些国家的某些地方政府禁止在公共场所吸烟；

（3）许多发达国家的吸烟人数下降；

（4）这家烟草公司的研究实验室很快就发明了用莴苣叶制造无害烟叶的方法；

（5）发展中国家的吸烟人数迅速增加。据估计，中国目前有3亿多人吸烟，占总人口的三分之一，且青少年中的吸烟者所占比重最高。

上述前三个动向给这家公司造成了环境威胁；后两个动向则给这家公司带来了新的市场机会，使该公司有可能享有"差别利益"。

（二）威胁与机会的分析、评价

尽管现实中的企业面临着各种威胁与机会。但并不是所有的环境威胁都一样大，也不是所有的市场机会都有同样的吸引力。企业可利用"环境威胁矩阵图"和"市场机会矩阵图"来进行分析、评价。如图1-3所示。

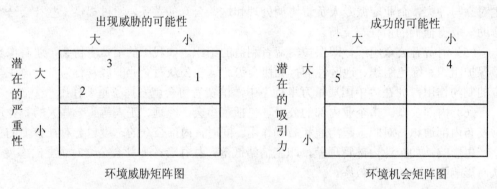

图1-3 环境威胁与机会的分析、评价

环境威胁矩阵图的横向代表出现威胁的可能性，纵向代表潜在的严重性，表示盈利减少的程度。上述烟草公司在环境威胁矩阵图上有三个"环境威胁"，即威胁1、2、3。其中，威胁2、3的潜在严重性大，出现威胁的可能性也大，所以，这两个威胁是主要威胁，公司应对这两个威胁特别重视。

环境机会矩阵图的横向代表成功的可能性，纵向代表潜在的吸引力，表示潜在的盈利能力。上述烟草公司在市场机会矩阵图上有两个"市场机会"，即机会4、5。其中，机会5是最好的市场机会，其潜在的吸引力和成功的可能性都大，而机会4的吸引力虽然大，但成功的可能性却比较小。

用上述方法对企业的经营业务进行分析、评价，会出现四种不同的结果。如图1-4所示。

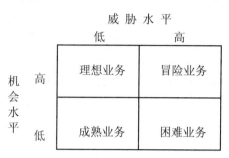

图1-4 企业经营业务的分类与评价

从图1-4可以看出：理想业务属于高机会、低威胁的业务；冒险业务属于高机会、高威胁的业务；成熟业务属于低机会、低威胁的业务；困难业务属于低机会、高威胁的业务。

（三）企业对策

企业通过对环境因素的分析，可通过找出有利的市场发展机会和避开不利威胁来调整企业战略，以谋求企业的长足发展。对于企业所面临的市场机会，企业的决策者必须慎重地评价其质量。美国著名市场营销学者西奥多·莱维特曾警告企业家们，要小心地评价市场机会。他指出："这里可能是一种需要，但是没有市场；或者这里可能是一个市场，但是没有顾客；或者这里可能有顾客，但目前实在不是一个市场。"而企业对所面临的主要威胁应通过以下三种对策来进行防范。

（1）反抗策略。企业试图限制或扭转不利状况的发展。例如，企业可通过各种方式促使或阻止政府通过某种法令，或达成某种协议，或制定某项策略以抵制不利因素的影响。

（2）减轻策略。企业可通过调整市场营销组合来改善环境，以提高适应性，降低威胁的严重性。例如，当可口可乐的年销售量达到300亿瓶时，美国的饮料市场上突然杀出了百事可乐。它不仅在广告费用的增长速度上紧跟可口可乐，而且在广告方式上也针锋相对。可口可乐面对这种威胁，及时调整市场营销组合，来减轻环境威胁的严重性：一方面聘请社会名人，来对饮料市场的购买行为和消费走势进行分析，另一方面采取更加灵活的宣传方式和更加强势的广告促销，向百事可乐发起进攻，力求将更多的消费者吸引过来，经过各种积极有效的营销努力，取得了良好的效果。

（3）转移策略。企业决定转移到其他赢利更多、威胁更少的行业或市场，实行多角化经营。例如，创始于1901年的吉列公司，原来只生产剃须刀和刀片。二战结束后，销售额已达到5300万美元，国内市场份额已达90%，因此，在国内继续扩大销量已不大可能，在这种情况下，公司开始实行多角化战略，一是依托自己的技术优势推出新产品：女性健美产品和书写用具；二是大力开拓发展中国家市场。通过这一战略的实施，吉列公司得到了稳步发展，成为世界闻名的跨国公司。

◆ **任务实施**

第一步，邀请有关企业的市场营销负责人与学生一起召开一次营销环境分析、评价研讨会，对影响某类产品、某个企业或行业的宏观环境因素与微观环境因素进行深入剖析；

第二步，组织引导学生对某产品或某企业的市场营销环境进行实地调查，搜集与其有关的情报信息，分析该企业所面临的市场机会和存在的环境威胁，并利用"市场机会矩阵图"和"环境威胁矩阵图"找出企业最好的市场机会和最大的环境威胁；

第三步，结合企业的资源技术优势，具体制定企业的应对策略，提出企业应通过哪些营销努力来把握机会，规避风险，消除威胁。

◆ **总结与回顾**

现代企业是一个开放的系统，它的活动与社会的方方面面和它所处的市场环境有着千丝万缕的联系。对于企业来说，只有不断地适应营销环境的变化，并根据环境的变化不断调整营销组合，才能有效地开展营销活动，并实现预期的经营目标。企业分析营销环境的目的是寻求市场机会和避免环境威胁。

一般来说，企业的营销环境包括宏观营销环境和微观营销环境。宏观环境又包括人口环境、经济环境、自然环境、科学技术环境、政治法律环境和社会文化环境。人口环境的变化主要包括世界范围内人口的爆炸性增长、年龄、性别、民族及家庭结构的变化、人口的地理分布及流动性等。经济环境的变化包括消费者收入的变化、消费者支出模式的变化、消费者的储蓄和信贷情况的变化。自然环境的变化是某些自然资源的短缺、污染程度的加剧以及政府对环境保护的干预等。技术环境的变化主要包括新技术是一种"创造性的破坏因素"、新技术有利于改善企业的经营管理、新技术会影响零售商业结构和消费者的购物习惯等。政治法律环境主要是指企业市场营销活动的外部政治形势和状况以及国家立法、方针政策的变化对市场营销活动带来的或可能带来的影响。社会文化环境的变化是指不同国家和地区的人们在价值观念、宗教信仰、风俗习惯等方面的差异以及亚文化群的发展动向等。企业的微观环境主要包括企业自身、供应商、经销商、消费者、竞争对手、社会公众等。

营销环境的变化对企业的影响主要表现在两个方面：一是给企业提供市场机会；二是给企业造成环境威胁。企业应通过"市场机会矩阵图"和"环境威胁矩阵图"对每一个相关的环境因素进行分析判断，从而采取有针对性的营销对策，以利用市场机会，消除市场威胁。

本项目的教学重点与核心技能是企业营销环境分析、市场机会识别与环境威胁规避。

◆ **复习思考题**

1. 简述影响企业营销活动的宏观环境因素和微观环境因素。
2. 简述社会文化环境因素会对企业的营销活动产生哪些影响。
3. 简述企业面对环境威胁时，一般应采取哪些对策？
4. 从市场营销的角度分别说明企业在市场上面临哪些类型的竞争者？

◆ **实训练习**

以 3～5 人为一组，在学校所在地选择一家企业，然后利用课余时间对其所处的营销环境进行调查分析，在此基础上，根据企业面临的市场机会和环境威胁写一份书面调研报告，提出企业消除其环境威胁应采取的应对策略。

项目三　现代市场营销理念的构建

◆ **知识、能力、素质目标**

使学生深刻理解现代市场营销理念的本质内涵，明确营销理念是企业从事市场营销活动，处理企业、顾客与社会关系的根本指导思想，也是企业营销行为的重要决定因素，不同的营销理念会导致不同的营销行为和营销结果。在竞争日趋激烈的买方市场条件下，企业要想获得满意的市场效应和持续发展的能力，就必须构建以市场为导向，以消费者为中心，按需生产、以销定产，顾客至上、诚信经营的现代市场营销理念，并能将这一理念作为企业全体员工的行动导向，贯彻到生产经营的每一个环节。

◆ **教学方法**

情景教学法　课堂讲授法　分组讨论法

◆ **技能（知识）点**

生产观念　产品观念　推销观念　市场营销观念　社会营销观念　绿色营销观念　大市场营销观念　整体市场营销观念

向营销实践专家咨询

牛耀军是某大学市场营销专业毕业的大学生，他毕业后被招聘到新源乳业集团市场营销部工作，科班出身的他总是在办公室大谈企业战略规划、CI 设计与营销策划。恰逢其时，新源乳业的产品在市场上受到了外来品牌的强势冲击，市场一路走低，产品销售告急，眼看库存积压越来越多，消费者就是不买新源的产品。企业高层多次召开销售会议，专门研究营销对策，但就是找不到好的办法。一天，企业的张副总突然想到了牛耀军，就派人将他叫到办公室，要他拿一个能够解决企业产品销售困境的可行性方案，牛耀军踌躇满志，三天后，一份"广告轰炸促销+密集分销"的营销策划方案放到了张副总的办公桌上，紧接着企业高层对小牛的方案进行了可行性论证，尽管大家都觉得小牛的方案没多大把握，但又苦于找不到其他更好的办法，于是，就抱着侥幸心理同意实施此方案。企业一方面开始在电视台、报纸、公交车体等广告媒体上投入巨额资金做轰炸式促销广告，另一方面，市场营销部的人员全体出动，联系全市的大小卖场进行铺货，很快，各超市、便利店都有了待售的新源乳业产品，但一个月过去了、二个月过去了、都快三个月了，有些卖场里待售的新源产品都已过了保质期，企业也投入了大量的人力、物力、财力，可产品的销售仍没有大的起色。

小牛的日子越来越不好过,心情也格外沉重。于是,他便去请教行业里一位具有多年市场营销实战经验的前辈,问他什么才是真正的营销?新源的问题究竟出在哪里?这位前辈告诉他:"营销不是促销、拉销、推销,营销是基于需求导向的竞争战略,是适销对路产品的开发、生产与销售。""新源乳品市场销路不畅,不是企业的促销力度不够,而是产品不符合消费者的需求,企业应首先进行准确的市场定位,然后研制生产口感、品质、价格、包装等各方面与目标客户需求相适应的产品,方能竞争取胜,走出营销困境。"

根据营销情景中描述的事实,学生独立思考并回答:

1. 牛耀军的营销方案体现了什么样的营销哲学思想?你同意"营销不是促销、拉销、推销,而是基于需求导向的竞争战略"这一说法吗?

2. 牛耀军的"广告轰炸促销+密集分销"的营销方案在什么样的前提下才会发挥作用?

丰田汽车公司张富世夫的"中国策略"

"丰田在中国投资设厂,是想在中国加入 WTO 后,把握中国汽车的发展机遇。中国市场是丰田作为特别区域来考虑的。"丰田汽车公司社长张富世夫的这个"中国策略"是在出席天津举行的第九次中日经济讨论会上透露的。他希望丰田能在将来的中国汽车市场占有 10% 的份额。他说,丰田的 21 世纪全球战略有美国、欧洲、亚洲、日本四个基地,去年,丰田在美国和欧洲的市场份额分别占到 9% 和 3.7%。亚洲战略是指太平洋地区,不包括中国,中国是丰田作为特别区域来考虑的。

自 1994 年以来,丰田汽车公司已通过多种方式与中国零部件生产厂家和整车生产厂家开展了合作,在中国的四川和天津开设了分公司,还在天津成立了四家合资或独资的汽车发动机、汽车传动部件、锻造部件和汽车底盘部件等零部件生产企业,注册资金总额达 8.58 亿元。2000 年底,丰田的中型客车柯斯达已在四川下线;在天津的轿车项目也于 2002 年底如期建成,年生产能力达 3 万辆。张富世夫说,到目前为止,世界主要汽车品牌在中国的合资厂都有产品投放市场,但没有人能够知道中国市场对车型的最大需求是什么。他表示,丰田将不惜投入丰田的最新技术,生产专为中国最新开发的、充分考虑到环保和安全等要素的新型小轿车。

当全世界的汽车生产商的目光都盯上"入世"后中国广阔的汽车市场时,作为世界第三大汽车公司的丰田当然不想错过时机。张富世夫说,近年来中国经济发展顺利,消费水平日益提高,汽车市场个人购买需求将越来越大。而且,中国有着良好的投资环境,特别是为制造业提供的包括材料、能源等基础设施方面已较为完善,也有着优秀的劳动力;同时,中国正在进行的政府机构改革,加入 WTO 后投资软环境将会更加完善。

丰田对于中国市场充满信心,将立足长远开发中国轿车市场,但也充分估计到竞争是激烈的。张富世夫说,这种竞争是多层次的:一是各个厂家的车型定位不同,将会有很多车型出现在市场上,使车型竞争加剧;二是很多车在一起就有了比较,质量的要求提高;三是价格,既要质量好,又要价格低。另外,进口车和当地车之间也有竞争。

为此,丰田正着手建立完善的销售网络。张富世夫认为销售网络非常重要,可以让消费者的意见及时得到反馈,生产部门也可倾听市场的呼声,然后尽快决定投放市场的车型并调整市场。如果发展顺利,丰田在各种层次的生产技术今后都可以拿到中国,中国也可以作为一个出口生产基地,出口到东南亚。

谈到丰田的未来，张富世夫豪情万丈：丰田将以环保、安全和 IT 为中心开发制造新车，在汽车领域实现全球年销售量 600 万辆的目标。同时丰田还将涉足金融通信、住宅和体育等产业。在中国，他希望"车到山前必有路，有路必有丰田车"这句口号尽早成为现实。

◆ 工作任务分析

现代市场营销理念的构建不仅关系到企业营销工作的成败，而且还关系到企业的长远发展。企业营销部门或营销人员在此项目实施中的主要工作任务就是抛弃只看重眼前利益、偏重生产管理的传统营销观念，主动构建以市场为导向，以消费者为中心的现代营销哲学思想，并以此来规范自身的营销行为，制定合理的营销策略，以便更好地为目标顾客服务。

◆ 相关知识

一、传统市场营销观念

市场营销理念是在一定的社会经济条件和生产力水平下产生的，并随着社会经济的发展和市场环境的变化而不断变化的。在产品供不应求的短缺经济时代，企业信奉生产决定消费，供给主导需求的经营哲学。于是便形成了与现代市场营销环境完全不同的传统营销观念。

（一）生产观念

这是一种最古老的经营哲学思想。这一观念认为，消费者喜欢那些可以随处可以买到而且价格低廉的产品，企业应致力于提高生产效率，扩大生产能力，降低成本，增加市场供应。这一观念产生于 20 世纪 20 年代前。当时，资本主义社会的生产力水平还比较低下，经济相对落后，市场为供不应求的卖方市场，产品的销售基本不成问题。因而，企业经营哲学不是从消费者的需求出发，而是从企业的生产出发，其主要表现是"我能生产什么，就卖什么"。企业经营管理的重点是集中一切力量提高生产效率，增加产品产量，降低成本，扩大市场供给。例如，美国的福特汽车公司在 20 世纪初期曾倾全力，扩大汽车的生产规模，努力降低成本，使消费者能够买得起福特公司的汽车。当时的亨利·福特就说："不管顾客需要什么，我生产的汽车都是黑色的。"在美国市场上，福特汽车公司生产的 T 型车价格低廉，性能稳定，是大众追求的对象，即使是清一色的黑色车也不愁卖不出去。第二次世界大战后曾经一段时间的日本以及我国 20 世纪中期之前的企业，基本都信奉生产观念。

（二）产品观念

产品观念也是一种古老的经营哲学思想。这种观念认为，消费者喜欢质量最优、性能最好和功能最多的产品。因此，企业的主要任务是致力于制造高质量的产品，且要不断改进。这些企业认为，只要产品好就会顾客盈门，即所谓"酒香不怕巷子深"。无需考虑消费者的需求，更不需要上门推销。因而经常迷恋自己的产品，看不到市场需求的变化。这种观点必然导致市场的营销近视症,即过多地把注意力放在产品上,而不放在市场需求上,在市场营销管理中缺乏远见,只看到自己的产品质量好,却看不到市场需求在变化,致使企业陷入经营困境。例如,美国著名的爱尔琴国民钟表公司自 1869 年创立,至 1958 年在美国享有盛名,销售量一直上升,支配了美国的钟表市场。但 1958 年以后,其销售额和市场占有率开始下降。造成这种状况的主要原因是市场形势发生了变化。这一时期的许多消费者对名贵手表已经不感兴趣,而趋于购买那些经济、方便、新颖的手表,且许多制造商已迎合了消费者的需求,开始生产低档产品,并通过廉价商店、超级市场等大众化分销渠道积极推销,从而夺得了爱尔琴钟表公司的大部分市场份额。爱尔琴钟表公司竟没有注意到市场形势的变化,仍然迷恋于生产精美的传统样式手表,仍旧借助传统渠道销售,认为自己的产品质量好,顾客必然会找上门。结果,致使企业经营遭受重大挫折。

(三)推销观念

推销观念也叫销售观念,是一种以销售为中心的营销哲学思想。推销观念认为,消费者一般不会主动购买非必需的产品,具有购买的惰性和抗拒心里,企业必须积极推销,以刺激消费者的购买欲望,进而促使他大量购买企业的产品。这一经营哲学产生于资本主义国家发生经济大危机的时期,产生于资本主义国家由"卖方市场"向"买方市场"的过渡阶段。当时,社会生产力有了巨大发展,特别是在 1929 年—1933 年经济危机期间,产品严重积压销售不出去,从而迫使企业开始重视广告术与推销术。推销观念表现为"我卖什么,顾客就买什么"。例如,美国皮尔斯堡面粉公司在此经营哲学导向下,当时提出"本公司旨在推销面粉"。推销观念仍存在于当今的企业营销活动中。这种观念虽然比前两种观念前进了一步,开始重视广告术及推销术,但仍没有脱离"以产定销"的哲学理念。根据推销观念,企业的目标是销售能够生产并且是已经生产了的产品,而不是反过来,生产能够出售的产品。

二、现代市场营销观念

现代市场营销理念是以顾客需求和欲望为导向的全新的营销哲学思想,是在产品供大于求的买方市场条件下形成的观念。尽管企业信奉的现代营销哲学思想在深度和广度上还有差异,但其核心都是"以销定产,按需生产",企业生产什么、生产多少的问题不再取决于企业拥有的资源条件和主观意愿,而是取决于市场的需要和消费者的偏好,取决于企业目标客户群体的消费倾向和购买能力。在现实营销过程中,企业推崇的现代市场营销观念包括以下几种。

(一)市场营销观念

这是一种全新的营销哲学思想。这一思想认为,企业实现各项目标的关键在于正确确定目标市场的需要与欲望,且能比竞争对手更有效地生产提供消费者所需要的产品与服务。企业不能将其生产经营活动仅仅看做是制造或销售某种产品或服务的过程,而应看作是一个不断满足目标客户的需要和欲望从而获得销售利润的过程。

20世纪50年代之后，由于世界大多数发达国家政局稳定，科学技术发展迅速，全球的整体生产力水平有了显著提高。美国等西方发达国家已形成典型的"买方市场"。尽管这些国家普遍实行高工资、高福利、高消费政策以刺激人们的消费需求，市场上产品供过于求的态势仍然有增无减。消费者由于收入增加，爱新颖、追时尚、求便捷的消费倾向越来越强烈。企业仅靠推销术无法保持市场份额，更不要说提高市场占有率了。于是，为从根本上解决产品滞销的问题，以市场为导向，以消费者为中心的营销观念便应运而生。这一观念认为：市场经济本质上是一种交换经济，产品只有受顾客欢迎，被顾客买去并消费掉，企业才能生存发展。因此，顾客的需要才是企业生存发展的基础。市场营销观念在营销科学的发展历史上第一次摆正了企业与消费者的关系。这一变革不是一般意义上的观念变革，而是一次经营思想的质的飞跃。世界经济运行的实践证明：凡是接受和实践营销观念的企业，其经营状况都比较好。于是，不少企业心甘情愿地喊出了"用户是上帝"、"用户是衣食父母"的口号。但经验证明：要想真正确立以顾客为中心的经营理念还必须对企业进行彻底改造：第一，"顾客至上"不仅仅是口号，要落实到员工的思想深处，变成员工的自觉行动和自律准则；第二，调整企业的组织结构，以"营销"为龙头；第三，改变企业传统的经营程序和工作方式，从调查预测消费者的需要开始，所有经营活动都必须围绕满足消费者的需要来安排。

（二）社会营销观念

社会营销观念是市场营销观念的发展和完善。到20世纪70年代，营销观念已在全球被广泛接受和奉行。但在生产实践中又出现了一些损害消费者利益的现象。比如，有的企业为谋取暴利做误导消费者的虚假广告，销售假冒伪劣、以次充好、少斤短两以及不安全、不卫生的商品。为了保护消费者利益，许多国家陆续成立了消费者联盟，于是消费者主义兴起。另有一些企业虽然依法正当经营，但因其经营上的"短期行为"，造成资源浪费，环境污染的严重后果。例如：麦克唐纳公司的"汉堡包"虽然迎合了美国人的胃口，但因脂肪过多，吃了使人发胖，对健康不利。美国软饮料行业虽然适应了消费者"求便捷"的需要，采用"用后可丢的瓶子"，却既浪费资源又污染环境。美国的密西西比河曾一度因废弃物排泄污染变成一条"臭河"。澳大利亚的草原也曾因超载放牧一度严重沙化，致使牧场主和国家利益受到严重损害。更有甚者，因过量采伐，使地球上的热带雨林减少，因过量捕捞，使许多珍贵海洋物种濒临灭绝。如此等等，引起了人们对营销观念的怀疑。美国管理学权威彼得·杜拉克在20世纪70年代指出："市场营销的漂亮话讲了20年之后，消费者主义居然变成了一个强大的流行运动，这就证明没有多少公司真正奉行市场营销观念。消费者主义是市场营销的耻辱。"因此，20世纪70年代后，西方学者相继提出了"人性观念"、"明智的消费观念"、"生态强制观念"等新营销哲学思想来修正市场营销观念。这些新观念的实质就是强调企业在制定自己的经营战略时必须把企业利益、消费者利益和社会利益有机结合起来，在谋求眼前利益的同时更要注重资源的永续利用、环境的有效保护和企业的可持续发展。

（三）绿色营销观念

绿色市场营销观念萌发于20世纪80年代，但直到1992年，在里约热内卢召开的联合国环境与发展大会上通过了《21世纪议程》，正式确定《可持续发展战略》是人类发展的总目标，标志着世界开始进入"保护、崇尚自然，促进可持续发展"的"绿色时代"。这一观念才被企业界普遍认同和接受，而且它必将成为21世纪世界市场营销管理哲学的主流。

所谓绿色市场营销观念是指在绿色消费的驱动下，企业应从保护环境、合理开发利用资源的角度，通过生产销售无污染的绿色产品，满足消费者健康、营养、安全的绿色需求，在提升消费者期望价值的前提下实现企业的营销目标。这一观念主要强调企业的生产经营活动与销售的产品既要有益于消费者的身心健康，又不能对我们的生产、生活环境造成负面影响。进入20世纪90年代以来，随着人们社会生活水平的全面提高，人们的消费观念发生了巨大变化，绿色消费已成为一种新的消费趋势，企业要生存和发展下去，就应向消费者提供营养、安全、卫生的绿色产品，在设计和选择包装材料时，要考虑残余物对环境的影响，其生产销售过程也不能将大量的废水、废气、废物不做任何处理就排放到环境中去。绿色消费必将成为21世纪人们的消费主流，企业唯有适应这一消费潮流，才能不断发展壮大。

三、现代市场营销理念的构建

前面已经讲到，企业的营销活动与营销行为能否达到期望的效果，与其信奉的营销哲学思想密切相关，正确的营销理念、营销思想能指导企业进行科学的经营决策，合理的生产安排，卓有成效的开拓市场，销售产品；而错误的营销理念、营销思想则会使企业陷入决策失误、信誉受损、产品积压、市场竞争力下降的困境，甚至会使企业严重亏损而倒闭。正因为如此，企业就应牢固树立以消费者为中心，以市场为导向，按需生产，互利共赢的营销理念，打造以人为本、诚信经营、向善利他、公平竞争的核心文化价值，从对消费者负责、对社会负责的态度出发，着眼市场需求和企业的长远发展，卓有成效的开展营销活动。

现代营销理念作为支配企业营销行为的一种先进思想，必须融入企业的营销文化，必须成为企业全体员工的自觉行动。为此，企业应从成功的营销案例和失败的营销教训中，深刻领会现代营销理念的精髓，并通过大力宣传，使其成为企业的核心文化价值。企业现代营销理念的构建过程如图1-5所示。

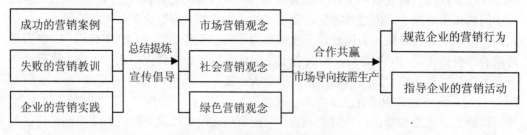

图1-5 企业现代营销理念的构建过程

毋庸置疑，营销是企业营销部门的主要职能和核心任务，但如果片面地认为营销只是企业营销部门的事情，而与企业的其他部门、其他人无关，这种观念肯定是错误的。经过十几年的市场经济实践，我们已深刻认识到：营销不只是企业营销部门的职能，而是企业上下所有部门、所有人员都应有的意识和职责，即使是最好的市场营销部门，也不能弥补因其他部门缺乏对消费者的重视而带来的损失。这就要求企业各职能部门及全体员工都必须树立"顾客至上"、"诚信为本"、"按需生产"、"质量第一"的现代营销观念，从大家的共同目标出发，积极配合营销部门的工作，为争取更多顾客，扩大产品销售，巩固企业地位，提升企业形象发挥应有作用。具体来说，企业各职能部门参与企业营销活动的现代意识与任务重点包括以下几个方面。

（1）产品研发部门。企业产品研发部门应树立的现代营销意识和主要工作任务是：经常邀请消费者代表到企业参加产品开发座谈会，广泛征询他们的意见。在每一个新产品、新项目的研发过程中，欢迎市场营销部门、制造部门及其他部门提合理化建议，以竞争者的产品为"水平点"，进行不断改进与创新，努力做到向消费者提供备受青睐的产品。

（2）物资采购部门。企业物资采购部门应树立的现代营销意识和主要工作任务是：主动寻找最好的供应商，并与那些值得信赖的能够提供物美价廉原材料、零配件、包装物的供应商建立长期稳定的战略伙伴关系，在企业产品质量提升、成本控制方面作出自己的贡献。

（3）生产制造部门。企业生产制造部门应树立的现代营销意识和主要工作任务是：经常邀请消费者到企业来参观生产流程，消除消费者对产品的质量顾虑，不断寻求提高生产效率、降低生产成本的方法技术，努力降低生产损耗，并根据市场的需求变化，调整产品组合，增加花色品种，致力于无质量缺陷的生产活动。

（4）产品销售部门。企业产品销售部门应树立的现代营销意识和主要工作任务是：要求每个销售人员都具有广泛的社会交际能力和高超的产品推销技巧，要善于把握市场机会，预测消费走势，捕捉市场信息，主动将消费者的需要和意见反馈给负责产品改进的部门，并能为消费者提供满意周到的服务。

（5）售后服务部门。企业售后服务部门应树立的现代营销意识和主要工作任务是：能够围绕企业的营销目标来为消费者提供高标准的人性化服务，并长期不懈地坚持这一标准，能热情友善地处理消费者在产品使用过程中遇到的问题，力争在最短的时间内进行产品的检修、维护与保养，使消费者真正感到买得放心、用得舒心。

（6）财务会计部门。企业财务会计部门应树立的现代营销意识和主要工作任务是：定期提供各种产品的市场销售报告，支持并协助企业营销部门实施市场营销推广计划，根据企业不同时期的营销目标和营销重点安排财务预算，保证企业开展营销活动所需资金的及时到位。同时，应督促有关部门、有关人员及时回笼货款，防止坏账损失的发生。

◆ **任务实施**

第一步，对学生进行分组，然后以组为单位讨论企业营销理念与营销行为的关系，并通过传统营销理念与现代营销理念的比较，使学生深刻领会为什么现代企业开展营销活动要以市场需求和消费者的购买行为特征来制定营销策略；

第二步，组织学生走访一些企业的销售部门或者亲自参与一些企业的市场销售活动，从企业的实际营销过程中感受体验企业产品的销售是以哪一种营销理念为指导思想的；

第三步，从企业成功的营销案例与失败的营销教训中，总结提炼什么样的营销理念应该成为指导企业开展市场营销活动的行动指南。

◆ **总结与回顾**

营销观念是决定企业一切营销活动价值取向和行为规范的指导思想,是构建市场营销理论和方法的核心与基点。有什么样的营销观念就会有什么样的营销行为。在供不应求的卖方市场条件下形成的营销观念被称为传统市场营销观念,具体包括生产观念、产品观念和推销观念,传统营销观念强调以生产为中心,注重推销术和广告术,企业的目标是销售能够生产并且是已经生产出的产品;而在供大于求的买方市场条件下形成的营销观念被称为现代市场营销观念,具体包括市场营销观念、社会营销观念和绿色营销观念,现代市场营销观念强调以消费者为中心,注重整体营销组合策略的应用,企业的目标是通过生产销售适宜的产品与服务,最大限度满足消费者需求,在此基础上,扩大产品交换,实现企业利润最大化的目标。

大量营销实践证明,企业的营销活动与营销行为要想达到预期的效果,就必须牢固树立以消费者为中心,以市场为导向的现代营销哲学思想,从对消费者负责、对社会负责的态度出发,着眼市场需求和企业的长远发展,卓有成效地开展营销活动,而不能只顾眼前利益而损害消费者的正当权益和企业的社会形象。

营销呼唤先进的理念,更呼唤道德的回归。营销不能突破道德的底线。需要建立企业的诚信形象,追求可持续发展。

本项目的教学重点和核心技能是企业现代营销理念的构建。

◆ **复习思考题**

1. 简述传统市场营销理念与现代市场营销理念的区别。
2. 简述企业营销理念与营销行为的关系。
3. 论述在企业的市场营销活动中怎样才能真正做到"以市场为导向,以消费者为中心"。

◆ **实训练习**

1. 实训项目:企业营销部门与营销人员现代营销理念的构建
2. 实训目标:
(1)加深对现代市场营销理念的感性理解;
(2)结合企业的营销实践,认知传统营销观念与现代营销观念的区别。
3. 实训内容与方法:
(1)以自愿为原则,3~5人为一组,利用课余时间现场观察当地市场上积压滞销商品与畅销商品的市场销售表现,了解消费者的态度与看法;
(2)结合平时的社会实践和市场观察过程中的所见所思,对企业营销活动和营销理念的关系进行梳理,提炼总结什么样的营销理念才是现代的、科学的营销理念;
(3)分组讨论企业的营销部门和营销人员怎样才能建立起正确的营销哲学思想。
4. 标准与评价:
(1)标准:能够结合企业的典型销售案例,从实践层面对不同市场营销理念与企业营销活动、营销行为的关系进行正确剖析。
(2)评价:每个人写一份书面报告,作为一次作业,由教师与各组组长组成的评估小组对同学完成任务的情况进行打分。

模块二 企业市场营销调研

所谓市场营销调研,通常也被称为市场调查。就是指为了制定某项营销决策,应用一定的方法技术对所需要的信息进行系统收集、整理和分析的过程。

市场调查是企业进行营销决策的重要前提和基础,通过市场调查,企业才能了解营销环境,才能发现和利用最佳的市场机会,同时最大限度地避开环境风险的不利影响,从而为顾客提供最能满足他的需要的产品和服务,企业的生存和发展才有了保障。由此可见,市场调查既是市场营销活动的起点,又贯穿了整个营销过程。

项目一 市场调查方案的制订

◆ 知识、能力、素质目标

使学生深入理解市场营销调研是企业营销活动的重要内容,也是制定企业营销策略必须要做的基础工作。在此基础上,详细了解市场调查方案的基本内容与框架结构,熟练掌握制订调查方案的方法技巧,并能结合企业的具体调查项目制订相应的调研方案。

◆ 教学方法

模拟训练法　课堂讲授法　分组讨论法

◆ 技能（知识）点

市场调查与企业营销策略的关系　市场调研方案的内容与结构　市场调查方案的制订

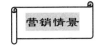

怎样统筹安排调查活动

张明是一家市场调查公司的市场调研人员。现有一家历史悠久的大型食品公司,在市场上具有稳定的市场份额。在保持原有产品优势的同时,这家食品公司想进行产品结构的调整,以使企业在食品市场上能保持旺盛的生命力和较强的竞争力。目前在企业产品的主要销售市场上,出现了一种新产品——明胶软糖,而企业的一些主要竞争对手已经走在了前面,先期生产了这种原来需要进口的产品。为了更好地掌握它的市场状况,这家食品公司委托张明所在的市场调查公司对明胶软糖的市场销售情况做全面调查。

根据营销情景中描述的事实,学生独立思考并回答:

1. 张明该怎样筹划这次调查活动?
2. 明胶软糖的市场调查方案应怎样制订?

湘潭大学单放机市场调查计划书

一、前言

单放机又称随身听，是一种集娱乐和学习性于一体的小型电器，因其方便使用而在大学校园内广为流行。目前各高校都大力加强学习英语的重要性，湘潭大学已经把学生英语能否过四级和学位证挂钩，为了练好听力，湘大学子几乎人人都需要单放机，市场容量巨大。

为配合某单放机产品扩大在湘大的市场占有率，评估湘大单放机行销环境，制定相应的营销策略，预先进行湘大单放机市场调查大有必要。

本次市场调查将围绕市场环境、消费者、竞争者为中心来进行。

二、调查目的

要求详细了解湘大单放机市场各方面情况，为该产品在湘大的扩展制订科学合理的营销方案提供依据，特撰写此市场调查计划书。

① 全面摸清企业品牌在消费者中的知名度、渗透率、美誉度和忠诚度。
② 全面了解本品牌及主要竞争品牌在湘大的销售现状。
③ 全面了解目前湘大主要竞争品牌的价格、广告、促销等营销策略。
④ 了解湘大消费者对单放机电器的消费观点，习惯。
⑤ 了解湘潭大学在校学生的人口统计学资料，预测单放机市场容量及潜力。

三、调查内容

市场调查的内容要根据市场调查的目的来确定。该次调查的主要内容有：

（一）行业市场环境调查

主要的调查内容有：①湘大单放机市场的容量及发展潜力；②湘大该行业的营销特点及行业竞争状况；③学校教学、生活环境对该行业发展的影响；④当前湘大单放机的种类、品牌及销售状况；⑤湘大该行业各产品的经销网络状态。

（二）消费者调查

主要的调查内容有：①消费者对单放机的购买形态（购买过什么品牌、购买地点、选购标准等）与消费心理（必需品、偏爱、经济、便利、时尚等）；②消费者对单放机各品牌的了解程度（包括功能、特点、价格、包装等）；③消费者对品牌的意识、对本品牌及竞争品牌的观念及忠诚度；④消费者平均月开支及消费比例统计；⑤消费者理想的单放机描述。

（三）竞争者调查

主要的调查内容：①主要竞争者的产品与品牌优、劣势；②主要竞争者的营销方式与营销策略；③主要竞争者的市场概况；④本产品主要竞争者的经销网络状态。

四、调查对象及抽样

因为单放机在高校的普遍性，全体在校生都是调查对象，但因为家庭经济背景的差异，全校学生月生活支出还是存在较大的差距，导致消费购习惯的差异性，因此，他（她）们在选择单放机的品牌、档次、价格上都会有所不同。为了准确、快速的得出调查结果，此次调查决定采用分层随机抽样法：先按其住宿条件的不同分为两层，即公寓学生与普通宿舍学生（住宿条件基本上能反映各学生的家庭经济条件）；然后再进行分层随机抽样。此外，分布在湘大校园内外的各经销商、专卖店也是本次调查的对象，因其规模、档次的差异性，决定采用判断抽样法。具体抽取的样本分布情况如下：

消费者（学生）：300名，其中住公寓的学生占50%。

经销商：10家，其中校外5家，校内5家。

大型综合商场：2家。

专卖店：2家。

综合商场：3家。

其中，对消费者样本的要求是：①家庭成员中没有人在单放机生产单位或经销单位工作；②家庭成员中没有人在市场调查公司或广告公司工作；③消费者没有在最近半年中接受过类似产品的市场调查测试；④消费者所学专业不能为市场营销、调查或广告类。

五、调查员的规定与培训

（一）规定

调查员应符合如下规定：①仪表端正、大方；②举止谈吐得体，态度亲切、热情；③具有认真负责、积极的工作精神及职业热情；④访员要具有把握谈话气氛的能力；⑤访员要经过专门的市场调查培训，专业素质要好。

（二）培训

培训必须以实效为导向，本次调查人员的培训决定采用举办培训班、集中讲授的方法，针对本次活动，聘请有丰富经验的调查人员面授调查技巧、经验。并对他们进行思想道德方面的教育，使之充分认识到市场调查的重要意义，培养他们强烈的事业心和责任感，端正其工作态度、作风，激发他们对调查工作的积极性。

六、人员安排

根据我们的调查方案，在湘潭大学及市区进行本次调查需要的人员有三种：调查督导、调查人员、复核员。具体配置如下：

调查督导：1名。

调查人员：20名（其中15名对消费者进行问卷调查、5名对经销商进行深度访谈）。

复核员：1~2名（可由督导兼职，也可另外招聘）。

如果有必要还将配置辅助督导，协助进行访谈，收发和检查问卷与礼品。问卷的符合比例为全部问卷数量的30%，全部采用电话复核方式，复核时间为问卷回收的24小时内。

七、市场调查方法及具体实施

（一）对消费者以问卷调查为主，具体实施方法如下

在完成市场调查问卷的设计与制作及调查人员的培训等相关工作后，就可以开展具体的问卷调查了。把调查问卷平均分发给各调查人员，统一选择中餐或晚餐后这段时间开始进行调查（因为此时学生们多则呆在宿舍里，便于集中调查，能够给本次调查节约时间和成本）。调查员在进入各宿舍时说明来意，并特别声明在调查结束后将赠送被调查者精美礼物一份以吸引被调查者的积极参与，得到正确有效的调查结果。调查过程中，调查员应耐心等待，切不可督促。记得一定要求其在调查问卷上写明学生姓名、所在班级、寝室、电话号码，以便于以后进行问卷复核。调查员可以在当时收回问卷，也可以第二天收回（这有利于被调查者充分考虑，得出更真实有效的结果）。

（二）对经销商以深度访谈为主，具体实施方法如下

由于调查形式的不同，对调查者所提出的要求也有所差异。与经销商进行深度访谈的调查者（访员）相对于实施问卷调查的调查者而言，其专业水平要求更高一些。因为

时间较长，调查员对经销商进行深度访谈以前一般要预约时间并承诺支付一定报酬，访谈前调查员要做好充分的准备、列出调查所要了解的所有问题。调查者在访谈过程中应占据主导地位，把握整个谈话的方向，能够准确筛选谈话内容并快速做好笔记以得到真实有效的调查结果。

（三）通过网上查询或资料查询湘大人口统计资料

调查者在查询资料时，应注意其权威性及时效性，以尽量减少误差。因为其简易性，该工作可直接由复核员完成。

八、调查程序及时间安排

市场调查大致来说可分为准备、实施和结果处理三个阶段。

（一）准备阶段

它一般分为界定调查问题、设计调查方案、设计调查问卷或调查活动有关的信息。

（二）实施阶段

根据调查要求，采用多种形式，由调查人员广泛搜集与调查活动有关的信息。

（三）结果处理阶段

将搜集的信息进行汇总、归纳、整理和分析，并将调查结果以书面形式将报告表述出来。

在客户确认项目后，有计划地安排调查工作的各项日程，用以规范和确保调查工作的顺利实施。按调查的实施程序，可分七个小项来对时间进行具体安排：

① 调查方案、问卷的设计 ………… 3个工作日
② 调查方案、问卷的修改、确认 ………… 1个工作日
③ 项目的准备阶段（人员培训、安排）………… 1个工作日
④ 实地访问阶段 ………… 4个工作日
⑤ 数据预处理阶段 ………… 2个工作日
⑥ 数据统计分析阶段 ………… 3个工作日
⑦ 调查报告的撰写阶段 ………… 2个工作日
⑧ 论证阶段 ………… 2个工作日

九、经费预算安排

湘潭大学单放机市场调查经费预算表

费用项目	金额（元）
1. 策划费	1500
2. 交通费	500
3. 调查人员培训费	500
4. 公关费	1000
5. 访谈费	1000
6. 问卷调查费	1000
7. 统计费	1000
8. 报告费	500
总计	7000

十、附录

参与人员

项目负责人：颜儒葵

调查方案、问卷的设计：待定
调查方案、问卷的修改：待定
调查人员培训：待定
调查人员：待定
调查数据处理：待定
调查报告的撰写：待定
论证人员：待定
调查计划书撰写：颜儒葵

◆ 工作任务分析

凡事预则立，不预则废。任何正式的市场调查活动都是一项系统工程，为保证调查工作顺利进行且能达到预期的结果，在市场调查活动开始之前，就应事先拿出一个科学合理的调查计划，即制订所谓的市场调研方案。企业营销机构或营销人员在此项目实施过程中的主要工作任务就是协助企业的调研部门根据特定的调查目的、调查项目和调查内容制订切实可行的调查方案，并能具体撰写书面调研报告。

◆ 相关知识

一、调查方案的设计

市场调查方案是指在调查实施之前，依据调查的目的和调查对象的实际情况，对调查工作的各个方面和全部过程做出的总体安排，包括具体的调查步骤，制订的工作流程等。

具体来说，调查方案主要包括：拟做出的决策和想解决的问题、调查目标、研究提纲、调查单位和对象、调查方法、调查进度表、调查费用预算、调查的组织实施和质量控制等。

（一）确定调查目的

确定调查目的，就是要明确为什么要进行调查及调查的作用。换句话说，就是通过调查想掌握哪些方面的基本情况，以解决什么问题。目的不同，调查的内容和范围就不同。如果目的不明确，就无法确定调查的对象、内容和方法等。

例如，某产品近期市场份额下滑，拟进行一次调研来摸清原因，以便采取相应的恢复性营销手段，这就是调查的目的。

（二）确定调查提纲

在调查目的确定的基础上，接下来就要将明确具体的调查提纲，也就是确定调查的项目。调查项目是指所要调查的主要内容（市场调查内容主要包括市场需求调查、竞争状况调查和营销组合调查）。因此，确定调查项目就是要明确向被调查者了解什么问题，当调查项目确定后，可将其制成调查提纲或表格。

（三）确定调查对象和调查范围

这项工作是为了解决向谁调查和由谁来具体提供资料的问题，即说明被调查者的特征。

（四）确定调查方法

调查方式方法的确定，往往取决于调查对象和调查任务。由于各种调查方式方法有各自的特点，所以在确定调查方式方法时，在能够保障最低调研精度要求的基础上，应选用最经济、最便捷的方式方法。

（五）确定资料分析方法

对调查所取得的资料进行研究分析，主要包括对资料进行分类、编辑、分析、整理、汇总等一系列资料研究工作。随着经济理论的发展和计算机的运用，越来越多的现代统计分析手段可供我们在分析时选择。如回归分析、相关分析等，每种分析技术都有其自身的特点和适用性。因此，应根据调查的要求，选择最佳的分析方法，并在方案中加以规定。

（六）确定调查时间和拟订调查活动进度表

调查期限是规定调查工作的开始和结束时间，包括从调查方案设计到提交调查报告的整个工作时间，也包括各阶段的起始时间，其目的是使调查工作能及时开展、按时完成。为了提高信息资料的时效性，在可能的情况下，应尽量缩短调查期限。该期限一般通过调查活动进度表反映出来。

（七）调查经费预算

一般来说，营销调查所需要的经费包括以下几个方面：调查方案策划费、抽样设计费、问卷设计费、印刷费、邮寄费、调查人员差旅费、统计处理费、通讯费、协作人员劳务费等费用，通常是制作成表格加以表明。

（八）确定提交报告的方式

即明确最终以什么形式将调查分析结果进行呈报。（如规定最终报告是口头报告还是书面报告，是否有阶段性报告，以及报告书的份数、基本内容、格式等。）

（九）制订调查的组织计划

是指为确保实施调查的具体工作计划，包括调查的组织领导、调查机构的设置、人员的选择和培训、工作步骤及善后处理等。

二、调查方案的撰写

营销调查方案有一定的格式要求，其基本框架结构如下：
(1) 引言，概要说明调查的背景和原因；
(2) 调查目的和内容，说明为什么要做此调查；
(3) 调查实施说明，说明所选择的调查方法、调查地点、时间等；
(4) 列出要调查的项目并提出相应的结论；

（5）调查对象、数量及访问方式；
（6）调查人员的资格和数量安排；
（7）访问实施的操作过程；
（8）访问人员的监督管理办法和数据处理方法等；
（9）提交调查报告的方式；
（10）调查进度表和调查费用预算；
（11）附录。

◆ **任务实施**

第一步，对学生进行分组，每5~6人为一组，要求学生以组为单位对某企业或某产品的市场销售与竞争状况进行实地调查；

第二步，根据市场调查方案的基本构架结构和掌握的情况资料，每人完成一份市场调研报告，根据调查企业与产品在市场上的表现、问题，提出具体改进意见；

第三步，邀请相关企业或销售机构的代表参加，召开一次调研方案研讨会，以组为单位掌握市场调研方案制订的方法技巧。

◆ **总结与回顾**

市场调查是企业营销决策的重要前提和基础工作，市场调查要想达到期望的结果，就必须制订切实可行的调查方案。调查方案的基本框架结构包括：①引言；②调查目的和内容；③调查实施说明；④调查的具体项目；⑤调查对象及其数量；⑥调查人员的资格和数量安排；⑦访问实施的操作过程；⑧访问人员的监督管理和数据处理；⑨调查报告的撰写与提交；⑩调查进度表和调查费用预算等。市场调研机构只有制订出合理的、具有可操作性的调查方案，才能保证调查工作的有序进行，也才能保证调查结果的真实可靠。

本项目的教学重点与核心技能是市场调查方案的设计制订。

◆ **复习思考题**

1. 什么是企业的市场调研？一份完整的市场调研方案应从哪些方面撰写？
2. 简述市场调研与企业营销策略的关系。

◆ **实训练习**

1. 实训项目：企业市场调研方案的制订
2. 实训目标：
（1）加深对市场调查的感性理解，掌握市场调研方案的基本框架结构；
（2）结合企业的市场调查项目和调查内容，制订出完整的市场调研方案。
3. 实训内容与方法：
（1）以自愿为原则，3~5人为一组，选择可以实际操作的市场调研项目和调查内容；
（2）讨论确定完成此项调查的调查目的、调查提纲、调查对象、调查范围、调查方法、调查时间、调查经费预算与调查的组织计划；
（3）各组以书面形式拿出一份完整的市场调研方案。
4. 标准与评价：
（1）标准：能够结合具体的调查项目，拿出一份完整的市场调研方案，方案中有明确的调查目的、调查对象、调查范围、调查方法、调查时间、调查经费预算与调查的组织计划。

（2）评价：每个人拿出一份书面形式的调查方案，作为一次作业，由教师与各组组长组成的评估小组对同学完成任务的情况进行打分。

项目二　调查问卷的设计

◆ **知识、能力、素质目标**

使学生了解调查问卷的基本框架结构，掌握调查问卷设计的方法技巧，明确调查问卷设计时应注意的有关事项。在此基础上，能够根据调查的问题与项目，独立设计规范的、标准化的调查问卷。

◆ **教学方法**

案例教学法　课堂讲授法　模拟训练法

◆ **技能（知识）点**

调查问卷的基本格式　标准化调查问卷的设计与编排　设计调查问卷应注意的事项

调查结果的反差为何这样大？

某家电生产厂家进行了一次市场调查，调查目标：列举你喜欢的电视机品牌。

该企业从市场调查部门抽取了两组人员，设计了调查问卷，进行了街头拦截调查。第一组的调查结果是15%的消费者选择本企业的电视机；第二组的结论是36%的消费者表示本企业的产品将会成为他们的首选。为何会存在如此巨大的差异呢？公司聘请了一个专业调查公司来进行调查诊断，发现第二组的成员在调查时佩戴了公司统一发放的领带，而在领带上有本公司的标志；其次该组在调查过程中把答案选项向被调查者出示，而本企业的名字处于候选题板的第一位。

根据营销情景中描述的事实，学生独立思考并回答：

1. 请你思考并回答二组的调查结果为何存在如此大的反差？
2. 为提高产品市场调查的真实性，你认为在组织与方法技术上应注意哪些问题？

绿色消费需求调查问卷

消费者朋友：您好！

为了了解各位朋友的绿色消费需求，促使企业为大家提供更多、更好的绿色产品，以促使我国绿色事业的发展，特组织这次问卷调查。恳请您在百忙之中予以支持，谢谢！

1. 请问您听说过绿色产品吗?(如答案为否,则中止调查)
是□   否□
2. 请问您最先是从何处得知的?
亲戚朋友□   电视广告□   电台广告□   书报杂志□   其他□
3. 您确认"绿色产品"的根据是什么?
绿色产品标志□   产品颜色□   农产品□   纯天然产品□   其他□
4. 请问您和您的家人购买或消费过绿色产品吗?
有□   没有□
(如答案为否)您没有消费的原因是?
不了解□   价格太高□   不知到何处购买□   其他□
5. 请问您购买或消费过的绿色产品的名称是:(   )
6. 您认为消费绿色产品的最大好处是?(限一个答案)
保护环境□   自己及家人的健康□   时尚□   其他□
7. 请问您购买绿色产品的频率如何?
大量使用□   经常使用□   偶尔使用□   很少使用□
8. 请问你每年平均在绿色产品上的消费投入是?
100元以内□   100~500元□   500~1 000元□   1 000元以上□
9. 请问您消费的绿色产品的来源是?
自己购买□   家人购买□   他人赠送□
10. 您觉得市场上销售的绿色产品的价格怎样?
偏高□   一般□   偏低□
11. 您认为绿色产品与同类产品相比,价格高出多少您能够接受?
10%以内□   10%~40%□   40%~100%□   100%~200%□   200%以上□
12. 如果您要购买绿色产品,您首先选择到何处购买?
百货店□   超市□   附近小店□   绿色产品专卖店□   各商店中的绿色产品专柜□
13. 您觉得您所消费的绿色产品的质量如何呢?
很不错□   好□   一般□   不好□   很差□
14. 您对绿色产品的购买态度是?
很想购买□   想买□   不一定□   不太想买□   很不愿意买□
15. 您在使用绿色产品后的感觉是?
很满意□   满意□   一般□   不满意□   很不满意□
16. 您对绿色产品的相信程度怎样?
相信□   不太相信□   一般□   相信□   很相信□
17. 影响您对绿色产品购买或消费的最大障碍是什么(   )
18. 请说明上述态度的原因(   )
19. 您觉得绿色产品的广告给您的印象如何?
很好□   一般□   差劲□
20. 同种商品,有无绿色标志对您的购买决策有没有影响?
影响大□   有影响□   无影响□
21. 下面何种因素在您的绿色产品购买决策中起的作用较大?
广告□   产品说明书□   促销员的介绍□   亲人与朋友劝说□

22. 您觉得绿色产品的市场前景如何?
一片光明□　说不清□　前景暗淡□

被调查者个人资料

1. 教育程度
中学及以下□　大专□　本科□　研究生以上□

2. 职业
工人□　农民□　军人□　学生□　干部□　文教卫科□　其他□

3. 所在地区
省会以上城市□　地级市□　县级市□　乡镇□　农村□

4. 年龄
50岁以上□　30～50岁□　16～30岁□　16岁以下□

5. 家庭人均月收入
500元以下□　500～1 000元□　1 000～2 000元□　2 000元以上□

某市消费者协会　某大学经济管理系
20××年×月×日

◆ 工作任务分析

问卷是我们在进行市场调查时进行资料收集的重要工具,是调查人员对一次调查活动的一个总体思想构架。有一份好的调查问卷,将会大大节约调查时间、提高信息资料收集的系统性、真实性和准确性,并有助于对调查资料进行统计归类与分析。企业营销机构或营销人员在此项目实施过程中的主要工作任务就是根据市场调查的目的和内容,设计标准化的调查问卷,并对调查人员进行调查培训、参加实地调查、资料的统计归类、整理分析与调查结果的核实,在此基础上协助企业营销部门进行营销方案的制订与实施。

◆ 相关知识

一、调查问卷设计

问卷是指调查者事先根据调查的目的和要求所设计的,由一系列问题、说明以及备选答案组成的调查项目表格,所以又称调查表。使用问卷调查使调查过程相对简单了,但设计调查问卷却是一项具有相当丰富专业知识的工作。

(一)调查问卷的基本结构

一份完整的调查问卷一般由下列部分组成。

1. 说明词

说明词是开始询问前的前导介绍词,主要内容包括介绍调查员自己、所代表的调研咨询公司或机构、进行此次调查的目的、意义、选择方法以及填答说明等,一般放在问卷的开头。

说明词写作的好坏,对整个访问的影响相当大。从某种意义上说,它还决定了被调查对象对访问的合作态度。而不同的访问形式,对说明词又有不同的要求。

2. 调查内容

问卷的调查内容主要包括各类问题，问题的回答方式及其指导语，这是调查问卷的主体，也是问卷设计的主要内容。问卷中的问答题，从形式上看，可分为开放式、封闭式和混合型三类。开放式问答题只提问题，不给具体答案，要求被调查者根据自己的实际情况自由作答。封闭式问答题则既提问题，又给出若干答案，被调查者只需在选中的答案中打"√"即可。混合型问答题，则是在采用封闭型问答题的同时，最后再附上一项开放式问题。

3. 编码

编码一般应用于大规模的问卷调查中。因为在大规模问卷调查中，调查资料的统计汇总工作十分繁重，借助于编码技术和计算机，可大大简化这一工作。编码是将调查问卷中的调查项目以及备选答案给予统一设计的代码。编码既可在问卷设计的同时就设计好，也可等到调查工作完成后再进行。前者称为预编码，后者称为后编码。在实际调查中，常采用预编码。

4. 结束语

结束语一般放在问卷的最后，用来简短地对被调查者的合作表示感谢，也可征询一下被调查者对问卷设计和问卷调查本身的看法和感受。

（二）调查问卷的问题设计

1. 直接性问题和间接性问题

直接性问题是指通过直接的提问立即就能得到答案的问题。设计直接性问题要注意：这些问题一般是一些已经存在的事实或是关于被调查者的一些不很敏感的基本情况。间接性问题指的是被调查者的一些敏感、尴尬、有威胁、有损自我形象的问题或者是被调查者思想上有顾虑而不愿意或不真实回答的问题。设计间接性问题要注意：一般不宜直接提问，而必须采用间接或迂回的方式发问。如家庭收入、消费支出、婚姻状况、政治信仰等方面的内容，如果不加思考就直接询问，可能会引起被调查者的反感，导致调查过程出现不愉快而中断。

2. 开放式问题和封闭式问题

开放式问题是指调查者对所提出的问题不列出具体的答案，被调查者可以自由地运用自己的语言来回答和解释有关想法的问题。开放式问题的优点是：回答比较灵活，能调动被调查者的积极性，使其充分自由的表达自己的意见和看法；对于调查者来说，能收集到原来没有想到，或者容易忽视的资料。同时由于应答者以自己的提问来回答问题，调查者可以从中得到启发，使文案创作更贴近消费者。这种提问方式特别适合于那些答案复杂、数量较多或者各种可能尚属未知的情形。当然，开放式问题也有缺点：被调查者的答案可能各不相同，标准化程度低，资料的整理和加工比较困难，同时还可能会因为回答者表达问题的能力差异而产生调查偏差。封闭式问题则是指事先将问题的各种可能的答案罗列出来，由被调查者根据自己的认识看法来选择答案。封闭式问题的优点是：

标准化程度高，回答问题较方便，调查结果易于处理和分析；可以避免无关问题；回答率较高；可节省调查时间。缺点是：被调查者的答案可能不是自己想准确表达的看法；给出的选项可能会对被调查者产生诱导；被调查者可能猜测答案或随意乱选，使答案难以反映真实情况。

  3. 机动性问题和意见性问题

  机动性问题是为了解被调查者的一些具体行为的原因和理由而设计的问题。机动性问题所获得的调查资料对于企业制定市场营销策略非常有用，但是收集难度很大。调查者可使用多种询问方式，尽最大可能将调查者的动机挖掘出来。意见性问题则主要是为了了解被调查者对某些事物的看法或想法而设计的问题。意见性问题在营销调查中也经常遇到，它是很多调查者准备收集的关键性资料，因为意见常常影响动机，而动机决定着购买者的行为。

  在市场调查过程中，几种类型的问题常常是结合在一起使用的。在同一份问卷中，既有开放的问题，也有封闭式的问题，甚至同一个问题，也可能隶属于多种类型。调查者可根据具体情况选择不同的提问方式，使用不同的询问技术。

（三）设计调查问卷应注意的事项

  （1）问卷上所列问题应该都是必要的，可要可不要的问题不要列入。

  （2）力求避免出现被调查者不了解或难以答复的问题，回答问题所用的时间最多不要超过半小时。

  （3）问卷上所拟答案要有穷尽性，避免重复和相互交叉，答案要编号。

  （4）注意询问语句的措辞和语气。具体应做到：①问题要提得清楚、明确、具体；②要明确问题的界限与范围，问句的字义、词义要清楚；③避免用引导性或带有暗示性的问题。

  （5）问卷纸张质地要好，不易破，字迹印刷要清楚，问题间隔与空白处要适中。

二、调查问卷的编排

  调查问卷从结构上来讲主要包括说明词（介绍部分）、调查内容（问卷主体部分）和结束语。因此，调查问卷的逻辑顺序是：标题→说明词→调查内容（问题）→结束语。这里主要介绍调查内容，即具体调查问题的编排。

（一）由易到难，由浅到深，由简单到复杂

  问卷中涉及到的所有问题应按一定逻辑顺序进行编排。开始的问句必须能引起对方的兴趣而且容易回答。一般由一个过滤性的问句开始。如一份洗发水调查的问卷是这样开始的：

  在过去的六个星期里，你购买过洗发水吗？

    a. 是 b. 否

  首先促使人们开始考虑有关洗发水的问题，然后，再问有关洗发水的购买频率，在过去所购买的品牌，对所购买品牌的满意程度，再问购买的意向，理想洗发水的特点，

应答者头发的特点，最后是年龄、性别等人口统计方面的问题。

（二）由一个主题自然过渡到另一个主题

问卷中同一个主题或系列的问题应编排在一起。而从一个主题过渡到另一个主题的问题，应有转折性的安排，以保持问题的流畅，不要打断被调查者的思路。例如：

（1）在过去的六个星期里，你购买过洗发水吗？
　　　a. 是　　b. 否
（2）你知道的洗发水品牌有（　　　　　）？
（3）你经常购买的洗发水品牌是？
　　　a. 飘柔　　b. 潘婷　　c. 海飞丝　　d. 风影　　e. 其他
（4）你购买洗发水的渠道是？
　　　a. 超市　　b. 专卖店　　c. 其他

（三）敏感性的问题应放在最后

问卷中触及个人隐私的、可能引起对方不愉快或困惑的问句要放在最后提出。这样做可以保证大多数问题在应答者出现防卫心理或中断应答之前得到回答。并且，经过一段时间的问答或交谈，应答者与访问者之间已经建立了比较融洽的关系，双方有了一定的了解，这类问题就比较容易被调查者接受，增加了获得回答的可能性。

三、调查问卷的评审与制作

一份问卷草稿编排好了之后，为了确保问卷的质量，还应该对问卷进行评审与修正，在各方认可后，将其装订成册，以供调查时使用。

（一）评审问卷

1. 评审问卷中的问题

（1）问题是否全面。必须保证有足够数量和类型的问题包含在问卷中，每个具体的调查目标都应该有相应的提问，不能遗漏。

（2）问题是否必要。与调查目标无关的问题应予以删除。

（3）是否有诱导性的问题。问题中不能包含建议答案或推荐答案以及假设性的问题。如："目前大多数人认为房价过高，你认为呢？"

（4）是否有含糊不清的问题。所提问题必须意思清晰明确，不能模棱两可，使被调查者回答问题时难以给出准确的答案，同时也避免给统计整理工作带来不便。

2. 评审问卷的长度

街头拦截调查或电话调查的问卷访问长度尽量不要超过 20 分钟；入户访问长度勿超过 45 分钟。如果有比较有吸引力的刺激物，问卷可稍长一些。一般的刺激物有钢笔、电影票、现金等，刺激物使用得当通常可以降低调查成本，因为回答率会增加。

3. 评审问卷的外观

由应答者自行填写的问卷外观是决定回答率的一个重要因素。邮寄和自填式问卷是由被访者自己填写的，问卷的外观是影响被访者是否填写的一个重要因素。问卷看上去要尽可能规范，应当用高质量的纸印刷，长度超过4页，必须装订成册。

（二）问卷版面安排

问卷四周应留有足够的空白，行间与列间不应太紧凑，以便访问人员或应答者选择适当的行或列。如果把许多东西挤到同一页上，问卷就会看上去繁杂、难度大。拥挤的问卷也会对人们参与调研的意愿产生不利的影响。另外，还要考虑问卷的着色编码、字体等。为了清晰表明哪部分是问题，哪部分是说明，应该用有区别的字体。

（三）问卷的测试与修正

设计人员将问卷草稿设计完成后，应散发给相关管理部门和人员征询意见，他们在审核过程中可能会增加一些新的信息，会促使问卷更加完美。问卷获得管理层的最终认可后，还应进行必要的测试。在没有进行预先测试前，不应当进行正式的询问调查。对于测试取得的数据，研究人员应当考虑编码和制表。数据应当制成表格的形式并尽可能进行一些常规的统计分析，这样研究人员对研究将产生的结果及是否能回答调研目标就有了一个大概的了解。测试完成后，需要改进的地方应作必要修改。在进行实地调查前应当再一次获得各方的认可。

（四）问卷的印制装订

问卷在印制装订时，调查人员应该将问卷的空间、数字、编码等安排好，并且监督打印、校对，直到装订完成。

◆ **任务实施**

第一步，确定若干个适宜学生调查的项目，如××手机品牌、电视机品牌、汽车品牌、化妆品品牌、纯牛奶、饮料产品等，要求学生每人设计一份完整的市场调查问卷？

第二步，将设计相同产品调查问卷的同学集中在一起，分组讨论每一个同学的调查问卷，在此基础上，以组为单位，对每一种（类）产品拿出一份规范的、标准化的调查问卷；

第三步，确定调查对象、调查单位，以组为单位，利用双休日，深入实际进行现场访问，收集市场信息资料，一方面检测问卷设计的合理性，另一方面锻炼学生的实际调查能力；

第四步，对调查问卷进行整理汇总，根据掌握的事实情况和资料，做相应统计分析，在此基础上，要求每一位同学写一份书面调研报告。

◆ **总结与回顾**

问卷调查是以事先设计好的市场调查问卷作为调查工具，通过请被调查者填写调查问卷中所提的问题来收集一手资料的一种调查方法。问卷调查的首要任务是设计一份规范的、标准化的调查问卷。调查问卷一般由说明词、调查内容、编码、结束语四部分构成。其中调查内容，即以问句形式表现的部分是调查问卷最主要、占篇幅最大的部分，是整份问卷的主体。根据具体情况，问卷中的问句可采用开放式问句、封闭式问句、倾向偏差性问句和态度测量问句等。问句的排列应按一定逻辑顺序进行编排，遵循由易到难，由浅到深，由简单到复杂；同一个主题或系列的问题应编排在一起，不同主题的问题，应有转折性的安排，以保持问题的流畅；问卷中触及个人隐私或可能引起对方不愉快的问句要放在最后提出的原则。为了确保问卷的质量，一份问卷草稿编排好之后，还应对问卷进行评审与修正。

本项目的教学重点与核心技能是标准化调查问卷的设计制作。

◆ **复习思考题**

1. 简述调查问卷的基本框架结构。
2. 简述设计调查问卷应注意的事项。
3. 简述问句排列的基本规范要求。

◆ **实训练习**

以诺基亚手机的市场销售为例，设计一份标准化的市场调查问卷。

项目三　调查对象的确定与调查方法的选择

◆ **知识、能力、素质目标**

使学生理解调查对象的内涵，掌握不同调查方法的特点与使用范围，并能根据特定的调查目的、调查任务选择合理的调查对象和适宜的调查方法。在此基础上，能熟练应用抽样方法技术选择确定调查对象，并能通过市场实验法、访谈法或观察法进行实际市场调查。

◆ **教学方法**

角色扮演法　模拟训练法　课堂讲授法

◆ **技能（知识）点**

调查对象的确定　抽样技术及其应用　市场实验法的特点及应用　市场访谈法的特点及应用　市场观察法的特点及应用

双排扣西装为什么销不动？

某品牌西装由于质量不错，价格适中，因此比较受普通工薪阶层消费者的欢迎。王先生开了一家该品牌专卖店，生意还不错，每天都有不少顾客光顾。由于该品牌的款式颜色都相对比较庄重，因此，其顾客以中年人占绝大多数。近日来，有几位二十出头的青年人曾向营业员询问有无双排扣西装，并表示对这种西装比较有兴趣。王先生收集到这些信息后,感觉是个机会,于是从厂家进了一批双排扣西装。不曾想,这批货到店后,都几乎无人问津。年龄较大的顾客根本就不考虑该产品,年轻顾客本来就很少,而这少量的年轻人也大多是看看而已。该西装摆了一个多月,居然一件都没卖出,于是王先生只有将该批货退回厂家,白白损失了一笔运输费。

根据营销情景中描述的事实,学生独立思考并回答:
1. 王先生决策失误的主要原因在哪里?
2. 做生意一定要做市场调查吗?为什么?

引导案例

宝洁润妍洗发水的市场调查

2005年下半年宝洁的沐浴露产品——"激爽"的退市,不仅让人联想起三年前宝洁的洗发水产品——"润妍"的退市。

润妍是宝洁旗下唯一针对中国市场原创的洗发水品牌,也是宝洁利用中国本土植物资源的唯一的系列产品。曾几何时,润妍被宝洁寄予厚望,认为它是宝洁全新的增长点;曾几何时,无数业内、外人士对它的广告与形象赞不绝口;曾几何时我们以为又到了黑发飘飘的春天……,但2002年的时候润妍已经全面停产,退出市场,润妍怎么了?

润研上市前后的两三年里,中国洗发水市场真"黑":联合利华的黑芝麻系列参产品从"夏士莲"衍生出来,成为对付宝洁的杀手锏;重庆奥妮则推出"新奥妮皂角洗发浸膏"强调纯天然价值,有"何首乌"、"黑芝麻"、"皂角"等传统中草药之精华;伊卡璐把其草本精华系列产品推向中国;河南民营企业鹤壁天元也不失时机地推出"黛丝"黑发概念的产品……市场上一度喊出终结"宝洁"的声音。

在外界看来一片"沙砾"般的问卷调查,宝洁人却能从中看出"金子":真正坚定调查员信心的是被访者不经意的话——总是希望自己"有一头乌黑的秀发,一双水汪汪的大眼睛"——这不正是传统东方美女的模型吗?

黑头发的东方人就是希望头发更黑!原来的商业计划百密一疏,只见树木,不见森林。所以在产品测试阶段,宝洁人再次通过调查反省了对产品概念、包装、广告创意等的认识,对原来的计划进行了部分修正。至此,宝洁公司的"让秀发更黑更亮,内在美丽尽释放"的润妍洗发水就此诞生。

下面来具体介绍宝洁在润妍上市前做了哪些方面的市场调查工作。

1."蛔虫"调查——零距离贴身观察消费者

一个称为"贴身计划"的商业摸底市场调查静悄悄地铺开。包括时任"润妍"品牌经理黄长青在内的十几个人分头到北京、大连、杭州、上海、广州等地选择符合条件的目标消费者,和他们48小时一起生活,进行"蛔虫"式调查。从被访者早上穿着睡衣睡眼朦胧地走到洗手间,开始洗脸梳头,到晚上洗发卸妆,女士们生活起居、饮食、化妆、洗护发习惯尽收眼底。黄长青甚至会细心揣摩被访者的性格和内心世界。在调查中,宝洁发现消费者认为滋润又具有生命力的黑发最美。

宝洁还通过一、二手资料的调查发现了以下的科学证明:将一根头发放在显微镜之下,你会发现头发是由很多细微的表皮组成的,这些称为毛小皮的物质直接影响头发的外观。健康头发的毛小皮排列整齐,而头发受损后,毛小皮则是翘起或断裂的,头发看上去又黄又暗。而润发露中的滋养成分能使毛小皮平整,并在头发上形成一层保护膜,有效防止水分的散失，补充头发的水分和养分，使头发平滑光亮，并且更有滋润。同时，润发露还能大大减少头发的断裂和摩擦，令秀发柔顺易疏。

宝洁公司专门做过相关的调查试验，发现使用不含润发露的洗发水，头发的断裂指数为1，含润发露的洗发水的断裂指数为0.3，而使用洗发水后再独立使用专门的润发露，断裂指数就降低到0.1。

中国市场调查表明，即使在北京、上海等大城市也只有14%左右的消费者会在使用洗发水后单独使用专门的润发产品，全国平均还不到10%。而在欧美、日本、香港等发达市场，约80%的消费者都会在使用洗发水后单独使用专门的润发产品。这说明国内大多数消费者还没有认识到专门润发步骤的必要性。因此，宝洁推出润妍一方面是借黑发概念打造属于自己的一个新品牌，另外就是想把润发概念迅速普及。

2. 使用测试——根据消费者意见改进产品

根据消费者的普遍需求，宝洁的日本技术中心随即研制出了冲洗型和免洗型两款"润妍"润发产品。产品研制出来后并没有马上投放市场，而是继续请消费者做使用测试，并根据消费者的要求，再进行产品改进。最终推向市场的"润妍"是加入了独特的水润草药精华、特别适合东方人发质和发色的倍黑中草药润发露。

3. 包装调查——设立模拟货架进行商店试销

宝洁公司专门设立了模拟货架，将自己的产品与不同品牌特别是竞争品牌的洗发水和润发露放在一起，反复请消费者观看，然后调查消费者究竟记住和喜欢什么包装，忘记和讨厌什么包装，并据此做进一步的调查与改进。最终推向市场的"润妍"倍黑中草药润发露的包装强调专门为东方人设计，在包装中加入了能呈现独特的水润中草药精华的图案，包装中也展现了东西方文化的融合。

4. 广告调查——让消费者选择他们最喜欢的创意

电视广告——宝洁公司先请专业的广告公司拍摄一组长达6分钟的系列广告，再组织消费者来观看，请消费者选择他们认为最好的3组画面，最后，概括绝大多数消费者的意思，将神秘女性、头发芭蕾等画面进行再组合，成为"润妍"的宣传广告。广告创意采用一个具有东方风韵的黑发少女来演绎东方黑发的魅力。飘扬的黑发和少女明眸将"尽洗铅华，崇尚自然真我的东方纯美"表现得淋漓尽致。广告片的音乐组合也颇具匠心，现代的旋律配以中国传统的乐器如古筝，琵琶等，进一步呼应"润妍"产品现代东方美的定位。

5. 网络调查——及时反馈消费者心理

具体来说，利用电脑的技术特点，加强润妍logo的视觉冲击力，通过flash技术使飘扬的绿叶（润妍的标志）在用户使用网站栏目时随之在画面上闪动。通过润妍品牌图标链接，大大增加润妍品牌与消费者的互动机会。润妍是一个适合东方人用的品牌，又有中草药倍黑成分，所以主页设计上只用了黑、白、灰、绿这几种色，但以黑、灰为主，有东方的味道。网站上将建立紧扣"东方美"、"自然"和"护理秀发"等主题的内页，加深润妍品牌联想度。

通过实时反馈技术，这样就可以知道消费者最喜欢什么颜色，什么主题等。

6. 区域试销——谨慎迈出第一步

润妍的第一款新产品是在杭州面市，在这个商家必争之地开始进行区域范围内的试销调查。其实，润妍在选择第一个试销的地区时费尽心思。杭州是著名的国际旅游风景城市，既有深厚的历史文化底蕴，又富含传统的韵味，又具有鲜明的现代气息，受此熏陶兼具两种气息的杭州女性，与润妍要着力塑造的现代与传统结合的东方美女形象一拍即合。

7. 委托调查——全方位收集信息

此外，上市后，宝洁还委托第三方专业调查公司做市场占有率调查，透过问卷调查、消费者座谈会、消费者一对一访问或者经常到商店里看消费者的购物习惯，全方位搜集顾客及经销商的反馈。

市场调查开展了三年之后，意指"滋润"与"美丽"的"润妍"正式诞生，针对18～35岁女性，定位为"东方女性的黑发美"。宝洁在上市前的市场调查几乎把能用的调查方法全用上了。从产品概念测试的调查、包装调查、广告创意调查一直到区域试销调查。正是通过这样详细的市场调查，得到了大量准确的资料，帮助润妍上市初期取得巨大成功。

◆ 工作任务分析

大部分市场调查属于非全面性调查，即调查者利用只占调查对象部分比例的调查单位的信息来反映调查对象的总体情况。如果调查对象和调查方法选择不当，则可能导致调查难度的增加和调查结果的失真。企业营销人员在此项目实施中的主要工作任务就是根据特定的调查目的和调查任务合理地选择确定调查对象和调查方法，并协助企业有计划、有步骤的进行市场调研，搜集真实可信的市场信息资料。

◆ 相关知识

一、调查对象的确定

（一）调查对象的概念

调查对象是根据调查目的、调查任务确定的调查范围以及所要调查的总体，调查对象一般由某些性质上相同的调查单位所组成。调查单位则是所要调查的社会经济现象总体中的个体，即调查对象中的一个个具体单位，它是调查中要调查登记的各个调查项目的承包者。

（二）调查对象的确定

在确定调查对象时，首先应框定调查的总体范围。一般情况下，该范围可根据产品种类及其分销渠道和其它一些约束条件来确定。也就是说，产品从生产者到消费者手中经过了哪些环节，那么这几个环节中符合各种约束条件的人或单位就是被调查的对象。比如，某产品的分销渠道为生产者→零售商→消费者。则该产品市场调查的对象就包括该产品的零售商和消费者两部分。假设再将调查对象限定在A地区以及30岁以下，那么此次调查对象的范围就初步确定了，即该产品的零售商以及A地区30岁以下的消费者。

调查范围确定后，接下来就应确定具体调查单位及其数量。调查单位数量的多少主要受调查精度要求的控制，精度要求越高，调查单位的数量也就越多。调查单位的具体选定，则与采用的调查方式直接相关。

二、调查方法的选择

市场调查的方法很多，企业可根据不同的调查内容和调查对象选择不同的调查方法。常用的市场调查有观察法、访问法、实验法等。下面我们就对这些调查方法的特征与使用范围做一简要介绍。

（一）市场观察法

1. 市场观察法的概念

市场观察法是指调查者根据调查研究的目的，有组织、有计划地运用自身的感觉器官或借助科学的观测工具，直接收集当时正在发生的、处于自然状态下的市场现象的有关情况资料的调查方法。观察法是在不向当事人提问的条件下，通过各种方式对调查对象作直接观察，在被调查者不知不觉中，观察和记录其行为、反应或感受。

2. 市场观察法的种类

市场观察法主要包括以下几种。

（1）直接观察法。派人直接对调查对象进行观察。例如，调查消费者对品牌、商标的爱好与反应，可派人到零售商店柜台前观察购买者的选购行为。调查销售人员的工作表现，可派员对调查对象的服务态度、方法、效率进行直接观察。

（2）亲自经历法。亲自经历法就是调查人员亲自参与某种活动，来搜集有关的资料。如某一家工厂，要了解它的代理商或经销商服务态度的好坏，就可以派人到它们那里去买东西。通过亲身经历法搜集的资料，一般是非常真实的。但应注意不要暴露自己的身份。

（3）痕迹观察法。这种方法不直接观察被调查对象的行为，而是观察被调查对象留下的实际痕迹。例如，美国的汽车经销商都同时经营汽车修理业务。他们为了了解在哪一个广播电台做广告的效果最好，对开回来修理的汽车，要干的第一件事情，就是派人看一看汽车里收音机的指针是对准哪一个电台，从这里它们就可以了解到哪一个电台的听众最多，下一次就可以选择这个电台做广告。

（4）行为记录法。在调查现场安装收录、摄像及其他监听、监视仪器设备，调查人员不必亲临现场，即可对被调查者的行为和态度进行观察、记录和统计。在取得被调查者的同意时，也可用一定的装置记录调查对象的某一行为。

3. 市场观察法的优缺点

市场观察法的优点是，收集到的情况资料真实可信，可以减少因调查员的成见或失误，以及被调查者的心理因素干扰而产生的误差。其缺点是调查成本较高、时间较长，只能观察到事物的外在表象而无法了解其内在原因。

（二）市场访问法

1. 市场访问法的概念

市场访问法就是通过调查者和被调查者之间直接或者间接的人际沟通，有目的地以询问的形式收集资料信息的方法。它在市场调查实践中使用最为普遍，使用这种方法能在较短的时间内获得比较及时、可靠的市场信息。

2. 市场访问法的种类

市场访问法根据调查内容传递方式的不同,又分为面谈访问、电话访问和留置问卷访问等不同方法。

(1) 人员访问。人员访问就是通过调查人员直接访问被调查者,向被调查者询问有关问题,以收集资料信息的方法。

(2) 电话访问。电话访问是通过电话访问被调查者来收集所需资料信息的方法。

(3) 邮寄问卷。邮寄问卷是将事先设计好的标准化问卷寄给被调查者,请其自行回答问卷后,再寄给调查机构或部门,以此来收集资料信息的方法。

3. 市场访问法的优缺点

以上三种访问方法各有优缺点,如表 2-1 所示。

表 2-1　不同询问调查法的特点比较

项　目	面谈访问	邮寄询问	电话询问	留置问卷
回收率	高	低	较高	较高
灵活性	强	弱	较强	强
准确性	好	较好	好	好
速　度	较慢	较快	快	慢
费　用	高	高	较低	高
资料范围	面窄	面最广	面较广	面窄
复杂程度	复杂	简单	较简单	复杂

(三) 市场实验法

1. 市场实验法的概念

市场实验法是指市场调查人员有目的、有意识地通过改变或者控制一个或几个市场影响因素的实践活动,来观察市场现象在这些因素影响下的变动情况,认识市场现象的本质和发展变化规律的一种方法。市场实验法对于研究事物之间的因果关系非常有效。例如为了弄清楚某种商品采用新包装后销售和利润的变化情况,就可采用此法,在小范围内进行不同包装的对比销售实验。通过对实验结果的分析,可以对是否采用新包装策略提供判断依据。

2. 市场实验法的构成要素

市场实验法由以下四个基本要素构成。

(1) 实验主体。是指可被施以行动刺激,以观测其反应的单位。在市场营销实验里,主体可能是消费者、商店及销售区域等。

(2) 实验投入。是指研究人员实验其影响力的措施变量。实验投入可能是价格、包装、陈列、销售奖励计划或市场营销变量。

(3) 环境投入。指影响实验投入及其主体的所有因素。环境投入包括竞争者行为、天气变化、不合作的经销商等。

（4）实验产出。实验产出亦即实验结果。主要包括销售额的变化、顾客态度与行为的变化等。

3. 市场实验法的实验设计

（1）简单时间序列实验。其主要步骤是：先选择若干经销商并检查其每周销售情况；然后举办展销会并测量其可能的销售额；最后将该销售额与以前的销售额比较，作出最后决策。

（2）重复时间序列实验。其主要步骤是：先将展销会时间延长数周，然后在一段时间内停止展销，再展销一段时间后又停止，如此循环多次。在每一个循环时间内都要注意销售变化并求出其平均值。在这一过程中，要注意剔除特殊事件的影响。

（3）前后控制组分析。其主要步骤是：先在展销前选定两组经销商，并分别检查其销售状况；然后，只让其中一组举办展销会，并同时检查两组的销售状况；最后，比较控制组与实验组的销售状况，并对其销售差异进行统计显著性分析。

（4）阶乘设计。除了举办展销会，市场营销调研人员还可对其他市场营销投入措施的影响力量进行实验。这样，实验结果对管理人员会更具说服力。例如，制造商试图对三种展销会、三种价格水平、三种保证措施进行实验。在这里，有 27 种（即 3×3×3）实验投入组合，我们可以找到 27n 个（n 为正整数）厂家同时进行实验，以估计不同的展销会、不同的价格水平以及不同的保证的个别影响力量。

（5）拉丁方格设计。上面谈到，阶乘设计法涉及 27 种不同的实验投入组合。如果实验投入因素之间不存在相互联系、相互影响的关系，则可用拉丁方格设计法，仅试验 9 种（即 3+3+3）组合，简单估计投入的个别影响。这样，就可以减少多因素实验设计的成本费用。

三、市场调查的抽样设计

进行市场实地调查，一般可采用两种方式：市场普查和抽样调查。市场普查是以市场调查总体中所包含的每一个个体单位作为调查对象，无一例外地进行调查。而抽样调查则是在调查总体中抽取一定数量的样本单位进行调查，然后根据对样本调查的结果来推断总体的一种调查方式。抽样调查又分为随机抽样调查和非随机抽样调查两类方法。

（一）随机抽样

1. 简单随机抽样

简单随机抽样就是不对被研究对象作任何处理，直接按纯随机原则从中抽取调查单位来构成样本。一般适用于个体差异不大（即均匀总体）或难以分组的调查总体。譬如，对居民家庭肉食消费量的调查，就可以选用这种方法进行调查。

2. 分层随机抽样

分层随机抽样则是先把总体按照某种特征分成若干层（组、类），使层内个体有一致性（同质性），而层间有明显差异，然后在各层中按随机原则抽取调查单位来构成样本。一般适用于个体间差异较大的情况。譬如，由于城乡居民在家电产品消费量上存在明显差异,那么,要调查城乡居民的家电消费量,就可采用这种方法,先将调查对象分为城镇居民和农村居民两组,然后采用简单随机抽样分别从两组中抽取一定数量的单位组成样本进行调查。

3. 等距随机抽样

等距随机抽样就是先按一定顺序将全部总体单位进行排列,并根据总体数目 N 和样本数目 n,将二者相除计算出抽样间距(K=N/n),并从 1~N/中随机抽出第一个样本单位(记作第 i 号),然后从 i 号起每隔 N/n 个单位抽取一个入样,即 i,i+K,i+2K,i+3K……,这些数所对应的个体即为调查抽样的对象。这一方法一般适用于大规模调查。譬如,要调查城镇中学生的手机拥有量,就可以采用这种调查方法,按学号对全体学生进行排队,在计算出抽样间距后,从第一个间距内确定第一个调查单位,再按间距大小将所有调查单位逐一选出组成样本进行调查。

4. 整群随机抽样

整群随机抽样就是先把总体按一定的相似性分成若干群(主要是自然形成的行政或地理区域),尽量使不同特性的个体均匀分布在各个群内,同一群内个体有差异而各个整群之间差异不大,然后对各个整群进行随机抽选,对抽出的样本群做全面调查(也可进一步划分成若干个小群,进行多阶段分群抽样)。一般适用于个体分布面广、散乱、差异大、调查难度高的情况。譬如,欲调查高校学生在校生活费用支出情况,就可将每个班作为一个群,在全部班级中按随机原则抽取若干班级,并对所抽中班级的所有学生进行调查。

在上述四种随机抽样方法中,分层随机抽样的误差最小,整群随机抽样误差最大。因此,在有一定的调查精度要求时,若采用分层抽样,所需样本单位数最少;若采用整群抽样,所需样本单位数最多。

(二)非随机抽样

1. 方便抽样

方便抽样是从调查者的工作方便出发,在调查对象范围内随机地抽选样本。一般适用于探索性调查。譬如,要对手机品牌的知名度进行探索性调查,就可采取街头拦截法进行调查。

2. 判断抽样

判断抽样是在调查者对调查对象有一定了解的情况下,根据自己的主观判断选择有代表性的单位构成样本进行调查。一般适用于样本数量较少的情况。譬如,要调查高档汽车的需求状况,则可选择在高档住宅区的部分居民进行调查。

3. 配额抽样

配额抽样是先把总体按一定特性(即控制特性)进行分类,规定具有一种或几种控制特性的样本数目,并对不同群体分配样本数额,然后在配额内凭调查者主观判断抽选样本。这种方法运用比较广泛。譬如，要调查某城市居民对服装的需求状况，则可以先根据消费者的年龄、性别、职业、收入水平等进行分类，再定出各类群体的样本数目，最后凭调查者的主观判断，从每类群体中抽取规定数目的样本单位。

4. 滚雪球抽样

滚雪球抽样就是根据前一个被调查者的介绍和推荐来抽选样本。一般适用于总体单位数不多、非常分散时使用。其优点是能够快速、准确地确定并找到调查单位，且能大大降低被拒访的概率。譬如，某制药厂要调查某种药品在某地区的需要量，那么，就可通过某关系较为密切的客户（医疗机构）的推荐对该地区的被推荐客户进行调查，依此类推，获得该地区该种药品潜在需求量的调查资料。

◆ **任务实施**

第一步，把学生分成若干小组，各组选定一个调查项目；
第二步，各小组通过集体讨论确定调查对象范围，并商议确定具体调查方法；
第三步，各小组深入实际，对所确定的调查对象、调查项目进行测试性调查；
第四步，根据测试情况，各小组对其调查方案进行修订完善。

◆ **总结与回顾**

调查对象是根据调查目的、调查任务确定的调查范围以及所要调查的总体。这里需要特别强调的是，在规定调查对象的含义和范围时，必须严格、严谨、清晰、明确，以免造成调查登记时由于含义和范围不清而发生错误。调查对象的确定，首先要框定调查的总体范围，然后根据框定的调查范围来确定具体的调查单位。调查单位的确定既与分销渠道有关，又跟采用的调查方法有关。调查单位的数量则主要受调查精度要求的控制。

企业可根据不同的调查内容和调查对象来选择具体的调查方法。常用的市场调查方法有：普查、典型调查、重点调查和抽样调查。其中，抽样调查在现代营销调研中应用的非常广泛。具体的市场调查方式有：实验法、询问法和观察法。

本项目的教学重点与核心技能是调查对象的确定和调查方法的选择。

◆ **复习思考题**

1. 简述如何确定市场调查对象？
2. 简述典型调查与重点调查在确定调查对象时有什么区别？
3. 简述抽样调查的基本类型及特点。
4. 简述实验法、询问法与观察法的优缺点。

◆ **实训练习**

如果某管理咨询公司接受了诺基亚手机制造商的委托，要其调查诺基亚手机在某区域市场的销售情况，请你具体确定调查对象与调查范围，选择适宜的调查方法，并制订出完成此项调查任务的具体调查方案。

项目四　市场调查的组织与实施

◆ 知识、能力、素质目标

使学生了解市场调查组织的基本结构和职能，熟悉市场调查人员的培训内容及培训方法，掌握并能灵活运用市场调查的访谈技巧进行实地调查，在此基础上，对企业的市场调查活动进行有效控制与管理。

◆ 教学方法

课堂讲授法　问题引入法　模拟训练法

◆ 技能（知识）点

调查机构的设置及人员配备　调查人员的培训　访谈技巧　调查活动的管理与控制

小张为什么被拒访

小张所在的公司派他到某高校对大学生做一项调查。该校学生白天要上课，无课时则很分散，但晚上大都在教室进行晚自习，于是小张选择了晚自习这个时间段到学生教室进行调查。他的调查过程是：先直接进入教室中向大家说明来意，然后向学生发放调查表。在前两个教室调查比较顺利。但进入第三个教室后，当他径直走上讲台刚做完自我介绍，就被请出门外，因为这个教室里当时有一位老师正在为几位学生讲解作业。

根据营销情景中描述的事实，学生独立思考并回答：

1. 小张在调查现场的做法有何不妥之处？
2. 有人认为调查过程其实很简单，你同意这一说法吗？

宝洁公司市场调查机构的设置

宝洁公司安排营销调查人员到每个产品部门对现行品牌进行调查。宝洁公司设有两个独立的内部调查小组，一个负责整个公司的广告调查，另一个负责市场测试。每组成员包括营销调查经理、其他专家（调查设计者、统计学家、行为科学家）和负责执行与管理访问工作的内部现场代表。

◆ 工作任务分析

收集市场情报信息资料的工作常常需要一个调查工作小组来配合完成。调查小组的人员组成、业务技能及职业道德等因素将决定市场调查工作的成效。为保证市场信息资料收集工作的顺利完成，就必须对市场调查活动做周密的组织安排，并对其过程进行有效管理与控制。营销人员在此项目实施中的主要工作任务就是协助企业的营销部门组建市场调查机构，制定调查计划，培训调查人员，并对调查活动的实施过程进行有效的管理控制。

◆ 相关知识

一、组建市场调查机构

企业调查机构的组建主要包括两项工作：一是建立调查工作领导小组；二是确定合适的市场调研人员。

（一）建立调查工作领导小组

调查工作领导小组的职责是负责管理控制调查项目的具体实施，并及时向决策层或委托方反馈调查进程和调查工作的有关情况信息。一般性的市场调查项目领导小组可由市场调查业务人员组成，如果调查项目规模较大，涉及到多个方面的工作，就由多个部门的业务人员共同组成项目领导小组，以保证调查工作的顺利实施。

（二）确定市场调查人员

企业在进行市场调查时，通常会招聘一些临时性（阶段性）的市场调查人员，企业选拔招聘调查人员，应主要考虑以下因素：

（1）调查人员的责任感；
（2）调查人员的语言表达能力（包括普通话和调查地区的方言）；
（3）调查人员的思想道德素质；
（4）调查人员的业务能力；
（5）调查人员的身体状况。

二、培训市场调查人员

（一）选择培训方式

1. 书面训练

书面训练的基本要点在于要求调查人员牢记调查项目的重要性、目的、任务、并通过训练手册，熟悉各项要求，主要包括：

（1）熟悉市场调查项目的内容和目的；
（2）熟悉并掌握按照计划选择被调查对象；
（3）熟悉选择恰当调查时机、地点和访问对象的方法；
（4）熟悉让访问对象合作的有关方法技巧；
（5）熟悉如何处理访问中发生意外情况的应对措施。

2. 口头训练

口头训练的目的是消除调查人员的恐惧和疑虑，使调查人员能够灵活运用口头调查的沟通技巧。通过这种口头训练，要求受训者能够具备下列素质：

(1) 训练态度和蔼、友好、自然；
(2) 提出的问题能抓住重点，简单明了，能让调查对象清楚地理解与回答；
(3) 善于选择最佳的访问时机；
(4) 有较强的分析判断能力，善于明辨是非；
(5) 善于完整清楚地记录，真实地反映被调查者的本意。

（二）确定培训内容

1. 责任培训

责任培训的目的是让每位调查人员明白一个合格的访问人员应具有哪些责任，使他们在今后的调查工作中能够更好的完成调查任务。具体职责包括保密、提问、记录、审查和发放礼品（礼金）等。

2. 项目操作培训

项目操作培训具体包括：
(1) 向调查人员解释问卷问题；
(2) 统一调查问卷的填写方法；
(3) 分派任务（制定每个调查人员调查的区域、时间和对象）；
(4) 访问准备（告知调查人员访问前因携带的各种工具和物品）；
(5) 向调查人员说明调查工作小组的监督措施。

3. 访谈技巧培训

访谈技巧是指调查人员为了获得准确可靠的调查资料，运用科学的访问方法，引导受访对象提供所需情况的各种办法和策略。访谈技巧培训的主要内容包括以下几点。

(1) 如何避免访谈开始被拒访。自我介绍要按规范的形式进行，这是访问人员和被调查者的首次沟通，对是否能顺利入户是一个非常关键的环节。通常在问卷设计中已精心编写了开场白（自我介绍词）。访问人员自我介绍时，应该快乐、自信，如实表明访问的目的，出示身份证明。有效的开场白可增强被调查者的信任感与参与意愿。

(2) 如何避免访谈中途被拒访。选择适当的入户访问时间可以减少或避免被拒访，一般工作日访问时间在晚上七点到九点之间，双休日可选择在早九点到晚九点之间，但应避开吃饭和午休时间。

假如被调查者以"没有时间"拒访，访问人员要主动提出更方便的时间，如晚6点行不？而不是问被访者"什么时间合适"。假如被调查者声称自己"不合格"或者"缺乏了解，说不出"，访员应该告诉被访者："我们不是访问专家，调查的目的是让每个人有阐明自己看法的机会，所以你的看法对我们很重要"或"你把你知道的说出来就可以了"，等等，以鼓励被访问者。假如被调查者以"不感兴趣"而拒访，访问人员可以解释：这是抽样调查，每一个被抽到的人的意见都很重要，请你协助一下，否则调查结果就会出现偏差。

(3) 如何合理控制环境。理想的访问应该在没有第三者的环境下进行，如果在访谈过程中出现了第三者，应礼貌并巧妙的阻止第三者插话或发出其他各种干扰。此外还应尽力避免其它各种因素的干扰。

（4）保持中立。调查人员在访问过程中，除了表现出礼节性的兴趣以外不要做出任何赞同或反对的反映，尤其不能说出自己的观点，以避免影响被调查者的真实见解。

（5）如何提问与追问。提问时应按照问卷设计的问题排列顺序及提问措辞进行。对于开放性问题，一般要求充分追问。追问时不能引导，也不要用新的词汇追问，要使被访者的回答尽可能的具体。

（6）如何结束访问。当所有希望得到的信息都得到之后就要结束访问了。此时，可能被访者还有进一步的自发陈述，他们也可能有新的问题，访问人员工作的原则是认真记录有关内容，并认真回答被访者提出的有关问题。总之，应该给被访问者留下一个良好的印象。最后，一定要对被访者表示诚挚的感谢。

三、市场调查活动的管理与控制

（一）市场调查项目的控制

1. 监督调查计划的执行

调查工作计划是指为确保调查目的的实现而对调查工作全过程做出的事先安排，调查工作计划能否严格实施，将直接关系到调查作业的质量和效益，因此，项目领导小组应根据调查进度日程表，随时对调查进程进行检查和控制。

2. 审核调查问卷

在问卷初稿完成后，最好进行试验性调查，并对初稿中存在的问题加以修正，直至最终定稿。

3. 审核抽样方法

为了保证数据采集的科学性和可靠性，调查人员应对拟选择的抽样方法进行论证，以选择最为合适的调查方法。

（二）市场调查人员的控制

为了防止少数调查人员不按照调查工作计划要求进行调查而引起问卷质量问题，就必须对调查人员进行适当的监控。监控一般利用现场监督、审查问卷、电话回访、实地复访四种手段来判断调查人员访问结果的真实性，然后再根据每个调查人员的任务完成质量，从经济上给予相应的奖励或惩罚。

◆ **任务实施**

第一步，将学生分成若干小组，各组选定一个调查项目；

第二步，设立由老师和各组组长构成的调查领导小组，然后各组根据选定的具体调查项目，确定调查人员；

第三步，依据完成调查任务所必需的责任意识、访问技巧，由老师和各组组长对调查人员进行短时间的培训；

第四步，各组制订完成本次调查活动的具体实施方案，以组为单位，利用1~2天时间，实际完成调查项目的信息资料收集，并由老师和组长对每位同学进行控制与管理。

◆ **总结与回顾**

市场调查资料的收集需要大量的人力、财力做支撑，而且该阶段最容易出现调查误差。组织、管理、控制是该阶段工作卓有成效开展的基本保障。市场调查活动是一个团队活动，为保证调查工作的顺利进行，一般都需要设立调查工作领导小组，选拔培训调查人员，并对调查活动实施有效的管理控制。其中，市场调查人员的培训是一个非常重要的环节。培训的内容主要包括：责任培训、项目操作培训和访问技巧培训。

本项目的教学重点与核心技能是调查机构的设立、调查人员的培训和调查活动的管理。

◆ **复习思考题**

1. 简述市场调查人员的主要培训内容？
2. 简述书面培训与口头培训各有哪些侧重点？
3. 简述访谈阶段应怎样通过访谈技巧来达到活跃气氛的目的？

◆ **实训练习**

如果某房地产开发商要对某市经济适用房的市场需求状况进行调查，请你制订一个完整的市场调查方案。并在调查方案中设立调查领导小组，制订具体培训计划。

项目五　调查结果的分析、评价与应用

◆ **知识、能力、素质目标**

使学生比较熟练地掌握市场调查资料整理分析的方法技术，了解市场调查报告的基本框架结构，并能根据调查目的、调查任务及调查掌握的情况资料，撰写市场调查报告。

◆ **教学方法**

课堂讲授法　案例教学法　模拟训练法

◆ **技能（知识）点**

调查资料的整理与分析　调查结论的评价与应用　调研报告的基本格式及写作

营业时间是否需要延长

大约在一年之前，某百货公司的员工注意到，越来越多的顾客要求商场延长营业时间，以满足他们休闲逛街购物的需要。一个家庭里夫妇两人工作的趋势使家庭的空闲时间减少了许多，因此，在周末，许多顾客试图避开诸如购物一类的"杂事"。公司经理决定采用实验法进行12周的市场实验：即将星期三的营业时间由9点到18点改为9点到21点，除星期三以外的其他营业时间不变。从前后对比实验数据看，在试验期，商场的营业总额有一定的增加，其中星期三平均增长8%，其他6天的平均增长幅度为3%。

但是也有一些人对这些数据不以为然，他们认为延长营业时间不会使销售额增加。

根据营销情景中描述的事实，学生独立思考并回答：

1. 该商场是否应该延长营业时间，为什么？
2. 要使市场调查真正成为决策的依据，需要对收集到的原始资料做哪些处理？

丰田汽车公司的市场调查结论及其应用

早在20世纪60年代，日本丰田汽车公司就对世界上主要汽车生产国生产的汽车型号、能源消耗的情况进行过市场调查。结果，调查发现世界各国生产的汽车油耗普遍较高，而石油资源是不可再生资源。于是意识到，一旦发生能源危机，小排量、低油耗汽车一定畅销。很快在调查基础上做出决策，上低油耗车型的生产项目。结果，1973年石油危机爆发，丰田公司生产的低油耗车型大举进入美国市场，占据了很大市场份额。在国内强大的压力下，一向标榜"贸易自由"的美国政府被迫向日本政府施加压力，要求限制向美国出口汽车。

◆ 工作任务分析

实地调查结束后，就应对市场调查所取得的信息资料进行复核、整理、分组，随后进行资料分析，以剖析存在的问题，探寻事物的内在变化规律。营销人员在此项目实施中的主要工作任务就是协助企业的营销调研机构进行资料的整理分析，并以此为依据做出调查结论，寻求改进企业营销工作的对策建议。

◆ 相关知识

一、调查资料的整理

（一）问卷的登记与审核

在资料采集完成之后，所有获得的资料都要汇总在一起，以便进行分类、统计、分析。在汇总过程中，为了避免信息损失以及评价访问人员的工作成绩，有关负责人要对信息资料进行登记分类，如按地区、调查员等分类，分别记录各地区、各调查员交回的问卷数量、交付时间、实发问卷数量、丢失问卷数量等情况。对于收回的问卷，还要进行质量检查，剔除无效的或不合格的问卷。一般来说，出现以下情况之一的问卷为无效问卷：

（1）在同一份问卷中，有相当一部分题目没有作答的问卷；

（2）答案记录含糊不清的问卷。如字迹不清，无法辨认或是把"√"打在两答案之间等；

（3）不符合作答要求，如不应该回答的问题，问卷中做了回答；

（4）调查对象不符合要求，如一些针对性较强的产品，在调查其使用效果时，无关人员不能成为调查对象，否则此问卷为无效；

（5）问卷中答案之间前后矛盾或有明显错误；

（6）答案选择可疑，如只选第一个答案，或开放式答案均不作答；

（7）问卷残缺，如个别页码丢失，或页面破损，影响到阅读。

（二）调查资料的分组

采用科学的分组方法对所取得的调查资料进行分组，一方面，可以清楚地表明各组中频数的分布情况，从而使研究者对被调查对象的结构情况有一个大体的了解；另一方面，还可使许多普通分组显示不出来的结论明显化，从而为企业寻找目标对策提供基础数据。

对调查资料进行合理分组，必须选择合理的分组标志和确定具体的分组界限。分组标志是对调查资料进行分组的依据和标准，总体内各总体单位有很多标志，究竟选择哪一个标志作为分组标志，要根据调查研究的目的和总体本身的特点来定。确定分组界限是指根据分组标志设定组与组之间的界线，也就是在分组标志变异范围内划定各相邻两组之间的性质界限和数量界限，将总体中的各单位划归各组。在具体分组时应注意以下几点：

（1）按某一标志进行分组，不要遗漏任何原始资料所提供的数据；

（2）组距尽可能取整数，不要取小数；

（3）各组的组距尽可能相等，即尽可能多用等距分组，少用不等距分组；

（4）问卷中回答项目本身就已经分类，今后表格化时就按上述分类进行排列；

（5）对非区间范围的某一具体数字，应设计出分组，使其在分组的间隔中。

二、调查资料的分析

为使调查资料反映的情况更清晰、明了，分析调查资料时，应尽量采用统计表格和统计图形的方式（如直方图、饼形图、动态图等），然后选择适当的分析方法对调查资料进行分析。分析的方法主要有：定性分析和定量分析两种。

定性分析能够指明事物发展的方向及其趋势，但无法表明发展的广度和深度，也无法得到事物数量上的认识。定量分析是利用数理统计手段对所收集的资料进行的量化分析。这恰恰弥补了定性分析的缺陷，它可以深入细致地研究事物内部的构成比例，研究事物规模的大小及水平的高低。这里仅限于定性分析方法的阐述。

定性分析是通过对构成事物的"质"的有关因素进行理论分析和科学阐述的一种方法，这种方法常用来确定市场的发展态势与市场发展的性质。其具体分析方法有以下几种。

（一）调查资料的对比分析

对比分析就是将比较的事物和现象进行对比，找出其异同点，从而分清事物和现象的特征及其相互联系。在市场调查中，就是把两个或两类问题的调查资料相对比，确定它们之间的相同点和不同点。市场调查的对象不是孤立存在的，而是都和其他事物存在着或多或少的联系，并且相互影响，对比分析有助于找出调查事物的本质属性和非本质属性。

例如：我们在调查洗衣机的销售情况时，通过对普通洗衣机的销售分析，得出结论，来推测全自动洗衣机的销售变化规律及特点。

（二）调查资料的推理分析

市场调查中的推理分析，就是把调查资料的整体分解为若干个因素或方面，形成分类资料，并通过对这些分类资料的研究，分别把握其特征和本质，然后把这些通过分类研究得到的认识连接起来，形成对调查资料整体和综合性认识的逻辑方法。使用时应注意，推理的前提要正确，推理的过程要合理，而且要有创造性思维。

例如：在本项目的引导案例中，丰田汽车公司采用的分析方法就属于推理分析法。

（三）调查资料的归纳分析

归纳分析就是由具体、个别或特殊的事例推导出一般性规律及特征。在市场调查收集的资料中，应用归纳法可概括出一些理论观点。归纳分析法是市场调查分析中应用最广泛的一种方法，具体操作可以分为完全归纳、简单枚举和科学归纳。

三、调查结果的应用

调查资料的整理分析结束后，就可得到比较清晰的调查结果，调查人员就要着手撰写调研报告，并将调查情况上报企业的有关部门（或人员）。有关部门（或人员）则根据调查结果和其它资料进行市场预测和营销决策。

一份完整的市场调查报告应包括标题、目录、引言、摘要、正文、结论、建议、附件等内容。

1. 题目

市场调查报告的题目包括市场调查单位、报告日期、委托方和调查方，一般应打印在扉页上。关于题目，一般是通过标题把被调查单位、调查内容明确而具体地表示出来，如《关于北京市居民收支、消费及存储情况的调查》。有的调查报告还采用正、副标题的形式，一般正标题表达调查的主题，副标题则具体表明调查的单位和问题。

2. 目录

提交调查报告时，如果调查报告的内容、页数较多，应当使用目录以便于读者阅读。

3. 引言

一是简要说明调查的目的、对象和由来；二是介绍调查对象和调查内容，包括调查时间、地点、范围、调查要点及所要解答的问题；三是简要介绍本次调查所采用的方法技术。

4. 摘要

简洁阐述对调查情况和原始资料的选择、评价，概括整个调查的结论和建议，这也许是决策者有时间阅读的惟一部分。

5. 正文

正文是市场调查分析报告的主要部分。正文部分必须准确阐明全部有关证据，包括问题的提出到引出的结论，论证的全部过程，分析研究问题的方法技术。还应有可供市场活动的决策者独立思考的全部调查结果和必要的市场信息，以及对这些情况和内容的分析与评论。

6. 结论和建议

结论和建议是撰写调研报告的主要目的。这部分包括对引言和正文部分所提出的主要内容进行总结，提出如何利用已证明为有效的措施和解决某一具体问题可供选择的方案与建议。结论和建议与正文部分的论述要紧密对应，不可以提出无论据的结论，也不要没有结论性意见的论证。

7. 附件

附件是指市场调研报告正文包含不了或没有提及，但与正文有关的必须附加说明的部分。它是对正文报告的补充或更详尽的说明。

◆ 任务实施

第一步，把学生分成若干小组，各组对上一环节所搜集到的信息资料进行汇总整理，并选择恰当的方法对整理后的资料进行集体分析，初步统一大家的认识看法；

第二步，各组根据自己的调查项目和整理后的调查资料，要求每位同学独立完成一份市场调查报告，在调查报告中尽可能以统计图表的形式反映调查情况，同时提出结论与建议；

第三步，邀请相关企业或销售机构的代表与老师一起对学生的调查报告进行点评，指出存在的不足与问题，让学生做进一步的修改，以促使学生掌握市场调查的全过程。

◆ 总结与回顾

在市场调查中，调查资料的整理分析是一个非常重要的环节，也是一项比较复杂而细致的工作，其任务是得出某些市场调查研究的结论或推断，以指导企业的营销工作。

市场调查资料的整理分析常用定性分析法和定量分析法。定性分析法又包括对比分析法、推理分析法和归纳分析法。调查结论最后应以调研报告的方式反映出来，以此作为市场预测和营销决策的重要依据。

本项目的教学重点与核心技能是调查资料的整理分析和调研报告的撰写。

◆ 复习思考题

1. 对市场调查资料的整理分析为什么要用统计图表的形式进行反映？
2. 市场调研报告的基本框架结构应由哪几个部分组成？

◆ 实训练习

1. 实训项目：市场调查资料的整理分析与调研报告的撰写
2. 实训目标：
（1）初步掌握市场调查资料整理分析的方法技术，学会用统计表格和统计图形的方式反映市场调查的结果；

（2）初步掌握市场调研报告的写作范式。

3. 实训内容与方法：

（1）以自愿为原则，3～5人为一组，确定××企业××产品的市场销售情况为调查内容，设计调查问卷，制订调查计划；

（2）确定调查对象，选择调查方法，深入实际对以上调查内容进行实地调查；

（3）对调查取得的情况资料进行整理分析，并以此为依据写出市场调研报告。

4. 标准与评价：

（1）标准：能够应用统计图表的形式进行调查资料的整理分析，能写出具有一定专业水平的市场调研报告。

（2）评价：每个人拿出一份书面形式的市场调研报告，作为一次作业，由教师与各组组长组成的评估小组对同学完成任务的情况进行打分。

模块三　市场细分与目标市场的选择

顾客是一个庞大而复杂的群体，其消费心理、购买习惯、收入水平和所处的地理文化环境等都存在很大差别，不同消费群体对同一产品的消费需求和购买行为存在很大差异。任何一个企业，无论其产品组合多么宽广都无法满足整体市场的全部需求。因此，企业营销管理人员在发现和选择了有吸引力的市场机会之后，还要进一步进行市场细分和目标市场的选择，这是市场营销管理过程的第二个主要步骤。市场细分、选择目标市场以及以后将要提到的市场定位，构成了目标市场营销的全过程。企业的营销任务就是对选定的目标市场进行细分，然后结合特定的市场环境和企业的资源条件，制定适合其目标客户群体的营销策略。

项目一　市场细分

◆ **知识、能力、素质目标**

使学生理解市场细分的定义及客观基础，明确消费者市场和产业市场的细分标准，掌握市场细分的方法步骤，在此基础上，能够应用一定的细分标准对某消费者市场和产业市场进行有效细分，以便选择确定企业可测量、可进入、可盈利的目标市场。

◆ **教学方法**

案例教学法　课堂讲授法　分组讨论法

◆ **技能（知识）点**

市场细分的定义及作用　消费者市场的细分依据　产业市场的细分依据　市场细分的有效标志

蚝油调味系列产品市场细分的成败

香港一家食品公司在亚洲的食品商店推销它生产的蚝油调味产品，采用的包装是一位亚洲妇女和一个男孩坐在一条渔船上，船里装满了大蚝，效果很好。可是这家公司将这种东方食品调料销往美国，仍使用原来的包装，却没有取得成功，因为美国消费者不理解这样的包装设计是什么含义。后来这家公司在旧金山一家经销商和装潢设计咨询公司的帮助下，改换了名称和包装，新设计的包装是一个放有一块美国牛肉和一个褐色蚝的盘子，这样才引起美国消费者的兴趣。经过一年的努力，这家香港公司在美国推出的新包装蚝油调味系列产品吸引了越来越多的消费者，超级市场也愿意经销该产品了，产品终于在美国打开了销路。

根据营销情景中描述的事实，学生独立思考并回答：

1. 为什么同样的蚝油调味产品在亚洲市场销售的好，而在美国市场却无人问津？
2. 产品的包装设计不仅要体现产品的质量档次，而且还要适应不同消费群体的审美观念，你同意这样的观点吗？为什么？

MySpace 本土化战略

作为较晚进入中国市场的公司，MySpace 中国公司在吸引用户方面面临的困难很多。本地竞争对手如51com、猫扑和我酷都号称已经拥有上千万的用户。

而自比为中国的 Facebook 网站的校内网则引领了大学校园的社群网界。校内网和猫扑网的母公司千橡互动公司首席运营官刘建曾对媒体表示，MySpace 在美国的成功不能简单地复制到中国市场，公司也没感受到来自 MySpace 中国公司的任何影响。

显然，罗川也知道这个问题的严重性。在新闻发布会上和媒体专访时，罗川也有意回避了目前 MySpace（中国）到底拥有多少用户的最实际问题。仅表示，MySpace（中国）的产品本土化后，将获得更多用户的青睐。而 MySpace（中国）也将通过更多的线下互动活动和市场推广，用最低的成本，在2008年将用户群发展至1000万户。

但本土化是否真的迎合了中国网民的需要呢？

先于 MySpace 之前进入中国的 Cyworld 似乎依然困顿其中：由于 Cyworld 在韩国获得的空前成功（80%以上的女性上网用户，日收入百万美元），使其想"复制"这一模式到美国、中国、日本甚至欧洲。

2005年5月 Cyworld 正式进入中国以来，做了大量的市场宣传：校园、户外、平面媒体，大把的钱砸下去之后，结果却仍不尽如人意，没有任何迹象说明 Cyworld 中国能重演 Cyworld 在韩国的成功。而本土的腾讯在这一两年内却保持了快速的发展，其"跟随"战略不知道是不是让 Cyworld 大为恼火，因为腾讯诸多产品其实和 Cyworld 如出一辙：从 AVATAR（虚拟化身）的设计到 QQzone 的服务，那只小企鹅成为 Cyworld 中国面前难以超越的对手。

如今，轮到 MySpace（中国）上场了。

然而，MySpace（中国）去年在6月也推出了即时通讯服务，但是似乎没有得到更多中国用户的肯定。它只是 MySpace 中国公司推出的一款测试产品，不支持音频和视频，甚至连传输文件都不行。MySpace（中国）相关负责人仅表示，即时通讯工具下月底也会出新的版本，传输文件功能是努力实现的方向。

◆ 工作任务分析

市场细分是企业选择确定目标市场，制定相应营销组合策略的重要前提。通过市场细分将具有相同消费偏好的客户视作同一个消费群体，而将具有不同消费偏好的客户区别开来，视作不同的消费群体，便于企业根据细分后的市场卓有成效地开展营销工作。营销人员在此项目实施中的主要工作任务就是协助企业的营销部门应用适宜的市场细分标准和细分方法对企业产品的服务市场进行准确划分，以此选择确定企业或企业产品最有利的目标市场。

◆ 相关知识

一、市场细分的概念与客观基础

（一）市场细分的概念

所谓市场细分，就是企业的管理者按照细分变数，即影响市场上购买者的欲望和需要、购买习惯和行为的诸因素，把整个市场细分为若干个子市场的营销活动。市场细分对企业来讲非常重要。首先，市场细分有利于企业特别是中小企业发现最好的市场机会；其次，市场细分有利于企业正确选择自己的目标市场；最后，市场细分还可以使企业以最少的经营费用取得最大的经营效益。

一种产品或劳务的市场可以有不同的划分方法。假设在一个未进行任何细分的市场上有若干个不同的客户群体，若这些客户群体对某产品的需求与欲望是完全一致的，即无差异需求时，市场则无需细分。相反，当这些客户群体的需求存在差异时，则每一种不同的需求就可视为一个细分市场。对于企业而言，市场营销若能有针对性地满足这些客户群体差别化的需求，则是最理想的。但往往企业受到许多营销因素的制约，很难面面俱到。一般情况下，企业会按照"求大同，存小异"的原则，归纳分类这些差异化的需求，以保证企业的营销组合策略符合特定目标客户群体的消费特点和购买习惯。

（二）市场细分的客观基础

产品属性是影响顾客购买行为的重要因素，根据顾客对产品不同属性的重视程度，就会出现三种不同的偏好模式，即同质偏好、分散偏好和集群偏好。这种顾客需求偏好差异的存在便是市场细分的客观基础。如图 3-1 所示。

在同质型偏好下，企业可推出一种产品或服务为消费者群体服务。在分散型偏好下，企业如果只推出一种产品或服务就难以满足所有消费群体的需要。而在集群型偏好下，企业可根据自己的实力和不同消费群体的需要生产销售不同类型的产品或服务。

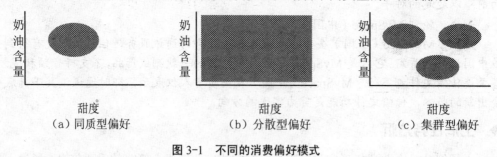

图 3-1 不同的消费偏好模式

二、市场细分的依据

（一）消费者市场细分的依据

消费者市场与生产者市场由于各自影响需求的因素不同，市场细分的依据也不一样。从消费者市场来看，影响需求倾向的因素归纳起来主要有地理因素、人口因素、心理因素、行为因素。以这些因素为依据进行市场划分，就形成了不同的细分市场。

1. 地理细分

根据消费者所处的地理位置、自然环境等地理变量来细分消费者市场称为"地理环境细分。"由于不同地区在自然条件、气候、文化传统和消费水平等方面存在差异，致使不同地区消费者的需求、习惯和偏好也存在较大差异，他们对企业所采取的市场营销组合策略可能会有不同的反应。如就食品市场而言，我国就有"南甜、北咸、东辣、西酸"之说。所以，我们可依据反映消费者地理特征的有关变量（如地形气候、城市农村、人口密度、交通运输等），把消费者市场划分为若干个不同的子市场。

2. 人口细分

人口变量是反映消费者个人基本特点的变量。它包括消费者的年龄、家庭规模、家庭生命周期、性别、收入、职业、受教育程度、宗教信仰、民族、种族、国籍等。人口细分就是依据某一个人口变量来细分市场。例如，我国服装、饮料、食品、玩具、化妆品、理发等行业里的企业长期以来一直按照性别来细分市场；汽车、旅游等行业的企业长期以来一直按收入来细分市场。而许多企业通常采用多个人口变量相结合的方法来细分某消费品市场。

3. 心理细分

心理细分就是按照消费者的生活方式、个性等心理变量来细分消费者市场。从许多事例可以看出，消费者的欲望、需要和购买行为不仅受人口变量的影响，而且还受心里变量的影响，所以，还要进行心理细分。

（1）生活方式细分。生活方式是指个体在成长过程中，在与社会诸要素相互作用下，表现出来的活动兴趣和态度模式。消费者的消费行为与其生活方式有着非常密切的关系。来自不同文化、社会阶层、职业的人有着不同的生活方式。生活方式影响着人们对各种产品的兴趣和态度，人们的消费行为体现出他们的生活方式。目前以生活方式来细分市场的企业已越来越多。如一些企业服装制造商专为崇尚时尚生活的妇女设计生产流行服装。

（2）个性细分。消费者的个性对其需求和购买动机有较大的影响。虽然人们的个性千差万别，多种多样，但也可以找出共性，将其归类。有的企业使用个性因素来细分市场，设计出个性化的产品，以满足追求个性的消费者的需求。

4. 行为细分

所谓行为细分，就是企业按照消费者购买或使用某种产品的时机、消费者所追求的利益、使用者、消费者对某种产品的使用频率、消费者对品牌的忠诚度、消费者的购买阶段以及对产品的态度来细分消费者市场。

（1）时机细分。在现代市场营销实践中，许多企业往往通过消费者购买商品的时机与使用商品的时机细分市场，试图扩大消费者使用本企业产品的范围。例如，我国不少企业在春节、元宵节、中秋节等传统节日大做广告，借以促进产品销售。

（2）利益细分。消费者往往因为各有不同的购买动机，追求不同的利益，所以购买不同的产品或品牌。以购买牙膏为例，有些消费者购买高露洁牙膏，主要是为了防治龋齿；有些消费者购买芳草牙膏，是为了防治牙周炎、口腔溃疡。正因为如此，企业还要按照不同消费者购买商品是所追求的不同利益来细分市场。

（3）使用者细分。许多市场可根据消费者的使用情况进行细分。如将某种产品的整体市场细分为非使用者、以前曾经使用者、经常使用者、初次使用者、潜在使用者。市场占有率高的企业，常常对潜在使用者特别关注，而小企业则只能尽力吸引经常使用者。

（4）使用率细分。许多商品还可以按照消费者对其使用频率来进行细分。如少量使用者、中量使用者、大量使用者。企业可对不同的产品用户采用不同的营销策略。

（5）忠诚度细分。企业也可以根据消费者对品牌的忠实程度来细分市场。根据消费者对品牌的忠实程度，可将某种产品的消费者分为坚定忠诚者、中度的忠诚者、转移型的忠诚者、经常转换者。其中，坚定忠诚者始终只购买一种品牌的产品。中度忠诚者则是同时忠于两三个品牌。转移型的忠诚者是从偏爱一种品牌转换为偏爱另一种品牌的消费者。经常转换者是指不忠实于任何一个品牌的消费者。

（6）待购阶段细分。对于每一种产品来说，都可能同时存在对产品不了解、对产品有所了解、对产品感兴趣、想要购买、打算购买的各种各样的消费者。这些消费者处在购买过程中的不同阶段。企业对处于不同阶段的消费者酌情运用适当的营销策略，才能促进销售。

（7）态度细分。消费者对企业产品的态度有五种：热爱、肯定、不感兴趣、否定和敌对。企业必须针对不同态度的消费者，应当酌情制定不同的营销策略，以巩固持热爱和喜欢态度的消费者，争取持无所谓态度的消费者。

（二）产业市场细分的依据

产业市场的细分变量，有一些与消费者市场的相同，如追求利益、使用者情况、使用频率和对品牌的忠诚度等。此外，细分产业市场的常用变量有最终用户、顾客规模等。

1. 最终用户

在产业市场上，不同的最终用户对同一种产业用品的市场销售组合往往有不同的要求。例如，挖掘机制造商采购产品时最重视的是产品的质量、性能和服务，价格并不是考虑的最主要的因素；汽车制造商所需要的轮胎必须达到的安全标准比人拉架子车所需轮胎必须达到的安全标准要高得多，飞机制造商又要比汽车制造商需要更优质的轮胎。因此，企业对不同最终用户要制定不同的营销组合策略，以投其所好，促进销售。

2. 顾客规模

顾客规模是细分产业市场的另一个重要变量。在现实市场营销实践中，许多公司建立适当的制度来分别与大客户和小客户打交道。一般大客户由公司的客户经理负责联系，而小客户则由外勤销售人员负责联系。

3. 其他变量

许多公司实际上不是用一个变量，而是用几个变量，甚至用一系列变量来细分产业市场。现以某化工生产企业为例来具体说明企业是如何用多变量来细分产业市场的。如

图 3-2 所示。

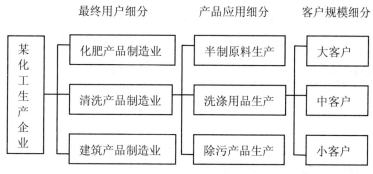

图 3-2 多变量细分产业市场

这家化工生产企业先按最终用户这个变量把化工产品市场细分为化肥产品制造业、清洗产品制造业和建筑产品制造业这三个子市场，然后选择其中一个本企业能服务的最好的子市场为目标市场。假设这家企业选择清洗产品制造业为目标市场。再按照产品应用这个变量进一步将其细分为半制原料、洗涤用品和除污产品三个子市场，然后再选择其中一个为目标市场。假设这家企业选择洗涤用品为目标市场。接下来又按客户规模这个变量把洗涤用品市场进一步细分为大客户、中客户和小客户三个子市场。

三、市场细分的有效标志

并不是所有的市场细分都是有效的。市场细分的有效标志主要有以下几个。

（一）可衡量性

可衡量性是指各细分市场的规模、购买力是可以被测量的。例如，美国"可口可乐"饮料在中国市场上的成功就是得益于对中国市场的有效细分和对中国消费者购买力的准确测量。因此，有效的市场细分应能使各分市场需求规模及其购买力能够得到比较准确的测量。

（二）可接近性

细分市场必须能够接近并提供服务。比如一家香水公司发现，用其香水的人多数是单身，这些人很晚还待在外面，社交很多，除非公司有办法知道这些人住在哪里，在哪里买东西，或者接触哪些媒体广告，否则就很难达到产品促销的目的。

（三）可进入性

可进入性是指企业有能力进入所选定的子市场。如日本本田公司在向美国消费者推销起汽车时，就遵循这一原则，从而成功地进行了市场细分，选择了自己的目标市场。同"奔驰"、"奥迪"、"富豪"等高级轿车相比，本田汽车不仅价格较低，技术也较高，足以与竞争对手分粥。因此，进入美国市场后，取得了巨大成功。

（四）可盈利性

可盈利性是指企业进入所选定的细分市场后，这一细分市场的规模足以使企业有利可图，或者能够给企业带来足够的赢利。否则，市场细分就没有实际意义了。

四、市场细分的方法与步骤

（一）市场细分的方法

市场细分的方法通常有以下三种。
（1）单一因素法。即选用一个市场细分标准，对市场进行细分。
（2）综合因素法。即运用两个或两个以上的市场细分标准对市场进行细分。
（3）系列因素法。系列因素法也是运用两个或两个以上的标准来细分市场，但必须依据一定的顺序由粗到细依次细分，下一阶段的细分是在上一阶段选定的子市场中进行的，细分的过程实质上就是一个比较、选择子市场的过程。

（二）市场细分的步骤

美国营销专家伊·杰·麦卡锡提出了一套逻辑性强、直观明了的七步细分法，被企业界广泛接受。其基本步骤如下。

第一步，选定产品的市场范围。即在明确企业任务、目标，对市场环境充分调查分析之后，首先从市场需求出发考虑选定一个可能的产品市场范围。

第二步，估计潜在顾客的基本需求。企业可以在地理、心理和行为等方面，通过"头脑风暴法"对潜在顾客的要求作大致分析。这一步骤掌握的情况也许不够全面，但是可为以后各个步骤准备深入了解的资料。

第三步，分析潜在顾客的不同需求。企业依据人口因素做抽样调查，向不同的潜在顾客了解上述哪些需求对他更重要。初步形成几个消费需求相近的细分市场。

第四步，剔除潜在顾客的共同需求。即对初步形成的几个分市场之间共同的需求加以剔除，以它们之间需求的差异作为细分市场的基础。虽然共同需求也重要，但只能作为市场营销组合决策的参考，不能作为市场细分的基础。

第五步，为这些分市场暂时定名。即为不同的顾客群体定一个称谓。

第六步，进一步认识各细分市场的特点，做进一步细分或合并。企业要对各分市场的顾客，做更深入细致地考查，明确各顾客群体的特点，已知哪些，还要了解哪些，以便决定各细分市场是否需要再度细分，或加以合并。

第七步，测量各细分市场的大小，从而估算可能的获利水平。经过以上各步骤，细分市场的类型基本确定。企业接着应把每个细分市场与人口因素结合，测量各个分市场中潜在顾客的数量。企业进行市场细分，是为了分析盈利的机会，这又取决于各细分市场的销售潜力。

五、市场细分应注意的问题

（1）在选择市场细分的标准时，应根据不同企业的自身条件及产品的特点进行切合实际的选择，不能生搬硬套，不讲实效。

（2）市场细分的标准是动态的。

（3）在选择细分市场的方法时，往往选择综合因素法或系列因素法。因为影响消费需求的因素往往是多方面的且是相互关联的。单一因素细分的市场很不具体，缺乏实际意义，一个理想的细分市场往往是由多个因素综合划分来确定的。

◆ 任务实施

第一步，把学生分成若干小组，让学生自主选择自己比较熟悉的产品市场（如自行车、洗发水、方便面、电脑、手机、汽车等），以组为单位讨论确定其细分变量；

第二步，对所选定的市场进行调查走访，然后根据讨论确定的标准和方法对所选择的市场进行细分，并分析不同细分市场上消费者的需求特点与购买习惯；

第三步，每人写一份"××市场的细分报告"，详细陈述该市场的需求特点、竞争状况、消费者的购买行为习惯、所选择的市场细分变量以及对其进行细分的过程。

◆ 总结与回顾

市场细分就是以顾客需求的某些特征或变量为依据，区分具有不同需求顾客群的过程。通过市场细分，企业可以准确选择自己的目标市场，制定有针对性的营销组合策略。市场细分的客观基础是消费者需求的差异性。

消费者市场与生产者市场由于各自影响需求的因素不同，市场细分的依据也不一样。消费者市场的细分依据有地理变量、人口变量、心理变量和行为变量；产业市场的细分变量主要有最终用户变量和顾客规模变量等。市场细分的方法有单一因素法、综合因素法和系列因素法。企业常选择综合因素法或系列因素法进行市场细分，这是因为单一因素细分的市场很不具体，缺乏实际意义。

本项目的教学重点与核心技能是市场细分标准的选择与实际应用。

◆ 复习思考题

1. 简述市场细分的概念与客观基础。
2. 简述消费者市场与产业市场的细分依据。

◆ 实训练习

1. 实训项目：组建模拟公司，对其产品销售市场进行具体细分
2. 实训目标：

（1）从实践层面进一步加深学生对细分市场的理解；

（2）培养学生正确选择市场细分变量与方法的能力；

（3）培养学生应用市场细分变量与方法进行整体市场细分的能力。

3. 实训内容与方法：

根据所学知识以及对现实同类企业产品市场细分的调查了解，选择合理的细分变量与细分方法，并对模拟公司产品的销售市场进行细分。

（1）以自愿为原则，6~8人为一组，组建"×××模拟公司"，公司名称自定；

（2）根据模拟公司产品的特定服务市场（消费者市场还是产业市场），以组为单位讨论选择合理的市场细分变量和细分方法；

（3）对现实同类企业产品的销售市场进行调查走访，然后根据讨论确定的标准和方法对与公司产品相关的市场进行细分，具体确定出模拟公司产品服务的细分市场。

4. 标准与评估

（1）标准：能够正确选择与模拟公司产品属性相吻合的市场细分变量和细分方法；能够对整体市场进行有效细分。

（2）评估：每人完成一份××产品的市场细分报告，作为一次作业，然后由教师与各组组长组成的评估小组对其进行评估打分。

项目二　企业目标市场的选择

◆ **知识、能力、素质目标**

使学生深刻理解目标市场的概念及特点，了解选择目标市场战略应考虑的因素，熟练掌握目标市场的覆盖模式。

◆ **教学方法**

案例教学法　课堂讲授法　分组讨论法

◆ **技能（知识）点**

目标市场的概念及特点　目标市场的覆盖模式　企业的目标市场战略

中国土豆的差距

在我国，人们普遍对土豆资源认识不足，很多人只将其看作是一种价值低廉的鲜食蔬菜，在市场上与各色时令蔬菜相比，土豆价低且备受冷落。长期以来，我国消费者把土豆当成是列于小麦、水稻、玉米之后的第四种主要粮食作物，农民只盼地里的土豆高产。可是，土豆丰收之后又怎样呢？中国土豆种植面积已近467万公顷，年产约在6000万吨，90%的土豆堆积在菜市场，一斤土豆能值几个钱？

然而，当肯德基、麦当劳给我们带来薯条和土豆泥时，当超市中充斥着"品克"、"上好佳"、"卡迪那"时，消费者发现，原来土豆可以这么贵！5元钱一包的美国大薯条销售市场，肯德基一年仅土豆泥就销售3亿多元。可是，或许消费者不知道，他们吃的不再是市场上普通的土豆，而大部分是漂洋过海的外国土豆！

据联合国粮食发展署和国际土豆中心的估计，世界上各国直接食用的土豆不足总产量的50%。土豆高产国家，将40%的总产量用于淀粉加工，在世界市场上与玉米淀粉竞争。美国50%以上用于加工，英国、荷兰达到40%以上，德国25%，比利时、法国约10%。国外把土豆食品加工种类大体分为干制品和冷制品，干制品如土豆全粉、雪花粉、泥粉、薯片、膨化食品、酥脆土豆等，冷制品如炸土豆条、薯饼、罐头以及食用的粉条、粉丝、粉皮等。食品加工和鲜食比例已经达到1∶1。

土豆加工增值幅度到底有多大？以1000克土豆为例，原值如果是1元，变成麦当劳快餐店的薯条增值15倍，变成环糊精则增值19.7倍，如此种种，最高可增值30倍之多，世界上70%～80%的土豆就是这样被加工升值的。升值带来的是一个几方共赢的繁荣局面，种植农户获益，加工厂家获益，消费者也得到更多价廉物美的休闲食品。

根据营销情景中描述的事实，学生独立思考并回答：

1. 中国土豆的增值潜力在哪里？下一步的目标客户应是鲜食消费群体还是其加工制品的消费群体？

2. 国外土豆制品目标销售市场的不断拓展给你哪些启示？

引导案例

一家小油漆厂如何选择自己的目标市场

英国有一家小油漆厂，访问了许多潜在消费者，调查他们的需要，并对市场作了以下细分：本地市场的60%，是一个较大的普及市场，对各种油漆产品都有潜在需求，但是本厂无力参与竞争。另有四个分市场，各占10%的份额。一个是家庭主妇群体，特点是不懂室内装饰需要什么油漆，但是要求质量好，希望油漆商提供设计，油漆效果美观；一个是油漆工助手群体，顾客需要购买质量较好的油漆，替住户进行室内装饰，他们过去一向从老式金属器具店或木材厂购买油漆；一个是老油漆技工群体，他们的特点是一向不买调好的油漆，只买颜料和油料自己调配；最后是对价格敏感的青年夫妇群体，收入低，租公寓居住，按照英国的习惯，公寓住户在一定时间内必须油漆住房，以保护房屋，因此，他们购买油漆不求质量，只要比白粉刷浆稍好就行，但要价格便宜。

经过研究，该厂决定选择青年夫妇作为目标市场，并制定了相应的市场营销组合策略。

（1）产品。经营少数不同颜色、大小不同包装的油漆。并根据目标顾客的喜爱，随时增加、改变或取消颜色品种和装罐大小。

（2）分销。产品送抵目标顾客住处附近的每一家零售商店。目标市场范围内一旦出现新的商店，立即招徕经销本厂产品。

（3）价格。保持单一低廉价格，不提供任何特价优惠，也不跟随其他厂家调整价格。

（4）促销。以"低价"、"满意的质量"为号召，以适应目标顾客的需求特点。定期变换商店布置和广告版本，创造新颖形象，并变换使用广告媒体。

由于市场选择恰当，市场营销战略较好适应了目标顾客，虽然经营的是低档产品，该企业仍然获得了很大成功。

◆ 工作任务分析

企业进行市场细分的主要目的是为其选择有利的目标市场，并制定符合目标市场特点的营销组合策略。营销人员在此项目实施中的主要工作任务就是协助企业的营销部门根据自身的资源条件、产品特点、市场特性、产品所处的市场生命周期阶段以及竞争对手的营销策略来选择适合自己的目标市场，并制定有利于自身产品在特定目标市场销售的营销组合策略，以此来巩固企业的市场地位，提高企业产品在同类竞争产品中的销量。

◆ 相关知识

一、目标市场的概念

经过对各细分市场的规模和发展潜力、市场结构吸引力以及对企业目标和资源能力的分析，企业将最终决定选择哪些细分市场作为自己的目标市场。

所谓目标市场，就是企业营销活动所要满足的市场，也是企业为实现预期目标而要进入的市场。具体来说就是企业拟投其所好，为之服务的具有相似需求的目标客户群体。企业的一切营销活动都要围绕这个目标市场来进行。选择和确定目标市场，明确企业的具体服务对象，关系到企业任务和目标的落实，也是企业制定营销战略的首要内容和基本出发点。

二、选择目标市场应考虑的因素

根据上述分析，我们可以看出三种目标市场的覆盖策略都有利有弊，那么，企业究竟应该选择哪种目标市场策略呢？具体选择时，应考虑以下几个方面的因素。

（一）企业资源

如果企业资源充裕、实力雄厚、经营管理水平高，就可以根据产品的不同特性考虑采用差异性或无差异市场策略；如果实力有限，无力顾及整体市场或多个细分市场的需要，则应采用集中性策略。

（二）产品特点

如果企业的产品差异性小，不同厂家或地区生产的产品之间差别不大，而且消费者对这些产品的差别也不太重视，产品竞争的焦点主要集中在价格和服务上，对这些产品应该采用无差异策略。而有些产品不仅本身的性能、款式、花色等具有较大的差异性，而且顾客对这些产品需求的差异也较大，对这类产品应采用差异性策略或集中性策略。

（三）市场特性

如果消费者对某种产品的需求、购买行为基本相同，对营销刺激的反应也基本一致，也就是说，市场是同质的，企业就应该采用无差异市场策略；反之，如果消费者的需求和偏好有较大的差异，对营销刺激的反应也不一致，则企业就应采取差异性策略或集中性策略。

（四）产品所处的市场生命周期阶段

处于投入期的新产品，一般品种较为单一，竞争者也较少，吸引顾客的主要是产品的新颖性，这时企业宜采用无差异性策略；当产品进入成长期或成熟期时，市场上产品的花色、品种在增多，竞争也在加剧，这时就应采用差异性策略，以刺激新需求，尽量扩大销售；对于处于衰退期的产品，则应采用集中性策略，以维持企业的市场份额并延长产品的寿命周期。

（五）竞争者的状况及策略

主要涉及两个方面的问题。一是竞争者的数量。当同一类产品的竞争者很多时，消费者对不同企业提供的产品所形成的信念和态度很重要。为了使消费者对本企业产品产生偏好,增强本企业产品的竞争能力,就应采用差异性策略。反之,就可采用无差异策略。二是竞争者的策略。一般而言,企业所采取的目标市场策略应该与竞争对手有所区别。当竞争对手采用无差异策略时,本企业就可采用差异性策略;如果竞争对手已经采用差异性策略,则企业可建立更深层次的差别优势或以竞争性策略与之竞争。

三、目标市场的营销策略

企业在确定自己的目标市场之后,可采用不同的市场营销策略。一般说来,有三种目标市场的营销策略可供企业选择。

(一) 无差异性市场营销策略

采用这种市场策略,就是把整体市场当作一个大的目标市场,只向市场推出单一的标准化产品,并以统一的营销方式进行销售。如图3-3所示。

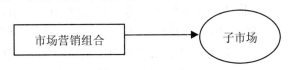

图3-3 无差异市场营销

一般来说,这种策略适用于那些具有广泛需求,从而能够大量生产和大量销售的产品。采用这种策略的企业可以建立单一的大规模生产线,采用广泛的销售渠道,进行大量的、统一的广告宣传和促销活动。

实行无差异性策略的优点是:一是企业可以依靠大量的生产、储运和销售来降低单位产品的成本;二是可以利用无差异的广告宣传以及其他促销手段,从而节约大量的营销费用;三是不作市场细分,减少了市场调研、产品开发等方面的费用。因此,如果面对的整体市场中消费者需求无差异,或者即使他们的需求有差异,但差异很小可以忽略不计,而且产品能够大量生产和销售,那么,采用这种策略就是合理的。

(二) 差异性市场营销策略

实行这种策略的企业,需要先对整体市场做市场细分,然后根据每个细分市场的特点,分别为它们提供不同的产品,制订不同的营销计划,并开展有针对性的营销活动。例如,自行车厂为了满足不同消费者的需求和偏好,分别提供男车、女车、赛车、山地车、变速车、载重车、童车等多种产品,就是在自行车市场上实行差异性市场营销策略。如图3-4所示。

实行差异性策略的优点:一是企业可以采用小批量、多品种的生产方式,并在各个细分市场上采用不同的市场营销组合,以满足不同消费者的需求,实现企业销售量的扩大;二是企业具有较大的经营灵活性,不是依赖于一个市场一种产品,从而有利于降低经营风险。但采取差异性营销策略,缺点也是显而易见的:一是增加了生产成本、管理费用和销售费用,由于需要制订多种营销计划,使得生产组织和营销管理大大地复杂化了;二是要求企业必须拥有高素质的营销人员、雄厚的财力和技术力量。为了减少这些因素的影响，企业在实施差异性策略时，一是要注意不可将市场划得过细；二是不宜卷入过多的细分市场。

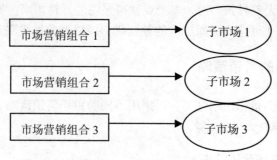

图 3-4　差异市场营销

（三）集中性市场营销策略

实行这种策略的企业，既不是面向整体市场，也不是把营销分散在若干个细分市场，追求在较大的市场上占有较小的市场份额，而是把力量集中在一个或少数几个细分市场上，实行有针对性的专业化生产和销售。采用集中性策略的意义就在于：与其在大市场上占有很小的份额，不如集中企业的营销优势在少数细分市场上占有较大的、甚至是居支配地位的份额，以向纵深发展。如服装厂专为中老年妇女生产服装，汽车制造厂专门生产大客车，等等，均属于集中性策略。如图 3-5 所示。

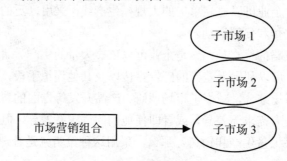

图 3-5　集中市场营销

集中性策略的优点是：有利于企业准确地把握顾客的需求，有针对性地开展营销活动，也有利于降低生产成本和营销费用，提高投资收益率。这种策略特别适用于小企业。因为小企业的资源力量是有限的，如果能够集中力量在大企业不感兴趣的少数细分市场上建立优势就有可能取得成功。集中性策略的缺点是经营风险较大。因为采用这一策略使得企业对一个较为狭窄的目标市场过于依赖，一旦这个目标市场上的情况突然发生变化，比如消费者的需求偏好突然发生变化，或者有比自己更强大的竞争对手进入这个市场，企业就有可能陷入困境。因此，采用集中性策略的企业必须密切注意目标市场的动向，随时做好应变的准备。

◆ **任务实施**

第一步，把学生分成若干小组，让学生以当地的人才需求市场（大中专学生的就业需求）为准，以小组为单位讨论确定其合理的细分变量，并对其进行细分；

第二步，对近三年来本地大中专学生的就业情况、需求状况进行调查走访，然后根据学校的社会知名度、专业特点、个人学历层次及能力素质选择确定自己的目标就业市场；

第三步，制定自己的营销组合策略，确定提升自己就业竞争力的对策与措施。

◆ **总结与回顾**

企业的目标市场，是指企业拟投其所好，为之服务的具有相似需求的顾客群体，也是企业打算进入并实施重点营销的细分市场。企业在进行市场细分后，就要根据自身的资源条件、产品特点、市场特性、产品所处的市场生命周期阶段以及竞争对手的营销策略来选择适合自己的目标市场，并制定目标市场的营销策略。企业目标市场的营销策略有差异性市场营销策略、无差异性市场营销策略和集中性市场营销策略。企业应根据自身情况进行正确选择。

本项目的教学重点和核心技能是企业目标市场的选择和相应营销策略的制定。

◆ **复习思考题**

1. 企业选择目标市场应考虑哪些因素？
2. 目标市场的营销策略有哪些？各有什么优缺点？

◆ **实训练习**

假如大学生这一特定消费群体被某手机厂商定为它其中的一个目标市场，请你对大学生购买手机的偏好、要求与购买力进行深入调查，然后制定符合这一特定目标市场的营销策略。

项目三 企业目标客户的购买行为分析

◆ **知识、能力、素质目标**

使学生理解什么是企业的目标客户，了解消费者市场和产业市场的特点，能够对消费者市场和产业市场的购买行为进行分析，进而掌握不同目标客户的购买决策过程。

◆ **教学方法**

案例教学法　课堂讲授法　分组讨论法

◆ **技能（知识）点**

消费者市场目标客户的购买行为特点分析　产业市场目标客户的购买行为特点分析

吴语与她的服装专营店

吴语与她的两个好姐妹在上海南京路附近合资开了一家流行服装专营店,将18岁~25岁左右的单身年轻女性作为她们重点服务的目标客户群体，她们认为这一消费群体对时尚流行元素比较敏感，跟风倾向明显，在服装服饰上舍得花钱，穿衣打扮注重张扬个性,对款式、颜色、质地、美感的要求较高,而对品牌、做工、价格等不太在乎。经销专为这一消费群体设计的服装服饰,她们感觉市场需求大,经营风险小,利润空间也要比大众化服装的高。但她们在实际经营后才发现,这一行业的竞争仍然十分激烈,服装流行趋势变化很快,进货稍有不慎,就会造成积压滞销。一年下来,所赚利润扣除各项开支和积压服装的进货成本后,没有多少剩余,有时还要亏本。吴语绞尽脑汁研究这一消费群体的购买行为,不断改变自己的营销模式,但经营仍没大的起色。后来,有人建议她们专做时尚韩版牛仔服装,原因是韩版牛仔服装在这一特定消费群体中的需求量大,而且相比较而言不会很快过时,还可以做到批量进货,进销差价大,利润率高。即便因过时在城里卖不出去了,还可以进价转销到周边的农村市场,而不至于彻底砸在自己手里。吴语觉得有道理,便与她的两个姐妹商量,调整了经销流行服装的方向与类型,后来的实践证明,她们的这一举措是非常明智的。

根据营销情景中描述的事实,学生独立思考并回答:
1. 流行服装的目标客户一般有什么样的消费特点和购买行为?
2. 吴语服装专营店经营方向与类型的战略调整,解决了什么问题?

80后消费者的购买行为特点

于洋是一名广告公司的设计师,刚刚买了一部蓝色的爱立信的手机,可是三个月后,同事就发现于洋的手机变成了红色,手机音乐的铃声从《两只蝴蝶》变成了《童话》,正当大家以为于样又换了一部新手机时,于洋却得意洋洋地告诉大家,他只不过将手机的外壳换了,并下载了新的手机音乐和待机画面,而这些细节的改变,就使他获得了一部新手机的感觉。

手机可以更换外壳、MP3随身听可以变换背景的颜色、家具可以自由组合、相比以往,许多产品的设计变得更加灵活多变。80后消费群对于产品新鲜感追求的倾向性比其他年代消费群更为明显,在这种心理趋势驱动下,许多产品的核心功能反倒成了次要因素,而一些额外的附加功能却完全可以成为他们决定购买的关键。对于他们来说,手机不再是通讯的工具,而是一种时尚的炫耀品,佩戴某款价格昂贵的手表更不是为了看时间,而是为了得到某个群体的认可或者获得一种时尚的标签。好好时尚,天天向上。这一生活准则不仅反映了80后消费群的突出心理特征,更成为许多企业制定营销策略必须考虑的关键因素。

80后消费群对于品牌、时尚的追求,对于产品品牌精神与消费感受的注重,使得许多企业必须对产品赋予新的定义。在产品功能使用的基础上,要想赢得这一代消费者的青睐,就必须为产品注入一种容易打动他们的品牌精神,比如动感地带用周杰伦的"酷"来表现"我的地盘听我的"理念,百事可乐用F4等明星的"时尚"来演绎年轻一代选择的品牌内涵。

80后的这一代人作为一个正在不断崛起的消费群体,他们的消费权力、消费意识、消费话语正在深刻影响着许多企业的市场策略。如何深刻地解读他们的消费心理,把握时代潮流的发展趋势,这对于任何一家企业抢占未来市场都具有非常重要的意义。

◆ 工作任务分析

当企业选定自己的目标市场以后,就要对目标客户的消费特点和购买行为进行分析。我们知道,消费者市场和产业市场目标客户的购买行为存在较大差距。企业营销人员在此项目实施中的主要工作任务就是对企业特定目标客户的购买行为进行分析,了解其目标客户在每一个阶段的行为特点,在此基础上,协助企业营销部门采取行之有效的措施,引导、影响目标客户的行为,不仅促成目标客户即时交易,而且还要赢得目标客户的重复购买和长期购买。

◆ 相关知识

一、消费者市场目标客户的购买行为分析

如果企业产品服务的目标客户群体主要是个人和家庭消费者,则企业的目标市场就属于消费者市场的范围。因此,就要研究这一特定目标客户的消费特点和购买行为。

(一)消费者市场的概念与特点

1. 消费者市场的概念

消费者市场是指所有为了个人消费而购买商品或服务的个人和家庭所形成的市场。是消费者购买衣、食、住、用、行等方面的用于生活消费产品的场所或交换关系的总和。消费者市场是由消费者的生活需要引起的。这种需要有生理上的,也有心理上的。生理需要多属物质需要,心理需要多属精神需要。在现实生活中,一个人的需要有很多而且具有层次性。美国心理学家亚伯拉罕·马斯洛依据需求强度的次序,将人类的需求分为生理需要、安全需要、社交需要、尊重需要和自我价值实现的需要五个层次,只有低层次的需要被满足后,较高层次的需要才会出现并要求得到满足。这五个层次的排列如图3-6所示。

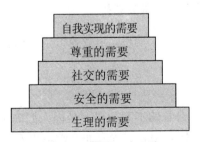

图 3-6 需要层次理论

2. 消费者市场的特点

(1)消费者人数众多,地区分布广泛。社会上的每一个人,首先他都是消费者,都需要购买消费品。我国有 13 亿多人口,地区分布广泛,人人都是消费者,是一个十分广阔而又有很大潜力的市场。

(2)市场结构复杂,层次多变。这是由消费品市场上消费者之间的差异性决定的。消费者由于所处的消费环境和自身条件的不同,不仅有民族、宗教、地区、性别之分,

而且有年龄、职业、经济收入、文化程度的差别。不同的消费者,其购买力、偏好和消费习惯不同,从而造成了消费品市场需求的多样性。随着社会经济的发展和人民收入水平的提高,需求结构和需求层次以及人们的消费偏好呈现出多样化。在市场营销活动中,企业必须把握这些特征,制订相应的产品开发计划和市场营销策略。

(3) 消费者多属小型购买,购买次数频繁。由于许多消费品是人们长期需要的,加之每个家庭或个人的财力、贮藏能力有限,以及有些商品不宜长期贮藏等原因,形成了消费品市场每笔成交数量一般较小,购买次数频繁等特点。因此,消费品市场应尽量接近消费者,销售网点设置要合理,营业时间要长,千方百计地方便群众购买。

(4) 消费者多属非专家购买。一般而言,多数消费者对商品没有专门知识,对于商品的性能、使用、保管及维修方法等,有待经营者宣传、介绍和帮助。因此,消费者购买商品时往往容易受广告宣传和其他推销方法的影响,容易引起冲动性购买。消费品市场的这种可诱导性,要求企业积极开展促销活动,启发、引导人们的消费需求,提供优质服务,提高企业信誉,正确地指导消费。

(5) 购买力流动性比较大。因消费者的购买力有限,能否使其购买效用达到最大化,是商品能否销售出去的基本条件之一。消费者为了购买效用的最大化,购买商品时往往持慎重态度,有很大的挑选性,加之各工商企业所提供的商品的差异性,就造成了购买力在不同工商企业之间和不同地区之间的流动。同时,由于旅游事业的发展,在大中城市和旅游胜地,流动购买力占相当大的比重。此外,由于商品消费有替代性,随着供求状况与价格的变动,购买力也会在不同商品之间发生转移。

(6) 需求价格弹性的差异性比较明显。需求价格弹性是指商品需求量对价格变动的反应敏感程度。在消费品市场上,生活必需品的需求弹性较小,非生活必需品的需求弹性较大。因此,对生活必需品,要保证充足的供应量,防止价格的大起大落,而对于非生活必需品,工商企业可以在国家的价格政策允许的范围内,通过调整价格来调节供求,以搞活市场。

(二) 消费者市场目标客户的购买动机

目标客户的消费需求产生购买动机。消费者市场目标客户的购买动机一般有生理购买动机和心理购买动机。

1. 目标客户的生理购买动机

生理购买动机也就是消费者的本能动机,是因人们的生存需要而引发的购买动机。人要生存就必须在衣、食、住、用、行等方面不断地重复消费,所以生理购买动机引发的购买行为具有经常重复性、习惯性、长期性和稳定性,而且需求弹性小。

2. 目标客户的心理购买动机

心理购买动机是因人们的心理、精神需要引发的购买动机。具体又可解析为感情动机、理智动机和信任动机。感情动机是由人们的思想情感引起的,如人们都有自己的审美观、道德砚、荣誉观等价值观念,并且面对不同的产品表现出喜欢、高兴、好奇、好胜之类感情。表现在购买行为上常常是求新、求美、求奇等。理智动机是消费者对产品作了较为全面的研究、分析、比较之后产生的。表现在购买行为上常常讲究实际效用、注重产品品质与价格之比,要求方便、服务周到。突出的特点是求实、求质、求廉、求快速、安全等。信任动机是消费者对某具体品牌、商店产生了信任和好感而产生的。信任动机导致的购买行为有求名、偏爱、重复购买等特点。总之,心理动机的产生及其导致的购买行为都是比较复杂的,它不仅受消费者自身条件的左右,还要受到社会风尚、经济增长、文化思想等客观因素的影响。现实生活中,本能动机和心理动机有时是结合在一起共同起作用的,这时表现出来的购买行为就更加复杂,经营者必须做更深入细致的研究。

(三) 影响消费者市场目标客户购买行为的因素

1. 文化因素

文化因素是影响消费者需求的最基本因素。每个人都处在一定的文化环境之中,接受着特定社会文化的影响,从而形成了不同的社会阶层、社会组织、生活准则、价值观念、道德规范、风俗习惯、宗教信仰、审美观、语言文字等。因此,文化因素对消费者的购买行为有着最深远和广泛的影响。

社会阶层是指一个社会中具有相对的同质性和持久性的群体,它们是按等级排列的,每一阶层的成员具有相似的价值观、兴趣爱好和行为方式。而不同社会阶层的人,他们的经济状况、价值观念、兴趣爱好、生活方式、消费特点等各不相同。这些都会直接影响他们的购买习惯和购买方式。企业营销要关注社会阶层的划分,针对其目标客户所处的的社会阶层,通过适当的信息传播方式,在适当的地点,运用适当的销售方式,提供适当的产品和服务。

2. 社会因素

社会因素主要包括消费者的家庭、相关群体、社会角色和地位等。

(1) 家庭。家庭是构成社会的细胞,也是消费品市场的主要购买者。一个人在其一生中一般要经历两个家庭。第一个是父母的家庭;第二个是在父母的养育下逐渐长大成人,然后又组成自己的家庭。当顾客进行购买决策时,必然要受到这两个家庭的影响。当然,原有家庭的影响比较间接,而现有家庭的影响则比较直接。家庭购买决策大致可分为四种类型:①丈夫决定型;②妻子决定型;③共同决定型;④各自做主型。另外,不同的家庭购买商品的决策重心也不相同。例如,对丈夫有较大影响力的商品有汽车、摩托车、自行车、计算机、电视机等;对妻子有较大影响力的商品有衣服、洗衣机、餐具、吸尘器、化妆品等;对夫妻共同关心的商品有住房、家具、旅游等。

(2) 相关群体。相关群体是指在形成一个人的思想、态度、信仰和行为时,对其有影响的一些团体。每一相关群体都有其自己的价值观和行为规范,群体内的成员都必须遵守这些共同的观念和规范。相关群体可以分为三类:①对个人影响最大的群体,如家庭、亲朋好友、邻居和同事等;②对个人影响次一级的群体,如各种社会团体、学会、研究会等;③崇拜性群体,个人不直接参加,但对其行为有重大影响,如社会名流、影视明星、体育明星等。这种崇拜性群体的一举一动,都会成为一部分追随者的样板,如时装、化妆品可利用这种示范效应进行推销。相关群体对消费者行为的影响表现在三个方面:首先,相关群体向人们展示新的行为和生活方式;其次,相关群体可能影响一个人的态度和自我观念；再次，相关群体能产生某种令人遵从的压力，影响消费者对商品及品牌的选择。

（3）社会角色和地位。社会角色是指某人在社会上处于一定地位的权利和义务，一个人在不同的场合扮演不同的角色，并享有不同的社会地位，因而有不同的需求，购买不同的商品。如某人在家里是儿子，结婚后是丈夫和父亲，在公司是总经理等。作为总经理他会坐豪华小轿车、穿高档服装，因为他要代表企业形象；作为父亲他需要为儿女购买学习用具等。

3. 个人因素

个人因素主要包括年龄、家庭生命周期、职业、经济状况、生活方式、个性以及自我观念等因素。

（1）年龄与家庭生命周期。消费者的需求与其年龄有很大关系。如年轻人一般思想比较开放，敢于冒险，是新产品的主要市场，而老年人比较稳重，不易改变旧习惯，因此喜欢购买自己偏爱的商品。年龄不仅影响人们的购买决策，而且关系到他们的婚姻家庭。西方学者将购买者的家庭生命周期分为七个阶段：①未婚期，年轻且单身阶段；②初婚期，新婚至生育第一个孩子；③生育期，生育第一个孩子至生育最后一个孩子；④满巢期，出生最后一个孩子到第一个孩子参加工作；⑤离巢期，第一个孩子参加工作到最后一个孩子也参加工作；⑥空巢期，孩子全部参加工作，家中只剩二位老人；⑦鳏寡期，夫妻一方死亡至双方死亡。初婚期，消费者是家具、化妆品、时装的主要购买者。生育期，是食物、玩具、儿童用品的主要购买者。消费者家庭处在不同的生命周期，他们的需求就不同，因此，消费者的购买行为也不同。

（2）职业。一个人的消费模式和购买行为也受职业的影响。在我国，工人一般将大部分收入用于购买食品、服装和家具；农民将大部分收入用于购买农资产品和盖房；知识分子在图书、报纸和杂志等文化用品方面比从事其他职业的消费者花更多的钱。由此可见，消费者的职业与其购买行为之间也有较密切的关系。

（3）经济状况。经济状况决定着个人和家庭的购买能力。经济状况是指消费者的收入水平、储蓄和资产情况、借贷能力以及对消费与储蓄的态度等。消费者经济状况好，其需求水平就高，也容易作出购买决策。反之，消费者收入低，又没有储蓄，就会制约其消费行为。

（4）生活方式。生活方式是指一个人在生活方面所表现的兴趣、观念以及参加的活动。生活方式对消费者行为的影响是显而易见的。如某些"事业型"的消费者，其主要目标是在事业上做出成绩，业余时间参加一些活动如旅游、锻炼等，但主要是为了更好地工作。而某些"娱乐型"消费者，其生活目标是使生活丰富多彩，增加乐趣。可见，生活方式的不同将影响人们的需求特征和购买行为。

（5）消费者个性与自我观念。个性是一个人身上表现出的经常的、稳定的、实质性的心理特征。个性的差别也会导致人们购买行为的不同。如在选择服装方面，性格外向的人，往往喜爱色彩鲜艳、对比强烈、款式新颖的服装；而性格内向的人，一般比较喜欢深沉色调、端庄朴素的服装。自我观念也就是自我形象。在实际生活中，许多消费者的购买行为都是出于保护"自我形象"而采取的购买决策。他们在购买商品时，如果认为该商品与自己的形象相一致，决定购买概率就大一些；如果与自己的形象不相称，就会拒绝购买。

4. 心理因素

消费者自身的心理因素也支配着其购买行为，如动机、知觉、学习、信念和态度等。

（1）动机。动机主要解决人们为什么要购买某产品的问题，是消费者产生购买行为的主要推动力。

（2）知觉。知觉是人们对感觉到的事物的整体反映。感觉只是对事物个别属性的认识，知觉包括感觉、记忆、判断和思考。了解消费者的知觉现象应遵循如下四条原则：①知觉是有选择的，即每个人都会有选择地接受各种刺激。一般包括有选择的注意、有选择的知觉、有选择的记忆；②知觉是有组织的，至于如何组织则受个人特性的影响，即人们受刺激后，会将刺激组织起来，并赋予意义；③知觉是受刺激因素影响的，如广告的大小、色彩、明暗对比，出现的频度，都会影响到这一广告的知觉。④知觉受个人因素影响。个人因素包括感觉能力、信念、经历、态度、动机等。

（3）学习。人类的行为有些是本能的，与生俱来的，但大多数行为是经验中得来的，即通过学习、实践得来的。人类的学习过程是包含驱使力、刺激物、诱因、反应和强化等因素的一连串相互作用的过程。例如：当感到饥饿，这就产生了购买食品的"驱使力"；看到了面包、方便面等食品，这就是"刺激物"；经过考虑决定购买，边走边吃，既省钱又节约时间，这里的"金钱"和"时间"就是做出反应的"诱因"；"反应"则是对刺激物和诱因做出的反射行为；"强化"是指反应得到满足后所产生的效应。如吃了这种食品后的满足程度，就可决定今后是否再购买这种食品。如是正强化，则可能继续发生购买行为；如是负强化，则停止这种食品的购买。

（4）信念与态度。所谓信念和态度，是指一个人对某一事物的解释方法，即所持的见解和倾向，它是通过后天的学习逐步形成的。信念作为人们对事物的认识和倾向，它可以建立在不同的基础上。有的建立在个人的"知识和经验"基础上，如"矿泉水"比"汽水"在炎热时更解渴的信念；有的是建立在个人的"见解"基础上，如认为听古典音乐可以陶冶人的情操；有的则是建立在"信任"的基础上，如购买名牌产品等。不同的信念常常导致消费者对产品的态度。态度对购买行为的发生起着重大的影响，企业应重视态度的研究并适应消费者态度的改变。企业要改变消费者的态度是要付出较高的代价的。

（四）消费者市场目标客户的购买决策过程

1. 目标客户在参与购买中的角色

目标客户在购买决策过程中可能扮演不同的角色。包括：倡议者，即最初提出购买某种商品或服务的人；影响者，指对评价选择、制定购买标准和做出最终决策有影响力的人；决策者，即是否买、为何买、如何买、何处买等方面的购买决策做出完全或部分最后决定的人；购买者，即实际购买产品的人；使用者，即实际消费或使用产品或服务的人。

2. 目标客户的购买行为类型

目标客户的购买决策随其购买行为类型的不同而变化。较为复杂和花钱多的决策往往凝结着购买者的反复思考和众多人的参与决策。根据参与者的介入程度和品牌间的差异程度,可将目标客户的购买行为分为四种类型。如表 3-1 所示。

表 3-1 目标客户的购买行为类型

品牌差异	介入程度	
	高度介入	低度介入
大	复杂购买行为	寻求多样化的购买行为
小	化解不协调购买行为	习惯性购买行为

(1)复杂购买行为。复杂购买行为是指目标客户对不经常购买的贵重产品,该产品品牌差异较大,购买风险也大,消费者需要有一个学习过程,目的是广泛了解该产品的性能、特点,从而对其产生某种看法,最后决定购买的消费者购买行为类型。营销者对这种复杂购买行为,应多采取有效措施(产品介绍、操作演示、上门服务等)帮助目标客户了解产品性能及其更多的效用价值,并介绍产品相对优势和给购买者带来的对比利益,从而影响购买者最终消费该产品。

(2)寻求多样化购买行为。寻求多样化购买行为是指目标客户对于品牌差异较明显的产品不愿花较长时间去选择和评价,而是不断变换所购产品的品牌的消费者购买行为类型。这样做,是从品牌多样化的消费中感受不同产品所带来的满意感和效用。市场营销者针对这种购买行为类型,可采用销售促进和占据有利货架位置等办法来促销产品。

(3)化解不协调购买行为。化解不协调购买行为是指目标客户对于品牌差异不大的产品不经常购买,而购买时又有一定的风险,在此情况下,消费者一般要相互比较、看货,只要价格合理、购买便捷、机会适当就会决定购买;购买之后,目标客户往往会感到有些不协调或不够满意。为了减轻、化解这种不协调,目标客户在使用过程中,会更多了解情况,并寻求各种理由来证明自己的购买决定是正确的。从不协调到协调的潜化过程中,目标客户会有一系列的心理变化。针对这种情况,营销者应选择最佳销售地点,注意运用价格和人员推销策略,并向目标客户提供有关产品评价的信息,使其购后满意感更强。

(4)习惯性购买行为。习惯性购买行为是指对于价格低廉、经常购买、品牌差异小的产品,目标客户不需要花更多的时间去选择,也不需要经过收集相关信息、评价产品特点等复杂过程,因而,其购买行为最简单。目标客户只是被动地接收信息,出于熟悉而购买,也不一定进行购后评价。这类产品的营销者可以通过价格优惠、独特包装、电视广告、销售促进等方式鼓励目标客户试用、购买和续购产品。

3. 目标客户的购买决策过程

在复杂购买行为中,目标客户的购买决策过程一般由引起需要、收集信息、评价方案、决定购买和购后评价等五个阶段构成。如图 3-7 所示。

图 3-7 目标客户的购买决策过程

（1）引起需要。目标客户的需要一般是由内部和外部两种刺激引起的，如口渴、寒冷等属于内部刺激；目标客户收入的变化、消费偏好的变化等属于外部刺激。营销人员应注意两方面的问题：一是了解那些与本公司的产品（劳务）现实上或潜在地有关联的驱动力；二是某种产品的需求强度，会随着时间的推移而有所变动，且易被一些诱因所触发。因此，公司要善于运用诱因，促使目标客户对公司的产品产生强烈的需求，并积极采取购买行动。

（2）收集信息。对于首次购买的较复杂商品，目标客户一般都要收集有关信息。目标客户的信息来源主要包括四个方面：密切相关群体来源（家庭、朋友、邻居、熟人等）；商业来源（广告、推销员、经销商、包装、展览等）；公共来源（如大众传播媒体、消费者评审组织等）；实践来源（如操作、实验及使用产品）。营销人员应对目标客户的信息来源认真加以识别和评价，并询问其最初接触到品牌信息时的感觉。

（3）评价方案。目标客户在收集信息的过程中，就会对信息进行分析和"过滤"，逐渐对市场上各种品牌的产品形成不同的看法，最后才决定购买，这就是品牌的评价。消费者的评价行为一般要考虑以下几个问题。①产品特性及特性的权重。特性即产品能够满足消费者需要的属性。例如对计算机而言，其存储能力、图像显示能力、软件的适用性等是消费者感兴趣的属性。不同的目标客户对产品的所有属性重要程度的认识是有差异的。营销人员应分析本公司产品应该具备哪些属性，进行市场细分，找准不同类型的消费者对不同属性的偏好，以便为不同的目标客户提供具有不同属性的产品。特性的权重是指顾客对产品有关属性的重要性所赋予的不同权数。营销者应注意特色属性和重要属性的区别：消费者立刻想到的某一产品的属性叫做特色属性；重要属性是指直接影响其重要功能的特性。特色属性不一定是最重要的属性。②品牌信念。即目标客户对某品牌带来的效用和价值所持有的总的看法。如消费者会对进口冰箱、国产的不同品牌的冰箱有不同的信念，即品牌形象。由于受目标客户个人经验、选择性注意、选择性曲解及选择性记忆的影响，其品牌信念可能与产品的真实属性并不一致。③效用函数。用来描述消费者所期望产品的满足感随其属性的变化而有所变化的函数关系。它与品牌信念强调的重心不一样，品牌信念指消费者对某品牌的某一属性已达到何种水平的评价，而效用函数则表明消费者要求该属性达到何种水平他才会接受。④评价模型。即目标客户对不同品牌进行评价和选择的程序和方法。

（4）决定购买。通过评价选择，目标客户会对可供选择的品牌形成某种偏好，从而形成购买意图，进而购买所偏好的品牌。但是，在购买意图和决定购买之间，有两种因素会起作用：一是别人的态度，如家人、朋友的反对等；二是意外情况，如预期收入突然减少、家里有人突然生病、更符合"理想产品"的新产品新近上市等。也就是说，尽管偏好和购买意图对购买行为有直接的影响，但二者并不一定导致实际购买。

（5）购后评价。产品被购买之后，就进入了购后评价阶段，此时，营销人员的工作并没有结束。目标客户在购后会产生对某种产品的满意或不满意。目标客户对其购买活动的满意感（S）是其产品期望（E）和该产品可觉察性能（P）的函数，即 $S=f(E, P)$。若 $E=P$，则目标客户会感到满意；若 $E>P$，则目标客户会感到不满意；若 $E<P$，则目标

客户会感到非常满意。目标客户根据自己从卖主、朋友以及其他来源所获得的信息来形成产品期望。若卖方夸大其产品的优点，消费者将会感受到不能证实的期望，这种不能证实的期望会导致目标客户的不满意感。E与P之间的差距越大，目标客户的不满意感也就越强烈。所以，卖方应使其产品真正体现出其可觉察性能，以便使购买者感到满意。如果目标客户对产品满意，则在下一次购买中可能继续采购该产品，并向其他人宣传该产品的优点。营销人员应采取有效措施尽量减少目标客户购买产品后的不满意程度。

二、产业市场目标客户的购买行为分析

企业的营销对象不仅包括众多的消费者，而且还包括各类组织机构。这些组织机构构成了组织市场，即原材料、零部件、机器设备、供给品和企业服务等市场。如果企业产品服务的目标客户群体主要是各类组织机构，则企业的目标市场就属于组织市场的范围。企业则要研究某一特定组织机构的购买行为特征和购买决策过程。

（一）组织市场的构成

组织市场是由各种组织机构（如生产企业、商业企业、政府机构等）形成的对企业产品和服务需求的总和。一般分为产业市场、转卖者市场和政府市场三种类型。

1. 产业市场

产业市场又称生产者市场或企业市场，指一切购买产品或服务并将其用于生产别的产品或服务，以供销售、出租或供应给他人的个人或组织。它通常由农、林、牧、渔业，制造业，建筑业，通信业，公用事业，银行业、金融业和保险业，服务业等产业组成。

2. 转卖者市场

转卖者市场是指那些通过购买商品和服务并转售或出租给他人来获取利润的个人或组织。转卖者市场由各种批发商和零售商组成。批发商是指购买商品和服务并将之转卖给零售商和其他商人以及产业用户、公共机关用户和商业用户等，但它不把商品大量卖给最终消费者的商业组织。零售商的主要业务则是把商品或服务直接卖给消费者。

3. 政府市场

政府市场是指那些为执行政府的主要职能而采购或租用商品的各级政府单位。政府机构是市场活动的最大买主，约占20%~30%的市场份额。由于各国政府通过税收、财政预算等手段，掌握了相当大的一部分国民收入，为使日常政务顺利开展，政府机构要经常采购物资和享用服务，因而形成了一个很大的市场。

由于在组织市场中，产业市场客户的购买行为与购买决策具有典型的代表意义，所以，在此仅对产业市场客户的购买行为进行阐述。

（二）产业市场的特点

产业市场与消费者市场尽管在某些方面具有一定的相似性，但产业市场在市场结构与需求、决策类型与决策过程及其他各方面，又与消费者市场有着明显差异。

（1）产业市场的需求多为派生需求。产业市场的购买者对产业用品的需求，归根结底是由消费者对消费品的需求派生出来的。例如，服装厂之所以要购买布料、电视机企业之所以要购买显像管是因为消费者对服装和电视的需求派生而来的。

（2）产业市场的购买者地理位置相对集中。例如，我国汽车工业的生产者主要集中在长春、北京、上海、天津这样一些大城市。

（3）产业市场购买者的数量较少，规模较大。产业市场的购买者绝大多数都是生产企业，其数量必然比消费者市场少，但购买的规模却要大得多。

（4）产业市场的需求缺乏弹性。在产业市场上，产业购买者对产业用品和劳务的需求受价格变动的影响不大。

（5）产业市场的需求波动较大。产业市场的购买者对于产业用品和服务的需求比消费者的需求更容易发生变化。根据乘数原理，消费者需求的少量增加能导致产业购买者需求的多倍增加。有时消费者需求只增减一个百分点，就能使下期产业购买者需求增减几十个百分点。

（6）专家购买。产业用品的技术性较强，采购者一般为专业技术人员。

（7）短渠道购买。产业市场的购买者一般通过短渠道向生产者采购所需物品（特别是那些价值高、技术含量高的设备），而不通过中间商采购。

（8）产业市场的购买者往往通过融资租赁方式取得产业用品。对于单价较高的产业用品，用户多采用融资租赁方式来取得，从而使资金融动起来，实现货币的增值。

（9）互惠。除垄断产品外，产业市场购买者之间往往表现为三角形或多角形的互购行为，即：你若选择我的产品，我就选择你的产品。

（三）产业市场购买决策的参与者

作为产业市场上的目标客户（厂商）在购买产业用品时，除了专职采购人员以外，还有其他一些人员也参与产业用品的购买决策过程。所有参与购买决策过程的成员构成了采购中心。企业采购中心的成员通常包括以下几种。

（1）使用者。即具体使用拟采购的某种产业用品的人员。使用者一般为初次提出购买意见的人，在拟购产品的品种、花色、规格中起着重要作用。

（2）影响者。即直接或间接在企业外部和内部影响购买决策的人员。他们对企业的决策者决定是否购买某种花色、品种、规格的产品有影响作用，最主要的影响者一般表现为企业的技术人员。

（3）采购者。即在企业中有组织采购工作的正式职权人员。在较复杂的采购工作中，采购者还包括参加谈判的企业高级人员。

（4）决定者。即在企业中有批准购买产品的权力人物。在标准品的常规采购中，采购者常常是决定者；而在较复杂的采购中，企业的领导人往往是决定者。

（5）信息控制者。即能在企业外部和内部控制市场信息流到使用者、决定者那里的人员，如企业的技术人员、购买代理商等。

当然，并不是任何企业采购任何产品都必须由以上五种人员参加购买决策过程。企业采购中心的规模大小和成员的多少会随着欲采购产品的不同而不同。若采购普通日用品，一般只有采购者和使用者参与购买决策过程，而且采购者往往就是决策者。在这种情况下，采购中心的成员较少，规模较小。如果采购技术性较强且单价较高的产品，参与购买决策过程的人员就会多些。若一个企业的采购中心的成员较多，供货企业的营销人员就只能接触到其中少数几位成员。在此情况下，供货企业的营销人员必须了解谁是主要的决策者，以便对最有决策权的重要人物进行营销公关。

（四）产业市场目标客户的购买行为类型

产业市场上目标客户购买者的行为类型一般有三种：直接重购、全新采购和修正重购。

1. 直接重购

直接重购就是目标客户的采购部门根据过去的采购经验，从供应商名单中选择供货企业，并直接重新订购过去采购的同类产业用品。这种购买行为一般是习惯化的。在这种情况下，列入名单内的供应商将尽力保持产品质量和服务质量，并采取其他有效措施来提高采购者的满意程度；未列入名单内的供应商要试图提供新产品或开展某种满意的服务，以便使采购者考虑从它们那里采购产品，同时设法先取得一部分订货，以后逐步争取更多的订货份额。

2. 全新采购

全新采购是指目标客户第一次采购某种产业用品。这种行为类型最为复杂，其成本费用越高、风险越大，则需要参与购买决策过程的人数及掌握的市场信息就越多。因此，供应商要派出有经验的推销队伍，向目标客户及时提供信息，帮助其解决疑难问题。

3. 修正重购

修正重购是指目标客户的采购经理为了更好地完成采购任务，对某些产业用品的规格、价格等条件或供应商适当加以改变，促使供应商内部展开竞争。这种行为类型较复杂，因而参与购买决策过程的人数较多。

（五）产业市场目标客户的购买行为分析

1. 影响产业目标客户购买决策的主要因素

产业市场上企业目标客户的购买行为决策受一系列因素的影响。如图3-8所示。

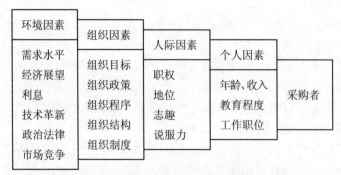

图3-8 产业目标客户购买决策的影响因素

(1)环境因素。是指对目标客户生产经营活动产生各种影响的外部环境因素,主要包括一个国家的市场需求动态、经济前景、资金成本、技术变化率、市场竞争、政治与法规等。如果经济前景好,市场需求旺盛,目标客户就会增加投资,增加原材料的采购量和库存量。

(2)组织因素。指目标客户(企业)自身的因素,主要包括其目标、政策、程序、组织结构、制度等。这些目标客户自身的因素同样会影响它的购买决策和购买行为。

(3)人际因素。目标客户(企业)采购中心的成员都参与了购买决策过程。每个参与者的权力、地位、说服力以及他们之间的关系都会影响目标客户(企业)的购买行为决策。

(4)个人因素。指各参与者的年龄、受教育程度、个性、收入、工作职位、对待风险的态度等。这些个人因素会影响各个采购中心成员对所要采购的产业用品的感觉、态度和看法,从而影响目标客户(企业)的购买决策和购买行为。

2. 产业市场目标客户的购买决策过程

供货企业要成为现实的卖主就需要了解其目标客户在购买过程中各个阶段的情况,并采取适当措施,满足目标客户在各个阶段的需要。直接重购情况下购买过程的阶段最少;修正重购情况下,购买过程的阶段较多一些;在全新采购情况下,购买过程的阶段最多,一般要经过八个阶段。如表3-2所示。

表3-2 产业市场目标客户的购买决策过程

购买阶段	购买类型		
	直接重购	修正重购	全新采购
1. 认识需要	否	可能	是
2. 确定需要	否	可能	是
3. 明确规格	是	是	是
4. 物色供应商	否	可能	是
5. 征求建议书	否	可能	是
6. 选择供应商	否	可能	是
7. 选择订货程序	否	可能	是
8. 检查、评价合同履约情况	是	是	是

(1)认识需要。认识需要是全新采购和修正重购的起点。认识需要是由内部刺激和外部刺激两种刺激引起的:①内部刺激,基于目标客户(企业)更新产品或部件的需要。如目标客户决定推出新产品则需要采购相关的新设备和原料;固定设备发生故障或损坏则需要配置零部件或新设备等;②外部刺激,一般受户外宣传的影响,使目标客户改变原有购置计划。如目标客户在参加展销会时发现了比原采购物品更好的服务和产品,决定改变原计划。

(2)确定需要。即确定所需物品的特征及数量。一般情况下,标准物品的特征及数量比较容易确定,而复杂物品,采购人员则要与其他人员(使用者、工程师等)共同来确定。供应企业的营销人员在此阶段要积极配合目标客户的采购人员确定所需物品的特征及数量。

（3）说明需要。确定需要以后，目标客户要指定采购专家小组，对所需物品进行价值分析，做出详细的技术说明，作为采购人员取舍的标准。价值分析的目的是：耗费最少的资源，取得最大的功能。产业目标客户在采购工作中通过价值分析，调查研究所要采购的产品是否具备必要的功能。供货企业的营销人员也要运用价值分析，向顾客说明其产品有良好的功能。

（4）物色供应商。全新采购情况下，物色供应商是采购复杂的、价值高的物品必须要做的一项工作，花费的时间较长。供货企业要加强宣传力度，提升本单位的知名度。

（5）征求建议书。是指目标客户的采购经理邀请合格的供应商提出建议。对于采购复杂的、价值高的物品，采购经理应要求每个潜在的供应商都提交详细的书面建议。采购经理还要从合格的供应商中挑选最适合的供应商，要求它们提出正式的建议书。因此，供货企业的营销人员必须善于提出与众不同的建议书，以引起目标客户的信任，争取成交。

（6）选择供应商。目标客户采购中心根据供应商提供的产品信誉、价格、质量、交货的及时性、技术服务等项目来评价和选择最有吸引力的供应商。许多精明的采购经理一般都希望有多种供应来源，以免受制于人。如采购经理向第一个供应商采购所需份额的 50%，向其他供应商分派采购份额的 30%和 20%，这样促使供应商之间展开竞争，迫使其利用价格折扣等手段提高自己的供货份额。

（7）选择订货程序。采购经理开出订货单给选定的供应商，订货单上要列示技术说明、需要的数量、交货期等合约项目。受采购存储成本的影响，现代企业多采取"一揽子合同"，而不采取"定期采购交货"。采购经理与某一被选中的供应商签订"一揽子合同"，建立长期供货关系来保证其货源。当采购经理需要时就按照原来约定合同约定随时来供货。

（8）检查、评价合同的履约情况。最后，目标客户的采购经理还要向使用者征求对所购产品是否满意的意见，检查和评价各个供应商履约情况，根据检查和评价的结果，决定以后是否继续向某个供应商采购这种物品。

◆ 任务实施

第一步，对学生进行分组，每 3～5 人为一组，组织引导学生以组为单位选择自己比较熟悉的消费者市场的目标客户群体和产业市场的目标客户群体；

第二步，对所选择的消费者目标客户和产业目标客户进行走访调查，分析研究其购买行为特点和购买决策过程；

第三步，以组为单位对所调查的情况进行交流讨论，在此基础上，以书面形式总结提炼出所调查的某一特定目标客户群体的购买行为特点和购买决策过程。

◆ 总结与回顾

目标市场的购买行为包括消费者市场的购买行为和组织市场的购买行为两大部分。消费者市场目标客户的购买行为是现代市场营销理论研究的主要对象。消费者市场具有非盈利性、可诱导性、多样性、分散性、伸缩性、周期性和时尚性的特点。消费者市场目标客户的购买动机可分为生理购买动机和心理购买动机，其表现为求实、求名、求廉、求新、求美、求奇等方面。影响消费者购买行为的主要因素包括文化、社会、个人和心理因素，企业应了解参与购买的角色，包括倡议者、影响者、决策者、使用者等。消费者市场目标客户的购买行为类型有习惯型购买行为、寻求多样化购买行为、化解不协调购买行为以及复杂购买行为。购买决策过程由引起需要、收集信息、比较评价、决定购买和购后行为等五个阶段构成。

组织市场主要研究产业市场上目标客户的购买行为。产业市场与消费者市场相比，具有产业市场的需求多为派生需求、购买者地理位置相对集中、购买者的数量较少、规模较大、需求缺乏弹性、需求波动较大、专业人员购买、直接购买、互惠的特点。产业购买者的参与者称为采购中心。采购中心通常包括五种成员：使用者、影响者、采购者、决策者和信息控制者。产业市场目标客户的购买情况大致有三种类型：即直接重购、修订重购和全新采购。影响产业市场目标客户购买决策的主要因素有环境、组织、人际和个人因素等，全新采购的购买过程一般要经过认识需要、确定需要、说明需要、物色供应商、征求意见、选择供应商、选定供货程序、检验合同履行情况八个阶段。

本项目的教学重点与核心技能是消费者市场目标客户的购买行为分析与产业市场目标客户的购买行为分析。

◆ **复习思考题**

1. 简述消费者市场目标客户的购买动机。
2. 简述消费者市场目标客户的购买行为特点与购买决策过程。
3. 组织市场可分为哪几种类型？
4. 简述产业市场目标客户的购买行为特点与购买决策过程。

◆ **实训练习**

1. 实训项目：组建模拟公司，对其产品目标客户的购买行为特点进行分析
2. 实训目标：
（1）从实践层面进一步加深学生对消费者市场和产业市场购买行为的理解；
（2）培养学生正确分析特定目标客户购买行为特点和购买决策过程的能力；
（3）培养学生根据目标客户的购买行为特点制定相应营销策略的能力。
3. 实训内容与方法：

根据所学知识以及对企业产品特定目标客户群体购买行为特点的调查分析，了解其目标客户对企业产品的购买动机、购买行为、购买决策过程，并以此为依据，制定有利于扩大企业产品销售的相应市场营销策略。

（1）以自愿为原则，6~8人为一组，组建"×××模拟公司"，公司名称自定；
（2）以组为单位，调查走访模拟公司产品的特定目标客户群体，对其购买动机、购买行为、购买决策的影响因素及其购买决策过程进行深入分析；
（3）根据企业目标客户群体的购买行为特点，制定产品销售的具体营销策略。

4. 标准与评估

（1）标准：能够对企业特定目标客户群体的购买动机、购买行为进行深入分析；能够根据企业特定目标客户群体的购买行为特点，制定出促进企业产品销售的适宜的营销策略。

（2）评估：每人完成一份模拟公司产品特定目标客户购买行为分析的书面报告，作为一次作业，然后由教师与各组组长组成的评估小组对其进行评估打分。

模块四　企业的市场定位

　　企业一旦选择了目标市场，就应该在目标市场上确定自己相应的位置，也就是要解决市场定位的问题。市场定位是企业全面战略计划中的一个重要组成部分，它关系到企业的产品如何与众不同，与竞争者相比自己有哪些突出的优势。从 20 世纪 80 年代开始，市场定位的战略意义逐渐被一些领先的企业所认识，进入 90 年代之后，市场定位对于企业的意义更加明显。在市场竞争日趋激烈，广告轰炸此起彼伏的今天，消费者越来越难以区别不同企业产品间的差异，企业的市场定位可以帮助消费者对来自不同企业的产品进行识别消费。

项目一　企业所处行业的竞争态势分析

◆ 知识、能力、素质目标

　　使学生学会分析企业所处的行业结构和市场竞争环境，熟练掌握并能应用 SWOT 分析方法和迈克尔·波特的"五力"竞争模型，发掘营销环境给企业提供的机会，规避营销环境对企业造成的威胁，进而为企业准确的市场定位提供科学依据。

◆ 教学方法

情景教学法　问题导入法　课堂讲授法

◆ 技能（知识）点

行业的竞争结构　SWOT 分析法及其应用　迈克尔·波特的五力竞争模型及其应用

营销情景

2009—2010 年太阳能热水器行业的竞争态势

　　2009 年注定是我国太阳能热水器行业竞争极为激烈的一年。2010 年即将在德州召开的第四届世界太阳能大会为皇明搭建了广阔的舞台，高盛、鼎辉近 1 亿美元的注资更是为皇明奠定了坚实的物质基础；太阳雨和四季沐歌 1.028 亿元人民币竞得的央视黄金时段广告可极大地提升其品牌的市场知名度；力诺瑞特又依据其完整产业链、欧洲背景和太阳能与建筑一体化专家的优势，在农村、工程和国外市场可同时发力，实现跨越式发展；桑乐更可凭借其农村太阳能热水器专家的优势，借势"家电下乡"活动，进一步拓展其农村市场。其他如清华阳光、天普、华扬等企业更是虎视眈眈，太阳能热水器行业的一场龙争虎斗即将拉开序幕。

　　根据营销情景中描述的事实，学生独立思考并回答：
　　1. 在我国太阳能行业中，皇明的主要竞争对手有哪些？他们各自的竞争优势是什么？

2. 你认为我国的"家电下乡"活动，能解决家电企业产品销路不畅的问题吗？

中国彩电在重庆市场的竞争态势分析

2008 中国彩电行业最权威奖项，也是业内唯一的"冠军奖杯""2008 中国数字电视年度成功大奖"再次花落海信。海信电视从 2006 年开始连续三年获得此项殊荣，在业内的领军地位不断得到巩固。与此同时，海信真冠系列液晶电视获得了"2008 中国数字电视年度液晶大奖"，海信高清等离子获得了"2008 中国数字电视年度等离子大奖"，海信一举囊括了 2008 年中国彩电行业最有影响力的三项大奖。这进一步奠定了海信在中国彩电行业中的领军地位。海信的发展在中国彩电行业分析中具有典型性。下面以海信在重庆市场上的竞争为例来分析其面临的机会与威胁。

重庆作为一个新兴的城市，对于彩电的消费是与日俱增。各大彩电行业的巨头纷纷落户重庆，目前主要的国有品牌有海信、长虹、创维还有新加入的海尔等，国外品牌主要有三星、索尼、东芝等。中外品牌之间展开了激烈的竞争。就目前市场的情况来看，在液晶电视上外资品牌由于技术上的优势在市场上占据了领先的地位。

海信彩电在重庆市场上作为国产品牌中的领先者，引领着中国彩电业的发展，在全国平板市场连续四年名列前茅之后，海信彩电在渝续写销售强者传奇：中怡康数据显示，重庆市场全年销售额突破 2 亿元，同比增长 35%，为重庆市场彩电销售额第二名。

1. 海信在重庆市场上的五力分析

按照波特的观点，一个行业中的竞争，远不止在原有竞争对手中进行，而是存在五种基本的竞争力量，他们是潜在的行业新进入者、替代品的威胁、购买者商讨价还价的能力、供应商讨价还价的能力以及现有竞争者之间的竞争。

（1）海信在重庆市场上，主要面临的现有竞争对手有国有品牌长虹、创维、TCL，外资品牌三星、索尼、东芝等。尤其是外资品牌他们利用技术上的优势对国有品牌形成了很大的挤压。有数据显示，三星和索尼在 40 和 42 时上在重庆的占有率达到 60%到 70%。这些对于国内品牌的竞争是很不利的。

在与国内品牌的竞争中，最强有力的三个竞争对手是创维、TCL 和长虹，这三大竞争对手无论在市场投入上还是在资金水平上都堪与一比，可以说目前在重庆市场上最具有影响力的国有品牌便是海信、长虹、TCL 加上创维。

（2）在潜在的竞争对手上，主要有厦新，还有海尔，之所以把这两个称为重庆市场上潜在进入者，是因为，这两个都是从别的领域转战过来的。目前还不具有市场引导能力。但随着他们的发展也是不可小觑的，他们利用自己建立的品牌优势轻易就能引起消费者的注意，有可能形成强大的竞争对手。

（3）彩电作为一个终端输出设备，电脑必然有可能成为其替代品。但这也不是短期内所能发生的。目前海信生产的新款液晶和等离子都带有 USB 接口，也有一部分液晶屏可以作为电脑显示器适用，这对替代品的进入起到了一定的抑制作用。

（4）在与购买者和供应者的讨价还价能力中，最弱的要属与供应者的讨价还价能力，由于目前国内品牌在液晶屏的生产上对外国的依靠性，液晶屏都需要进口。海信的液晶屏主要采用的三星的和夏普的。这就降低了与供应商谈判的能力。

海信在重庆市场上的竞争战略选择

竞争战略是一个企业得以在市场上参与竞争并与竞争对手区分的一个主要战略工具。海信选择的主要竞争战略包括：一是低价格战略。这是一般国产彩电采取的一个主要战略，自从最初长虹降价开始，彩电价格一降再降终于取得了与国外品牌竞争的第一轮胜利。由于中国彩电行业起步较晚，在技术上和品牌上与国际品牌尚存在很大差距，幸而中国市场的劳动力成本相对要低，这对于很多行业的发展都是至关重要的，在这种情况下中国彩电品牌以低价战略参与市场竞争就不足为奇了。二是技术上领先战略。这种领先可以算作是针对国内竞争者而采取的战略，即通过不断地提高自身产品的技术含量，提高消费者对产品的认可度来取得竞争的胜利。海信在2007年自主建成中国第一家液晶模组生产线，奠定了日后成为中国国产品牌液晶领导人的地位。在海信的发展过程中始终以技术为本，在2005年推出中国音视频领域第一款具有自主知识产权的产业化芯片"信芯"，同时，海信"低成本动态LED光源系统开发"项目和"液晶电视用大尺寸LED背光模组技术研发及产业化"项目分别中标国家863计划和电子信息产业发展基金重点项目。强大的技术研发能力使得海信在彩电上不断推出新的产品。三是销售渠道差异化战略。中国最广大的市场不是在一二线的城市，也不是在三四线城市，而是在占有中国8亿人口的农村。随着国家政策对于农村发展的扶助，农民收入日益增长，同时伴随着彩电价格的不断下降，农村已然成为中国彩电行业的最大市场。重庆更是一个农业大市，海信在重庆的很多地方级县区已经设立了经营店。

2. 对海信的SWOT分析

SWOT分析是目前战略分析中的一个重要工具，主要是通过分析企业所面临的机会和威胁，优势和劣势，并以此来确定企业以后的发展战略。

（1）海信的机会。海信所面临的机会主要是来自目前国家的政策和中国市场两方面。国家目前鼓励高新企业的发展，为企业引进国外的先进技术做出了很多努力，同时也为许多企业的发展提供了很大的优惠。在国家政策的扶助下，目前国内已经引进了液晶第五代生产线，同时目前最先进的第六代生产线建设计划也已经启动，并取得了很大的进展。海信应该抓住国家政策的机会，通过与国外企业的合作不断的提高自己的核心技术。

对于市场机会，主要是说的是中国市场的庞大。随着人民生活水平的逐步提高，对于电视机的需求继续出现上涨趋势，尤其在平板电视方面更体现出巨大的市场潜力。每年的五一、十一节假日都会一次次把人们对彩电的消费热情提到高潮，由此对市场的潜力可见非同一般。海信在发展的过程中当然要不断的开发符合市场需求的产品，以占领较大的市场份额。

（2）海信的威胁。对于海信的威胁可以说也是全部国产彩电的威胁，外国品牌的大举入侵。随着改革开放的深入和对关税的进一步降低，很多国外的品牌凭借自身的技术和品牌优势占领了中国很大的市场份额，对于高端市场几乎垄断。有内部人士透露，中国市场上目前在彩电众多尺寸的消费上40和42吋的占到20%-30%，而三星和索尼在这两个尺寸上的占有额达到70%。可见国外品牌对中国彩电的冲击有多大。另外，由于中国彩电在技术上与国外的品牌存在很大差距，几乎不能自主生产液晶屏（仅有台湾的明基可以生产一部分低端屏），主要通过进口。我国缺少上游液晶面板、模组等技术与生产能力，而这些上游器件又掌握在全球少数生产商手中，产业链受制于人。目前，我国多数平板企业只能控制产品30%的成本，其它占成本70%的器件须靠进口。在这种情况下海信和所有的国有品牌都应该加大自主研发力度，突破国外品牌的技术封锁，占领高端市场。

（3）海信的优势分析。对于海信的优势分析，可以从海信的竞争战略中得到答案，主要包括：技术、价格和渠道优势。当然技术优势仅限于与国内品牌的竞争中，与国外品牌还存在一段差距。海信不断加大在技术方面的投资，在国内已经在青岛、上海、深圳等地设立了研发中心，2007年3月，位于荷兰埃因霍温的海信欧洲研发中心正式运行，成为国内彩电企业在欧洲设立的首个独立研发中心。这些都为海信的产品带来了很大的竞争优势。

海信在价格和渠道上的优势，体现的也是很明显。价格上的竞争主要体现的是国内外品牌的竞争，海信一直以来艰辛的是降低成本，这为它的价格战带来了很大的优势。在渠道上海信积极开发农村市场，稳稳的占据了农村市场的领军地位。

（4）海信的劣势分析。主要可以从以下几个方面来分析：

① 技术。这是与国外品牌来相比的，是整个中国彩电行业的劣势。

② 品牌。在品牌上与国际品牌的竞争，中国品牌往往要落后于国外品牌。消费者在购买的时候更加信赖的是国外的品牌，如三星、索尼等。

③ 渠道。同样这是与国外品牌竞争上得到的。这一点主要是由于品牌差距而引发的。在市场竞争中，许多卖场在销售家电的时候，都把最好的位置留给了国际上的知名品牌，而国内品牌的销售地段就会影响其销售。导致许多品牌只有退居一二线城市以三四线作为自己的主要销售点。

可以看出，海信存在的劣势，也是许多国内品牌所存在的劣势。这主要是与国外品牌的竞争中体现出来的。海信在国内的竞争中，作为行业的领军人物，占有了很大的优势。这使得海信在以后的发展过程中更应该借助国家政策的机会，加大技术研发的投入，为自身品牌价值的提升和参与国际竞争创造条件。

◆ **工作任务分析**

每个企业都存在于一定的社会环境之中，同时它又从属于某个行业。一个企业是否具有良好的发展前景，除了与企业自身的资源条件与经营能力有关外，更为重要的是与企业所处行业本身的性质与发展潜力有关。企业营销战略的制定必须建立在对其行业环境的机会与威胁进行分析和对企业自身的优势与劣势进行评价的基础上。因此，企业营销部门或营销人员在此项目实施中的主要工作任务就是对企业所处的行业结构、发展动力与竞争态势进行深入分析，在此基础上，了解企业所面临的机会和威胁，明确企业的优势与劣势，并以此为依据，对企业的发展战略和营销方案进行不断修订与完善。

◆ **相关知识**

一、SWOT 分析

SWOT 分析是英文 Strengths、Weaknesses、Opportunities 和 Threats 的缩写，用来确定企业本身的竞争优势（Strength），竞争劣势（Weakness），机会(Opportunity)和威胁（Threat），从而将企业的战略与企业内部资源、外部环境有机结合。模型能够清楚的反映企业的资源优势和缺陷，了解企业所面临的机会和挑战，对于企业制定未来的发展战略有着重要的意义。

企业未来发展战略的制定是用机会和威胁来评价现在和未来的环境，用优势和劣势评价企业的现状，是一个企业"能够做的"（即组织的强项和弱项）和"可能做的"（即环境的机会和威胁）之间的有机组合。SWOT 分析能够更好的体现出企业的竞争态势，SWOT 分析即体现了企业在所处行业的产业结构中"可能做到的"的一面，又从价值链角度体现了企业所具有的资源和所具备的能力，形成了一个结构化的平衡系统分析体系。所以 SWOT 分析实际上是从产业结构和价值链两个角度来分析企业的竞争态势。这里我们主要从行业结构（产业结构）的角度来分析企业的竞争态势。

（一）SWOT 分析的基本步骤

1. 收集信息

SWOT 分析实质上是机会威胁分析与优势劣势分析的综合，信息的收集也就是外部环境资料和内部环境资料两方面的收集，具体分为三个部分：①宏观环境信息的收集；②行业（中观）环境信息的收集；③微观环境信息的收集。

2. 信息的整理与分析

把收集到的信息分别归类到宏观环境、行业环境和微观环境后，再分析信息的含义，看其表明的是企业面临的机会还是遭遇的威胁，是否反映了企业的优势与劣势。

3. 确定企业具体业务所处的市场位置

在资料收集整理完毕后，再看企业某一项具体业务面临的环境是机会多于威胁还是威胁多于机会，企业在这项业务上是处于优势还是劣势，在 SWOT 分析图中标出其市场地位。

4. 拟定营销战略

企业某一项业务的市场位置确定后，就可以根据其具体情况制定相应的营销战略和策划方案，决定企业是否应加大对这项业务的投资，产品组合、促销组合等各方面都有哪些需要改进的地方等。

（二）SWOT 分析法的应用

SWOT 分析法依据企业的目标，列表定出对企业生产经营活动及发展有重大影响的内外部因素，并根据所确定的标准，对这些因素进行评价，从中判定出企业的优势与劣势，机会和威胁。如表 4-1 所示。

表 4-1 SWOT 分析表

优势与机会	劣势与威胁
在本行业内具有专业核心技术，企业可进行规模扩张	战略方向不明确，没有核心产品或业务
具有充足的财务资源，企业可发展新业务	生产设施比较老化，企业面临设备更新的压力
品牌认知度和公司的声誉很高，企业可进行品牌延伸	广告力度比竞争对手小，品牌的市场效应尚未充分发挥
是公认的市场领导者，吸引着大量的客户群	一些产品的市场地位还不稳固，客户有流失现象
拥有很强的促销能力，企业可进行市场开拓	产品单位成本高，企业的规模效益差

优势与机会	劣势与威胁
市场分布广，分销能力强，有着良好的客户服务声誉	管理未跟上，货款回笼不理想
新产品的研发能力强，企业可依靠新产品竞争	营销手段单一，新产品的扩散慢
有吸引力的行业进入障碍在降低，企业有望购并竞争对手业务	行业规则遭无序竞争破坏，
……	……

在列出企业的优势与劣势，机会与威胁后，企业便可对竞争环境作出相应反应，进行业务重组与调整，对具有内部优势和外部机会的业务，应当采取增长型战略，如开发市场、增加产量等。而对内部存在劣势，外部面临威胁的业务，应采取防御型战略，设法避开威胁。

例如，以下沃尔玛公司的 SWOT 分析。

优势 Strengths：①沃尔玛是著名的零售业品牌，它以物美价廉、货物繁多和一站式购物而闻名。②沃尔玛的销售额在近年内有明显增长，并且在全球化的范围内进行扩张。③沃尔玛的一个核心竞争力是由先进的信息技术所支持的国际化物流系统。比如在该系统支持下，每一件商品在全国范围内的每一个卖场的运输、销售、储存等物流信息都可以清晰地看到。信息技术同时也加强了沃尔玛高效的采购过程。④沃尔玛的一个焦点战略是人力资源的开发和管理。优秀的人才是沃尔玛在商业上成功的关键因素，为此沃尔玛投入时间和金钱对优秀员工进行培训并建立忠诚度。

劣势 Weaknesses：①沃尔玛建立了世界上最大的食品零售帝国。尽管它在信息技术上拥有优势，但因为其巨大的业务拓展，这可能导致对某些领域的控制力不够强。②因为沃尔玛的商品涵盖了服装、食品等多个部门，它可能在适应性上比起更加专注于某一领域的竞争对手存在劣势。③沃尔玛公司是全球化的，但是目前只开拓了少数几个国家的市场。

机会 Opportunities：①采取收购、合并或者战略联盟的方式与其他国际零售商合作，专注于欧洲或者大中华区等特定市场。②沃尔玛的卖场当前只开设在少数几个国家内。因此，拓展市场（如中国，印度）可以带来大量的机会。③沃尔玛可以通过新的商场地点和形式来获得市场开发的机会。更接近消费者的商场和建立在购物中心内部的商店可以使过去只是大型超市的经营方式变得多样化。④沃尔玛的机会存在于对现有大型超市的战略坚持。

威胁 Threats：①沃尔玛在零售业的领头羊地位使其成为所有竞争对手的赶超目标。②沃尔玛的全球化战略使其可能在其业务国家遇到政治上的问题。③多种消费品的成本趋于下降，原因是制造成本的降低。造成制造成本降低的主要原因是生产外包向了世界上的低成本地区。这导致了价格竞争，并在一些领域造成了通货紧缩，因此，恶性价格竞争是一个威胁。

当沃尔玛的优势与劣势、机会与威胁分析出来后，沃尔玛公司下一步应该采取什么样的竞争战略，拓展哪些业务，压缩哪些业务，开辟哪些业务，自然就很清楚了。

二、企业所处的行业结构分析

每个企业都存在于一定的社会环境之中,同时它还从属于某个行业,这就是企业生存发展的微观环境,也是影响企业活动的关键环境。一个企业是否有长期发展的前景除了与企业自身经营有关,更为重要的是与企业所处行业本身的性质有关。各行业的发展都有其具体的特点和特别的约束条件,因此对于企业来说,行业的分析至关重要。行业分析的首要任务是探索行业长期获利的潜力,发现影响行业吸引力的因素,其内容包括行业性质、竞争者状况、消费者、供应商、中间商及其他社会公众等。

(一)行业的性质

行业泛指由于产品类似而相互竞争,以满足同类买主需要的一组企业。一个企业是否具有长期发展潜力,首先与他所处的行业本身的性质有关。因此,对于企业来说,应特别注重对其所在行业性质的分析。一般而言,分析行业性质的常用方法是认识其处于行业生命周期的哪一个阶段,这是行业发展所处的总体环境,主要是需求状况及其自身发展内在轨迹的综合反映。与产品的生命周期相类似,行业的生命周期也可分为以下四个阶段。

1. 引入期

这一时期的销售增长缓慢,技术变动较大,行业中的企业主要致力于开辟新用户、占领新市场,但此时技术上有很大的不确定性,在产品、市场、服务等策略上有很大的改进余地,对行业特点、行业竞争状况、用户特点等方面的信息掌握不多,企业进入壁垒较低,竞争较少,风险很大,利润很低甚至会亏损。

2. 成长期

这一时期的市场增长率很高,顾客对产品的认知能力迅速提高,需求高速增长,销量大增,产品形成差别化趋势以满足顾客的差异化需求。技术渐趋定型、行业特点、行业竞争状况及用户特点已比较明朗,企业进入壁垒提高,产品品种及竞争者数量增多。

3. 成熟期

这一时期的市场增长率不高,需求增长率不高,技术上已经成熟,行业特点、行业竞争状况及用户特点非常清楚和稳定,买方市场形成,行业盈利能力下降,新产品和产品的新用途开发更为困难,行业进入壁垒很高。利润不再增长甚至开始回落。

4. 衰退期

这一时期的市场增长率下降,需求下降,竞争的激烈程度由于某些企业的退出而变得缓和,利润大幅度下降。

行业生命周期在运用上有一定的局限性,因为生命周期曲线是一条经过抽象化了的典型曲线,各行业按照实际销售量绘制出来的曲线不可能是一条很光滑的曲线,因此,有时要确定行业发展处于哪一阶段还是比较困难的,识别不当,容易导致战略上的失误。而影响销售量变化的因素很多,关系复杂,整个经济中的周期性变化与某个行业的演变也不易区分开来,再者,有些行业的演变是由集中到分散,有的行业则是由分散到集中,无法用一个战略模式与之对应,因此,运用时应将行业生命周期分析法与其他方法结合起来使用。

我们只有了解企业目前所处行业的性质,才能决定企业在某一行业中采取什么样的竞争策略。对于一项投资决策来说,如何选择一个朝阳行业,避免进入夕阳行业是一个极为重要的战略问题。

(二)行业发展动力分析

行业性质的分析结果只提供了行业的部分信息,但每一行业都处在不断的发展变化之中。因此,有必要了解哪些因素构成了发展变化的激励因素,哪些因素构成了发展变化的制约因素,形成了行业发展变化的决定力量,即行业发展的推动力。一般而言,对于行业结构与环境变化的影响最大的促进因素主要有以下几种。

1. 行业长期增长率

行业长期增长率的改变会影响行业内外的投资决策,引起企业进入或退出该行业,从而改变整个行业的相对供求关系和竞争制度。

2. 产品创新

产品创新能够拓展市场需求,增加各竞争主体之间产品的差异化程度,吸引其他企业进入该行业,从而对行业中每个企业的生产方式、规模经济性、营销渠道、相对成本地位等行业结构因素的变化起着推动作用,进而推动了整个行业的发展。

3. 政府政策法规

政府政策法规和调控手段的变化,对企业结构的变化会产生重要影响。

4. 消费偏好

产品的消费者及其消费偏好的变化,可能会带来新的市场需求,从而要求企业制定新的战略与之相适应。

三、企业竞争态势分析

企业所处行业的竞争态势分析又称行业竞争环境分析。尽管与企业相关联的环境范围很广,但对企业影响最大的是本企业所在行业中各企业之间的竞争。企业产品的销路、服务对象、相同或相似需求的顾客构成市场,而供给可有效替代的产品、服务于相同或相似顾客的企业构成行业。在分析企业所处行业竞争环境的过程中,应重点分析两个方面:一是行业环境(产业环境),行业环境即企业所处行业的需求、供给与行业竞争结构等方面的情况;二是本企业所处的地位,它是指本企业在整个行业的竞争中处于一个什么样的地位。只有准确地把握这两个重点,才能进行正确的营销决策。

(一)行业环境的分析模型

美国学者迈克尔·波特提出了行业竞争结构的分析模型。他认为,企业的获利能力很大程度上取决于企业所在行业的竞争强度，而竞争状态又取决于市场上所存在的五种基本竞争力量，如图4-1所示。

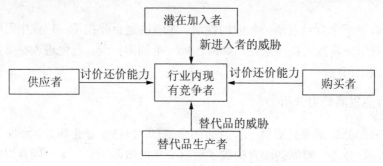

图4-1　行业竞争结构分析图

正是这五种竞争力量的联合强度决定了企业在行业中的最终获利能力，为此，必须对这五种基本竞争力量进行分析。这五种力量作用的时间、方向和强度并不完全一致，不同时期各有侧重。如某个企业所在的行业自我保护能力很强，进入行业的障碍很大，新的竞争者不易进入，难以构成威胁，然而价廉物美替代品的出现却直接威胁到行业内现有企业的生存。

1. 潜在进入者的威胁

潜在的竞争者是指那些计划进入或有可能进入该行业参与竞争的其它行业的企业。新的进入者将带来新的生产能力和对资源与市场的需求，会改变原供求关系，加剧该行业内的竞争。其结果可能使行业的生产成本上升，市场竞争加剧，产品售价下跌，行业利润减少。其可能形成的威胁程度主要取决于进入行业的障碍程度、入市须付出的代价及行业内部现有企业对新进入者可能作出的反应程度。进入行业的障碍越高，现有企业的反应越激烈，潜在竞争对手就越不易进入或不想进入，从而对行业构成的威胁也就越小。进入行业的障碍主要有以下几种。

（1）规模经济。规模经济效益包括产品生产、研制开发、市场营销和售后服务诸方面。它是潜在竞争对手进入行业的重要障碍，行业的规模经济是要求新进入的生产厂家具有与现有厂家同等的生产经营规模，否则将面临生产成本或营销成本上升的竞争劣势。

（2）品牌忠诚。通过长期的广告宣传或顾客服务等方式建立起来的企业产品形象或品牌忠诚，是潜在竞争对手进入行业的主要障碍之一。特别是饮料行业、药品行业或化妆品行业，新进入行业的生产厂家不得不花费大量的投资与时间，来克服原有的顾客品牌忠诚，建立起自己的产品（或品牌）形象。

（3）资金要求。进入行业的资金要求，不仅包括厂房设备等固定资本投资，还包括消费信贷、产品库存及开业损失等流动资金需要；不仅需要生产性资金，而且还需要大量的经营资金，用于产品研制开发、广告宣传及企业公关活动等方面。对于采矿、石化、钢铁或汽车等行业来说，资金要求是进入行业的主要障碍。

（4）分销渠道。分销渠道也可成为进入行业的重要障碍。比如，一个新的食品生产商，他必须通过价格折让、广告宣传或大量营销推广活动，才有可能挤掉现有竞争者，将自己的产品摆上商场的货架。可利用的分销渠道越少，或现有竞争者对分销渠道控制越紧，进入行业的障碍就越高，新进入行业的厂商甚至不得不另起炉灶，从头开始建立自己的分销渠道。

（5）政府限制。为了保护本国的工业与市场，或为了维持本国消费者的利益，当地政府可以通过项目审批或控制外商进入某些行业，也可以利用环境污染控制或安全标准限制等措施来限制或控制外商进入某些行业。政府限制通常是最难逾越的行业障碍。

（6）其他方面的行业障碍。新的竞争对手在进入行业之初，与行业内原有厂家相比，可能在下述方面处于竞争劣势。比如，经验曲线的效益、生产专利的拥有、重要原材料的控制、政府所给予的补贴，甚至良好的地理位置，等等。这些竞争劣势也可能使潜在竞争对手在进入行业之前知难而退。

2. 替代品生产的威胁

替代产品是指具有相同功能，或者能满足同样需求从而可以相互替代的产品。比如，石油与煤炭，铜与铝，咖啡与茶叶，天然原料与合成原料等互为替代品。替代品的种类、数量越多，增长越快，相似、替代程度越高，顾客转向替代品的代价即"转换成本"就越低；替代品越是有相对价格优势，或其价格超过现有产品价格的幅度越小，现有产品对替代品需求的交叉价格弹性越大，即对替代品价格变动的反应就越敏感，则替代品对现有产品的威胁、压力和冲击就越大。抵御替代产品的威胁，仅靠个别企业的努力难以奏效，最好是由行业采取集体行动，协同对待生产替代产品的竞争者，如组织行业协会、共同研制开发产品和改进产品的质量、联合开展持续性和大规模的广告宣传活动等。

3. 购买者的议价能力

顾客主要通过压低价格和提高对产品质量和服务质量的要求来影响行业中现有企业的盈利。顾客的议价能力受到下列因素的影响。

（1）购买数量。如果顾客购买数量多，批量大，作为买方的大客户，就有更强的讨价还价能力。如果顾客购买的是重要的原辅材料，或者顾客购买的支出比重大，这样，顾客就必然会广泛寻找货源，货比三家，从而拥有更强的议价能力。

（2）产品性质。若是标准化产品，顾客在货源上有更多的选择，可以利用卖主之间的竞争强化自己的议价力量。如果是日用消费品，顾客并非么注重产品的质量，而是更关心产品的售价。如果是工业用品，产品的质量和可能提供的服务则是顾客关注的中心，价格就显得不那么重要了。

（3）顾客的特点。消费品的购买者，人数多而分散，每次购买的数量少；工业品购买者人数少且分布集中，购买数量多；经销商不仅大批量长期进货，而且还可直接影响消费者的购买决策。因此，经销商或工业用户相对消费品的购买者而言具有更强的议价力量。

（4）市场信息。如果顾客了解市场供求状况、产品价格变动趋势，并掌握卖方生产成本或营销成本等有关信息，就会有很强的讨价还价能力，就有可能争取到更优惠的价格。

4. 供应商的议价能力

行业成员面对供应商，在行业内部变成了买方之间的竞争，而与供应者还是买方与卖方之间的竞争，竞争的焦点同样是各种交易条件。供应商的议价能力，表现在供应商能否有效地促使买方接受更高价格、更早的付款时间或更可靠的付款方式。供应商往往会通过提高价格、降低产品质量和服务水平、停止供货等手段对企业施加压力。为此，企业必须注意供应商在交易中的能力和表现。

（1）对货源的控制程度。若货源由少数几家供应商控制或垄断，这些供应商就处于有利的竞争地位，就能在产品价格、付款时间或方式等方面对购货企业施加压力，索取高价。

（2）产品的特点。若供应商的产品具有特色，或购买企业转换货源供应需要付出很大的代价或很长的适应时间，则供应商就处于有利的竞争地位，就有能力在产品上议价。

（3）用户的特征。若购货企业是供应商的重要客户，供应商就会采取各种积极措施来搞好与用户的关系。比如，合理的定价水平、优惠的付款条件、积极的产品开发活动或各种形式的产品服务，争取稳定的客户关系或长期的供货关系。

（4）供应商所供的货物对企业的产品质量影响大时，将提高供应商的地位。

5. 行业内部的竞争

导致同行业内企业之间竞争加剧的原因可能有以下几种。

（1）行业的发展阶段。新兴的或处于成长期的行业，其市场潜力与空间大，企业只要跟上行业的发展步伐，就一定有立足之地，竞争也相对缓和；当企业、行业处于成熟期时，市场达到饱和状态，各个企业寻求扩大市场占有率的努力会激化竞争的激烈程度。

（2）行业的集中程度。在分散行业中，大多数为中小企业，因此，容易形成相互独立、彼此平等、没有垄断的局面。从表面上看，这类行业内的企业可以各行其是，无需对抗与摩擦。但实际上为了生存与谋求发展，或者怀着企图超越别人的野心，都会促使他们进行激烈的明争暗斗。相反，在集中程度高的行业中，存在着几个垄断企业，这些垄断企业能对行业中的其他企业施加影响，或者起协调作用。

（3）行业的产品差异程度。行业内各企业所提供的产品没有明显差异时，价格、宣传、服务、公关等非产品因素的竞争比较激烈；如果产品能够表现出差异性，各个企业就可以利用这种差异性吸引不同的顾客，竞争也就相对缓和。

（4）行业的规模状况。假设行业的成员、生产数量比较稳定，竞争则相对缓和；若涌进许多新成员，或行业内某些成员为增强竞争能力而扩大生产规模，增加产品供给，就容易引起激烈的市场竞争。

这五种竞争力反映了一般行业的竞争构成因素，具有普遍性。在现代企业的营销活动中，还应注意高新技术因素、信息与互联网的影响以及各级政府的政策取向等。

（二）找出机会与威胁

对企业所处行业的竞争态势进行分析的关键是要找出企业发展的机会与面临的威胁。

1. 发现并抓住机会

这里的机会是指能为企业经营带来运作空间与发展潜力的商业机遇，机会不但能为企业带来好的经营运作，且是企业有能力把握的。因此，企业必须在环境分析的基础上，抓住机会，努力开发，以获得经营上的更大成功。

2. 发现并规避威胁

威胁是指企业所面临的经营环境可能给企业带来不利或者危害的因素。企业应通过环境分析，及早发现并千方百计地加以规避。

◆ **任务实施**

第一步，组织引导学生以组为单位实地调查一家企业，对企业所处行业的情况以及反映企业生产经营情况的各种资料进行全面搜集；

第二步，运用迈克尔·波特的"五力"分析模型，分析该企业的行业竞争结构；

第三步，要求每组提供一份书面分析报告，明确指出行业环境可能为企业提供的机会和造成的威胁。

◆ **总结与回顾**

SWOT 分析法是从行业结构和价值链两个角度来分析企业的竞争态势，本项目着重从行业结构上分析企业的竞争态势。进行行业竞争态势分析是在行业分析的基础上，进一步分析行业中竞争压力的来源和强度，从而做好对竞争对手的防范。在对行业竞争态势进行分析时，通常所采用的方法是"五力分析法"。美国学者迈克尔·波特提出了行业竞争结构的五力分析模型。他认为，一个行业的竞争状态取决于五种基本竞争力量。这五种力量是：①新加入者的威胁，这是指潜在的竞争对手进入本行业的可能性；②替代品的接近程度，替代品是指具有相同或相近功能的产品或服务，它们在使用上是可以相互替代的；③购买者的议价能力，这是指顾客和用户在交易中的讨价还价能力；④供应者的议价能力，这是指企业的供应者在向企业提供产品或原材料时的讨价还价能力；⑤现有企业的竞争，即企业所处的行业内同行业内其他企业之间的正面竞争。

本项目的教学重点和核心技能是 SWOT 分析方法和迈克尔·波特五力竞争结构模型的原理及其在企业竞争态势分析中的应用。

◆ **复习思考题**

1. 简述 SWOT 分析方法。
2. 简述行业生命周期理论。
3. 简述迈克尔·波特的"五力"分析方法。

◆ **实训练习**

1. 实训项目：组建模拟公司并对模拟公司做所处行业的竞争态势进行分析
2. 实训目标：
（1）培养初步运用企业营销思想建立现代组织的能力；
（2）培养初步市场营销的应用能力；
（3）培养分析、归纳与演讲的能力。
3. 实训内容与要求：
根据对实际企业调查访问所获得的信息资料，组建模拟公司。
（1）以自愿为原则，6~8 人为一组，组建"某某大学生模拟公司"，自定公司名称；

(2) 进行总经理竞聘，每个人以"模拟公司所处行业的竞争态势分析"为题，发表竞聘演讲；

4. 成果与检测

(1) 投票选出公司总经理，完成模拟公司的初步组建；

(2) 班级组织一次交流，每个公司推荐两名成员发表竞聘讲演；

(3) 由教师与学生对各组建情况进行评估打分。

项目二　企业的优势与劣势分析

◆ 知识、能力、素质目标

使学生深入理解什么是企业的核心竞争优势，明确企业优劣势分析的重要性，熟练掌握企业优势与劣势的分析方法，在此基础上，能运用价值链分析方法，依据企业的优势与劣势，合理制定目标市场的竞争策略。

◆ 教学方法

角色扮演法　案例教学法　分组讨论法

◆ 技能（知识）点

企业内部资料的收集与分析　价值链分析法的原理及应用　企业竞争策略的确定

秦剑伟是真的不熟悉企业情况还是另有他因？

秦剑伟原是国有华夏机械设备制造厂的工程师，现为宏泰机械设备有限公司的副总经理，他主要负责企业的生产安全和对外业务谈判。一天他带两位随从与企业的一位重要客户进行项目的合作谈判，在相关技术问题和投资问题大致谈妥后，这位客户突然向秦剑伟提出一个他意想不到的问题："贵公司除了产品研发方面、技术方面、品牌方面的优势外，还有哪些优势，贵公司在未来的提升发展中，存在的主要障碍是什么，这些问题会影响我们双方的合作吗？"。秦剑伟望着他的两位随从，不知道该如何回答。

根据营销情景中描述的事实，学生独立思考并回答：

1. 制造企业一般应从哪些方面来剖析自身的优势和劣势？
2. 你认为秦剑伟是真的不熟悉企业的情况还是存在其他方面的难言之隐？为什么？

娃哈哈非常可乐的优劣势分析

中国饮料行业的巨头娃哈哈集团，自创业以来，先后推出娃哈哈儿童营养液、八宝粥、果奶、AD 钙奶以及纯净水，均获得巨大成功，特别是果奶、AD 钙奶和纯净水，市场占有率稳居前茅。作为在改革开放中成长起来，年产值已达三十亿元的大型企业，1998年5月的一天，中央电视台新闻联播节目之后，一句"非常可乐，中国人自己的可乐"的广告宣言，在原本平静的中国可乐市场掀起了波澜，娃哈哈集团开始进军碳酸饮料市场了。

在中国本土市场上，娃哈哈生产销售碳酸饮料——非常可乐，无论是品牌、资本、管理，还是技术、网络、人才等，似乎都不足与可口可乐、百事可乐相匹敌，难免会失利。但娃哈哈的决策者们却认为，娃哈哈生产销售非常可乐拥有不少优势：一是民族品牌优势。娃哈哈是中国的驰名商标，在占人口约70%的中国农村，娃哈哈的知名度明显高于可口可乐，特别是对农村的儿童而言，娃哈哈几乎是饮料的代名词，非常可乐同样打出"娃哈哈"的品牌旗帜，顺理成章，易为娃哈哈的消费群所接受。非常可乐营销传播以"中国人自己的可乐"为核心，特有的号召力、亲和力，能很快培养出一批品牌忠诚者。二是价格优势。饮料业属于典型的"设备生产型"产业，一流设备意味着一流的生产效率、较低的生产成本。娃哈哈的碳酸饮料生产线从美、德、意等国最新引进，已经与可口可乐站在同一生产成本起跑线上。同时，娃哈哈的管理费用、人力成本又低于可口可乐，更重要的是巨额广告费，娃哈哈非常可乐又可从纯净水、果奶广告时段中"暂且借用"。因而，娃哈哈非常可乐系列能够以低于可口可乐20%的单价推出。三是中小城市及农村市场的渠道网络优势。经过十年苦心经营，娃哈哈在全国各地拥有上千家实力强大的经销商。娃哈哈纯净水、果奶、AD钙奶在中心城市及农村市场的平均铺货率达80%以上。非常可乐可利用水、奶的销售渠道，实现销售网络资源共享，顺利进入千家万户，能够成功避开可口可乐城市中的直营销售体系。四是广告促销优势。作为全国五大广告主之一，娃哈哈市场运作，向来以电视媒体"地毯式轰炸"而著称，此次非常可乐的上市也不例外。上至中央台黄金时段，下至地区县级电视台，全国数百家电视广告可同时刊播，不出一个月，整个中国都会知晓娃哈哈出了个非常可乐。

当然，非常可乐与可口可乐相比，也存在一定劣势。主要表现在：一是品牌影响力不及可口可乐，可口可乐毕竟是全球公认的世界级品牌，非常可乐要想拉走上亿忠实于可口可乐的消费者，并不现实；二是城市直销体系严重缺失，非常可乐最大的问题就出在城市销售渠道的不畅通，在众多城市的超市里，非常可乐至今难觅踪影；三是产品口味很难超越可口可乐，百年前那神秘诱人的碳酸水至今仍那么神秘，其独特醇厚、浓郁的口味几乎成了可口可乐独一无二的象征；四是优秀人才储备不足，"可口可乐"与"宝洁"公司并称为中国白领的"黄埔军校"，中国许多优秀的人才都向往可口可乐公司，而可口可乐公司也通过严格的培训、选拔、任用体系，造就了许多有用的人才，这一点校办厂出身的娃哈哈公司目前还难与其争锋；五是管理方面尚有一定差距，可口可乐百年征战积累起来的丰富管理经验是它长盛不衰的巨大财富，在这一点上，年轻的娃哈哈公司尚有较大差距。

◆ 工作任务分析

企业的优势劣势分析又称为内部环境分析，是企业对自身的审视与诊断，是指企业通过对内部影响其市场营销活动和业务发展的各种因素进行分析，找出其自身拥有的优势和劣势，进而对企业自身进行准确的市场定位。企业营销人员在此项目实施中的主要工作任务就是应用一定的分析方法对企业的优势与劣势进行分析判断，并在此基础上，协助企业的营销部门正确选择能够彰显企业优势的竞争策略。

◆ 相关知识

一、优势劣势分析的意义

企业对自身内部环境的审视十分重要,如果对自身的优势与劣势不清楚,即便面临的市场机会再好,也不可能取得成功。企业在进行了优劣势分析后,就可以在市场营销过程中扬长避短,充分发挥其优势,克服或避开劣势,取得在市场中的有利地位。对于营销策划人员而言,了解企业的内部环境是首要的条件,是科学策划的基础。国内企业的营销理念已经上了一个台阶,一些先进企业还拥有一流的营销理念与实践水平,在这种情况下就必须通过科学策划来为企业出谋划策。而要进行科学的策划,就必须做到"知己知彼"。

二、企业内部资料的收集与分类

(一)资料的收集

同外部环境资料的收集一样,企业内部资料也可以通过第一手和第二手两种方式获得。第一手资料可通过调查获得。访问法是最常用的方法,除此之外,还有观察法、讨论法和实验法等。调查的对象可以包括企业投资者、经营者、企业员工、中间商、供应商及顾客等,一般通过调查来获得第二手资料中缺失的信息。第二手资料的获得主要是翻查企业过去的会计报表和会计账户,从中了解企业的生产销售规模、增长率、成本费用支出、利润水平、产品价格、市场分布、财务结构等方面的资料。

(二)资料的分类

资料收集完成之后,就要进行分类整理,企业内部资料按反映企业实力的方面可分为:

(1)制造能力指标。这是反映企业生产能力的一系列信息的总和,包括设备、制造费用、产品质量、废品率、技术水平和及时交货的能力等。

(2)营销能力指标。这类指标用来反映企业开展市场营销活动的水平,包括市场份额、市场覆盖地域、服务水平、价格水平、广告效果和公共关系效果等。

(3)盈利能力指标。这类指标用来衡量企业的盈利水平,包括销售利润率、总资产报酬率、资本收益率及资本保值增值率等。

(4)抗风险能力指标。这类指标用来反映企业对营销环境变化的承受能力,主要包括公司信誉、资产负债率、流动比率、速动比率、应收账款周转率和存货周转率等。

(5)组织能力指标。这类指标用来反映企业生产经营活动的计划、实施和控制水平,主要包括领导评价、员工精神和创业导向等。

(6)发展能力指标。这类指标用来反映企业的可持续发展能力,主要包括研发开支占销售收入的比重、技术人员占企业员工的比重、员工的受教育程度以及员工培训费用等。

三、企业优势劣势的分析模型与方法

（一）企业优势劣势的分析

在对收集上来的企业内部信息进行分类整理后，就可以进行企业优势劣势的分析了。企业内部环境的主要因素有制造能力（设备、技术水平、产品质量、制造费用、及时交货情况等），营销能力（市场份额、市场覆盖区域、服务水平、定价效果、广告效果、公关效果等），盈利能力（利润收入、总资产报酬率、资本收益率、资本保值增值率等），抗风险能力（资产负债率、流动比率、应收账款周转率、存货周转率、企业信誉等），组织管理能力（计划实施和控制水平、员工协作精神、创业精神等），发展能力（技术人员比重、员工受教育程度、培训费用等）。对以上反映企业优势劣势的指标，企业可根据自身情况进行增减。然后对所选择的指标进行打分并按其重要性确定其权重，最后用分数乘以权重后相加，得出每个结果，按分数的高低就能清楚自己的优势和劣势。评分计算表的一般格式如表4-2所示。

表4-2 企业优势劣势的综合评分计算表

项 目		评 分	权 数	结 果
企业优势与劣势的分析评价	服务水平			
	定价效果			
	广告效果			
	公关效果			
	营销利润收入			
	……	……	……	……

企业在进行优势劣势分析后得出的结果在一定程度上表明了企业的市场地位和优势、劣势所在，但要注意以下问题。

（1）这种分析方法虽然比较全面地考虑了企业内部环境的各个方面，但是没有考虑到各个因素之间的关系和相互作用。这种分析方法使用的是加权平均法，其结果必然是优势类项目弥补了劣势类项目，使综合值趋于平均。但是有时候一些劣势类项目的存在会使优势类项目无法发挥作用，这时平均值就没有意义了。根据"木桶效应"，木桶能盛下的水由最短的木片决定，企业的实力也有可能由处于最劣势的项目决定。比如，企业的制造能力很强，营销能力较差，分析得出的结果是一个平均水平，但企业事实上在市场上的表现可能很差。

（2）在企业的各个方面都具有优势的情况下，企业也可能表现不佳。有时，企业各部门的工作能力都很强，但总体效益却不佳，问题在于各部门之间的协调合作欠佳。因此，企业内部各部门的关系评估也是一项非常重要的内容。

（3）在企业有些方面处于劣势时，企业也可能表现出良好的态势。我们必须了解，十全十美的企业总是很难达到的，在认识到企业存在暂时无法弥补的劣势时，应该积极发挥优势，以弥补不足。比如，企业由于经费问题无法设立足够的维修点时，就应努力发挥产品质量和服务态度方面的优势。

（4）企业认识到自己的优势、劣势后，不应只埋头于自己处于优势地位的业务，而放弃处于劣势地位的业务。在充分认识自我之后，企业要做的是有优势的要继续保持，没有优势又无机会的要放弃，但对有可能获取优势的业务要着力分析，把握机会，发展新的优势。

（二）价值链分析

价值链分析是分析企业内部经营环境的重要方法。价值链分析是建立在"企业的经营宗旨是为顾客创造价值"的理念基础上的。企业的一切市场营销活动都是为顾客创造价值，同时也为企业创造利润，要提高企业的经营效益，就要在每个环节上千方百计的增加价值。

价值链，也称增值链，是由企业创造价值的一系列经营活动所组成的链条。按照价值链的观念，每个企业都是用来进行设计、生产、销售以及对产品起辅助作用的各种价值活动构成的集合。企业的价值活动分为两类。

（1）基本活动，主要有后勤、生产、储运、营销、服务等功能或活动。

（2）辅助活动，主要有基础设施、技术开发、人力资源管理、采购等功能或活动。

价值链分析，就是对上述企业的各种经营活动（包括基本活动与辅助活动）领域与环节，进行深入的分析。一方面可以对每一项价值活动进行分析，另一方面，可以对各项活动之间的联系进行分析，企业通过价值链分析，可以与竞争对手比较，评价企业每一项经营活动（基本活动和辅助活动）的情况，进而找出企业的优势与劣势。具体分析如表4-3所示。

表4-3 企业基本价值活动与辅助价值活动的优劣势评价

企业的基本经营活动	评价指标	得分
内部后勤	物资和库存控制系统的健全性	
	原材料入库工作的效率	
生产作业	与主要竞争对手相比，设备的生产率	
	生产过程的合理自动化程度	
	用以提高质量和降低成本的生产控制系统的效果	
	工厂、车间设计和工作流动设计的效率	
外部后勤	产成品交货和服务的及时性与效率	
	产成品入库工作的效率	
市场营销	用以识别目标顾客和顾客需求的市场研究效果	
	在销售促进和广告方面的创新	
	对可供选择的分销渠道效率的评价	
	销售队伍的能力及其激励	
	关于质量形象和名誉的发展	
	顾客对品牌的忠诚度	
	在细分市场和整个市场中的竞争优势与能力	
顾客服务	促使顾客对产品改进进行投入的方法措施	
	对顾客意见反应的及时性	
	企业的诚信度与担保政策的合理性	
	对顾客进行教育和培训的质量	
	企业提供零部件和维修服务的能力	

续表

企业的辅助经营活动	评价指标	得 分
企业基础设施	对新产品市场的机会和潜在环境威胁识别的能力	
	用以实现企业目标的战略计划体系的质量	
	对价值链内及价值链间的各种价值活动协调和整合的能力	
	获得成本相对低廉的资本的能力	
	信息系统对制定企业战略或日常决策的支持水平	
	有关企业一般环境或竞争环境的信息获取的及时性和准确性	
	与公共政策制定者和企业利益相关者之间的关系	
	企业公共形象和组织公民行为	
人力资源管理	各级员工的招聘、培训和激励程序与政策的效果	
	组织报酬制度的合理性	
	良好的工作环境，以保证员工缺勤最小化和员工在理想工作岗位间的合理流动	
	与工会的关系	
	管理人员和技术人员的工作积极性	
	一般员工的积极性和工作的满意度	
技术开发	在引导产品和过程创新上，研究与开发的成功性	
	研究开发人员与企业其他部门间工作关系的质量	
	技术开发的及时性（能否按时完成）	
	实验室和其他设施的质量	
	实验室工程师和科学家的资格和经验	
	激励创造性和创新性的工作环境	
采购	以降低对单一供应商依赖性而开发多采购渠道的能力	
	原材料采购： （1）以最恰当的时间 （2）以尽可能低的成本 （3）以可接受的质量水平	
	有关工厂、机器和厂房采购的程序与制度	
	租赁与购买标准的合理性	
	与可信赖的供应商之间的良好而长远的关系	

四、企业建立竞争优势的基础

企业建立竞争优势的基础主要有以下四个方面。

（1）质量。开发生产适合顾客需求的高品质的产品，是形成企业竞争优势的重要基础。

（2）效率。效率主要是指经济地使用各种资源，努力降低产品成本，进而形成竞争优势。

（3）创新。创新可以为企业带来生机与活力，只有坚持不断创新的企业，才能在激烈的市场竞争中永保优势。

（4）顾客回应。顾客作为价值的认知者和评价者，是企业的衣食父母，是企业经营效益的源泉，只有向顾客提供满意的产品，与顾客保持密切而稳定的关系，真正获得顾客的认可与惠顾,才能建立更加稳定和强有力的竞争优势。

五、企业建立竞争优势的策略

在价值链分析的基础上,可以帮助企业正确认识自己,发挥优势,制定正确的竞争策略,以巩固企业的市场地位,增强企业的竞争能力。企业常用的竞争策略有:

(1)成本领先策略。成本领先策略即通过先进的技术与管理,显著地提高生产效率,大幅度降低生产成本,使本企业的成本明显低于竞争对手,从而获得竞争优势。

(2)产品差异化策略。产品差异化策略即通过需求调研与产品开发,向市场提供适应顾客需求、具有特殊功能或鲜明特色的优质产品,将本企业的产品与竞争对手的产品区别开来,从而形成竞争优势。

(3)专一化策略。专一化策略即主攻某个特殊的顾客群或某个特定的细分市场,以求在狭窄的市场面形成竞争优势。

◆ **任务实施**

第一步,组织引导学生以组为单位实地调查一家企业,对与企业创造价值有关的各种经营活动的情况及信息资料进行全面搜集;

第二步,运用价值链分析方法,分析该企业在哪些方面具有相对竞争优势,哪些方面存在不足与劣势;

第三步,要求每组提供一份书面分析报告,明确指出所调查的企业应采取何种竞争策略才能增强自身的优势。

◆ **总结与回顾**

迈克尔·波特提出的价值链分析法是一种很实用的定性评价竞争优势的工具,能够帮助企业选择恰当的竞争战略。企业的价值活动有可能产生两方面的战略优势,即低成本优势和差异化优势。低成本优势能使企业在竞争中获取更大的利润,差异化优势强化企业与众不同的竞争地位。价值链分析法通过确定不同价值活动的成本或差异特性,选择恰当的、凸现企业优势的竞争战略。常用的竞争优势策略有成本领先策略、产品差异化策略和专一化策略。

本项目的教学重点与核心技能是价值链分析的企业优势的判断与相应竞争策略的制定。

◆ **复习思考题**

1. 企业进行优劣势分析的目的是什么?
2. 简述价值链分析法。
3. 企业的竞争优势策略有哪些?

◆ **实训练习**

1. 实训项目:组建模拟公司,对其优势劣势分析

2. 实训目标：
（1）培养学生初步运用价值链分析法的能力；
（2）培养学生分析与制定相关战略的能力。
3. 实训内容与要求：
根据所学知识以及对实际企业所获得的信息资料，研讨并确定本公司的分析方案。
（1）结合本公司实际对基本活动的哪些项目进行分析；
（2）结合本公司实际对辅助活动的哪些项目进行分析。
（3）在对优劣势分析的基础上制订相应的竞争战略方案。
4. 成果与检测
（1）每人写出一份企业优势劣势的分析报告；
（2）每个模拟公司提交优势劣势分析报告以及战略方案；
（3）班级组织一次交流，每个模拟公司推荐两名成员谈本公司的优势劣势分析报告及战略方案；
（4）由教师与学生对各模拟公司所交材料与交流中的表现进行评估打分。

项目三 企业的市场定位

◆ **知识、能力、素质目标**

使学生深入理解企业市场定位的含义，了解市场定位的步骤，掌握市场定位的方法，明确企业市场定位与营销的关系。在此基础上，能够熟练应用市场定位的方法步骤对企业或者企业的产品进行准确的市场定位。

◆ **教学方法**

案例教学法　课堂讲授法　分组讨论法

◆ **技能（知识）点**

企业市场定位的概念　企业市场定位的步骤、方法及其应用

王老吉为什么如此火爆？

"怕上火，喝王老吉"，近年来，饮料行业的一匹黑马罐装饮料王老吉脱颖而出，一鸣惊人。王老吉 2002 年销量 1.8 亿元，2003 年销量 6 亿元，2004 年销量 15 亿元，2005 年销量超过 25 亿元，2006 年销量更是超过了 35 亿元。在南方一些地区的宴席上，"茅台酒、中华烟、王老吉"已成为不可缺少的必备宴品，打麻将熬夜、运动、看球赛后喝一罐王老吉现已成为一种时尚。那么，是什么原因使王老吉引爆凉茶市场，迅速飙红呢？其实，在 2002 年以前，王老吉已经不温不火地经营了 7 年多，虽说小日子过得也还滋润，但却一直默默无闻，固守一方。2002 年，专业品牌公司成美（广州）行销广告公司在为其做品牌诊断时发现，王老吉不温不火的最根本的原因不在于市场推广，而在于品

牌定位。王老吉虽然经营多年，但其品牌缺乏一个清晰明确的定位，其原来的广告语"健康永恒，永远相伴"其实是一个非常模糊的概念，企业无法回答王老吉究竟是什么，消费者更是难以区别。成美公司通过对饮品市场的深度调查发现，消费者在饮食时（特别是在享受煎炸、烧烤、香辣美食时），特别希望能够预防上火，而目前市场上的可乐、茶饮料、矿泉水、果汁等显然不具备"预防上火"的功能，而王老吉"凉茶始祖"的身份、中草药配方、125年历史等要素为其成功打造"预防上火"形象提供了有力的文化支撑。最终王老吉明确了自己的品牌定位——"预防上火"，成美公司这关键性的一招彻底改变了王老吉的市场命运，随着"防上火，喝王老吉"系列广告的推广宣传，王老吉的销量直线上升。真可谓"成也定位，败也定位"。

根据营销情景中描述的事实，学生独立思考并回答：

1. 什么是产品的市场定位？王老吉在我国饮料市场上一炮走红的关键是什么？
2. 你认为王老吉能迅速引爆凉茶市场与消费概念的营造和消费需求的引导有无关系？

妙士乳业的市场定位

近年来，以生产液态乳饮料而闻名业内的河北保定妙士乳业，通过对产品风格的准确定位和独特的营销方式，产品市场份额不断扩大，目前，其产品已进入全国100多个城市。

据了解，"妙士乳业"拥有固定资产4.5亿元，员工近千人，下设六个生产公司。主要产品按包装分为屋顶包、企鹅包、易拉罐三大系列，产品有"妙士一品乳"、"美妙时光"等40余个品种。妙士乳业的乳酸菌乳品饮料在饮品市场上占有突出地位，是市场和业内公认的领先者。

妙士的成功首先归功于对产品准确的市场定位。妙士乳业在1995年研制主导产品"妙士一品乳"时，市场上除了碳酸饮料和果汁饮料，没有乳饮料。于是，企业将产品定位于高品位乳酸菌饮料。该产品全部采用鲜牛奶，经过特殊发酵工艺精制而成。该产品蛋白质含量大于1.7%，其中易于人体吸收的游离态氨基酸是普通牛奶的4倍，产品填补了市场的空白。接着，企业为体现产品高品位的定位，继而从美国引进了屋顶式纸盒包装机，从而使妙士乳业成为中国境内第一家将屋顶包产品推向市场的企业。

将主要销售市场定位于餐饮场所是妙士乳业发展壮大的另一个因素。"妙士一品乳"推出之际，正值我国乳业市场的新兴时期，那时，多数企业将销售市场定位在大众型的超市和零售摊点，市场竞争异常激烈。面对这种情况，根据"妙士一品乳"的高品位风格，企业决定开辟消费水平高、档次高的宾馆饭店这一宜于即饮的餐饮场所。这一市场的开发和维护，使妙士乳业获得了巨大的发展契机，同时这一销售模式也开创了我国乳饮料进酒店上餐桌的先河。妙士乳业的有关负责人讲，通过近几年的发展，妙士乳业深深感受到企业要发展，无论是自身的产品，还是管理、营销，在同行业中必须棋高一招才能永远立于不败之地。

◆ 工作任务分析

企业为了使自己生产和销售的产品获得稳定的销路，就必须从各方面为产品培养一定的特色，树立一定的市场形象，以求在顾客心目中形成一种特殊的偏好，进而取得目标市场上的竞争优势。企业营销机构与营销人员在此项目实施中的主要工作任务就是通过对企业和市场上主要竞争对手产品的深度分析，采用合理的市场定位方法和定位策略对企业进行准确的市场定位。在此基础上，针对目标顾客对该类产品某些特征或属性的重视程度，为本企业产品塑造与众不同的形象，并通过这一形象的扩散传递，吸引更多的消费者购买企业的产品。

◆ 相关知识

一、市场定位的概念

市场定位是20世纪70年代由美国营销学家艾·里斯和杰克特劳特提出的，市场定位有狭义与广义之分。广义的市场定位是指：在确定目标市场之后，企业将通过何种营销方式、提供何种产品或服务，在目标市场与竞争者之间以示区别，从而树立企业和产品的声誉和形象，取得有利的市场地位。狭义的市场定位是指企业根据竞争者现有产品在市场上所处的位置，针对顾客对该类产品某些特征或属性的重视程度，为本企业产品塑造与众不同的，给人印象鲜明的形象，并将这种形象，生动地传递给顾客，从而使该产品在市场上确定适当的位置。企业的市场定位从内容上来讲，包括产品定位、企业定位、竞争定位和消费者定位等。

市场定位可分为对现有产品的再定位和对潜在产品的预定位。对现有产品的再定位可能导致产品名称、价格和包装的改变，但是这些外表变化的目的是为了保证产品在潜在消费者的心目中留下值得购买的形象。对潜在产品的预定位，要求营销者必须从零开始，使产品特色确实符合所选择的目标市场。公司在进行市场定位时，一方面要了解竞争对手的产品具有何种特色，另一方面要研究消费者对该产品各种属性的重视程度，然后根据这两方面进行分析，再选定本公司产品的特色和独特形象。

二、市场定位的步骤

市场定位的关键是企业要设法在自己的产品上找出比竞争者更具有竞争优势的特性。竞争优势有两种基本类型：一是价格竞争优势，就是在同样的条件下比竞争者定出更低的价格，这就要求企业采取一切努力来降低产品的单位成本；二是偏好竞争优势，即能提供确定的特色来满足顾客的特定偏好，这就要求企业采取一切努力在产品特色上狠下工夫。

企业市场定位的过程可通过以下三个基本步骤来完成。

（一）明确潜在的竞争优势

竞争优势有两种基本类型：成本优势，即在同样条件下比竞争对手定出更低的价格；产品差别化优势，即可以提供比竞争对手更多的满足需求的产品或服务，但价格不会上涨。对一个成功的企业来说，重要的不是确保眼前的某些竞争优势，而是不断地发现并及时利用潜在的竞争优势。那些不断进行产品更新换代、不断改进营销管理、不断优化分销渠道模式的行为等都是发现并利用各种潜在的竞争优势的具体表现。这一步骤的中心任务是要回答以下三个问题：一是竞争对手产品定位如何？二是目标市场上顾客欲望满足程度如何以及确实还需要什么？三是针对竞争者的市场定位和潜在顾客真正需要的利益要求，企业应该做什么？能够做什么？要回答这三个问题，企业的营销部门、营销人员必须通过一切调研手段，系统地设计、搜索、分析并报告有关上述问题的资料和研究成果。通过回答上述三个问题，企业就可以从中把握和确定自己的潜在竞争优势在哪里。

（二）准确选择竞争优势

对企业来说，只要认真分析总会发现存在有某些方面的潜在优势。但是某种优势，在对它的所费与所得相比后，如成本过大对企业形象极为不利，这种优势就不应加以利用了。由此可见，最终确定利用哪些潜在优势，必须对所有发现和明确的优势进行评估，利用的必须是能为企业带来更多利益的优势。竞争优势具体表明企业能够胜过竞争对手的能力。这种能力既可以是现有的，也可以是潜在的。选择竞争优势实际上就是一个企业与竞争者各方面实力相比的过程。比较的指标应是一个完整的体系，只有这样，才能准确地选择相对竞争优势。通常的方法是分析、比较企业与竞争者在经营管理、技术开发、原料设备采购、生产、市场营销、财务和产品等七个方面究竟哪些是强项，哪些是弱项。借此选出最适合本企业的优势项目，以初步确定企业在目标市场上所处的位置。

（三）有效地显示独特的竞争优势和重新定位

这一步骤的主要任务是企业要通过一系列的宣传促销活动，在目标市场中显示出自己的各种竞争优势。企业必须主动地通过广告等各种形式将其独特的竞争优势准确传播给潜在顾客，通过宣传自己所具有的各种优势，以达到在顾客心目中区别于其他企业或其他品牌产品的独立形象。为此，企业首先应使目标顾客了解、知道、熟悉、认同、喜欢和偏爱本企业的市场定位，在顾客心目中建立与该定位相一致的形象。其次，企业通过各种努力强化对目标顾客管理，促使目标顾客的了解，稳定目标顾客的态度和加深目标顾客的感情来巩固与市场相一致的形象。最后，企业应注意目标顾客对其市场定位理解出现的偏差或由于企业市场定位宣传上的失误而造成的目标顾客模糊、混乱和误会，及时纠正与市场定位不一致的形象。

三、市场定位的方法

（一）初次定位

初次定位主要包括新建企业的产品首次进入市场、老企业的新产品上市及老产品进入新市场等状态下的定位。首次定位要求企业必须从零开始，运用市场营销组合策略，充分展现产品特色来满足目标顾客的需求。

（二）重新定位

重新定位是指企业变更产品特色，改变目标顾客对原有产品的印象，使目标顾客对其产品形象有一个重新的认识。重新定位对于企业适应市场环境、调整市场营销战略是必不可少的。企业在出现下列情况时往往需要考虑重新定位：一是竞争者推出的产品定位在本企业的附近，侵占了本企业品牌的部分市场，使本企业品牌的市场占有率有所下降；二是目标顾客的偏好发生了变化，从喜爱本企业某个品牌转移到喜爱竞争对手的某个品牌。企业重新定位前需要考虑两个主要因素：一是企业重新定位成本费用；二是企业重新定位后取得的收益。

（三）对峙定位

对峙定位是指企业选择靠近现有竞争者或与现有竞争者相同的市场位置，争夺同一个目标顾客群体，彼此在产品、价格、分销及促销等方面差别不大。这种方法能激励企业学习竞争者的长处，充分发挥自己的优势，但有一定的风险性。如百事可乐与可口可乐之间的竞争。

（四）回避定位

回避定位是指企业避开目标市场上强大的竞争对手，将其位置定在市场上未占用的地方，开发并销售目标市场上还未出现的某种特色产品，开拓新的市场领域。优点是风险较小，成功率较高。缺点是空白市场的定位难度较大，在营销方面的投入比较高。

除此之外，市场定位的方法还有：根据属性和利益定位、根据价格和质量定位、根据产品的用途定位、根据用户定位、根据产品档次定位、根据竞争局势定位等，这里就不再赘述。

◆ 任务实施

第一步，以某类或某种产品，如纯牛奶、矿泉水、手机、彩电、家用电脑等为例，组织引导学生以组为单位对所选择的产品的市场定位进行调查；

第二步，依据调查掌握的资料对所选产品的差异特色（如质量、性能、效用、品牌、款式、服务等）和市场影响力（如产品的知名度、消费者的认可度、忠诚度等）进行分析；

第三步，根据行业内市场领导者的市场定位，结合本企业产品的差异特色和市场影响力，进行正确的市场定位。

◆ 总结与回顾

市场定位是企业根据竞争者现有产品在市场上所处的位置，针对顾客对该类产品的某些特征或属性的重视程度，为本企业产品塑造与众不同的，给人印象鲜明的形象，并将这种形象生动地传递给顾客，从而确立该产品在市场上的适当位置。

企业市场定位的基本步骤是：第一步，明确潜在的竞争优势；第二步，准确选择竞争优势；第三步，有效地显示独特的竞争优势和进行重新定位。企业市场定位的方法有：压倒优势定位法、功效定位法、产品形象定位法、产品种类分离定位法、竞争对抗定位法、比附定位法、产品使用者定位法、特殊使用时机定价法、质量-价格比较定位法等。

本项目的教学重点和核心技能是企业市场定位的步骤、方法及其应用。

◆ **复习思考题**

1. 什么是企业的市场定位？
2. 简述市场定位的基本步骤。
3. 企业常用的市场定位方法有哪些？

◆ **实训练习**

1. 实训项目：组建模拟公司，对其进行准确的市场定位
2. 实训目标：
（1）培养学生初步运用市场定位取得竞争优势的能力；
（2）培养学生分析与灵活运用市场定位方法和策略的能力。
3. 实训内容与要求：
根据所学知识以及对实际企业所获得的信息资料，制定本公司的市场定位策略。
（1）结合本公司具体情况，论证应怎样进行市场定位？
（2）本公司以何种定位方法进行市场定位？
（3）本公司应采用怎样的市场定位策略？
4. 成果与检测
（1）每个模拟公司提交公司市场定位方案；
（2）班级组织一次交流，每个模拟公司推荐两名成员谈本公司市场定位方案；
（3）由教师与学生对各模拟公司所交材料与交流中的表现进行评估打分。

模块五　企业竞争战略的制定

竞争是市场经济的基本特征之一，任何企业都无法回避竞争，优胜劣汰，是自然的法则，也是市场的法则。企业要想在激烈的市场竞争中立于不败之地，就必须牢固树立竞争观念，制定正确的市场竞争战略，努力取得市场竞争的主动权，这样才能在激烈的市场拼搏中获胜，才能不断巩固和提升自己的市场地位，也才能实现既定的营销目标。因此，了解顾客，了解竞争对手，是企业开展营销活动的重要前提。

项目一　竞争对手的界定、识别与分析

◆ 知识、能力、素质目标

使学生深入理解市场竞争者的含义，熟悉如何从产业角度和市场角度两个方面来界定、识别、分析竞争对手，了解竞争者的目标战略，判断竞争者的市场反映，在此基础上，选择企业的具体应对策略。

◆ 教学方法

案例教学法　问题导入法　课堂讲授法

◆ 技能（知识）点

竞争对手的界定与识别　竞争对手的目标与战略分析　竞争对手的优劣势分析　竞争对手市场反应分析

哈雷·戴维斯对竞争的感知

哈雷·戴维斯，作为最后留下来的美国摩托车品牌，被视为自由和冒险的象征，其拥有者是"富有的城市骑车人"。在他们眼中，哈雷不是交通工具，而是一种生活方式和社会地位的象征。因此，在美国哈雷·戴维斯与其他摩托车生产商仅有非常间接的竞争，与它竞争的主要是那些"富有的城市人"同样热衷的产品——温室和游泳池。

根据营销情景中描述的事实，学生独立思考并回答：

1. 从市场角度看，企业面临哪些竞争力量？
2. 对哈雷·戴维斯来说，为什么温室和游泳池也是竞争者？

引导案例

洗发水去屑拉锯大战

在洗发水领域里，2007年清扬与海飞丝的对决，无疑是一出"最激烈、最生动、也最扣人心弦"的商战大戏。清扬上市的凌厉攻势以及海飞丝应对的从容，两大国际巨头的竞争，给我们提供了一个最具研究价值的市场营销案例。

从一跃成为全球日化巨头的那一刻起，宝洁就成了联合利华刻骨铭心的痛。多年来，在宝洁与联合利华的洗发水大战中，无论是品牌影响力还是市场占有率，宝洁都处于优势地位。特别在"蛋糕最大"的洗发水去屑市场，联合利华尚没有一个强势品牌足以同宝洁的海飞丝相抗衡。明显不对称的局面刺激着巨头久被压抑的雄心，厉兵秣马之后，2007年，联合利华不得不调整战术，开始推出其"十年磨一剑"的专业去屑品牌——清扬。需要交代的是，这个在中国市场首推的品牌此前已经在东南亚畅销了近10年，清扬从一亮相起就承载着联合利华在市场翻盘的厚望。

为打赢这场雪耻的"战争"，联合利华已经准备了太久太久。2003年—2006年，联合利华暗中组织了超过200场的市场调查。前期调研通常是国际大品牌上市前的必备功课，他们常通过调研结果确定品牌的定位。然而调查结果却让他们发现了一个隐而未宣的秘密：洗发水购买频次最高的居然是年轻人群，而非成人或中年人群。这与海飞丝一直以来宣扬的观点恰恰相反。之前海飞丝的调查结论是："有去屑需求的用户大多是成人，通常因为头屑的产生影响了其职业与个人形象，从而产生购买需求。"基于此，海飞丝从上市就定位于成人消费者。1988年进入中国后，海飞丝的广告开始不厌其烦地宣扬，"头屑去无踪，秀发更出众"，暗示可以让消费者更出色，更成功。

然而世易时移，现实在潜移默化。消费群体扩大，消费观念改变，君不见，如今的孩子在12岁以后就开始使用成人洗发水进行日常头发清洁，而去屑作为洗发水最广泛的功能诉求，早已不是成人的专利了。

有了这样的"突破点"，清扬下定决心剑走偏锋，他们决心将产品塑造为"年轻人更喜欢更个性更有主张"的形象，同时强调品牌的专业性，"时尚而专业"。这一形象，与海飞丝的定位实现了区隔，同时又针锋相对。作为新品，要的就是这种效果。围绕着"时尚而专业"的产品定位，联合利华开始给清扬贴上各种标签。为避免与海飞丝功能诉求的纠缠，清扬大胆引入男性洗发水概念，将科学洗发、男女有别的理念诉说得淋漓尽致；在价格上，高出海飞丝2~3元的单价，使品牌档次迅速提升；在产品形象上，清扬以冷酷的黑色为主基调，并将黑色包装为"拒绝白色头屑的无屑标准色"，冲击着消费者固有的传统审美观；品牌代言人上，他们找来了台湾超人气主持人小S，小S言辞犀利、个性张扬、时尚而果敢，恰与清扬的个性特点不谋而合。

2007年初，空气中弥漫着一触即发的硝烟，紧张而窒息。不过，在大战面前，静观事态变化的海飞丝似乎面无表情，宝洁相关人士的言谈也显得云淡风轻："新品牌最大的市场武器是新，新是代表了新鲜、新颖、个性；但我们认为海飞丝20年积累起来的口碑、培养出来的用户忠诚度和强大的品牌信任度，无可替代……"

不屑？不闻？不惧？面对一场不可避免的对决，联合利华将推广小组分成了两派，前一派策划完成了由小S代言的清新爽目的广告推广方案，而另一派专门制作了烟雾弹广告。然后两周时间，产品诉求和传递理念来了个180度的大转弯，"声东击西"，令对手猝不及防……

此时的海飞丝恰被这招暗度陈仓搅得晕头转向，根本还来不及反应。趁着海飞丝"休克"的空隙，2007年4月底，清扬顺势将男性洗发水概念推出。广告片中，清扬以法国技术中心为画面背景，以"男性头皮是不同的"为主题，正式细分出一个"去男性头皮屑"市场，清扬"男士系列"隆重上市。

面对清扬连环套式的攻击，"上当受骗"的海飞丝再也坐不住了。很快，海飞丝也调整了自己的广告对策，打出了"信任牌——从第一次开始就能有效去屑"。新的诉求不仅正面应对了清扬"男性头皮是不同的"宣传，海飞丝广告结束语上还用上了大大的感叹号，"谁的洗发水能做到？当然海飞丝！"旨在坚定消费者的信心。

到了6月，海飞丝更是请出梁朝伟拍摄新的广告片，借以弥补明星代言和"男性洗发水"市场的劣势。无论形象还是档次，梁朝伟都有极大的市场号召力，而其成熟、温和、深邃的眼神和优雅的气质，更能体现真正男人的风度。

不过一个月之后，攻防战终究脱离了"出奇招"的阶段，开始进入了正常的投放。此战，进攻一方全情投入，战略与手段清晰缜密，防守方滴水不漏，反应迅速。可谓见招拆招，势均力敌。

◆ 工作任务分析

如前所述，在市场竞争中存在着五种影响竞争的主要力量，企业在制定市场竞争战略时不仅要识别分析目标顾客及其消费特点，而且还要识别分析竞争对手及其策略。企业营销人员在此项目实施中的主要工作任务就是识别分析谁是企业的竞争对手，并对其目标战略、优势劣势与市场反应做出准确判断，以为企业制定具体的应对措施提供可靠依据。

◆ 相关知识

一、企业竞争对手的界定与识别

（一）竞争对手的界定

企业在开展营销活动的过程中，仅仅了解其顾客是远远不够的，还必须了解其竞争对手。知己知彼，才能在竞争中取胜。但究竟谁是企业的竞争对手，现实中的许多企业说不清楚。

企业的竞争对手一般是指那些与本企业生产提供类似产品和服务，并具有相似的目标消费者和相似价格战略的企业。例如，美国可口可乐公司把百事可乐公司作为主要的竞争对手；通用汽车公司把福特汽车公司作为主要的竞争对手，四川长虹把康佳当作自己的主要竞争对手，而不是其他经营性企业。乍看起来，识别竞争对手是一件很容易的事，但事实上并不尽然。企业的现实竞争者和潜在竞争者的范围非常广泛，如果不能正确地识别，一个企业很有可能被潜在的竞争者，而不是当前的主要竞争者吃掉。

从理论上分析，企业的竞争者有狭义竞争者与广义竞争者之分。确定竞争者的关键是如何把握"竞争者"的概念。广义上，一个企业可以把凡是生产相似或同类产品的企业都可以看做是自己的竞争者。例如，春兰集团可以把所有的冰箱生产企业都看做是自己的竞争者。在更广泛的意义上，还可以把所有提供类似功能和服务产品的企业，都看做是自己的竞争者。如春兰集团不仅把其他冰箱生产企业看做竞争者，还可以把冰柜、空调制造者也都看作是竞争者。甚至范围还可更宽一些，把所有与本企业争夺顾客购买力的企业，都纳入竞争者的范畴之内。狭义上，一个企业仅把生产提供相同产品和服务的经营组织和个人识为竞争对手。

（二）竞争对手的识别

企业识别竞争对手可从产业和市场两个方面去进行分析。

1. 从产业竞争的角度识别竞争对手

从产业方面来看，提供同一类产品或可相互替代产品的企业，构成一个产业。如汽车产业、医药产业、食品产业，等等。如果一种产品的价格上涨，就会引起另一种替代产品的需求增加。产业经济学认为，一个产业的竞争强度主要是由产业结构决定的。决定产业结构的主要因素有：销售商的数量；产品差异化程度；进入和退出；流动性和退出障碍；成本结构；垂直一体化的程度；全球化的程度。企业要想在整个产业中处于有利地位，就必须全面了解本产业的竞争模式，以确定自己竞争者的范围。

2. 从市场竞争的角度识别竞争对手

从市场方面来看，竞争者是那些满足相同市场需要或服务于同一目标市场或消费者群体的企业。例如，从产业观点来看，家用轿车的制造商以其他同行业的公司作为竞争对手；但从市场观点来看，顾客需要的是"代步工具"，这种需要也可以摩托车、自行车等来满足，因此，生产这些产品的公司均可成为家用轿车制造商的竞争对手。以市场观点识别竞争者，可拓宽企业的视野，扩大实际竞争者和潜在竞争者的范围，使企业能制定出更具竞争性的营销战略。这样我们就可以把企业的竞争者分为四种类型：即品牌竞争者、产品形式竞争者、普通竞争者和愿望竞争者。

产品形式的竞争者是指生产同类但规格、型号、款式不同的产品竞争者。如自行车中的山地车与城市车，男式车与女式车，就构成产品形式竞争者。

品牌竞争者是指生产相同规格、型号、款式的产品，但品牌不同的竞争者。如电视机品牌——索尼、长虹、海信、康佳等众多电视机品牌之间就互为品牌竞争者。

普通竞争者是指提供不同的产品以满足相同需求的竞争者。如面包车、轿车、摩托车、自行车都是交通工具，在满足需求方面是相同的，他们就是企业的普通竞争者。

愿望竞争者则是指提供不同功能效用的产品以满足消费者不同需求的竞争者。如消费者要选择一种万元的消费品，他所面临的选择就可能有豪华电视、笔记本电脑、摄像机、出国旅游等，这时电视机、电脑、摄像机以及出国旅游之间就存在着竞争关系，成为愿望竞争者。

二、竞争对手的分析

（一）竞争对手的目标分析

企业在确定了谁是竞争者之后，接下来要回答的问题是：每个竞争者在市场上寻求什么？什么是竞争者行动的动力？最初经营者推测，所有的竞争者都追求利润最大化，并以此为出发点采取各种行动。但是，这种假设过于简单。不同的企业对长期利益与短期利益各有侧重。有些竞争者更趋向于获得"满意"的利润而不是"最大利润"。尽管有时通过一些其他的战略可能使他们取得更多利润，但它们有自己的利润目标，只要达到既定目标就满足了。也就是说，竞争者虽然无一例外地都关心其利润的增加，但它们往往并不把利润作为唯一的或首要的目标。在利润目标的背后，竞争者的目标是一系列目标的组合，对这些目标竞争者各有侧重。所以，我们应了解竞争者对目前盈利的可能性、市场占有率的增长、资金流动、技术领先、服务领先和其他目标所给予的重要性权数。了解了竞争者的这种加权目标组合，我们就可以了解竞争者对目前的财力状况是否感到满意，他对各种类型的竞争性攻击会作出什么样的反应，等等。如一个追求低成本领先的竞争者对于他的竞争对手因技术性突破而使成本降低所作出的反应，比对同一位竞争对手增加广告宣传所作出的反应要强烈得多。

（二）竞争对手的战略分析

了解掌握竞争者的竞争战略对企业制定有效的竞争战略具有十分重要的意义。竞争者之间可能采取各不相同的战略，也可能采取类似的战略。竞争企业采取的战略越是相似，它们之间的竞争就越激烈。根据竞争者所采取的主要战略不同，可以把竞争者划分为不同的战略群体。凡采取类似竞争战略的企业可以划分为统一战略群体。例如，某些豪华百货公司采取的是面向高档市场的高价战略，而连锁商店采取的则是面向工薪阶层的低价战略。属于同一战略群体的竞争者一般采用类似的战略，相互之间存在着激烈的竞争。而采取不同竞争战略的企业，可以划为不同的战略群体。在不同的战略群体之间仍然存在着不同程度的竞争。

（1）企业具有相同的目标市场，从而相互之间存在着争夺市场的竞争；
（2）战略差异的不明确性，使顾客混淆了企业之间的差别；
（3）企业战略的多元性，使不同战略群体企业的战略发生了交叉；
（4）企业可能改变或扩展自己的战略，加入另一战略群体的行列。

（三）竞争对手的优势与劣势分析

在市场竞争中，企业需要分析竞争者的优势与劣势，做到知己知彼，才能有针对性地制定正确的市场竞争战略，以避其锋芒、攻其弱点、出其不意，利用竞争者的劣势来争取市场竞争的优势，从而来实行企业营销目标。

1. 竞争者优劣势分析的内容

竞争者的优势与劣势通常体现在以下几个方面。

（1）产品。竞争企业产品在市场上的地位、产品的适销性、产品组合的宽度与深度等。

（2）销售渠道。竞争企业销售渠道的广度与深度、销售渠道的效率与实力、销售渠道的服务能力等。

（3）市场营销。竞争企业市场营销组合的水平、市场调研与新产品的开发能力、销售队伍的培训与技术技能等。

（4）生产与经营。竞争企业的生产规模与成本水平、设施与设备的技术先进性与灵活性、专利与专有技术、生产能力的扩展、质量控制与成本控制、区位优势、员工状况、原材料的来源与成本、纵向整合程度等。

（5）研发能力。竞争企业内部在产品、工艺、基础研究、仿制等方面所具有的研究与开发能力、研究与开发人员的创造性、可靠性、简化能力等方面的素质与技能等。

（6）资金实力。竞争企业的资金结构、筹资能力、现金流量、资信度、财务比率、财务管理能力等。

（7）组织。竞争企业组织成员价值观的一致性与目标的明确性、组织结构与企业战略的一致性、组织结构与信息传递的有效性、组织对环境因素变化的适应性与反应程度、组织成员的综合素质等。

（8）管理能力。竞争企业管理者的领导素质与激励能力、协调能力、管理者的专业知识、管理决策的灵活性、适应性、前瞻性等。

2. 竞争者优劣势分析的基本步骤

第一步，收集每个竞争者的情报信息。主要是收集有关竞争者最关键的数据，诸如销售量、市场份额、利润率、投资收益、现金流量、新的投资、生产能力的利用情况、成本情况、综合管理能力等。

第二步，分析评价。根据已收集的信息综合分析竞争者的优势与劣势。如表 5-1 所示。

表 5-1 竞争者优势与劣势分析

竞争者	顾客知晓度	产品质量	产品利用率	技术服务	推销人员
A	优	优	差	差	良
B	良	良	优	良	优
C	中	差	良	中	中

表中，优劣分为四个等级，即优、良、中、差。根据四个等级来综合评估 A、B、C 三个竞争者的优势与劣势。

第三步，寻找标杆。即找出竞争者在管理和营销等方面较好的做法作为标准，然后加以模仿、组合和改进，并力争超过标杆者。

（四）竞争对手的市场反应分析

竞争者的战略、目标、优势和劣势决定了它对降价、促销、新产品的推出等市场竞争战略的反应。企业要研究竞争者的经营理念和指导思想，估计竞争者的市场反应和可能采取的行为，从而为自己的市场竞争战略提供决策依据。一般来说，竞争者的市场反应可以分为以下几种类型。

1. 迟钝型竞争者

某些竞争企业对市场竞争措施的反应不强烈，行动迟缓。这可能是因为竞争者受到自身在资金、规模、技术等方面的能力的限制，无法作出适当的反应；也可能是因为竞争者对自己的竞争力过于自信，不屑于采取反应行为；还可能是因为竞争者对市场竞争措施重视不够，未能及时捕捉到市场竞争变化的信息。

2. 选择型竞争者

一些竞争者可能会在某些方面反映强烈，如大多数企业对降价竞争措施总是反应很敏锐，倾向于作出强烈的反应，力求在第一时间采取报复措施进行反击。但对其他方面却不予理会，如某些竞争者对改善服务、增加广告、改进产品、强化促销等非价格竞争措施则不太在意，认为不会构成对自己的直接威胁。

3. 强烈反应型竞争者

许多竞争企业对市场竞争因素的变化十分敏感，一旦受到来自竞争挑战就会迅速作出强烈的市场反应，进行激烈的报复和反击，势必将挑战自己的竞争者置于死地而后快。这种报复措施往往是全面的、致命的，甚至是不计后果的，不达目的决不罢休。这些强烈反应型竞争者通常都是市场上的主导者，具有某些方面的绝对竞争优势。一般企业轻易不敢或不愿挑战其在市场上的权威，尽量避免与其正面交锋。

4. 不规则型竞争者

这类竞争企业对市场竞争所作出的反应通常是随机的，往往不按规则出牌，使人感到不可捉摸。例如，不规则型竞争者在某些时候可能会对市场竞争的变化作出反应，也可能不作出反应；他们既可能迅速作出反应，也可能反应迟缓；其反应既可能是剧烈的，也可能是柔和的。

◆ **任务实施**

第一步，对学生进行分组，每 3～5 人为一组，组织引导学生以组为单位对某种或某类产品（如洗衣机、电视机、DVD、方便面、洗衣粉等）的市场竞争状况进行调研；

第二步，假定你是一个洗衣机（或电视机、DVD、方便面、洗衣粉等）的制造商，根据调查掌握的市场情况资料分别从产业和市场两个角度界定识别企业的竞争对手；

第三步，以组为单位，利用手头掌握的情况资料，深入分析各竞争对手的目标战略、优势劣势以及可能的市场反应。

◆ **总结与回顾**

市场竞争是市场经济的基本特征。要想营造对企业有利的市场环境，企业就不仅要了解目标顾客的需求与特点，而且还要充分考虑竞争对手的状况。因为只有从竞争者那里赢得顾客才能真正赢得属于自己的市场。现实营销实践中，企业可从产业和市场两方面将产品细分与市场细分结合起来，界定识别自己的竞争对手。

在确定了谁是自己的竞争对手之后，企业还要进一步搞清竞争对手在市场上追求的目标和实施的战略，以及每个竞争对手的优势劣势、市场反应等，只有这样，企业才能避开强势的竞争对手，从凸现自身优势的角度制定有效的应对策略。

本项目的教学重点与核心技能是竞争者的识别与竞争者目标战略、优势劣势的分析。

◆ **复习思考题**

1. 简述竞争对手的概念。如何从产业和市场两方面界定识别竞争对手？
2. 为什么要分析竞争对手的目标战略、优势与劣势？如何理解"知己知彼，百战不殆"？

◆ **实训练习**

假如你是中国乐凯胶卷的市场营销人员,请你查询搜集日本富士胶卷、美国柯达胶卷在中国市场的有关销售情况资料,并以富士、柯达为主要竞争对手,写一篇"富士、柯达抢滩中国,乐凯应怎样应对"的市场分析报告。

项目二 市场主导者竞争战略的制定

◆ **知识、能力、素质目标**

使学生理解市场主导者的内涵,掌握市场主导者为维护自身优势、巩固自身领先地位常用的三种竞争战略(扩大市场需求总量、保护市场占有率、提高市场占有率)。在此基础上,熟悉阵地防御、侧翼防御、以攻为守、反击防御、运动防御以及收缩防御策略在市场竞争中的灵活应用。

◆ **教学方法**

案例教学法　角色扮演法　分组讨论法

◆ **技能(知识)点**

市场主导者的定义　市场主导者常用的三种竞争战略　阵地防御、侧翼防御、以攻为守、反击防御、运动防御以及收缩防御策略在竞争中的实践与应用

麦当劳如何维护自己的霸主地位?

麦当劳是全球快餐业的巨头,目前在世界121个国家和地区拥有超过30000家连锁经营店,全球营业额约406.3亿美元,当仁不让地成为了全球快餐行业的霸主。但近年来却受到了来自肯德基、必胜客等众多快餐企业的竞争威胁。麦当劳进入中国市场的初期,中国消费者盲目跟风吹捧,争相购买品尝,但后来由于受西式快餐食品不健康、不营养、易导致肥胖等舆论的影响,中国消费者渐趋理性,麦当劳的市场火爆程度已大不如以前,面对消费者的质疑和消费热情的降低,麦当劳为维护自己的市场地位,开始不遗余力地强调自己的健康策略。2005年3月,麦当劳中国有限公司宣布在全国范围内启动"均衡生活方式"系列活动,拉来了当今中国体育界的顶红明星郭晶晶、申雪、赵宏博、张琳等人,力推"吃得巧,动得好,我就喜欢"的健康均衡生活方式。麦当劳的这一举措与肯德基如出一辙,脚步也与肯德基一前一后。两者之间的竞争被视为类似"可口可乐"与"百事可乐"的这样一对竞争对手。

根据营销情景中描述的事实,学生独立思考并回答:

1. 麦当劳应采取什么样的竞争策略才能维护自己市场主导者的地位?

2. 麦当劳在中国市场启动"均衡生活方式"活动的目的是什么?为何要选择当今的体育明星做它产品的形象代言人?

嘉陵会被打败吗？

一向被誉为"中国摩托工业排头兵"的嘉陵集团，1996年的日子却并不好过。其产量虽然从110万辆增加到113万辆，产值也比去年有不足3%的增幅，但企业销售收入和实现利税却比上年有所下降，这是在十多年"排行第一"的辉煌历史上从来没有过的。

为什么会出现这种情况呢？用嘉陵总裁的话说就是"买方市场，企业太多，产品太多，供大于求。"1996年，全国纳入各部门统计报表的摩托车企业是115家，没有纳入统计的至少300多家。1996年全国摩托车产量是900万辆，而当年市场销售量是800万辆。这就是1996年嘉陵集团面临的市场竞争环境。

面对迅猛而来的买方市场，面对空前激烈的市场竞争，嘉陵曾经痛苦、抱怨，但更多的却是冷静分析自己所处的市场环境，制定自己的竞争战略，靠自己的实力打败竞争对手。嘉陵作为中国摩托车行业的主导者，为维护自己的领导地位，制定并采取了以下竞争策略。

1. 加强新品开发。主导产品从坐式、跨式两种，发展到踏板式和太子式等四种。
2. 加强市场开发。除了在国内市场增设销售网点，充实销售队伍，产品及时向国外市场拓展，扩大产品在国际市场上的销售。
3. 加强成本控制。企业内部实行市场化管理，工序之间实行严格的成本核算，通过规模化生产，力争将产品成本降到最低。
4. 加强内部管理。职工一律实行招聘，能进能出；干部升迁与工作实绩挂钩，能上能下。层层确认责任，切实加强内部管理。

通过以上维护市场占有率的阵地防御策略，嘉陵稳住了自己的市场地位，创造了多项"全国第一"，并投资5亿元，兴建了全国最大、最先进的摩托车发动机车间，为嘉陵的持久发展奠定了坚实的基础。

◆ 工作任务分析

市场主导者是市场竞争的先导者，也是其他企业挑战、效仿或回避的竞争对手，市场主导者不是先天生就的，在绝大多数情形下也不受法律的特殊保护，因此，决定了绝大多数的市场主导者都面临着同行业其他竞争对手的威胁与挑战。营销人员在此项目实施中的主要工作任务就是协助企业的营销部门及时了解同行业主要竞争对手的情况与策略，并以扩大产品市场需求量，巩固、提高市场占有率为目标，制定适宜的、有利于稳固自身地位的竞争战略。

◆ 相关知识

一、市场主导者的含义

市场主导者是指同一行业中相关产品的市场占有率最高的企业。一般说来，大多数行业都有一家企业被认为是市场主导者，它在价格变动、新产品开发、分销渠道的宽度和促销力量等方面处于主宰地位，为同业者所公认。它是市场竞争的先导者，也是其它企业挑战、效仿或回避的对象，如美国汽车市场的通用公司、电脑软件市场的微软公司、软饮料市场的可口可乐公司、剃须刀行业的吉列公司、快餐行业的麦当劳公司等。市场主导者几乎分布于各行各业，他们的地位是在竞争中自然形成的，但不是固定不变的。他们的行为在行业中有着举足轻重的作用，它的价格变动、新产品开发、营销渠道的覆盖以及促销力度都处于主导地位。市场主导者所具备的竞争优势包括：消费者对品牌的忠诚度高；拥有设置合理的高效的营销渠道；企业反应敏锐且善于总结和积累市场营销经验等。市场主导者是行业中的一个"标尺"，当主导者的状况明了之后，才能清楚地识别其他竞争者中哪些是市场挑战者、哪些是市场跟随者、哪些又是市场补缺者。

二、市场主导者战略

市场主导者如果没有获得法定的垄断地位，必然会面临同行业中其他竞争对手的无情挑战。如果稍有不慎，就很有可能丧失领导地位而降至第二或第三位。因此，市场主导者不能高枕无忧，它必须随时保持高度警觉，维持自己的优势地位并保证自身战略的正确无误。市场主导者通常采用的竞争战略有：扩大市场需求总量；保护原有市场占有率和提高市场占有率。第一、三种战略一般被认为是进攻型竞争战略，第二种战略被认为是防御型竞争战略。

（一）扩大市场需求总量

当一种产品的市场需求总量扩大时，受益最大的自然是处于领先地位的企业。例如，美国消费者如果增加拍照片的数量，受益最大的将是柯达公司，因为它占有美国胶卷市场70%以上的市场份额。如果人们想购买更多的汽车，美国通用汽车公司将是最大的受益者。因此，扩大产品的市场需求总量对市场主导者来讲至关重要。一般说讲，市场主导者可从以下三个方面来扩大产品的市场需求总量。

1. 发现新的使用者

每一种产品都有吸引消费者购买的潜力。但由于有些消费者对产品还不了解，或产品定价不合理，或产品性能还有缺陷等，造成消费者拒绝购买。一个制造商可从三个方面找到新的使用者。如香水企业可设法说服不用香水的妇女使用香水（市场渗透战略）；说服男士使用香水（市场开发战略）；向其他国家推销香水（地理扩展战略）。美国强生公司婴儿洗发香波的扩展，是不断发现新的使用者的成功典范。当美国的出生率下降时，强生公司将目光转移到老年人身上，决定向成年人发起这一广告攻势，结果在不长的时间里，强生便成为洗发香波中的领先品牌。又如我国的"哇哈哈"饮料产品，其市场扩展战略与美国强生公司的这一战略存在很大的相似之处。

2. 开辟新的用途

为产品开辟新的用途，可扩大需求量并使产品销路久畅不衰。如碳酸氢钠的销售在100多年间没有起色，它虽有多种用途，但没有一种是大量的，后来一家企业发现有些消费者将该产品用作电冰箱除臭剂，于是大力宣传这一新用途，使该产品销量大增。许多事例表明，新用途的发现往往归功于顾客。凡士林最初问世时是用作机器润滑油，之后，一些使用者才发现凡士林可用作润肤脂、药膏和发胶等。

3. 增加产品的使用量

促进用户增加使用量是扩大需求的一种重要手段。例如，宝洁公司劝告消费者在使用海飞丝香波洗发时，每次将使用量增加一倍效果更佳。提高购买频率也是扩大消费量的一种常用办法，如时装制造商每年每季都不断推出新的流行款式，消费者就不断购买新装，流行款式的变化愈快，购买新装的频率也愈高。

(二) 保护市场占有率

被挑战者取而代之是主导者的主要威胁之所在。因此，市场主导者在努力扩大市场总的需求量的同时，必须时刻警惕竞争者的挑战，以保护自己现有的市场阵地。市场主导者必然是众多竞争者的主要目标，因此，必须严格防备。事实上，行业中的主导者对这一情形是十分清楚的，可口可乐公司时刻提防百事可乐公司，吉列公司十分警惕毕克公司，柯达公司也在时刻防备富士公司，麦当劳公司要正视肯德基汉堡王的发展，通用汽车公司从不放松对竞争对手福特公司各项战略的关注。

面对进攻，市场主导者为保住自己的领地应该和能够做什么呢？最具有建设性的反应是不断壮大自己的实力。主导者最忌讳满足现状，应当成为本行业中在新产品开发、服务水平提高、销售渠道的高效通畅以及降低产品成本等方面的名副其实的主导者。也就是说主导者可采用军事上的进攻原则，发现敌方的弱点，踏准进攻的节拍，主动出击。事实说明，进攻是最有效的防御，近年来国内外的经营管理者和研究人员，在商战中常常借鉴军事上的战略战术，如菲利普·科特勒在其《市场营销管理（亚洲版）》一书中，就引用了《孙子兵法》的论述："故善战者，求之于势，不求于人"。即善战者不是依靠对手不进攻，而是靠自己具有不可被攻破的实力。市场主导者最有效、最积极的防御战略是发动进攻，不断开发具有特色、更能满足消费者需要的新产品或提供新的、更高质量的服务，以保持自己的领先地位。

当市场领者不准备或不具备条件组织或发起进攻时，至少也应该做到严守阵地，填白补空，填塞漏洞，决不能暴露自己的某一单薄的侧翼，使竞争者发现自己明显的薄弱环节乘虚而入。主导者在这方面常犯的错误是，不愿意为填塞漏洞付出巨大的支出，其结果"机会损失"使企业遭受严重的打击，其付出的代价更高。如美国通用汽车公司曾不愿意在生产小型轿车上投入，其结果是让日本的丰田汽车公司利用这一机会在美国市场长驱直入，通用汽车公司因此而造成的"机会损失"十分巨大。

市场主导者必须慎重的考虑，清楚的判断出哪些是自己必须不惜代价去固守的"要塞"，哪些是无碍全局的可以放弃的阵地，任何主导者也无法固守自己在市场上的每一块阵地，往往有对非战略要地的舍弃，才可能合理地集中使用防御力量，最终守住阵地。营销实践中可供市场主导者选择的防御性战略有六种。

1. 阵地防御

就是在现有阵地周围建立防线。这是一种静态的防御，是防御的基本形式。但是，如果将所有力量都投入到这种防御上，最后很有可能会导致失败。单纯采用消极的静态防御，只保了自己目前的市场和产品，是一种"市场营销近视症"。例如，当年亨利·福特对他的 T 型车的近视症就造成了严重的后果，使得年赢利 10 亿美元的福特公司从顶峰跌到了低谷。

2. 侧翼防御

是指市场主导者除保卫自己的阵地外，还应建立某些辅助性的基地作为防御阵地，或必要时作为反攻基地。特别是注意保卫自己较弱的侧翼，防止对手乘虚而入。例如，70 年代美国几大汽车公司就因没有注意侧翼防御，遭到日本小型汽车的无情进攻，失去了大片阵地。大荣公司是日本最大的超市连锁公司，它运用在城镇外开设新店，销售更多的进口商品等战略狠狠报复了那些企图与之竞争的折扣商店。

3. 以攻为守

这是一种"先发制人"式的防御，即在竞争者尚未进攻之前，先主动攻击它。这种战略主张，预防胜于治疗，事半功倍。具体做法是，当竞争者的市场占有率达到某一危险的高度时，就对它发动攻击；或者是对市场上的所有竞争者全面攻击，使人人自危，如日本精工表把它的 2 千多个款式的手表分销到世界各地，造成全方位的威胁。

4. 反击防御

当市场主导者遭到对手发动的降价或促销攻势，或改进产品、占领市场阵地等进攻时，不能只是被动应战，应主动反攻入侵者的主要市场阵地。可实行正面反攻、侧翼反攻，或发动钳形攻势，以切断进攻者的后路。当市场主导者在它的本土上遭到攻击时，一种很有效的方法是进攻攻击者的主要领地，以迫使其撤回部分力量守卫其本土，这叫做"围魏救赵"。富士与柯达公司就是这样的例子。当富士在美国向柯达公司发动攻势时，柯达公司报复的手段便是进攻日本市场。

5. 运动防御

这种战略是不仅要防御目前的阵地，而且还要扩展到新的市场阵地，作为未来防御和进攻的中心。市场扩展可通过两种方法实现。一是市场扩大化，就是企业将其注意力从目前的产品上转到有关该产品的基本需要上，并全面研究与开发有关该项需要的科学技术。例如，把"石油"公司变成"能源"公司就意味着市场范围扩大了，不限于一种能源——石油，而是要覆盖整个能源市场。但是市场扩大化必须有一个适当的限度，否则将发生"市场营销远视症"。二是市场多角化，即向无关的其他市场扩展，实行多角化经营。例如美国的烟草公司由于社会对吸烟的限制日益增多，纷纷转向酒类、软饮料和冷冻食品等产业。

6. 收缩防御

收缩防御即放弃某些疲软的市场战线，把力量集中用于主要的市场战线上去。这是一种"集中优势兵力打歼灭战"、"以退为进"的战略。一些主导者意识到，它们已不可能固守所有的阵地、或有时在所有市场阵地上全面防御得不偿失，竞争者可能分布在不同的战线上蚕食其力量。在这种情况下，实行收缩防御是明智之举。例如，美国西屋电器公司将其电冰箱的品种由 40 个减少至 30 个，撤销了 10 个品种，竞争实力反而增强。日本松下公司在 1985 年将其产品由 5000 个大类消减至 1200 个，而日本的五十铃公司则放弃了轿车市场，转而集中生产占优势的卡车。只要不影响消费者需求的满足，有计划地收缩以使企业的力量更集中，仍会对企业带来积极的影响。

（三）提高市场占有率

设法提高市场占有率，也是增加收益、保持领先地位的一个重要途径。美国的一项研究表明，市场占有率是与投资收益率有关的最重要的变量之一。市场占有率越高，投资收益率也越大。因此，许多企业在某个市场上的市场占有率达不到第一或第二位，便撤出该市场。

但是，也有些研究者对上述观点提出不同意见。通过对某些行业的研究发现，除了市场主导者以外，有些市场占有率低的企业，依靠物美价廉和专业化经营的竞争战略，也能获得不菲的收益，只有那些规模不大不小的企业收益最低，因为它们既不能获得规模经济效益，也不能获得专业化的竞争优势。按另一项研究，各企业的销售利润与销售额的关系呈 V 型曲线，即不是在任何情况下市场占有率的提高都意味着收益率的增长，这还要取决于为提高市场占有率所采取的市场营销战略是什么。为提高市场占有率所付出的代价，有时会高于它所获得的收益。因此，企业提高市场占有率时应考虑以下三个因素。

（1）引起反垄断活动的可能性。许多国家有反垄断法，当企业的市场占有率超过一定限度时，就有可能受到指控和制裁。

（2）为提高市场占有率所付出的成本。当市场占有率已达到一定水平时，再要求进一步的提高就要付出很大代价，结果可能得不偿失。美国的另一项研究表明，企业的最佳市场占有率是 50%。

（3）有些市场营销手段对提高市场占有率很有效，却不一定能增加收益。只有在以下两种情况下市场占有率同收益率成正比：一是单位成本随市场占有率的提高而不变；二是在提供优质产品时，销售价格的提高大大超过为提高质量所投入的成本。

总之，处于领导地位的市场主导者必须全面掌握各种不同的竞争战略。既善于从扩大市场需求总量入手，保卫自己的市场阵地，防御挑战者的进攻，又善于在保证收益增加的前提下，通过提高市场占有率使企业获得长期的市场领先地位。

◆ 任务实施

第一步，对学生进行分组，每 3~5 为一组，组织引导学生以组为单位对当地的手机销售市场进行实地调研；

第二步，对调研取得的信息资料进行分类整理，甄别确定哪个手机厂商或手机品牌是当地市场上占主导地位的厂商或产品；

第三步，运用所学的营销知识分析本地手机市场上的主导者，是通过哪些竞争战略来保持自己领先地位的。

◆ 总结与回顾

市场主导者是指在相关的产品市场上市场占有率最高的企业。市场主导者不是先天生就的，它们时刻面临着同行业中其他竞争对手的挑战与威胁。如果稍有不慎，就会失去市场主导者的地位而降至行业中的第二位或第三位。因此，主导者必须时刻关注其他竞争对手的战略变化,并采取积极有效的竞争战略来巩固自身地位。

市场主导者常用的竞争战略有:扩大市场需求总量;保护原有市场占有率和设法在原有的基础上提高其市场占有率。企业可通过不断发现新用户、不断开辟新用途和设法增加使用量来扩大产品的市场需求总量。为保护市场占有率,企业可选择的防御性战略有阵地防御、侧翼防御、以攻为守、反击防御、运动防御和收缩防御六种。

本项目的教学重点与核心技能是市场主导者竞争战略的制定。

◆ 复习思考题

1. 简述市场主导者的概念。
2. 简述市场主导者的竞争战略。
3. 市场主导者为维护其市场地位,常用的防御战略有哪些?

◆ 实训练习

1. 实训项目:组建模拟公司,使其成为行业中的市场主导者
2. 实训目标:
(1) 培养学生初步运用市场主导者理论分析行业中谁是市场主导者的能力;
(2) 培养学生根据企业的实力与优势制定市场主导者竞争战略的能力。
3. 实训内容与方法:
根据所学知识以及对现实企业进行调查所获得的信息资料,制定模拟公司的竞争战略。
(1) 以自愿为原则,6~8人为一组,组建"×××模拟公司",公司名称自定;
(2) 分析确定模拟公司具有哪些方面的优势与特点?
(3) 制定模拟公司的主要竞争战略是扩大市场需求总量、维持市场占有率还是提高市场占有率?
(4) 确定模拟公司应通过哪些具体途径和措施来维护自身的市场主导者地位?
4. 标准与评估
(1) 标准:能够应用市场主导者理论分析确定模拟公司具备的优势与特点,能够明确指出模拟公司当前的主要竞争战略与维护其市场主导者地位的途径与措施。
(2) 评估:每个模拟公司推荐两名成员对其竞争战略在班上进行陈述交流,由教师与各组组长组成的评估小组对各模拟公司制定战略的可行性及其表现进行评估打分。

项目三 市场挑战者竞争战略的制定

◆ 知识、能力、素质目标

使学生深刻理解市场挑战者的内涵,明确市场挑战者的战略目标和挑战对象,熟练掌握正面进攻、侧翼进攻、包围进攻、迂回进攻以及游击进攻战略的正确选择与灵活应用。

◆ 教学方法

情景教学法　案例教学法　问题导入法

◆ **技能（知识）点**

市场挑战者的概念　市场挑战者战略目标和挑战对象的具体确定　正面进攻、侧翼进攻、包围进攻、迂回进攻以及游击进攻战略的选择与应用

雪豹羽绒服如何挑战行业巨头？

杨海泉是东北雪豹羽绒服厂新任命的营销总监，目前，中国的羽绒服市场被"南极人"、"北极绒"、"俞兆林"等厂家的知名品牌所垄断，"雪豹"羽绒服要想挑战保暖内衣行业里的这些巨头，面临的困难是可想而知的。但杨海泉上任后，通过市场调研，首先提出不能只在羽绒服的款式颜色上进行改进创新，消费者购买羽绒服的首要目的是为了保暖，因此，应实施以鹅绒换鸭绒，推动产品升级的完全差异化策略，即生产中空度更高、蓬松性更好、回弹性更优异，保暖性能更强的鹅绒服，营造鹅绒服胜过鸭绒服的时尚消费新概念。在此基础上，避开强势竞争对手的目标市场，通过侧翼进攻和迂回进攻的竞争战略在广阔的农村市场进行产品的重点营销，因为农村消费者对羽绒服的款式设计、是否是品牌产品等流行元素不是格外在乎，他们更多关注的是羽绒服的质量与保暖效果，且农村消费者的购买受广告的影响较小，他们的购买决策靠的主要是消费者的口碑效应，因此，不需要巨额广告费投入来宣传新产品，这样企业就可集中资金进行单一产品的规模化生产，可取得成本上的相对竞争优势。企业只要完成了对农村市场的分割占领，包围城市市场那是早晚的事。

根据营销情景中描述的事实，学生独立思考并回答：

1. 你认为杨海泉提出的以鹅绒换鸭绒的产品完全差异化策略能否挑战成功？为什么？
2. 杨海泉是基于什么样的理由，提出雪豹羽绒服应避开行业内的强势竞争对手，首先进攻占领农村市场，实施侧翼进攻和迂回进攻的竞争战略？

麒麟啤酒 VS 朝日啤酒

1976 年，麒麟啤酒是曾经占有日本啤酒销售量 64% 的垄断企业，朝日啤酒却曾经险些连行业第三的位置也保不住。时隔 20 多年后，一个弱小的企业竟然在竞争中越战越强，销量跃居第一。这一进一退，引起了日本经济界的关注。

回顾日本啤酒业的发展史会发现：在市场发生巨大变化的时期，抓住消费结构和市场结构变化的机会是企业起飞的重要因素。然而，能不能及时地洞察、把握这种变化，是能不能抓住发展机会的决定性要素。战前，大日本麦酒独步天下，麒麟则弱小的多。战后，麒麟是靠抓住消费结构变化的机会起飞的，也是因为未能洞察消费结构的变化，麒麟又落败朝日，开始走下坡路。

在战后的相当长的时间内，朝日啤酒由于允许三得利公司运用自己的特约店销售系统，销售额每况愈下。到 1980 年，几乎连啤酒行业第三位的位置也保不住了。朝日啤酒真正由退却转向进攻的战略是在 1986 年，这一年，樋口广太郎担任了朝日啤酒的社

长，在生产上采用了非加热技术生产，提高原材料质量，开始大规模的广告攻势。同时，花费 15 亿日元全面回收朝日的陈旧啤酒，给朝日带来了崭新的面貌。次年，朝日啤酒迈出了决定性的一步，推出了"舒波乐"品牌。"舒波乐"的开发，推出了"干啤"这一啤酒新观念，把握了随着食品构成的变化而来的消费者嗜好的变化，给没有强势品牌的日本啤酒业带来了革命性的变化，掀起了日本啤酒业树立品牌之战。

朝日推出"舒波乐"的第一年度，销售额比上一年度增加了 33%。看到了成功的朝日啤酒迅速地扩大了生产规模，在消费者热情的支持下，朝日啤酒的市场份额开始迅速回升，从 1986 年的 10%左右上升为 1988 年的 20.6%。

1993 年濑户决定实施"鲜度经营"战略，这是他挑战日本啤酒行业第一的竞争方略，那就是在舒波乐品牌上集中经营资源、挑战第一的大战略。濑户首先对"舒波乐"和朝日的其他品牌进行了定位，他认为朝日的其他品牌与"舒波乐"相比，只是"行星"，"舒波乐"才是太阳。而朝日当时作为第二位的企业，在拥有经营资源的数量和质量上，都要略逊于第一位的企业。濑户反复地强调"第二位的企业要挑战第一位企业是有方法的"，那就是"集中经营资源，形成核心优势"。在集中经营资源的指导思想下，朝日啤酒把经营资源集中到通过"鲜度经营"增加了能量的"舒波乐"品牌上，把广告费用集中投向"舒波乐"品牌，彻底强调舒品牌的"杀口"、"爽快"和"鲜度"三大特点，开始了争夺行业第一的挑战。

然而此时位居行业第一的麒麟却犯下了一个又一个的错误。1993 年朝日啤酒在电视上播出了"生啤酒销量 No.1 舒波乐"的广告。这个举动引起了竞争对手麒麟啤酒的恐慌，也引发了对手战略上的错误。1996 年麒麟啤酒公司轻易地把自己深受消费者爱戴的强势品牌"麒麟 lager"改成了非加热制造，犯了在自己不熟悉的领域与对手决战的兵家大忌，最终失去了传统消费者的支持，销量急剧回落。

而在销售战略上，一向处于优势的头号厂商给零售商的回扣和用于赠送顾客的礼品是最少的，虽然自己的特约批发商可以搞专营，但零售商那里却是要顺应顾客要求的，同样的销售条件下，回扣和礼品多的厂商自然会赢得零售商的欢迎。应该说作为第一大厂商的麒麟不是不懂这个道理，但它的跋扈是导致战略失误的根本原因。

也正是从这一年起，"舒波乐"上升为日本啤酒品牌中名副其实的第一品牌。1998年，在舒波乐品牌诞生 10 年以后，终于登上了啤酒市场份额第一的宝座。

◆ **工作任务分析**

市场挑战者是指那些相对于市场主导者来说在行业中处于第二、第三和以后位次的企业。这些企业对待当前的竞争态势，可凭借自身实力向市场主导者发动进攻，进行所谓的市场挑战。营销人员在此项目实施中的主要工作任务就是协助企业营销部门深入分析行业内强势竞争对手的营销策略，并立足自身优势，合理确定其战略目标和挑战对象，选择适宜的能够成功挑战市场主导者的竞争战略。

◆ **相关知识**

一、确定战略目标和挑战对象

市场挑战者如美国汽车市场的福特公司、软饮料市场的百事可乐公司等企业，他们虽然实力不及市场主导者，但在市场中瓜分了相当多的市场份额，并且实力远远强于市场中的其他竞争者。这些亚军公司对待当前的竞争格局一般有两种态度：一是向市场主导者和其他竞争者发动进攻，以夺取更大的市场占有率，这时他们可称为市场挑战者；二是维持现状，避免与市场主导者和其他竞争者产生矛盾冲突，这时他们称为市场追随者。市场挑战者如果要向市场主导者和其他竞争者挑战，首先必须确定自己的战略目标和挑战对象，然后再选择适宜的、能够体现自身优势的、具有较大成功把握的进攻战略。

市场挑战者的战略目标与进攻对象密切相关，对不同的对象有不同的目标和战略。一般说来，挑战者可在下列情况中进行选择。

（一）攻击市场主导者

这是一种既有风险又具潜在价值的战略。一旦成功，挑战者企业的市场地位将会发生根本性的改变，因此颇具吸引力。企业采用这一战略时，应十分谨慎，周密策划以提高成功的可能性。挑战者进攻主导者需要具备以下基本条件。

（1）拥有一种持久的竞争优势。比如成本优势或创新优势。以前者之优创造价格之优，继而扩大市场份额；或以后者之优创造高额利润。

（2）在其他方面非常接近。挑战者必须有办法部分或全部抵消主导者的其他固有优势。

（3）具备阻挡主导者进行报复的措施。必须使主导者不愿或不能对挑战者实施旷日持久的竞争性报复。

（二）攻击与自身实力相当的企业

挑战者应善于发掘有利时机，向那些势均力敌的竞争对手发动进攻，把竞争对手的顾客吸引过来，夺取它们的市场份额，壮大自己的竞争实力。这种战略风险小，若几番出师大捷或胜多败少的话，便可对市场主导者造成较大威胁，甚至有可能改变企业的市场地位。

（三）攻击实力较弱的企业

当某些中、小企业出现经营困难时，可通过兼并、收购的方式，夺取这些企业的市场份额，以壮大自己的实力和扩大市场占有率。

战略目标的选择取决于进攻对象的确定，如果以市场主导者为进攻对象，其目标可能是夺取其手中的某些市场和市场份额；如果以实力较弱的企业为对象，其目标可能主要是将它们驱逐出市场。但无论在何种情况下，如果发动攻势、进行挑战，就必须遵守军事上的原则：每一项行动都必须指向一个明确的、肯定的和可能达到的目标。

挑战者在选择进攻对手和目标决策的过程中，应能明确回答以下问题：

（1）我们的竞争者是谁？
（2）竞争者的销售额、市场占有率和财务状况如何？
（3）竞争者的目标和设想是什么？
（4）竞争者所采取的战略是什么？
（5）竞争者的实力和弱点是什么？
（6）竞争者可能的反应及战略性的变化是什么？

二、选择进攻战略

明确了战略目标和进攻对象之后,挑战者需要考虑的是采取什么样的进攻战略,在军事上常常被称为"密集原则",即如何对竞争对手进行实质性的攻击。可供选择的战略有五种。

(一)正面进攻

市场挑战者集中优势兵力向竞争对手的主要市场阵地正面发动进攻,即进攻竞争对手的强项而不是它的弱点。采用此战略需要进攻者在提供的产品(或劳务)、广告、价格等主要方面大大超过竞争对手,才有可能成功,否则采取这种进攻战略必定失败。为了确保正面进攻的成功,进攻者需要有超过竞争对手的实力优势。如蒙牛乳品挑战伊利乳品的市场攻略就是采用正面进攻战略的成功范例。

(二)侧翼进攻

市场挑战者集中优势力量攻击竞争对手的弱点。此战略进攻者可采取"声东击西"的做法,佯攻正面,实际攻击侧面或背面,使竞争对手措手不及。具体可采取两种战略:一是地理性侧翼进攻,即在某一地理范围内针对竞争者力量薄弱的区域市场发动进攻;二是细分性侧翼进攻,即寻找还未被主导者企业覆盖的商品和服务的细分市场迅速填空补缺。如宝丽来相机挑战中国市场上普通相机的市场攻略就是采用侧翼进攻战略的成功范例。

(三)围堵进攻

市场挑战者开展全方位、大规模的进攻战略。市场挑战者必须拥有优于竞争对手的资源,能向市场提供比竞争对手更多的质量更优、价格更廉的产品,并确信围堵计划的完成足以能成功时,可采用围堵进攻战略。例如,日本精工公司对美国手表市场的市场攻略就是采用围堵进攻战略的成功范例。

(四)迂回进攻

市场挑战者完全避开竞争对手现有的市场阵地而迂回进攻。具体办法有三种:一是实行产品多角化经营,发展某些与现有产品具有不同关联度的产品;二是实行市场多角化经营,把现有产品打入新市场;三是发展新技术产品、取代技术落后的产品。如安怡打着"防止骨骼疏松症"的旗号,以"克宁高钙脱脂奶粉"进攻中国奶粉生产厂商市场攻略就是采用迂回进攻战略的成功范例。

(五)游击进攻

以小型的、间断性的进攻干扰对方,使竞争对手的士气衰落,不断削弱其力量。向较大竞争对手市场的某些角落发动游击式的促销或价格攻势,逐渐削弱对手的实力。游击进攻战略的特点是不能依仗某一个别战役的结果决出战局的最终胜负。如一些地方性的小啤酒厂对燕京啤酒、青岛啤酒等超大型企业在个别地方的侵犯骚扰就是最典型的游击进攻战略。

◆ **任务实施**

第一步，对学生进行分组，每 3~5 为一组，组织引导学生以组为单位对当地的啤酒销售市场进行实地调研；

第二步，对调研取得的信息资料进行分类整理，甄别确定哪个啤酒生产厂商或啤酒品牌是当地市场上的挑战者；

第三步，运用所学的营销知识分析本地啤酒市场上的挑战者，是通过哪些进攻战略来攻击啤酒行业的主导者的。

◆ **总结与回顾**

市场挑战者是指那些相对于市场主导者来说在行业中处于第二、第三和以后位次的企业。这些亚军公司对待当前的竞争形势一般有两种态度：一种是向市场主导者和其他竞争者发动进攻，以夺取更大的市场占有率，这时他们可称为市场挑战者；另一种是维持现状，避免与市场主导者和其他竞争者发生矛盾冲突，这时他们被称为市场追随者。市场挑战者如果要向市场主导者和其他竞争者挑战，首先必须确定自己的战略目标和挑战对象，然后再选择适当的、有把握的进攻战略。挑战对象一般可在市场主导者、与自身实力相当的企业和实力较弱的企业中选择。可供市场挑战者选择的进攻战略有正面进攻、侧翼进攻、围堵进攻、迂回进攻、游击进攻五种方式。

本项目的教学重点与核心技能是市场挑战者战略目标与挑战对象的确定和有成功把握的进攻战略的选择。

◆ **复习思考题**

1. 什么是市场挑战者？市场挑战者对待当前的竞争形势一般有哪两种态度？
2. 简述市场挑战者如何确定其战略目标和挑战对象。
3. 简述市场挑战者如何选择适宜的进攻战略。

◆ **实训练习**

1. 实训项目：组建模拟公司，使其成为行业中的市场挑战者
2. 实训目标：
（1）培养学生初步运用市场挑战者理论确定战略目标与挑战对象的能力；
（2）培养学生根据企业的实力与优势制定其进攻战略的能力。
3. 实训内容与方法：

根据所学知识以及对现实企业进行调查所获得的信息资料，制定模拟公司的进攻战略。

（1）以自愿为原则，6~8 人为一组，组建"×××模拟公司"，公司名称自定；
（2）选择确定模拟公司的战略目标与具体挑战对象；
（3）确定模拟公司应通过哪些进攻战略与其挑战对象竞争。

4. 标准与评估

（1）标准：能够应用市场挑战者理论选择确定模拟公司的战略目标与具体挑战对象，

能够客观分析挑战对象的实力与弱点，能够正确选择模拟公司有效的进攻战略。

（2）评估：每个模拟公司推荐两名成员对其进攻战略在班上进行陈述交流，由教师与各组组长组成的评估小组对各模拟公司进攻战略的可行性及其表现进行评估打分。

项目四　市场跟随者竞争战略的制定

◆ **知识、能力、素质目标**

使学生深刻理解市场跟随者的含义及特征，熟练掌握紧密跟随、距离跟随以及选择跟随竞争战略的选择与应用。

◆ **教学方法**

情景教学法　案例教学法　分组讨论法

◆ **技能（知识）点**

市场跟随者的含义及特征　市场跟随者的竞争战略及其应用

万燕的事实说明，有时做跟随者比做开拓者更好

VCD 是中国起步较晚、发展较快的一个产业典范。1993 年—1998 年，短短几年时间，VCD 的社会消费总量已达 2000 万～3000 万台左右，年产值达到 100 亿元以上。说到 VCD，人们不会忘记万燕和姜万勤。正是他们 1993 年研制出了世界上第一台 VCD 样机，才有了中国蓬蓬勃勃的 VCD 产业。在万燕最风光的时候，其市场占有率为 100%。由于当时是独家经营，产量不大，万燕不仅没有获得资金上的积累，反而因为没有竞争，掩盖了企业本身存在的大量矛盾。而后来者爱多、新科、万利达等蜂拥而起，代替万燕，成为 VCD 行业中新的"三巨头"。在万燕由"开国元勋"变为"革命先例"之后，企业界曾有这样的结论：千万不要轻易地做开拓者，跟随最好！

根据营销情景中描述的事实，学生独立思考并回答：

1. 万燕为何由"开国元勋"变成了"革命先例"？
2. 你赞成"千万不要轻易地做开拓者，跟随最好"这一观点吗？

方太厨具——甘当老二

自 1996 年以来，方太厨具从国内 200 多家吸油烟机行业最后一名跃至第二名，已连续在市场上刮起了 4 股方太旋风，连续 4 年保持市场增长率第一，经济增长率第一。而方太董事长茅理翔却说："方太不争第一，甘当老二。"甘当老二，这是一种战略。

"不争第一，永当老二。"这是方太的口号。有人讥笑说：你当不了第一，故自圆其说，是"懦夫"哲学，或者说是没有志气的说法。方太董事长茅理翔的理解却是："当

第一太累了，会成为众矢之的，天天战战兢兢，怕掉下来。事实上，当老二，也不是件简单的事；能永当老二，更是极不容易的。企业是有寿命的，3 到 5 年，10 到 20 年，长寿企业毕竟是少数。但长寿企业均有一个相似之处，即均是强势品牌企业、稳健发展企业。"

为什么甘当第二？这还与方太的市场定位有关。很简单，方太的市场定位是中高档，从市场占有率来说，中高档是永远当不了第一的，方太可以争第一品牌，但不可以争第一销量。所以，茅理翔说："我们要老老实实甘当老二，能长久当老二，就是一个成功者、胜利者。即使哪一天，老大下来，你也不要急于去争老大，肯定会有人去争老大，你还是保老二。千万记住，永当老二，才是你的出路。"

从 1998 年开始，方太就坐上了吸油烟机行业的第二把交椅，而且这一坐就是四年，直到今天。这在中国的企业界也是很少见的。

这靠的就是方太的法宝——"不做松散的大蛋糕，宁做坚硬的金刚钻"，具体说来，就是方太的三大战略定位：行业定位——专业化，市场定位——中高档，质量定位——出精品。

作为市场的老二，把持住了自己的三个战略定位，不参与价格战，而是用新品、用服务、用品牌去击败竞争者，并且甘当老二，对老大不威逼、不骚扰、不打击、不落井下石，而是采取同情、保护第一的态度，作为第一，当然乐得与老二并肩而战，共同维护行业的良性发展。

◆ 工作任务分析

由于风险和实力的限制，现实中绝大多数企业不很热衷于去做市场挑战者，而是更愿意扮演一个市场跟随者的角色。市场跟随者是指那些在产品、技术、价格、渠道和促销等营销战略上模仿或跟随市场领导者的企业。营销人员在此项目实施中的主要工作任务就是协助企业深入分析行业竞争态势，并以一个市场跟随者的角色合理制定选择适宜的跟随战略，以寻求不致引起主要竞争对手报复的营销模式。

◆ 相关知识

一、市场跟随者的含义及特征

市场跟随者是指那些在产品、技术、价格、渠道和促销等营销战略上模仿或跟随市场领导者的企业。现实中，由于风险和实力的限制使绝大多数企业不是热衷于挑战者战略，而是更愿意采用市场跟随者战略。美国管理学专家莱维特曾著文称，对企业来说产品模仿有时像产品创新一样有利。因为一种全新产品的开发要投入惊人的人、财、物力和持续较长的时间才能取得成功，企业因此而获得市场领先地位，而处于市场跟随者地位的企业仿造或改良这种产品，虽然不能取代市场领先者，但因不需要如此大量的资源投入，也能够较轻松地获得可观的利润，其盈利率有时甚至高于全行业的平均水平，因此，市场跟随者战略是大多数企业的明智选择。

市场跟随者的主要特征是安于次要地位，在"和平共处"的状态下求得尽可能多的收益。这种"和平共处"的状态在资本密集且产品同质的行业（如钢铁、原油、化工等）中是很普遍的现象。由于在这些行业中，产品的同质化程度高，服务质量和服务标准严重趋同，而消费者对价格的敏感度又甚高，行业中任何价格挑衅都可能会引发价格大战，结果导致两败俱伤。因此，这些行业中的企业通常自觉地不互相争夺客户，不以短期的市场占有率为目标，大多数企业为了能在此行业中长期经营下去，常常采取"和平共处"的状态。

二、市场跟随者的竞争战略

企业之间保持相对平衡的状态，不采用从对方的目标市场中拉走顾客的做法。在行业中形成这样一种格局，大多数企业跟随市场领先者走，各自的势力范围互不干扰，自觉地维持"和平共处"的局面。但市场跟随者也不是盲目、被动地单纯追随领先者，其任务是确定一个不致引起竞争性报复的跟随战略，在不同的情形下有自己的战略组合和实施方案。其战略要求是必须懂得如何稳定自己的目标市场，保持现有顾客，并努力争取新的消费者或用户；必须设法创造独有的优势，给自己的目标市场带来如地点、服务、融资等某些特有的利益；还必须尽力降低成本并提供较高质量的产品和服务，以提防挑战者的攻击，因为市场跟随者的位置是挑战者的首选攻击目标。一般来讲，市场跟随者有三种可供选择的跟随战略。

（一）紧密跟随

竞争战略突出"仿效"和"低调"。跟随企业在各个细分市场和市场营销组合上，应尽可能仿效领先者。以至于有时会使人感到这种跟随者好像是挑战者，但是它从不激进地冒犯领先者的领地，在刺激市场方面保持"低调"，避免与领先者发生直接冲突。有些甚至被看成是靠拾取主导者的残余谋生的寄生者。

（二）距离跟随

竞争战略突出"保持合适的距离"。跟随企业在市场的主要方面，如目标市场、产品创新与开发、价格水平和分销渠道等方面都追随领先者，但仍与领先者保持一定差距，以形成明显的差别。对领先者既不构成威胁，又因跟随者各自占有很小的市场份额而使领先者免受独占之指责。采取这一战略的企业，可以通过兼并同行业中的一些小企业来扩大自己的实力。

（三）选择跟随

竞争战略突出在选择"追随和创新并举"。跟随者在某些方面紧跟领先者，而在另一些方面又别出心裁。这类企业不是盲目跟随，而是择优跟随，在对自己有明显利益时追随领先者，在跟随的同时还不断地发挥自己的创造性，但一般不与领先者进行直接竞争。采取这一战略的企业，有些可能会发展成为市场挑战者。

◆ **任务实施**

第一步，对学生进行分组，每3~5为一组，组织引导学生以组为单位对当地的乳品销售市场进行实地调研；

第二步，对调研取得的信息资料进行分类整理，看看哪些乳品企业或乳品品牌是当地市场上的跟随者；

第三步，运用所学的营销知识分析当地的这些市场跟随者采取了哪些市场跟随战略。

◆ **总结与回顾**

由于风险和实力的限制使绝大多数企业不太热衷于挑战者的战略，而是更愿意采用市场跟随者的战略。市场跟随者是指那些在产品、技术、价格、渠道和促销等营销战略上模仿或跟随市场领导者的企业。市场跟随者的主要特征是安于次要地位，在"和平共处"的竞争状态下求得尽可能多的收益。一般而言，市场跟随者企业有三种可供选择的跟随战略：紧密跟随、距离跟随和选择跟随。

本项目的教学重点与核心技能是市场跟随者对其跟随战略的选择。

◆ **复习思考题**

1. 简述市场跟随者的概念与特点。
2. 简述市场跟随者常用的跟随战略。

◆ **实训练习**

对当地某一行业的市场跟随者企业进行实地调研，并运用所学知识分析其在市场竞争中采取了什么样的跟随战略。

项目五　市场补缺者竞争战略的制定

◆ **知识、能力、素质目标**

使学生深刻理解市场补缺者的含义及特征，熟练掌握市场补缺者的竞争战略及其应用。

◆ **教学方法**

情景教学　案例教学法　分组讨论法

◆ **技能（知识）点**

市场补缺者的含义及特征　市场补缺者补缺基点的选择　市场补缺者的竞争战略

喜力啤酒的销量为何能翻番？

台湾啤酒市场是一个非常成熟且饱和的市场，市场调查分析现实市场容量为53万吨。瓜分这块市场的30多个品牌中，喜力啤酒作为当地市场的领导品牌，拥有30%以上的市场占有率。在这样激烈的市场竞争下，任何企业不降价而想增加销量几乎没有可能。啤酒市场基本分为两大块，非即饮和即饮市场。非即饮包括商场、超市等，这些场合竞争对手关注度高，广告和促销激烈。即饮市场如酒吧、夜市、KTV等，这些场合的消费者是感性消费，销售量还有向上开发的余量，而且这些市场也没有成为竞争者的主要战场。喜力啤酒找到了这个市场空白点展开营销，放弃传统媒体的广告宣传而选择了通路媒体，最终实现了销售量翻三番的不俗业绩。

根据营销情景中描述的事实，学生独立思考并回答：
1. 喜力啤酒通过什么样的竞争战略取得了销量翻三番的业绩？
2. 现实中，是否每一个行业或每一种产品都存在尚未满足的市场空缺？

维珍：永远的"补缺者"

从1970年到现在，维珍集团成为了英国最大的私人企业，旗下拥有200多家大小公司，涉及航空、金融、铁路、唱片、婚纱直至避孕套，俨然半个国民生产部门。布兰森曾经说过，如果有谁愿意的话，他可以这样度过一生：喝着维珍可乐长大，到维珍唱片大卖场买维珍电台上放过的唱片，去维珍院线看电影，通过 virgin.net 交上一个女朋友，和她坐维珍航空去度假，享受维珍假日无微不至的服务，然后由维珍新娘安排一场盛大的婚礼，幸福地消费大量 virgin 避孕套，直到最后拿着维珍养老保险进坟墓。当然，如果不幸福的话，维珍还提供了大量的伏特加以供选择。

红白相间的维珍品牌在英国的认知度达到了96%，在"英国男人最知名品牌评选"中排名第一，在"英国女人最知名品牌评选"中位列第三。但是，维珍产品在所处的每一个行业里都不是名列前茅的老大或老二，而是一只"跟在大企业屁股后面抢东西吃的小狗"。这正是维珍的老板布兰森本人所期望的。维珍总是选择进入那些已经相对成熟的行业，给消费者提供创新的产品和服务。可以说，在它进入的每一个行业里，维珍都成功的扮演了"市场补缺者"和"品牌领先者"的角色。

维珍集团进入每一个行业时，很多分析家认为市场已很成熟，已经被一些大集团瓜分的差不多了。维珍集团在这个时候进入市场先天就已经落后了，如果不想捡别人剩下的东西吃，只能找到"利基市场"，只能创新。这正是科特勒关于"落后进入战略"（Laggard-Entry Strategy）的核心所在。布兰森认为，在一个成熟的市场环境里竞争，竞争的压力反过来加剧了企业间的相互模仿，追求标准、降低成本、回避风险成了企业的游戏规则，企业自身的创新潜力受到了压制，而消费者只能在价格上进行比较。这导致了相当糟糕的局面：管理者思想僵化、新的创意越来越少。这正是维珍的机会。维珍提供给目标顾客的是那些老大们没有想到，或者是不愿意去做，而消费者其实很欢迎、很需要、能够从中得利的产品和服务。

维珍集团的经营虽然天马行空，涵盖了生活的方方面面，但是所有产品和服务的目标客户群都锁定在了"不循规蹈矩的、反叛的年轻人"身上。它把握了现代人注重享受生活、体验生活、追求个性的心理，赢得了年轻客户的认同和信任，通过长期对他们的服务和研究，掌握了关于他们职业、兴趣的信息，让他们成为了维珍集团源源不断的财富源泉。

◆ 工作任务分析

市场补缺者，就是指精心服务于总体市场中的某些细分市场，避开与占市场主导地位的企业的竞争，只是通过发展独有的专业化经营来寻找生存与发展空间的企业。这些企业占据着各个行业的"边角",找到了有利的市场位置,即补缺基点。营销人员在此项目实施中的主要工作任务就是协助企业的营销部门分析行业中主要竞争对手的服务市场、服务对象,深入挖掘他们尚未满足的市场空缺,在此基础上,选择确定对主要竞争对手不具有吸引力但对企业来讲又有利润增长潜力的补缺基点和相应的竞争战略。

◆ 相关知识

一、市场补缺者的含义

在现代市场经济条件下,每个行业中几乎都有占据市场"边角"的小企业,它们专心关注市场上被大企业忽略或不屑一顾的某些空缝,拾遗补缺,在市场上通过专业化经营来获取最大限度的收益,在大企业之间的夹缝中求得生存与发展。这种有利的市场位置在西方被称为"Niche",即补缺基点。因此,市场补缺者是指哪些精心服务于总体市场中的某些细分市场,避开与占主导地位的企业进行竞争,只是通过发展独有的专业化经营来寻找生存与发展空间的企业。

这种市场补缺者位置和竞争战略不仅是小企业常常选择的战略,而且对某些大企业中的相对独立的较小部门也有实际指导意义,在现实营销活动中,大企业中的这些部门也常常设法寻找一个或几个这种既安全又有利润的补缺基点。尽管补缺基点在有些大企业看来是微不足道的,但事实上,许多能盈利的企业是在稳定的、低速成长的市场上发展的。尽管各个不同的补缺者有不同的补缺基点,但其取胜的关键在于其实施的专业化经营。

二、补缺基点的特征

(一)理想的补缺基点应该有足够的市场潜力和购买力

这种市场应该拥有众多的人口,他们具有很强的需求欲望,有满足这种需求的极强的购买能力,缺一不可。只有三者结合起来才能决定市场的规模和容量,才能组成有潜力的大市场。如果人口众多,但收入很低,则购买力有限;虽然购买力大,但人口少,也不是大市场;有足够潜力和购买力的市场是上述三个因素的统一,如果补缺基点具备了这些条件,剩下的是企业应该生产足以引起人们的购买欲望的产品,使其成为理想的补缺基点,使潜在市场转变为现实的市场。

(二)理想的补缺基点应该有利润增长潜力

理想的补缺基点要具备利润增长的速度要大于销售增长的速度,销售增长的速度大于成本增长的速度。这个潜力应该由企业来发掘,即企业将潜在的市场需求转变为现实的市场。值得注意的是必须讲究经济核算,加强管理,改进技术,提高劳动生产率,降低成本,在判断理想的补缺基点是否具有利润增长的潜力时,预先考虑利润发生的时间,考虑资金的时间价值,考虑风险问题,克服短期行为。

(三)理想的补缺基点对主要竞争者不具有吸引力

企业应该建立竞争情报系统,从产业、市场两个方面识别自己的竞争者,确定竞争对象；判定竞争者的战略、战术原则与目标；评估竞争者的实力与反应，从而推断出自己选定的补缺基点是否对竞争者具有吸引力，以此预测这个补缺基点对企业的理想程度。

（四）企业应该具备占有理想补缺基点所需的资源、能力和足以对抗竞争者的信誉

企业发掘补缺基点时，需要考虑自身的突出特征；周围环境的发展变化及会给企业造成的环境威胁或市场机会；企业的资源情况和特有能力、信誉。只有掌握资源，企业才能确定以市场为导向，寻找切实可行、具体明确的理想的补缺基点，否则，即使是很好的补缺基点，也不能成为该企业的理想的补缺基点。

三、市场补缺者的战略与任务

（一）市场补缺者的战略

市场补缺者的主要战略是专业化的市场营销，具体来讲，就是在市场、顾客、产品或渠道等方面实行专业化。

（1）专门致力于为某类最终用户服务的最终用户专业化。如食品行业中的某些小企业专门针对某一特殊消费群体（比如糖尿病消费群体的无糖食品）进行市场营销。

（2）专门致力于分销渠道中的某些层面的垂直层面专业化。如建筑企业可专门生产空心砖、墙体颜料、水暖配件或其他预制构件等。

（3）专门为那些被大企业忽略的小客户服务的顾客规模专业化。如有些小企业专门为那些被大企业忽略的小客户服务。

（4）只对一个或几个主要客户服务的特定顾客专业化。如某些办公自动化公司专门为高校供应各种办公耗材等。

（5）专为国内外某一地区或地点服务的地理区域专业化。如专门为某一传染病高发地区提供食品、药品等。

（6）只生产一大类产品的某一种产品或产品线专业化。如美国绿箭（Wrigley）公司专门生产口香糖一种产品，现已发展成为世界一家著名的跨国公司。

（7）专门按客户订单生产预订产品的客户订单专业化。如某些农业产业化公司专门按客户订单生产预定的产品。

（8）专门生产经营某种质量和价格的产品的质量和价格专业化。如香港康富来公司一直专门生产高质量、高价格的洋参含片。

（9）专门提供某一种或几种其他企业没有的服务项目专业化。如美国一家银行专门承办电话贷款业务，并为客户送款上门。

（10）专门服务于某一类分销渠道的分销渠道专业化。如某蛋品公司专门生产适于超市销售的产品。

（二）市场补缺者的任务

1. 创造补缺市场

首先，市场补缺者要积极适应特定的市场环境和市场需要，努力开发专业化程度高

的新产品，从而创造出更多需要这种专业化产品的补缺市场。例如，著名的运动鞋制造商耐克公司，不断开发适合不同运动项目的特殊运动鞋，如登山鞋、旅游鞋、篮球鞋、自行车鞋、冲浪鞋等，这样就开辟了无数的补缺市场。

2. 保护补缺市场

市场补缺者还要时刻注意竞争者的动向，如果有新的竞争者闻声而至，仿造企业产品，争夺市场阵地，市场补缺者必须及时采取应对措施，未雨绸缪，全力保护自己开辟的补缺市场，保住其在该市场上的领先地位。如北京怡安堂生物科技有限公司的"奥键"多功能磁化杯是专为患有心血管疾病的中老年消费者设计制作的，产品一上市，就很受消费者欢迎，销售非常火爆，但仿制者却纷至沓来，企业为保护这一补缺市场，在制作上采用了独特的磁场软化水工艺技术，这一生产技术模仿者很难达到，从而有效保护了自己开辟的补缺市场。

3. 扩大补缺市场

市场补缺者在赢得特定市场上的竞争优势之后，还要进一步提高产品组合的深度，努力增加产品项目，以迎合更多具有特殊需要的市场购买者的偏好，提高市场占有率，进而达到扩大补缺市场的目的。如耐克公司在创造出擅长不同运动项目的消费者的特殊需求之后，又继续为这种鞋开发不同的款式，如耐克充气乔丹鞋、耐克哈罗克鞋等，以扩大补缺市场。

总之，只要善于经营，随时关注市场上被大企业忽略的细小部分，通过专业化经营，精心服务于顾客，小企业总有机会获利。

◆ **任务实施**

第一步，对学生进行分组，每3～5为一组，组织引导学生以组为单位对当地的洗发用品行业进行实地调研；

第二步，对调研取得的信息资料进行分类整理，看看哪些洗发水生产企业或产品是市场上的补缺者；

第三步，运用所学的营销知识分析市场补缺者是如何制定其竞争战略的。

◆ **总结与回顾**

市场补缺者，是指哪些精心服务于总体市场中的某些细分市场，避开与占主导地位的企业竞争，只是通过发展独有的专业化经营来寻找生存与发展空间的企业。现实中的每个行业，几乎都有一些依靠市场"边角"生存发展的小企业，它们专心关注市场上被大企业忽略或不屑一顾的某些细小部分，拾遗补缺，在市场上通过专业化的经营来获取最大限度的收益。

市场补缺者要想长期地生存发展，就必须要找到一个大企业不在乎的市场位置，这一位置被西方人称之为"补缺基点"。理想的补缺基点应该有足够的市场潜力和购买力，有利润增长的潜力和对主要竞争者不具有吸引力的特征。市场补缺者的主要战略是实行专业化的市场营销，任务是创造补缺市场、保护补缺市场和扩大补缺市场。

本项目的教学重点与核心技能是市场补缺者"补缺基点"的选择和竞争战略的制定。

◆ 复习思考题

1. 简述市场补缺者的概念和理想补缺基点的特征?
2. 简述市场补缺者的战略和任务?

◆ 实训练习

以组为单位,在当地市场上寻找一个居于补缺者地位的企业,对其补缺基点和竞争战略进行分析研究,在此基础上,要求每一组再发掘出一个当地市场上被行业中的大企业、大品牌忽视的或是不在乎的市场空缝。

模块六　产品策略的制定

　　企业市场营销活动的中心是最大限度地满足消费者的需要,而消费者需要的满足只能通过提供某种产品或服务来实现。因此,产品是企业开展市场营销活动的出发点,在企业市场营销组合中处于关键地位,它直接影响和决定着其他市场营销组合因素的决策制定。在现代买方市场条件下,每一个企业都必须按照市场需求的变化进行科学的经营决策和合理的生产安排,并重视产品品质的提高、产品结构的优化和新产品的研制开发,从而使企业的产品不仅能做到适销对路,而且能形成比较强势的市场竞争能力。

项目一　产品与产品组合策略的制定

◆ 知识、能力、素质目标

　　使学生掌握产品的整体概念,明确产品概念现已超越传统有形实物的范围,思想、策划、主意、信息作为产品的重要形式也能卖钱;掌握产品组合、产品项目、产品线等基本概念,学会静态产品组合策略类型分析,掌握产品组合策略的制定与调整方法。能够对构成产品整体概念的各组成部分从市场价值提升的角度进行评价分析,并能对企业的产品组合策略进行市场诊断,在此基础上,熟练掌握产品组合策略的制定流程与方法技术。

◆ 教学方法

　　案例教学法　问题导入法　课堂讲授法

◆ 技能（知识）点

　　核心产品　形式产品　附加产品　产品分类　产品组合的广度、长度、深度与密度　产品组合的扩展策略　产品组合的缩减策略　产品组合的延伸策略

消费者究竟喜欢什么样的产品?

　　某日,小李去做产品的市场调查,调查中碰到顾客买可乐,无意中听到了以下谈话:"老板给我瓶可乐",老板马上就问:"百事可乐还是可口可乐?"顾客说"可口可乐",老板一听到可口可乐接着又问:"一般的还是加料的?"顾客说"加料的",于是老板又问:"是草莓的、苹果的还是樱桃的?"顾客说"樱桃的",老板又问:"是健怡可乐还是传统可乐",顾客说:"干脆给我一瓶百事,给我一瓶百事可乐!"小李就想,要是自己碰到这样的情况可能也会毫不犹豫地拿百事可乐了!

原来，可口可乐有一阵子跟百事可乐"打"的很厉害。可口可乐和百事可乐所卖的两种可乐，口味其实差不多。到底哪一个好喝，哪一个不好喝，坦白地讲很难说得清，没有几个人能真正喝得出来。可口可乐就想出一个方法，做出了一个重大的决策，把自己的口味分裂。可乐的口味有两种：一种是一般的，一种是加料的。加料的又分成三种：一种是苹果口味，一种是草莓口味，一种是樱桃口味。这三种口味再分裂成两种：一种是健怡可乐，就是所谓针对有结石或有糖尿病及不喜欢吃太甜的人；另外一种是传统风味。

小李觉得可口可乐是专门做碳酸饮料的，现在也开始搞果汁，搞矿泉水这种非碳酸饮料，尽管都是饮料，但毕竟是两个范畴，可口可乐偏离了它的核心产品，消费者不喜欢这样做。尽管可口可乐的销售总监为了打击百事可乐想尽办法才决定分裂自己的产品，小李还是冒着风险说出了自己的想法，建议产品要忠于原味。再说通过详细调查，可口可乐分裂产品以来，才9个月就赔了6000万美元。好在可口可乐也意识到了事态的严重性，马上就把这个事情改了过来，说要忠于原味。

根据营销情景中描述的事实，学生独立思考并回答：
1. 可口可乐的问题出在哪里？产品有别就能有市场吗？
2. 小李所说可口可乐的核心产品是什么？营销中的产品除了利益效用还有什么内容？

雕牌一路高歌靠什么

现在，没有人再敢小看雕牌了，火箭般的上升速度和实实在在的销量，已经足以让它笑傲江湖。这个奇迹般崛起的后起之秀，以强劲的势头继续一路高歌。日化行业的惊涛骇浪，由于雕牌的加入显得更加惊心动魄，一方面，它有力的狙击了外资品牌在中国的地位，以物美价廉的实惠，让老百姓"只选对的，不买贵的"，另一方面，雕牌的价格狂潮已经有效的肃清了一些让正规企业头疼烦心的"杂牌军"。雕牌让消费者欢迎，让经销商追捧，却让竞争对手的心里涌起一股无法言表的苦涩。

2000年，纳爱斯的销售收入达25亿元，实现利税总额5亿元。洗衣皂一枝独秀，洗衣粉更是只用了一年时间就登上第一的宝座，迫使连续三年销量全国第一的奇强换掉了包装袋上的广告。新出炉的雕牌牙膏销量也有望超过1亿支。中国牙膏工业协会官员评价道，雕牌牙膏进入市场的速度是前所未有的，过去专业的牙膏厂达到5000万支销量也需要几年时间，即使跨国公司在抢滩中国之初也没有达到纳爱斯这样的速度。雕牌洗洁精则紧逼白猫，稳稳地坐上了全国的第二把交椅，成为领先阵营中超过5万吨的企业。那么，雕牌为何能取得如此骄人的战绩？纳爱斯发家的艰辛历程给我们诸多启示。

1. 洗衣皂崛起

纳爱斯公司位于浙江省丽水地区，因为交通极其不便利，闭塞的环境使其经济发展远远落后相邻的温州。据当地人讲，1998年金温铁路通车时，许多人还争相去看火车是什么模样。纳爱斯的前身是一家地方性国营化工厂，曾经在全国洗化行业内产值排名倒数第二，是一个仅有几十号人的手工作坊式小厂。在与香港丽康公司合作之后，纳爱斯将突破点锁定在洗衣皂上。这是一个消费者对之毫无感觉的领域：地方货各自为营，根本没有全国性品牌。机会就在这里！当然，就这样去做，恐怕是没什么希望的。当时的洗衣皂为什么没有品牌意识，就在于它本身的缺陷：块大、粗糙、外观蜡黄、赤裸无包装，再加上味道实在不敢让人恭维，所以有一个俗名叫"臭肥皂"。但臭肥皂却是人们洗衣必需的东西，虽然香皂味道好，但去污却比不上洗衣皂。要在洗衣皂上打开缺口，就得从内质上进行改造。雕牌超能皂以其特有的颜色（蓝色）与造型（中凹）出现在老百姓的面前，而它特殊的形象代表——大雕更是意喻去污的迅捷。但初入市场，新奇的颜色和包装带来的不是消费者对"雕"的青睐，反而以为又是一种玲珑剔透的香皂，雕牌超能皂备受冷落。面对窘境，急中生智下，一个在日后被许多企业引为经典的著名广告策划案在纳爱斯公司悄悄出台。

1993年6月21日，《浙江日报》刊登了纳爱斯公司的免费大赠送广告，一个手写体的遒劲汉字"雕"的注册商标首次醒目地出现在媒体上和大众面前。广告列举了雕牌超能皂的四大优点，并告诉读者只要剪下报上的广告券就能免费领取超能皂一块，还有机会抽得免费港澳游。广告一经推出，各经销点人气骤增，众多消费者由此免费领略到了用超能皂洗衣的诸多好处，而口碑相传也在消费者心中留下了雕牌的良好形象。从此"雕"翔各地，至今畅销不衰，并连续多年占据第一的宝座。

在90年代初期，一家企业能以奉送社会百万元的代价，来实施一个根本无法预料效果的一个广告案例，无疑需要很大的勇气，并担当起巨大的市场风险。而对一个国有企业的决策者来说，恐怕还得承担巨大的"政治风险"。"赞助不拿钱，却要送百万"、"出风头"、"败家子"、"瞎胡闹"，还是国有企业厂长的庄启传全然不管这些骂声，硬着头皮把雕牌超能皂迅速送进全省千家万户，一举稳拿省内90%的市场份额。广告界人士对此颇为感慨：纳爱斯当初的一百万元广告投入，当属出奇制胜之招，其效应或许远胜过现在同类"策划"案投入一千万元、两千万元。当然说庄传启有远见也好，说他喜用怪招也罢，在特定的环境下的孤注一掷毕竟换来了雕牌的第一个辉煌。回首这次的冒险，他本人也说过：如果失败，只能是苍天在上了。

紧接着雕牌透明皂又快速上马。这一次，形状由大变小，一手可握，便于消费者使用，同时，改革香味，变为淡淡的清香，再配以中档的价位，一上市，迅速被成千上万的消费者接受，很多商场、超市一上柜就被抢购一空。雕牌透明皂从一上市就被消费者追捧到现在而经久不衰，让当初并不看好的同行大跌眼镜，等醒悟过来，纷纷上马之时，早已错过先机。雕牌透明皂当之无愧地成为洗衣皂销量第一的品牌。雕牌透明皂的成功就在于：改变了人们的使用习惯，创造了一个市场，并在这个市场迅速成为领导品牌。

2. 洗衣粉发力

1999年，雕牌对外宣告其建成了全世界四台第一的全自动喷粉设备，生产效率大大提高，为此做注脚的是：这一年刚开始，雕牌洗衣粉的价格就降到了一箱29元，跌破了30元的心理防线，一步到位的价格让同行们措手不及。与价格相对应的是，雕牌的"亲情"广告"妈妈，我能帮你洗衣了"开始了狂轰乱炸，这则打破常规的洗衣粉功能性宣传的广告，出人意料地受到了广大消费者的欢迎。独特的视角，真情的流露，这个紧跟时代脉搏的广告，让雕牌带着浓浓的亲情走进了千家万户。如果说雕牌透明皂的广告起到了提升知名度的作用，那么洗衣粉的广告则完成了对品牌的塑造。就在这一年，雕牌洗衣粉奇迹般地跃居第二位，业界惊呼：狼来了！此时的洗衣粉市场，一直被宝洁、联合利华和国内的奇强所把持。外资经过数年的运作，已牢牢占据了城市市场绝大多数的份额，而奇强避其锋芒，从外资不太重视但市场容量十分巨大的农村入手，连续三年全国销量第一。

面对如此强大的对手，如此残酷的竞争，进入这个市场究竟能有多少作为？定位和奇强一样的雕牌又如何能突出重围？可是，谁也没有想到，看似格局已定，再无波澜的洗衣粉市场,仍被纳爱斯撕开了一道口子。而且,这道口子竟再也合不上了。

2000年,雕牌洗衣粉再接再厉,将奇强的销量定格在38万吨,自己则纵身一跳,取而代之,继洗衣皂之后又拿到一个第一。雕牌洗衣粉的三级跳不仅让自己出尽风头,更引发了整个行业的价格跳水,以宝洁和联合利华为首的外资企业不得不低下自己高贵的头,开始了悄悄地降价,国内品牌的价格也是一垮再垮。

如果说雕牌洗衣皂的成功还有些投机的话,那么洗衣粉的成功则可谓一场真正漂亮的反击之战。雕牌选择这个被众多人士不再看好的行业,实际上有着自己的深谋远虑。

首先是城市市场中档价位的洗衣粉严重短缺,随着近几年消费水平的持续下降,早些年以活力28和白猫为首的高档浓缩粉已渐渐不再受宠,逐渐被外资品牌的复配粉所代替。但外资洗衣粉的价格仍然超出了大多数消费者的接受水平。市场急需中档洗衣粉的出现。

再者,以奇强、全力为代表的农村路线的领路军,虽已在农村市场有了坚固的基础,但有一点,在知名度方面却是软肋。而农村消费者在有限的电视媒体上还没有看到什么厂家做广告,所以在洗衣粉的选择上是盲目的。

机会就是市场。雕牌用低价打开城市市场的口子,用广告在农村市场奠定品牌形象,结果遍地开花。

3. 多品种出击

在洗衣皂和洗衣粉市场上胜局初定之后,纳爱斯又伸向了其他方面:雕牌牙膏、纳爱斯香皂……一个个出笼了。2001年,纳爱斯还增加了水晶皂、沐浴露、洗发水等产品。纳爱斯老总庄启传在接受记者采访时开玩笑地说:"我现在是哪壶开了提哪壶,哪个产品脱颖而出我就培养它,列为市场重点。"可以想见的是,在相关产品的开发和推广中,纳爱斯希望自己的所有产品都能够脱颖而出,以多个赢利点,为自己辉煌的未来押上更多的筹码。

鉴于洗衣粉市场快速启动的压力和透明皂销售季节的来临,纳爱斯人采取了以透明皂为龙头的"优势捆绑"做法,把最具优势的洗衣粉和透明皂捆绑销售,纳爱斯人市场运作的精明表现得淋漓尽致。2000年"五一"期间全国各大商场、超市销售火爆的场面至今使人难忘。头一年透明皂的销售量虽已跃居全行业之首,但市场占有率仅为31%,而2000年一下飙升至50%以上。纳爱斯的多产品出击,源于洗衣皂和洗衣粉的巨大成功。洗衣皂风生水起,洗衣粉规模效应,强强联合将雕牌推向了前所未有的高度。雕牌牙膏一试水就旗开得胜,雕牌洗洁精也开始向第一位置进军。一直以来,洗洁精是白猫的天下,且份额占绝对优势,一般的企业销量都在万吨以下,但白猫已近十万吨,而雕牌洗洁精已超五万吨,并欲借白猫近年的颓势取而代之,而这竟也是指日可待的!

现在包括德国汉高在华的四个洗涤剂生产厂和宝洁的两个工厂在内的遍布全国19个省的30家企业,它们的生产线每天都在生产着纳爱斯的产品,而后者的香皂、洗衣粉、牙膏……又在与它们争夺市场份额。有报道说,因为这种委托加工,徐州汉高洗涤剂有限公司脱离了亏损4000万元的窘境而扭亏为盈,甘肃"蓝星"从扭亏到盈利再到了创该厂20年来洗衣粉生产的历史纪录。上海制皂厂、绵阳"立洁"等企业专程学习考察纳爱斯,成都"明天"表示要争做纳爱斯的好伙伴,包括美国高露洁合资厂在内的许多厂还正在和纳爱斯洽谈加盟之事。不仅如此,这些委托加工企业,已成为纳爱斯在全国迅速布下的星星之火,不仅有效地实现了产地销,很大程度上减少了运输成本,而且为其全国版图纳入麾下奠定了坚实的基础。纳爱斯人自己算了这样一笔账:二、三期洗衣粉技改项目的年产能为50万吨,原材料和成品运输的成本,与交通便利的地区相比,每吨要多付出600元,一年下来,就白白丢掉3个亿的利润!而成本的上升,将意味着市场价格的水涨船高，导致市场竞争力的下降。与此相比，只付出每吨200元的加工费，代价是相当小的。

纳爱斯并没有满足，而是着眼于更远的市场大局。2001年9月，纳爱斯投资3亿元，在湖南益阳兴建生产能力为20万吨的生产基地。如果说委托加工只是纳爱斯"形式"上在全国布局的话，那么，这一次是实实在在地"输血"了。庄启传的设计是，未来几年，在东北、华北、西北再各建一个生产基地，连同益阳（西南）和丽水本部（华东），以五子各据"星位"和"中腹"，搭起全国的战略框架，然后再整合有意加盟纳爱斯的委托加工企业，从而完成市场的全面覆盖。可以预见，到那时，纳爱斯将是日化行业一个无人能敌的竞争对手！

◆ 工作任务分析

现代营销观念认为："顾客导向"是企业经营的基点，若企业不能生产出满足消费者需要的产品，其他策略与战术再高明也要失败。产品策略是企业营销组合策略中最重要，也是最基本的构成要素，是其他营销组合因素的基础。企业能否制定和实施正确的产品策略对企业营销成败关系重大。企业营销人员在此项目实施中的主要工作任务就是根据产品的整体概念，对市场上的同类竞争产品和企业的产品组合进行研究分析，并对其产生的市场效应做客观评价，以求能给企业的决策部门提供真实可靠的产品信息，从而协助企业制定切实可行的产品组合策略。

◆ 相关知识

一、产品的概念与分类

（一）产品的概念

在经济学中，人们通常认为产品是通过人们有目的的生产劳动创造出的能够满足人们某种需要的物质资料。依此可以看出经济学单纯认为产品就是一种实物（实体），这和人们购物时对品牌、形状等方面的挑选及对售后服务的追求形成"不一致"。可见，这一概念在市场中不免缺少适用性，需要引入一种更为全面、适用的整体产品概念。所谓整体产品是指提供给市场的能够满足人们需要的实体或服务。它包括核心产品、形式产品和附加产品三个层次。如图6-1所示。

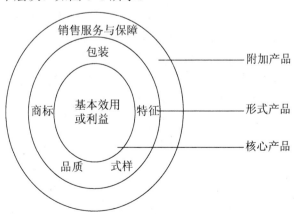

图6-1 整体产品概念的三个层次

1. 核心产品

核心产品也叫实质产品,是指向顾客提供的产品的基本效用或利益,是构成产品最本质、最核心的部分。从根本上说,每一种产品实质上都是为顾客解决问题而提供的。如妇女购买口红,并非购买物理或化学特性,而是购买美感,美才是化妆品的核心,正如美国化妆品生产商所说:"在工厂,我们生产化妆品;在商店,我们销售愿望。"因此,企业营销人员销售的任何产品都必须具有反映顾客核心需求的基本效用或利益。

2. 形式产品

形式产品是指核心产品借以实现的形式或目标市场对某种需求的特定满足形式。形式产品由五个特征所构成,即品质、式样、特征、商标、包装。产品的基本效用必须通过特定形式才能实现,市场营销人员应努力寻求更加完善的外在形式以满足顾客的需要。

3. 附加产品

附加产品也叫延伸产品,是指顾客购买产品时所能得到的附加服务和附加利益的总和,包括产品说明书、保证、安装、维修、送货、技术培训等。由于技术的发展,企业之间竞争激烈,不同企业提供的同类产品在核心利益上越来越接近,很难有大的差别,因此,正确发展延伸产品便成了企业获得竞争优势的有效手段。美国营销学家里维特曾指出:"未来竞争的关键,不在于工厂能生产什么产品,而在于其产品所提供的附加价值——包装、服务、广告、用户咨询、消费信贷、及时交货和人们以价值来衡量的一切东西"。

产品整体概念的三个层次,十分清晰地体现了以顾客为中心的现代营销观念。这一概念的内涵和外延都是以消费者需求为标准的,由消费者的需求来决定。可以说,产品整体概念是建立在"需求=产品"这样一个等式基础上的。

(二)整体产品概念对企业营销的意义

根据整体产品的概念,如果产品物质部分的功能相同,而包装、特点及随产品所提供的服务等有好坏的差别,这就会直接影响到企业产品的销售。因此,在顾客导向的营销观念指导下,企业必须根据整体产品的概念,在研究消费者不同需求的基础上,致力于提供不同的形式产品与扩增产品。例如,对生产企业来讲,同一产品销售给中间商和销售给最终使用者是完全不同的。最终使用者购买产品的目的在于投入使用,因而生产企业对他们提供的服务是以保证其正常使用为中心,例如技术咨询、维修服务和各种使用保证;中间商购买产品的目的在于重新出售以获取利润,因而生产企业对他们提供的服务是以有利于其转售为中心,例如代培推销人员、提供广告、代垫资金,等等。生产者只有这样才能提高自身产品在市场上的竞争力,提高销售业绩。

(三)产品的分类

1. 按照产品的具体形态划分

(1)有形产品。也称实体产品,是指能看得见、摸得着的有形实体,是存在形式的产品。如波司登羽绒服、TCL 手机、康佳液晶电视等。

（2）无形产品。不具有实物形式的产品，具体包括技术专利、知识产权等无形资产和数字化信息产品。

（3）服务。不具实物形态，直接由人的劳动向消费者传递利益与价值的产品形式。如金融服务、旅游、理发等第三产业中涉及的各类服务项目。

2. 按照消费者购买习惯来划分

（1）便利品。是指那些消费者经常购买、随时购买、追求便利，购买时不需要或不愿意花费太大精力去比较选购的产品。如洗衣粉、牙膏、酱油等日用品。

（2）选购品。指消费者在选购商品的过程中，愿意投入许多精力和时间进行认真选购的产品。这类产品多数价值较大，但又是消费者普遍需要的，如服装、家电、手机、电脑等。

（3）特殊品。指那些具有独特的品质、风格、造型、工艺等特性，或品牌为消费者特别偏爱，消费者习惯或愿意多花时间和精力购买的商品。这类商品不是消费者的普遍需要，如古玩字画、手工艺品、高级乐器等。

（4）非渴求品。指消费者目前不知道，或即使知道也不轻易购买的产品。例如某些新特药、人寿保险、墓地、百科全书等。这类产品需要企业投入大量的营销努力。

二、产品组合

根据整体产品的概念及其指导意义，企业必须对其产品进行改进、开发，形成满足消费者多元化需求的产品。可见，企业生产经营的产品不是单一的，而是由多个品种构成的。我们把一个企业生产经营的全部产品的有机构成及量的比例关系称为产品组合。

（一）产品的等级系列与产品组合

产品的等级系列是从基本需求开始，向下延伸到能满足这些需求的产品基础上的顺序排列的，它至少可划分成为五个层次。

1. 需求簇

需求簇指以某一本需求为核心而形成的一簇需求。例如，人们对交通运输的需求可被看作由一个基本需求而衍生出许多的个体需求，如对汽车的需求、自行车的需求、飞机的需求，等等。这些众多的具体需求便以基本需求为核心构成一个需求簇。

2. 产品簇

产品簇指能以不同程度满足相应基本需求的所有产品类。如自行车、汽车等均能不同程度地满足人们对交通运输的需求，因而便构成一簇产品。

3. 产品类

产品类指产品簇中的一组具有内在联系的产品，如在交通运输产品簇中，所有的汽车车辆就可构成一类。

4. 产品线

产品线指在产品类中的一组密切相关的产品。这些产品均能满足消费者的某种需要,或以相类似的方式发挥作用,或卖给相同的顾客群体,或者通过同种类型的商店销售,或者属于一定的价格幅度。比如在汽车制造厂中,卡车可视为一个产品线,轿车又可视为一个产品线。一个企业可以生产经营一条或几条不同的产品线。

5. 产品项目

产品项目指产品中不同型号、不同规格、不同款式外观的具体产品。产品项目是产品等级系列中的最小构成单位。

对单一企业而言,无论其生产能力多大,都不可能涵盖产品簇或产品类中的每一种产品。由此可见,一个企业的产品组合必须是企业生产经营的全部产品线与产品项目的总和。产品项目、产品线与产品组合的关系如图 6-2 所示。

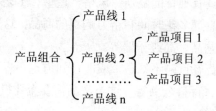

图 6-2 产品项目、产品线与产品组合的关系

(二)产品组合的广度、长度、深度与关联性

任何企业的产品组合一般都包括产品组合的广度、深度及其关联性。

1. 产品组合的广度

产品组合的广度(又称宽度)是指企业拥有多少条不同的产品线,产品线越多,说明广度越大;产品线越少,则广度越小。例如,大连显像管股份有限公司仅生产显像管,其产品组合很窄。相反,万宝路公司除了生产香烟外,还生产油漆、食品等众多产品,每种产品的品种规格也很多,其产品组合的广度就大。产品线反映了一个企业市场服务面的宽窄程度和承担风险的能力。

2. 产品组合的深度

产品组合的深度是指一个企业的产品组合中所包含的产品项目数。也就是每条产品线有多少个花色、品种。产品组合的深度反映了一个企业在同类细分市场中,满足顾客不同需求的程度。用产品组合包含的品牌数去除各种品牌的花色品种规格总数,即可求得一个企业产品组合的平均深度。

3. 产品组合的关联性

产品组合的关联性是指各产品线之间在最终用途、生产技术、分销渠道以及其他方面相互关联的程度。其关联程度越密切,说明企业各产品线之间越具有一致性。

产品组合的宽度、深度和相关性同促进销售、增加企业利润关系密切。拓展产品组合的宽度，可以充分发挥企业特长，充分利用企业资源，开拓新市场，分散投资风险；增加产品组合的深度可使产品线有更多的花色品种，适应顾客不同的需求，扩大总销售量；增加产品组合的关联性，可充分发挥企业现有的生产、技术、渠道等方面的能力，提高企业的竞争力，巩固市场地位，提高经营的安全性。举例如图6-3所示。

↑产品组合深度↓

产品组合广度

汽车	发动机	轮胎	拖箱	电视机	食品
大卡车	800马力	2米	30吨	18英寸	好利面包
公共汽车	400马力	1.8米	25吨	21英寸	………
越野车	350马力	1.5米	10吨	25英寸	…
吉普车	90马力	1米	8吨	29英寸	…
小轿车	………	0.8米	5吨	………	…
消防车	…	…	…		
救护车	…	…			
………					

← 强相关 →
← 弱相关 →
← 不相关 →

图6-3 某汽车公司产品组合

在图6-3中，某汽车公司有6个产品线，即汽车线、发动机线、轮胎线、拖箱线、电视机线以及食品线。这6个产品线构成该汽车公司产品组合的方式。同时，每一产品线下又有许多项目，产品组合的长度为26，该产品组合中各产品的深度不一。假设好利面包有三种口味和两种重量规格，则好利面包的深度为6。在6个产品线之间，汽车线、发动机线、轮胎线以及拖箱线之间为强相关；它们与电视机的关系为弱相关，与食品线的关系为不相关。

（三）产品组合的调整

通过对产品线中各产品项目的销售额和利润贡献的分析、产品项目与竞争者同类产品项目的对比分析，为产品组合的调整优化提供了重要依据。当企业进行产品组合的优化调整时，可根据具体情况，选择以下具体调整策略。

1. 扩大产品组合的策略

这种策略着眼于向任何顾客提供所需要的一切产品。它包括拓宽产品组合的广度和加深产品组合的深度，拓宽产品组合的广度，是指增加一个或几个产品线，扩大产品经营范围，搞多角化经营。加深产品组合的深度，是指在原有产品线内增加新的产品项目，增加产品的花色品种。新增加的产品线或产品项目可以不受产品之间关联度的约束。扩大产品组合可以使企业充分利用生产设备、技术和人力、物力及品牌和销售渠道等，而且通过开辟新的产品线，增加新的产品项目，有助于企业避免风险，提高市场占有率，增强企业的市场竞争能力。

2. 缩减产品组合的策略

缩减产品组合策略指在市场不景气的时候，特别是原料和能源供应紧张时，企业为了获得最大利益,从产品组合中剔除那些获利小的产品线或产品项目。通过缩减产品组合,可以使企业避免战线过长造成的精力分散,有利于企业集中力量发挥和提高专业技术水平,使企业生产经营专业化,赢得某特定市场的利益和信誉。同时还有利于企业节约原材料,降低成本,减少资源占用,加快资金周转。

3. 产品线延伸策略

产品线延伸策略是指部分或全部改变公司原有产品的市场地位。具体有三种方式:向下延伸、向上延伸和双向延伸。

(1) 向下延伸。产品线向下延伸是指企业原来定位于高档市场的产品线向下延伸,增加低档产品项目。企业采用这种延伸策略,其主要原因与目的是:①利用高档名牌产品的声誉,吸引购买力水平较低的顾客慕名购买此产品线中的低档廉价产品;②高档产品销售增长缓慢,且市场范围有限,资源设备不能得到充分利用,不能为企业带来满意的利润,为赢得更多的顾客,企业可以以将产品线向下伸展;③补充企业产品线的空白。

企业采用产品线向下延伸决策一定要谨慎,否则可能会影响原有产品的形象和声誉。同时,这种策略必须辅之以相应的营销手段,例如重新设立分销网、宣传等。

(2) 向上延伸。产品线向上延伸是指原来定位于低档产品市场的企业,在原有的产品线内增加高档产品项目,使企业进入高档产品的市场。企业采用向上延伸这一策略,主要原因与目的是:①高档产品市场具有较大的潜在成长率和较高利润率的吸引;②企业要重新进行产品线定位。

采用这一策略的企业也要承担一定风险。因为改变产品在消费者心目中的地位是相当困难的,处理不当,不仅难以收回开发新产品项目的成本,还会影响老产品的市场声誉。

(3) 双向延伸。产品线双向延伸即原定位于中档产品市场的企业掌握了市场优势以后决定向产品线的上下两个方面延伸。一方面增加高档产品,另一方面增加低档产品,扩大市场阵容,丰富产品类型。

◆ **任务实施**

第一步,对学生进行分组,每5~6人为一组,要求学生以组为单位对某种或某类产品如汽车、电视机、商品房、方便面等进行整体概念的分析,分别说明哪些属于产品的核心产品部分、哪些属于产品的形式产品部分、哪些属于产品的附加产品部分;

第二步,组织学生到企业参观考察,调查了解参观企业的产品组合及市场销售,根据调查掌握的情况资料,引导学生从实践层面分析评价企业的产品组合策略;

第三步,根据考察企业所处的市场营销环境、企业的既定经营目标及各类产品近两年的市场销售业绩,让学生在分组讨论的基础上,以书面形式写出被考察企业产品组合策略的调整改进意见。

◆ **总结与回顾**

产品是指企业生产并提供给市场销售的、能够满足人们某种需求和欲望的各种经济物品或服务。营销中的产品概念是指包含核心产品、形式产品和附加产品三个层次在内的整体产品的概念。核心产品是指向目标顾客提供的产品的基本效用或利益;形式产品是指核心产品借以实现的形式载体或目标市场对某一需求的特定满足形式,由品质、式样、特征、商标及包装五个基本特征构成。附加产品则是指消费者购买产品时附带获得的额外利益的总和，主要包括产品说明书、保证、安装、维修、送货、技术培训等基本内容。

现实中的企业为降低经营风险、扩大竞争优势，大多生产经营两种或两种以上的产品，因此，一定时期内企业的经营资源要分散投入到各种产品的生产销售上去，从而形成了企业特定的产品组合结构。一般来讲，企业的产品组合包括产品组合的广度、深度及关联性。因此，企业产品组合策略的制定与调整实质上是指企业产品组合结构的调整与优化，即一定时期内企业立足自身条件，根据市场变化对其生产什么，生产多少的合理决策安排。在营销实践中，可供企业选择的产品组合策略有：产品组合的扩展策略、产品组合的缩减策略、产品组合的延伸策略。

本项目的教学重点和核心技能是企业整体产品概念的理解和产品组合策略的制定。

◆ **复习思考题**

1. 如何理解整体产品概念？它包括哪几个层次？
2. 企业认识整体产品概念的意义何在？
3. 简述什么是企业的产品组合。企业在营销实践中常用的产品组合策略有哪些？

◆ **实训练习**

1. 实训项目：模拟公司，对其产品组合策略进行调查分析
2. 实训目标：

（1）培养学生初步运用产品整体概念分析模拟公司的产品在哪些属性上具有竞争优势，哪些属性上不具有竞争优势的能力；

（2）培养学生根据企业实力和营销目标制定其产品组合策略的能力。

3. 实训内容与方法：

根据所学知识以及对现实企业调查所获得的信息资料，制定模拟公司的产品组合策略。

（1）以自愿为原则，6～8人为一组，组建"×××模拟公司"，公司名称自定；

（2）按产品整体概念的三个层次分别描述模拟公司各商品的实质层、实体层和延伸层所包含的内容，并讨论提出每种商品的具体改进意见；

（3）制定模拟公司一定时期内有竞争力的产品组合策略。

4. 标准与评估

（1）标准：能够应用产品整体概念具体描述模拟公司各商品的实质层、实体层和延伸层所包含的内容，并能提出每种商品的具体改进意见；能够制定模拟公司一定时期内有竞争力的产品组合策略。

（2）评估：每个同学写一份模拟公司产品组合策略的书面报告，作为一次作业，由教师与各组组长组成的评估小组对其进行评估打分。

项目二　品牌策略的制定

◆ **知识、能力、素质目标**

使学生了解品牌、商标的概念与区别，明确营销实践中品牌、商标的价值及功能作用。熟悉品牌设计的基本要求，能够根据品牌战略与产品销售的关系，正确制定企业的品牌策略。

◆ **教学方法**

案例教学法　课堂讲授法　分组讨论法

◆ **技能（知识）点**

品牌的概念与构成　品牌与商标的区别　企业品牌策略的选择与制定

什么是品牌？什么是商标？

阿黄是四川市场的一位经销商，平时主要经营国产杂牌的成年男女装、背包和饰品，但生意平平。为了能够吸引更多顾客，也为自己能有更多的利润，阿黄用了不少心思，也得到了一定的好处。不过，好景不长，2005年5月23日，根据群众举报，渝中区工商分局在朝天门市场查获当事人阿黄经销的BONEY RABBIT（邦妮兔）女装手袋932个，其商品吊牌标注的美国花花公子（国际）贸易有限公司的名称，突出使用"花花公子"字样。当即因其侵犯了花花公子有限公司（美国）的注册商标，渝中区工商分局责令阿黄立即停止侵权行为，并没收了侵权物品，罚款3万元。阿黄只有乖乖受罚，并暗下决心以后一定要以诚信为本。

注：邦妮兔是美国花花公子授权旗下的香港品牌，在中国的广州有生产厂地，专做各类时装款真皮或配真皮女包，款式新颖大方，箱包用料和做工质量都相当讲究。

根据营销情景中描述的事实，学生独立思考并回答：

1. 阿黄为什么要借用"邦妮兔"和"花花公子"的商标？"花花公子"的字样为什么不能随便套用？
2. 阿黄的品牌策略为何是侵权行为？阿黄怎样才能真正建立起属于自己的品牌？

品牌延伸，该出手时就出手
——从对娃哈哈品牌延伸的错误批评谈起

品牌延伸，对企业而言，既可能是一本万利的好事，也可能是前进中万劫不复的深渊。国内有关文章大多对品牌延伸持否定意见。现实中，拿来作反例和批评最多的当数"娃哈哈"。

"娃哈哈"是一个儿童色彩很浓的品牌，最初导入市场的产品是儿童营养液、果奶，其目标市场明确定位在儿童产品上，其包装、广告都呈现出明显的儿童味。"酸酸的、甜甜的……"、"妈妈我要喝……"等广告语脍炙人口、家喻户晓，对孩子、家长都有极强的诉求力与感召力。"娃哈哈"几乎成了类别品牌，是果奶与儿童食品饮料的代名词，而"娃哈哈"进行品牌延伸，红豆沙、绿豆沙、八宝粥、纯净水都用娃哈哈品牌，则会破坏儿童品牌的纯正性与专业性，使"娃哈哈"在消费者心智中的定位模糊，缺乏个性，最终变得什么都不是。有的甚至预言"娃哈哈"会因品牌延伸而自食其果，必会倒下。言之凿凿，似乎很有道理。

不巧的是，"娃哈哈"非但没有倒下，活得还算滋润。直到1998年5月，还有人无视娃哈哈在1997年总销售额超过20亿元，纯净水超过5亿元、八宝粥超过1亿元的事实，发表文章说"这些借娃哈哈之名延伸的商品，动用了企业大量的人财物，可市场的反响几乎为零"。而有食品业常识的人都知道，在中国年销售额能达到20亿的食品企业是寥寥无几的，八宝粥一种产品的年销售额超过1亿也属特例。

◆ 工作任务分析

品牌是产品内涵的一种外在形式。企业正确地设计品牌并予以注册登记，不仅有利于产品的推广销售，而且可以提升产品的市场价值。因此要重视品牌的设计和品牌策略的运用，企业应着力打造品牌并加强对其品牌的保护。企业营销机构或营销人员在此项目实施中的主要工作任务就是通过分析名牌来认识品牌的设计要求，理解企业的品牌化战略，并根据产品特征和企业的竞争战略合理选择制定有利于提升企业产品形象的品牌策略。

◆ 相关知识

一、品牌的概念和作用

（一）品牌的概念

所谓品牌是指用来识别卖主的货物或劳务的某一名称、名词、图案或其组合。这是美国市场营销协会对品牌的定义。品牌是一个复合的概念，它由品牌名称与品牌标志两部分组成。品牌名称是指品牌中可以用语言称谓表达的部分，而品牌标志则是通过某些符号、图案或特定颜色来被人们识别但不能用语言称呼的部分。

（二）品牌与商标的关系

品牌与商标是一对非常容易混淆的概念，两者既有联系，又有区别，品牌并不完全等同于商标，或者说品牌有别于商标。品牌如果经工商有关部门注册，便具有法律效力，成为受法律保护的品牌，这就是商标。商标所有者在商标注册范围内对其商标享有独占使用权，并禁止其他企业或个人未经许可使用同其商标相同或相似的品牌。因此，商标与品牌是不同的，它们之间的区别就在于是否经过了法律程序。

品牌是市场概念，是产品和服务在市场上通行的牌子，它强调与产品及其相关的质量、服务等之间的关系，品牌实质上是品牌使用者对顾客在产品特征、服务和利益等方面的承诺。而商标属于法律范畴，是法律概念，它是已获得专用权并受法律保护的品牌。

（三）品牌的功能作用

（1）使卖主的产品与其他同类产品区别开来，这是品牌的基本功能。在市场经济条件下，任何一种产品，都有可能有或多或少的企业同时进行生产。不同生产厂家的同类产品要想加以区别，最有效的手段之一便是产品的品牌化。

（2）品牌是塑造企业形象、提高产品知名度的基础。在广告、宣传等营销活动中，企业反复向顾客推荐其品牌，在顾客心目中树立起产品的形象标志，能够增强顾客的影响。

（3）品牌便于顾客对产品的选择，进而促进产品的销售。通过顾客品牌意识的培养，使顾客在购买商品时从众多的同类商品中选择出自己偏爱的产品，达到商品促销的目的。

（4）品牌有助于监督企业提高产品质量。在买方市场条件下，企业要创立一个名牌产品，必须经过长期的营销努力。在创名牌过程中或创出名牌后，企业都必须自觉地接受顾客的监督，并要不断地提高产品质量，以保持其原有顾客并赢得更多的顾客。

（5）品牌注册成商标后就受到法律的保护。品牌经工商部门注册成为商标后，就得到了法律的认可和保护，可防止其他企业仿制、倒卖，有利于维护企业的正当权益不受侵犯。

二、品牌的设计

品牌由文字、图案、符号构成。品牌题材极其广泛，花鸟虫鱼、飞禽走兽、人物事件、名胜古迹、神话传说、天文地理，以及道德规范等都可以作为品牌的内容。品牌的设计是一种实用的工艺美术。从市场营销学的观点来说，一个良好的品牌设计应符合如下原则。

（一）造型美观，构思新颖

这样的品牌不仅能给人以美的享受，而且能使顾客产生信任感，使顾客感觉到企业组织健全、经营有方，联想到产品的质量是可以信任的。如果品牌的外形是粗糙的、抄袭的，或是庸俗的、无新意的，就会使消费者产生不信任感，联想到这种企业可能是经营观念传统落后，组织结构混乱，产品粗制滥造等。

（二）能凸现企业或产品的特色

对于一个具体的企业或产品，并不是任何造型美观的品牌都能适用。品牌设计要考虑到能够显示企业或产品的特色。例如，化工企业的产品品牌常常采用原子结构或分子链的图案，机械制造企业常用齿轮、锤子或其主要产品的图案作为品牌。

（三）简单明显

品牌所使用的方案、图案、符号都不应该冗长、繁杂，应力求简洁明快，给人以集中的印象。简单并不和品牌的丰富多彩相矛盾，如果设计的品牌在图案或名称上千篇一律，就会显得单调乏味，达不到明显的效果。

（四）符合目标市场上消费群体的文化习俗

尤其是出口产品更需要注意，例如中文的"芳芳"译成英文后为毒蛇的牙，日本人喜欢樱花却忌讳桃花，土耳其人把绿三角视为"免费样品"的标记，等等。如果我们在品牌设计时不加注意，必然影响产品在这些国家或地区的销售。

（五）设计的品牌要考虑到注册成商标后的易保护性

一个品牌或商标如果用语一般化，就难以保证企业的独占地位。例如"虹美"和"红梅"就很接近，"TDK"与"TTK"也是如此。这样，一些对品牌认识不深刻的消费者就容易搞混，从而使商标独占权受到侵害。

（六）品牌设计要符合国家的有关规定

根据我国商标管理条例，商标不得使用下列文字、图形：①同中华人民共和国的国旗、国徽、军旗、勋章相同或近似的；②同外国的国旗、国徽、军旗相同或近似的；③同红十字、新月的标志、名称相同或相近似的；④政治上有不良影响的，例如民族歧视、有损社会风尚的等。此外，如果是出口产品，还要注意其进口国家关于商标的法律规定。

三、品牌策略

品牌策略是指企业如何合理地使用品牌或商标，以促进其产品销售。企业在如何使用品牌、商标上一般面临以下选择。

（一）使用还是不使用品牌

采用品牌对大部分产品来说可以起到积极的促进作用，但并不是所有商品都必须采用品牌。由于采用品牌要发生一定的费用。所以，属于下列情况之一的商品，使用品牌促进其销售的积极意义就很小，品牌费用的支出就是不必要的了。

（1）商品本身并不具有因制造者不同而形成不同的特点，例如电力、煤炭、钢材、水泥等同质产品，这种产品只要规格相同，不同企业产品的质量是相近的。

（2）消费者习惯上不是认品牌购买的商品，例如粮食等。

（3）生产简单、没有一定的技术标准、选择性不大的商品，例如小农具，以及品种繁多的小商品。

（4）临时性或一次性生产的商品。

这些商品虽然可以不使用品牌，但企业仍应尽可能标明厂名以对消费者负责。

（二）采用制造商品牌还是经销商品牌

从历史和传统上看，品牌是商品制造者的标记，因为产品的质量特性总是由制造者确定的，但是自从商业脱离产业而成为独立的部门后，商业的发展使商业企业也形成了自己的声誉，在顾客中产生了一定的评价，而且一些大的批发商和零售商常常附设制造工厂、自产自销，于是随着商品经济的发展也产生了经销商的品牌。由于顾客对所要购买的商品并不都是内行，他们并不具有充分的选购知识，因此顾客在选购商品时除了以产品制造者的品牌作为选择的根据外，另一个根据就是经销商的品牌，即是哪个商店销售的。顾客总是愿意购买具有良好信誉的商家出售的商品。因此商品制造者就需要衡量品牌在市场上的声誉，在采用谁的品牌上做出选择。一般来说，如果企业要在一个对本企业的产品不熟悉、不了解的新市场上推销产品，或者在市场上本企业的信誉远远不及销售者的信誉，则宜采用销售者的品牌。

产品在新市场上销售，常常先采用经销商的品牌，等到这种商品取得顾客信任，为市场所接受后，也可以转而使用制造商的品牌，或者把经销商品牌和制造商品牌同时使用。但使用经销商的品牌必须与经销商签订合同，且产品质量要能达到经销商规定的要求，否则就会损害经销商的形象信誉。

（三）使用统一品牌还是个别品牌

决定使用本企业（制造者）品牌后，仍然面临进一步的抉择，即对企业的产品采用统一的品牌，还是对各种不同的产品采用各不相同的品牌。

1. 统一品牌策略

统一品牌策略，是企业对其全部产品使用同一个品牌。这种策略的好处是节省品牌的设计推广费用，有利于解除顾客对新产品的不信任感，并能壮大企业的声誉。美国通用电气公司对其产品就采用统一品牌策略。但是企业从采用统一品牌策略中得到利益是有条件的：第一，这种品牌在市场上已获得一定的信誉；第二，采用统一品牌的各种产品具有相同的质量水平。如果同类产品的质量水平不同，使用统一品牌就会影响品牌的信誉，从而损害具有较高质量水平的产品的声誉。

2. 个别品牌策略

个别品牌策略有两种形式：一是对企业的各项产品分别采用不同的品牌；二是对企业的各类产品（产品线）分别采用不同的品牌，因而对同一条产品线内的各产品项目来说是使用统一品牌。如果企业的产品类型较多，产品线之间的关联程度较小，企业的生产条件、技术专长在各产品上有较大的差别，则采用个别品牌策略比较有利。因为企业的声誉并不集中于统一的品牌，即使个别产品声誉不佳也不影响其他产品，因为它们分别使用了不同的品牌。

个别品牌策略还可作进一步的演变，引申为扩展品牌策略和多重品牌策略。所谓扩展品牌策略，就是对个别品牌加以扩展以表示该项产品的不断改进，或者用来表示该项产品的不同功能特点、不同质量水平、不同规格，甚至不同的包装和造型，如 HITACHI—777，HITAC HI—888。所谓多重品牌策略是指一种产品同时使用两个或两个以上的品牌。企业为了保护已经取得成功的品牌的声誉，可将其质量没有达到应有水平的乙等产品换用其他品牌，例如宝洁公司的清洁剂目前至少有八种不同的品牌。

3. 统一品牌与个别品牌并行的策略

采用这种策略的出发点是兼有两者的优点。一个拥有多条产品线或者具有多种类型的产品的企业可以考虑采用并行策略。例如美国通用汽车公司生产多种类型的汽车，所有产品都采用 GM 两个字母所组成的总品牌,而对各类产品分别使用卡迪拉克、别克和雪佛兰等不同的品牌。每个个别品牌都表示一种具体特点的产品,例如雪佛兰牌表示普及型的大众化轿车、卡迪拉克则表示豪华型的高级轿车。

(四) 个别品牌调整策略

个别品牌调整策略是指当市场环境的变化对本企业某一品牌产生不利影响,如某一竞争对手的品牌紧追在本企业品牌的旁边,使市场份额遭到蚕食或消费者的喜好发生变化,使本企业品牌失去原来的中心地位等,这时可考虑对品牌进行调整。调整品牌策略大致可分为两种情况:一是渐变策略。它指新品牌与旧品牌造型接近,一脉相通。这种方法一般适用换代新产品。其优点是品牌所花费的宣传费用少,易保持原有信誉。二是骤变策略。它指企业迅速舍弃原有品牌,采用重新设计的全新品牌。这种方法的好处在于标新立异,唤起消费者的注意。但它需要在短期更换所有促销系统内的品牌或商标,因此开支很大。

(五) 联合品牌策略

联合品牌策略指当本企业与国外或国内其他有声望的厂家联合生产某种产品时,为了迅速打开产品销路,可采用本企业品牌与合作厂家高信誉品牌相结合的策略,等产品销路打开以后,再单独使用自己的品牌。当然这必须取得对方的同意,并支付一定的费用,例如我国远东机械制造公司与日本日世冷机株式会社联合生产的 N-216AZ 冰淇淋机所采用的商标即为远东-日世。采用这策略的好处在于可以借用对方的品牌信誉为本企业产品开路。不利之处是成本提高,这是因为要支付商标的使用费。

◆ 任务实施

第一步,以熟悉的品牌为例,如蒙牛、娃哈哈、长虹等,分析其品牌的内涵设计;
第二步,结合企业的营销策略分析上述品牌决策的优缺点;
第三步,分析该品牌与整体产品的关系,认识品牌价值和品牌策略的重要性;
第四步,设计一果汁产品品牌并结合企业的竞争战略制定合理的品牌策略。

◆ 总结与回顾

品牌是指用来识别卖主的货物或劳务的某一名称、名词、图案或其组合。它由品牌名称与品牌标志两部分组成。品牌经由工商有关部门注册,便成为具有法律效力的商标。商标一定是品牌,但品牌不一定是商标。品牌具有区别商品、提升价值、方便购买、促进销售作。品牌设计要遵循简洁醒目、易读易记、构思巧妙、暗示属性、富蕴内涵、情意深重、避免雷同、超越时空的原则;尽量达到好听、好看、好记、好传、好念、好认的要求。品牌是企业的无形资产,好的品牌是质量与信誉的保证,一个品牌能表达出好多种意思,如属性、利益、价值、文化、个性、使用者、企业的个性特征、产品的特征产品质量等级等。

随着市场竞争的不断加剧,企业越来越重视品牌或争创名牌。企业常用的品牌策略有:使用还是不使用品牌策略、采用制造商品牌还是经销商品牌策略、使用统一品牌还是个别品牌策略、个别品牌调整策略、联合品牌策略。

本项目的教学重点和核心技能是企业品牌策略的选择与制定。

◆ **复习思考题**

1. 什么是品牌？它由哪几个部分构成？品牌与商标之间的关系如何？
2. 常见的品牌决策有哪些？
3. 试分析999集团进入啤酒行业遭受失败的原因？

◆ **实训练习**

1. 以3～5人为一小组分别对"红豆"、"娃哈哈"、"同仁堂"、"青岛啤酒"、"阿诗玛"、"海飞丝"等品牌进行调查，试剖析其所属企业是如何保护该品牌的？

2. 结合海尔、宝洁、可口可乐、三鹿、康师傅等现实生活中不同品牌的表现说明品牌的价值并分析他们是如何创立名牌的？

项目三　包装策略的制定

◆ **知识、能力、素质目标**

使学生了解产品包装的层次、作用及类型，明确包装设计的基本原则与要求，熟悉产品的包装策略，学会在产品营销过程中能够根据企业的核心文化价值及产品的质量档次合理确定企业的包装策略，并以此引导激发消费需求，促进产品销售。

◆ **教学方法**

情景教学法　案例教学法　分组讨论法

◆ **技能（知识）点**

包装的类型与设计要求　企业产品的包装策略及其制定

竞争加剧，出路何在？

营销专业人员约翰·夏佩尔可谓是受命于危难之时，在啤酒的竞争变得越来越残酷，一些小的区域性啤酒商被挤出市场的状况下，宾夕法尼亚州西部小镇的罗林洛克啤酒公司请他出山来救公司于水火之中，他答应并通过包装策略进行了有效的反击。

由于罗林洛克啤酒公司经济实力有限，夏佩尔为了克服广告预算的不足，决定让包装发挥更大的作用。他组织人员为罗林洛克啤酒设计了一种绿色长颈瓶，并漆上显眼的艺术装饰，使包装在众多的啤酒中非常引人注目。夏佩尔说："有些人以为瓶子是手绘的，它跟别的瓶子都不一样，独特而有趣。人们愿意把它摆在桌子上。"事实上，许多消费者坚持装在这种瓶子里的啤酒更好喝。同时公司也重新设计了啤酒的包装箱。"我们想突出它的绿色长颈瓶，与罗林洛克啤酒是用山区泉水酿制的这个事实。"夏佩尔解说："包装上印有放在山泉里的这些瓶子。照片的质量很高，色彩鲜艳、图像清晰。消费者很容易从30英尺以外就能认出罗林洛克啤酒。"夏佩尔喜欢用"魅力"这个词来形容罗林洛克啤酒的新形象。"魅力，这意味着什么呢？我们认为，瓶子和包装造就了讨人喜欢的这种感觉。看上去它不像大众化的产品，而是一种高贵的品质感。而且这种形象在很大程度上也适合啤酒本身。罗林洛克啤酒出口于宾州西部的小镇。它只有一个酿造厂，一个水源，这和安豪斯·布希啤酒或库尔斯啤酒完全不同，但事实上，并非所有的库尔斯啤酒都是在科罗拉多州的峡谷中酿造的。"

夏佩尔通过这一神奇的包装策略使罗林洛克啤酒摆脱了市场困境，跨过了营销障碍。

根据营销情景中描述的事实，学生独立思考并回答：

1. 罗林洛克啤酒的包装发挥了什么作用？罗林洛克啤酒的包装设计符合什么原则？
2. 夏佩尔采取的创新啤酒包装的策略给你什么样的启示？

传统文化元素凸显价值

茶叶作为世界三大饮品之一，历来就受到人们的喜爱。由于茶叶本身的独特性，对茶叶的包装主要是要求防潮、防高温、防异味和便于运输携带。然而随着经济的发展和人们生活水平的提高，茶叶的包装除了原有的实用功能以外，更大的作用在于提升茶叶自身的商品价值和文化品位。

我国茶叶目前的包装已经从过去的散装纸包、塑料袋包、罐装发展到了现在流行的高档精美礼品纸质盒（罐）装、铝箔精致小包装。琳琅满目、绚丽多彩、千姿百态，富有创意和文化品位的茶叶包装已成为我国茶文化不可缺少的组成部分。

设计总监周茂说，"一流的产品离不开一流的包装，茶叶更是如此。而茶叶作为一种特殊的饮品，历来就同中国的传统文化元素连接在了一起，所以茶叶的包装始终离不开中国的传统文化元素和精神"。

设计茶叶包装首先要考虑的还是包装的材料和结构，因为包装材料选用的是否合适，直接影响茶叶的保存。而在图案、文字等其他造型设计方面，除了要结合茶文化的元素和传统感觉以外，更要强调产品的形象性。盲目追求华丽、艺术性的包装会使包装失去原有的功能。毕竟，包装的目的始终是为了传达商品信息，让消费者能够直观地看到商品的属性。

◆ **工作任务分析**

包装是商品实体的主要组成部分，包装策略是产品策略的重要组成部分。包装在营销中的促销作用正在不断加强，包装的方法和技术也在不断更新，合适的包装可以使产品魅力大增。企业营销机构或营销人员在此项目实施中的主要工作任务就是通过包装实物和相关实例的分析，一方面深刻理解包装的功能作用，另一方面能够协助企业制定切实可行的包装策略，以提升产品价值，促进产品销售，增加企业利润。

◆ **相关知识**

一、产品包装的含义与类型

（一）产品包装的概念

产品包装有两方面的含义：一是指采用不同形式的容器或物品对产品进行包扎；二

是泛指装盛产品的容器和包装物。现代营销学对包装的定义是指后者。包装是商品实体的主要组成部分，一般可分为三个层次：首要包装、次要包装和外包装。

1. 首要包装

首要包装（内包装）指从产品出厂到使用终结，一直与产品紧密结合，例如牙膏壳、酒瓶等。设计内包装时，要根据产品的物理化学性质和用途、卫生要求，选用适当的材料、方式、方法，并且包装的质量要与产品的质量档次相符。

2. 次要包装

次要包装（中包装）指便于陈列、携带和使用的产品外部包扎物件。这种包装设计要美观大方，图案生动形象、不落俗套，使人耳目一新，而且特别要求突出厂牌商标、品名，标明配方、规格、容量等。

3. 外包装

外包装（储运包装）是指为了适应储存搬运所需的包装，例如集装箱。这类包装要讲究标准化，回收复用，并且要注明各项标记，例如收发货人、收发地点、货物的质量等级、数量、体积、重量和保护性警告标志等。

（二）产品包装的基本类型

1. 单个包装和集合包装

按内含商品的数量分为单个包装和集合包装。单个包装是对单个的商品进行独立的包装，如电视机、中型设备等；集合包装是将若干个销售单位置于一个包装内，如黑墨水、胶水、套装茶具等。

2. 专用包装和通用包装

按包装的使用范围，可分为专用包装和通用包装。专用包装是对于某些贵重商品采用与其身份相当的包装；通用包装是适用于一般商品的包装，如木箱、瓦楞纸箱等。

3. 一次用、多次用和周转用包装

按包装使用的次数可分为一次用、多次用和周转用包装。一次用包装是商品消费完毕，包装就废弃，随着人们环保意识的增强，这类包装应该选择那些不造成环境污染的材料；多次用包装是商品被消费后，可回收再利用的包装，如啤酒瓶等；周转用包装是为一类商品设计可反复利用的包装，如周转箱等。

二、包装的作用

（一）保护产品

防止产品在运输、装卸和贮藏过程中散失、短缺、变质的损坏，这是包装的基本目的。同时，包装使产品更加清洁、使用便利。这是包装的物理功能，也是基本功能。

（二）便利功能

现代的产品包装为人们提供了许多便利，对于提高功效和生活质量发挥着非常重要的作用。适宜的包装能适应生产企业机械化、专业化、自动化生产的要求，能够提高工作效率；储运包装有利于商品合理堆放、装卸、存储和集装箱运输；销售包装便于陈列、清点、售卖、携带、保管和消费。

（三）促进销售

商品包装具有识别、传递信息和吸引购买等促销功能。包装是商品的外壳，是注册商品型号、数量、品牌、生产厂商和产品性能等的说明载体，是消费者和营销人员最先熟知的内容，能够帮助工作人员和消费者区别产品，起着"无声推销员"的作用。优秀的包装设计、精巧的造型、合理的结构、醒目的商标、明快的色彩和得体的文字都可刺激消费者的购买欲望，并且使消费者记忆深刻，增加重复购买的次数。

（四）提高产品档次，增加销售利润

优良、美观的包装往往可抬高商品"身价"，使顾客愿意付出较高的价格来购买，甚至使同样质量、同样分量的产品在高出原价较多时，购买者也乐于接受。一般来说，商品的内在质量是竞争能力的基础，但是，优质产品如果没有一个良好的包装相匹配，就会降低"身价"，并在市场上削弱竞争能力，这在国际市场特别明显。除此之外，由于包装的保护作用，减少了商品的损坏，也能够使企业降低消耗，增加利润。

（五）树立企业信誉

判断一个企业的优势，主要是根据产品而定，而包装则是构成产品外观的重要部分，因此良好的包装必然有利于树立企业信誉。我国长期以来对包装作用的认识一直赶不上形势的发展，在国际贸易中长期处于一流产品、二流价格、三流包装的局面，使国家和企业蒙受巨大的经济损失，因此企业必须重视产品包装策略的制定与实施。

三、包装设计的基本要求

商品包装设计好坏与品牌一样，直接影响着产品的销量，因此应给予特别注意。良好的包装应符合以下设计要求。

（1）包装设计应与商品价值、质量水平以及市场地位等相一致。生活消费品中的贵重商品（如珠宝、首饰等）和艺术品、化妆品的包装要能烘托出商品的高贵、典雅和艺术性。对于低档产品则不宜配以过分奢华的包装，否则不仅不利于销量的增加，甚至会使成本增加。

（2）包装设计应能给人以美观大方、生动形象、不落俗套的感觉。如果造型不佳，没有特色，则难很难引起消费者的注意，达不到促销的目的。

（3）包装设计应能显示出商品的特点或独特风格。对于以外形和色彩表现其特点或风格的商品，如服装、装饰品等，应考虑采用透明包装、开天窗包装或在包装上附上彩色照片等，以显示其风格或特色。

（4）包装设计应符合目标市场上消费者的风俗习惯或心理反应，例如就包装的色调而言，男性与女性就有区别，男性对朱红、深蓝和黑色比较感兴趣，这样，企业在进行包装设计时就必须予以注意。

（5）包装的造型和结构设计应考虑使用、保管和携带的方便。包装的封面设计也要尽可能增加顾客的信任感并能起到指导消费的作用。例如药物类商品的包装上标明成分、功效、服用量、禁忌以及是否具有副作用等。

四、包装策略

（一）统一包装策略

统一包装策略（又称类似包装策略）指企业生产的多种产品，在包装上采用相同的图案，相近的颜色，体现共同的特色，使顾客极易发现是同一家企业的产品。类似包装具有和采用统一品牌策略相同的好处，可以节约设计和印刷成本，有利于提高企业声誉，特别是在新产品上市时，可借用原有的信誉消除购买者的猜疑和不信任感，为迅速打开销路提供条件。但是企业的产品质量不能相差太大，否则一旦某一产品质量下降，可能会影响到采用同类包装的其他产品的销路。

（二）综合产品包装策略

综合产品包装策略（又称配套包装策略或多种包装策略）指企业把各种使用相关的产品放在同一个包装容器之内，例如化妆品的包装，可以把粉蜜、粉霜、香水、口红等包装在一起，这种配套包装可以方便消费者的购买和使用，也用于带动多种产品销售，特别适用于新产品的推广。但是这种包装策略具有很大的局限性，因为只有相关小商品才能采用这一策略。

（三）复用包装策略

复用包装策略指用户将原来的包装产品一次使用以后，包装容器可以继续挪作其他用途。例如果珍、雀巢咖啡采用杯形包装，空的包装瓶可以作旅行杯，而且特殊的杯形无形中也起到了促销的作用，具有一定的广告价值。这种包装策略的目的是通过给消费者额外的利益来扩大商品的销售。

（四）附赠品包装策略

附赠品包装策略是目前市场上比较流行的一种包装策略，例如儿童市场上的玩具、糖果等商品，附赠连环画、识字图，化妆品包装内附赠券等。

（五）等级包装策略

等级包装策略指对同一商品，采用不同等级的包装，以适应不同的购买力水平或不同顾客的购买心理，例如书有精装、平装之分，以满足不同层次的需要。

（六）改变包装策略

改变包装策略指当企业的某种产品在市场上打不开销路，或一种包装采用的时间较长，产品销量有明显的下降趋势时，可考虑改进包装设计，以改变产品形象。

以上是企业常用的几种包装策略，实际中如何使用应视具体情况而定，最终还取决于商品内在品质是否符合消费者的要求。如果本末倒置，只注意商品的包装，不注意商品的内在品质，金玉其外、败絮其中，那么，再好的包装也无济于事。

◆ **任务实施**

第一步，组织学生对伊利奶产品的包装层次、包装材料、包装设计进行深层分析；

第二步，通过分析评价该企业的包装策略，认识包装的重要性；如果你是伊利奶产品的包装策划者，你将会采取哪些新的包装策略；

第三步，从营销的角度给你熟悉的某种产品设计一个包装，如水果、小食品、电器等，然后以小组为单位进行点评。

◆ **总结与回顾**

产品包装是形式产品的重要组成部分。包装是指产品的容器或包装过程以及与此相关的一系列设计活动。产品包装可分为首要包装、次要包装和外包装。根据商品数量、包装材质、包装用途、包装保护功能、包装方便程度等的不同，可将包装划分为不同的类型。良好的包装可以起到保护产品、促进销售、增加销售利润、提供诸多便利的作用。商品包装设计的好坏与品牌一样，将直接影响产品的销量，因此，应予以特别的重视。

企业常见的包装策略有：统一产品包装策略、综合产品包装策略、复用包装策略、附赠品包装策略、等级包装策略、改变包装策略等。

本项目的教学重点和核心技能是企业产品包装策略的制定与实施。

◆ **复习思考题**

1. 简述包装的作用。
2. 企业常见的包装策略有哪些？
3. 列举你生活中影响最深的一种商品的包装，联系产品本身进行包装特色的评价？

◆ **实训练习**

1. 著名的法国香水业有句名言："设计精美的香水瓶是香水的最佳推销员。"法国香水的包装瓶根据香味类型使用统一的造型。如有种香味类似森林和木料的男用香水，它的包装瓶子被设计成细高如树的造型，又配上能让人联想到木板的本色细条纸盒外包装；另一叫"高山"的香水，包装瓶子被设计成旋转升天式。试分析这些造型别致、富于联想的包装的特点？

2. 根据我国《韩非子》中所记的买椟还珠的典故，分组讨论"货卖一张皮"的深刻寓意？

项目四　产品生命周期各阶段营销策略的制定

◆ **知识、能力、素质目标**

使学生深刻理解产品生命周期的概念及各阶段的特点，并能以产品销售额和利润额的变化为依据进行产品生命周期各阶段的划分，学会用类比法、销售增长率法来判断产品所处的生命周期阶段，进而根据企业的营销目标、经济实力和产品生命周期各阶段的特征合理确定产品的市场营销策略。

◆ **教学方法**

案例教学法　问题导入法　课堂讲授法

◆ **技能（知识）点**

产品生命周期的概念　产品生命周期曲线图　投入期的特点及营销策略　成长期的特点及营销策略　成熟期的特点及营销策略　衰退期的特点及营销策略

产品走下坡路了怎么办？

前几年，产品A酒一直占据着西北某地22元流行零售价位的绝大部分市场份额，可进入2005年，由于各种原因，该产品销量开始急剧下滑。为扭转这种局面，在公司的安排下，王磊带领一个团队从2006年1月起对该地区A酒进行恢复与重振。

王磊他们在对A酒的销售市场进行深度调研的基础上，发现A酒价格透明，分销商、终端零售商利润偏低，分销渠道混乱；促销方式主要以降价为主，导致批发价、终端零售价逐年下滑；前期厂方销售人员安于现状、不思进取；经销商对其业务员的A酒提成偏低。不过在该地区仍具有较强的品牌基础；A酒品质在消费者中具有良好的口碑，惠而不贵；A酒经销商在该地区处于绝对强势地位，其整个地区完善的分销网络为加强A酒的深度分销和网点维护搭建了一个良好的平台。分析了A酒在该地区的优势与劣势，他们从以下几个方面调整A酒的市场营销思路。

调整价格体系。首先调整、统一A酒的市场价格，然后通过提高分销商和零售终端的供应价格，逐步提升终端销售价格来扩大经销商的利润空间，并在不增加厂家投入的情况下，增加对经销商业务员的提成以及对渠道成员的促销力度。

调整分销渠道。在每个市区和县级市场优选一个分销商，由其直供终端。和分销商签订《特约分销商协议》，统一终端商的供货价格，以加强渠道控制。指导分销商和终端签订《终端商协议》，统一零售价格。

调整促销方式。不再采用降价策略，而是采取灵活的阶段性促销方式，使终端商摸不清真正的促销力度，不轻易降价销售。

要求经销商增加其业务员的提成至千分之五，提高他们的销售积极性。

开发一款零售价位在35元/盒的铁盒酒，作为该产品的升级换代，弥补A酒下滑的损失。

经过王磊团队近一年的努力,该地区 A 酒逐年下滑的局面在 2006 年基本得到扭转,初步进入了良性恢复发展的轨道。

根据营销情景中描述的事实,学生独立思考并回答:
1. 产品卖不动就是产品老化了吗?销量不断下降,产品就一定会被市场淘汰吗?
2. 假如你是王磊,你是去开发全新产品,还是进行产品的升级换代,为什么?

养生堂的产品生命周期与市场营销组合

随着科学技术的飞速发展和消费需求的多样化、差异化、个性化,每年市场上都有许多新产品出现,但每种新产品能否获得成功及其成功的程度却是各不相同。有的新产品一上市,就以惊人的魔力迅速占领市场;有的新产品上市初期销路尚好,但随着时间的推移,销售下滑;有的新产品上市初期,并没有很多消费者乐于接受,但慢慢的其销路不断扩大;有的新产品根本打不开销路,很快在市场上销声匿迹。

养生堂公司的主要产品龟鳖丸、朵而胶囊、农夫山泉和清嘴含片,尽管分属不同行业(保健品、饮用水和休闲食品行业),但几乎每个产品都比较成功地进入了市场,而且还能够长时间地维持稳定的市场份额。可以说,养生堂公司的过人之处,就在于清醒地意识到:面对快速更新的市场,如果不能保持产品和品牌的长期活力,将会被市场无情淘汰。所以,必须根据产品在市场上所经历的不同生命周期,通过一系列的营销组合,不时地出现新鲜的信息来增强产品和品牌的竞争力。而在众多的营销组合中,养生堂公司运用得最多、也最为得心应手的就是明确独特的品牌定位、富有创意的广告宣传和灵活恰当的公益活动。

1. 龟鳖丸

1993 年,海南养生堂药业有限公司投产时,国内保健品行业已经硝烟弥漫。在保健品市场,充斥着铺天盖地的广告、遍地开花的促销刺激,由于各类产品泛滥、宣传夸大失实,整个行业面临着严重的信誉危机。面对如此不利的境地,养生堂公司采取了完全不同的战略,致力于培育市场和树立品牌。养生堂的开堂元勋产品无疑是龟鳖丸,1993 年 10 月当龟鳖丸产品刚进入市场时,公司将营销的重点放在营造概念、传播知识上。养生堂针对龟鳖制品过多、过滥、声誉不佳的情况,强调其产品的差异性:首先,养生堂龟鳖丸的原料来自海南的野生龟鳖;其次,运用科学的超低温冷冻粉碎工艺制成,充分利用龟鳖的药用价值;第三,全龟全鳖合用,龟鳖同食更补。一方面,利用中国传统的"药食同源"、"医食同药"观念,将龟鳖丸比作即时靓汤、健康美味和随身炖品。同时进一步将传统吃甲鱼与服用龟鳖丸作一区别,强调"早晚一粒龟鳖丸,胜过天天吃甲鱼"。再加上一系列的公益活动,很快,龟鳖丸的功用开始为消费者所熟知,开始进入成长期。至今,养生堂龟鳖丸已进入市场多年,产品正在逐步进入成熟期。从近期的广告宣传上来看,养生堂公司也正在进一步调整产品的定位,由于消费者已对龟鳖丸产品比较熟悉,因此在营销策划上着重重申其优良品质"百分百野生品牌"。

2. 朵而胶囊

继龟鳖丸产品创出品牌后,养生堂公司又乘胜追击于 1995 年推出了养生堂朵而胶囊。"朵而"的最大特点在于其"以内养外"的原理，这是对传统美容理念的一场变革。于是在朵而胶囊产品的导入期，养生堂公司将重点放在对这种美容理念的传递上，让消费者先认同观念，再接受产品。于是，各种媒体广告中便出现了一位身着白衣的美丽女子，就像是一个循循善诱的美育教师，向人们娓娓道来："朵而胶囊，以内养外，补血养颜，使肌肤细腻红润有光泽"，传达"美丽由内而外"。相对龟鳖丸而言，朵而胶囊的适用对象就比较明确，即成年女性，特别是城市中青年女性。于是，养生堂公司便紧紧针对这一细分市场，进行了一系列的营销策划。随着"以内养外"的观念深入人心，朵而产品开始步入成长期。公司从"养生"的角度出发，以灵活的多层次、多阶段的品牌策略达到了传送美丽，销售产品的目的。

3. 农夫山泉

1997年，养生堂又开始以农夫山泉产品进入水市。当时经过十余年的发展，生产包装饮用水的企业已近千家。从1995年开始，娃哈哈、乐百氏等企业先后打进水市，并逐步确立了领导者的位置。两者最初都是由儿童食品发展到纯净水产品上来的，儿童乳酸奶制品和以青年时尚为指向的纯净水成为其两大主力。然而，由于这两类产品的定位和目标市场差异明显，因而娃哈哈和乐百氏都面临着一个尴尬的局面：无论哪一类产品的市场份额要进一步发展，都必须要解决将来势必无法共享一个品牌的矛盾。而"养生"本身就有关乎生命健康的含义，使得这一品牌有较大的延伸空间，养生堂公司在原来的保健品行业所具有的品牌效应，可以部分地延伸到饮用水行业上。同时，"农夫"二字给人以淳朴，敦厚、实在的感觉，"农"相对于"工"，远离了工业污染，"山泉"则给人以回归自然的感觉。农夫山泉可以靠其淳朴自然和养生堂的健康形象打天下，比起以小儿用品起家的娃哈哈、乐百氏更有优势。

农夫山泉在其市场导入期，就实施了差异化竞争战略，强调其产品的类别、水源、设备、包装、价格、口感和市场定位与同行其他企业的差别。首先在水源差异上，以"千岛湖70米无污染的源头活水为原料"来强调其水源的优良；千岛湖作为华东著名的山水旅游景区和国家一级水资源的保护区拥有极高的公众认同度，这使农夫山泉形成了一个独占的良好品牌形象，"好水喝出健康来"。

其次在包装差异上，先是1997年在国内首先推出了4升包装，1998年初又推出运动瓶盖，并把运动盖解释为一种独特的带有动作特点和声音特点的时尚情趣，选择中小学生这一消费群作为一个切入点，"课堂篇"广告中："哗扑"一声和那句"上课时不要发出这种声音"，让人心领神会、忍俊不禁，使得农夫山泉在时尚性方面远远超出了其他品牌。

而在差异化的市场定位上，"这水，有我小时候喝过的味道"以一个中年人对幼年回忆的情景交融来衬托产品的文化内涵，以历史的纵深感勾连起人们浓重的怀旧追忆和情感认同，也符合都市人返朴归真的心理需求。用"农夫山泉有点甜"来说明水的甘甜清冽，采取口感定位就"一点甜"，便占据了消费者巨大的心理空间。十足地有当年七喜推出"非可乐"的味道，一下子就区别于乐百氏经典的"27层过滤"的品质定位，以及娃哈哈"我的眼里只有你"所营造的浪漫气息。

在农夫山泉产品进入成熟期后，便开始贯彻与体育事业相结合的策略，但它并不单纯靠搭体育之便车来推广产品，也着力传播善待生命、关注健康、重视运动的理念和品牌形象：从1998年赞助世界杯足球赛中央五套的演播室；1999年成为中国乒乓球队唯一指定用水；到2000年被国家体育总局选为第27届奥运会中国体育代表团唯一饮用水赞助商，再到2001~2004年中国奥委会的长期合作伙伴。农夫山泉推出了"奥运军团喝什么水"的竞猜，广告打着"关心金牌从关心运动员开始"的旗帜，建议"为中国体育健儿选择一种天然、健康、安全的好水"，在关心运动健儿的同时，也在传递和引导着一种健康的时尚。

4. 清嘴含片

2000年5月，养生堂公司又开发了一种健康休闲的小食品：清嘴含片，经常食用可以保持口腔清新、卫生，不上火，还清热解毒。

当清嘴产品刚上市时，配合了一则媒体广告："你想知道清嘴的味道吗？"一位甜甜女生用少女特有的清脆音调对旁边的男生说，男生的脸上马上有了丰富的表情，"亲嘴"？这是怎么一回事呢？"你想到哪里去了"。从播出后的反响来看，这不失为一则定位准确的广告。针对以少男少女为主的细分市场，广告中清新诙谐的氛围以及"你想知道清嘴的味道吗？"的提问，都容易引起这一群体的兴趣和好奇心，尝试一下新产品。

纵观养生堂公司针对其不同产品在不同阶段所采取的营销组合策略，可以归纳出其中的一些成功经验：在新产品的市场导入期，着重概念、观念的营造与传播，实施差异化策略，确立品牌特质。当产品进入成长期后，配合广告宣传和公关活动，进一步明确产品定位和细分市场，扩大产品的市场份额。而步入成熟期后，巩固原有的消费群体，借助广告和促销活动重申和强化产品与众不同的优良品质。

◆ 工作任务分析

在不断变化的市场中，经久耐用、货真价实的产品并不会永远畅销。在买方市场条件下，任何产品都要经历一个由兴盛到衰退的演变过程。产品市场生命周期理论对于企业正确制定产品在不同阶段的营销策略，改进老产品、发展新产品，巩固企业的市场地位意义重大。企业营销人员在此项目实施中的主要工作任务就是协助企业营销部门判断各类产品所处的市场生命周期阶段，并根据各阶段的特点与表现正确制定、执行产品的营销策略，以便在激烈的市场竞争中通过产品的销售推广，不断巩固、提高企业的市场地位。

◆ 相关知识

一、产品的市场生命周期理论

（一）产品生命周期的概念

产品的市场生命周期是指产品从完成试制、投放市场开始，直到最后被市场所淘汰退出市场为止的整个过程所经历的时间。典型的产品市场生命周期包括四个阶段，即投入期、成长期、成熟期和衰退期。

值得注意的是，产品的市场生命周期既可以指某一类产品（如洗衣机）的生命周期，也可指某一品种（如双缸洗衣机）、某一品牌（如水仙牌洗衣机）的生命周期。但从企业的角度来讲，它主要研究品种和品牌的生命周期，而不是产品种类的生命周期。因为产品种类的市场生命周期很长，绝大多数都能在市场上长期延续下去，没有必要分析其生命周期。产品的具体品种和品牌比较真实地反映产品市场生命周期的历史。产品生命周期的分析主要适用于加工制造品，而对农产品中的初级产品意义不大。

另外,产品市场生命周期是指产品的市场生命而非使用寿命。产品市场生命与产品使用寿命是两个不同的概念。产品使用寿命是指一件产品能使用的时间长短,而产品市场生命则是指产品在市场上的延续的时间。有些产品使用寿命短但市场寿命长,有些产品则使用寿命长而市场寿命短。产品的具体情况不同,其市场寿命的长短也不同,有的长到跨越世纪,例如汽车;有的昙花一现,例如某些时尚产品。产品生命周期的长短主要取决于产品本身的性质和用途、消费需求的发展变化、社会生产技术的进步情况、市场竞争状况和国民收入水平的变化等因素。一般情况下,同一产品在不同市场中所处的生命周期阶段也不相同,例如某产品在 A 市场处于衰落期,在 B 市场可能正处在投入期,这为企业延长产品生命周期提供了理论依据。

(二)产品生命周期的意义

产品市场生命周期理论是市场营销学中的重要理论,它总结了各种产品进入市场后的发展变化规律。因此,认识和掌握这一理论,可以使我们更加自觉地按照产品自身的发展规律办事,指导我们改进企业的经营管理工作,对企业市场营销管理具有十分重要的意义。首先,这一理论揭示了企业产品进入市场后,在各个阶段具有的不同特点,企业可以根据产品生命周期的特点和变化,制定相应的生产和市场营销策略。其次,产品生命周期理论表明企业必须不断地开发新产品,以保证企业的发展。随着科学技术的进步和竞争的加剧,各种产品的生命周期趋于缩短。因此企业只有发挥创新精神,不断根据市场需求变化和技术更新开发新产品,及时淘汰老产品,才能在市场竞争中求得生存与发展。

(三)产品市场生命周期曲线

一般说来,购买者购买商品表面上是随机的无规律的行为,但从大量购买事件分析,却存在着规律性。这种规律性可以类似地用描述大量事件的数学方法——正态分布来表示。这种购买的规律性使得产品市场生命周期呈现与正态分布类似的图像。

产品市场生命周期曲线图的分阶段划分问题,在经济发达国家,由于消费水平高,产品更新换代速度快,一般可分为投入、成长、成熟、衰退四个阶段。而在我国及发展中国家,由于消费水平还不高,产品更新换代速度相对较慢,因而在产品生命期的成熟期以后,还会有一个销售量保持相对稳定且呈下降趋势的饱和期,形成五个阶段。我们仅以典型的产品市场生命周期四个阶段即投入期、成长期、成熟期、衰退期为例来画图,如图 6-4 所示。

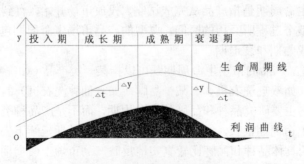

图 6-4 产品市场生命周期图

产品生命周期的四个阶段,只是一种典型化的描述。由于各种行业经营的产品不同,产品的生命周期及其经历各阶段的时间长短也不同。有些产品例如服装,整个生命周期可能只有几个月,有些产品的生命周期可以长达几十年甚至数百年,例如茅台酒、北京烤鸭等都久负盛名,长久不衰。而每种产品经历生命周期各阶段的时间也不尽相同。此外,各种产品也不一定都能经历市场生命周期的四个阶段。有的产品可能刚进入市场不久就衰退,成为短命的产品;有的产品则可能一进入市场就达到成长阶段。但一般来说,大多数产品都将"衰老",直至退出市场。

(四)产品市场生命周期各阶段的判断

判断产品处于市场生命周期的哪一个阶段,是一个比较困难且有很大随机性的问题,一般只能做出大致的判断,企业常用的方法有以下三种。

1. 类比法

类比法即根据类似产品的发展情况作对比分析,进行判断。例如参照黑白电视机的发展资料来判断彩色电视机的发展趋向。相互类比的产品,必须是具有可比性的产品,在各自投入市场后的情况要有相似之处。

2. 销售增长率比值法

销售增长率比值法即以产品销售量随时间的变化率来判定。根据销售增长率来划分产品市场生命周期的各个阶段,如图6-4所示。

"Δy 为销售量的增加量,用销售量的增长率表示;Δt 为时间的增量,用年表示。根据国外市场营销学介绍的经验数据,可知:

$\Delta y/\Delta t$ 的值小于10%时,属于投入期;

$\Delta y/\Delta t$ 的值大于10%时,属于成长期;

$\Delta y/\Delta t$ 的值大于-10%,小于10%时,属于成熟期;

$\Delta y/\Delta t$ 的值小于-10%时,属于衰退期。

以上评定标准只是对市场生命周期判断的一般经验统计,而且随着科技的进步,评定标准必然会发生变化。

3. 产品的普及率法

依据产品在市场上的普及率判断其所处的生命周期阶段。普及率小于5%为投入期,普及率为5%~50%为成长期,普及率为50%~90%时为成熟期,普及率在90%以上为衰退期。

二、产品市场生命周期各阶段的主要特征及营销策略

(一)产品投入期的主要特征及相应的营销策略

1. 投入期的主要特征

投入期是指产品经过了开发设计和试制阶段,转入小批量生产,投放到市场进行试

销的阶段。这一阶段的主要特点是:
（1）产品刚进入市场试销，尚未被顾客所接受，表现为销售额缓慢增长;
（2）生产批量很小，试制费用很大，因而产品生产成本较高;
（3）用户对产品不了解和不熟悉，需要大量的促销活动，销售费用较高;
（4）产品在市场上一般没有同行竞争;
（5）产品刚进入市场，由于生产成本和销售费用较高，企业在财务上往往表现为亏损;
（6）由于价格较高，顾客一般是高收入者或好奇者。

2. 投入期的营销策略

产品投入期的营销活动，对产品以后的发展至关重要。对大多数企业来说，出于对研制阶段或获得技术支持的费用考虑，都想尽快地获得收益，因此，这一阶段一般要突出一个"短"字，即尽可能缩短投入期，以便在短期内迅速进入和占领市场，打开局面，为进入成长期奠定良好的发展基础。企业在投入期采用的策略从价格和促销活动两方面看，可有四种不同的方式，只要运用得当，皆能打开市场，获得成功。

（1）双高策略。即高价格、高促销。企业采用高价格是为了在每一单位产品销售中获得尽可能高的利润，以便尽快收回产品开发或技术转让中的投资;采用高促销则是希望通过大规模的促销活动，使顾客尽快了解产品，以迅速占领市场。双高策略的实施应有一定的市场环境:顾客不了解产品，市场潜力较大，目标顾客求新心理强，对价格不是很敏感。

（2）密集性策略。即低价格、高促销。采用这种策略的目的在于先发制人，以最快的速度进入市场。密集型策略的采用，必须符合一定的基本条件:市场容量大，顾客对产品不了解，且对价格比较敏感，产品易被仿制，潜在竞争比较激烈。

（3）选择性策略。即高价格、低促销。高价格和低促销的结合，可以使企业单位产品的利润较高。实施这一策略的市场条件:产品市场规模较小，竞争威胁不大，市场中的顾客对产品价格不太敏感，能接受高价格。

（4）双低策略。即低价格、低促销。低价格是为使市场迅速接受新产品;低促销则是为实现更多的盈利，节省费用。实施这一策略的条件是:市场容量较大，顾客已了解该产品，并对价格较敏感，潜在竞争激烈。

（二）产品成长期的主要特征及相应的营销策略

1. 成长期的主要特征

成长期是指新产品经试销效果良好，开始为市场所接受，转入成批生产，销售量急剧上升的阶段。这一阶段的主要特点是:
（1）销售量迅速增长;
（2）生产工艺及设备逐渐成熟配套，可以组织成批或大批量生产，产品成本显著下降;
（3）随着产量或销量的迅速增加，企业转亏为盈，利润迅速上升;
（4）同行竞争者开始生产这类产品，市场上开始出现竞争趋势;
（5）这一时期的顾客多为早期采用者。

2. 成长期的营销策略

这一阶段是企业产品的黄金阶段,营销策略要突出一个"快",以便抓住市场机会,迅速扩大生产能力,以取得最大的经济效益。这一阶段采取的具体营销策略包括以下几种。

(1) 以质量求生存是企业的格言,对成长期的产品尤为重要。企业要博取用户的好感,树立产品的良好形象,务必要在推出新产品之后,精益求精,要根据产品投入市场后用户的反应,进一步完善产品设计,建立严格的质量管理制度,保证优质产品。

(2) 进一步进行市场细分,不断改进完善产品,满足目标市场的需求。

(3) 增加分销渠道,并积极开拓新市场,创造新用户,以利于扩大销售。

(4) 在广告宣传上,从介绍产品转为建立本企业的产品形象,进一步提高企业产品在社会上的声誉,突出品牌。

(5) 对于高价产品,应在扩大生产批量的基础上,选择时机,适当调整产品价格,以防竞争者的进攻。

(三) 产品成熟期的主要特征及相应的营销策略

1. 成熟期的主要特征

成熟期是指产品已稳定地占领市场进入畅销的阶段。这一阶段的主要特点是:

(1) 市场趋于饱和,销售量达到最高点;

(2) 大批生产,成本低,利润达到最高点;

(3) 很多同类产品进入市场,市场竞争异常激烈;

(4) 成熟的后期,销售额已不再增长,甚至趋于下降,并且该产品已经基本普及,可能出现了性能更佳的新产品,预示着该产品的衰退期即将来临;

(5) 这一时期的顾客一般为大众顾客。

2. 成熟期的营销策略

这一阶段企业产品的销售量大,而且总利润也较大,由于竞争的激烈,营销策略要突出一个"改"字,即尽量延长成熟期。这一阶段采取的具体营销策略包括以下几种。

(1) 改进市场。在现有目标市场外,开拓新市场,寻找新顾客,或是通过市场渗透,以增加销售量。

(2) 改进产品。设法在基本产品基础上,发展变形或派生产品,适当地提高产品性能,扩大产品用途,适应与满足各种用户的不同需求,以达到提高市场占有率的目的。

(3) 改进市场营销组合。通过对市场营销组合的改进,刺激销量上升或保持、提高市场占有率。

(四) 产品衰退期的主要特征及相应的营销策略

1. 衰退期的主要特征

衰退期是指产品已经老化,不能适应市场的需要,市场上已经出现了更新换代的、性能更趋完美的新产品的阶段。这阶段的主要特点是:

(1) 新产品开始进入市场,逐渐替代了老产品;

（2）除少数品牌产品外，大多数产品销量下降；
（3）市场竞争突出地表现为价格竞争，产品的销售价格不断下降；
（4）这时期的顾客多为落后者。

2. 衰退期的营销策略

已进入衰退期的产品，除非特殊需要可维护外，通常应有计划、有步骤地主动撤退，把剩余的生产能力转移到发展新产品上去。因此，这一阶段应突出一个"转"。这一阶段采取的具体营销策略包括以下几种。

（1）维持策略。由于这一阶段中很多竞争者纷纷退出市场，而这种产品在市场上尚有一定的需求，因此，有条件的企业可适当地保留一部分生产。

（2）延长策略。即延长生命策略。企业延长产品生命周期的途径很多，最主要的有改变产品功能，增加新的用途；改变产品设计，提高产品性能、质量、包装、外观等；在现有目标市场外，开拓新市场，寻找新顾客，以增加销量，从而使产品生命周期实现再循环。

（3）产品开发策略。即开发新产品，淘汰老产品。但是老产品退出市场时，应注意保留一定期限内供应维修配件的生产，满足老用户的购买习惯和正常使用产品的需要，以保持生产厂家整体的形象，不能因此而影响到企业正处于投入期、成长期、成熟期的其他产品的声誉，决不能轻易地把老客户推给竞争对手。

三、影响产品生命周期的因素

（一）科学技术的进步

科技进步快，生命周期短；科技进步慢，生命周期长。随着科学技术的不断发展，产品更新换代的速度越来越快，产品的生命周期将变得越来越短。例如，在欧美等资本主义国家，由于新产品不断出现，产品的生命周期出现普遍缩短的趋势，生命周期平均不到10年。日本产品的生命周期平均只有5年，家用电子产品则仅仅1～3年。作为反映现代工业技术水平最敏感产品的小汽车，在20世纪30—40年代，一种车型的生命周期长达15～20年，50年代平均为10年左右，70年代平均5年左右，进入80年代后，生命周期更短，汽车公司几乎每年都要更新车型。

（二）产品的性质和用途

比较而言，从产品的性质来说，基本生活资料产品的生命周期较长，非基本生活资料产品的生命周期较短；从产品的用途来说，实用性大，能够满足人民生活某种长期需要的产品，其生命周期较长；实用性小，只能满足人民生活一时需要的产品，其生命周期较短。

（三）产品供求关系的变化

首先，在产品供不应求时，消费者购买心切，刺激了生产部门扩大生产，此时产品多处于成长期；产品供求平衡时，则多处于成熟期；供过于求时，则多处于衰退期。其次，需求量变化快的产品，生命周期较短；需求量变化慢的产品，生命周期较长。再次，市场竞争激烈的产品,生命周期较短;市场竞争不激烈的产品,其生命周期较长。

(四)产品的价格和质量

产品价格是否得当、质量是否优良,也会影响产品的生命周期。一般说来价廉物美的产品和优质名牌商品,其生命周期相对较长;反之,质次价高的产品,其生命周期相对较短。

(五)政府的政策和干预

为了维护社会公众的利益,政府可能采取行政的或经济的措施,禁止或限制有碍卫生环境、破坏生态和影响人们身心健康等的产品的生产和消费,从而缩短了这类产品的生命周期;相反,对有些产品,国家从宏观出发,鼓励其生产和消费,从而延长了这类产品的生命周期。

四、产品生命周期理论的具体应用

(一)进行产品决策的重要依据和方法

进行产品决策时,可应用产品生命周期原理,判断企业生产的产品处于其生命周期的哪一个阶段,做出相应的决策,使处于投入期的产品迅速完善,开拓市场;处于成长期的产品大力发展,扩大销售量;处于成熟期的产品继续提高竞争能力,为企业带来更多的盈利;处于衰退期的产品减少其生产能力甚至淘汰。

(二)发挥市场的预测作用

根据产品生命周期各阶段销售额的变化规律,可以推断和预测产品市场销售额的发展趋势,为市场预测提供依据。例如处于成长期的产品,销售量将迅速增长,其增长率往往按二次曲线的速度发展,可选择二次曲线计算预测值。当产品进入成熟期,销售量趋于稳定,一般可按平均法进行预测。当产品进入衰退期,销售量将很快下降,可按一次线性模型预测。

(三)对产品更新换代时机的确定有分析和控制作用

当老产品的市场销售状况接近衰退时,企业可采取措施延长其生命周期。其办法主要有:①扩大市场范围,打开新的销路。具体途径:一是开辟新市场,如某些发达国家的产品向发展中国家推进;二是寻找新用途。②改进产品性能、提高产品质量、改进产品包装等,加强产品对市场的吸引力。③改善经营管理,以降低成本、加强销售服务、适当降价等办法扩大市场,延长产品生命周期。

运用产品生命周期理论,可以控制产品更新换代、新产品投入市场的时机。新产品接替老产品的时间,最好是选择在老产品的成熟期接近衰退期的临界区间,这样能保证当老产品进入衰退期后,新产品已进入成长期。过早投入市场,必将使老产品加速衰退,造成企业现有生产能力的浪费。过晚投入市场,市场又将被别的企业占领。如图 6-5 所示。

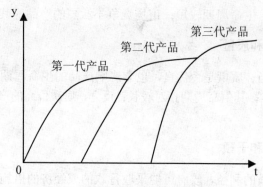

图 6-5　产品更新换代曲线示意图第二代产品

在仿制新产品时，应选择处于投入期的产品，尽快试制成功投入市场，才能取得较好的经济效益。如果选择已进入成熟期、市场已饱和的产品，一旦试制成功，产品进入衰退期，必将给企业造成重大经济损失。

◆ **任务实施**

第一步，每个同学对各自家庭使用的品牌，按照 10~15 年、5~10 年、3~5 年、0~3 年进行分类汇总，然后到有关产品的销售市场中进行调查，并记载是否有该品牌产品的销售？销售中采取了哪些策略和措施？计算出产品的市场生命周期大约是多少年；

第二步，总结出上述不同产品生命周期所采取的措施，提出改进的建议和意见；

第三步，在上述基础上制定出小型家用电器、高档家用电器、木制家具、餐具类、食品类等不同产品的生命周期策略。

◆ **总结与回顾**

产品生命周期是指产品从完成试制、投放市场开始，直到最后被淘汰退出市场为止的整个过程所经历的时间。产品市场生命周期既可以指某一种类产品的生命周期，也可指某一品种、某一品牌的生命周期。企业只有发挥创新精神，不断根据市场需求变化和技术更新开发新产品，及时淘汰老产品，才能在市场竞争中立于不败之地。一般来说购买者购买商品存在一定的规律，这种规律性可以呈现出正态分布图像，我们可将产品生命周期曲线图分阶段划分并加以认识。典型的产品生命周期包括投入期、成长期、成熟期和衰退期四个阶段，企业可根据各阶段的表现与特征采取相应的营销策略。

科学技术的进步、产品的性质和用途、产品供求关系的变化、产品价格和质量、政府的政策和干预等都影响产品的市场生命周期，我们要学会分析并加以应用。

本项目的教学重点和核心技能是产品不同生命周期阶段市场营销策略的制定与实施。

◆ **复习思考题**

1. 产品生命周期分为哪几个阶段？各阶段的特点和营销组合策略有哪些？
2. 产品生命周期理论对企业的经营活动有何价值？
3. 产品生命周期的影响因素有哪些？请结合实例加以分析。

◆ **实训练习**

1. 实训项目：模拟电视机生产企业，分析其电视机产品所处的市场生命周期阶段，

并制定相应的市场营销策略

2. 实训目标：
(1) 培养学生初步运用产品生命周期理论分析电视机生产企业产品生命周期的能力；
(2) 培养学生根据企业电视机所处的生命周期阶段，制定其相应营销策略的能力。

3. 实训内容与方法：
根据所学知识以及对现实电视机企业调查所获得的信息资料，分析模拟电视机生产企业产品的市场生命周期阶段，并制定相应的市场营销策略。
(1) 以自愿为原则，6~8人为一组，组建"模拟电视机厂"，企业名称自定；
(2) 应用产品生命周期理论分析黑白电视机或模拟数字电视目前在我国城市市场上所处的生命周期阶段；
(3) 根据黑白电视或模拟数字电视所处的生命周期阶段制定相应的市场营销策略。

4. 标准与评估
(1) 标准：能够应用产品生命周期理论分析黑白电视机或模拟数字电视目前在我国城市市场上所处的生命周期阶段；能够制定模拟电视机生产企业电视机产品的市场营销策略。
(2) 评估：每个同学写一份模拟电视机生产企业产品市场生命周期阶段的分析报告，作为一次作业，由教师与各组组长组成的评估小组对其进行评估打分。

项目五　　新产品的研发与扩散

◆ 知识、能力、素质目标

使学生了解新产品的概念及类型，熟悉新产品的开发方式及研发过程，掌握现代营销中新产品的开发策略与扩散方式，为企业进行新产品的研发、扩散与市场推广寻找最佳方案。

◆ 教学方法

案例教学法　　问题导入法　　课堂讲授法

◆ 技能（知识）点

新产品的概念及类型　　新产品的开发方式与程序　　新产品的开发策略与市场扩散

谁不想尝尝与众不同的月饼？

现在的月饼市场已大不如从前那么具有吸引力，整个市场竞争非常激烈。众多厂商纷纷以品牌或价格作为竞争的主要手段，有的甚至兼打两张牌并行促销。西北某食品厂的王厂长决定采取不同的策略，推出全新的冰皮月饼，以差异化对抗同质化。

王厂长认为，在现在的月饼市场上，人们已开始厌倦月饼甜、腻的传统口味，转而渴望清爽、清淡的口感，而自己的冰皮月饼采用特殊原料制作，不经烘制，故而毫不油腻，它的颜色也一反传统的金黄而呈清冷的白色。细看一个个月饼冰清玉洁、晶莹剔透，微微显出里边绿豆沙的馅——甚至连这馅也是与众不同的！

通过对冰皮月饼这一概念的测试和产品市场试销表明，人们愿意接受这一新产品，于是，王厂长决定进行批量生产和大规模的市场推广。推广活动主要针对"潮流领先者"这一细分市场，鼓励他们尝试购买，王总和他的营销团队认为这类人群正是新产品引入期的主要消费群体，他们乐于接受新产品、新概念，愿意成为某种潮流的首创者，继而充当这方面的舆论领袖。只要这部分人接受了冰皮月饼，他们的舆论领袖将会影响并带来更多的消费者购买品尝，礼品市场也会迅速跟进，从而实现打开市场的目的。同时企业在自己的专卖店中提供免费品尝，对先期购买的顾客，给以优惠折扣，优惠售价每盒不到100元，尝过冰皮月饼美味的人们无不心动，纷纷解囊购买。之后，王总又要求营销部门制定并实施了如下营销策略：产品，以与众不同的清爽口味为其定位；价格，采取了高出一般水平的定价，以与其高质量、高档次的形象相匹配；促销，配合高价策略，采取了高水平促销，以尽快实现市场渗透；渠道，冰皮月饼只在专卖店中销售，不经过任何中间商，这种专卖的形式一方面有助于严格控制其服务水平，对产品销售进行有效管理，另一方面也再次体现了冰皮月饼的"高贵矜持"，非同一般；广告，冰皮月饼的电视广告颇具新意，整体风格显得轻松有朝气，充满活力。企业精心策划的推广活动大获成功。清爽味淡的冰皮月饼在市场上非常受欢迎，在中秋节前几天就销售一空，销售收入超过预期的50%，业内戏称该冰皮月饼的成功为"新月传奇"。

根据营销情景中描述的事实，学生独立思考并回答：

1. 冰皮月饼成功的关键在哪里？为什么他们首先选择"潮流领先者"为主要营销对象？

2. 如果你是该食品厂的厂长，你会采用什么样的市场推广策略来扩散冰皮月饼？

耐克 NIKE 新产品发展策略

费尔·奈特（Phil Knight）于1964年以500美元创立 Nike 公司时，他做梦也不会想到耐克会成为现今全球最大的运动鞋品牌。公司创建初期，奈特利用自己在运动界的关系，来往穿梭于各田径运动会场，设摊销售他的跑步鞋。当时的产品则购自日本，他经常认为美国设计的运动鞋必定潜力无穷。20世纪70年代初，奈特开始着手落实自行设计鞋子的构想，同时经过审慎地研究调查后，发现市场需求已足以支撑他建立自己的生产线。不过，最后还是决定先借助日本的生产经验，1972年奈特与日本方面签订第一张合约，正式生产完全由美国设计的 Nike 运动鞋。随后的几年，日元持续升值，人力成本高涨，使得在日本生产鞋子的代价愈来愈高。此时，Nike 已累积了基础稳定的海外生产经验，便将触角伸至其他更多国家的生产厂商。为了降低生产成本，Nike 于1975年将日本生产线转移至人力成本相对较低的韩国。成本大幅下降后，让 Nike 有更丰富的资源去从事研发工作与行销活动。

20世纪80年代初，Nike 大发利市，并持续扮演着美国运动鞋专业制造商的角色，却在美国本土未拥有任何一家自己的生产工厂。不久，头号竞争对手锐步（Reebok）的叫阵对垒旋踵而至。创立于1981年，由创办人兼 CEO 保罗·菲尔蒙（Paul Fireman）

领军,以黑马姿态窜出,推出了设计新颖、势头强劲的运动鞋,成功地席卷了部分市场。

在Nike与锐步的争霸战中,问题点与机会点完全在于目标市场的多变与设计导向的本质。换言之,也就是年轻族群(青少年、年轻成人)所购买的已不光是运动鞋而已,还有鞋子本身所代表的"时尚感"。为了反击锐步的挑衅,Nike痛下决心在新产品的研发设计上投注了巨额经费,最脍炙人口的经典产品则是80年代末的"气体鞋"(The Nike Air Shoe)。评论家约翰·何朗(John Horan)曾在美国运动产业的专刊上,针对Nike气体鞋发表了他的看法:"其实它是个简单、容易理解的制鞋科技,只需将空气注入鞋底,即形成具有弹性的鞋垫,如此而已"。Nike气体鞋直至90年代初才正式上市,并获得空前成功。80年代,Nike在市场上蒙受了剧烈的竞争打击,也从中确立了未来新产品研发设计的策略主调。

进入20世纪90年代,Nike不惜重金以数百万美元礼聘NBA超级巨星迈克·乔丹(Michael Jordon)为产品代言人,从事各项行销广告活动,创下了有史以来运动用品赞助价码新高第一例,举世惊美。广告诉求则以Nike气体鞋与乔丹的形象和几近神乎其技的篮球绝活捆绑在一起。此后,Nike在市场上逐步收复失地,锐步迫于形势,仓皇推出"弹跃鞋"(Reebok Pump Shoe)应战,以NBA第二号当红球星夏奎尔·欧尼尔(Shaquille O'Neal)为代言人,可惜大势已去。这时Nike的占有率从1989年的25%,翻升至1990年28%,锐步则从24%下滑至21%。这次的反扑行动出奇地成功,让Nike深切体会到,促销确是品牌最有力的法宝,因而在随后的几年当中,Nike不断地在这方面加大投资力度,仅一年的光景,即有300多种新款式在美国市场上市。Nike宣称:"科技化的产品研发是Nike成功的重要关键因素之一,我们在发展新的制鞋材料、纤维及现代设计上不遗余力"。换个角度说,促使Nike全神贯注于新产品研发的动力,还在于目标消费者求新求变的行为态度。

剖析Nike发展新产品策略的成功之道,脱离不了行销的基本原则——掌握市场脉动,了解顾客需求,创造能够满足消费者需求的新产品。但大家必须明白一点:发展具有创意的新产品,最大的问题点在于消费者事前并不会主动要求该项新产品。换言之,你必须领导消费者,别让消费者牵着你的鼻子走。Nike因为能充分掌握年轻人对运动休闲鞋的需求,了解他们的生活形态与现实的心理渴求,发展出饶具创意的新产品、传播诉求及促销活动,从头到尾都站在创造消费趋势的最前面,因此,Nike的世界第一并非浪得虚名。

◆ 工作任务分析

新产品开发是企业持续发展的前提,也是企业竞争取胜的重要法宝。新产品的开发既能给企业带来有利的市场机会,也会给企业带来一定的经营风险。企业营销人员在此项目实施中的主要工作任务就是通过市场上同类产品的对比分析和信息搜集,为企业新产品的开发提供有价值的创意,以协助企业开发消费者渴求的、具有强势竞争力的新产品。同时根据新产品的特点和营销对象选择适宜的推广策略,以实现新产品在销售市场上的顺利扩散。

◆ 相关知识

一、新产品的概念

市场营销学对新产品概念的解释,与科学技术发展中新产品的含义不完全相同,其内容要广泛得多。从市场营销的角度看,凡是在结构、功能、材料或形态等任何一部分发生了创新、改进或提高,并推向了市场的产品都是新产品。具体包括以下四类产品。

(一) 全新产品

全新产品是指使用新原理、新技术、新材料制造的前所未有的产品。对大多数企业来说,独立发展这种新产品是非常困难的,因为一项新的科学技术的发明应用于生产,需要经历较长的时间,要花费巨大的人力和资金。这种全新产品要经国家科学技术管理部门的鉴定批准,并可申请专利,得到法律的保护。

(二) 换代新产品

换代新产品是指适合新用途、满足新需要,在原有产品的基础上采用新技术而制造出来的新产品。例如:黑白电视机革新为彩色电视机等。

(三) 改进新产品

不是由于科学技术的进步而导致产品的重大革新,只是对现有产品的品质、性能、款式等做一定的改进。例如不同型号的汽车、新款式的服装等。改进新产品与换代新产品是市场上新产品的主要来源,换代新产品主要是对用途而言,改进新产品主要是对品质、性能与外形而言,二者都是企业开发新产品的重点。改进新产品比较容易为消费者接受,但是也易于被竞争者仿效,因此竞争比较激烈。

(四) 仿制新产品

仿制新产品则是指市场上已有的产品,本企业模仿而生产,也是企业的新产品。从市场竞争和企业的竞争上看,仿制在新产品发展中是不可避免的。例如目前一些地方生产的电冰箱、洗衣机、VCD 等,都是模仿他人的产品而生产出来的。

二、新产品的开发原则

开发新产品是关系企业生存发展的大事,但又是一项很难的工作,不仅需要投入大量资金,而且具有很大的风险,事实上并非所有新产品的开发都能获得成功。因此,企业开发新产品必须坚持积极慎重的方针,不能盲目轻率的采取行动。为使企业新产品的开发能够取得成功,企业在研究开发新产品时应遵循以下原则。

(一) 根据市场需要,开发适销对路的新产品

生产符合社会需要的产品,是提高经济效益的关键,也是社会经济发展的客观要求。企业应当根据社会经济形势的发展、市场需求的变化来开发新产品,而不能盲目轻率地采取行动。企业要掌握市场需求及其变化发展的前景,就需要有经常的、深入的市场调查和市场预测,进行系统的市场研究工作。

(二) 根据本企业的能力确定新产品的开发方向

企业本身具有的生产能力、技术能力、资金能力、销售能力、管理能力等内部条件,

相对而言存在着某些优势和劣势。因此，并不是任何具有市场需求的产品，企业都有能力开发。只有那些既是市场需要的，又符合企业本身能力的项目，才是新产品开发的方向，这样做可以扬长避短、发挥优势，收到事半功倍的效果。

（三）量力而行，采用切实可行的开发方式

新产品开发有独立开发、协作开发、技术引进和购买专利等方式。一般来说，只要条件许可企业都应承担独立开发的任务，特别是大型企业，还可以抽调一定的人力，从事基础研究和应用研究，以促进企业的技术进步与我国科技事业的发展。

（四）不断创新，持续前进

我国正面临着"新产业革命"的挑战，新技术、新工艺不断涌现，产品生命周期愈来愈短，如果企业安于现状，得过且过，就必然会被淘汰。为此，应按照"生产一代、研制一代、设计一代、构思一代"的要求，推陈出新，不断进取。

（五）注意产品开发的动向

当前，产品已朝着多能化、微型化、简单化、多样化和公益化的方向发展，特别是当前在新的产业革命浪潮冲击下，计算机日益普及，新工艺与新材料也不断涌现，为新产品的开发不断开辟新的途径，这些都是企业应当密切注视的动向。

三、新产品的开发形式

（一）独立研制

独立研制是指完全依靠本企业的科研和技术力量研发新产品，是企业开发新产品的主要形式之一，该方式能使企业在同行业中占有领先地位。但是由于企业掌握的信息有限，开发能力也有限，加上市场变化较快，科学技术发展迅速等原因，同时企业研发中又要投入大量的人、财、物等资源，因而难度和风险较大。

（二）技术引进

技术引进是指从企业之外引进技术或购买专利来开发新产品。引进方式有两种，一是引进样品进行仿制；二是引进先进的生产工艺技术，用于新产品的设计生产，这种方式可缩短开发时间，节约研发费用，风险相对较小，还有利于提高企业的技术水平、生产效率和产品质量，是在企业科研、技术能力有限的情况下采用的一种方式。但引进时应对技术的成熟度、先进性、适应性、经济性及市场容量和自身的竞争能力进行综合评估。

（三）研制与引进结合

研制与引进结合这种方式投资少、见效快，产品既有一定的先进性，又有自己的特色，并能进行技术改造和创新。但在引进时应做好企业技术知识转换工作，把引进技术同企业原有技术进行整合，促进新技术的消化吸收。

(四）协作开发

协作开发是指企业间、企业与科研单位及教学单位之间协作研究开发新产品。它有利于企业利用社会的科研能力，弥补企业研究力量的不足，把科技成果快速转化为现实的生产力，比较符合我国的国情，但协作中应该注意知识产权的保护。

四、新产品的开发过程

（一）寻求创意

新产品始于设想。产品设想来源于各个方面：第一是来自顾客，顾客的需求是寻求新产品构想的重要来源，企业可以通过直接向顾客调查以及接待顾客来信、来访，了解他们的需求；第二来自科技人员，他们的新发现、新发明对企业开发新产品很有益处；第三是来自竞争对手，从竞争对手的产品中可以看出什么产品受顾客欢迎；第四是来自企业的推销人员或经销商，因为他们经常和顾客接触，了解市场需要；此外还有发明专利权代理人、大学及科研机构、市场营销研究机构等。不管设想（构想）来自哪里，其产生不外乎四种方式：灵感、偶发事件、顾客需求与创造力技巧。企业应注意了解顾客需求，训练企业员工的创造技巧，广开思路，广泛收集新产品的构思与创意。

（二）创意的筛选

在新产品的创意构想阶段，会产生很多设想，这些设想，哪些应该剔除，哪些应该保留，就要通过筛选来解决，其目的是要淘汰掉不可行或可行性差的设想，使企业的有限资源能集中运用于成功机会较大的那些设想上，并加以发展。筛选时要考虑该构思是否符合企业的经营目标，企业的资源是否充分利用等。因此，企业应召集各方面的专家和人员，从多方面对产品设想做出评价，评价时可采用新产品设想评价表。其基本格式如表6-1所示。

表6-1 新产品设想评价表

制约新产品成功的因素	A：相对重要性	B：本公司的能力水平								评价得分 A×B
		0.3	0.4	0.5	0.6	0.7	0.8	0.9	1.0	
公司特点与信誉	0.2				✓					0.120
市场营销实力	0.2							✓		0.180
研究开发能力	0.2					✓				0.140
人员能力	0.15				✓					0.090
财务能力	0.10							✓		0.090
生产能力	0.05						✓			0.040
布局和便利条件	0.05	✓								0.015
原材料等供应能力	0.05							✓		0.045
合计	1.00									0.72

表中第一栏是制约产品成功的因素，它们对产品在市场中的成败有着不同程度的影响；第二栏（A）是根据这些因素对产品成败影响的不同程度而设定的权重，权重越大，意味着该因素对产品在市场成败中的影响程度越大；第三栏（B）是对企业在这方面能

力的评分,评分越高,表明企业在这方面能力越强;最后一栏为各因素的评价得分(即 A×B),所有得分相加,将得出该产品构思的综合评价。综合评价得分为 0.00～0.40 时表明设想无前途,应予以放弃;得分为 0.41～0.75,设想一般;得分为 0.76～1.00,设想良好。

(三)新产品概念的形成

筛选后的设想需经过进一步的开发程序,以形成具体的产品概念。产品设想是人们以语言表达拟推向市场的一种存在可能性的产品,而产品概念则是企业欲使顾客接受而形成的关于产品的一种主观意志。一种产品设想可能衍生出许多产品概念,产品概念形成以后,还要进行概念的检验。常用的方式是邀请各种潜在的顾客及专家讨论产品概念,根据他们反映的意见和提出的问题,与相似产品的属性相比较,最后通过实物模型和文字表示出来。

(四)经营分析

对已基本定型的产品概念进行分析论证,重点在于成本分析、需求分析和盈利能力分析。成本分析包括生产成本和推销成本分析。需求分析,则要测算市场需求潜量与销售潜量以及消费者的购买能力与购买愿望。只有同时具备了购买能力和购买愿望,才能实现销售。企业盈利能力分析是对新产品的成本、销售量与利润进行的综合分析。

企业在需求分析、成本分析和盈利能力分析的基础上,进行综合权衡后才能正式做出开发新产品的决策。此外,还要考虑"机会成本"问题,即由于将资金投入某项新产品开发,而不能用在其他用途上所要失掉的利益。

(五)产品研发

在形成新产品概念的基础上,由产品研制部门所进行的产品模型和样品的研究、设计和试制,它包括样品试制和小批量试制。在样品试制过程中,要解决试制过程中碰到的各种技术问题,同时也要检验产品的技术性能是否达到设计的要求;小批量试制是在样品试制成功的基础上进行的,它是为产品的正式投产所进行的生产工艺、各种技术及生产组织等各项验证工作。在小批量试制时,同样也要解决由样品试制到批量生产过程中出现的各种技术问题,经过这一阶段,企业才能正式判断产品在技术上、经济上是否可行,如果一经否定,整个过程即应全部中止,重新构思另外的产品。

(六)市场试销

新产品的样品经过部分顾客试用基本满意后,企业可根据改进后的设计进行小批量生产,在选择的目标市场中做检验性试销。试销不仅能增进企业对新产品销售潜力的了解,而且有助于企业改进市场营销策略,但新产品试销可能带来以下问题:一是试销有时不能正确反映市场需求;二是试销的代价很大;三是容易泄露企业的新产品信息,易被竞争者所利用。因此,一些企业为了避免同行抢先进入市场,往往把力量集中在产品概念的试验和用途的试验上,而省略了试销这个阶段。

（七）批量生产与销售

新产品经部分顾客试用或试销成功后，应根据试销或试用中收集到的顾客意见，对产品的整体设计再做进一步的修改，然后，即可进行批量生产。这时企业应注意以下问题。

（1）正确选择投放市场的时间，即所谓的市场定时策略。新产品选择什么时机进入市场，概括地说有两种情况：一是企业新产品试制成功后，以最快的速度把产品推向市场；二是新产品试制成功后，并不急于投放市场，而是等待销售时机。这类产品多属换代产品，因为在原有产品未进入衰退期前，大批量地推出它的换代产品，会影响原有产品和其他同类产品的市场销量，从而减少企业盈利。

（2）正确选择投放地区。新产品不一定立即向全国市场投放，可先向某一区域市场推出，进行集中性的促销，取得相当的市场占有率以后，再向其他市场渗透扩散。

（3）正确选择目标市场。新产品的潜在消费者有四种类型：最先采用者、大量购买者、有影响的带头购买者、对价格敏感的购买者。企业应根据新产品的特点，选择最有潜力的消费者群体，作为自己的目标客户。

（4）正确选择营销组合。在新产品投放市场前，应尽可能地制订完备的营销组合方案，并做出合理的预算，以便组织好投放时的营销活动。

五、新产品的开发策略

新产品开发是满足消费者需要的重要途径，也是关系企业生存和发展的重大问题。在新产品开发过程中，不仅要投入大量的资金和人力，而且还具有一定的风险，因此，企业必须采取慎重的科学态度，根据企业自身的生产能力、市场需求和竞争状况，选择适当的策略。

新产品开发策略是指企业为提高竞争能力在产品开发问题上所进行的抉择。一般来说，一个产品在市场上有无竞争能力，主要取决于品种、质量、价格、交货期、服务五个因素，其中品种是源泉，质量是核心，价格是条件，交货期是立足点，服务是保证。根据这五个因素，可供企业选择的新产品开发策略有以下几种。

（一）抢先策略

抢先策略是指当企业的某一产品处于成熟期，市场需求量基本饱和时，即着手开发新产品，以便能抢先投入市场。采用这一策略的好处在于产品在市场上始终处于领先地位，从而在竞争中能取得优势。但它要求企业必须有较强的产品研制能力和小批量试制能力。此外还要有承担风险的资金力量，有激发顾客对新产品产生需求的能力等。

（二）紧跟策略

紧跟策略是指当企业发现市场上有竞争能力强的产品或热门货时，立即仿制投入市场。采用这一策略要求企业必须对市场情况反映敏感，具有一定革新、研制产品的能力，有一个高效率的营销组织系统。

（三）最低成本策略

最低成本策略是指企业在制造方法上、生产组织上努力挖掘潜力，以降低新产品成本，通过低价策略，迅速占领并扩大市场。采用这一策略要求企业有一定研究和改革工艺的能力，有高效率、大批量的生产能力，销售费用较低，有"以廉取胜"的把握。

（四）市场服务策略

市场服务策略是指企业在开发与销售新产品的同时，配合各种服务，以满足顾客的特殊需要，扩大市场占有率。采用这种策略的企业，需要有一定的研究和提供服务的能力。

六、新产品的采用与扩散

（一）新产品的采用过程

新产品采用是指消费者个人由接受创新产品到成为重复购买者的各个心理阶段。人们对新产品的采用过程客观上存在着一定的规律性。美国营销学家罗杰斯经过实地调查，把新产品采用过程看做是创新决策的过程，并据此建立了创新决策过程模型。他认为，创新决策过程包括五个阶段，即认识阶段、说服阶段、决策阶段、实施阶段和证实阶段。这五个阶段又受到一系列变量的影响，它们不同程度地促进或延缓了企业的创新决策过程。

1. 认识阶段

在认识阶段，消费者要受个人因素（如个人的性格特征、社会地位、经济收入、性别、年龄、文化水平等）、社会因素（如文化、经济、社会、政治、科技等）和沟通行为因素的影响。他们逐步认识创新产品，并学会使用这种产品，掌握其新的功能。研究表明，较早意识到创新的消费者同较晚意识到创新的消费者有着明显的区别。一般地，前者较后者有着较高的文化水平和社会地位，他们广泛地参与社交活动，能及时、迅速地收集到有关新产品的信息资料。

2. 说服阶段

有时，消费者尽管认识到了创新产品并知道如何使用，但并不立即产生喜爱和购买欲望。而一旦产生这种欲望，决策行为就进入了说服阶段。在认识阶段，消费者的心理活动尚停留在感性认识上，而在说服阶段，其心理活动就具备影响力了。消费者常常要亲自操作新产品，以避免购买风险。但这需要市场营销部门能让消费者充分认识到新产品的某些特性（相对优越性、适用性、复杂程度、可试性、明确性），才可能加速他们的购买。

3. 决策阶段

通过对产品特性的分析和认识，消费者就会决定采用还是拒绝采用该种创新产品。他也许决定采用创新产品，此时有两种可能：在使用之后觉得效果不错，继续使用下去；

使用之后发现效果不好而不再使用,可能改用别的品牌。他也许决定拒绝采用,此时也有两种可能:以后改变了态度,接受了这种创新产品;继续拒绝采用这种产品。

4. 实施阶段

当消费者开始使用创新产品时,就进入了实施阶段。消费者就会考虑以下问题:"我怎样使用该产品?"和"我如何解决操作难题?"此时,企业的市场营销人员就要积极主动地向消费者进行介绍和示范,并提出自己的建议。

5. 证实阶段

人类行为的一个显著特征是,人们在做出某项重要决策之后总是要寻找额外的信息,来证明自己决策的正确。消费者购买决策也不例外。为了说明问题,这里借用一下不和谐理论中的"认识不和谐"概念。

认识不和谐是指两种或两种以上的认识互不一致或者其中某种认识与一个人的行为相抵触所产生的紧张不安的心理状态。这些认识包括人们对周围事物所持的观念、情感和价值取向等。只要这些认识相互不一致,或者某种认识与一个人的行为不相吻合,不和谐就产生了。不和谐是一种心理不平衡状态,他会造成心理紧张,而心理紧张又促使人们去努力消除这种紧张,从而使心理状态由不平衡(或不和谐)转向平衡(或和谐)。

在创新决策之后存在的不和谐,称为决策后不和谐。由于消费者面临多种选择方案,而每一种方案又都有其优点和缺点,所以只要消费者选择其中的一个方案,不和谐就会发生。在决策之后,消费者总是要评价其选择行为的正确与否。在决策后的最初一段时间内,消费者常常觉得有些后悔,他或她会发现自己选择的方案存在很多缺陷,而认为未选方案有不少优点。事实上,如果再给一次机会,她或他会选择其他方案。不过,后悔阶段持续时间不长,便被不和谐减弱阶段所代替。此时,消费者认为已选方案仍然较为适宜。

在整个决策创新过程中,证实阶段包括了决策后不和谐、后悔和不和谐减弱三种情况。消费者往往会告诉朋友们自己采用创新产品的明智之处,倘若他或她无法说明采用决策是正确的,那么就可能中断采用。

(二)新产品的市场扩散

所谓新产品的市场扩散,是指新产品上市后随着时间的推移不断地被越来越多的消费者所采用的过程。也就是说,新产品上市后逐渐地扩张到其潜在市场的各个部分。扩散过程与采用过程的含义不一样。采用过程是从微观角度考察消费者个人由接受创新产品到成为重复购买者的各个心理阶段,而扩散过程则是从宏观角度分析创新产品如何在市场上传播并被市场所采用的更为广泛的问题。

在新产品的市场扩散过程中,由于个人性格、文化背景、受教育程度和社会地位等因素的影响,不同的消费者对新产品接受的快慢程度不同。罗杰斯根据这种接受程度快慢的差异,把采用者划分成五种类型,即创新采用者(简称为"创用者")、早期采用者、早期大众、晚期大众和落后采用者,如图6-6所示。

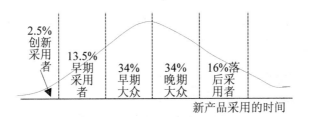

图 6-6 新产品采用者的类型

从新产品上市算起,采用者的采用时间大体服从统计学中的正态分布,约有68%的采用者(早期大众和晚期大众)落入平均采用时间加减一个标准差的区域内,其他采用者的情况类推。尽管这种划分并非精确,但它对于研究新产品的扩散过程有着十分重要的意义。

1. 创新采用者

该类采用者处于距离平均采用时间两个标准差以左的区域内,占全部潜在采用者的2.5%。任何新产品都是由少数创新采用者率先使用,这种采用者一般有以下特点:有冒险精神;收入水平、社会地位和受教育程度相对较高;大部分为年轻人,交际广泛且信息灵通。

企业市场营销人员在向市场推出新产品时,应把促销手段和传播工具集中于创新采用者身上。通过他们影响后面的使用者。不过,找出创新采用者并非易事,因为很多创新采用者在某些方面倾向于创新,而在其他方面可能是落后采用者。

2. 早期采用者

早期采用者是第二类采用创新的群体,占全部潜在采用者的13.5%。他们大多是某个群体中具有很高威信的人,受到周围朋友的拥护和爱戴。他们一般是年轻人,富于探索,对新事物比较敏感并有较强的适应性,经济状况良好,对广告促销反应强烈。他们常常去收集有关新产品的各种信息资料,成为某些领域的舆论领袖。这类采用者多在产品的介绍期和成长期采用新产品,并对后面的采用者影响较大。所以,他们对创新扩散有着决定性的影响。

3. 早期大众

这类采用者的采用时间较平均采用时间要早,占全部潜在采用者的34%。其特征是:教育程度高,有较好的工作环境和固定收入,对社会上有影响的人物特别是自己所崇拜的"舆论领袖"的消费行为有较强的模仿心理。他们虽然也希望在一般人之前接受新产品,但却是在经过早期采用者认可后才购买,从而成为赶时髦者。由于该类采用者和晚期大众占全部潜在采用者的68%,因而,研究其消费心理和消费习惯对于加速创新产品扩散具有重要作用。

4. 晚期大众

这类采用者的采用时间较平均采用时间稍晚,占全部潜在采用者的34%。其基本特征是多疑。他们的信息多来自周围的同事或朋友,很少借助宣传媒体收集所需要的信息,其受教育程度和收入状况相对较差,所以,他们从不主动采用或接受新产品,往往在产品成熟阶段后才加入购买。显然，对这类采用者进行市场扩散是极为困难的。

5. 落后采用者

这类采用者是采用创新的落伍者，占全部潜在采用者的16%。他们思想保守，拘泥于传统的消费行为模式，对新生事物持反对态度，极少借助宣传媒体，其社会地位和收入水平最低。因此，他们在产品进入成熟期后期乃至进入衰退期时才会采用。

◆ **任务实施**

第一步，对学生进行分组，每3～5人为一组，分析洗衣机的不同类型，讨论海尔企业洗地瓜洗衣机和洗龙虾洗衣机的创意及开发方式；

第二步，以组为单位，对当地市场上各种款式及功能用途的洗衣机进行实地调查，对不同品牌洗衣机的优缺点进行分析，提出未来新型洗衣机的创新方向；

第三步，组织学生参与某企业新产品的市场推广活动，在此基础上，以组为单位制订出该新产品的市场推广与扩散方案。

◆ **总结与回顾**

市场营销学中所讲的新产品是从市场和企业两个角度认识的，具体来说新产品有以下四种类型：全新产品、换代新产品、改进新产品和仿制新产品。新产品的开发方式有：独立研制、技术引进、研制与引进结合、协作开发等。开发程序是：产品创意的形成→产品创意的筛选→产品概念的形成→经营分析→产品研制→市场试销→批量生产与销售。新产品开发是满足消费者需要的重要途径，也是关系企业生存发展的重大问题，根据品种、质量、价格、交货期、服务等因素，围绕提高产品竞争能力，可供企业选择的新产品的开发策略有：抢先策略、紧跟策略、最低成本策略和市场服务策略。

新产品的市场扩散，是指新产品上市后，随着时间的推移，不断地被越来越多的消费者所采用的过程。影响新产品市场扩散的因素主要包括新产品的创新特征、消费者采用新产品的心理过程、消费者采用新产品的态度差异三大因素。企业为加速新产品的扩散，应采取有针对的促销策略，以使新产品能被尽可能多的消费者所采用。

本项目的教学重点和核心技能是新产品的开发策略与市场扩散策略的制定与实施。

◆ **复习思考题**

1. 新产品有哪些类型？请举实例说明。
2. 简述新产品的开发程序与开发策略。
3. 简述新产品的市场扩散。

◆ **实训练习**

1. 实训项目：案例分析——"白加黑"的成功之道
2. 实训目标：
（1）培养学生从实践层面进一步理解新产品开发对提升企业竞争力的意义；
（2）培养学生从市场需求的角度制定新产品开发策略的能力；
（3）培养学生营造消费概念，进行新产品市场推广扩散的能力。

3. 实训内容与方法：

（1）阅读如下案例，并讨论回答：①盖天力制药厂生产的"白加黑"感冒药与其他感冒药相比，有哪些独特的产品创意？它营造了什么样的消费概念？②"白加黑"的生产厂商是怎样进行品牌传播扩散的？其支撑点是什么？你有哪些更好的传播扩散途径？

（2）先由个人阅读分析案例，并写出发言提纲，然后进行分组讨论。

感冒是最常见的呼吸道疾病，发病时头痛发热，咳嗽，四肢酸痛，白天没精打采，晚上又不能很好休息，严重影响人们的生活和工作学习。市场上的各种抗感冒药，虽早已有之，疗效却都难以突出，而且，同类药品甚多，层出不穷，市场已呈高度同质化状态。中、西成药虽能缓解部分症状，但由于其中所含的抗组织胺药会使患者发生头晕、嗜睡、乏力等副作用，使人们期待着抗感冒药来一场革命，寻找到一条治疗感冒的新途径。特别是经历了 2000 年 11 月发生的"PPA"事件后，谁能引领感冒药市场潮流，被众多业内外人士所关注。经过一年多的角逐，感冒药市场重新洗牌，新的主流品牌格局已经形成。央视市场研究股份公司（CTR）于 2001 年 11 月份在全国进行的一项"中国感冒药市场研究"的大型调查显示："白加黑"、"感康"、"新康泰克"、"泰诺"、"百服宁"等品牌在消费者中的知名度居前列。

"白加黑"是盖天力制药厂生产的感冒药，于 1995 年上市，仅半年销售额就突破了 1.6 亿元，分割了全国 15% 的感冒药市场。康泰克、三九、丽珠、神奇等一些强势品牌凭着强大的广告攻势，才各自占领了一块地盘，而盖天力这家实力并不十分雄厚的药厂，竟然在短短半年里就后来者居上，使"白加黑"红遍大江南北，成为感冒药市场的主流品牌。白加黑的成功与它独特的产品创意分不开，具体包括以下两点。

第一，黑白分明的药片。"白天吃白片，不瞌睡；晚上吃黑片，睡得香"，是"白加黑"表现的诉求，这一诉求是通过把感冒药分成白片和黑片（感冒药中的镇静剂"扑尔敏"放在黑片中）实现的。打开"白加黑"的包装，12 粒片剂展现眼前，其中白色药片 8 粒，黑色药片 4 粒，包装精美的外盒上清楚地写着：白天服白片，晚上服黑片，非常易懂好记，而又富有韵味!这一白片、黑片的区分，首先在品牌的外观上与竞争品牌形成很大的差别；其次，黑白分明的药片大大方便了消费者，不言自明地体现出厂家对消费者细致入微的关切；第三，黑白之分充分发挥了产品颜色的心理作用。消费者白天吃白色药片时，看到白色会产生减轻感冒症状的联想；晚上吃黑色药片时，看到黑色会产生安定、沉稳的联想。厂家靠这小小的黑片、白片支撑起了消费者接受的品牌传播支撑点。

第二，日夜分开的用药方法。"白加黑"感冒片，在国内第一次采用白天黑夜服用组方成分不同的制剂，白天服用的白色片剂，由补热息痛等几种药物组成，能迅速消除一切感冒症状，且绝无嗜睡副作用。服药后可以正常坚持工作和学习；夜晚服用的黑片剂，在日制剂的基础上加入了另一种成分，抗过敏作用更强，能使患者更好地休息。白天、晚上分别用药使白加黑与消费者的生活状态相符合，还给消费者解决感冒疾病与日常生活的矛盾提供了一个良好的方案，达到了引起共鸣和联想的强烈传播效果。CTR 的调查中，在问及"您知道哪些品牌是白天不嗜睡的感冒药"时，有近 30% 的消费者知道"白加黑"，远远高于其他品牌，这一特性受到上班族和城市白领人士的普遍青睐。

"白加黑"的创意给人们留下了深刻印象，极大地提高了这一品牌的文化含量，为名牌效应的发挥打下了良好的基础。

4. 标准与评估

(1) 标准：能从理论与实践的结合上，写出有说服力的发言提纲，理解认识比较到位，分析入情入理，提出的措施途径切实可行。

(2) 评估：每个同学的发言提纲可作为一次作业，由教师和各组组长组成的评价小组根据个人在讨论中的表现评估打分。

模块七 价格策略的制定

从整体营销的角度来看,价格策略是企业市场营销策略的重要组成部分。价格的合理与否直接关系着市场对产品的接受程度,影响着商品的市场销售,涉及生产者、经营者、消费者等各方面的利益。价格十分敏感且又不能随心所欲地制定,价格的制定之所以复杂,不是因为成本和利润的计算困难,而是因为价格的制定还受各种非成本因素的影响,如消费者的需求和消费偏好,替代产品的价格水平和竞争对手的定价策略,价格调整后企业市场占有率的变化和对企业形象地位的影响等。因此,企业定价策略的制定,必须充分考虑各种影响因素。但就一般规律而言,产品的最高价格取决于市场需求,最低价格则取决于该商品的成本。

项目一 产品定价的影响因素

◆ 知识、能力、素质目标

使学生了解产品定价的主要影响因素,明确产品定价是一项复杂的系统工程,企业要制定合理的、有利于产品销售的价格策略,不仅要准确计算产品的生产成本,而且还要全面了解产品的市场需求和竞争态势。

◆ 教学方法

问题导入法 课堂讲授法 分组讨论法

◆ 技能(知识)点

需求与价格的关系 竞争与价格的关系 成本与价格的关系 企业的经营战略与定价目标 企业定价策略对商品销售的影响分析

王建的迷茫

王建是金飞鞋业公司在西安市场的营销主管,他多年从事各种品牌鞋的市场销售运作,具有非常娴熟的客户沟通技巧和渠道拓展能力。最近企业多次接到消费者的反映,说金飞鞋的销售价格要比同等档次的其他品牌鞋的市场售价要高,企业为了扩大产品在西北市场的影响力,也正打算在适当的时机调整鞋的售价,于是,企业的高层管理部门要求王建先拿出一个价格调整的初步方案供企业决策参考,要求是不能降低产品的市场份额,不能太大地影响企业的销售业绩。王建考虑再三,但还是不清楚应从哪些方面入手,才能制定出合理的价格。

根据营销情景中描述的事实，学生独立思考并回答：
1. 鞋的定价应主要考虑哪些因素？什么样的价格才算是合理的价格？
2. 商品价格的高低对产品的市场份额和销售利润有哪些影响？

成也定价　败也定价
——爱多VCD定价策略的启示

VCD机的民营企业爱多，成立于1995年，当时只有80万元的启动资金。到1996年，产值就达到2个亿；到了1997年，其销售额更是一跃骤增至16个亿，产品居全国城市市场占有率第一，赫然出现在中国电子50强的排行榜上。能取得如此快速增长，除了当时VCD系列产品在中国处于快速成长期及爱多的广告影响以外，与爱多的价格策略是密不可分的。在1997年元旦来临之际，爱多突然宣布将VCD机的价格首次降到2000元以下，定价为1997元。加上广告促销的作用，此价位与即将到来的新年和"香港回归"巧妙地联系起来进行市场炒作，产生了巨大的市场效应，从而使爱多VCD的销售量骤增。

到1997年5月，爱多推出"阳光行动A计划"，掀起的降价狂飙，将爱多VCD再次降价，定价为1300元。此时市场掀起VCD购买狂潮，爱多产品很快便供不应求，出现了断货现象。爱多的管理决策部门认为旺季已到，设想如果每台VCD涨价250元，那么5个月就可卖出100万台VCD，至少净赚2.5亿元。但是到底该不该涨价，一时踌躇难决。由于当时缺乏有效的信息反馈体系，而各地代理商反馈回来的信息又差别很大，有关决策人只能凭感觉来判断和决策——涨！于是爱多将VCD机每台提价250元。当时的爱多品牌在VCD市场上居于霸主地位，可谓："登高一呼，应者云集"。爱多领导人天真地认为其他VCD生产厂家也会跟着提价，但结果却出乎意料，绝大多数厂家并没有跟随涨价，爱多VCD系列产品则因价格过高很快便出现滞销局面：九月份销售量下降了一半，十月份销售量又下降一半，月销量从20万台骤然降到2万台，回款还不好。正是定价策略出现了重大的决策失误，致使爱多集团在资金链方面出现了严重问题，这也是爱多由兴盛走向衰落的关键转折点。真可谓：成也定价，败也定价。

由爱多的定价案例，我们可以得出：企业价格策略的制定不能只考虑成本和需求，不能只追逐利润，不能一厢情愿，价格的调整必须考虑消费者的反应，必须考虑同类产品的价格策略及竞争对手的情况，越是替代性强、竞争压力大的产品，价格的调整越要慎重。

◆ 工作任务分析

定价策略是企业营销组合策略的重要内容，商品价格的制定受多种因素的影响。企业营销人员在此项目实施中的主要工作任务就是对市场上相同、相近和相关产品的市场需求、竞争状况、价格水平进行全面调查并做客观分析，以求能给企业的价格决策部门提供真实可靠的信息，以协助企业的价格制定者进行合理的价格定位。

◆ 相关知识

一、影响企业定价的内部因素

（一）成本

成本也称生产费用，是指厂商在生产过程中使用的各种生产要素的支出，即投入的各种生产要素数量与其价格乘积的总和。长期以来，我国会计学界主要以马克思《资本论》中的有关论述来论证成本的含义。马克思在分析资本主义商品生产时指出"按照资本主义方式生产的每一个商品W的价值，用公式来表示是W=c+v+m。如果我们从这个产品价值中减去剩余价值m，那么，在商品中剩下的，只有一个在生产要素上耗费的资本价值c+v的等价物或补偿价值……所以对资本家来说，这就是商品的成本价格"。也就是说产品的价值包括三个部分：已耗费的生产资料的价值（c）；劳动者为自己劳动所创造的价值（v）；劳动者为社会劳动所创造的价值（m）。马克思在这里称为"商品的成本价格"的那部分商品价值，是指c+v，也就是我们所讲的商品的生产成本。

营销学中的成本具体是指从事商品生产销售的企业在商品的生产与流通过程中所耗费的物化劳动和活劳动的价值总和。其构成与表现形态一般包括以下几种。

1. 固定成本

固定成本是指在一定生产经营规模范围内，不随产品种类及规模数量变化而变化的那部分成本。如固定资产折旧费、房屋与场地租金、管理人员工资、财产保险费等。这些费用不论企业的产量是多是少、规模是大还是小都必须支出。如果增加总固定成本，只能进行大量投资，更新设备等。

2. 变动成本

变动成本是指随产品种类及规模数量变化而变化的那部分成本费用。产量越大，总可变成本也越大；反之，产量越小，总可变成本也越小。如原材料、生产经营工人的工资薪酬、产品的包装费用、运输及仓储费用、部分营销费用等。

3. 总成本

总成本是企业生产某种产品的总固定成本与总变动成本的总和。当产量为零即企业不进行该种产品的生产时，企业的总成本等于总固定成本。

4. 平均固定成本

产品的平均固定成本等于总固定成本除以总产量。虽然固定成本不随产量的变动而变动，但平均固定成本却随产量的增加而减少，这里就有一个规模效益的潜在因素，从长期来看，平均固定成本是企业定价不可忽视的因素之一。

5. 平均变动成本

产品的平均变动成本等于总变动成本除以总产量。在一定的技术熟练程度和生产设备条件下，平均变动成本不会随产量的增加而变动。而当生产发展到一定规模，工人熟练程度提高,批量采购原材料的价格优惠,变动成本则呈递减趋势,但若超过某一经济界限,则平均变动成本又有可能上升。

6. 平均成本

产品的平均成本也就是产品的单位成本,它等于总成本与总产量之比,或者等于平均固定成本与平均变动成本的总和。由于固定成本和变动成本随劳动生产率的提高和规模经济效益的逐步形成而下降,所以,单位产品成本呈递减趋势,能使总成本得到补偿的定价意味着价格至少不能低于平均成本。

（二）企业的定价目标

企业的定价目标是指企业通过定价期望达到的效果,规定了企业定价的目的和水平。现实中,任何企业都不能孤立地定价,而必须按照企业的市场定位和竞争战略来进行合理定价。不同企业有不同的定价目标,不同定价目标对产品的价位又有不同的要求。一般来讲,企业具有以下定价目标。

1. 维持生存的目标

如果企业产量过剩,或面临激烈的竞争,或试图改变消费者需求,则需要把维持生存作为企业主要的经营目标。为了确保工厂继续开工和使存货出手,企业必须制定较低的价格,并希望价格是敏感型的。在这种情况下,企业的生存要比利润重要得多。许多企业通过大规模的价格折扣,来保持企业的活力。企业制定的价格只要能弥补可变成本和部分固定成本,生存就可以维持。

2. 当期利润最大化的目标

如果企业的生产经营目标是当期利润的最大化,企业便通过预测需求和估计成本来制定价格,并使确定的价格能产生最大的当期利润、现金流量或投资报酬率。如果企业对其产品的需求函数和成本函数有充分的了解,则借助需求函数和成本函数便可制定确保当期利润最大化的价格。

3. 市场占有率最大化的目标

有些企业希望通过定价来取得控制市场的地位,即使市场占有率最大化。因为,企业确信赢得最高的市场占有率之后将享有最低的成本和最高的长期利润,所以,企业一般通过制定比较低的价格来追求市场占有率上的领先地位。在企业的营销实践中,如果具备下列条件之一,便可考虑通过低价策略来提高企业的市场占有率。

（1）市场对价格高度敏感,因此低价能刺激需求的迅速增长;

（2）生产与分销的单位成本会随着生产经验的积累而下降;

（3）低价能吓退一些现有的和潜在的竞争者。

4. 产品质量的最优化目标

有些企业还以产品质量的领先作为自己的经营目标,并在生产和市场营销过程中始终贯彻产品质量最优化的指导思想。这就要求用高价格来弥补产品研究开发和质量提升的成本。

（三）产品特征

产品特征是产品自身构造形成的特色，它可以指产品的外形设计、款式颜色、功能效用、质量品牌、商标包装以及附加在产品上的服务等，或者是全部或者是其中的一部分。这些特征能反映产品对消费者的吸引力。一种产品一旦有了某些方面的特征，就能满足消费者某些方面的特殊偏好或需要，从而有可能成为名牌产品、时尚产品、高档产品，满足消费者需求的个性化产品，就能刺激消费者的购买欲望，进而达到理想的效果。由于差异特色显著的产品在市场上有较高的吸引力，因此，在定价中一般处于比较有利的地位。

（四）企业的推销能力

企业的推销能力一般包括选择分销渠道与开展促销活动。企业在定价时，必须考虑自身的推销能力，推销能力强的企业，可通过高价策略完成推销任务，即企业具有使价值增值的手段。因此，企业更具有定价的主动权。推销能力弱的企业，可采用低价营销的策略来进行产品促销，即企业在自主定价方面缺乏主动权。

二、影响企业定价的外部因素

（一）市场供求

市场营销经验表明，产品价格的确定在相当程度上需考虑市场供求状况以及供求关系的变化。一般地，成本是制定价格的下限，而市场供求则是制定价格的上限。

市场供给是指一定价格水平下市场所能提供的产品总量。现实市场下的产品供给需同时具备在一定价格水平下有出售的意愿和有产品供应能力的条件。产品供给与价格的运动一般呈正方向变化，即市场价格越高，产品供给越多；市场价格越低，供给就越少。

市场需求是指在一定价格水平下，市场对一定产品有支付能力的需求量。经济学意义上的需求要求同时具有购买的意愿和具有货币支付能力。通常需求与价格呈反方向运动，即价格越高，需求量越小；价格越低，需求量越大。影响需求变化的因素既包括经济因素，又包括社会、历史、文化、风俗习惯等多种因素。从价格角度看，需求量的大小主要取决于产品的价格、消费者收入与偏好及相关产品的价格，即需求函数。

价格影响供求，供求也影响价格，这一相互关系称为供求规律。供求规律表明，产品供求调节价格波动，价格变动引起供求变化，供求变化与价格变化以相反的方向形成循环。现实市场运行中，市场供求规律直接决定着市场价格的变动方向及变动程度，决定着价格运动偏离价值的方向。供不应求，价格在价值的基础上朝偏高的方向运动；供过于求，价格在价值的基础上朝偏低的方向变化。而供求之间的不平衡程度又决定着价格与价值的偏离程度。

为了更进一步了解供求与价格的关系，还需认识供求弹性问题。供求弹性是指供给量或需求量对应于价格变动而发生反应的敏感程度。不同种类的产品，其供求弹性存在一定差异。一般地，日用品及用于人们生活必需的粮棉油等大宗农产品，需求缺乏弹性，而供给有弹性；保健食品、名优特新农产品以及用于轻工业、食品工业的农产品，供需均有弹性。掌握产品不同的供求弹性对于理解市场价格的形成和制定合理的价格都具有重要意义。

1. 需求弹性

需求弹性主要有需求价格弹性和需求交叉价格弹性。

（1）需求价格弹性

需求价格弹性指需求量变动对价格变动作出反应的敏感程度，即价格变动幅度与由价格变动引起的相应产品需求的变动幅度之间的比值。需求量的相对变动比率，对价格相对变动比率的比值称为需求价格弹性系数。其计算方法有两种：一种是点弹性系数；另一种是弧弹性系数。以 E_d 代表点弹性系数，以 E_h 代表弧弹性系数，则：

$$E_d = \Delta Q/Q \div \Delta P/P \tag{7.1}$$

上式中：Q 表示需求量；ΔQ 表示因价格变动而引起的需求量的变动数，即增量；P 表示价格；ΔP 表示价格的增量。

$$E_h = \Delta Q/[1/2(Q_1+Q_0)] \div \Delta P/[1/2(P_1+P_0)] \tag{7.2}$$

上式中：Q_0 表示基期需求量；Q_1 表示报告期需求量；P_0 表示基期价格；P_1 表示报告期价格。

由于需求量与价格呈反方向变动，故 E_d、E_h 的值为负数。在实际工作中，为计算方便一般取绝对值。采用弧弹性计算的优点在于：可以进行逆运算，即同一个绝对值的价格变动幅度和需求量变动幅度，无论计算价格由高到低或由低到高的变化，其引起的需求弹性系数均能保持一致。而点弹性的计算则不能进行逆运算，尤其是在价格波幅较大时，点弹性的计算结果不太准确。

影响需求价格弹性的因素较多，主要有：①产品本身对人们日常生活的影响程度，一般地，生活必需品弹性较小，非必需品弹性较大；②产品的可替代性，易于替代的产品，其弹性大，不易替代的产品，其弹性小；③产品的供求状况，供不应求的产品弹性较小，供过于求的产品则弹性较大。

（2）需求交叉价格弹性

需求交叉价格弹性指具有互补或替代关系的某种产品价格的变动，引起与其相关的产品的需求量发生相应变动的程度。具体可用下列公式表示。

$$E_{(xy)} = \Delta Q_y/Q_y \div \Delta P_x/P_x \tag{7.3}$$

上式中：x、y 分别表示 x 产品与 y 产品。在它们之间具有互补或替代关系，公式表示 y 产品对 x 产品的交叉价格弹性。具有不同性质的产品间的需求交叉弹性存在根本差别。通常具有互补关系的产品（如照相机与胶卷、手电筒与电池等）之间，X 产品价格变动与 Y 产品需求变动呈反方向运动，即 X 产品的价格下降会引起 Y 产品需求量的增加。而在具有替代关系的产品（如毛料服装与化纤服装、猪皮皮鞋与牛皮皮鞋等）之间，X 产品的价格变动则与 Y 产品的需求变动呈同方向变化，即 X 产品价格的上涨会引起 Y 产品需求的增加；X 产品价格的下降，会引致 Y 产品需求的减少。

2. 供给弹性

供给弹性又称供给的价格弹性，指供给对价格变动做出反应的敏感程度。用供给量的变动幅度与价格变动幅度的比值来表示。若以 E_S 代表供给弹性系数，则有：
$$E_S = \Delta Q/Q \div \Delta P/P \tag{7.4}$$
上式中：Q 表示供给量；ΔQ 表示因价格变动而引起供给量的变动值，即供给增量；P 表示价格；ΔP 表示价格的变动值，即价格增量。因供给量与价格呈同方向变动，故供给弹性系数为正值。

影响供给弹性大小的因素与影响需求弹性的因素存在差别。产品生产的需求比例状况、生产技术条件、生产周期长短等直接影响产品的供给弹性。一般地，劳动密集型行业由于行业经营规模改变相对容易，其产品供给弹性较大；资金技术密集型行业的产品则供给弹性较小。生产周期长的产品供给弹性较小；生产周期短的产品则供给弹性较大。

（二）竞争状况

市场竞争是影响产品定价的直接因素之一。竞争因素对定价的影响取决于不同市场的竞争程度。市场竞争程度由产业中竞争者的数量和竞争环境所决定。

1. 竞争者

产品生产经营者在做出价格决策时，需要考虑竞争者的成本、价格及对自身价格变动可能做出的反应等。一个消费者当想要购买一箱蒙牛软包装纯牛奶时，往往会将蒙牛的这种纯牛奶价格与伊利、光明、夏进、庄园、好为尔等相近纯牛奶的价格进行比较，最后才做出是否购买蒙牛纯牛奶的决定。此外，产品价格策略还可能影响到其所面对的竞争性质。若蒙牛奉行高价格高利润策略，就可能吸引更多的竞争者与之相抗衡；而低价格、薄利润策略则可阻止竞争者，甚至将这些竞争者赶出市场。

在营销实践中，产品生产经营者需对照竞争者的成本来检查分析自己产品的成本，以决定是按有利的成本经营还是按不利的成本经营。同时，还需了解市场主要竞争者的同类产品的价格和质量。在此基础上，做出定价决策。如果与竞争者相似，就可制定一个与竞争者相近的价格，否则销量就会受到影响；如果产品优于竞争者，就可制定较高的价格。

2. 竞争环境

产品生产经营者所处的价格竞争环境不同，其可能对价格的控制程度也不同。控制价格环境主要有：

（1）市场控制价格环境。市场处于高度竞争状态，产品供应种类相近，产品营销者对价格的控制力较弱。在此价格环境下，营销者想制定一个高于现行价格的价格将不会吸引太多的购买者，因为如果价格提高，购买者就会转而购买其他生产经营者的产品。这时，任何一个营销者都不会有足够的需求。同样，如果一个营销者想以低于其竞争者的价格销售其产品，其应获得利润就会减少，因为本来按市场价格就可售出其产品。

（2）营销者控制价格环境。市场存在适度竞争，产品有较大差异，各营销者对价格的控制力较强。在此价格环境中，对产品定高价可以获得成功，因为消费者认为所供应的产品与众不同，有独特性。营销者对价格的选择取决于其经营策略和目标市场。

（三）政府价格管制

价格是政府调控经济的重要手段之一。按照政府对价格管制的宽严程度可分为政府定价、政府指导价、市场调节价。在政府价格管制下，生产经营者不能自主定价。

1. 政府定价

政府定价是指由县或县级以上人民政府所属的物价管理部门、业务主管部门按照国家规定的权限制定价格。政府定价属于指令性价格，它的制定和调整权属于政府，需要依据政府规定的权限和程序进行。因此，政府定价具有可控性、严肃性和相对稳定性。实行政府定价的是那些对国民经济与社会安定影响重大的产品。如我国曾长期对粮食、棉花、油料等农产品实行政府定价。

2. 政府指导价

政府指导价是指由县或县级以上人民政府物价部门、业务主管部门按照国家规定权限，通过规定基准价和浮动幅度、差率、利润率、最高限价和最低保护价等，指导产品生产经营者制定某些产品的价格。从 20 世纪 90 年代开始至 2002 年，我国曾对大宗的农副产品，如粮、棉、油、猪等，采取最低保护价收购政策，其目的是在这些大宗农副产品丰收时，避免因供给过多导致价格下跌，损害农民利益。在 20 世纪 50 年代至 80 年代，我国因长期存在农副产品供应紧缺等问题，为了保障城镇居民生活安定，政府曾对粮、棉、油、猪、禽、蛋等大宗农副产品实行最高限价政策。

3. 市场价格

市场价格是指由产品的生产经营者根据市场需求变化制定的价格，它属于自由价格性质。其价格的形成基本上受价值规律和市场供求规律的调节，政府主要通过经营手段间接地对其指导和影响。市场价格具有竞争性强、反应灵敏、自发波动等特点。

◆ **任务实施**

第一步，组织引导学生以组为单位对某种或某类产品的价格影响因素进行实地调查；

第二步，根据调查掌握的情况资料分组讨论产品价格与其成本、供求和竞争的关系；

第三步，以建筑市场上近三年来房价的升降变动为例，分析说明商品房价格的变动主要受哪些因素的影响。

◆ **总结与回顾**

现实中，影响产品定价的因素很多。这些因素可分为企业内部的影响因素和企业外部的影响因素。内部因素主要包括产品成本、企业的定价目标、产品特征及企业的市场促销能力。外部因素则包括市场供求、产品的竞争状态、政府管制以及消费者的消费心理等。企业在进行产品定价时，必须考虑这些因素，以使企业的产品价格有利于产品的市场推广与销售。

本项目的教学重点和核心技能是影响产品定价因素的分析。

◆ **复习思考题**

1. 简述影响企业定价的内部因素。

2. 简述市场供求对产品定价的影响。
3. 简述市场竞争对产品定价的影响。

◆ **实训练习**

利用寒暑假或双休日对你感兴趣的某类或某种商品（如汽车、家电、化妆品、饮料等）的定价因素进行市场调研，在此基础上，提出具体的价格调整意见。

项目二 成本导向定价法及其应用

◆ **知识、能力、素质目标**

使学生深刻理解产品成本的构成及其与商品价格的内在关系，明确成本是商品定价的主要依据。在此基础上，能熟练掌握市场营销的成本导向定价方法，并能应用成本加成定价法和目标收益定价法对具体产品进行正确定价。

◆ **教学方法**

案例教学法　角色扮演法　课堂讲授法

◆ **技能（知识）点**

商品成本构成　成本与价格的关系　成本加成率及其确定　成本加成定价法与目标收益定价法在产品定价中的实际应用

一瓶矿泉水的价格究竟是多少

李建勇是一家矿泉水生产企业的成本核算员，由于他熟悉产品的成本核算方法，企业调他到市场营销部负责价格的制定工作，当年企业的预计生产能力是2800万瓶，必须要分摊的各种固定成本是420万元，企业每生产一瓶矿泉水的新增可变成本（人工费用、包装费用、电费、水费等）约是0.42元，企业年初确定的利润目标是680万元，则每瓶矿泉水的最低出厂价格应是多少？

根据营销情景中描述的事实，学生独立思考并回答：
1. 如果你是李建勇，你将怎样根据以上成本资料给企业生产的矿泉水定价？
2. 商品的出厂价格与市场销售价格有没有区别？

国内品牌手机缺乏核心生产技术，高成本难以形成价格优势

2007年7月24日信息产业部的调查统计显示，1—5月份，国内品牌手机内销量占国内市场份额33.8%，比2006年底又下降了2个百分点。大部分国内品牌手机企业不掌

握核心技术所带来的成本和价格困境,是导致国内品牌手机市场份额下降的主要原因。

目前,价格仍是大部分手机生产企业提升市场份额的主要手段。去年以来,诺基亚等国外品牌手机改变营销策略,加大了对低端手机市场的占领,致使国内品牌手机的价格优势受到极大冲击。由于大多数国内品牌手机的生产企业不掌握核心生产技术,使其生产成本的进一步下降面临重重困难。1—5月份,国内品牌手机平均售价比国外品牌仅低5~7个百分点,难以在价格上形成核心竞争力。

同时,国内品牌手机新产品的开发频率较低,缺少差异化、精细化产品,难以赢得消费者的青睐。1—5月份,国内市场新上市的手机近900款,其中大部分企业的新机型都在20款以上。但是,国内品牌手机的新品仅占全部新产品的36%,远远低于国外品牌手机。

到5月份,国内品牌手机生产企业有34家。近两年手机生产企业由许可制改为核准制后,国内手机生产企业迅速增加。但是,企业规模普遍偏小,大部分企业都在主攻短线产品,就单个企业而言市场份额很难提高。

1—5月份,国内品牌企业手机销售量超过200万部的企业只有5家,仅占全部国内品牌企业总量的14.7%,销售50万部以下的有18家,占52.9%。零散的国内品牌手机企业,直接造成短期市场行为,其产品质量的认可度也比较低。

在国内品牌手机中,联想、夏新、波导等手机企业销售虽然以低价手机为主,但在市场份额上仍是国内品牌手机的中坚力量。金立、天宇朗通、国虹等手机品牌通过电视购物,也创造了较好的销售业绩。但是,在手机市场竞争越来越激烈的情况下,国内品牌手机市场的"洗牌"还将继续。试问,国内品牌手机企业在不掌握核心生产技术、不能以差异化、精细化的新产品吸引消费者目光、不能达到规模化生产的情况下,如果不能取得成本上的领先优势,还拿什么来与国外的强势品牌竞争。

◆ 工作任务分析

产品价格的制定是企业营销工作的关键环节。价格水平的高低不仅关系到企业产品的市场推广与销售,而且还关系到消费者的购买决策与切身利益,企业营销人员的工作任务就是在此项目的实施过程中对市场上相同、相近和相关产品的价格进行全面调研,并在充分考虑企业产品差异特色与成本费用的基础上,协助企业的价格决策部门进行成本导向定价。

◆ 相关知识

一、成本导向定价法的概念

成本导向定价法就是企业在商品定价时以商品的价值为基础,即以商品的成本或投资额作为制定价格的主要依据。在具体定价时,首先考虑的是收回企业在生产经营中花费的全部成本,以成本作为商品定价的最低界限,这种方法通常被称为成本导向定价法。

二、成本导向定价法的具体方法

成本导向定价法又分为成本加成定价法和目标收益定价法。

（一）成本加成定价法

成本加成定价法就是以产品的单位成本为基础，再加上一定百分比的加成来具体制定产品售价的方法。加成的含义实际上是一定比率的利润。其计算公式为：

$$\text{产品售价} = \text{产品的单位完全成本} \times (1 + \text{成本加成率}) \quad (7.5)$$

$$\text{或} \quad P = C(1+R) \quad (7.6)$$

式中，P 为单位产品售价；C 为单位产品成本；R 为成本加成率。

例：某手机制造商生产的"百灵"牌手机的单位成本为 1250 元，若成本加成率为 20%，则按成本加成定价法确定的"百灵"牌手机的销售价格就为 1500 元。

将一个固定的、惯例化的加成率加在成本上来定价，是否合理呢？回答是否定的。因为想用一种不考虑当前需求和竞争的定价方法，来制定一个最合理的价格显然是不切实际的。但由于这种定价方法操作简便，在现实中却被许多企业所采用。此外，还有人认为，如果行业的所有企业都采用这种定价方法，同质商品的价格就会趋于一致。

（二）目标收益定价法

目标收益定价法，就是根据估计的总销售收入（销售额）和估计的产量（销售量）来制定商品价格的方法。这种方法一般要用损益平衡图这一分析工具。损益平衡图描述的是在不同销售水平下预期的总成本与总收入之间的关系。如图 7-1 所示。

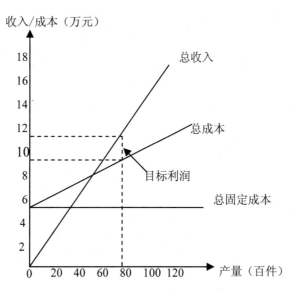

图 7-1 目标收益定价法示意图

图 7-1 描述的是某厂商生产某种产品的损益平衡图。无论该产品的销售量是多少，固定成本都是 6 万元。企业决策部门的任务包括以下几个方面。

（1）估计各种产量（销售量）水平上的总成本。总成本曲线按固定速率上升，直到最大产能为止。

（2）估计未来一期的产能水平。假定企业预期的产能为 80%，即产能为 10000 件时，销售量为 8000 件，生产这一产量的总成本为 10 万元。

（3）确定目标利润率。若该厂商希望生产该产品的利润为成本的20%，则利润目标为2万元。因此，在产能为80%时，总收入必须是12万元。总收入曲线上的另外一点为零产能时，其对应值也为零。将点（80，12）与点（0，0）连成一条直线，便是总收入曲线。总收入曲线的斜率就是所要制定的价格。本例中总收入线的斜率为15，且售出8000件，按此价格便可实现2万元的利润，成本利润率则为20%。

与成本加成定价法相类似，目标收益定价法也是一种只考虑生产者利益而未考虑市场竞争状况和消费者需求的定价方法，且这种方法根据销售量倒过来推算价格，颠倒了价格与销量的因果关系，把销售量看成是价格的决定因素，在实际中很难行得通。尤其是对于那些需求价格弹性较大的商品，用这种方法制定出来的价格，无法保证销量的必然实现，那么，预期的销售收入、目标利润就只能是一句空话。目标收益定价法只有在市场占有率很高、具有垄断性质的企业、供不应求且价格弹性比较小的商品以及大型的公用事业、劳务工程、服务项目上，在能科学地预测价格、销量、成本和利润的前提下，才不失为一种有效的定价方法。

综上所述，成本导向定价法是以生产者为导向的定价方法。它忽略了商品的市场需求、竞争状况，并通过对商品销量的主观预测来制定价格，从而降低了价格制定的科学性。因此，科学的价格制定不仅要以商品的价值为基础，以成本为底线，而且还要充分考虑该商品的市场需求和竞争状况。

◆ **任务实施**

第一步，组织引导学生以组为单位进行某种或某类竞争产品（如化妆品、汽车、手机、彩电等）的市场价格调查，全面收集价格信息资料；

第二步，对某企业同种或同类产品的成本费用进行全面归集，并计算产品的单位成本；

第三步，分别确定该产品的成本加成率和目标利润率，并在估计某企业未来一期产能水平的基础上，分别用成本加成定价法和目标收益定价法进行该产品的具体定价。

◆ **总结与回顾**

价格策略是企业现代营销策略的重要内容，企业在进行商品定价时，先要进行成本计算。一般来讲，商品的最高价格取决于市场需求及其他相关限制因素，而最低价格则不能低于该商品的生产制造成本，否则，企业就不能继续经营和维持再生产。成本导向定价法（成本加成定价法和目标收益定价法）是企业最基本的定价方法。但这种定价方法只考虑了生产者的利益，忽略了商品的市场需求、竞争状况和企业的营销战略，通过对商品销量的主观预测来制定商品的价格，从而在一定程度上降低了价格制定的科学性。

本项目的教学重点与核心技能是成本加成定价法和目标收益定价法的原理及实际应用。

◆ **复习思考题**

1. 简述产品成本与价格的关系。
2. 简述产品成本的基本构成。
3. 什么是成本导向定价法？成本导向定价法具体包括哪两种定价方法？其定价的依据是什么？

◆ **实训练习**

1. 五泉啤酒的单位生产成本是 1.24 元/瓶，平均分摊的销售费用是 0.12 元/瓶，如果企业确定的成本加成率为 20%，试用成本导向定价法给五泉啤酒定价？
2. 调查某区域市场上主要手机品牌的销售价格，并分析价格水平与销售量的关系？

项目三　竞争导向定价法及其应用

◆ **知识、能力、素质目标**

使学生深刻理解市场竞争与商品价格的关系，明确市场竞争状况是企业进行商品定价应考虑的主要依据。在此基础上，熟练掌握随行就市定价法、产品差别定价法、密封投标定价法，并能应用这些方法进行产品的具体定价。

◆ **教学方法**

角色扮演法　案例教学法　课堂讲授法

◆ **技能（知识）点**

市场竞争与商品价格的关系　随行就市定价法及其应用　产品差别定价法及其应用　密封投标定价法及其应用

销量上不去，问题在哪里？

某汽车制造企业近一年多来在西北市场的汽车销售出现了大幅滑坡，已担任多年客户部经理的张勇，临危受命，被派往西北区市场，担任西北市场的营销总监。他踌躇满志，决心大干一场，上任后，他率先进行了内部管理制度的改革，实行了分市场负责人的销售目标管理责任制和相应的有激励力的绩效薪酬制度，并对长期销售业绩不佳的人员进行了清退。接着他又对西北市场的营销模式进行了调整，减少了企业在西北市场的广告预算投入，增加了汽车的销售网点和参加汽车展销会的次数，并对购车者免费提供车内的装饰装潢和为期一年的美容、检修、养护等服务。尽管张勇做了大量工作，也想了不少办法，但销量却总是上不去，后来他又组织人员对西北市场上其他汽车品牌的销售情况进行了调查，才发现一些主要竞争对手同样质量档次的汽车售价平均都要比张勇销售的汽车低，加上张勇所在企业生产的汽车又没有什么显著的差异特色，于是，价格定的偏高便成了影响销量的主要原因，张勇将情况如实反映给企业的决策部门，企业同意了张勇将价格下调至略低于西北市场同类汽车产品平均价格的建议。价格的下调，再加上张勇一系列行之有效的促销举措，张勇汽车的销售很快走出了困境，连续三个季度销量在西北区市场名列前三甲。

根据营销情景中描述的事实，学生独立思考并回答：
1. 为什么张勇做了一系列的营销改进，汽车的销售仍然没有打开局面？
2. 在一个竞争比较激烈的行业或者市场上，企业给自己的产品定价，是否要考虑其他竞争对手的产品价格？为什么？

长虹彩电多轮降价，梦想一统江湖，事实却是好梦难圆

价格战是长虹彩电多年来营销战略的主线，也是倪润峰称雄途中一把难舍的利剑。但这把"双刃剑"既让长虹曾一度辉煌，也使长虹曾陷入进退两难的境地。

1996年3月，长虹突然宣布降价，国内其他彩电企业如康佳、TCL、熊猫等竞相降价，降幅为50元～200元。1998年4月，价格大战狼烟又起，不过此番领头的是康佳、TCL和创维，长虹却保持了沉默。

直到7个月后，倪润峰突然宣布：长虹已垄断下半年国内彩管市场。但是由于各方面的原因，长虹整体囤积计划落空，长虹不得不承受彩管大量积压的痛苦。

1999年4月，长虹又一次宣布全面降低彩电价格，涉及所有不同规格的产品系列。但是，长虹并没有达到抢占市场份额的目的。2000年5月，倪润峰下课，职位由赵勇接任，长虹开始注重新产品的研制与开发。随后，长虹又宣布全面大幅降价，最大降幅达20%，但此次价格战的目的却是清理库存。

2001年2月，倪润峰又以CEO身份重掌大权。同年，长虹再掀彩电降价狂潮，此后，TCL、厦华等开始跟进，然而这次降价并没有引起购买热潮。随着彩电行业微利时代的来临，全行业的平均利润已降至2%～3%。彩电业面临整体亏损。

2003年4月，倪润峰掀起背投普及计划，背投电视最高降幅达40%，但是，国内竞争对手却用等离子彩电与之抗衡，进行差异化竞争。一个月后，长虹在海外被以倾销罪名起诉，其低价销售策略在国际上受到质疑。

2004年4月，美国宣布反倾销裁定，美国几乎向所有的中国彩电制造商关上了大门。

多轮降价，长虹彩电梦想一统江湖，然而事实却是好梦难圆。

◆ 工作任务分析

竞争导向定价法是企业常用的定价方法之一。这一方法的主要特点是：商品的价格与商品的成本和需求不发生直接关系，商品的成本和需求变化了，但竞争者的价格未变，就应维持原价。反之，虽然成本或需求都没有变，但竞争者的价格变动了，就应对企业同类产品的价格作相应调整。企业营销人员在此项目实施中的主要工作任务就是对市场上相同、相近和相关产品的价格定位进行全面调研，特别是要对行业内最大竞争对手的价格策略进行跟踪调查，并结合企业产品的差异特色与成本需求，协助企业的价格制定者进行竞争导向定价。

◆ 相关知识

一、竞争导向定价法的概念

现实生活中的企业，不管处于哪个行业，也不管生产销售何种产品，所承受的竞争压力越来越大，企业若想获得有利的市场地位和竞争优势，就必须通过研究竞争对手的

生产条件、价格策略、服务状况以及市场营销模式，结合自身的竞争优势、成本水平和消费者对其产品的置信度来制定合理的销售价格。根据竞争对手的价位水平来制定企业产品价格的方法就叫竞争导向定价法。这一方法的主要特点是：商品的价格与商品的成本和需求不发生直接关系，商品的成本或需求变化了，但竞争者的价格未变，就应维持原价。反之，虽然成本或需求都没有变，但竞争者的价格变动了，则必须对企业同类产品的价格作相应调整。

二、竞争导向定价法的具体方法

竞争导向定价法又包括随行就市定价法、产品差别定价法和密封投标定价法。

（一）随行就市定价法

在垄断竞争和完全竞争的市场结构条件下，任何一家企业都无法凭借自己的实力在市场上取得绝对的竞争优势。为了避免竞争特别是价格竞争带来的损失，大多数企业都采用随行就市定价法。随行就市定价法是指企业按照目标市场上的平均现价水平来制定商品价格的方法，即将本企业某产品的价格保持在市场平均价格水平上，利用这样的价格来获得平均利润。在下列情况下企业多采取这种定价方法：

（1）难以估算制造成本；
（2）企业打算与同行和平共处；
（3）对另行定价后出现的购买者和竞争者对本企业的价格反应很难把握时。

采用随行就市定价法，最重要的就是确定目前的"行市"。在实践中，"行市"的形成有两种途径：一是在完全竞争的环境里，每个企业都无权决定价格，通过对市场的无数次试探，相互之间取得一种默契而将价格保持在一定的水准上；二是在垄断竞争的市场条件下，某一部门或行业的少数几个大企业首先定价，其他企业或厂商参考定价或追随定价。

（二）产品差别定价法

从根本上来讲，随行就市定价法是一种防御性的定价方法，它在避免价格竞争的同时，也抛弃了价格这一竞争的"利器"。产品差别定价法则反其道而行之，它是指企业通过不同的营销努力，使同种同质的产品在消费者心目中树立起不同的产品形象，进而根据自身的特点，选取低于或高于竞争者的价格作为本企业产品的价格。因此，产品差别定价法是一种进攻性的定价方法。

产品差别定价法的运用，首先要求企业生产销售的产品必须具备一定的差异特色，且在某一行业或某一区域市场占有较大的市场份额，消费者能够将企业的产品与企业本身联系起来。其次，在产品质量大体相同的条件下实行差别定价是有限的，尤其对定位于"优质高价"形象的企业来说，必须支付较大的广告、包装和售后服务方面的费用。因此，从长远来看，企业只有通过产品的不断创新和质量的大幅提升，才能满足消费者多元化、个性化的需求，才能真正赢得消费者的信任与支持，才能在激烈的竞争中立于不败之地。

（三）密封投标定价法

密封投标定价法一般采用公开招标的办法，即采购一方（买方）在媒体上刊登广告或发出函件，说明拟购商品的品种、花色、规格、型号、数量等具体要求，邀请供应商（卖方）在规定的期限内投标。政府采购机构在规定的日期内开标，选择报价最合理、最有利的供应商成交，签订采购合同。某供货企业如果想进行交易，就要在规定的期限内填写标单，上面填明可供商品的名称、品种、规格、价格、数量、交货日期等内容，密封送达招标人（政府采购机构），这叫做投标。这种价格是供货企业根据对竞争者的报价估计确定的，而不是按供货企业自己的成本费用或市场需求来确定的。供货企业的目的在于赢得合同，所以它的报价应低于竞争对手（其他投标人）的报价。这种定价方法被称为密封投标定价法。

在招标投标方式下，投标价格是企业能否中标的关键性因素。高价格固然能够带来较高的利润，但中标的概率却比较低。反之，低价格，低利润，虽然中标机会大，但其机会成本可能大于其投资成本。那么，企业究竟应该怎样确定投标价格呢？

首先，企业根据自身的成本水平，确定几个备选的投标价格方案，并依据成本利润率计算出企业可能盈利的价格区间。

其次，分析竞争对手的实力和可能报价，确定本企业各个被选方案的中标机会。竞争对手的实力包括产销量、市场占有率、信誉、产品声望、质量特色、服务等，其可能报价则在分析历史资料的基础上得出。

最后，根据每个方案可能的盈利水平和中标机会，计算每个方案的期望利润。即：每个方案的期望利润=每个方案可能的盈利水平×中标概率。然后根据企业的投标目的来选择具体的投标方案。

例：某电脑经销商（卖方）欲参与某大学微机室的工程投标，该经销商根据招标单位某大学（买方）的要求，通过对其他投标人（竞争对手）和企业自身情况的分析，具体设计了以下几种不同报价及中标的可能性方案，结果如表7-2所示。

表7-2 经销商在不同报价情况下的中标概率与期望利润

方案	企业报价（万元）	利润（万元）	中标的概率（%）	期望利润（万元）（利润×中标概率）
方案1	90	15	80	12.0
方案2	100	18	70	12.6
方案3	105	22	40	8.8
方案4	110	25	20	5.0

由于方案2的期望利润最高为12.6万元，因此，企业可考虑报价为100万元。

◆ **任务实施**

第一步，以某类竞争产品，如纯牛奶、矿泉水、手机、彩电、家用电脑等为例，组织引导学生以组为单位对行业内市场领导者的商品定价或同类商品的平均市场价格进行调查；

第二步，分析本企业产品的差异特色（如质量、性能、效用、品牌、款式、颜色、成本、服务等）和市场影响力（如产品的知名度、消费者的认可度、忠诚度等）；

第三步，根据行业内市场领导者的价位水平或者同类商品的平均市场价格，结合本企业产品的差异特色和市场影响力，进行具体的竞争导向定价。

◆ **总结与回顾**

竞争导向定价法是企业为了应付市场竞争的需要，根据同行业企业的现行价格水平或主要竞争对手的定价策略，结合本企业产品的差异特色和市场影响力，在不愿打乱现有市场秩序的情况下，采取的一种特殊定价方法。这一方法的特点是：商品的价格与商品的成本与需求不发生直接关系，商品的成本或需求虽然变了，但竞争者的价格未变，一般应维持原价。反之，商品的成本或需求都没有变，但竞争者的价格变了，则必须对企业同类产品的价格作相应调整。竞争导向定价法又包括随行就市定价法、产品差别定价法和密封投标定价法。企业可根据具体情况灵活选用。

本项目的教学重点和核心技能是随行就市定价法、产品差别定价法和密封投标定价法的原理及实际应用。

◆ **复习思考题**

1. 什么是竞争导向定价法？竞争导向定价法的主要特点是什么？
2. 简述随行就市定价法、产品差别定价法和密封投标定价法的基本原理？
3. 在投标中，企业报价的目的是为了中标，那么，密封价格制定的主要依据是什么？

◆ **实训练习**

1. 某企业欲参加一项建筑包工投标，企业根据单位的要求和对主要竞争对手的分析，结合自身条件，制订了三种不同报价和中标的可能性方案，结果如表 7-3 所示。

表 7-3 企业在不同报价情况下的中标概率与期望利润

方案	企业报价（万元）	利润（万元）	中标的概率（%）	期望利润（万元）（利润×中标概率）
A方案	380	116	85	
B方案	420	142	70	
C方案	450	160	30	

（1）计算各方案的期望利润填入表中；
（2）根据计算出的期望利润，选择确定企业可考虑的密封报价。

2. 在我国乳品行业中，蒙牛、伊力、光明纯牛奶居于市场领导者的地位，其他地方品牌的价格一般都低于这三大品牌，请你调查当地市场上销售的主要纯牛奶产品，并对其价格水平进行比较，然后说明地方品牌的定价是基于成本还是主要竞争对手的报价？

项目四 需求导向定价法及其应用

◆ **知识、能力、素质目标**

使学生深刻理解商品需求与商品价格的关系，明确影响商品需求的消费者认知价值的大小是企业定价的主要依据。在此基础上，使学生熟练掌握认知价值定价法、区分需求定价法（需求差别定价法）和反向定价法，并能应用这三种方法进行商品的具体定价。

◆ **教学方法**

角色扮演法　案例教学法　课堂讲授法

◆ **技能（知识）点**

商品需求与商品价格的关系　顾客的认知价值　认知价值定价法的具体应用　区分需求定价法（需求差别定价法）的具体应用　反向定价法的具体应用

化妆品价格与大学收费

金燕是某化妆品企业招聘的一家大型百货商店的专柜促销员，她发现商场里销售的化妆品品牌很多，功效、包装各不相同，价格差别异常巨大，她不明白为什么同样是化妆品、同样是护肤霜，又在同一个商场里销售，为何不同商家的化妆品，价格差别如此巨大。有一天，她一位正在上大学的朋友去找她，两人聊得很投机，金燕便问她的这位朋友，上大学一年的学费是多少，她的朋友告诉她，不同的学校收费标准不一样，一般来讲，重点名牌大学的收费标准高，普通大学的收费标准低，即便是同一个学校，不同的专业收费也不一样。金燕由此联想到了化妆品的定价，突然明白了为什么不同品牌的化妆品市场售价不同。

根据营销情景中描述的事实，学生独立思考并回答：

1. 化妆品与大学收费的定价依据是什么？除了成本，化妆品的定价与大学的收费还应考虑哪些因素？
2. 为什么名牌化妆品的售价和重点大学的学费高，而一般化妆品的售价和普通大学的收费低？

国内车市疲软、需求不足，主要原因还是价格太高

目前，国内车市的状况可用"胶着"二字来形容。一方面，消费者持币观望，希望车价进一步下跌；另一方面，汽车厂家居高临下，不为销售形势所动，你爱买不买。从表面上看，供求双方似乎都在较劲，看谁能耗得过谁。但实际上，一些生产厂家已通过各种优惠方式实施"暗降"策略，以此来刺激人们的需求，吸引消费者购买。

但"暗降"总给人名不正言不顺的感觉，为何不能堂而皇之地降价，让消费者明明白白地享受优惠呢？国内较大的汽车生产企业对降价一直是"犹抱琵琶半遮面"，不愿率先发动价格战，总以为降价会引发无序竞争，谁沾上谁倒霉。但实质上，坚守价格的策略最终会导致汽车生产企业的成本居高不下。有车评人士认为，汽车价格就像海绵中的水，只要去挤总会有的。能挤出多少水分（成本），一是看海绵中水的含量，二是看外部压力的大小。

有人曾对德国本土市场的汽车需求与价格做过调查。以 POLO 基本型为例，售价是 9000 多欧元，折合人民币与现在上海大众生产的同类车差不多。但是相对而言，中国的劳动力成本有很大优势，原材料方面或许也较为便宜，为何这两大优势未能在国产汽车价格上体现呢？就大众一款在中国市场上红极 20 余年的汽车，记者沈文敏曾同该企业的相关人士探讨汽车的降价空间，得到的回答竟是"已经是价格底线了，不可能再便宜"。我们不知道其售价究竟是如何决定的，但总离不开原材料和劳动力成本这两个大头。从汽车零部件来看，合资 20 多年，已经在国内形成了很好的零部件生产基础，国产化率几乎达到百分之百，其成本理应有较大的压缩空间。而从劳动力成本来看，其价格之高似乎也脱离了中国的国情。

记者沈文敏曾到国内一家知名船厂采访，随口问了一句"造船和造车哪个更复杂"？回答令人非常吃惊。尽管造船的工艺技术比造车复杂几百倍，但造船的利润远不及造车。船厂的一名技术工人，月收入 3000 元左右，而汽车生产企业的技工每月工资有 1 万元。由此可见，汽车价格并非没有水分可挤，关键是生产企业想不想挤。

应该讲，中国汽车业走过了 20 多年的合资道路，市场日趋规范和成熟，汽车生产的暴利时代早就该结束。但我们的某些汽车生产厂家还抱着高利润高回报的心态来做市场，宁可失去市场造成经营亏损，也不愿意压缩成本降低价格。难怪国内车市出现了不少如奇瑞、吉利等国产品牌，由于他们深知国内汽车生产的利润空间，便以低成本低价格来抢占市场。他们的成功难道还不能对汽车合资品牌敲响警钟吗。

◆ 工作任务分析

需求导向定价法是企业常用的定价方法之一。这种方法以商品的市场需求为中心，依据顾客对商品认知价值的大小来制定价格。因此，营销人员在此项目实施中的主要工作任务就是应用一定的方法技术对商品在顾客心目中建立起来的认知价值进行客观估计与测量，并以此为依据，协助企业的价格制定者进行科学合理的需求导向定价。

◆ 相关知识

一、需求导向定价法的概念

需求是影响商品定价的主要因素。需求导向定价法是以商品的市场需求强度及消费者对商品认知价值的大小为依据来进行定价的方式方法。

二、需求导向定价法的具体方法

需求导向定价法包括认知价值定价法、区分需求定价法和反向定价法三种具体方法。

（一）认知价值定价法

认知价值定价法是企业依据顾客对产品的认知价值来制定商品价格的方法。这种方法的基本指导思想是，认为决定商品价格的关键因素是顾客对商品价值的认知水平，而不是卖方的成本。企业在具体定价时，必须首先估计测量营销组合中各种非价格变量（如产品性能、用途、质量、款式、颜色等）在顾客心目中建立起来的认知价值，然后根据顾客对商品认知价值的大小来具体确定商品的价格。认知价值定价与现代市场营销观念相一致。企业在为目标市场开发新产品时，必须在品质、价格、服务等多个方面来体现特定的市场定位。因此，首先要决定新产品所能提供的价值及价格；其次，企业要估计在此价格下所能达到的销售量；再次，依据这一销售量决定所需要的生产条件、投资额度以及单位成本；最后，管理人员还要计算在此价格和成本下能否获得期望的利润。若能获得期望的利润，就开发此产品，否则，就要放弃该产品的开发。

认知价值定价法与现代产品定价思想很好地结合起来，成为当代一种全新的定价方法，被越来越多的企业所接受，其基本步骤如下：

（1）确定顾客的认知价值，即确定顾客对企业产品的性能、用途、质量、品牌、款式、服务以及市场营销组合因素等在顾客心目中的认知价值；

（2）根据确定的认知价值，决定商品的初始价格；

（3）预测商品的销售量，即在初始价格条件下可能达到的销售量；

（4）预测目标成本，具体公式为：目标成本总额＝销售收入总额－目标利润总额－税金总额，或单位产品目标成本＝单位产品价格－单位产品目标利润－单位产品税价。

（5）决策，即把预测的目标成本与实际成本进行对比，来确定价格。

当实际成本不高于目标成本时，这说明，在初始价格条件下，目标利润可以保证，因而初始价格就可定为商品的实际销售价格。当实际成本高于目标成本时，这说明，在初始价格的条件下，目标利润得不到保证。需要进一步做出选择，要么降低目标利润，要么设法进一步降低实际成本，使初始价格仍可付诸实施。否则，只有放弃原有方案。

认知价值定价法的关键是准确地确定消费者对所提供商品价值的认知程度。若企业对自己商品的认知价值估计过高，则会使他们的产品定价过高；反之，如果企业对自己产品的认知价值估计过低，则会使他们的产品定价达不到商品应该达到的价值。为了正确估计顾客对商品价值的认知程度，企业就需要对目标市场进行营销调研。企业常用的方法技术有：

（1）直接评议法，即邀请有关人员，如顾客、经销商、营销中介等，对企业商品的价值进行直接评议，进而得出商品的认知价值；

（2）相对评分法，又称直接认知价值评比法，即邀请顾客等有关人员，用某种评分方法对多种同类产品进行评分，然后再按分值的相对比例和现行平均市场价格推算评定产品的认知价值；

（3）诊断评议法，即分别对产品的各种属性如功能、效用、质量、外观、信誉、品牌、安全性、方便性以及提供的服务等多项指标进行具体评分，找出各种因素指标的相对认知价值，再以各种属性的相对重要程度为依据计算出产品总的认知价值。

例：设有甲、乙、丙三家企业均生产同一种白炽灯，现抽样选取一组用户为对象，要求他们分别对三家企业的产品进行评比。这里有三种方法可供使用。

第一，直接评议法。运用直接价格评议法，要求选取的用户对三家企业的产品估计一个能代表他们产品价值的价格。如他们评议的结果是：分别将甲、乙、丙三家企业生产的白炽灯定价为 3.82 元、3.18 元和 2.09 元。

第二，相对评分法。运用相对评分法，要求选取的用户根据他们对甲、乙、丙三家企业白炽灯价值的认知情况，将 100 分在三种不同的产品之间进行合理分配，假设分配的结果为 42、35、23。如果这种白炽灯的平均市场价格为 3.00 元，依据平均分值（100

分/3=33 分），则我们可得到三个反映其认知价值的价格：3.82 元（42/33×3.00）、3.18 元（35/33×3.00）和 2.09 元（23/33×3.00）。

第三，诊断评议法。诊断评议法，要求选取的用户以产品的主要属性（如产品的耐用性、质量的可靠性、交货的可靠性、服务的到位程度等）为依据对甲、乙、丙三家企业生产的白炽灯分别予以评分，并对每一种属性，分配 100 分给三家企业的产品，同时根据各种属性的相对重要程度，也将 100 分分配给各种属性。假设结果如表 7-4 所示。

表 7-4　购买者对不同企业产品的认知价值

重要性权数	属性	产品：白炽灯		
		甲企业	乙企业	丙企业
0.24	产品的耐用性	42	44	14
0.32	质量的可靠性	34	34	32
0.28	交货的可靠性	48	26	26
0.16	服务的到位程度	46	37	17
1.00	认知价值	41.76	34.64	23.60

注：[42×0.24+34×0.32+48×0.28+46×0.16]=41.76

把每个企业产品属性的评分乘以重要性权数，我们发现：甲、乙企业提供的产品的认知价值分别为 42 和 35，均高于平均数 33，而丙企业提供的产品的认知价值为 23，低于平均数 33。甲企业能为其白炽灯确定一个较高的价格，因为它被认知能提供较多的价值。如果企业想根据其产品的认知价值的比例定价，则可能定价为 3.82 元（假定平均价格为 3.00 元）。

若三家企业都按其认知价值的比例定价，则每家企业都可享受到部分的市场占有率，因为它们提供的价值与价格之比均相等。如果某一家企业的定价低于其认知价值，则它将得到一个高于平均数的市场占有率，因为当购买者与企业进行交换时，其支付的货币可换回更多的价值。这时，该企业的定价将冲击到其它两家企业的市场占有率，尤其是与其认知价值较近的企业。认知价值较近的企业将被迫降价或提高其认知价值。提高认知价值的措施主要包括：增加服务项目、提高服务质量、增加产品的功能效用、提升产品质量、凸现产品的差异特色、进行更有效的沟通与信息传播等。如果这样做的成本低于因降价而引起的收入损失，则该企业就有可能通过增加投资来提高其认知价值。

（二）区分需求定价法

区分需求定价法又称差别定价法，是指企业在给产品定价时可根据不同需求强度、不同购买力、不同购买地点和不同购买时间等因素，对同一产品或同一服务制定不同的价格。具体包括以下几种。

（1）以顾客为基础的差别定价。同一产品或服务对不同的购买对象，可采取不同的价格。例如，对老顾客和新顾客，同一产品可采用不同的价格，对老顾客可给予一定的优惠；同一产品卖给批发商、零售商或消费者，可采用不同的价格等。

（2）以产品式样为基础的差别定价。例如，同等质量档次的产品，因花色或式样的新旧程度不同，可采用不同的价格。花色或式样新颖的可制定较高的价格，而花色或式样相对陈旧或落伍的可以较低的价格销售。

(3) 以地区（或销售场所）为基础的差别定价。例如，同一产品或服务对不同地区的购买者可采用不同的价格。同一地区的影剧院、运动场、球场或游乐场等因地点或位置的不同，要价一般不同。

(4) 以时间为基础的差别定价。即同一产品或服务在不同季节、不同日期，可制定不同的价格。例如，新鲜蔬菜在旺季和淡季的销售价格差别很大；旅游景点、宾馆、饭店等在旅游旺季和淡季收费标准不同；火车、汽车、飞机等在节假日和平时的票价不同；公用事业如电话、电报、出租汽车等在白天和夜间的收费标准不同等。

采用这种定价方法一般有比较苛刻的条件：①市场必须是可细分的，细分后的子市场都有其不同的需求强度；②企业按不同的价格把同一产品或服务卖给不同的顾客，不会形成顾客间的相互倒卖；③企业按不同的价格把同一产品或服务卖给不同的顾客，竞争者也不可能低价竞销；④细分或控制市场的成本费用不得超过因实行区分定价所得到的额外收入；⑤价格歧视不会引起顾客的反感。

（三）反向定价法

反向定价法是指企业根据消费者能够接受的最终销售价格，计算自己的经营成本和利润后，逆向推算出产品的批发价和零售价。这种定价方法不以实际成本为主要依据，而是以市场需求为定价出发点，力求使产品或服务的价格为消费者所接受。分销渠道中的批发商和零售商多采取这种定价方法。

例：某零售企业欲从某养殖场购进一批大闸蟹，平均每只重约150克，经考察，该蟹的市场价在12.50元左右/只，预计销售利润率为20%，则该企业购进此蟹的批发价（进价）可按反向定价法来定价。具体定价过程如下：

若设购进此蟹的批发价（进价）为 X 元/只，则有：X+12.50×20%=12.50；故：X=12.50×（1-20%）=10.00（元/只）

◆ **任务实施**

第一步，首先选取生活中大家都比较熟悉的某类或某种商品或者服务，如中华牙膏、雪碧饮料、牡丹香烟、康佳电视、摩托罗拉手机、公交车票价、电话费、邮寄费、水费等，作为需求导向定价的特定产品或服务；

第二步，以学生为主体模拟组织一次定价听证会，邀请某类或某种产品或服务的制造商、经销商、消费者代表参加，让他们对该产品或者服务的价值，从功能效用、质量档次、外观设计、品牌影响力、使用的安全性、方便性以及服务水平等方面进行现场评议，在此基础上，综合大家的意见看法，估算消费者对该商品的认知价值。

第三步，将学生进行分组，每 5~6 人为一组，要求他们分别采用直接评议法、相对评分法和诊断评议法具体制定出该种商品或服务的市场价格。

◆ **总结与回顾**

需求导向定价法是企业根据商品的市场需求强度及消费者对该商品认知价值的大小来进行定价的方法技术。具体包括认知价值定价法、差别定价法和反向定价法。认知价值定价法的关键是合理确定消费者对企业产品的认知价值。营销实践中一般通过直接评议法、相对评分法和诊断评议法来具体估算消费者对商品的认知价值。差别定价法是企业根据不同需求强度、不同购买力、不同购买地点和不同购买时间来对同一产品或同一服务制定不同的销售价格。反向定价法则是企业根据消费者能够接受的最终价格，在计算自己经营成本和预期利润的基础上，逆向推算产品批发价格和零售价格的方法。究竟采用哪一种方法来进行需求导向定价，企业应根据实际情况灵活选用。

本项目的教学重点和核心技能是认知价值定价法与反向定价法的基本原理及实际应用。

◆ **复习思考题**

1. 什么是需求导向定价法？需求导向定价法的主要特点是什么？
2. 简述认知价值定价法、差别定价法和反向定价法的基本原理？
3. 在现代营销实践中，企业一般通过那些方法来具体测算消费者对产品的认知价值？

◆ **实训练习**

1. 实训项目：组建模拟公司，对其生产销售的产品进行认知价值定价
2. 实训目标：
（1）进一步加深学生从实践层面对认知价值定价法的理解；
（2）培养学生应用直接评议法、相对评分法和诊断评议法测量消费者对模拟公司产品认知价值的能力；
（3）培养学生初步运用认知价值定价法给模拟公司产品进行市场定价的能力。
3. 实训内容与方法：

根据所学知识以及对现实同类企业产品认知价值调查所掌握的情况资料，对模拟公司生产销售的产品运用认知价值定价法进行具体定价。

（1）以自愿为原则，6～8人为一组，组建"×××模拟公司"，公司名称自定；
（2）应用直接评议法、相对评分法或诊断评议法测定顾客对模拟公司产品的认知价值；
（3）运用认知价值定价法给模拟公司生产销售的产品进行具体定价。

4. 标准与评估

（1）标准：能够熟练应用直接评议法、相对评分法或诊断评议法测定顾客对模拟公司产品的认知价值；能够运用认知价值定价法给模拟公司的产品进行合理定价。

（2）评估：每人完成一份运用认知价值定价法给模拟公司产品定价的书面报告，作为一次作业，由教师与各组组长组成的评估小组对其进行评估打分。

项目五 企业的价格策略及其应用

◆ **知识、能力、素质目标**

使学生全面了解现代市场营销中企业常用的定价策略，熟练掌握折扣让价策略、心理定价策略、差别定价策略、地区定价策略和新产品的定价策略，并在理解不同定价策略基本原理的基础上，能根据企业所处的特定市场环境和营销目标，灵活应用以上定价

策略进行商品定价，解决商品营销过程中出现的价格分歧与矛盾，培养学生合理定价调价的能力。

◆ **教学方法**

情景教学法　角色扮演法　案例教学法

◆ **技能（知识）点**

折扣让价策略及其应用　心理定价策略及其应用　差别定价策略及其应用　地区定价策略及其应用　新产品的定价策略及其应用

赵志勇的价格策略

赵志勇是黄河酒业有限公司的市场推销员，在这个岗位上他已经工作了五年，对销售业务驾轻就熟，具有丰富的市场运作经验和良好的人际关系。近一段时间以来，由于各种原因，与企业合作的部分经销商不但销售业绩大不如以前，而且总是拖欠货款，数额越累越大，企业派人多次催收，但效果不佳。于是，企业为解决渠道不顺、回款不好的问题，决定提升赵志勇为市场营销部主任。赵志勇上任后，首先对渠道成员（与企业合作的经销商）的信誉、能力、实力等进行全方位评估，丢弃了几个诚信度低、回款慢、市场销售业绩差的分销商，根据实际需要，又吸收了一些新的经销商加盟。然后，对所有的经销商按实际进货数量和付款情况实行"有差别的优惠价格策略"，即经销商一次性进货数量越多，所给的价格越低；付款越快，所给的价格折扣越大。通过这一举措，很快扭转了经销商回款慢、欠账多的状况，也调动了经销商主动推销企业产品的积极性，企业和经销商的关系得到了彻底改善。

根据营销情景中描述的事实，学生独立思考并回答：

1. 黄河酒业有限公司在产品销售过程中遇到的问题具有一定普遍性，越是实力弱、知名度低的中小企业，受经销商的牵制越大，作为营销人员应怎样杜绝这一问题的发生？

2. 赵志勇"有差别的优惠价格策略"为什么能激励经销商积极推销企业产品、主动快速付款？为什么能促使经销商与企业诚信合作？

楼盘竞争的"比较价格"与心理价格

位于广州市工业大道南端的金碧花园，自 1997 年秋推入市场后，以自己独特的价格策略，成为广州市房地产营销策略的典范。

从进入市场的最初期开始，发展商对于楼盘价格竞争的特殊性就有了一个清醒的认识。首先，房地产的价格与区域概念是紧密相连的，不同地理区域除了有实际价格的差异外，在心理价格上也有较大差异；其次，房地产属于特殊的高价商品，只有在大幅度调整价格的情形下，价格才可能成为销售过程中决定性的"杀手锏"；最后，个体购买过程中往往存在一个"比较价格"的问题，即消费者对于楼盘的价格，除了会和自己原有的心理价格比较外，还会与同区域其他楼盘的价格做比较。如果一个楼盘希望在价格上做文章，只低于"比较价格"是不够的，最好是远低于心理价格。实际价格与心理价格二者之间差距拉得越大，就越有可能创造更大的势能，释放出来后引起势不可挡的销售风暴。基于以上的认识，金碧花园的发展商策划了以下价格策略。

1997年8月初，首期推出均价在4000～4500元之间的楼盘。通过市场调查获知，消费者对工业大道南端区域内楼盘的心理定价在3600～4000元左右。获取楼盘大致心理定价后，发展商不是急于压低楼盘实际销售价，而是通过科学的小区规划、一流的设计装修、完美的管理配套等举措，以一种主动的姿态提升楼盘在消费群中的"心理价格"，从而逐渐拉开心理价格与实际售价的差距，积聚起销售势能。金碧花园针对性地以3000元均价一口气推出12万平方米现楼，同时提出"六个一流"和"八个当年，一定实现"的目标，造成了市场轰动，吸引了大量买家排队购买，很快将楼盘销售一空，而且获取了极高的市场知名度。

1998年6月初推出第二期楼盘，以最低价2500元，最高价4000元，均价3500元推入市场。此时，前期资金的快速回笼使得金碧花园在绿化环境、配套等规划上有能力做得更为出色，有力地增强了买家的信心，并强化了心理价位。第二期售价虽然比第一期稍贵，但仍低于比较价格与心理价格，加上第一期销售势能尚未完全释放完毕，因此第二期推出后，再次产生强烈的市场效应，不但在正式发售日一口气将256套现楼售卖一空，而且使金碧花园的市场地位空前牢固。1998年9月，金碧花园趁热打铁，一口气以均价4000元推出1000多套楼房。此时，金碧花园已聚集了很旺的人气，形成了强大的品牌影响力，并在消费者中形成了一个忠实的"追捧群"。由于较强的品牌影响力、不断完善的小区配套提升了金碧花园的档次和心理价位，所以4000元的均价仍然形成了相当强的价格势能，进入市场后，销售业绩不凡。

◆ 工作任务分析

价格是企业市场营销组合中最为敏感的因素，它的调整不仅会影响产品本身的推广销售，而且还会带来各方利益格局的变化。因此，企业定价绝不仅仅是在价签上更改数字，而是要结合产品的差异特色、销售环境、成本费用、需求状况、竞争状况、促销模式等来制定有利于企业拓展市场、扩大销售和长足发展的价格策略。企业营销人员在此项目实施中的主要工作任务就是及时了解同类产品的价格水平、市场行情、消费者的反应以及行业内主要竞争对手的价格策略，并将可靠的信息及时反馈给企业的价格决策机构，以此指导企业调整产品价格，制定有利于巩固企业市场地位、扩大产品销售的价格策略。

◆ 相关知识

一、折扣让价定价策略

这种策略是指企业为鼓励客户尽早付清货款、大量购买、淡季购买，或鼓励渠道成员积极推销本企业的产品，在基本价格的基础上按一定的折扣率给予买方的一种优惠措施，是企业进行产品促销、发展稳定客户的一种价格策略。折扣让价的形式很多，但在现实营销实践中，企业常用的有以下几种。

（一）现金折扣（Cash Discount）

现金折扣是指企业为了加速资金周转，减少坏账损失或收账费用，给现金付款或提前付款的顾客在价格方面所给的一种优惠。折扣常常在应付金额的1%～3%之间。如，某企业规定提前10天付款的顾客，可享受2%的价格优惠，提前20天付款的顾客，可享受3%的价格优惠等。在国外称为"2/10，信用净期30"，其意思是购买者须在30天内付清货款，但如果在交货后10天内提前付清的话，则可打2%的折扣。这种折扣不是对某固定客户，而是保证必须给所有符合这些条件的客户都给予同样的待遇，这种折扣在许多行业内都已成为惯例。

（二）数量折扣（Quantity Discount）

数量折扣是企业给那些大量购买某种产品的顾客给予的一种价格折扣。例如购买西瓜在50千克以内，每千克价格为1.2元；购买西瓜在50千克以上，则每千克为1.0元。同样道理，数量折扣也必须辐射所有顾客，但是折扣额不能超过销售者大量销售所节省的成本，这些节省包括销售、储存和运输降低的费用。数量折扣又分为累计折扣和非累计折扣。累计折扣是指同一顾客购买某商品达到一定数量后所给予的价格折扣。采用这种策略可鼓励顾客经常购买本企业的商品，有利于稳定顾客，与顾客建立长期互信互利关系。非累计折扣则是指顾客一次购买商品达到一定数量或一定金额所给予价格折扣。采用这种策略可鼓励顾客大量购买，扩大销售，同时又能减少交易次数和时间，有利于减少人力、物力方面的费用。

（三）功能折扣（Functional Discount）

功能折扣又称贸易折扣（Trade Discount）。这是产品生产者和加工者给予中间商（批发商、零售商等）的一种价格折扣。目的是激励中间商积极主动地执行某种市场营销功能（如广告、储存、融资、服务等）。这种折扣不是将价格作为竞争手段来使用，而是把制造商因减少功能节约下来的开支，以折扣的形式让给中间商，以密切同中间商的友好合作关系。这一折扣一般根据不同类型的中间商在不同分销渠道中所提供的不同服务以及所发挥的不同作用，给予不同的折扣，而制造商则必须在每一交易渠道中提供相同的功能折扣。如：某企业某商品的零售价目表注明每单位500元，商业折扣为40%～10%。它所表示的含义是：

零售商进货价：500×（1-40%）=300（元）
批发商进货价：300×（1-10%）=270（元）

（四）季节折扣（Season Discount）

季节折扣是企业给那些购买过季商品或服务的顾客给予的一种价格折扣，目的使企业的生产和销售在一年四季都保持相对稳定。例如，旅馆、航空公司等在营业额下降时给旅客以季节折扣；羊毛衫的经销商在夏季给顾客以较优惠的价格；滑雪橇制造商在春季和夏季给零售商以季节折扣，以鼓励零售商提前订货等。

（五）折让（Allowances）

折让是制造商或经销商根据价目表给顾客价格折扣的另一种形式。常见的有以旧换新折让、促销折让等。例如，一台全自动洗衣机的标价为 2260 元，顾客以一台旧的双缸洗衣机折价 160 元购买，则只需支付 2100 元，这叫以旧换新折让。如果经销商同意参与制造商的促销活动，制造商为报答经销商参与广告和支持销售活动所支付的款项，制造商卖给经销商物品时可打折扣，这种折扣叫做促销折让。如在牛奶的销售中，制造商经常给经销商一定的折让，以答谢经销商在销售本公司牛奶中所作出的贡献。

二、心理定价策略

心理定价策略是应用心理学原理，根据不同消费者在购买商品时的不同心理要求来定价的策略，这一定价策略必须以分析研究目标顾客的消费心理为前提。

（一）声望定价策略

声望定价是企业利用消费者仰慕名牌商品或名店声望的心理来制定商品价格的策略，这种策略把企业的商品价格有意识地定的比一般商品高，以迎合消费者崇尚名牌的心理。如金利来的箱包、领带、皮具、饰品等，价格一般要高出同类商品几倍甚至几十倍。现实中，质量不易鉴别的商品，常采用此定价策略，消费者常以价格判断质量，认为高价代表高品质。

（二）整数定价策略

整数定价就是企业在定价时，把商品的价格定为整数，不带尾数，使消费者产生"一分价钱一分货"的联想。这种策略主要适应于高档消费品或消费者不太了解的商品。例如，法国派思音系列化妆品的定价基本都是整数定价，高档进口汽车的定价也是整数定价。

（三）尾数定价策略

尾数定价策略正好与整数定价策略相反。就是企业在具体定价时利用消费者对数字认知的特殊心理，有意识地将商品的价格定成带有零头的价格，使消费者产生真实可信的心理错觉，进而促使消费者作出购买决策的一种价格策略。这种策略实质上针对的是消费者求廉的购买心理，一般用于多次购买的基本生活用品或日用品。如一包洗衣粉 4.98 元就比 5.0 元更受欢迎。因为在消费者看来，4.98 元是经过精心核算的价格，是不能再低的价格，容易使消费者对产品的价格产生信任感。

（四）招徕定价策略

招徕定价策略是指零售企业利用部分顾客求廉的消费心理，特意将某几种商品的价格定得较低以吸引顾客。如某商场随机推出降价商品，每天、每时都有一至二种商品降价出售，通过广告宣传，吸引顾客经常来购买廉价商品，进而带动其他正常价格商品销售的策略。

(五) 习惯定价策略

对于某些消费者经常重复购买的商品,消费者对其价格也已形成习惯。企业在对这些商品定价时,就必须考虑消费者的习惯倾向,不能随意变动价格,调高消费者就会转移购买;调低消费者又会认为商品有问题。因此,企业在定价时必须遵从消费者业已形成的习惯。如若确实需要调整价格,则应预先做好宣传,让顾客充分了解调价的原因,先让价格被消费者的心理所接受,然后再进行调价。

三、地区定价策略

随着经济全球化进程的加快和经济外向化程度的提高,企业产品的销售范围越来越广,由于产品在不同地区销售,物流成本、促销费用以及面对的消费群体不同,因此,从差别营销上来讲,就需要企业灵活制定适宜不同地区的价格策略。这种价格形式在对外贸易中应用的更为普遍。现实中可供选择的地区定价策略有以下五种。

(一) 产地定价策略

在国际市场上通用的 FOB 原产地定价,又称为离岸价格,是顾客按照在产地厂价购买某种产品,卖主只负责将产品运至某种运输工具上交货。交货前的各种费用由卖方负担,交货后的有关费用包括保险费由买方负担。这种策略不仅简化了卖方的定价工作,也减轻了卖方的运输负担,但增加了远方买主的运费负担,很容易失去远地顾客。

(二) 统一交货定价策略

统一交货定价策略就是企业对于卖给不同地区顾客的某种商品,都按照相同的厂价加相同的运费(按平均运费计算)定价。即对全国不同地区的顾客不论远近,都实行一个价格。采用这一定价策略实质上是让近处的消费者承担远处买主的一部分运费。这种计价虽然便于管理,但它只适用于运费占总价比重较小的商品。

(三) 分区定价策略

分区定价策略是企业将全国(或某些地区)分为若干个价格区,对于卖给不同价格区顾客的同一种商品,分别制定不同的地区价格。距离企业远的价格区,价格定得较高;距离企业近的价格区,价格定的较低。

(四) 基点定价策略

基点定价策略是企业首先选定某些城市作为基点,然后按一定的厂价加从基点到客户所在地的运费来定价(不管货物实际上是从哪个城市起运的)。有些企业为了提高灵活性,选定许多基点城市,按照顾客最近的基点计算运费。

四、产品组合定价策略

前面已经讲到,产品组合是指一个企业在一定时期内生产经营的全部产品大类和产品项目的组合。对于多品种、多项目生产经营的企业来说,各种产品有需求和成本之间的内在联系并受不同程度竞争的影响。企业如何从整体利益的提升出发,为每一种产品定价,发挥每一种产品的相关作用,就需要企业研究制定出一系列的价格,从而使产品组合的整体利润最大化。这种定价策略被称为产品组合定价策略。

(一)产品大类定价策略

产品大类是一组相互关联的产品,产品大类中的每一个产品都有不同的差异特色。确定这类商品的价格差额,一般要分析各种产品成本之间的差额、顾客对商品的评价、竞争者的价位水平等。在大多数情况下,企业在对产品大类定价时,首先应确定某种产品的最低价格,它在产品大类中充当领袖价格,吸引消费者购买产品大类中的其他产品;其次要确定产品大类中某种商品的最高价格,它在产品大类中充当品牌质量和收回投资的角色;再者,产品大类中的其他产品应分别依据其在产品大类中的角色地位制定不同的价格。在许多行业中,企业都为产品大类中的某一种产品事先确定好了价格点。

(二)任选品定价策略

任选品是指那些与主要产品密切关联的可任意选择的产品。现实生活中,许多企业在提供主要产品的同时,还会附带提供一些可供选择的产品。例如,顾客去饭店吃饭,除了要饭菜之外,可能还会要酒、饮料、烟等。在这里,饭菜是主要商品,烟酒、饮料等就是任选品。企业为任选品定价有两种策略可供选择:一种是为任选品定高价,靠它来盈利;另一种策略是定低价,把它作为招徕顾客的项目之一。例如,有的饭店的饭菜定价较低,而烟酒、饮料等任选品定价很高,饭菜收入用来弥补饭菜的成本和饭店的其他成本,而烟酒、饮料的收入则可作为饭店的经营利润,这就是为什么服务员极力要求顾客消费烟酒和饮料的原因。当然也有饭店将烟酒等任选品的价格定得较低,而将饭菜的价格定得较高。

(三)连带产品定价策略

连带产品又叫附属产品或补充产品,如胶卷是照相机的连带产品,汽油是汽车的连带产品,剃须刀片是剃须刀的连带产品。大多数企业采用这种定价策略时,经常将主要产品的价格定的较低,而将连带产品的价格定得较高。以高价的连带产品获利,以补偿主要产品因低价销售造成的损失。例如,柯达公司给它的照相机定低价,胶卷定高价,增强照相机在同行业中的竞争实力,又通过胶卷的销售保证了原有的利润水平。而那些不生产胶卷只生产照相机的厂商为了获取同样的利润,就不得不对照相机定高价。

(四)副产品定价策略

在生产加工肉类、石油产品和其他化工产品的过程中,常有副产品产生。如果副产品价值很低且处理费用很昂贵,就会影响到主产品的定价。企业确定的主产品价格必须能够弥补副产品的处理费用。如果副产品对某一顾客群体有价值,就应该按其价值定价。副产品若能带来一定收入,企业就可以降低主产品的价格,有利于提升主产品的市场竞争力。

(五)产品系列定价策略

企业常以某一价格出售一组产品,如化妆品、计算机、假期旅游公司为顾客提供的一系列活动方案等。这一组产品的价格低于单独购买其中一个产品的费用总和。因为顾客可能并不打算购买所有的产品,所以这一组合的价格必须有较大的降幅,以此来推动顾客购买。但是,有时候有些顾客不需要整个产品系列。如一家医疗设备公司免费提供送货上门和培训服务,某顾客可能要求免去送货和培训服务,以便获取较低的价格。这时,顾客要求将产品系列拆开。在这种情况下,如果企业节约的成本大于向顾客提供其所需商品的价格损失,则公司的利润会上升。例如,供应商不提供送货上门可节省100元,这时向顾客提供的价格的减少额为80元,则其利润就增加了20元。

五、差别定价策略

差别定价也叫价格歧视。是企业根据交易对象、交易时间、交易地点等的不同,对同一种产品制定两种或两种以上的价格,以满足各种顾客的不同需要,从而达到扩大销售、增加利润的目的。现实中,企业采取差别定价策略应须具备以下条件:(1)市场必须是可以细分的,而且各个子市场必须表现出不同的需求程度;(2)细分市场和控制市场的成本费用不得超过因实行价格歧视所得到的额外收入,即不能得不偿失;(3)竞争者不可能在企业以较高价格销售产品的市场上以低价竞销;(4)以较低价格购买某种产品的顾客不可能以较高价格把这种产品倒卖给别人;(5)价格歧视不会引起顾客反感,放弃购买,影响销售;(6)采取的价格歧视形式不违法。常见的差别定价主要有四种形式。

(一)顾客差别定价

就是企业按照不同的价格把同一种产品或服务卖给不同的顾客。例如,某玩具经销商按照价目表的价格把某种类型的玩具卖给顾客甲,同时按照较低价格把同一类型的玩具卖给顾客乙。再如某旅游景点的门票价格,对本国游客和外国游客的收费不同。这种价格歧视表明,顾客对商品与服务的需求强度和了解程度不同。

(二)时间差别定价

就是企业对于不同季节、不同时期甚至不同钟点的产品或服务也分别制定不同的价格。如有些公园、游乐场、旅馆、甚至车船票价等,周末价格高于平时价格,节日价格高于平时价格。有的国家白天用电的收费标准高于夜晚,等等。

(三)部位差别定价

就是企业对于处在不同位置的产品或服务分别制定不同的价格,即使这些产品或服务的成本费用没有任何差异。如同一剧院或体育场馆内，前、中、后排的票价不一；卧铺车厢内上铺的价格低，下铺的价格高；飞机普通舱的票价低，豪华舱的票价高等。

（四）形式差别定价

就是企业对不同型号（形式）的产品分别制定不同的价格，但是，不同型号（形式）产品的价格之间的差额和成本费用之间的差额并不成比例。如成本和质量完全相同的服装，因花色款式的不同，其售价不同。一般当年的流行色和消费者喜欢的式样定价要高一些。

六、新产品的定价策略

在激烈的市场竞争中，企业研制开发的新产品能否打开销路、获得满意的市场绩效，不仅与企业的产品策略有关，而且还需要企业其他营销措施的配合。其中，新产品的定价策略就是一种必不可少的营销策略。现实中，可供选择的新产品的定价策略有三种。

（一）撇脂定价策略

就是企业在新产品投放市场的初期，将其价格定得很高，利用新产品的显著特点和无竞争对手的有利条件，尽可能在短期内赚取更多的利润，尽快收回投资。以后，随着产量和销量的增加和成本的降低，再逐步降低价格。这种定价方法如同从牛奶中撇取奶油一样，利用顾客对新产品价格意识不太强烈，愿意花高价购买这些新产品的消费心理，从中获取高额回报。市场撇脂定价是一种追求短期利润最大化的营销策略，可在短时期内获取高额利润，迅速补偿新产品的研究开发成本，并掌握调价的主动权。但这种方法不是在任何情况下都可运用的，一般需具备三个条件：一是产品的质量与高价相符；二是有足够多的顾客能接受这种高价并愿意购买；三是短期内不易出现竞争者。

从营销的实践经验来看，撇脂定价策略一般在以下情况下采用。①拥有专利技术或生产诀窍。企业研制这种产品的难度较大，采用高价销售也不怕竞争者迅速进入市场。②即便是高价销售仍有较大的现实需求，而且具有需求弹性不同的顾客。例如，初上市的数字液晶电视，可先满足部分价格弹性较小的顾客，然后再把产品推向价格弹性较大顾客。由于这种产品是一次性购买，较长时期享用，因而价格高也能被消费者接受。③现有的生产能力有限或者生产企业无意扩大规模。尽管低产量会造成高成本，高价格又会减少一些需求，但由于采用高价格比之低价增效，企业仍有较多的收益。④对新产品未来的需求或成本无法估计。定价低则风险大，因此，现以高价投石问路。⑤高价可使新产品一投放市场就树立高档次、高品质、与众不同的市场形象。

（二）渗透定价策略

渗透定价策略与撇脂定价策略恰好相反，就是企业在新产品投放市场的初期，将价格定得比较低，使新产品能够在尽可能短的时间内被消费者所接受，以迅速打开销售局面，扩大市场销量，在价格上取得明显的竞争优势。其优点是利用资金雄厚，批量生产，单位产品成本低，需求弹性大的特点，依靠薄利多销的促销模式迅速占领市场，并与竞争对手较量。其缺点是价低利微，需要较长时间才能收回投资，并且容易在消费者心目中造成产品档次低、一般化的印象。采用这种定价策略需要具备两个条件：一是产品需求的价格弹性大，目标市场对价格敏感；二是生产和分销成本会随着生产规模和市场销量的扩大不断降低。

新产品的撇脂定价策略与渗透定价策略是企业最为常见的两种定价策略。现实营销活动中，企业究竟采用哪一种定价策略更为合适，应根据市场需求、竞争状况、市场潜力、生产能力和成本水平等因素综合考虑。各因素的特征及影响可用表 7-5 表示。

表 7-5　撇脂定价策略与渗透定价策略的选择标准

考虑因素	撇脂定价策略	渗透定价策略
市场需求水平	高	低
与竞争产品的差异性	较大	不大
价格需求弹性	小	大
生产能力扩大的可能性	小	大
消费者的购买水平	高	低
市场潜力及未来的发展前景	不大	大
仿制的难易程度	难	易
投资回收期的长短	较短	较长

（三）适中定价策略

适中定价策略也叫满意定价策略，是介于撇脂定价策略与渗透定价策略之间的一种定价策略。所定的价格一般比撇脂价格低，比渗透价格高。这种价格是企业在进行充分市场调查的基础上，认真权衡了制造商、经销商及消费者三方经济利益后所制定的价格，因此，能使各方都满意，常被称为"君子价格"或"温和价格"。

◆ 任务实施

第一步，在学校所在地选取 2～4 个生产经营不同类型产品的企业或经销商，组织学生对他们的产品售价进行实地调查，详细了解企业在产品销售过程中采取的具体定价策略；

第二步，结合企业的营销目标、产品特色及企业所处的市场环境，将学生进行分组，每 5～6 人为一组，要求他们采用所学定价策略知识与方法对所调查企业的产品进行重新定价；

第三步，对企业的定价与学生的定价进行头脑风暴的对比分析，在此基础上，选择制定更为合理的定价策略，并以书面报告的形式向企业提供有理有据的价格调整方案。

◆ 总结与回顾

定价策略是企业现代营销策略的重要组成部分。由于市场的复杂多变以及企业经营销售目标的差异，不同的企业往往采取不同的市场定价策略。现实营销活动中，企业常用的定价策略有：折扣让价定价策略、心理定价策略、地区定价策略、产品组合定价策略、差别定价策略和新产品定价策略，每一种定价策略又包括若干具体的定价策略。企业在产品销售过程中究竟采用哪一种定价策略，则要视企业的营销目标、所处的销售环境、竞争状况以及产品的质量档次、需求状况和服务对象而定。但在大多数情况下，企业会根据实际情况灵活选用若干种定价策略同时并用。

本项目的教学重点和核心技能是折扣让价定价策略、心理定价策略、地区定价策略、新产品定价策略的基本原理及其应用。

◆ **复习思考题**

1. 简述企业常用的折扣让价定价策略。举例说明现金折扣、数量折扣的主要区别。
2. 简述企业常用的心理定价策略。举例说明什么是声望定价、整数定价和尾数定价。
3. 简述企业常用的差别定价策略。举例说明顾客差别定价与部位差别定价的区别。
4. 简述企业常用的产品组合定价策略。
5. 简述企业的新产品定价策略。撇脂定价策略与渗透定价策略的主要区别是什么？分别在什么样的条件下采用。

◆ **实训练习**

1. 某企业通过统计分析得到其需求函数为 Q=1000-4P；成本函数 C=6000+50Q。如果该企业以利润最大化为定价目标，则其价格为多少时可取得最大利润？最大利润又是多少？

2. 东方彩电厂的年固定成本为 5000 万元，生产彩电的可变成本为 1000 元/台，设计生产能力为 60000 台。

（1）预计售价为 3000 元/台时，可销售 30000 台彩电，若售价为 2200 元/台时，则可销售 55000 台彩电，请你通过计算确定该企业应选择哪一种价格销售？

（2）即使销售 55000 台彩电，企业的设计生产能力仍富余 5000 台，若某经销商愿以 1800 元/台的价格承购这 5000 台彩电，企业是否应该成交？为什么？

模块八 分销策略的制定

分销渠道策略是企业市场营销策略中的一个重要策略。因为企业生产出来的产品，只有通过一定的渠道，才能在适当的时间，适当的地点，以适当的价格卖给顾客，从而消除生产与消费的矛盾，实现企业既定的营销目标。因此，如何使商品的分销渠道畅通无阻，且能高效低耗地把产品运送到顾客手中，就成为企业开拓市场、扩大产品销售的关键。

项目一 产品分销渠道

◆ **知识、能力、素质目标**

使学生深入理解产品分销渠道的概念、类型及功能作用，明确分销渠道策略是企业市场营销组合策略的重要内容。通过本项目的学习，要求学生能够根据市场营销环境、服务对象及商品自身的特点，在对竞争对手的分销渠道策略进行分析研究的基础上，为企业产品的推广销售选择适宜的、有竞争力的分销模式和营销网络。

◆ **教学方法**

问题导入法　课堂讲授法　分组讨论法

◆ **技能（知识）点**

分销渠道的概念与特征　分销渠道的功能作用　直接渠道与间接渠道　长渠道与短渠道　宽渠道和窄渠道　消费品的分销渠道模式　生产资料的分销渠道模式

渠道不顺的困境

在我国农村的不少地方，都有许多名优特色农产品，但农民就是无法进行规模化生产，其中一个主要原因就是产品生产出来后，因销售渠道不畅，产品卖不出去，影响了农户扩大生产的积极性。周剑山大学毕业后回到了他的家乡甘肃省定西市陇西县，与他儿时的几个朋友一起创业。他立足当地马铃薯、中药材、特色无公害蔬菜品质好、面积大，但销售渠道不畅、销路不好，农民单个销售，本地市场需求小、价格低、竞争激励，外地市场路途远、进不去的情况，一方面从银行贷款集资，与他人合作，投资修建了一个 5000 吨的恒温冷库，用来储藏农户交售的农产品，另一方面他深入东南沿海地区，考察市场，联系客商，建立分销渠道，给他们供货，在他的努力下甘肃定西的马铃薯、中药材、特色无公害蔬菜等开始销往全国各地，成了农民的摇钱树，种植规模越来越大，产品的市场销路也越来越畅。

根据营销情景中描述的事实，学生独立思考并回答：

1. 农产品作为一种鲜活的商品，保质期较短，你认为应采用何种渠道模式比较适宜？
2. 如果你是周剑山，你会怎样建立特色农产品的分销渠道？

"黑米片"分销制胜

广东泰林食品有限公司是一家生产即冲即饮营养品——"黑米片"的企业，产品销往全国各地市场。在"黑米片"投入市场的初期，企业为提高分销效率，采用了双重销售体系：即在通过各地批发商销售的同时，还利用当地有实力的大零售商场进行双渠道批发。这确实使公司的市场份额有了较大幅度的提高。但经过一段时间的发展，这种模式的问题出现了。公司突然发现市场销售开始急剧下滑。经分析得知，产品在市场上有了一定的知名度，市场批零价格透明度增加后，这种双重销售体系的致命弱点也暴露了出来。例如，兼营零售业务的批发商在获得了批零差价后同其他不设批发的零售商直接竞争，打乱了保证零售商利益的销售规则，影响了零售商推销"黑米片"的积极性；批发环节也因争夺客户而降低价格促销，利润下滑导致中间商的推销热情减弱。泰林公司经过研究及时改变分销战略，将全国划成几大区域，企业投资建立直销办事处。首先废除过去的双渠道销售网，在删减部分流通环节的基础上，制定了一套"区域关系佣金代理"的销售模式。一大批资金实力不雄厚但代理条件相对较好的各地代理商，纷纷主动上门寻求合作。以泰林区域办事处为中心的佣金代理们，被企业定为纯粹的销售代理，他们以赚取佣金收入为主，不承担任何经销风险，在泰林划定的区域办事处进货。在分销中，若代理的某笔生意金额超过代理商的资金能力时，他们会积极介绍客户直接向厂家办事处进货，只要是在其负责区域内在办事处成交的订单，全部享受合同约定的佣金。泰林这种利用代理商取代经销商的新分销战略取得了巨大成功，并且由于对各地代理商约束力的加强，产品市场价格统一，使得市场规范，竞争力加强。同时，新的佣金代理制，也因为对代理商资金实力要求低，代理商经营风险小，使企业将大批有网络优势和经营热情的代理商纳入直销队伍，分销机会大增。"黑米片"在全国的销量很快改降为升，市场占有率和覆盖面较双重销售体系高峰时增加了近一倍。

◆ 工作任务分析

商品从生产领域流向消费领域，都需要借助一定的分销渠道。分销渠道策略是市场营销组合策略的重要内容，分销模式的正确与否直接影响着企业产品在市场上的销售。很多时候不是企业生产销售的产品不好，而是企业没有找到合理的产品分销模式。正因如此，企业营销人员在此项目实施中的主要工作任务就是协助企业的营销部门根据行业环境、营销对象以及产品特点，为企业推广销售的产品选择最佳的分销模式，以构筑竞争壁垒，促进产品销售。

◆ 相关知识

一、分销渠道的概念与特征

（一）分销渠道的概念

如何定义分销渠道，众说纷纭。但比较权威的定义是美国市场营销学专家菲利普·科特勒提出的。他指出："市场营销渠道"与"分销渠道"是不同的，市场营销渠道是指那些配合起来生产、分配和消费某一生产者的货物或劳务的所有企业和个人。就是说，市场营销渠道包括某种产品的供产销过程中的所有企业和个人，如供应商、生产者、中间商、辅助商以及最终消费者或用户。而分销渠道则是指某种商品和服务从制造商向消费者转移的过程中取得这种商品和服务的所有权或帮助所有权转移的所有企业和个人。具体来说，分销渠道的起点是制造商，终点是消费者或用户，中间环节包括各种批发商、零售商、经销商和代理商等。

（二）分销渠道的特征

（1）分销渠道是一个由不同企业或人员构成的整体，一头连接生产者，一头连接消费者，它所组织的是从生产者到消费者之间完整的流通过程。

（2）分销渠道中制造商向消费者或用户转移商品或劳务，是以商品所有权的转移为前提的。商品流通的过程表现为商品价值形式的运动过程，即产品从一个所有者转移到另一个所有者，直至消费者手中的过程，被称为商流。

（3）分销渠道是指企业某种特定产品或服务所经历的路线。分销渠道不仅反映商品价值形式的变化过程，而且也反映伴随商流发生的商品实体的空间移动过程，被称之为物流。

（4）企业的分销渠道相对固定化。特定的商品有特定的流通渠道，而特定的流通渠道涉及有关的企业和个人。企业培养出一条有效的分销渠道是不容易的，需要花费大量的时间和资金，如果频繁地变动分销渠道，会影响企业一定时期内的营销组合策略和营销战略的实施。

二、分销渠道的功能作用

（一）分销渠道的功能

分销渠道的基本职能在于将产品从生产者转移到消费者所必须完成的工作加以组织，目的在于消除产品（或服务）在生产者和使用者之间的分离。因此，分销渠道的基本功能是：

（1）研究，即收集制订计划和进行交换时所必需的信息；

（2）促销，即设计和传播有关商品的信息，鼓励消费者购买；

（3）接洽，即为生产商寻找、物色潜在买主，并和买主进行沟通；

（4）配合，即按照买主的要求调整供应的产品，包括分等、分类和包装等活动；

（5）谈判，即代表买方或者卖方参加有关价格和其他交易条件的谈判，以促成最终协议的签订，实现产品所有权的转移；

（6）实体分销，即储藏和运输产品；

（7）融资，即收集和分散资金，以负担分销工作所需的部分费用或全部费用；

（8）风险承担，即承担与从事渠道工作有关的全部风险。

（二）分销渠道的作用

在商品经济发达的社会中，绝大多数商品不是由制造商直接提供给消费者的，而是要经过一个或几个中间商的运销，才能到达消费者手里。中间商的存在，执行着集聚（有计划的采购目标市场所需的商品物资）、平衡（组织商品在品种、数量、时间等方面的供需平衡）和扩散（采取适当的方式把商品扩散到用户手中实现销售）的功能。因此，中间商的存在不单是社会上一部分人追逐利润的结果，而是市场经济发展的必然要求。商品的流通量越大，中间商的必要性和作用就越大。中间商的作用主要体现在以下几个方面。

1. 节约社会劳动，提高流通效率

生产者通过中间商将产品卖给消费者，不仅减少了生产者在销售工作方面的时间和费用，减轻了生产者的营销负担，而且使销售职能专业化、集约化、社会化，速度更快，费用更省，效率更高。如图8-1所示。

图8-1表明，使用中间商有利于节约社会劳动，提高商品流转的经济效益。图（a）表示3个生产者直接将产品售予3个顾客，需要进行9次交易；图（b）表示在同样条件下，通过一个中间商，则交易次数降到6次。交易次数的减少，使得产品流通的效率大大提高。中间商的介入帮助减少了工作量。依此类推，卖者和买者的数量越多，中间商介入所减少的交易次数及节约的社会劳动就越多，这是中间商最重要的贡献。

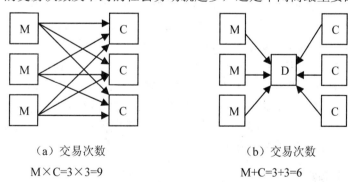

(a) 交易次数　　　　　　　　　(b) 交易次数
M×C=3×3=9　　　　　　　　　M+C=3+3=6

图8-1　中间商节约社会劳动示意图

2. 调节生产与消费之间的矛盾

中间商最直接和最主要的作用就是将产品从制造商那里集中起来，再根据客户的具体要求将其进行重新包装、组合和分配，从产品的品种、数量、质量和时间上来调节市场供应，平衡供求。所以，中间商起着社会生产"蓄水池"的作用。一方面，中间商的存在可以缓和供需之间在时间、地点和商品数量、种类等方面的矛盾；另一方面，中间商的存在能为生产者和消费者带来方便。对消费者而言，中间商充当了他们的采购代理，中间商可以在合适的时间和地点提供消费者所需要的产品、灵活的付款方式和条件以及周到的售后服务。而对于生产者或贸易企业来说，中间商的存在使企业的销路有了保证，降低了流通成本。

3. 有效分担企业的市场营销职能

大多数生产者缺乏将产品直接销售给最终顾客所必需的资源与能力，而这些正是中间商所擅长的。中间商由从事市场营销的专业人员组成，他们更了解市场，更熟悉消费者，对各种营销技巧掌握得更熟练，更富有营销实践经验，并握有更多的营销信息和交易关系。因此，由他们来为制造商承担市场调研、新市场开拓、商品储运、销售推广和售后服务的营销职能，工作将更有成效，营销费用相对更低。尤其是企业打算进入某个陌生的地区市场时，中间商的帮助就显得更加重要。

三、分销渠道的类型

（一）直接渠道和间接渠道

按照商品在交易过程中有无中间商介入将商品的分销渠道划分为直接渠道和间接渠道。

直接渠道是指制造商不通过中间商环节，采用产销一体化的经营方式，直接将产品销售给消费者。直接渠道是工业品分销的主要类型。大约有80%的生产资料是通过直接分销渠道销售的，例如，大型设备、专用工具及技术复杂需要提供专门服务的产品，都采用直接分销，消费品中有部分也采用直接分销的类型，如鲜活食品等。直接销售渠道有利于制造商掌握和控制市场需求与发展状况，获得对分销渠道的控制权。由于去掉了商品流转的中间环节，可以降低商品在流通过程中的损耗；采用直接渠道分销，也有利于制造商开展销售活动，直接促进销售。但是，采用直接渠道会使制造商花费很多的人力、财力和物力，从而使费用增加，特别是市场相对分散时，情况就更是如此。

间接销售渠道则是指生产企业通过中间商环节把产品传送到消费者手中。间接分销渠道是消费品分销的主要类型，大约有95%的消费品是通过间接分销渠道销售的，因为消费者的购买大多属于分散、零星、小批量的购买。大多数的制造商缺乏直接销售的财力和经验，而采用间接渠道，能够发挥中间商在广泛提供产品和进入目标市场的最高效率，使制造商获得高于自身销售所得的利润。

（二）长渠道和短渠道

按照商品经过的流通环节的多少来划分，将商品的分销渠道划分为长渠道和短渠道。显然，没有中间环节的直接渠道最短，反之，中间层次或环节越多，渠道越长。现实营销实践中按渠道长度的不同，又将分销渠道分为四种基本类型。

（1）零级渠道。是指制造商把商品直接销售给最终消费者或用户，是直接式的渠道模式，也是最简单和最短的分销渠道。

（2）一级渠道。是指制造商和消费者之间，只有一个流通环节，这在消费品市场是零售商，在工业品市场通常是代理商或经纪人。在消费品市场，许多生产耐用品和选购品的企业都采用这种模式。

（3）二级渠道。是指制造商和消费者之间通过两个流通环节，这在消费品市场是批发商和零售商，在工业品市场则可能是代理商和工业经销商。

（4）三级渠道。三级渠道包含三个中间商组织。在大批发商和零售商之间，还有一个二级批发商，该批发商从大批发商处进货，再卖给无法从大批发商处进货的零售商。

可见，零级渠道最短，三级渠道最长。更高层次的分销渠道比较少见，渠道层数越高，渠道越长，对制造商来说，也越难控制。

（三）宽渠道和窄渠道

分销渠道也可按其宽度进行划分。分销渠道的宽度，是指渠道的每个层次中使用的同种类型中间商数目的多少。如果某种商品（如日用小商品）的制造商通过许多批发商和零售商将其商品推销到广大地区，那么这种分销渠道就较宽；相反的，如果某种产品（工业设备）的制造商，只通过几个专业批发商推销其商品，那么这种分销渠道就较窄。

（四）传统分销渠道和新型营销系统

分销渠道如果按一条渠道中渠道成员相互联系的紧密程度划分，可以分为传统分销渠道和新型渠道系统。传统分销渠道是由生产企业、批发企业和零售企业构成的、关系松弛的销售网络。各个成员（企业）之间彼此独立，相互间的联系通过买卖条件维持，他们都各自考虑自己的利益。这样使整体缺乏强有力的领导而且常受到内部之间的相互牵制，从而影响销售。新型营销系统则是渠道成员采取一体化经营和联合经营而形成的分销渠道。现实中，大公司为控制、占领市场，实现集中与垄断，常采取一体化经营和联合经营的方式，而广大的中小批发商、零售商为了在激烈的竞争中求得生存和发展，也往往走联合发展的道路。

四、分销渠道模式

商品的分销渠道可分为两种基本模式，即消费品的分销渠道模式和生产资料商品的分销渠道模式。

（一）消费品的分销渠道模式

消费品也叫生活资料商品，其分销渠道模式有以下五种基本形式，如图8-2所示。

1. 生产者——消费者

这是生活资料产品分销渠道中最简单、最短的渠道。其特点是由生产者直接把商品销售给最终消费者而不经过任何中间环节，推销任务由企业自己的推销员担任，有利于树立企业形象和商品的促销。企业可以通过邮寄销售、送货上门、来料加工、电话销售、设立自己的商品销售门店等形式，把商品直接供应给最终消费者，使商品以最快的速度和最低的价格到达消费者手中。一般来说生产大型高级耐用消费品或传统食品、保鲜期较短的食品的企业适合采用这种渠道。

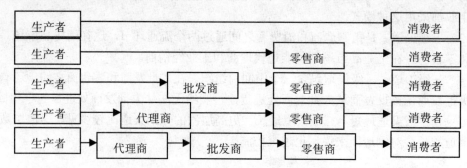

图 8-2　生活资料分销模式示意图

2. 生产者——零售商——消费者

这种渠道的特点是在生产者与消费者之间只有零售商一个环节，发挥了零售商分散、接触顾客较多、对市场需求变化反应较快的特点，简化了生产者的推销手续，有利于扩大销售范围，加快销售速度，减少商品损耗。适用于保管期短的农副产品、鲜活易腐商品、技术性能较高的耐用品、大型耐用消费品、易碎商品等。

3. 生产者——批发商——零售商——消费者

这种渠道是生产者把商品转卖给批发商，再由批发商批发给零售商，最后又由零售商卖给最终消费者，充分发挥中间商的专业作用。有利于生产者批量销售商品，缩短生产周期，加快资金周转；有利于零售商多批次、小批量、多品种购进商品，保证零售商品花色品种齐全，吸引消费者。这种分销渠道环节较多、较长，商品到达消费者手中所需时间相对较长。这在商品经济相对发达的条件下是一种常用的分销渠道，生产企业特别是小型生产企业普遍采用，另外产品零星、分散、人力不足的企业也适合采用这种分销渠道模式。

4. 生产者——代理商——零售商——消费者

这种分销渠道与上一种渠道不同的是代理商替代了批发商。代理商比批发商更熟悉其代理商品的知识，能非常专业地向顾客介绍商品的性能、规格、质量、特点等，有利于商品促销，加上代理商不拥有商品的所有权，代理商与生产者的经济利益容易统一。

5. 生产者——代理商——批发商——零售商——消费者

这种分销渠道环节最多，渠道最长，商品到达消费者手中所需的时间最长，支付的流通费用最多，面对消费者的价格也最高，一般不宜采用。

（二）生产资料商品的分销渠道模式

生产资料商品的分销渠道模式一般有四种基本形式，如图 8-3 所示。

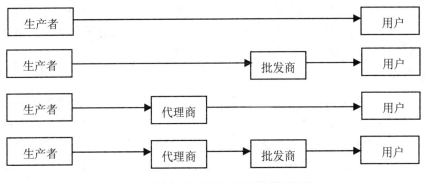

图 8-3 生产资料商品分销模式示意图

1. 生产者——用户

商品不经过任何中间商，由生产者直接向用户推销商品，这种形式是环节最少、流通费用最低的分销渠道。一般适用于商品价值高和技术性较强的生产资料。

2. 生产者——批发商——用户

这种分销渠道模式比前一种形式多了一个批发商中间环节，可以减轻生产企业销售商品的负担，集中精力搞好生产，充分发挥批发商的作用，加快商品流通速度。适用于销售有季节性、周期性、连带性以及用户分散的商品。

3. 生产者——代理商——用户

生产者将其商品通过代理商这一中间环节转卖给用户。其特点是比用批发商转卖商品能减少费用，降低价格；有利于销售特种技术性能的生产资料，有利于商品促销工作的开展。代理商对商品不拥有所有权，而是以生产者"代理人"的身份出现，向生产者收取"佣金"，在经济利益上与生产者是一致的。另外，代理商对所经营的商品质量、规格、性能等方面较为熟悉，因此，生产者如果没有推销机构或对市场情况不熟，或商品有特种技术性能，一般都采用这种分销渠道。

4. 生产者——代理商——批发商——用户

这是生产资料分销渠道中环节最多、最长、最复杂的分销渠道。对一些用户分散的商品，需要分散存货，销售批量小，生产者无力自己推销，又急于销售的商品，往往采取这种渠道。

对于生产资料来说，由于品种、规格、型号复杂，有的商品技术性强，需要成套供应，而且生产资料往往需要由生产者提供技术指导、安装调试、人员培训等服务。因而，生产资料分销渠道的最大特点是产需直接见面的购销方式。

◆ **任务实施**

第一步，对学生进行分组，每组为 3～5 人，组织引导学生以组为单位对某种或某类商品（如方便面、洗发水、电视机、自行车、汽车等）的分销渠道模式进行实地调查；

第二步，根据调查掌握的情况，确定所调查的此种或此类商品采用了何种分销渠道模式，并分析说明企业为何采用这种分销模式；

第三步，选择自己熟悉的商品（如方便面、洗发水、电视机、自行车、汽车等），以组为单位，设计出该种商品的分销渠道模式，然后与企业实际采用的分销渠道模式进行对比，看二者之间有何差异。

◆ **总结与回顾**

分销渠道是指产品从生产领域向消费领域或者向另一个生产领域转移时所经历的通道，是某种商品和服务从制造商向消费者转移的过程中取得这种商品和服务的所有权或帮助所有权转移的所有企业和个人。当今社会，绝大多数商品都要经过一个或几个中间商的转卖才能到达消费者手中。中间商的存在不只是一部分人追逐利润的结果，而是市场经济发展的必然要求。商品的流通量越大，中间商的必要性和作用就越大。中间商执行着集聚（有计划的采购目标市场所需的商品物资）、平衡（组织商品在品种、数量、时间等方面的供需平衡）和扩散（采取适当的方式把商品扩散到用户手中实现销售）的功能。有效分担了企业的市场营销职能，起着社会生产"蓄水池"的作用。

营销实践中，产品的分销渠道可分为直接渠道和间接渠道、长渠道和短渠道、宽渠道和窄渠道、传统分销渠道和新型营销系统。消费品的分销一般有五种模式：①生产者——消费者；②生产者——零售商——消费者；③生产者——批发商——零售商——消费者；④生产者——代理商——零售商——消费者；⑤生产者——代理商——批发商——零售商——消费者。生产资料商品的分销一般有四种模式：生产者——用户；生产者——批发商——用户；生产者——代理商——用户；生产者——代理商——批发商——用户。

本项目的教学重点和核心技能是商品分销渠道模式的正确选择与实际应用。

◆ **复习思考题**

1. 简述分销渠道的特点和作用。
2. 简述分销渠道的基本类型。
3. 简述消费品的分销渠道模式有哪些。
4. 简述生产资料商品的分销渠道模式有哪些。

◆ **实训练习**

1. 对日用品（如牙膏）或高档商品（如名牌西装）的分销渠道进行对比分析，理解它们之间的差异，认识中间商在渠道中的作用。
2. 健力宝成长初期，依赖的是传统的渠道，即遍及全国的国有糖酒公司和供销社系统。然而，20世纪90年代以来，中国商业的渠道格局发生了巨大变化，面对这种变化，健力宝老态毕现，应变乏力。健力宝的销售业绩每况愈下，2002年1月，浙江国际信托投资公司出资3.6亿元购得健力宝80%的股份。请查阅相关资料分析讨论健力宝的成与败。
3. 请查找我国于2005年12月1日施行的《直销管理条例》和2005年11月1日施行的《禁止传销条例》，分析讨论《市场营销学》中对直销的概念解释与《直销管理条例》所称直销有何异同？传销是否属于直销行为？我国为什么要禁止传销？

项目二　分销渠道的设计

◆ 知识、能力、素质目标

使学生深入理解分销渠道的设计是企业渠道建设的重要环节，明确企业分销渠道方案所涉及的内容，在此基础上，能根据影响渠道设计的因素帮助企业设计产品的分销渠道，合理确定分销渠道的长度与宽度、中间商的类型与数目以及渠道成员彼此的权利和义务。

◆ 教学方法

案例教学法　问题导入法　课堂讲授法

◆ 技能（知识）点

渠道设计的影响因素　渠道设计的内容　密集性分销　独家分销　选择性分销　渠道成员彼此的权利和义务

一家日化企业的渠道设计

蔡立刚是我国一家知名日化厂的营销总监，他所负责销售的产品有牙膏、洗发水、护肤品、洗衣粉等。企业原有的销售渠道是借助众多分销商来完成目标市场网络覆盖的，分销商承担了所有零售终端的供货。但由于大量分销商的存在，他们的市场覆盖区域狭小甚至重叠，常常发生窜货，分销商自身的发展战略短识，生意规模较小导致其难以承担为现代通路提供销售服务的功能。在这种情况下，企业被迫重新审视其渠道设计。蔡立刚打破原有的渠道格局，将大卖场、超市、量贩店等现代通路独立出来，作为企业的直供客户和主要客户，由企业直接负责供货。其余的客户全部归类到传统通路，仍然由区域分销商负责供货。与此同时，蔡立刚又将分销商体系进行了调整改进，将分销商数量从原来的400多家精简成现在的300多家，这些分销商承担的业务量还和原来差不多，但是他们更加稳定且富有竞争力。

根据营销情景中描述的事实，学生独立思考并回答：
1. 日化产品是适合密集性分销还是独家分销？
2. 蔡立刚重新设计后的分销渠道模式有几种类型？请分别用图示画出来。

"伊人净"产品的分销渠道设计

1. 伊人净的产品特性

伊人净是泡沫型妇科护理产品，剂型新颖，使用方便，但与传统的洗液类护理产品不同，首次使用需要适当指导，因此以柜台销售为好；且产品诉求为解决女性妇科问题，渠道因尽量考虑其专业性，如药店和医院。

2. 上海地区健康相关产品的渠道分析

药品、食品、保健品和消毒制品统称为健康相关产品，目前主要的销售渠道为药店、商场、超市（含大卖场）和便利店。其中药店多为柜台销售且营业员有一定的医学知识，目前药店仍然是以国营体制为主，资信好，进入成本低，分布面广。商场、超市和大卖场近几年来蓬勃发展，在零售中处于主导地位，销量大，但进入成本高，结款困难且多为自选式销售，无法与消费者进行良好的沟通。便利店因营业面积小而以成熟产品为主。

3. 未来两年渠道变化趋势分析

目前各大上市公司和外资对中国医药零售业垂涎欲滴，医药零售企业也在不断地做着变革，加之医保改革使大量的药店成为医保药房，药店在健康相关产品的零售地位将会不断提高，其进入门槛也会越来越高，比起日渐成熟的超市大卖场而言发展潜力巨大。

4. 伊人净公司的营销目标

随着上海经济的快速发展，收入的不断提高，人们的观念也在不断地更新，对新产品更易于接受，伊人公司希望产品能够快速进入市场，成为女性日用生活的必需品，像感冒药一样随处可购买，从而改变中国女性传统的清水清洗和洗液清洗的习惯。最终，象卫生巾取代卫生纸一样成为女性妇科护理市场的主导产品。这个过程需要很大的广告投入进行引导和时间积累，而在公司成立初期大量的广告费和经营费意味着高度的风险。相关人员的口碑传播虽然比较慢，但却是一种更安全和低投入的方式。努力使相关人员如营业员推荐和介绍本产品应是优先考虑的方式。

5. 伊人净上海地区的渠道结构及评价

根据以上分析，海南伊人公司在上海设计建立了以下分销渠道。

分步完善渠道结构，优先发展传统国营医药渠道，在有限的广告中指定仅在药店销售，保证经销商的合理利润。在产品成熟后再发展常规渠道。渠道结构如下：

第一、二年度：伊人公司→区级医药公司→药店（含连锁药店）和医院→终端消费者第三年度以后：伊人公司→区级医药公司→①药店和医院；②商场和超市；③连锁便利店→终端消费者

伊人公司的渠道结构体现了健康相关产品应有的专业特性，有效克服了产品进入市场时在使用指导上的困难，同时又以较低的代价达到了广泛的铺货。因第一、二年度在渠道选择上具有指定性（仅在药店销售），使得现有渠道对公司产品有良好的印象，从而有利于后继产品的快速上市。医药在价格上的稳定性，也使公司在产品价格上易于控制，保证其他区域招商的顺利进行。虽然起初的销量未能达到最大化，在零售终端的陈列上也不够活跃，但考虑公司的成本控制和长远发展，公司在成长性的渠道建设上塑造的良好印象，有利于产品的市场推广和企业的稳步发展，也有利于与各分销商之间建立战略伙伴关系。

◆ **工作任务分析**

分销渠道设计对企业至关重要，它不仅关系着企业的市场开发与产品销售，而且直接影响着企业营销活动的成败。企业产品要想顺利销售出去，就必须设计构筑与企业及企业产品相匹配的、有效力的分销渠道，为此，企业营销人员在此项目实施过程中的主要工作任务就是弄清影响渠道设计的各种因素，并以此为依据对不同的分销渠道模式进

行对比分析，以协助企业营销部门从渠道方案的可行性、合理性、经济性三个方面设计建设具有激励力、竞争力的分销渠道，以利用外部营销力量与企业携手合作，共同搞好企业产品的销售推广。

◆ 相关知识

一、分销渠道设计的影响因素

（一）顾客需求

同大多数的营销决策一样，中间商的选择也要始于顾客。主要了解企业所选择的目标顾客群要购买什么商品，习惯在什么时间、什么地点购买，如何买，以及他们希望中间商提供的购买服务水平，时间、空间、便利条件等，做到心中有数。在做这些调查的同时，制造商应当意识到虽然消费者可能喜欢企业能提供最快的送货服务、最多的商品种类，但这可能是企业所难以做到的或根本就是不现实的。此外，企业还必须在顾客的服务需求、满足这些需求的可行性与成本之间进行平衡，看顾客能否接受由于增加服务所提高的价格等。

（二）产品特征

（1）产品的重量、体积。考虑到运输存储的条件和费用，较轻、较小的产品，一般用较长、较宽渠道；笨重及体积大的产品如大型机械设备、建筑用材料，多用较短渠道。

（2）产品的物理化学性质。易损、易腐产品，应尽量避免多次转手、反复搬运，尽可能迅速地把产品出售给消费者，故多用较短渠道，如牛奶、水果、蔬菜等。

（3）产品单价高低。一般而言，价格昂贵的产品，多用较短、较窄的渠道分销；较便宜的一些产品，销售渠道则较长、较宽。

（4）产品的标准化程度。标准化程度高、通用性强的产品，渠道可长可宽；非标准化的专用性产品，渠道宜短宜窄，一般由企业营销人员直接销售。

（5）产品技术的复杂程度。产品技术越复杂，使用时间越长，对有关销售服务尤其是售后服务的要求则越高，而中间商缺乏必要的知识，一般多用较短渠道。

（6）是否为耐用品。耐用品多用较短渠道，非耐用品多用较长渠道。

（7）是否是新产品。新产品上市，多用较短渠道。一是销售渠道尚未畅通，企业缺乏选择的自主权；二是短渠道也有利于企业强劲促销。若是已经打开销路的产品，可以考虑用较长的渠道。

（8）式样与款式。花色款式多变、时尚程度较高的产品，如新奇玩具、时装、家具等，为避免过时，应尽可能缩短分配路线。

（三）市场因素

（1）市场区域的范围大小。市场区域宽广，宜用较宽、较长渠道；地理范围较小的市场，可用较短、较窄渠道。

（2）顾客的集中程度。顾客较为集中，可用较短、较窄渠道；顾客分散，需要更多地发挥中间商的作用,多用长而宽的渠道。

(3)竞争状况。通常,企业使用与竞争者品牌相同或类似的渠道,如食品企业。竞争特别激烈时,则应寻求有独到之处的销售渠道。例如,竞争者普遍使用较短、较窄渠道分销产品时,企业一反常规使用较长、较宽渠道。

(4)消费者购买习惯。顾客每次购买最少而购买次数频繁的产品,应采用较长渠道,顾客每次购买数量大而购买次数少的产品,应采用较短渠道。

(四)企业自身因素

(1)企业的规模和实力。规模大、资金力量雄厚的企业,有能力建立自己的销售队伍,对渠道的控制程度要求高些,或者要求渠道短些;而规模小、资金力量不强的企业,往往须依靠中间商为企业提供销售服务。

(2)企业的声誉和市场地位。对生产企业或经营企业来说,声誉越高,越容易取得与中间商的广泛合作,选择中间商的余地就越大;相反的,声誉不高或没有地位的企业,中间商不大乐意合作,选择的余地就比较小。

(3)企业的经营管理能力。管理能力较低的企业,需要物色可靠、信誉好的中间商提供服务,多用较长渠道;有能力控制销售渠道的企业,可选择较短渠道,不必太依赖中间商。

(4)控制渠道的要求。凡企业在营销中需要对渠道时刻控制的,不宜采取长渠道、宽渠道结构;反之,如果企业不希望控制渠道,则可选择长渠道。

(五)环境因素

(1)经济环境。当经济不景气时,制造商总是希望以最经济的方式将其产品运到市场,他们力求使用较短的渠道,放弃可能增加货物最终价格的服务。

(2)政府有关立法及政策规定。专卖制度、反垄断法、进出口规定、税法等政策法令都会影响企业对分销渠道的选择。如烟酒实行专卖制度后,企业就应当依法选择指定的分销渠道进行销售;又如在出台限制企业进行多层传销的有关规定后,企业就不能选择多层传销这种分销渠道。

二、分销渠道的设计

分销渠道的设计就是建立以前从未存在过的分销渠道或者对已经存在的分销渠道进行变更完善的营销活动。分销渠道的设计是整个渠道决策的核心,渠道设计首先是对影响渠道建设的因素进行深入分析,然后拟订出可供选择的分销渠道方案。每个分销渠道方案一般都涉及以下三个方面的内容:一是分销渠道的基本模式;二是每一分销层次所使用的中间商的类型和数目;三是渠道成员主要是指生产者与中间商彼此的权利和义务。

(一)确定渠道长度

制造商在设计分销渠道模式时,首先要根据渠道成员满足消费者需求的功能及以上各种因素，决定采取什么类型的分销渠道：是采取直接销售，由生产企业的营销人员上门推销，设自销门店，通过产销一体化的直销方式，还是通过中间商间接销售；若采用中间商分销，还应进一步决策应选用什么类型和规模的中间商，是采用单层的短渠道分销，还是多层的长渠道分销。制造商应根据自身实际、产品情况、市场条件等制约因素，全面权衡利弊，加以正确选择。确定渠道模式时，制造商既可沿用本行业其他企业采用的分销渠道，也可探求更多创新的分销渠道模式。

（二）确定渠道宽度

渠道宽度的确定是指企业确定每一层次所用中间商的数目。一般有三种策略可供选择。

1. 密集性分销

密集性分销是指制造商对经销商不加任何选择，经销网点越多越好力求使商品能广泛地和消费者接触，在方便消费者购买的同时，也推动了产品迅速、广泛地占领市场。这种策略适用于日用消费品或生产资料中普遍使用的标准件、小工具等的销售。

2. 独家分销

独家分销是指制造商在某一地区仅选择一家中间商推销其产品。通常双方协商签订独家经销合同，规定经销商不得经营竞争者的产品。通常适用于高档服装、电器、汽车以及一些名牌商品的销售，或适用于使用方法复杂、需要较多销售服务的商品。这种策略有利于制造商对中间商的控制，调动其经营积极性，占领市场。但是，独家分销使得销售渠道过于狭小，在抓住一部分消费者的同时，也往往使企业失去更多的市场，而且采用这种策略风险较大，由于产销双方依赖性太强，一旦中间商经营失误，往往会使制造商蒙受巨大损失。

3. 选择性分销

选择性分销是指制造商在某一地区仅仅通过少数几个精心挑选的、最合适的中间商推销其产品。选择性分销适用于消费品中的选购品，也适用于所有产品。一方面，它比独家分销面广，有利于企业扩大市场，展开竞争；另一方面，它又比密集性分销节省费用，对分销渠道的控制也比较容易。有不少企业开始先采用密集性分销，以后再根据需要淘汰一些不理想的中间商，实行选择性分销，以提高效率，降低费用，为企业赢得更多的利润。

（三）确定渠道成员彼此的权利和义务

制造商需要与渠道的每个成员达成协议，明确各渠道成员的权利和义务。制造商应为中间商制定价格目录和折扣明细表，提供供货保证、质量保证、退换货保证，明确应执行的特定服务。中间商应向制造商提供市场信息和各种业务资料，保证实行价格策略，达到服务标准等。尤其是对采取特许经营和独家分销渠道的成员更应明确其权利与义务。具体内容包括以下几点。

1. 价格政策

为了鼓励中间商进货，或者为了保证企业出售足够数量的商品，企业可制定一张价格表，对于不同类型的中间商给予不同的回扣；或者对于不同的进货数量，给予不同的折扣。但企业必须十分慎重，因为中间商对于商品价格以及各种回扣、折扣非常敏感。

2. 交易条件

对于提前付款或按时付款的中间商，根据其付款时间可给予不同的折扣，这样做可鼓励中间商，同时对于企业的生产经营也十分有利。企业就次品处理或价格调整向中间商做出某些保证，也可鼓励中间商放手进货，解除中间商的后顾之忧。

3. 中间商的地区权利

企业对于中间商的地区权利应予以明确。企业可能在许多地区有特许代理人，特别是在临近地或同一地区有多少特许代理人，有多大的特许权，中间商对此十分关注。因为中间商总希望将自己销售地区所有交易都归于自己。同时，企业在邻近地区或同一地区特许代理人的多少以及企业对特许代理人特许权的允诺，均会影响中间商推销产品的积极性。因此，企业对此一定要注意，要相应地给予中间商一定的地区权利。

4. 双方应提供的特定服务内容

这些特定服务内容具体包括广告宣传、资金帮助和人员培训等。为慎重起见，对于双方应提供的特定服务内容可用契约形式固定下来。契约固定的服务内容应使中间商尽可能满意，让其觉得有利可图，愿意花费精力推销企业的产品。

三、分销渠道方案的评估

当生产者明确了产品进入目标市场所依赖的主要分销渠道后，还需要对其进行评估，然后依据评估结果决定能够满足企业长期目标的最佳渠道方案。生产者应从以下三个方面对分销渠道进行评估。

（一）经济性标准的评估

经济标准主要是比较每个分销渠道方案可能达到的销售额及成本水平。首先，比较由本企业推销人员直接销售与使用中间商分销哪种方式的销售额更高。其次，比较由本企业直接销售所花费的费用成本与使用中间商分销所花费的费用成本。企业通过对以上两方面情况的对比权衡，从中选出最佳的分销渠道模式。一般说来，利用中间商分销的成本较企业自销的低。但是通过中间商销售的成本增长快，当销售额达到一定水平后，利用中间商销售的成本将越来越高，因为中间商按一定比例索取较大佣金，而企业自己的销售人员只享受固定工资或部分佣金。因此，规模小的企业或大企业在销售量小的地区，利用中间商销售成本低，利润高，较为合算，在销售额增长到一定水平之后，再实行自销比较划算。

（二）可控性标准的评估

一般来说，采用中间商分销可控性小，企业直接销售可控性大，分销渠道长，控制难度大，分销渠道短，控制难度小。企业如果选择与大的中间商合作，由于中间商是以追求利润最大化为目标的独立商业公司，生产企业一般无力左右其销售行为或影响其进货。如果选择与中、小型中间商合作，企业就比较容易控制，因为中、小型中间商对企业的依赖性强，愿意接受企业的要求与指导，一般会按双方的协议行事。所以，生产企业应根据自身实力和对渠道的控制要求，选择适宜的渠道成员。

（三）适应性标准的评估

如果生产企业同所选中间商的合约时间比较长，在此期间，其它销售方法如企业直接销售更有效，但生产企业又不能随便解除合同，这样企业选择分销渠道便缺乏灵活性。因此，生产企业必须考虑选择策略的灵活性，如果所选中间商的信誉好、经验能力强，就签订长期合约，如果所选中间商的信誉度低、经验能力一般，就不要签订长期合约。另外，对所确定的渠道模式能否根据市场营销环境和竞争对手策略的变化做适应性调整也应充分考虑。

◆ 任务实施

第一步，在学校所在地选择两个有一定影响力的生产企业，最好一个是生产消费品的企业，一个是生产生产资料的企业，然后组织引导学生对它们的分销渠道模式进行实地调查；

第二步，根据调查掌握的情况分组讨论这两个企业的分销渠道，分析它们的异同点，在此基础上，以组为单位重新规划设计这两个企业的分销渠道模式；

第三步，由老师和企业的市场渠道负责人对学生设计的分销渠道进行点评，看是否符合企业的实际和产品销售的要求；

第四步，根据老师和企业渠道负责人的点评，各组对其设计的渠道模式进行修订完善，力争拿出一个让企业满意的渠道设计方案，最好能被企业实际采用。

◆ 总结与回顾

企业要想把自己的产品顺利销售出去，就要合理规划设计产品的分销渠道。设计分销渠道是一项复杂细致的工作，企业应首先深入分析影响渠道设计的产品因素、市场因素、中间商因素、竞争者因素、企业自身因素及环境因素，在此基础上，根据行业特征、企业实力及商品的特定服务对象具体选择应采取何种分销渠道模式，是采取产销一体化的直接销售还是通过中间商分销；是采用单层的短渠道还是多层的长渠道；是利用经销商推销还是委托代理商代销；是选择密集性分销、选择性分销还是独家分销，各渠道成员应有哪些权利和义务。通过这些问题的合理决策，为企业产品的销售规划设计畅通的、有效力的分销渠道。

本项目的教学重点和核心技能是商品分销渠道的规划设计。

◆ 复习思考题

1. 简述影响企业渠道设计的因素。

2. 简述渠道设计的主要内容。
3. 简述密集性分销、独家分销与选择性分销的区别。
4. 简述企业应从哪些方面对分销渠道方案进行评估。

◆ **实训练习**

1. 可口可乐的分销渠道是厂家直接控制的系统销售配送体系,而非常可乐的分销渠道则是通过掌控经销商实现终端布局的大流通分销体系,请你查阅有关资料,对二者的渠道设计进行分析对比。

2. 利用寒暑假或双休日对你感兴趣的某类或某种商品(如化妆品、饮料等)的分销渠道进行市场调研,在此基础上,针对存在的问题提出具体改进意见。

项目三　中间商的选择与确定

◆ **知识、能力、素质目标**

使学生深入理解中间商的内涵、作用,了解中间商的基本类型,明确代理商、批发商与零售商的区别,熟练掌握选择分销商的标准与方法技巧,学会根据中间商的信誉、实力、经验、区域优势、合作意愿及促销能力为企业选择确定适宜的中间商。

◆ **教学方法**

案例教学法　体验教学法　课堂讲授法

◆ **技能(知识)点**

中间商的概念及类型　中间商的功能作用　代理商、批发商与零售商的区别　选择中间商应考虑的主要因素　选择中间商的标准与方法技巧

朱经理该怎样选择

朱世华先生原是华富纸业有限责任公司的车间主任,刚被任命为天津市场的区域销售经理,他所在的企业主要加工生产普通卷筒纸、高级盒装抽纸、餐巾纸、卫生纸等系列产品。产品采用制造→片区一级批发商→市、县区二级批发商→零售商(超市、便利店等)→消费者的间接分销渠道模式。企业认为天津市场的二级批发商、零售商的数量不足,不能形成密集分销的渠道格局,要求朱经理再选择新增一些二级批发商和零售商,以扩大企业产品在天津市场的覆盖范围和销售密度。

根据营销情景中描述的事实,学生独立思考并回答:
1. 如果你是朱世华先生,你会以什么样的标准来选择新的批发商和零售商?
2. 纸品的销售为什么要采用密集分销的渠道策略?

中国"阿袍"的渠道策略

中国的阿拉伯服装从介绍到海湾市场,再到占领市场、巩固市场,以至最后几乎垄断市场,固然有多种因素,但从市场营销的角度看,制定有效的渠道策略,合理地选择可靠的代理商,是最重要的决策之一。那么"阿袍"出口的销售渠道应当怎样选择呢?这要从海湾市场的环境特点说起。

海湾地区,一般指科威特、沙特阿拉伯、巴林、阿拉伯联合酋长国、卡塔尔和阿曼6个国家。海湾市场具有以下的特点。

(1) 政治、法律方面:它们实行君主立宪制,并带有浓厚的宗教色彩。这种一致性决定了这一地区的国家在社会文化、风俗习惯上基本相同。

(2) 经济方面:这些国家都是以石油为主的单一经济,由于20世纪60年代以后石油大幅度提价,国家财富剧增;人民的吃、穿、用几乎全靠进口。

(3) 人口方面:六国人口稀少,总计只有1000多万人,但是人均收入比较高,购买力强,是一个有潜力的市场。

(4) 文化方面:六国都信奉伊斯兰教,都使用阿拉伯语言,古兰经是人们行动的准则,因而形成人们道德观和价值观的一致性,连服装也基本相同,"阿袍"成为男子的标准服装。

(5) 商业方面:经商已成为该地区人们的主要经济活动,并形成了海湾地区阿拉伯人的传统和习惯。这里关税很低(一般为4%)或无关税(如食品),商品可以互相转口;经商者大多缺乏国际贸易经验,经营范围又缺乏严格分工,因此很难管理。

(6) 竞争方面:这一地区收入较高,需求潜力大,商业发达,同时世界各国贸易界人士都竭力打入市场,加之商品在各国之间的相互转口,致使这一地区市场竞争十分激烈。

上述市场环境可以概括为:需求统一,潜力巨大,市场分散,竞争激烈。在这种情况下,中国"阿袍"要进入这一市场最好的方法就是寻找一家有能力的商户作为海湾地区的总代理,由总代理在整个地区对产品进行分销。这样,不仅可以避免我国各公司之间的盲目竞争和海湾地区各国商人之间的竞争,而且还可以通过总代理对出口市场加强管理,使出口商品获得稳步发展。

鉴于海湾市场的特点,阿尔珠玛公司是比较理想的代理商,它具备以下五个良好条件。

(1) 资本雄厚。阿尔珠玛公司的负责人是科威特某大银行的董事长,是科威特深受众望的人物。这家公司与国际金融界有广泛联系,在海湾地区和其他国家从事金融和投资业务,因此在海湾地区也颇具声望。

(2) 经营能力强。这家公司设有专人负责这项工作,部门经理可投入大部分精力。他们在海湾各国设立分支机构,建立广泛的销售网络;经常进行市场调查,了解消费者的需求;经常就面料、款式、规格、价格、贸易方式等提出建议;并在报纸、杂志刊登广告,进行宣传,是中国"阿袍"在海湾地区销售量剧增的重要因素。

(3) 客户关系广。阿尔珠玛公司不仅在科威特拥有自己国家的客户网,而且在沙特、巴林、阿联酋等国设有自己的办事机构或分代理,已经初步形成了自己的销售网络。

（4）商业信誉好。阿尔珠玛公司很重视公司声誉，在经营活动中重合同、守信用。他们在签约时比较慎重，订货前广泛走访客户，了解市场需求，因此提出的订单比较切合实际。业务中发生问题，善于通过友好协商途径来合理解决。

（5）友好合作。阿尔珠玛公司与中国纺织品进出口总公司，在合作中能做到相互信任，共同发展，例如，中方公司派出多名人员，驻在阿尔珠玛公司协助开展工作，阿尔珠玛公司的总经理和纺织品部经理也经常来中国洽谈业务，与中方公司负责人交流市场情况，共同研究扩大和巩固市场的策略，并且经常提供海湾市场动态、竞争者的产品和价格等，以便采取相应竞争措施。

由于阿尔珠玛公司与中方公司的密切配合，友好合作，在海湾地区击败了国际竞争者的多次进攻，使中国"阿袍"牢牢地占领了市场。

◆ 工作任务分析

中间商是介于生产者与消费者（用户）之间，专门从事商品流通活动的经济组织或个人，它包括代理商、批发商、零售商、商品交易所、贸易货栈等多种商业经营形式。在现代营销活动中，绝大多数企业的产品销售是通过与中间商的合作完成的，因此，选择适宜的中间商就成了企业渠道设计建设的主要内容。营销人员在此项目实施过程中的主要工作任务就是根据产品的特点和服务对象，在对有关中间商的信誉、实力、经验、区位优势、合作意愿及促销能力进行考察分析的基础上，协助企业的营销部门正确选择适合自己产品的中间商。并根据中间商的目标要求，确定双方的合作方式，以求形成互惠互利、合作共赢的战略联盟。

◆ 相关知识

一、中间商的类型

中间商是指在生产者和消费者（用户）之间从事商品流通业务活动，促使买卖行为发生和实现的经济组织和个人。它介于生产者和消费者之间，一头连接着生产者，一头连接着最终消费者，组成了一定的分销渠道。中间商包括代理商、批发商、零售商、经纪人、制造商自设的销售部门等多种商业经营形式。但不同类型的中间商在商品流转过程中所起的作用及基本职能不同。

（一）代理商

代理商对所代理销售的商品不拥有所有权，只是受被代理人的委托，在一定的区域范围内，以被代理人的名义代理其开展商务活动。代理商大多经营批发销售业务，但在整个批发销售量中所占的比重不大。因为企业利用代理商销售产品，大多是在自己的推销能力不能达到的地区，或是在销售批发商不愿收购自己的产品，或是在无法找到合适销售对象的情况下，制造商才选择代理商销售的方式。代理商开展业务是在被代理人的委托下进行的，它不是独立的经销商，不承担商品销售的市场风险，主要功能就是为买卖双方牵线搭桥，促进交易，获得销售佣金，它和制造商的关系是委托关系。多见于食品、不动产、保险和证券行业。代理商在指定的销售区域内一般只能销售其代理的商品，而不能再销售其他有竞争性的商品。但仍可经营或再代理与其代理的制造商没有竞争关系的其他相关商品。代理商又具体分为企业代理商、销售代理商和佣金代理商。

1. 企业代理商

企业代理商是一种同时为多家生产企业代理销售业务的专职代理商。它们同委托代理的企业订有书面合同，对价格政策、地区、订单处理程序、商品和服务保证以及佣金等都有稳定的协议，利用其熟悉市场的条件，为各生产企业在其能力不可达的地区推销产品。企业代理商的销售区域是确定的，在非同类产品的情况下，可接受任何其他企业的委托代理业务。

2. 销售代理商

销售代理商是一种受某生产企业委托独家代理销售其全部产品的代理商。销售代理商类似于该企业的销售部门，除负责推销该企业的产品外，其他限制比较小，因此在价格、地区和交易条件方面有较大的自主权。

3. 佣金代理商

佣金代理商是一种接受生产者临时委托，代理销售产品，并按销售收入提取佣金的代理商。佣金代理商一般能预先获得产品实物，自行销售，然后将所得货款扣除佣金和开支后交还给生产者。

（二）批发商

批发商是为进一步转售、生产、加工或其他商业用途而出售商品的中间商。批发商服务的对象都是非最终消费者的组织或个人；批发商的业务特点是成批购进和成批售出，业务量比较大；批发商一般都主要集中在工业、商业、金融业、交通运输业较发达的大城市，以及地方性的经济中心（中小城市），其数量比零售商少，其分布也远不及零售商那样广，但批发业务往往比零售业务量大，覆盖的地区也比零售商广。批发商具有集散商品、分装编配，储运商品、信息咨询；稳定物价、资金融通；承担市场风险的功能作用。批发商的类型很多，可从不同角度进行划分。

1. 按营销产品的用途划分

（1）消费品批发商。是专门从事消费品批发业务的批发商。
（2）生产资料批发商。是专门从事某种或某类生产资料批发业务的批发商。

2. 按经营商品的范围划分

（1）专业批发商。专业批发商是指专门经营某类或某几类商品的批发商。它主要向某行业的各个生产用户进货，销售给其他批发商、零售商或工业用户。专业批发商经营的产品品种规格较多，厂牌齐，品种之间的消费替代性和连带性较强，同一产品或同一品种进销批量都比较大，为购买者提供了充分的比较选择余地。

（2）综合批发商。综合批发商是经营多条产品线、多类产品的批发商。综合批发商经营的商品范围广，品种规格也较多，但不及专业批发商有深度。我国的工业品批发市场、农副产品批发市场、小商品批发市场及一些百货公司、百货站、工业品贸易中心等均属于综合批发商。

（3）工业分销商。工业分销商通常提供储存、信贷、送货等服务。我国传统的物资公司、生产资料批发市场都属于此种类型。

3. 按服务地区范围划分

（1）全国批发商。全国批发商是指担负全国性商品批发业务的批发商。

（2）区域批发商。区域批发商是指承担一个省、区范围批发业务或供应相邻省、区某些销售业务的批发商。

（3）地方批发商。地方批发商则是指只担负某一市、县或某一贸易区商品批发业务的批发商。

4. 按是否拥有商品所有权划分

（1）经销批发商。经销批发商是指拥有经营商品所有权的批发商。

（2）代理批发商。代理批发商是指不拥有经营商品所有权的批发商。

5. 按服务的内容划分

（1）完全服务批发商。完全服务批发商是向顾客提供全方位服务（包括保持存货、雇用固定销售人员、提供信贷、送货和协助管理等）的批发商。

（2）有限服务批发商。有限服务批发商是向其供应商和顾客提供专业服务的批发商。具体包括：①货架批发商。它们在超级市场和其他杂货商店设置自己的货架，商品卖出后，零售商才付给货款。这是零售商所欢迎的方式，但也是费用较大的批发业务。②现款交易批发商。顾客购货时，当场支付货款，并当场提走货物。这种批发商既不赊销也不送货，也没有推销活动。服务对象主要是食品杂货业中的小型零售商。③邮购批发商。它们是通过邮寄接受订货，然后将商品以邮寄、寄运等方式送货的批发商。它们的主要顾客是边远地区的小零售商等。④卡车批发商。它们主要是执行销售和送货职能。经营品种主要是易腐、需周转很快的食品、饮料和水果等。卡车既是进货的工具，又是活动的仓库。⑤承销批发商。它们主要经营的是大宗产品，如煤和木料等。它们既不储存也不送货，而是得到订单后，产品直接从制造商运到买主所在地，经营费用很低，销售对象主要是工业用户和其他中间商。

（三）零售商

零售商是指将商品和服务直接销售给最终消费者的中间商，处于商品流通的最终阶段。任何从事这种销售业务的组织，无论是生产者、批发商和零售商，都有可能开展零售业务。但是，零售商是主要从事零售业务的组织或个人。所谓主要，是指零售商的收入或利益主要来自零售业务。零售商是生产者与消费者或批发商与消费者之间的中间环节，是距离消费者或用户最近的市场营销中介机构，是商品流通的最终环节。零售商的主要任务是为最终消费者服务，它们不仅将购入的产品拆零出售，还为顾客提供多种服务，创造营销活动需要提供的品种、时间、数量、地点和所有权效益。零售商数量庞大，分布广泛，商店类型繁多，向来是竞争比较激烈的行业。零售商的形式很多，但常见的零售商有以下几种。

1. 商店零售商

（1）专用品商店。专用品商店是专业化程度较高的商店，专门经营一类商品或一类商品中的某种特定商品，产品线虽然较窄，但品种、规格齐全，便于消费者充分挑选。常见的服装店、体育用品店、鞋店、药店和书店都属于专用品商店。

（2）百货公司。百货公司是零售商业的重要组成部分，一般设立在城市中心，规模较大，经营的商品类别多样，规格齐全，许多大百货公司经营的商品都在几十万种以上，同时以经营优质、高档时髦的商品为主，并向顾客提供优良的设施和服务。在管理上，百货公司实行依产品线分布，组织与管理每个商品都有相对的独立性。百货公司是零售商业中最早出现的一种形式。但随着城市中心交通的日益拥挤和居住条件的恶化，郊区购物中心的兴起，百货公司正逐步失去其往日魅力。为求生存，百货公司采取了许多革新措施，如连锁经营、电视电话购物、增加廉价商品销售等。

（3）超级市场。超级市场于1930年首先出现在美国纽约，它的出现，被誉为商业零售业的第二次革命。超级市场一般规模较大，产品种类多，价格较低，大多数商品的售货方式都采用自选，十分方便，颇受顾客欢迎。20世纪30年代中期以后逐渐传入欧洲、日本，现已在全球普及。

（4）方便商店。方便商店是一种设在居民区附近的小型商店，主要销售日用百货、副食品、报纸杂志等便利品，经营的品种不多，营业时间长，有的甚至全天24小时营业，能为顾客提供种种便利，因此价格虽然较高，仍成为人们生活中不可缺少的一种购买方式。方便商店在日本最为普遍，近年来在我国也取得迅速发展。

（5）廉价商店。廉价商店也称折扣商店，它的突出特点是以比一般商店明显低的价格销售商品，这对那些愿意以低价购买商品的消费者来说有很大的吸引力。商店主要销售全国性品牌，因此价格低廉并不说明商品的质量低下。为了维持其廉价销售，折扣商店采用自助式售货，店址也选在租金低的地区，将营业费用控制在总费用的12%~18%之间。

（6）仓储商店。仓储商店是一种不重形式、价格低廉、服务有限的零售方式。仓储商店出售的商品，大多是顾客需要选择的大型笨重的家用电器、家具等，商店设在租金比较低廉的地段，室内装修简单，仓库和商店合一。顾客选中商品，付清货款，即可以取货，自行运走。由于仓储商店营业费用较低，因此价格比一般商店要便宜10%~20%。

（7）样品销售商店。这种商店是通过展出商品目录和样品进行销售的。主要经营毛利高、周转快的品牌商品，如电动工具、摄影器材、箱包等。商店定期发行彩色目录，除商品的实物照片外，还标明每种商品的价格及折扣率，顾客可以根据目录册电话购物，商店送货上门，也可以到商店看样付款取货。这是一种比较新颖的零售方式。

2. 无店铺零售商

虽然大多数的商品和服务是由商店销售的，但是无店铺零售却比店铺零售发展得更快。一些发达国家的社会商品零售额中，有近1/3是通过非商店渠道实现的。

（1）直复营销。直复营销是不通过门市，而是使用邮购、电话、电视和网络等手段进行的零售活动。①邮购。是指经营者通过信件广告的方式将商品目录或册子直接邮寄到潜在消费者家中，或备有目录随时供消费者索取，以吸引顾客来购买商品的零售方式。

美国的西尔斯公司就是邮购目录企业中首屈一指的巨型企业,目录邮购营业额高达30亿美元,每年寄出的目录多达3亿份。②电话销售是企业的营销人员利用电话向顾客进行推销和征订购货。③电视销售是通过在电视插播广告或一套完整的节目来介绍产品,顾客可以拨打免费电话订购其宣传的产品。④网络销售则是通过互联网进行的商品销售。顾客通过网络将所需商品的信息输送给零售商,在货款结算后,零售商将商品邮寄或直接送货上门。

直复营销使消费者即使在家中也能购物,而且不受时间限制,方便快捷,不失为一种具有广阔发展前景的零售方式。

(2) 直接推销。即制造商不通过中间商的直接销售,起源于走街串巷的传统贩卖方式。现在,直接推销在美国已经发展成为一个年销售额达90亿美元的行业,有600多家公司派出推销员以挨家挨户访问、逐个办公室推销和举办家庭销售会等方式销售商品,商品主要有日用品、化妆品、百科全书等。其中的佼佼者雅芳(AVON)公司在全球拥有100多万推销员"雅芳小姐",年销售额超过20亿美元。与常人印象相背离的是,直接销售的成本高昂,主要原因是销售人员的佣金高达总成本20%~50%,此外公司还要支付雇佣、训练、管理和销售人员的费用。由于越来越多的妇女要上班工作,以及电子通讯技术的发展,上门直接推销将会被网络直销所取代。

(3) 购物服务公司。购物服务公司是一种专门为特定顾客如学校、医院、工会、政府机关等大型机构的雇员提供服务的无店铺零售业。这些单位可以成为某个购物服务组织的会员,这个组织与许多零售商订有契约,该组织的成员购货时均可享受优惠价格。

(4) 自动售货。使用硬币的自动售货机是二战后出现的一种零售方式,被称为零售业的第三次革命。现在仅美国就有800多万台自动售货机,它们被广泛安置在工厂、办公室、超级市场、加油站、街道等地方,用于销售香烟、饮料、糖果、书籍、胶卷、化妆品、T恤等便利品。自动售货机向顾客提供24小时售货、自我服务和无需搬运商品等便利条件,具有灵活方便、清洁卫生的优点。由于要经常给相当分散的机器补充存货、机器常遭损坏、失窃率高等原因,自动售货的成本很高,因此商品的售价要比一般水平高15%~20%。

3. 管理系统不同的其他零售组织

(1) 连锁商店。20世纪零售业最主要的发展就是连锁商店。连锁商店是指由一家大型商店控制的,许多家经营相同或相似业务的分店共同形成的商业销售网。其主要特征是:总店集中采购,分店联购分销。它最早出现在19世纪末到20世纪初的美国,到1930年,连锁商店的销售额已占全美销售总额的30%,20世纪50年代末以来,欧洲、日本也逐渐出现了连锁商店,并得到迅速发展,到70年代后全面普及,逐步演化为一种主要的商业零售企业的组织形式。

(2) 特许经营。也称合同连锁、契约连锁。它是特许专卖授权企业(制造商、批发商或服务企业)与接受者之间,通过契约建立的一种组织。特许专卖权所有者通常都是些享有盛誉的著名企业,接受者则为独立的零售商。授权企业把自己开发的商品、服务和商标、专利,以营业合同的形式,授予规定区域的加盟店以统一销售、统一模式。加盟店则须交纳一定的营业权使用费,承担规定的义务,经营管理要求高度统一化、标准化。比如麦克唐纳连锁店一般要求特许经营店在开业后，每月按销售总额的 3%支付特许经营使用费；肯德基连锁店的比例一般是 5%左右。特许专卖方式给双方都带来利益，大型企业不用自己开设很多零售店就可以大量销售自己的产品和劳务，而专卖店可以用小本钱做大生意。

（3）协同营业百货商店。有些国家的生产企业自己不经营零售业务，而在适当地点建造高层建筑或宽阔市场，专供小零售商租用，各个零售协同营业，起到了百货公司的作用，但各小零售商在组织上并没有关系。这种协同营业商店品种齐全、各有特色、服务热情，资金虽少，也颇受消费者欢迎。近年来我国不少大城市也出现了这种类似的百货商店。

（4）消费合作社。是一种为顾客自己所有的零售商店。它发起于英国，后在西欧国家很盛行。在西方国家不少低收入阶层和政府公务员，自己投股或有组织出面，建立消费合作社。目的是减少商业经营环节不必要的加价，以较低的费用，从而以较低的消费价格供应社团成员所需的日用品。消费合作社不以盈利为目的，但要求保持收支平衡或略有结余，它同时还兼有保护消费者利益，抵制不法或不合理商业行为的功能。

除以上各种零售组织外，还有生产企业设立的自销门市部、各种形式的联营商店、旧货商店、小商小贩等零售组织。这些众多的零售组织大部分已在我国发展起来了。

（四）经纪人

经纪人是一种特殊的代理商，他们并不卷入商品交易实务，而只是为买卖双方牵线搭桥，促成他们之间的交易。买卖双方生意成交后，由委托方付给佣金。所以，经纪人既不经手商品，也不经手财务，不承担任何风险。某些经纪人不仅为卖方代理业务，介绍买主，有时也为买方代理业务，寻找合适的卖主。

（五）制造商自设销售部门

制造商自设销售部门的所有权和经营权都属于制造商，包括设置在各地的分销机构和销售办事处。分销机构承揽着征集单、储存和送货等多种业务。销售办事处则主要是征集和传递订单。此外，制造商还可在展销会和批发市场上长年租赁展台、场地，设立批发窗口。

二、中间商的选择与确定

对于任何一个企业来讲，进行分销渠道的设计建设，首先考虑的是是否需要中间商，如果不需要，则为直接销售；如果需要，则为间接销售。一种商品的分销是否需要中间商，或需要几个层次的中间商，主要取决于产品特性、市场条件以及企业的实力状况。如果企业决定通过中间商分销产品，就要进一步确定所用中间商的类型：是批发商还是零售商？什么样的批发商和零售商？用不用代理商？具体选择哪一些中间商？

（一）选择中间商应考虑的因素

1. 中间商的市场覆盖面

市场覆盖范围是企业选择中间商最关键的因素。首先，企业要考虑中间商的市场覆盖面是否与企业的目标市场一致。如北京的某企业打算在西南地区开辟市场，所选中间商的经营地域就必须包括这一范围。其次，中间商的销售对象是否是企业所希望的潜在顾客，这是最基本的条件，因为生产企业都希望所选的中间商能打入自己选定的目标市场，并最终说服消费者购买自己的产品。

2. 中间商的经验、知识与能力

中间商是否具有经销某种产品必需的专门经验、市场知识、营销技术和专业设施。如经销计算机、照相机等高技术产品，要求中间商必须具备计算机和照相机方面的专业技术人才；一些中间商在销售食品方面极富经验，另一些在经营化妆品方面历史悠久；有些产品需要人员推销，还有些产品需要独具魅力的现场演示。总之，不同中间商以往的经营范围和经营方式不同，能够胜任的职能也不同，企业必须根据自己的目标对中间商完成某项产品营销的能力进行全面评价，在此基础上，选择最适宜的中间商。

3. 中间商的信誉与合作意愿

在目前市场游戏规则尚不完善的情况下，中间商的信誉显得极为重要。中间商的信誉直接影响企业的回款情况，一旦中间商中途有变，企业就会欲进无力，欲退不能，不得不放弃已经开发起来的市场。而重新开发市场，往往需要付出成倍的代价。另外，中间商的合作意愿不同，产生的市场效应也不同。企业在选择中间商时，一定要选择那些能够与企业精诚合作，求真务实，利益相同，能积极主动为企业推销产品的中间商。

4. 中间商的产品组合与财务状况

对于中间商的产品组合，一般认为如果其经销的产品与自己的产品是竞争产品，应避免选择该中间商；如果其产品组合有空当或者自己产品的竞争优势非常明显，就可选择该中间商。但这需要区域市场经理及部下进行细致、翔实的市场考察。另外，生产企业应倾向于选择资金雄厚、财务状况良好的中间商作为自己的中间商，因为这样的中间商不仅能够保证及时付款，而且还能在资金上为企业提供必要的帮助。

5. 中间商的目标与要求

有些中间商希望企业能为产品大量做广告或开展其他促销活动，扩大市场的潜在需求，使中间商更易于销售；还有些中间商希望供求双方建立长期稳定的业务关系，企业能为自己提供随时补充货源的服务，并在产品紧俏时也能保证供货；当然，也有些中间商并不希望与某一家企业维持过于密切的关系。制造商在做出选择时，对这些应有全面的了解。

（二）选择中间商的方法

选择中间商的方法很多，这里重点介绍企业常用的一种方法——综合评分法。综合评分法就是对拟选择作为合作伙伴的每一个中间商，就其从事商品分销的能力和条件进行打分评价。首先，根据反应中间商营销实力的各个因素对销售渠道功能建设的重要程度差异，分别给予一定的权重，然后，计算每个中间商的加权总分，并按分数的高低选择中间商。这种方法适应于一个较小范围地区的市场，为了建立精选的渠道网络而选择比较理想的分销商。

例如，某企业决定在某地区采用一级销售渠道模式（即厂家决定把自己的产品先售给零售商，再由零售商销售给消费者）。经实地考察，初步选出 3 家比较合适的零售商。企业希望最终选定的零售商应具有理想的市场覆盖范围、良好的声誉、较好的区位优势、较强的促销能力，并且愿意与生产厂商积极协作，主动进行信息沟通，财务状况良好。各零售商在这些方面中某些方面都有一定优势，但没有哪一个零售商在各方面均名列前茅。因此，企业决定采用综合评分法对这三个零售商进行评价选优。具体评价结果如表 8-1 所示。

从表 8-1 可以看出，通过打分计算，综合各方面因素，加权总分最高的是第三零售商，因此，企业应优先考虑选择它作为其当地的分销商。

表 8-1 零售商的综合评价与选择

主要评价因素	权重	零售商 1		零售商 2		零售商 3	
		打分	加权分	打分	加权分	打分	加权分
市场覆盖范围	0.20	75	15	70	14	90	18
信誉与声望	0.10	70	7	80	8	80	8
销售经验	0.10	85	8.5	90	8.5	90	9
合作意愿	0.15	80	12	80	12	70	10.5
产品组合情况	0.10	90	9	85	8.5	80	8
财务状况	0.10	80	8	70	7	75	7.5
区位优势	0.10	65	6.5	70	7	80	8
促销能力	0.15	80	12	85	12.75	80	12
总得分	1.00	625	72	630	77.75	645	81

◆ **任务实施**

第一步，在学校所在地选择若干从事不同类别商品销售的批发市场和零售市场，利用 1~2 天时间，组织引导学生以组为单位对市场上的批发商和零售商进行走访调查，了解其经营销售状况及制造商选择他们的理由；

第二步，根据实地调查所掌握的情况资料，以组为单位梳理出你所调查的批发商、零售商同制造商之间的合作关系、结算方式以及他们在产品销售过程中对制造商的期望与要求；

第三步，分组讨论如果你是制造商，你会选择什么样的分销商为你销售产品，在众多的批发商、零售商中，你又会通过什么样的方式与你选择的分销商合作。

◆ **总结与回顾**

中间商是介于生产者和消费者之间的中间环节，包括多种经营形式，但主要是代理商、批发商和零售商，他们又分别包含多种类型，在营销渠道中发挥着各自不同的作用。

对于任何一个企业来讲，进行分销渠道的设计，首先考虑的是是否需要中间商，如果需要，就要选择合适的中间商为其分销产品。其决策的问题包括：是选择批发商还是零售商？应选择什么样的批发商和零售商？用不用代理商？具体选择哪些批发商、零售商和代理商？企业在选择中间商时，应主要考虑中间商的市场覆盖面，经验、知识与能力，信誉及合作意愿，产品组合情况以及中间商的目标与要求。在此基础上，通过全面考察和综合评价，选择有经验、有能力、有合作意愿的中间商。

本项目的教学重点和核心技能是企业中间商的选择与确定。

◆ **复习思考题**

1. 简述中间商的主要功能作用。
2. 简述中间商的不同类型。
3. 简述企业选择中间商应考虑的主要因素。

◆ **实训练习**

1. 实训项目：组建模拟公司，选择确定满意的中间商
2. 实训目标：
（1）进一步加深学生从实践层面对分销渠道模式和中间商的理解；
（2）培养学生依据中间商的市场覆盖面、经验、知识、能力，信誉、合作意愿以及产品组合情况选择满意中间商的能力；
（3）培养学生初步运用渠道知识决策确定企业产品分销渠道模式的能力。
3. 实训内容与方法：
根据所学知识以及对现实同类企业渠道模式调查所掌握的情况资料，对模拟公司产品的分销渠道模式和中间商进行决策选择。
（1）以自愿为原则，6~8人为一组，组建"×××模拟公司"，公司名称自定；
（2）根据企业的实力与产品的销售目标，决策确定企业产品的分销渠道模式；
（3）根据选择中间商应考虑的因素为企业产品选择满意的中间商。
4. 标准与评估
（1）标准：能够根据企业的实力与产品的销售目标，决策确定企业产品的分销渠道模式；能够根据中间商的市场覆盖面、经验、知识、能力，信誉、合作意愿以及产品组合情况选择理想的中间商。
（2）评估：每人完成一份企业产品分销渠道模式决策与中间商选择的书面报告，作为一次作业，由教师与各组组长组成的评估小组对其进行评估打分。

项目四 渠道成员的激励与管理

◆ **知识、能力、素质目标**

使学生明确渠道成员激励的重要性，掌握渠道成员激励的方法手段，了解渠道各成员之间的关系以及渠道冲突产生的原因，能够从互惠互利、合作共赢的管理理念出发，制定有利于解决渠道冲突、化解渠道成员矛盾的对策措施，能够根据渠道成员的合作态度与绩效评价，制定改进渠道管理，优化渠道结构的营销策略，以使企业的分销渠道模式在适应营销环境变化的过程中能够得到不断创新与完善。

◆ **教学方法**

教学案例法　问题导入法　分组讨论法

◆ **技能（知识）点**

渠道成员的激励措施　渠道成员间的合作关系　渠道冲突及其化解　渠道成员的绩效评价　渠道结构的调整优化

多次收到经销商的抱怨电话

某手机制造公司总经理在近来的两个多月里，多次收到西南市场经销商们打来的埋怨电话，说在西南市场，不同经销商之间存在严重窜货现象，有些零售商的零售价已快接近批发价，不仅搞得批发商非常被动，而且各零售商之间的价格竞争十分严重，有些零售商已无法再销售企业的产品。于是，公司指派销售部经理陈景文前往西南市场调查处理此事。陈景文在走访调查后发现，各经销商之间市场边界不清，窜货现象普遍，同一型号的产品，不同零售商在同一市场上的售价差异很大，价格混乱问题极为突出。

根据营销情景中描述的事实，学生独立思考并回答：
1. 如果你是陈景文，你会怎样对西南市场的分销渠道进行调整与改进？
2. 各经销商之间的价格恶性竞争会给企业产品的市场销售带来哪些不利影响？

东盛的零售终端激励

"白加黑"是浙江启东盖天力制药厂于20世纪90年代中期开发的感冒药。2000年底，盖天力被东盛科技股份公司收购。东盛以强大的情感攻势，与零售终端的经理、店员们建立了紧密的客户关系，使"白加黑"成为2002年店员向消费者推荐的感冒药第一品牌。

感冒药已成为一种居民日常用品，大多数人购买感冒药已不再是通过医院，而转向药店。这其中存在两大类消费者：一是选定品牌购买；二是愿意接受药店店员的建议而购买。对于后一种消费者，东盛加大了对药店经理和店员的奖励。

（1）启动"春晖计划"。"春晖计划"是指由东盛出资，邀请专家对于东盛合作的药店经理进行免费的经营管理相关培训。仅2002年，"春晖计划"遍及全国49个城市，巡回培训了数千名药店经理。

（2）组建"药店经理沙龙"。东盛借助其旗下康易网和某一杂志在行业内的影响，以全国近万家药店经理为发展对象，组建了中国第一家具有专业性、实用性和权威性的医药类俱乐部——"药店经理沙龙"。沙龙会员除了能够优先参与东盛"药店经理沙龙"举办的一切活动与专业培训，还可以在康易网上进行交流。

（3）推出"东盛店员俱乐部"。与"药店经理沙龙"一并推出的还有"东盛店员俱乐部"。这一组织的目的是与药店店员进行沟通交流和信息互动。"东盛店员俱乐部"主要沟通平台是《东盛店员俱乐部》杂志。这份杂志主要刊登销售技巧等实用知识，以及店员自写的文章，也刊登一些化妆、餐饮等时尚信息为店员生活服务。

◆ 工作任务分析

规划设计好企业产品的分销渠道模式,选择好适宜的中间商,企业营销管理部门就要对渠道成员进行有效控制、约束与激励,以促使他们与企业密切合作,同心协力、卓有成效地开展工作。营销人员在此项目实施过程中的主要工作任务就是协助企业营销部门管理渠道成员,通过制定实施行之有效的激励约束机制,督促引导各渠道成员积极推销本企业产品,并经常对渠道成员的合作态度、业务能力及工作绩效进行客观评价,在此基础上,对渠道结构进行调整与优化,以保证企业的分销渠道高效顺畅,渠道模式不断完善,渠道策略不断创新。

◆ 相关知识

一、渠道成员的激励与评估

美国哈佛大学的心理学专家威廉·詹姆斯在《行为管理学》一书中认为,合同关系仅仅能使人的潜力发挥 20%~30%,而如果受到充分激励,其潜力可发挥至 80%~90%。这是因为激励活动可调动人的积极性。因此,激励渠道成员是渠道管理过程中不可缺少的一环。激励渠道成员是指制造商激发渠道成员的动机,使其产生内在动力以朝着所期望的目标前进的活动过程,目的是调动渠道成员销售商品的主动性、积极性。

(一)了解渠道成员

知己知彼,才能百战不殆。渠道负责人要想成功地管理渠道成员,就要首先了解渠道成员的想法和需求,然后才能有针对性地进行激励和促进。在营销活动中,尽管中间商和制造商同属一条供应链,但他们具有相对独立性,具有各自不同的经济利益。对于经销商而言,感兴趣的是顾客要从他那里购买什么,而不是制造商要向他提供什么,他往往把销售的所有商品当作一个整体来看,关心的是整个产品组合的销量,而不是单个商品的销量,当他们与制造商携手合作一段时间后,就会安于某种经营方式,执行实现自己目标所必需的职能,就会在自己可以决定的范围内制定自己的政策,而不会把自己永远当作是制造商雇佣的供应链中的一员,不会详细记录出售各厂商产品的销售情况,不会给每一个企业提供完整的营销信息,甚至为了某种目的还会故意隐瞒真实情况。如果没有一定的激励,经销商就不可能始终如一地只为企业产品的销售倾其所能,他们常常是哪个企业的产品卖得好,利润大,就重点促销哪个企业的产品。所以,制造商要想控制管理好中间商,就必须采取灵活的"胡萝卜加大棒"的策略,而且"胡萝卜"要多一些,"大棒"只能在不得已的情况下使用。

(二)激励渠道成员

激励渠道成员的方法手段多种多样,但大体上可分为两种:直接激励和间接激励。

1. 直接激励

直接激励就是制造商通过给予中间商物质、金钱的奖励来激发他们为企业最大限度销售产品的积极性,从而实现企业的销售目标。直接激励主要包括以下几种。

（1）返利。是厂家或供货商为了刺激销售，提高经销商（或代理商）的销售积极性而采取的一种商业操作模式。一般是要求经销商或代理商在一定市场、一定时间范围内达到指定销售额的基础上给予多少个百分点的奖励，也称返点。企业在制定返利政策时一定要考虑以下因素。①返利的标准。要分清品种、数量及返利额度。制定时既要考虑竞争对手的情况，又要考虑现实性，还要防止抛货、倒货等。②返利的形式。是以现价返还是以货物返，货物返能否作为下月的任务数，一定要注明。③返利的时间。是月返、季返、还是年返，应根据产品特点、货物周转周期来定，并在返利兑现的时间内完成返利结算，以免时间长了搞成一本糊涂账。④返利的附属条件。为能使返利这种形式促进销售，一定要加上一些附属条件，如严禁跨区域销售、严谨擅自降价、严谨拖欠货款等，一经发现违规行为，则应取消返利政策。

现实中会遇到两种情况：一是返利标准定得太低，失去了返利刺激销售的目的；二是返利标准定得太高，造成价格下滑或倒货等。因而在执行中，务必在政策的制定上要考虑周全，且要严格执行，不能拖泥带水，更不能留下空子。

（2）价格折扣。价格折扣包括以下几种形式。①数量折扣。经销数量越多、金额越大，折扣越丰厚。②等级折扣。中间商依据自己在渠道中的等级，享受相应待遇。③现金折扣。汇款时间越早，折扣力度越大。④季节折扣。在销售旺季转入销售淡季之际，可鼓励中间商多进货，减少厂家的仓储压力；而在进入销售旺季之前，加快折扣的递增速度，促进渠道进货，达到一定的市场铺货率，以抢占热销先机。

（3）开展促销活动。在产品的销售过程中，分销商非常欢迎生产企业搞促销活动。促销费用一般由生产企业负担，但也可要求分销商适度负担，并要求分销商积极参与，配合搞好促销活动。生产者在开展促销活动时要注意以下几个问题。①促销目标。促销目标一定要明确销售额是多少、增加二次批发多少、渗透终端店多少，等等。②促销力度的设计。促销力度的设计，一要考虑是否刺激经销商的兴趣，二要考虑促销结束后经销商的态度，三要考虑对促销成本的承受能力。③促销内容。是送赠品还是抽奖，是派送还是返利，促销内容一定要能吸引人。④促销时间。促销活动什么时间开始，什么时间结束，一定要设计好，并要让所有的客户知道。⑤促销活动管理。无论是企业统一组织、统一实施的促销活动，还是分区组织、分区实施的促销活动，从方案提交、审批、实施到效果的评价应当有一个合理的程序安排，以确保促销活动的顺利进行。

2. 间接激励

间接激励就是制造商通过帮助中间商获得更好的管理、销售方法，来达到提高销售绩效目的的活动。间接激励主要包括以下几个方面。

（1）帮助经销商建立进销存报表，做安全库存数的建立和先进先出的库存管理工作。进销存报表的建立，可以帮助经销商了解某一周期的实际销售数量和利润；安全库存数的建立，可以帮助经销商合理安排进货；先进先出的库存管理，可以减少即将过期商品的出现。

（2）帮助零售商进行零售终端的管理。零售终端管理的内容包括铺货和陈列商品等，应通过定期拜访，帮助零售商整理货架，设计商品的陈列形式。

（3）帮助经销商管理其客户，加强经销商的销售管理工作。帮助经销商建立客户档案，包括客户的店名、地址、电话，并根据客户的销量将他们分等，告诉经销商对待不同等级的客户应采取不同的支持方式，从而更好地服务于不同性质的客户，以提高客户的忠诚度。

（4）伙伴关系管理。从长远来看，应该实施伙伴关系管理，使中间商与制造商结成合作伙伴，风险共担，利益共享。

（5）输出经理人。即制造商把自己的地区销售经理派往需要帮助的经销商处，担负销售经理的职能，负责产品在当地的营销推广工作，输出经理人接受制造商和经销商的双重领导，由制造商为其支付工资。输出经理人定期回总部汇报工作，其工作期限应以经销商能稳定开展工作或者带出合格的经理人为止。

（三）评估渠道成员

企业应对中间商的工作绩效定期进行评估。评估的内容主要包括：
（1）检查评估每位渠道成员完成的销售量、利润额；
（2）检查评估每位渠道成员的平均订货量及平均存货水平；
（3）检查评估每位渠道成员为产品定价的合理程度；
（4）检查评估每位渠道成员同时经销多少种与本企业相竞争的产品；
（5）检查评估每位渠道成员的产品送达时间、服务水平及产品市场覆盖程度；
（6）检查评估哪些经销商能积极努力推销本企业的产品，哪些不太积极；
（7）检查评估每位渠道成员的促销能力、合作态度、回款情况及信息反馈程度；
（8）检查评估每位渠道成员的销量在整个企业销售量中所占的比重；
（9）检查评估每位渠道成员的创新、竞争能力及顾客对他的满意程度。

通过以上方面的客观评估，企业可鉴别出那些贡献较大、工作努力的渠道成员。对这些中间商，企业应给予特别的关注，建立更密切的伙伴关系。通过评估也可鉴别出那些不胜任、不理想的渠道成员，以便做相应的调整。

二、渠道冲突的类型及解决

企业的分销渠道是由若干个相对独立的组织或个人组合而成的复杂系统。在这个系统中，既有制造商，又有中间商，它们构成了一个特定的行动群体。由于在产品营销过程中，各渠道成员的目标、任务、职能不同，它们之间往往存在着各种不同的利益冲突和矛盾分歧，如果企业的营销管理部门不能对这些矛盾冲突进行有效化解，就必然影响企业的营销工作。为此，渠道管理的中心任务就是及时发现并解决产品分销渠道中存在的矛盾冲突，以提高渠道成员的满意度和营销的积极性，保证渠道成员的密切合作与渠道的高效顺畅。

（一）渠道冲突的类型

在市场营销实践中，企业的渠道冲突多种多样，但根据渠道层次的不同，可分为垂直冲突和水平冲突两种。

1. 垂直冲突

垂直冲突，是同一营销渠道内处于不同渠道层次的中间商与中间商之间、中间商与制造商之间的矛盾冲突。例如，制造商埋怨批发商、零售商回款太慢，提供的服务不到位，想取消那些不很好执行价格政策、服务政策、广告政策的批发商、零售商，而零售商又抱怨制造商为其提供的产品系列不如提供给批发商的齐全，产品品质不良，价格政策不灵活等。

2. 水平冲突

水平冲突，是指同一渠道层次的中间商之间的冲突。例如，某制造商的一些批发商可能抱怨同一地区的另一些批发商随意降低价格，减少或增加顾客服务项目，扰乱市场和渠道秩序等。在发生水平渠道冲突的情况下，应由渠道领导者担负起责任，制定明确可行的政策，促使层次内渠道冲突的信息上传至管理层，并采取迅速果断的行动来减轻或控制这种冲突。否则，如果任其发展，就很有可能破坏渠道的凝聚力和损害渠道形象。

（二）渠道冲突的解决

企业解决渠道冲突，常用以下方法措施。

1. 激励

就是在了解中间商需求与愿望的基础上，通过合作、合伙和经销规划的手段来化解矛盾冲突，以激励中间商团结一致向前看。①合作。大部分生产者认为，解决矛盾冲突的最好办法是设法得到中间商的合作。他们常常采取软硬兼施的方法：一方面使用积极的激励手段，如较高的利润、交易中的特殊照顾、奖金等额外酬劳、合作广告资助、展览津贴、销售竞赛等；另一方面也偶尔使用比较强硬的手段，如威胁要减少利润、推迟供货甚至终止关系等。这种方法的缺点是生产者并不一定真正了解中间商，简单套用了"刺激——反应"模式，混杂使用各种激励因素。生产者在使用时必须谨慎，否则会产生较大的负面影响。②合伙。生产者着眼于与经销商或代理商建立长期的伙伴关系。首先，生产者要仔细研究并明确在销售区域、产品供应、市场开发、财务要求、技术指导、售后服务和市场信息等方面与经销商彼此之间的相互要求。然后根据实际可能，双方共同商定在这些方面的有关协议，并按照他们信守这些协议的程度给予奖励。③经销规划。这是更先进的方法，即建立一个有计划、实行专业化管理的垂直市场营销系统，把生产者与经销商双方的需要结合起来。生产者在市场营销部门设立一个分部，可称之为"经销商关系规划部"，其任务是了解经销商的需要，并制订营销规划，以帮助每一个经销商尽可能以最佳方式经营。通过该部与经销商共同规划营销目标、存货水平、产品陈列、员工培训以及广告宣传等，引导经销商认识到他们是垂直系统的重要组成部分，做好相应工作便可从中得到更高的利润。

2. 说服协商

渠道成员之间互相将问题摆出来，共同研究协商，统一意见，以便寻求一个大家都能接受的方案来消除分歧。

3. 惩罚

这往往是在激励、说服协商不起作用的情况下使用的消极方法。可利用团体规范、通过警告、减少服务、降低经营上的援助,甚至取消合作关系等方法来实现。

三、渠道的修正与改进

尽管渠道决策和建立是长期的,但市场营销环境是不断变化的。为了适应市场环境变化与竞争的需要,企业必须对营销渠道不断进行调整与改进。企业调整改进分销渠道的方式主要有三种。

(一)增加或减少某一渠道成员

对效率低下、经营不善,对整体渠道运行有严重影响的中间商,可考虑剔除。有必要的话,还可考虑另选合适的中间商加入。有时因竞争者的渠道扩大使自己的销售量减少,也应增加每级中的中间商数量。值得注意的是,企业在作这种调整时,除考虑环境因素外,还需要进行经济增量分析。比如,增加或减少某个中间商,将会对企业的利润带来何种影响,程度如何。企业如果决定在某目标市场上增加一家批发商或特许商,不仅要考虑增加新的渠道成员将带来的直接经济利益(如销售量的增加额),而且还要考虑对其他经销商产生的影响。

(二)增加或减少某一分销渠道

企业有时会发现随着市场的变化,自己的分销渠道过多,有的渠道作用不大。从提高营销效率与集中有限力量等方面考虑,可以适当缩减一些分销渠道;相反,当发现现有渠道过少,不能使产品有效抵达目标市场、完成目标销售量时,则可增加新的营销渠道。

(三)改进整个分销渠道

这是对企业以往的分销体系制度做通盘的调整,意味着原有分销渠道的解体。原有渠道冲突无法解决,已造成极大混乱,企业战略目标和营销组合实行了重大调整,都需要对营销渠道进行重新设计和建立。例如,制造商产品由自销改为由经销商经销,或由经销商经销改为企业自销等。

上述调整方法,前一种属于结构性调整,立足于增加或减少原有渠道的某些中间层次;后两者属于功能性调整,立足于将一条或多条渠道工作在渠道成员中重新分配。企业的营销渠道是否需要调整,调整到什么程度,取决于营销渠道是否处于平衡状态。如果矛盾突出,即渠道处于减少获利机会的不平衡状态,通过调整渠道能解决一定矛盾,增加获利机会,一般就应进行调整。

◆ **任务实施**

第一步,选择 1~2 家在学校所在地有影响的生产企业,它们采用间接渠道销售产品且目标市场范围涵盖学校所在的地区,然后组织引导学生对它们的分销渠道模式进行调查,特别是对中间商的激励约束机制、检查评估内容及控制管理方式进行重点调查;

第二步,根据调查掌握的情况分析梳理渠道成员间是否存在利益纠纷和矛盾冲突,如果存在,具体分析产生矛盾冲突的原因,在此基础上,提出相应的解决办法;

第三步，与企业营销部门联手，对其渠道成员的合作态度、营销实力、回款情况、工作绩效以及顾客的满意程度等进行客观评价，并以此为依据，提出修正改进渠道的具体建议。

◆ **总结与回顾**

分销渠道的管理主要包括：激励渠道成员，评估渠道绩效，化解渠道冲突。激励渠道成员就是通过有效力的方法手段激发渠道成员销售本企业产品的主动性、积极性和创造性。在营销实践中，制造商常用直接激励和间接激励的手段激励渠道成员。直接激励包括返利、价格折扣、开展促销活动；间接激励包括帮助经销商建立进销存报表，做安全库存数的建立和先进先出的库存管理，帮助零售商进行零售终端管理，帮助经销商进行客户管理和销售管理，与经销商建立发展伙伴关系、输出经理人等。渠道成员工作绩效的评估主要包括：评估每位渠道成员完成的销售量、利润额；评估每位渠道成员的平均订货量及平均存货水平；评估每位渠道成员产品定价的合理程度；评估每位渠道成员同时经销多少种与本企业相竞争的产品；评估每位渠道成员的服务水平及产品的市场覆盖程度；评估每位渠道成员的促销能力、合作态度、回款情况及信息反馈程度；评估每位渠道成员的销量在整个企业销售量中所占的比重；评估每位渠道成员的创新能力、竞争能力以及顾客对他的满意程度等。

由于分销渠道是由若干个相对独立的组织或个人组合而成的复杂系统。在这个系统中，各渠道成员的目标、任务、职能不同，它们之间往往存在着各种不同的利益分歧和矛盾冲突，如果企业的营销管理部门不能对这些矛盾冲突进行有效化解，就会影响企业的营销工作。为此，渠道管理的一项中心任务就是卓有成效地解决渠道成员间的矛盾冲突，以提高渠道成员的满意度和营销的积极性。企业的渠道冲突可分为垂直冲突和水平冲突，解决的措施有激励、说服协商和惩罚。另外，为适应市场环境的变化与竞争的需要，企业还必须对营销渠道进行不断修正与改进。通过渠道的结构性调整（即增加或减少某一渠道成员）和功能性调整（即增加或减少某一分销渠道或是改进整个分销渠道），一方面能使企业的获利机会增加，另一方面能使分销渠道始终保持动态的平衡状态。

本项目的教学重点和核心技能是渠道成员的激励与控制、渠道冲突的化解、渠道的修正与改进。

◆ **复习思考题**

1. 简述渠道管理的主要内容与渠道成员的激励措施。
2. 简述应从哪些方面评估渠道成员的工作绩效。
3. 简述为什么会发生渠道冲突。应如何进行化解？
4. 简述企业为什么要进行渠道修正，如何进行渠道修正？

◆ **实训练习**

1. 安排3天的教学实习，选择1~2家在学校所在地有一定影响的生产企业，组织引导学生对其产品的分销渠道模式进行调查，重点考察企业对渠道成员的管理方式、绩效评估及激励措施，在此基础上，提出渠道修正改进的具体意见和建议。

2. 2004年2月21日国美在成都发起一场"空调大战"，将格力零售价为1680元的1P空调降价为1000元，零售价为3650元的2P柜机降价为2650元，使得格力"无法忍受"，四川新兴格力电器销售有限公司要求其"立即终止低价销售行为"，但国美依旧我行我素，格力电器当即宣布正式对成都国美停止供货，最后以成都国美公开道歉并恢复原价画上句号。但在3月10日，双方矛盾又进一步激化，并扩展到全国。国美北京总部向全国分公司发了一份"关于清理格力空调库存的紧急通知"，在全国范围内停止对格力空调的销售。格力也毫不退让，宣布取消对国美的供货。结合本案例，分组讨论企业应如何增强对渠道的控制与管理。

项目五 商品的实体分销

◆ 知识、能力、素质目标

使学生深入理解商品实体分销的概念，明确商品的实体分销就是通常所说的"物流"，具体包括运输、仓储、货物搬运、存货控制、订单处理等内容。熟练掌握运输决策与存货控制的方法技术与管理重点，能够根据运送的物品及客户的要求选择适宜的运输方式与最经济的运输线路，能够通过运输成本、订货成本与存货成本的权衡，运用经济批量订购方法合理决策订货点和订货量，以使企业的商品实体分销与存货控制既能满足正常销售的需要，又能使企业的物流成本降到最低。

◆ 教学方法

情景教学法 问题导入法 课堂讲授法

◆ 技能（知识）点

商品实体分销的内容 运输方式与运输线路的最优选择 订货点与订货量的合理确定 订货成本与存货成本的计算 经济批量订购方法的实际应用

订货点与订货量的确定

长虹彩电在N市的日平均销售量为24台，如果采用集装箱公路运输，在正常情况下，自订单发出到收到货物所需的平均时间为4天，安全库存量为80台。若全年每个月的销售量基本相等，如果一次订购8760箱，则仅支付一次的订货费用，但存储费用必定很高；如果每次只订购一台，订购费用则会急剧增加，但存货费用却很低。这就需要确定一个在N市合理的订货点和经济的订购批量。假定每次的订货费用为2000元，单位购价为5200元，存货费用占存订货总成本的百分比为20%。

根据营销情景中描述的事实，学生独立思考并回答：

1. 采用集装箱公路运输方式，在N市的合理订货点是多少？经济订购批量又是多少？
2. 商品的订购费用与存货费用之间存在何种关系？

> 引导案例

NIKE 物流缔造运动商品王国

NIKE 公司的所有产品，均采用 OEM（外加工）方式进行生产。生产厂家都是以许可方式在生产"NIKE"牌的产品。NIKE 公司并不拥有任何产品生产能力，而是依靠一个全球化的分别负责产品设计开发、制造、包装、运输、销售等各项专门业务的网络，把 NIKE 鞋送到全世界的消费者面前。在购买者驱动的增值链中，居于控制地位的零售商、营销中介或贸易公司的利润不是来自于生产的规模、数量或先进技术，而是来源于将许多专门活动（如研究、设计、广告、销售、金融服务等）结合为一个整体，并管理和协调这些活动的能力。

一、NIKE 物流及其配送中心

NIKE 公司非常注重其物流系统的建设，跟踪国际先进物流技术的发展，及时对其系统进行升级。NIKE 的物流系统在 20 世纪 90 年代初期就已经非常的先进，近年来更是得到了长足的发展，可以说其物流系统是一个国际领先的、高效的货物配送系统。NIKE 通过对其客户提供良好的物流服务，确保其竞争者无法撼动的竞争优势。

（1）美国：增加吞吐能力和库存控制能力

货件通过接收处，送到托盘存储区或单箱货架区。当货物需补充到分拣区时，从存储区被推出来，进入分拣模块的流动货架或固定货架。大多数分拣货物进入两列翻板式分拣机，在这里，按订单分拣好，包装后送入两个装运区。

NIKE 在美国有三个配送中心，其中在孟菲斯有两个。配送中心的工作流程是：在接货处，传送带将接收到的产品送到货堆或质量控制处，在货堆中的产品按顺序传送到货物传送架上，同时能供应 20 个货物分拣区域。从此区分拣好的货物被传送到 287 个打包站，然后被运走。

孟菲斯配送中心抛弃了 1980 年的仓库技术，起用了最新的技术，包括仓库管理系统（WMS）的升级和一套新的物料传送处理设备，增加吞吐能力和库存控制能力。同时，该配送中心增加了四个存储区，使得总的存储面积达到了 125 万平方英尺；增加了一个新的收货系统和另外 13 英里长的传送带，为了适用大件较重货箱，还增加了一个翻板式分拣机。

采用了实时的仓库管理系统，并使用手持式和车载式无线数据交换器，使得无纸化分拣作业现在成为可能。设备的升级赢得了分配效率、吞吐力、弹性力三项桂冠。吞吐能力提高了一倍多，从每 8 小时的 10 万件提高到了 25 万件，设计最高日工作量为 75 万件。而且，这套系统能非常容易地处理任何尺寸和形状的货物。随着效率的提高，全部生产力从 40~45 装运单位提高到了每工作小时 73 装运单位。订单精确率也提高到了 99.8%。

（2）加拿大：短期用现有设备应付增加销售量；长期制订更新全部设备的计划。随着 NIKE 在加拿大销售量的日益增加，NIKE 公司与德勤咨询公司在分析数据的基础上制订了一整套方案。短期内，NIKE 公司先增加一个租位单元，用现有的设备来应付增加的销售量。从长期来看，制订了更新全部设备的计划，这套计划采用更为有效的物料处理系统（MRPⅡ）和仓库管理系统（WMS）。

（3）欧洲：关闭所有仓库，只在欧洲中心比利时 Meerhout 建造一个配送中心。NIKE

在欧洲原有20多个仓库，分别位于20多个国家。这些仓库之间是相互独立的，且只为本国的市场销售进行准备，使得其供货灵活大打折扣。经过成本分析，最终，NIKE决定在比利时安特卫普省Meerhout建造配送中心，负责在整个欧洲和中东的货物配送与供应。

（4）日本和韩国：建造高密度的配送中心

由于面临着同样的问题，NIKE决定巩固其在日本的配送基础，以此来支持国内的市场。公司在选址之后，设计了世界上最先进的设施，这种设施可以满足未来七年销售量增长的需要。由于日本的地价高，他们计划建造高密度的配送中心，这样更适合采取先进的配送中心控制系统——ASRS。同时也巩固了韩国的配送中心，以支持其在国内的市场。

（5）NIKE在中国

在中国销售的NIKE鞋90%是在中国境内生产的，在中国境内生产的NIKE鞋95%返回美国市场销售。NIKE公司在中国的经营模式是以代理经营为主，少部分业务自己开店经营。NIKE公司中国办事处每年在上海开两次订货会，根据中国市场销售情况以及公司总体经营方针，制定每个代理公司的配额，每个代理公司再根据自身情况订货。

在中国的运输方式主要是公路运输，还有少部分涉及航空运输。境外生产的产品委托第三方物流公司通过航空运输直接运往设在中国主要城市的NIKE公司办事处的仓库，这部分运输、仓储费用是由NIKE公司承担的。对于NIKE公司来讲，自己不做运输，运输环节是由第三方物流公司完成的，运输费用只承担从产地到地区性办事处仓库这个环节。仓库的主要功能是，作为总公司直属店的仓库，并不是每一家代理公司的仓库；另一个重要功能是中转仓库，产品从产地运到区域仓库后，代理公司马上会来提货运往自己的仓库，所以只是做中转库使用。每个代理公司自备车辆，到NIKE公司当地的办事处仓库提货，运往自己的仓库，再运往代理公司的各个店铺。这部分运输、仓储是代理公司自行完成的，运输、仓储费用是代理公司承担的。各个专卖店与代理公司的联系方式以电话传真方式为主；代理公司有自己的库存管理系统，仓库内人工搬运，自备运输车辆。

二、电子商务物流方案：UPS帮助实现快速服务

NIKE公司，从1999年开始使用电子数据交换（EDI）方式与其供应商联系，直接将成衣的款式、颜色和数量等条件以EDI方式下单，并将交货期缩短至3~4个月。在2000年初，NIKE开始在其电子商务网站上进行直接到消费者的产品销售，并且扩展了提供产品详细信息和店铺位置的功能。为支持此项新业务，UPS环球物流实现NIKE从虚拟世界到消费者家中的快速服务。在NIKE电子商务专门站点中包括篮球、跑步、足球、健身、室外运动、有奖游戏等栏目。

◆ **相关知识**

一、商品实体分销与物流系统设计

（一）商品实体分销的概念

企业无论采用哪种类型的分销渠道模式，都必须在一定程度上负责组织向中间商或最终消费者供应实体产品，即完成商品的实体配送。商品的实体分销也就是我们通常所说的商品物流，是指商品从供应方手中转移到需求方手中所经过的物理空间移动。具体包括运输、仓储、货物搬运、存货控制、订单处理及保护性包装等。

（二）商品实体分销的内容

1. 运输

运输就是向购买者发运产品，包括运输方式的选择（公路运输、铁路运输还是航空运输、管道运输等）、发运批量、发运时间以及最佳运输线路的决策。

2. 仓储

企业必须决定是使用仓库还是直接从生产厂家发货给客户。如果使用仓库，还应决定是自建仓库还是租赁仓库。如果决定是自建或购买，还应该决定是单层还是多层、是一般的仓库还是质量水平较高的仓库以及仓库位置的选择与决策。

3. 货物搬运

商品必须搬运进库储存、进行整理、准备待运，发运出库。在这个过程中，货物的搬运操作通常使用各种搬运机械，如起重机、铲车、传运带和升降机等，还需要一定的人力。

4. 存货控制

存货控制包括决定和记录产品的存放地点、每种产品的实际储量和顾客需要的发货量和发货期等。由于产品的存储会发生相应费用，因此，企业应根据顾客的需要合理确定存货水平，以使库存商品物资既能满足正常供应与销售的需要，又能使存货成本降到最低。

5. 订单处理

订单处理的全过程包括订单的接受、订单的核查和订单的传递。订单及其相应的多元凭证的传递速度直接制约着物流的速度及准确性。

6. 保护性包装

对于发运的商品物资必须妥善包装，以防止破碎损和变质，这是保护性包装的主要功能。

（三）物流系统设计

商品的物流系统是随着采购、生产、销售活动的发生而产生的保证货物顺利流通、效率提高的系统。这个系统一般由作业系统和信息系统构成。设计建立物流系统的主要目的是实现商品实体分销的合理化、科学化，在此基础上，获得良好的宏观和微观效益。

1. 物流系统的构成要素

物流系统的构成要素包括：①一般要素：包括人、物、资金、信息；②功能要素：包括运输、储存保管、包装、装卸搬运、流通加工、配送、物流信息等要素。③支撑要素：包括法律制度、行政命令、标准化、商业习惯等；④物质基础要素：包括基础设施（物流场站、物流中心、仓库，物流线路、建筑、公路、铁路、港口等）、物流装备（仓库货架、进出库设备、加工设备、运输设备、装卸机械等）、物流工具（包装工具、维修保养工具、办公设备等）、信息技术及网络（通讯设备及线路、传真设备、计算机及网络设备等）、组织与管理（物流系统"软件"，起着连接、调运、运筹、协调、指挥其他各要素以保障物流系统目的实现的作用）。

2. 物流系统设计

物流系统的设计一般包括系统定位、数据分析、系统设计与选择、系统评价四个基本步骤，在具体设计时，应主要从以下几个方面进行考虑。

① 服务性。在为用户服务方面要求做到无缺货、无货物损伤与丢失等，且费用较低。

② 快捷性。要求把货物按照用户指定的地点和时间迅速送到。

③ 有效地利用面积和空间。虽然我国土地费用比较低，但也在不断上涨，特别是对城市市区面积的有效利用必须加以充分考虑，应逐步发展立体设施和有关物流机械，求得空间的有效利用。

④ 适度规模化。应该考虑物流设施集中与分散的问题是否适当，机械化与自动化程度如何合理利用，情报系统的集中化所要求的计算机等设备的高效利用等。

⑤ 库存控制。库存过多则需要更多的保管场所，而且会产生库存资金积压，造成浪费。因此，必须按照生产与流通需要的变化对库存进行控制。

上述物流系统化的内容简称"5S"，要发挥以上物流系统化的效果，就要把从生产到消费过程的货物量作为一贯流动的物流量来看待，依靠缩短物流路线，促使物流作业合理化、现代化，从而降低物流成本，提高物流效率。

这里需要特别注意的是，物流的各项活动（运输、保管、搬运、包装、流通加工）之间存在"效益背反"，即同一资源的两个方面处于相互矛盾的关系之中，想要较多地达到其中一个方面的目的，必然使另一方面的目的受到部分损失。如减少库存据点并尽量减少库存，势必使库存补充变得频繁，必然增加运输次数；简化包装，则包装强度降低，仓库里的货物就不能堆放过高，这就降低了保管效率，且在装卸和运输过程中容易出现破损，以致搬运效率下降，破损率增多；将铁路运输改为航空运输，虽然运费增加了，而运输速度却大幅度提高了，不但能减少各地物流据点的库存，而且还大量减少了仓储费用。由于各物流活动之间存在"效益背反"，因此，就必须研究总体效益，应以成本为核心，按最低成本要求进行设计，以促使整个物流系统化。即通过调整各分系统（运输系统、仓储系统、搬运系统、包装系统、流通加工系统等）之间的矛盾，把它们有机连接起来使之成为一个高效运转的整体，在保证成本最小的前提下来扩大销售，追求并实现各职能部门的最佳经济效益。

二、仓库选择与存货控制

在企业的经营销售过程中，一般都不可能将商品全部从厂内直接运送给客户完成销售，而需要在商品待售期间将其储存起来。物流系统的储存功能就是帮助企业解决商品在生产和消费数量与时间上存在的矛盾。

（一）仓库选择

1. 仓库地址的选择

仓库地址的选择是企业商品实体分销中最难决策的一个问题。因为有许多变动因素影响仓库地址的选择。而选择的标准只有一个，即是否有利于增加企业的利润。所以，企业必须注意向客户发货的运输费用，用户所要求的服务等。运输费用由总运输量乘以运输里程和单位运价确定。运输量越大，线路越长，单位运价越高，则运输费用越多。另外，仓库位置的选择还必须考虑用户所需的服务水平。这里最关键的因素是从发货人接到订单到订货人收到货物的时间期限。期限的长短取决于运输方式和运输距离。

2. 仓库数量的决策

企业所拥有的仓库数量越多，就越能提供较好的服务，就可以使总运输费用降低。因为这时的总运输费用比只有一个仓库的运输里程要少。但是仓库越多，支付的租赁费和仓库设施的投资也越大。近年来，企业倾向于逐渐减少仓库的数量，但这样做的前提是不影响服务水平和销售量。

3. 仓库结构类型的决策

企业对仓库结构类型的决策，应主要从以下两个方面进行考虑。

（1）单层仓库还是多层仓库。单层仓库可以降低货物搬运费用，因为商品的搬运只是在同一平面上进行，不需要上下移动，所以商品搬运较为迅速，且不需要昂贵的设备。但单层仓库占用土地面积较多，土地投资费用较高，所以，在土地价格较低的地方可以考虑采用单层仓库。多层仓库重点考虑的问题是商品的储存，而非降低商品搬运费，尤其是在地价很高的地区更宜采用多层仓库。

（2）自建仓库还是租赁仓库。自建仓库通常能更好地适合本企业的业务特点，仓库的平面布置和物资搬运机构可以按本企业产品的要求设计，所以自建仓库较租赁仓库费用标准要低，另外，企业可以完全控制仓库的经营业务。但是，租赁仓库和企业自建仓库相比，也有它独特的特点：企业不需要进行投资；可以利用租赁仓库所具有的更先进的技术设备和搬运机具；租赁仓库合同中租期一般规定较短，如不适用可改租其他仓库；在存储的旺季或淡季，可以按照实际需要，增加租赁面积或减少租赁面积。

（二）存货控制

企业存货控制的两个最基本的决策是何时进货和进多少货，即订货点和订货量的决策。由于存货的基本性质是存货量在当期内随着对存货的提取而降低，因此，企业管理人员需要决定当库存下降到什么水平时，就必须发出新的订单，以避免届时完全缺货，这个库存水平被称为订货点。所谓订货点30，就是指库存的商品下降到30个单位时，就必须发出新的订单，以保持应有的存货水平。

1. 订货点决策

订货点取决于订购的前置时间、使用率、服务水平以及其他因素。订货点决策就是在保持一定客户服务水平的前提下,寻找一个较低的存货水平,当存货达到这一水平时,就需要发出新的订单进行订货。

订货点=每日平均需要量×订货前置时间+安全库存

订货前置时间是自订单发出到接到货物所需要的平均时间。

2. 订货量决策

订货量的决策就是决定每次进多少货。显然,每次的订购量越大,订购的频率(次数)就越少,每次的订购量越少,订购的频率(次数)就越多。由于每次订购都要支付订购费和送货费,但存货量大又会增加保管费和造成商品的大量资金占压,因此,公司须在订货成本和存货成本之间进行权衡取舍,以合理确定每次的订货量。订货量的确定常用以下方法。

(1) 定期订货方法。即规定前后两次订货的时间间隔,但每次的订货量依存货水平作调整,以达到订货点的订货方法。其计算公式为:

订货数量=每日平均需要量×(订货前置时间+间隔天数)+安全存储量-订货日实际库存-订货余额

间隔天数为本次订货与上次订货所间隔的时间;订货余额为前次订货至此次订货前仍未收到的那部分货物数量。

(2) 定量订货方法。与定期订货方法相反,即事先确定一个比较合理的订货点,当存货量降至订货点时,就应立即组织订货,但订货时间不固定。

(3) 经济批量订购方法。即寻找一个最佳订货量,使企业在与之相应的订购时间按此量订购时,能达到订货与存货的总成本最低。有了最经济的订货量后,企业就可以很容易地找出最适宜的进货时间。其计算公式为:

$$Q=(2DS/IC)^{1/2} \qquad (8.1)$$

式中,Q 为经济订货批量;D 为年需求量;S 为每次订货成本;C 为单位购价;I 为存货费用占存订货总成本的百分比。

例:一家零售商店每年需要订购 2000 箱方便面,若全年每月的销售量基本相等,如果一次订购 2000 箱,则仅支付一次的订货费用,但存储费用必定很高;如果每次只订购一箱,订购费用则会急剧增加,但存货费用却很低。这就需要确定一个合理的经济订购批量。假定每次的订购费用为 10 元,单位购价为 40 元,存货费用占存订货总成本的百分比为 20%,则该零售商方便面的经济订购批量为:

$Q=(2DS/IC)^{1/2}=(2\times2000\times10\div0.2\times40)^{1/2}=71$(箱),则全年约需发出 28 次订单。

三、运输决策

市场营销人员应该对公司的运输决策加以关注,因为运输方式、运输线路的选择都将影响物流成本进而影响商品的定价和销售,而准时送货和商品抵达时的损耗情况等又将影响客户的满意程度。

（一）运输方式的选择

在商品物流过程中，货物的运输方式主要有铁路运输、公路运输、航空运输、水路运输和管道运输五种方式。企业应根据所运物品的种类、运量、运输距离、运输时间及运输费用合理选择最佳的运输方式。

1. 铁路运输

铁路是我国目前长途货物运输的主要工具。它主要适用于大宗低值货物的中、长距离运输，运输的经济里程一般在200公里以上；也较适合运输散装、罐装货物；适于大量货物的一次性高效率运输。

铁路运输的主要优点是：①运行速度快，时速可达80～120公里；②运输能力较大，可满足大量货物一次性高效率运输；③运输连续性强，由于运输过程受自然条件的限制较小，所以可提供全天候的运行；④轨道运输的安全性能高，运行较平稳；⑤通用性能好，可以运送各类货物；⑥运输成本较低；⑦能耗低。

铁路运输的主要缺点是：①设备和站台等限制使得铁路运输的固定成本高，建设周期较长，占地也多；②由于设计能力是一定的，当市场运量在某一阶段急增时难以及时得到运输机会；③铁路运输的固定成本很高，但变动成本相对较低，使得近距离的运费较高；④长距离运输情况下，由于需要进行货车配车，其中途停留时间较长；⑤铁路运输由于装卸次数较多，货物错损或丢失事故通常也比其他运输方式多。

2. 公路运输

公路运输能够提供更为灵活和更为多样化的服务，多用于价高量小货物的门对门服务，其经济里程一般在200公里以内。它主要适用于近距离的独立运输作业；补充和衔接其他运输方式，当其他运输方式担负主要运输时，由汽车担负起点和终点处的短途集散运输，完成其他运输方式到达不了的地区的运输任务。

公路运输的主要优点是：①运输速度快；②可靠性高，对产品损伤较少；③机动性高，可以选择不同的行车路线，灵活制定营运时间表，所以服务便利，能提供门到门服务，市场覆盖率高；④投资少，经济效益高，因为运输企业不需要拥有公路，所以其固定成本很低，且公路运输投资的周转速度快；⑤操作人员容易培训。

公路运输的主要缺点是：①变动成本相对较高，公路的建设和维修费经常以税和收费的形式向过路车辆征收的；②运输能力较小，受容积限制，使它不能像铁路运输一样运大量不同品种和大件的货物；③能耗高，环境污染比其他运输方式严重得多，劳动生产率低；④土地占用较多。

3. 水路运输

水路通常表现为四种形式：沿海运输、近海运输、远洋运输、内河运输。它主要承担大批量货物，特别是集装箱运输；承担原料半成品等散货的运输；承担国贸运输，即远距离，运量大，不要求快速抵达国标的客货运输。

水路运输的主要优点是：①运能大，能够运输数量巨大的货物；②通用性较强，客货两宜；③越洋运输大宗货品，是发展国际贸易的强大支柱；④运输成本低，能以最低的单位运输成本提供最大的货运量；⑤劳动生产率高；⑥平均远距长。

水路运输的主要缺点是：①受自然气象条件因素影响大，由于季节、气候、水位等的影响，一年中中断运输的时间较长；②营运范围受到限制；③航行风险大，安全性略差；④运送速度慢，准时性差，在途货物多，会增加货主的流动资金占有；⑤搬运成本与装卸费用高。

4. 航空运输

航空运输常被看做是其他运输方式不能运用时，用于紧急服务的一种极为保险的方式。现已成为国际运输的重要工具，适用于高附加值，小体积的物品运输。

航空运输的主要优点是：①高速直达性。因为空中较少受地形地貌条件限制，航线一般来取两点间的最短距离；②安全性能高，保险费率相应较低；③经济性能良好，使用年限较长；④包装要求低。空中航行的平稳性和自动着陆系统减少了货损的比率，所以，可以降低包装要求；⑤库存水平低。

航空运输的主要缺点是：①受气候条件的限制，在一定程度上影响了运输的准确性和正常性；②需要航空港设施，所以可达性差；③设施成本与维护费用高；④运输能力小，运输能耗高；⑤运输技术要求高，人员（飞行员，空勤人员）培训费高。

5. 管道运输

管道运输是近几十年来发展起来的一种新型的运输方式。管道运输的运输形式主要是靠物体在管道内顺着压力方向顺序移动实现的，它主要担负单向、定点、量大的流体状货物运输。目前，全球的管道运输承担着很大比例的源物质运输，包括原油、成品油、天线气、油田伴生气、煤浆等，其完成的运量常常大大高于人们的想象。

管道运输的主要优点是：①运输效率高，适合于自动化管理；②建设周期短、费用低、运输费用也低；③耗能少、成本低、效益好；④运量大、连续性强；⑤安全可靠、运行稳定、不会受恶劣多变气候条件的影响；⑥埋于地下，所以占地少；⑦有利于环境保护，能较好地满足运输工程绿色环保的要求；⑧对所运的商品来说损失的风险很小。

管道运输的主要缺点是：①运输对象受到限制，承运的货物比较单一；②灵活性差，不易随便扩展管道，服务的地理区域十分有限；③设计量是个常量，与最高运量之间的协调难度大，且在运输量明显不足时，运输成本会显著增加；④仅提供单向服务；⑤运速较慢。

当然，运输方式选择不仅限于单一的运输手段，可以通过多种运输手段的合理组合来实现物流的合理化。即在不同运输方式间自由变化运输工具（联运），将两种或多种运输方式的优势集中在一起，融合为一种天衣无缝的高效的运输模式，为客户提供更快、更好的服务。

（二）运输线路的选择

在选定运输方式后，发货人还应决定运输线路。选择运输线路的标准主要有：

（1）所选定的运输线路应能保证以最短的时间把货物运输给客户，这样就可以做到准时向客户交货，缩短订货周期，减少库存短缺，达到较高的服务质量；

（2）选定的线路应能减少总的运输里程，这意味着可以减少发货人的运输费用；

（3）选定的线路应能保证企业的大客户优先得到满意的服务。

选择合理的运输线路对于商品流通范围广、用户比较分散的企业，意义尤其重要。一般来讲，企业可在上述标准的基础上，采取以下措施使所选运输线路达到最优。

一是有计划的定时、定线路运送货物。运用线性规划等方法技术计算出最佳巡回线路，对接受这一方案的用户予以优惠。

二是在主要消费地区设置自有的配送中心，或委托该地区的储运公司、大型批发企业代办运输业务，厂商将货物直接送给他们，再由他们配送给分散的客户。

三是中小企业可组织起来建立运输联合体，完成运输职能。如把小额订单集中起来，争取合并装载，沿途分头卸货。

四是调整企业的营销渠道，划分销售区域，改变仓库地址，以求运输线路合理化。

五是区分不同地点、不通运输方式、不同订货批量，制定差别收费标准，利用物流成本意识，引导企业营销部门和用户的销售、采购与运输，以实现最佳的运输组合。

◆ **任务实施**

第一步，在学校所在地选择 1～2 家具有一定规模实力的物流公司，组织引导学生对其物理系统、仓储管理、运输方式及主要的运输线路进行实地考察；

第二步，根据调查掌握的情况资料，以组为单位对其物流系统设计进行重新模拟规划，具体确定该物流公司的仓库地址、仓库数量、仓库类型以及合理库存，并根据其运送的商品类别和服务客户的分布选择适宜的运输方式和最佳的运输线路；

第三步，由教师和物流公司负责人参与，对各组设计的物流规划方案进行可行性、合理性、实用性的综合评价，提出改进意见，让学生修订完善。

◆ **总结与回顾**

商品的实体分销就是指商品从供应方手中转移到需求方手中所经过的物理空间移动。具体包括运输、仓储、货物搬运、存货控制、订单处理及保护性包装等。商品的物流系统是由运输系统、仓储系统、搬运系统、包装系统、流通加工系统等相互衔接构成的一个复杂系统。在具体设计时，应重点考虑系统的服务性、快捷性、空间面积的有效利用率、规模化水平以及库存控制。目的是把各子系统连接成为一个协调运转的整体，在保证成本最小的前提下较好地满足客户的需求，追求并实现各职能部门的最佳经济效益。由于企业的物流决策主要解决存货控制与运输决策两个方面的问题，所以，物流管理的重点也就是仓库的选择、存货的控制、运输方式的选择和运输线路的决策。

仓库选择具体又包括仓库地址的选择、仓库数量的决策和仓库结构的决策；存货控制具体包括何时进货和进多少货，即订货点和订货量的确定；运输方式的选择是指企业根据所运货物的种类、运量、运输距离、运输时间及运输费用选择最适宜的运输方式（铁路运输、公路运输、航空运输、水路运输和管道运输）；运输线路的决策则是在运输方式确定以后，发货人对其货物运输的行走线路所做的决定。这一决定必须做到：应能以最短的时间把货物运输给客户；应能减少总的运输里程；应能保证企业的大客户优先得到满意的服务。

本项目的教学重点和核心技能是商品物流系统的规划设计、仓库的选择、存货的控制、运输方式及运输线路的决策。

◆ 复习思考题

1. 简述商品实体分销的内容。
2. 简述物流系统的设计应主要考虑哪些方面。
3. 简述仓库选择和存货控制的主要内容?
4. 简述企业应如何选择适宜的运输方式和最佳的运输线路。

◆ 实训练习

假如你学校所在的地区有一个规模化的大型方便面生产企业,其产品的市场销售覆盖范围很广,若以成都、郑州、西安、济南、北京、上海、南京为主要销售市场,请你规划设计一个你认为比较理想的物流系统,重点选择适宜的运输方式和最佳的运输线路。

模块九　人员推销策略的制定

人员推销是企业运用推销人员直接向顾客推销商品或劳务的一种促销活动。这种方式尽管古老但却十分有效，在商品销售过程中仍有其他促销方式无法取代的优点，发挥着极其重要作用，始终是现代企业开拓市场不可缺少的重要手段。在人员推销活动中，推销人员、推销对象和推销品是三个基本要素。其中前两者是推销活动的主体，后者是推销活动的客体。通过推销人员与推销对象之间的接触、洽谈，将推销品销售给推销对象，从而达成交易，实现既销售商品，又满足顾客需求的目的。

项目一　推销人员的选拔与培训

◆ **知识、能力、素质目标**

使学生了解推销人员的选拔程序，明确推销人员的基本素质要求，掌握推销人员的培训方法以及对不同层级推销人员进行培训的内容。

◆ **教学方法**

角色扮演法　问题导入法　课堂讲授法

◆ **技能（知识）点**

推销人员的基本素质要求　推销人员的培训内容　推销人员的培训方法

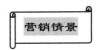

我的推销人员怎么了？

赵羽在北方一城镇开了一家食品加工厂，成立初期由于该城镇比较偏僻，人们的消费水平较低，因此，赵羽认为不需要做大量宣传，只需保证产品质量，大批量生产，降低成本和售价，销量自然会大增，利润也会随之增加。确实，由于赵羽食品厂生产的产品质量好，价格公道，销售一直不错，但是，近半年来，产品销量却大幅度下滑。经调查了解发现，其他食品厂招聘了大批的推销人员，进行终端渠道促销，在企业产品销售的分销商中，有的也已经开始从其他食品厂进货，而赵羽食品厂的销量自然就减少。赵羽为了扭转这种不利局面，决定把食品厂一线生产工人中，年龄小于 30 岁的全部作为推销员，去终端渠道进行产品推销。但是，几个月过去了，销量仍没有大的起色。原来，赵羽食品厂的推销员，由于没有推销经验，也没有经过任何培训，而企业又没有任何激励措施，因此，推销员们消极怠工，根本没把产品的销售放在心上。无奈之下，赵羽只好重新选拔招聘推销人员。

根据营销情景中描述的事实,学生独立思考并回答:
1. 为什么赵羽为终端渠道配备了大量的推销人员,但销售依然没有大的起色?
2. 如果你是赵羽,你会如何选拔、招聘和培训推销人员?

丰田公司的销售员培训

日本丰田汽车销售公司认为,同商品的好坏一样,左右销售的另一个关键因素,就是企业的推销人员。有人说:"丰田不仅出汽车,也出人才。"神谷正太郎总经理曾在东京丰田宠儿汽车销售中心率先录用大学毕业生,把他们送到销售部门。为了迎接家庭用车的到来,他迅速描绘出了新推销员做人的态度,并下决心,要起用培养有较高文化素养的推销人员,来消除汽车销售方面难以预测的制约瓶颈。

神谷正太郎的销售理论是"车的需要是创造出来的"。接受这个理论的总经理加藤诚之则主张:推销员是"培养教育出来的"。这个很具有学者风度的加藤,为把培养推销员的工作系统化、规范化作了很大的努力。当一个访问者说"这是多么宏伟壮观的教学场所呀"时,加藤诚之回答说:"在这里进修和听课的人,将成为一流的推销人员,他们即将奔赴推销汽车这种现代化商业战场,如果让他们总是待在一个狭小的环境里,是涌现不出来明快的判断能力和为克服面临的困难而寻求可能性的积极精神的。所以,有这种规模的设施是理所当然的。我们对待平素为推销而战斗的人们,不应有失礼貌。"

丰田汽车销售公司进修中心建成于1974年,在这里授课的"技师指导",全部都是从汽车销售公司和丰田销售店挑选出来的具有丰富销售经验的实践老师。为了经常了解新的市场情况,防止重复老一套,使讲课有新的内容,培训老师采取两年轮换制。使用的教材是经营管理协会、日本能源协会结合汽车市场的实际情况和需要而制定的。

进修的学员,一次25人为一班,从全国的销售店招收。从一般推销员到管理人员和经营者,分别听专门化的各部门的讲座。还有一种以研究学习的形式进行的讨论会,即"企业高级管理人员讲习会",在这里主讲的是某大学的3名教授。每年陆续招收销售店的高级管理人员24名,采取4天的集中训练,用案例研究法进行培训。在一年之内,有1.5万名左右的管理人员轮流集中在这里接受学习教育。

培养推销员的做法是,全国的丰田销售店,在每年4月,大约有3500名新的推销员参加公司工作。负责对这些新人进行教育训练的,是在进修中心学完了"训练员讲座"的人,称为训练员。他们是工作岗位上的副课长或股长,兼任这里的业务指导和教育工作,他们一边在工作岗位上从事实际业务,一边积极从事销售技术和销售态度教育的检验。新参加工作的员工,在进公司之前,首先要进行基础理论课的学习,要学习销售理论、销售的社会作用、推销员的立场和资格、举止动作的礼法、商谈的一般规则等销售学的基础讲座。另外,东京丰田宠儿汽车销售中心还有BS制度。B是兄弟(Brother)、S是姊妹(Sister)的意思,这就是说在同一工作岗位,已参加工作一两年的前辈,要同新参加工作的人结成一对"兄弟"或"姊妹",不仅在工作上,而且在日常生活上为新参加者做顾问,大体上以一年为期,然而,实际上继续保持这种关系的也不少。

其次,教育培训销售人员的顺序是:
(1)推销员首先推销自己的人品,取得顾客信任,从而创造一种能够亲切交谈的气氛;
(2)为使顾客对车感到有兴趣,推销员要说明车的特点效用,大力宣传商品的优越性;

（3）推销出售价格，如果前两个重要条件能很好地被理解，那么，按适当的价格出售是能够做到的，把以上三点叫做"销售三原则"，规定为销售的基本态度。

销售汽车在日本以"访问"为主。通过访问活动，对不太想买车的人，积极地说明车的使用效能，以便使他感到有买的必要。这种活动叫做"访问销售"。因此，访问技术则为训练的每一步。作为进公司前教育的一部分，还通过角色扮演的方法，学习说话的方式和做买卖的态度。

◆ **工作任务分析**

推销人员素质的高低直接影响企业的销售活动，企业营销人员在此项目实施中的主要工作任务就是熟练掌握选拔合适推销人员的原则、标准以及对推销人员进行培训的方法技巧，并将自己推销产品的经历、经验、感悟作为培训推销人员的鲜活材料，通过现身说法，协助企业的销售部门制订培训计划，组织培训活动，以满足企业开展营销活动对一流推销人员的需要。

◆ **相关知识**

一、推销人员的选拔

选拔的推销人员，其素质的高低直接关系着企业促销活动的成败，因此，推销人员的选拔对于企业十分重要。选拔推销人员，不仅要对未从事推销工作的人员进行选拔，使其中品行端正、作风正派、工作责任心强的人员加入推销人员的行列，而且还要对推销岗位上的在职人员进行甄选，淘汰那些不适合做推销工作的人员。

（一）推销人员的来源

企业一般从两个渠道选拔合适的推销人员：一是从企业内部选拔，即把本企业内部德才兼备、热爱并适合推销工作的人员选拔到推销部门从事推销工作；二是从企业外部招聘，即从大中专院校、人才招聘会、职业介绍所、各种广告、行业协会和业务接触等群体中物色合适人选。无论哪种渠道来源，都应经过严格考核，择优录用。

选拔推销人员有多种方法，为准确地选出优秀的推销人才，应根据推销人员的素质要求，采用申报、笔试和面试相结合的方法。由报名者自己填写申请，借此现场观察报名者的仪表风度、工作态度、知识广度和深度、语言表达能力、理解能力、分析能力、应变能力等。

（二）推销人员的基本素质要求

人员推销是一个综合的复杂的过程，它既是信息沟通的过程，也是商品交换的过程，又是技术服务的过程。推销人员的素质，决定了人员推销活动的成败。因此选拔的优秀推销人员一般应具备如下素质。

1. 知识素质

现代市场流通首先是一种"知识"的流通。市场经济是一种高度社会化分工协作的经济，生产分工割断了生产过程与消费过程的直接联系，却又要求通过市场这个纽带再把它们衔接起来，而市场销售人员则是这种联系的媒介。

首先推销知识，然后推销产品，这是现代市场销售工作的一个主要特征。销售人员必须把产品的各种知识介绍给用户，让消费者了解生产者的意图。当然，要推销知识，必须先掌握知识。因此，一名优秀的市场销售人员至少应掌握一般科学文化知识、产品专业知识和推销技术知识这三类知识。

掌握产品知识，是为了更好地了解自己的推销客体，更好地向用户介绍产品，从而增强自己的推销信心和顾客的购买信心。

掌握科学文化知识和推销技术知识，是为了更好地了解自己的推销对象和推销环境，更透彻地了解人的本性、动机和行为模式，更有效地接近和说服顾客，提高推销效率。

2. 身体素质

现代市场销售人员是企业的尖兵，必须具有良好的身体素质。这里所讲的身体素质，是一个比较广义的综合性的概念，既包括个人的体格、体质及其健康状况，又包括个人的举止、言谈及其仪表风范等。

就个人的体格和体质而言，要求市场销售人员经常锻炼身体，保持强健的体魄和旺盛的精力。现代企业市场销售工作流动性大，活动范围广，连续作业时间较长，如果没有良好的身体素质，就无法胜任这项具有挑战性的工作。

就个人的举止、言谈和仪表风范来看，虽然没有统一的标准，但却有不少推销人员必须遵守的礼仪和行为规范。市场销售人员要代表企业与各类社会成员打交道，必须讲究一定的交际礼仪和风范。良好的个人气质和推销行为会促进推销工作，有助于增强推销人员的说服力。所谓"推销产品的过程实际上就是推销自己的过程"，其意义就在于此。

3. 心理素质

良好的心理素质是现代企业市场销售人员所必须具备的又一个基本条件。销售人员每天与人打交道，要经受无数次的挫折与打击，要应付形形色色的推销对象，必须加强心理训练，培养正确的推销态度。

首先要有推销信心。没有信心，则一事无成。如果你自己都不相信自己，也就很难指望别人会相信你。当然，信心首先来自于知识，包括知人、知物、知事、知情、知己和知彼，等等，而不是盲目的自信。

爱心则是力量的源泉和成功的保证。只有热爱生活的人才会信心百倍，勇敢面对一切。

耐心非常重要。"百问不烦，百选不厌"这句话说起来容易，做起来却很困难。

热心万不可少。真诚待客，热情服务，这正是推销精神的一大支柱。

此外，还有良心、恒心、虚心，等等。总之，现代企业市场营销人员应该培养热情、开放、大方、得体的推销心态，成为一名超"心"级的企业外交官。

4. 道德素质

做任何事都不能突破道德的底线，从事推销工作更应如此。良好的道德素养是现代企业市场营销人员必备的基本条件，主要包括两个方面：一是对企业忠诚，二是对顾客诚实。

首先要忠诚于国家和企业的利益，避免私下交易或出卖国家、企业的利益。即使离职去别的企业或自己创业，也不能故意损害原来企业的利益。

不诚实的推销员绝不可能成就大事业，要设身处地为顾客着想，真心诚意为顾客服务，和顾客交朋友，实行顾客固定化策略，发展与顾客的长期合作关系，顾客是企业及其市场销售人员最重要的资源。

以上我们从知识素质、身体素质、心理素质和道德素质等不同角度阐述了现代企业市场销售人员必须具备的基本条件。要知道，优秀的市场推销人员是企业的宝贵财富和重要资源。发掘、培养一批执着、有信心、有涵养的超级推销员，是我国企业面向 21 世纪，走向世界市场大舞台的先决条件和战略任务，应该引起中国企业界的高度重视。

二、推销人员的培训

（一）推销人员的培训内容

由于各企业的具体情况不同，所以培训内容的差别很大。但通常我们可通过推销人员的分级管理，对不同层次的推销员选择不同的培训内容。

1. 销售经理的培训内容

主要包括：企业文化、企业知识、产品知识、企业的市场战略、企业的 CI 战略、推销技巧、营销管理技巧等。

2. 地区性专职推销人员的培训内容

主要包括：企业文化、企业知识、产品知识、企业的市场战略、企业的 CI 战略、推销技巧等。

3. 地区性兼职推销人员的培训内容

兼职推销员与专职推销员不同，招聘兼职推销员的目的是利用他们的人际关系、影响力进行"权利"营销，因此，兼职推销员的招聘对象是那些能对产品的销售渠道产生影响的人员。说服他们，差不多就等于说服了最终顾客，所以，对兼职推销员的"培训"，目的是说服他们信赖企业，改变原有观念。为此，对兼职推销员可通过"茶话会"、"讨论会"的形式来宣传企业的市场战略、产品特点和其他有关知识。

4. 经销商、代理商自己推销员的培训内容

培训内容主要是：企业的历史、市场战略、产品本身的差异特色与优势等。

（二）推销人员的培训方法

1. 讲授培训

就是通过举办短期培训班或进修的形式，由专家、教授和有丰富推销经验的优秀推销员来给推销人员讲授基础理论和专业知识，介绍推销方法和技巧。

2. 模拟培训

就是由受训人员扮演企业的推销人员向专家、教授或有经验的优秀推销员扮演的顾客进行模拟推销，或由受训人员分析推销实例等方式对推销员进行培训。

3. 实践培训

这是一种岗位练兵的培训方法。当选的推销人员直接上岗，与有经验的推销人员建立师徒关系，通过传、帮、带的方式方法，使受训人员逐渐熟悉业务，成为企业合格的推销员。

◆ 任务实施

第一步，对学生进行分组，每 5～6 人为一组，组织引导学生讨论现代推销人员应具备的基本素质要求和相关职业素养；

第二步，要求学生以组为单位，任选一种自己比较熟悉的、适宜的推销商品，讨论该商品推销人员的具体培训内容；

第三步，模拟全真的培训环境，把学生当作培训对象，利用一天时间，从企业聘请培训师对学生进行全程培训；

第四步，要求所有参与培训的学生，参照培训师选用的培训内容、培训方式和培训流程，写一份针对某一产品的推销人员的培训计划。

◆ 总结与回顾

推销人员素质的高低直接关系到企业促销活动的成败，所以，推销人员的选拔与培训对企业十分重要。推销人员选拔的来源和方式主要是从企业内部选拔和企业外部招聘，而具体素质主要从知识、身体、心理和道德四个方面去衡量，培训的方法主要有讲授培训法、模拟培训法和实践培训法等。

本项目的教学重点和核心技能是企业推销人员的选拔与培训。

◆ 复习思考题

1. 简述推销人员应具备的基本素质。
2. 简述推销人员的培训内容与培训方法。

◆ 实训练习

化妆品企业在进入某城市市场初期，欲用人员推销的方式打开市场销路，请你根据自己的理解和所掌握的情况资料，为该企业制订推销人员的具体培训计划，其中应包括适合做化妆品推销工作的人员的基本素质要求、主要培训内容及适宜的培训方式等。

项目二 人员推销的程序和技巧

◆ 知识、能力、素质目标

使学生了解人员推销的基本流程，灵活掌握人员推销的方法技巧。在此基础上，比较熟练地利用人员推销的程序和方法技巧，针对某一特定消费群体完成某一特定产品的推销。

◆ **教学方法**

情景教学法　角色扮演法　体验教学法

◆ **技能（知识）点**

人员推销的程序　人员推销的方法技巧

为何最终没能成交？

陈宏是某一电脑公司的推销员，一次向一家规模不小的商贸公司推销电脑。虽然竞争相当激烈，但由于陈宏跑得勤，功夫下得深，颇受承办单位的青睐，成交希望非常大，到最后只剩下两家厂牌了，就等着客户做最后的抉择。承办人将报告呈递总经理决定，总经理却批送该公司的技术顾问——电脑专家陈总工程师咨询意见。于是，承办人员陪同陈总工程师再次参观了两家厂牌的机器，详细地听取了两家的示范解说，陈总工程师私下表示，两种厂牌，各有优缺点，但在语气上，似乎对另一家颇为欣赏，陈宏一看急了，"煮熟的鸭子居然又飞了？"于是，他又找机会去与陈总工程师沟通。使出浑身解数，口沫横飞地讲解他所代理的产品如何地优秀，设计上如何地特殊，希望能借此转变陈工的态度与看法。最后，陈工不耐烦地冒出一句："究竟是你比我行，还是我比你懂？"自然这笔生意最终没能成交。

根据营销情景中描述的事实，学生独立思考并回答：
1. 为什么陈宏已经做了很大的努力，但最终还是没能成交？
2. 假如你是陈宏，你会采用什么样的方法技巧进行推销？

推销员的第一句话

推销员的第一句话，第一个举动是否巧妙，十分关键。能让对方即时产生兴趣，愿意听你介绍，你就成功了一半。

一个铲车推销员对一位搬运厂负责人说："您想减少厂内搬运物料的时间吗？"

如同久旱逢雨，这句话一下子就把负责人的心抓住了。他长期考虑的就是这个问题。于是，他兴致勃勃地听新铲车的介绍。

"夫人，您认识这些人吗？"一位走家串户的家庭用品推销员一边对一位家庭主妇说着，一边递过一份名单。

怎么不认识？全是左邻右舍。怎么？所有这些人都买了他的家庭用品。她们信得过，我还有什么信不过，总不能不如她们。这位家庭主妇很快点头认购。

一位推销员走到一家门口前礼貌地问主人："先生，我能用一下您的打字机吗？"

得到允许后，他坐下来，在9张打字蜡纸中分别夹上8张自己带来的复写纸，接着熟练地打出一行字："您用普通的复写纸能复写这么多份，又这么清晰吗？"

看到蜡纸上清晰的字体，主人一下子明白了，因为，他亲眼看到这种复写纸的良好功能，而且是用自己的打字机打出来的。

◆ 工作任务分析

人员推销是企业产品促销的重要手段，也是最古老、最常见的一种促销方式，它具有一般宣传和广告促销无法替代的优点。企业营销人员在此项目实施中的主要工作任务就是将人员推销的一般程序、方法技巧，灵活地、有创造性地应用到特定产品的实际销售中去，并根据不同消费者的消费心理、消费特点和购买习惯在合适的时间、用合适的语言和合适的方法技巧，向特定消费对象卓有成效地推销自己的产品，在此前提下，借产品推销的过程向目标客户和社会公众宣传企业，扩大企业影响，提升企业的知名度，以此来培育发展企业乃至企业产品的忠诚客户，为企业的持续稳定发展营造良好的外部环境。

◆ 相关知识

一、人员推销的程序

人员推销有三种基本形式：上门推销、柜台推销和会议推销。其中，上门推销被认为是最典型的人员推销方式。具体包括以下七个阶段。如图 9-1 所示。

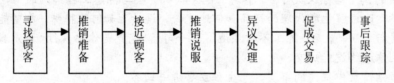

图 9-1　人员推销的基本程序

（一）寻找顾客

这是推销工作的第一步，目的是要寻找需要本企业产品、又有支付能力和购买决策权的潜在购买者。寻找顾客的方法很多，如推销人员自行观察、访问、查阅资料，或通过他人介绍、广告吸引、会议招引等。推销员可根据产品和推销环境的特点灵活选用。

（二）推销准备

在正式约见顾客之前，推销人员必须做好推销准备工作：首先是掌握信息，尽可能充分了解清楚潜在顾客、自身产品以及竞争对手产品的情况；其次是做好计划，确定好会客的议题和步骤，选择好合适的推销方式和策略，设计好自身的形象并做好心理上的准备，包括对顾客可能提出的异议的应对准备。

（三）接近顾客

与推销对象开始正式接触时，推销人员要注意自己的态度表情和言行举止，首先给顾客留下一个好的印象，使其对自己和推销的产品产生兴趣，为顺利进行推销洽谈创造良好条件。

（四）推销说服

推销说服是一个传递推销信息并说服顾客购买产品的过程。推销说服首先要运用提示和演示的方法，如利用语言艺术来传递推销信息，出示文字或图片，播放声音和图像，展示产品，操作产品等，有的放矢地向顾客介绍企业及企业的产品，使顾客能较好地认识产品。

（五）异议处理

顾客有时会对推销人员所作的推销说明提出不同的看法。推销人员必须认真分析和恰当处理这些意见，力争破解成交的障碍。

（六）促成交易

在推销说服过程中，各个阶段都可能达成交易。推销人员要善于识别和捕捉顾客发出的成交信号，当机立断地采取适当方法，促成顾客立即采取购买行动。成交越早，推销成功的可能性越大，效率也就越高。

（七）事后跟踪

事后跟踪是推销人员确保顾客满意并重复购买的重要环节。推销人员应认真执行订单中所保证的条款，如交货期、安装、维修等。跟踪访问的直接目的在于了解买主是否对自己的选择感到满意，发掘可能产生的各种问题，表示推销员的诚意和关心，以促使顾客作出对企业有利的购后行为。

二、人员推销的方法技巧

推销人员面对的是个性、心理、需求状态各异的推销对象，只有充分注意个体的特殊性，灵活选用推销方法，善于运用推销技巧，才能赢得顾客，促成交易。但富有个性的推销功夫并不仅在于临场时的一闪念，它总是以一些带有共性的基本认识为基础的。

（一）顺应顾客的需要

推销人员要推销自己的产品，首先应立足于满足顾客的需要，要想顾客之所想，为顾客当好参谋，倾情说明产品功能与顾客需要的一致性，促使顾客购买其"最需要的东西"。

（二）重视形象的推销

面对顾客，推销人员要展现自身良好的形象。在当今卖方市场条件下，富有亲和力是顾客接受产品、乐于购买某种产品的重要因素。要让顾客信赖你，"爱屋及乌"，方能接受你所推销的产品。

（三）熟悉自己的产品

推销人员对自己所推销的产品必须了如指掌，熟知其特性和优点、用户的反馈及目前的产销情况,这样才能在洽谈中有针对性地进行推销说明,有效地处理异议,促使顾客采取购买行动。

(四) 突出推介的重点

推销说服时,首先要重点把产品的功能及其优异特色、价格及其折扣等介绍清楚,使顾客对主要情况有深入的了解。要重点介绍顾客最感兴趣的东西,以图刺激顾客的购买欲望。

(五) 促进顾客的体验

让顾客动手操作和试用产品,使其获得比听口头介绍深刻得多的亲身体验,可以大大增强推销的说服力。在推销时应尽可能让顾客亲自动手操作或试用产品,让其摸一摸,尝一尝,用一用。

(六) 把握顾客的心理

推销活动中的面谈是一个"刺激—观察—再刺激—再观察"的过程,推销人员在面谈中要注意把握顾客心理,运用能引起顾客兴趣、刺激顾客购买欲望的推销语言,进行因势利导的宣传介绍。

(七) 倾听顾客的意见

认真倾听顾客的意见,可以使顾客感受到你对他的尊重,并可以从顾客的谈话中获得有价值的行动提示。倾听顾客谈话时要聚精会神,注意把握顾客谈话的要领。

(八) 捕捉成交的时机

在推销人员的诱导下,顾客的意向一般是朝着"认识—欲望—行动"的方向发展的,但中途因其他因素使顾客转念的事例也屡见不鲜。善于捕捉时机,不失时机,及时成交,这是推销成功的关键所在。

◆ **任务实施**

第一步,对学生进行分组,每5~6人为一组,要求学生以组为单位,任选一种自己比较熟悉的商品,在各组内再将同学分为两组,分别模拟扮演成企业的推销人员和产品的销售对象(顾客),在真实的生活情景下演示产品的推销过程;

第二步,梳理产品推销过程中遇到的问题与障碍,通过分组讨论,拿出解决方案,然后提炼出针对某一特定产品需向顾客介绍的主要产品信息、企业信息和与客户进行接洽、沟通以及推销产品的适宜的方法技巧;

第三步,选择购买一些适宜学生推销的商品,花1~2天时间,要求同学以组为单位进行产品的实际推销,活动结束后,每位同学写一份总结材料,详细总结参与这次实际推销活动的体会、感受、遇到的困难、问题以及所采用的推销技巧与方法。

◆ **总结与回顾**

尽管我们所面对的推销对象千差万别,推销手段花样繁多,但是人员推销还是有一个基本程序：寻找顾客；推销准备；接近顾客；推销说服；异议处理；促成交易；事后跟踪。我们必须熟悉这个流程。但在产品的实际推销过程中，应根据具体情况灵活运用。人员推销的方法技巧也多种多样，在实际选用时，推销人员可根据特定产品和特定客户，有针对性地选择，创造性地应用。只要能卖出产品且能使顾客满意，同时又不损害企业的公众形象，不管采用何种方法技巧，在营销上都是可行的。

本项目的教学重点与核心技能是人员推销的程序以及产品推销方法技巧的实际应用。

◆ **复习思考题**

1. 简述人员推销的基本程序。
2. 简述人员推销的常用方法技巧。

◆ **实训练习**

要求学生自己联系企业或卖场，利用课余时间或寒暑假参与不少于两个星期的产品促销活动；或者以组为单位自行选择一些适合自己销售的商品，利用课余时间在 1~2 个星期内完成推销任务，然后写出总结报告并附证明材料（推销产品的照片、企业出具的证明材料等）。

项目三 销售人员的绩效评价

◆ **知识、能力、素质目标**

使学生深刻理解销售人员的绩效评价指标，明确绩效评价对于销售人员工作业绩的影响，灵活掌握绩效评价的程序。在此基础上，能比较熟练地利用绩效评价指标、绩效评价程序为现实企业制订绩效评价方案，或为原有方案提出可行性改进建议。

◆ **教学方法**

案例教学法　角色扮演法　课堂教学法

◆ **技能（知识）点**

销售人员的绩效评价程序　销售人员的绩效评价指标　销售人员的绩效评价方法

绩效考核的问题出在哪里？

A 公司是一家民营化工生产企业，前几年由于同类产品少，所以企业发展势头很好，因此，也未对员工实施绩效管理，薪酬中的绩效工资只与公司的经营效益挂钩，而与员工的个人工作绩效无关。但是，近两年，出现了几家生产同种产品的企业，公司的陈总为了提高企业产品的市场份额，希望通过绩效管理体系将组织和个人的目标联系起来。为此，陈总专门聘请了人力资源专家为企业创建绩效管理系统，并在企业内部全面推广。陈总为了能使绩效管理体系顺利推行，根据咨询专家的要求制定了让组织和个人"跳起脚尖能够得着"的目标，目标完成的都很不错，企业表面上一片祥和。然而陈总奇怪的发现企业的运营质量却越来越糟糕，甚至经常出现小范围的资金周转困难，这让他百思不得其解：生产部门开足马力，销售部门业绩良好，仓库里没有成品积压，怎么会出现资金周转困难呢？后经调查发现，产品有25%左右全积压在渠道商手中，因为绩效考核严格，渠道商为求业绩隐瞒销售人员，销售人员为求业绩隐瞒管理者，如此层层掩盖，企业所能看到的自然是一片繁荣景象。

根据营销情景中描述的事实，学生独立思考并回答：

1. 为什么建立了绩效管理系统，而且所确定的组织和个人的目标也都合理，但企业的运营质量却越来越糟糕？

2. 假如你是陈总，你将会怎样为企业的销售人员制订绩效评价方案？

引导案例

薪水制度没变，绩效评价却取得意想不到的效果

缩短评估周期，加速对业绩优秀者的提升，绩效评价就能起到意想不到的激励作用。

2000年，戴尔总部派来了一位印度裔美国人Rajeev担任销售总监。第一次与他开会的时候，他拿出了一份销售报表。报表显示：戴尔中国公司的外部销售人员每个季度的人均销售额只有大约700万元人民币，而在戴尔美国公司，同样指标是大约250万美元，仅是美国销售人员的三分之一。

"我希望在两年内将人均季度销售额提高到150万美元。"会议结束时，他提出了目标。

"可是，一个美国销售人员的薪水至少是我们的五倍。"一位销售经理提到。

"好，如果从现在开始，将你们的薪水提高五倍，你们可以每个季度做到250万美元吗？"

"不可能，我们使用的是中国的薪水表，这不能变。"我了解公司的薪酬政策。公司的薪水策略是保持在同类公司的前三名，我们委托咨询公司通过市场调查得出了薪水表，现在的薪水体系已经非常有竞争力了，我们不需要付更多的薪水。

"既然不能改变薪水，我们可以改变提升优秀员工的速度。" Rajeev眼珠一转，想出了一个新主意。公司通常是在年底进行业绩计划和评价，现在，则不用等那么久。销售人员只要每个季度完成销售任务，并得到能力的认证，他就可以被提升。以一位最初级的销售人员为例，他的月薪是5000元，每个季度的销售任务是500万元，职务是销售代表。如果他在一个季度内完成了销售目标并且能力达到要求，就可以获得提升。职务被提升至高一级的客户经理，薪水随之提高40%，达到了7000元。同时，他的销售任务也要增加30%，达到650万元。此后，每个季度都有一批销售人员获得提升，获得嘉奖和加薪，并开始承担更大的销售任务。这样就形成了一个良性的循环，销售人员提高销售业绩，得到公司认可，然后承担更大的任务。此外，公司加强了员工的能力培养和能力考核，每个季度都进行技术知识和销售技巧的考核。当然，还有更加强化的销售过程管理。

◆ 工作任务分析

销售人员的绩效评价，是企业对销售人员在一定时期内的工作业绩与行为表现进行考核与评价的过程。企业营销人员在此项目实施中的主要工作任务就是在熟悉和掌握销售人员绩效评价的程序、指标以及方法的基础上，协助企业制订科学合理的销售人员绩效评价方案，以充分调动企业销售人员的工作积极性，促使企业获得最大的经济效益。

◆ 相关知识

一、销售人员的绩效评价程序

销售人员绩效评价，即企业对销售人员在一定时期内的工作业绩与行为表现进行考核与评价的过程，主要包括销售人员销售工作的最终业绩和行为评价。销售人员的绩效评价是一项既注重战略又注重操作的职能性管理活动，需要有规范的管理流程，否则将导致销售人员积极性受挫，评价体系效率低下。销售人员的绩效评价程序包括以下几个方面。

（一）建立评价的基本政策

绩效评价的第一步是建立评价的基本政策。企业需要为销售人员的绩效评价做好充分的准备，具体包括以下方面的工作：明确评价的目的、建立评价组织、确定评价的周期、制定评价原则、选择评价方法。许多企业并没有意识到这些准备工作的重要性，认为到评价实施时再做也来得及，或者根本不考虑这些工作，致使这些工作做得不到位而影响了评价的实施。

（二）设立评价指标及标准

评价的第二步是设立评价销售人员绩效的指标及标准。这一步在整个绩效评价中最为关键，许多企业评价失败的原因就在于评价指标设立不科学，标准设定不合理。经常有人把指标和标准混为一谈，其实它们是两个联系紧密但又有区别的概念。一般来说，指标是指从哪些方面对工作成果进行衡量或评价，而标准指的是在各个指标上分别达到什么样的水平。指标解决的是我们需要评价"什么"的问题，而标准解决的则是要求被评价者做得"怎样"、完成"多少"的问题。所以，首先要设立评价指标，然后再根据不同指标设定要达到的标准。

（三）收集评价需要的相关数据资料

评价难点除评价指标及标准的设立以外，还有就是常常缺少评价所需的相关数据资料，无法衡量指标的完成情况。因此，应通过一定途径，收集销售人员在评价周期内的绩效数据资料与信息。常见的收集数据资料的途径有以下几种。

（1）企业销售记录。企业销售记录是绝大多数定量数据的来源，通过研究销售发票、顾客订单、会计记录，管理层可获得许多关于销售人员销售量、毛利、平均订单规模等方面的信息资料。

（2）销售人员工作报告。销售人员工作报告是另一个重要的信息来源，尤其是投入因素。经常使用拜访报告、活动报告和费用报告等，能够提供销售人员工作的必要数据。

（3）销售经理实地观察。销售经理或销售主管常常和销售人员一起出差办理业务，在此期间，销售经理就可以观察销售人员对客户的拜访情况，观察销售人员的业务能力和素养。

（4）顾客信息反馈。对顾客的调查与了解也是必不可少的，从他们那里得到服务满意度的信息资料，特别是日常的客户投诉，可能比一年一度的正式评价反馈意见更能说明顾客的真实意见。

（四）实施绩效评价

这一步是绩效评价的具体实施环节，即对销售人员在某一绩效周期内的销售业绩与工作表现进行评价，比较他们实际绩效与评价指标所应达到的标准，得出销售人员绩效评价的结果。这一环节的成败主要取决于评价组织或评价人，如果前面几个步骤的准备工作做得比较充分，这一环节只需要执行。但是问题还是存在的，因为评价人难以避免个人主观情感与偏见，比如评价人难免出现晕轮效应误差、近因效应误差、偏见误差、暗示效应误差、感情效应误差等问题，而这些误差也正是评价失真的常见原因。绩效评价毕竟是由人来执行和操作的，所以评价人的个人情感和主观偏见是无法完全避免的，只有对评价人员不断进行规范化的专门培训，才能减少评价中因主观偏见所造成的误差。

（五）评价结果处理

进行绩效评价的一个主要目的就是改进绩效。因此，销售人员的绩效评价结束之后，销售经理应将评价结果通过面谈反馈给销售人员，并与销售人员进行绩效改进的面谈辅导，对其给予客观公正的评价，并分析绩效优秀或不佳的原因、寻求解决方案、制订改进计划和下一个绩效周期的目标。

销售经理与销售人员的面谈应该在和谐的气氛中进行，通过面谈应设法达到以下目的：

（1）对被评价者的表现达成双方一致的看法；
（2）使被评价者认识到自己的成就和优点；
（3）指出被评价者有待改进的方面；
（4）制订绩效改进计划；
（5）协商下一个绩效管理周期的目标与绩效标准。

二、销售人员的绩效评价指标

销售人员的绩效评价指标有两大类：一类是定量评价指标，即客观评价指标；另一类是定性评价指标，即主观评价指标。

（一）定量评价指标

评价销售人员的定量指标包括三种：产出指标、投入指标、产出/投入比率指标。

（1）常见的产出指标有销售量、回款额、市场份额、毛利、客户数、订单数量和规模。

（2）常见的投入指标有销售访问次数、工作时间与时间分配、直接销售成本（如：出差费用、其他业务费、薪酬等）、非销售活动（如：拨打销售电话的次数、发出销售信件的数量）。

（3）常见的产出/投入比率指标有费用比率（如：销售费用比率=费用/销售额）、客户开发与服务比率（如：新客户比率=新增客户/总客户数；订单平均规模=销售额/订单总数）、访问比率（如：每天平均访问率=总访问次数/工作天数）。

（二）定性评价指标

评价销售人员的定性指标包括以下五类。

（1）销售人员的个人努力。具体包括时间管理、拜访的规划和准备、处理顾客不满和成交的能力、销售陈述的质量。

（2）知识。包括产品知识、企业和企业政策、竞争者的产品和战略信息、顾客知识。

（3）顾客关系。

（4）个人形象和健康状况。

（5）个性和态度因素。包括合作性、自信心、责任感、逻辑分析和决策能力。

企业在评价销售人员的业绩时，一般更喜欢用定量指标，因为它更具有客观性，较容易掌握。但是，有些指标对工作的业绩会产生很重要的影响，却又很难用定量标准来衡量。例如，销售人员的工作技能对销售业绩的影响是毫无疑问的，却很难用定量的数据来评价，如果我们放弃对它的评价，我们甚至都不知道应该从哪些方面入手对销售人员的工作技能进行培训。因此，对销售人员业绩进行评价时，定性评价也同样重要。绩效评价本身就包括评价结果与评价行为两个部分，评价结果往往就需要定量指标，比如销售目标；而评价行为往往需要定性评价指标，如能力与态度。

三、销售人员的绩效评价方法

通过平时的业绩登记表和销售人员的总结报告，企业可正式评价销售人员的推销绩效。评价工作可采用多种方式方法，但主要有以下几种。

（一）销售人员绩效的横向比较

即将所有销售人员的销售绩效加以比较，并评定其等级。但是，这种比较容易引起误解。由于不同责任区域的市场潜力、工作负荷、竞争水平、公司促销效果和其他因素不同，销售人员的绩效可能有差异。

（二）销售人员绩效的纵向比较

即将销售人员本期与前期实现的销售额等指标情况进行比较。这种比较可以直接显示一个销售人员的进步情况，从而判断其是否有发展前途。

（三）销售人员的定性评估

即查看销售人员对企业、产品、顾客、竞争者、销售地区及本身职责的认识。销售人员的特性，即日常举止、仪表、谈吐及性情都可以评估。销售主管还应考察动机或服从方面的问题。企业应将这些评估标准传达给销售人员，使他们了解绩效如何评估，从而努力改善其绩效。

◆ **任务实施**

第一步，对学生进行分组，每5～6人为一组，要求学生以组为单位，每组任选一种自己比较熟悉的商品，虚拟一家生产销售该产品的企业，为其制订销售人员的绩效评价方案；

第二步，梳理绩效评价方案制订过程中遇到的问题与障碍，通过小组讨论，各小组同学提出可行性建议，拿出解决方案，在此基础上，进一步修正所制订的绩效评价方案；

第三步，各组把所制订的绩效评价方案、制订方案过程中的体会以及对企业所采用的绩效评价指标和绩效评价方法，做成PPT课件，在课堂上以组为单位进行汇报交流。

◆ **总结与回顾**

销售人员的绩效评价方案是否合理直接影响其销售工作的积极性，虽然各企业差异性很大，但销售人员绩效评价的程序大体相同，包括：建立评价的基本政策；设立评价指标及标准；收集评价相关数据、资料与信息；实施绩效评价；绩效辅导与改进面谈及评价结果处理五个步骤。其中销售人员绩效评价指标主要有两类：一类是定量评价指标，即客观评价指标；另一类是定性评价指标，即主观评价指标。而评价方法主要有：销售人员绩效的横向比较法、销售人员绩效的纵向比较法、销售人员的定性评估等。但在具体评价工作中可以根据企业的实际情况灵活采用，不必拘泥于固定的程序与模式。

本项目的教学重点和核心技能是销售人员绩效评价的程序、指标与方法的选择与应用。

◆ **复习思考题**

1. 简述销售人员绩效评价的基本程序。
2. 举例说明销售人员绩效评价的常用指标与方法。

◆ **实训练习**

1. 实训项目：组建模拟公司并对公司销售人员的绩效进行客观评价
2. 实训目标：
（1）培养初步运用绩效评价指标和评价方法进行销售人员绩效评价的能力；
（2）培养设计制订企业销售人员绩效评价方案的能力。
3. 实训内容与方法：

根据所学知识与对公司销售人员工作绩效进行调查掌握的情况资料，组建模拟公司。

（1）以自愿为原则，6～8人为一组，组建"×××模拟公司"，公司名称自定；

（2）设计制订模拟公司销售人员的绩效评价方案，每个人以"模拟公司销售人员工作绩效评价"为题，具体确定绩效评价指标，选择绩效评价方法；

（3）以调查掌握的情况资料为依据，具体计算每个销售人员的相关绩效评价指标，并对其工作绩效进行客观评价。

4. 成果与检测

由教师与学生共同组成的考核小组对每一组同学完成工作任务的情况进行评价打分。

项目四 销售人员的激励与管理

◆ **知识、能力、素质目标**

使学生了解销售人员的一般激励方式、原则和类型,熟悉人员推销的组织结构设计。在此基础上,能够根据现实企业的实际情况,合理制订销售人员的激励方案,科学设计人员推销的组织结构框架,或为企业在销售激励、组织结构框架的改进方面提出合理化建议。

◆ **教学方法**

情景教学法 角色扮演法 体验教学法

◆ **技能（知识）点**

销售人员的激励原则 销售人员的激励方法 人员推销组织结构框架的设计与确定 推销人员规模的确定 推销人员的报酬设计

"目标激励法"错在哪里?

B公司是一家从事计算机硬件、软件销售的电脑公司,公司规模不大,五十人左右。公司经过多年的打拼,在本地区小有名气,并占有一定的市场份额。随着市场竞争的日趋激烈,为了继续保持公司的持续稳定发展,提高员工的积极性,该公司总经理李文峰借鉴当时业界较为风行的"目标激励法",对员工进行目标管理。其具体操作是这样的:首先对公司第二年的销售额进行预测（公司希望第二年达到的销售额比前三年的平均销售额翻一番,因此,将其营业额的预测定为前三年平均销售额的两倍）,然后将这一销售额自上而下,分配到每一部门,再由各部门分配落实到每位员工头上,取消了原有的按销售比例提成的制度,改为未完成任务时只有极低提成,超额完成任务则有巨额提成。李总本想,如果业绩真的如公司所愿,能够继续快速增长,优秀员工在超额完成任务后,收入将大幅度提高,而对于不能完成任务的"不合格"员工,公司又降低了花在他们身上的成本,这是一举两得的好事。但是,一年之后进行核算,全公司没有一个人能得到高额提成,核心销售人员却流失殆尽。后来,经了解才知道,由于该公司所处市场环境竞争加剧,公司产品优势逐渐丧失,公司规模扩大、销售人员增加导致每位销售人员所拥有的潜在"蛋糕"变小,并且公司在资金实力、内部管理、配套服务方面等跟不上快速增长的需要,几乎无人有信心完成二倍于前一年的销售额。多数销售人员产生了"被愚弄"的情绪,从而消极怠工。

根据营销情景中描述的事实,学生独立思考并回答:

1. 为什么李总的"目标激励法"对促销人员没有达到期望的激励效果？
2. 假如你是李总，你会依据哪些因素来制订企业合理的激励方案？

引导案例

奖人有道

"每一位成功的男人背后都站着一位伟大的女人。"日本麦当劳汉堡店总裁藤田深谙如何帮助员工塑造"伟大"的女人，从而使员工成为成功的男人。

日本麦当劳除了每年6月底和年底发放奖金外，每年4月还加发一次奖金。这个月的奖金并不交给员工，而是发给员工的太太们。如果是单身员工才直接发给本人，并鼓励员工早日找到自己的伴侣。总裁藤田特别在银行里以员工太太的名义开户，再将奖金分别存入各个户头，先生们不能经手。在把奖金存入员工太太们户头的同时，还附上一封做工精致的道谢函："出于各位太太的理解帮助，公司才会有这么多好的员工，才会有这么好的业绩。虽然直接参与工作的是先生们，可是，正是因为你们这些贤内助的无私支持，先生们才会心情愉快地投入到工作中。"而员工们则把这个奖金戏称为"太太奖金"。

太太们说："我用这笔钱为我的先生买了一件他渴望已久的生日礼物"。"想不到原本是我分内应该做的事，却受到了总裁的奖励，我就更应该支持先生的工作了。"

"孩子问：'妈妈，爸爸在公司里干得肯定很好吧？'我也要向他学习呀！我很开心地帮孩子买了她最需要的学习用品。"

◆ 工作任务分析

企业要开发市场，首先要开发销售人员。对销售人员的激励与管理，将直接影响企业的营销实力。企业营销人员在此项目实施中的主要工作任务就是在熟悉和掌握销售人员激励方式、原则和类型的基础上，为企业寻求最佳的激励时机、激励方法、激励程度、激励方向等，同时，协助企业的营销部门，设计精简高效的销售组织结构、合适的人员规模与报酬形式，以充分调动推销人员的工作积极性，促进企业销售队伍的稳定和产品销售的扩大。

◆ 相关知识

一、销售人员的激励

激励，就是组织通过设计适当的外部奖酬形式和工作环境，以一定的行为规范和惩罚性措施，借助信息沟通，来激发、引导、保持和规范组织成员的行为，进而高效实现组织及其成员个人目标的系统活动。

（一）销售人员的激励原则

1. 目标原则

在激励机制中，设置目标是一个非常关键的环节。目标设置必须同时体现组织目标和销售人员个人需要的要求。

2. 物质激励与精神激励相结合的原则

物质激励是基础，精神激励是根本。在两者结合的基础上，逐步过渡到以精神激励为主。

3. 引导性原则

外激励措施只有转化为被激励者的自觉意愿，才能取得激励效果。因此，引导性原则是激励过程的内在要求。

4. 合理性原则

激励的合理性原则包括两层含义：其一，激励的措施要适度，要根据所实现目标本身的价值大小确定适当的激励量；其二，奖惩要公平。

5. 明确性原则

激励的明确性原则包括三层含义。其一，明确。激励的目的是需要做什么和必须怎么做。其二，公开。特别是奖金分配等大量销售人员关注的问题，则更为重要。其三，直观。实施物质奖励和精神奖励时都需要直观地表达它们的指标，总结授予奖励和惩罚的方式。直观性与激励影响的心理效应成正比。

6. 时效性原则

要把握激励的时机，"雪中送炭"和"雨后送伞"的效果是不一样的。激励越及时，越有利于将人们的激情推向高潮，使其创造力连续有效地发挥出来。

7. 正激励与负激励相结合的原则

所谓正激励就是当一个人的行为符合组织的需要时，通过奖赏的方式来鼓励这种行为，以达到持续和发扬这种行为的目的。所谓负激励就是当一个人的行为不符合组织的需要时，通过制裁的方式来抑制这种行为，以达到减少或消除这种行为的目的。正负激励都是必要而有效的，不仅作用于当事人，而且会间接地影响周围的其他人。

8. 按需激励原则

激励的起点是满足销售人员的需要，但销售人员的需要因人而异、因时而异，并且只有满足最迫切的需要（主导需要）的措施，其效价才高，其激励强度才大。因此，领导者必须深入地进行调查研究，不断了解销售人员需要层次和需要结构的变化趋势，有针对性地采取激励措施，才能收到实效。

（二）销售人员的激励类型

不同的激励类型对行为过程会产生程度不同的影响，所以激励类型的选择是做好激励工作的一项先决条件。

1. 物质激励与精神激励

虽然二者的目标是一致的，但是它们的作用对象却是不同的。前者作用于人的生理方面，是对人物质需要的满足；后者作用于人的心理方面，是对人精神需要的满足。随着人们物质生活水平的不断提高,人们对精神与情感的需求越来越迫切,比如期望得到爱、得到尊重、得到认可、得到赞美、得到理解等。

2. 正激励与负激励

正激励与负激励作为激励的两种不同类型,目的都是要对人的行为进行强化,不同之处在于二者的取向相反。正激励起正强化的作用,是对行为的肯定;负激励起负强化的作用,是对行为的否定。

3. 内激励与外激励

内激励是指由内酬引发的、源自于销售人员内心的激励;外激励是指由外酬引发的与工作任务本身无直接关系的激励。

内酬是指工作任务本身的刺激,即在工作进行过程中所获得的满足感,它与工作任务是同步的。追求成长、锻炼自己、获得认可、自我实现、乐在其中等内酬所引发的内激励,会产生一种持久性的作用。外酬则是指工作任务完成之后或在工作场所以外所获得的满足感,它与工作任务不是同步的。如果一项又脏又累、谁都不愿干的工作有一个人干了,那可能是因为完成这项任务,将会得到一定的外酬:奖金及其它额外补贴,一旦外酬消失,他的积极性可能就不存在了。所以,由外酬引发的外激励是难以持久的。

(三)销售人员的激励机制

激励机制是激励过程中产生激励作用的结构及运行机理。由时机、频率、程度、方向等因素组成。它的功能集中表现在对激励的效果有直接和显著的影响,所以认识和了解销售人员的激励机制,对搞好激励工作是大有益处的。

1. 激励时机

激励时机是激励机制的一个重要因素。激励在不同时间进行,其作用与效果是有很大差别的。超前激励可能会使销售人员感到无足轻重;迟到的激励又可能会使销售人员觉得画蛇添足,失去了激励应有的意义。激励如同发酵剂,何时该用、何时不该用,都要根据具体情况进行具体分析。根据时间上快慢的差异,激励时机可分为及时激励与延时激励;根据时间间隔是否规律,激励时机可分为规则激励与不规则激励;根据工作的周期,激励时机又分为期前激励、期中激励和期末激励。激励时机既然存在多种形式,就不能机械地强调一种而忽视其他,而应该根据多种客观条件,进行灵活的选择,更多的时候还要加以综合运用。

2. 激励频率

激励频率是指在一定时间里进行激励的次数,它一般是以一个工作周期为时间单位的。激励频率的高低是由一个工作周期里激励次数的多少所决定的,激励频率与激励效果之间并不完全是简单的正相关关系。激励频率的选择受多种客观因素的影响,这些客观因素包括工作的内容和性质、任务目标的明确程度、激励对象的素质情况、劳动条件和人事环境,等等。一般来说有下列几种情形:

(1)对于工作复杂性强,比较难以完成的任务,激励频率应当高;对于工作比较简单、容易完成的任务，激励频率就应该低；

（2）对于任务目标不明确、较长时期才可见成果的工作，激励频率应该低；对于任务目标明确、短期可见成果的工作，激励频率应该高。

（3）对于各方面素质较差的销售人员，激励频率应该高；对于各方面素质较好的销售人员，激励频率应该低。

（4）在工作条件和环境较差的部门，激励频率应该高；在工作条件和环境较好的部门，激励频率应该低。

3．激励程度

所谓激励程度是指激励力的大小，即奖赏或惩罚标准的高低。它是激励机制的重要构成因素，与激励效果有着极为密切的联系。能否恰当地掌握激励程度，直接影响激励作用的发挥。超量激励和欠量激励不但起不到激励的真正作用，有时甚至还会起反作用。比如，过分优厚的奖赏，会使人感到得来全不费工夫，丧失了发挥潜力的积极性；过分苛刻的惩罚，可能会导致人破罐破摔的心理，挫伤销售人员改善工作的信心；过于吝啬的奖赏，会使人感到得不偿失，多干不如少干；过于轻微的惩罚，可能导致人的无所谓心理，不但改不掉毛病，反而会变本加厉。

所以从量上把握激励，一定要做到恰如其分，激励程度不能过高也不能过低。激励程度并不是越高越好，超出了这一限度，就无激励作用可言了，正所谓"过犹不及"。

4．激励方向

激励方向是指激励的针对性，即针对什么样的内容来实施激励，它对激励效果也有显著影响。马斯洛的需要层次理论有力地证明，激励方向的选择与激励作用的发挥有着非常密切的关系。当某一层次的需要基本得到满足后，应该调整激励方向，将其转移到满足更高层次的优先需要上，这样才能更有效地达到激励的目的。比如对一个具有强烈自我表现欲望的销售人员来说，如果要对他所取得的成绩予以奖励，奖给他奖金和实物不如为他创造一次能充分表现自己才能的机会，使他从中得到更大的鼓励。还有一点需要指出的是，激励方向的选择是以优先需要的发现为其前提条件的，所以及时发现下属的优先需要是经理人实施正确激励的关键。

二、销售人员管理

销售人员的管理，包括组织结构的确定，人员规模的确定，以及销售人员的招聘、培训、激励、评价和报酬等。销售人员的招聘、培训、激励、评价前面内容已做了介绍，下面主要介绍推销人员组织结构、人员规模的确定以及薪酬制度的设计。

（一）销售组织结构的确定

进行人员推销，首先要确定推销队伍的组织结构，按照一定因素对销售人员进行组织划分，充分发挥销售人员的作用，保证推销工作的效率。人员推销的组织结构有四种基本形式。

1. 区域结构式

区域结构式即将企业的目标市场分为若干个区域,每个销售人员负责一个特定区域内各种商品的推销业务。这是最简单的也是采用最普遍的一种组织结构形式。其优点是:结构清晰,便于整体部署;销售人员的活动范围与责任边界明确,有利于管理与调整销售力量,有利于销售人员与当地商界及其他公共部门建立良好关系;此外还能有效减少销售人员的流动,相对节省往返旅途费用。

通常区域结构式人员推销组织结构一般只适用于产品或目标市场类似的企业采用。如果所推销的产品或进入的市场差异较大,销售人员则不易深刻了解各类顾客的需求和各种产品的特点,就会影响推销的成交率。

2. 产品结构式

产品结构式即每个销售人员专门负责一种或一类产品的销售工作,销售范围不受地域限制。由于产品技术日益复杂,产品种类增加,产品间关联度下降,销售人员要掌握全部产品的知识越来越难,因此,许多企业采用了按产品线组织其销售队伍。当企业生产产品种类较多、产品技术性较强、生产工艺较复杂时,适宜采用产品结构式。其优点是有利于实行销售业务专业化;有利于销售人员熟悉产品;有利于销售人员对顾客提供高质量的服务。但这种销售人结构对于销售人员掌握区域性市场行情不利,且容易出现不同种类产品对同一买主重复推销的情况,容易造成人力及时间的浪费。

3. 顾客结构式

顾客结构式即按照顾客的类型分派销售人员,每个销售人员负责一个或几个顾客群体的推销工作。顾客群体一般按消费者的产业特征、规模大小、职能状况等来进行分类。其优点是便于销售人员深入掌握某一类顾客的工作和需求特点并与之建立密切的联系,有针对性地开展推销活动。但这种组织形式易造成销售人员所负责的区域出现重叠,造成人力、财力的浪费。此外,当同一类型的顾客过于分散时,无疑会增加销售人员的工作负担和旅费开支,影响推销绩效。因此,该结构形式通常用于同类顾客比较集中时的产品推销。

4. 综合结构式

如果一个企业的产品种类很多,客户类型复杂,且市场比较分散时,可将以上几种推销组织结构有机结合起来使用,这种方法称为综合结构式。这些机构有区域产品组合式、区域顾客组合式、产品顾客组合式以及区域产品顾客混合式等。其优点是适应性、灵活性较强。但这种方法上下级责任关系复杂、职责交叉,对推销组织管理及推销人员的素质要求较高。

(二)销售人员规模的确定

销售人员是企业最重要的资产,也是花费最多的资产,销售人员的规模与销售量和成本具有密切关系。因此,确定销售队伍规模是人员推销管理中的一个重要问题。销售队伍规模的确定常用以下方法。

1. 分解法

这种方法首先需决定预测的销售额，然后估计每位销售人员每年的销售额，销售人员规模用预测的销售额除以销售员的年销售额来计算确定。

2. 工作量法

用工作量法来确定销售人员的规模，可分为五个基本步骤：
（1）按年销售量的大小将顾客分类；
（2）确定每类顾客所需要的访问次数；
（3）每类顾客的数量乘以各自所需的访问次数就是整个地区的访问工作量；
（4）确定一个销售代表每年可进行的平均访问数；
（5）将总的年访问次数除以每个销售代表的平均年访问数即得出销售人员规模。

3. 销售百分比法

企业根据历史资料计算出销售队伍的各种耗费占销售额的百分比以及销售人员的平均成本，然后对未来销售额进行预测，从而确定销售人员的规模数量。

（三）销售人员薪酬制度的确定

销售人员的工作环境一般都不稳定，其工作流动性大、独立性强，常有风险，难以进行日常控制。因而，其薪酬制度也应当比较灵活。销售人员常用的薪酬制度有以下几种。

1. 纯薪金制

即个人收入等于固定工资的一种报酬形式。

实施条件：当推销人员对金钱以外的东西有强烈的需求时，如荣誉、地位、能力锻炼等可采用纯薪金制。在高知识分子组成的推销队伍或实行终身雇佣制的企业常可见到这种方式。这一报酬制度的优点是易于管理；易于调动工作；易于保持员工对企业的忠诚度。缺点是缺少刺激，有可能形成大锅饭；容易给评估销售代表工作带来困难；销售下降时，销售费用不变；工资晋升制度复杂却矛盾多（须考虑工龄、能力、级别）；不能够吸引或留住有进取心的优秀销售人员。

2. 纯佣金制（纯提成制）

即按销售额（或毛利、利润）提成作为销售报酬，不存在固定工资。

$$个人收入 = 销售额（或毛利或利润） \times 提成率 \quad (9.1)$$

实施条件：已有人获高额收入，并已众所周知；收入一旦获得，有一定的稳定性和连续性；从开发工作到首次拿提成时间勿需太长。这一薪酬制度的优点是能够有效地鼓励销售人员努力工作；可以使销售成本与企业收益密切相关；企业可根据不同产品制定不同提成，以调节销售人员的行为。缺点是难以使销售人员做不能立刻使之获益的事；销售人员常采用高压战术或价格折扣，破坏企业形象；队伍难以稳定，人员难招，人心易离散。

3. 基本制（混合制）

即设置一定额，定额以下给予固定工资，定额以上按比例给予提成的一种薪酬制度。

$$个人收入 = 基本工资 + （当期销售额 - 定额）\times 提成率 \qquad (9.2)$$

这种方式既有相对固定的部分，又有与业绩挂钩的部分，因而保留了两种薪酬制度的优点。采用时应依据环境条件和岗位特点来确定薪金和佣金的合理比例。

◆ **任务实施**

第一步，对学生进行分组，每 5～6 人为一组，要求学生以组为单位，每组学生任选一种自己比较熟悉的商品，虚拟一家生产并销售该产品的企业，为其制订销售人员的激励方案，并根据产品的特性，为其选择销售的组织结构类型；

第二步，梳理制订销售人员激励方案及设置组织结构过程中遇到的问题与障碍，通过小组讨论，各小组同学提出积解决问题的可行性建议，拿出解决方案，并在此基础上，进一步修正所制订的方案；

第三步，各组把所制订的销售人员激励方案、设置的组织结构以及在制订方案过程中的体会、看法、可行性建议，做成 PPT 课件，以组为单位进行汇报交流。

◆ **总结与回顾**

激励，就是组织通过设计适当的外部奖励形式和工作环境，以一定的行为规范和惩罚性措施，借助信息沟通，来激发、引导、保持和范化组织成员的行为，有效地实现组织及其成员个人目标的系统活动。激励的方法很多，但主要是物质激励和精神激励，而激励机制则是在激励中起关键性作用的一些因素，由时机、频率、程度、方向等因素组成。此外，人员推销往往受到多种因素的影响。为保证推销工作的顺利进行，应当按照一定因素对销售人员进行组织划分，主要的组织结构形式有区域结构式、产品结构式、顾客结构式、综合结构式四种，不同的组织结构形式有不同的优缺点，企业应根据自身实际，灵活选用。另外，企业还要正确确定销售人员的规模，科学设计销售人员的薪酬制度。企业常用分解法、工作量法或销售百分比法来确定销售人员的规模，用纯薪金制、纯佣金制或混合制的形式来设计销售人员的薪酬制度。

本项目的教学重点和核心技能是企业销售人员激励方案的制订、激励机制的选择以及销售人员工资薪酬制度的设计。

◆ **复习思考题**

1. 简述销售人员的激励类型。
2. 简述销售人员的激励机制。
3. 简述人员推销的组织结构形式与工资薪酬制度。

◆ **实训练习**

1. 实训项目：模拟公司销售人员的激励方案、组织结构形式与薪酬制度设计
2. 实训目标：
（1）培养制订模拟公司销售人员激励方案的能力；
（2）培养设计销售人员组织结构形式与制定销售人员薪酬制度的能力。

2. 实训内容与方法：

根据所学知识与对实际企业调查访问所获得的信息资料，组建模拟公司。

（1）以自愿为原则，6~8人为一组，组建"×××模拟公司"，公司名称自定；

（2）制订模拟公司销售人员的激励方案，每个人以"××模拟公司销售人员激励方案"为题，制订出符合模拟公司实际的激励方案；

（3）制定有激励力的公司销售人员的激励机制；

（4）设计公司销售人员的组织结构形式，制定销售人员的工资薪酬制度。

3. 成果与检测

由教师与学生共同组成的考核小组对每一组同学完成工作任务的情况进行评价打分。

模块十 广告策略的制定

广告是企业的重要促销手段之一。如果说销售是人为的话，那么广告则起到了后援的作用。在现代企业的营销活动中，广告作为信息和信息的传播手段之一，在企业形象宣传和产品促销方面发挥着非常重要的作用。

项目一 广告媒体的选择

◆ 知识、能力、素质目标

使学生理解广告媒体的含义，了解营销中企业常用的广告媒体，能够通过不同广告媒体的优缺点分析，使学生从产品的类型、广告目标以及企业的资金实力出发，合理选择适宜的、有效力的广告媒体。

◆ 教学方法

问题导入法　课堂讲授法　分组讨论法

◆ 技能（知识）点

广告媒体的概念、种类及优缺点比较　广告媒体的合理选择

问题出在哪里？

某大型涂料生产企业，推出一种新的墙面漆，该产品的原料及工艺均来自德国，产品通过 ISO9001 和 ISO14001 质量认证，并获得国家环境保护协会的环保标志，可以说产品的质量和效果没有任何问题。在定价上走高价路线。在市场销售上，该产品几年前风靡欧洲，至今仍有较大的用户群。产品的消费群分为两类，一是家庭消费，二是工程使用（如酒店装饰）。企业为该产品准备了上千万元的启动资金，准备在产品的品牌上多下工夫。产品上市初期经过两个月的准备，已经把货铺到城市的主要终端，联系到 80 多家分销商。

基于上述的资源和准备状况，企业决定在都市主流媒介进行全方位的广告宣传，主要在收视率较高的地方电视台、读者群较大的地方性晚报、早报上发布广告信息。

在强势入市、多种媒体组合的气氛下，该产品的宣传覆盖面达到城市的 70% 以上，但花了近 400 万元的广告费进行宣传后，销售状况仍不够理想，除了原有的关系客户开发较为顺利外，依靠经销商和广告而吸引的新客户始终不多。

根据营销情景中描述的事实，学生独立思考并回答：
1. 分析并回答该企业广告媒介的选择和组合有无不当之处？
2. 请你为该企业的产品选择适宜的广告媒介。

> **引导案例**

山西人民广播电台的"健康专线"

1996年，为了适应听众市场的需求，充分体现广播的社会化服务，山西人民广播电台《市场流行网》节目专门开设了为广大患者进行医疗、医药咨询的"健康专线"直播栏目，邀请医疗、医药专家为栏目嘉宾在直播室坐诊，患者或其亲人、好友通过电话直接向专家进行咨询。每到该栏目开播的时间，热线咨询电话的显示灯就不停地闪烁，来自天南地北的咨询电话接连不断地切入直播室，专家接待不迭。不难看出，还有多少听众或患者在有意无意中接触到广播，接受着广播信息，并"对号入座""诊治"着自己的疾病，更有不少听众或患者有意无意地传递着这种信息，影响着他人。

广播广告的交流是跃动的和生动的，这种双向交流的功效是广播媒体独特的，广播媒体的意境性是丰富的和深邃的。有人说，看电视长书连播不如听广播小说连播"味道可口"，原因是广播可以使人对感知的一切事物和事理出现反跳，并依此再造一个"世界"。而电视的图像是一种成型的和定格式的表现手段，因为它的直观性，丁是丁，卯是卯，必然使人的想象空间产生局限性，必然使人的想象力受到限制。广播却可以从播报的语言、气息、情感等声音的多种表现手法中，充分开启人的心扉，掀动人的感情，产生一种最为和谐与完美的想象。所以，如果把电视比作一幅色彩艳美，一目了然的油画，广播则是一幅水墨渲染，气韵生动的国画。

◆ 工作任务分析

广告策略是企业营销组合策略的重要内容，也是企业进行产品促销的常用手段。企业营销人员在此项目实施中的主要工作任务就是对企业的产品、目标顾客的媒体习惯、广告媒体的知名度、影响力、适用范围以及企业自身的经济承受能力进行全面客观的分析，并协助企业的决策者，从经费投入与广告效应出发选择适合自己产品的有效力的广告媒体。

◆ 相关知识

一、广告媒体的概念与种类

（一）广告媒体的概念

媒体也称媒介（Medium），是指将信息传播给大众的工具，是生产者和消费者之间的中介物。信息必须借助媒体，配合以图片、文字、色彩这三种最有力量的传播符号互相补充说明，以视觉为接受的基础。

广告媒体是指传播广告信息的运载工具。它是广告者与广告宣传对象之间起媒介作用的物质手段，也是生产者与消费者之间的桥梁。

各种广告媒体都有自己的特点，互相之间可以取长补短，很少互相代替。但是，近年来随着新兴广告媒体的冲击，原有的传播广告媒体也在扬长避短、改变内容，以求生存。例如广播一方面充分继承发挥听觉方面的优势，提供完美动听的音乐节目，如立体声音乐，另一方面广播工具也向小型化发展；而报纸则在向深度、广度发展；杂志向专业化方向发展。

（二）广告媒体的种类

1. 印刷品广告

印刷品广告包括报纸广告、杂志广告、电话簿广告、画册广告等。

（1）报纸广告。报纸是一种印刷媒介，它的特点是发行频率高、发行量大、信息传递快，而且报纸可以反复阅读，便于保存。报纸广告是指刊登在报纸上的广告。根据报纸的特点，报纸广告的优点是：①覆盖面广，且发行量大；②读者广泛而稳定；③具有特殊的版面空间；④阅读方式灵活，白纸黑字易于保存；⑤选择性强，时效性强，文字表现力强；⑥传播速度快，传播信息详尽，且能多次传播；⑦制作成本低廉。

但报纸广告也有缺陷。①有效时间短。日报只有一天甚至半天的生命力，多半过期作废。②报纸以新闻为主，广告版面不可能居于突出地位，广告阅读注意度较低。③广告的设计、制作较为简单粗糙，不够精致，广告中的商品外观形象和款式、色彩不能理想地反映出来。④感染力差。广告图片运用极少，大多都是文字的编排，四周加上花边完事，不是"一长条"（一通栏）就是"豆腐干"（半通栏或三分之一通栏），千人一面，呆板单调，广告用语也模式化，一讲质量就是"国优，部优，省优"，"国际金奖"，"国际银奖"，一讲性能总离不开"国内首创"，"领导时代新潮流"，一讲售后服务也只有"实行三包"，翻来覆去就是那么几句话。

（2）杂志广告。杂志又称期刊，是一种定期出版物，有固定名称，用期号连续不断的形式，间隔地、不断地出版。杂志广告是指利用杂志的封面、封底、内页、插页为媒体刊登的广告。杂志广告的优点是：①保存周期长，便于长期保存。杂志是除了书以外，比其他印刷品更具持久性的一种媒体。杂志的长篇文章多，读者不仅阅读仔细，并且往往分多次阅读。这样，杂志广告与读者的接触也就多了起来。保存周期长，有利于广告长时间地发挥作用，这是杂志广告的优势所在。②内容专业性较强，有独特的、固定的读者群。如妇女杂志，体育杂志，医药保健杂志，电子杂志，汽车摩托车杂志等，有利于企业有的放矢地刊登相对应的商品广告。③印刷精致，感染力强。杂志广告作品往往放在封底或封里，印制精致，一块版面常常只集中刊登一种内容的广告，比较醒目、突出；且杂志有较确定的栏目，所刊登的内容比较稳定，还有一定的连续性，这些都能吸引读者阅读，对于广告读者来说，效果尤为显著。

但杂志广告也有缺陷。①周期较长，不利于快速传播。由于杂志的截稿日期比报纸早，杂志广告的时间性、季节性就显得不够鲜明。②影响范围较窄。杂志的专业性较强，杂志广告只能影响一定范围内的读者。比如《少年文艺》活泼有趣，适宜儿童阅读；《十月》内容严谨，作品质量高，适宜成人阅读。

2. 电子媒体广告

电子媒体广告包括影视广告、电台广播广告、电子显示大屏幕广告、幻灯广告等。（1）电视广告。电视广告是指一种在电视媒体上进行传播的广告形式。电视广告在播出前需要进行母带制作。目前，电视广告是所有广告媒体中的"大哥大"，它起源较晚，但发展迅速。1993年，美国的广告总收入为1340亿美元，其中仅电视广告就占54%，其它则是，报纸广告占23%，电台广播广告占4%，杂志广告占18.9%。电视广告的优点是：①面向大众，覆盖面大。电视节目收视率较高，广告插于精彩节目之前、之后或之中，观众为了收看电视节目不得不接受广告。②贴近生活，是重要的消费环节。看电视是我国家庭夜生活的一项主要内容，寓教于乐。电视的广告效果是其它广告媒体无法相比的。著名广告人大卫·欧格威无不自豪地说："如果给我1小时的时间做电视广告，我可以卖掉世界上所有的商品。"③综合表现能力强。电视广告是感性型媒体，它声形兼备，视觉刺激强，给人强烈的感观刺激，具有较强的冲击力和感染力。另外，电视广告还能够迅速地塑造品牌形象、推广产品、提升知名度，并能赋予产品情感、文化、品位等非同质化的特征，增加产品的亲和力。

电视广告的缺陷是：①电视广告制作成本高，电视播放收费高，而且瞬间消失，不易保存；②电视广告如果频率过高，或者制作粗糙，会引起消费者的反感。

（2）电台广播广告。电台广播广告是指利用广播作为媒介的一种广告形式。在电视没有发展普及之前，广播是倍受人们欢迎的。电视的兴起，将大批广播广告客户拉走，曾经有人担忧地说："广播广告注定要消失。"然而，从多年的发展趋势上看，广播广告的影响力仍然很大，它的独特魅力有其它媒体无可比拟之处。电台广播广告的优点是：①传播及时。广播能够及时地把企业信息传送给听众。广播几乎不受截稿时间的限制，可以随时播出刚刚发生或正在发生的新闻信息。②覆盖面广。听众可以不受时间、场所和位置等的影响、限制，行动自如地收听广告。有的广播电台一天24小时连续播音，一座电台可以安排好几套节目，重要节目可以重播。既可以播送新闻，又能为文化生活等多方面提供服务。广播听众不受限制，只要有语言感知和理解能力，不用考虑年龄、文化程度等因素。因此，广播拥有广泛的听众并不稀奇。③声情并茂。就人的生理现象看，听觉很容易被调动、激发。广播通过播音员抑扬顿挫、声情并茂的播音，能够感染听众的情绪。一些现场直播、录音报道，听众可以直接"听"到来自空中的信息，可以在"声"的愉悦中产生共鸣，在"情"的氛围中被同化，从而得到较强的传播效果。④制作方便。广播广告的制作不需要较多的道具、设备，节目形式可以根据需要，随时做调整，灵活性较大。⑤兼作性强。广播，相对而言，可以一边整理手头上的稿子，一边欣赏优美动听的音乐，收音机绝不会像报纸、杂志那样，独占人们的时间和注意力。收音机这种干活收听两不误的功能，赋予了它独特的魅力。边干活边听收音机里传来的信息，这样就大大增大了广告传播的范围。制作广播广告的广告主不必担心听众对广告的印象不深，广告主应该注意的是，广播广告文稿撰写人员，怎样做出吸引听众的好广告。

电台广播广告的缺陷是：①广播广告只有信息的听觉刺激，而没有视觉刺激；资料显示，人的信息来源80%以上来自于视觉，来自于听觉的只有11%；②广播广告的频段频道相对不太固定，需要经常调寻，这妨碍了商品信息的传播。

3. 户外广告

户外广告是指设置在户外的广告。户外广告主要包括：路牌广告（或称广告牌，它是户外广告的主要形式,除在铁皮、木板、铁板等耐用材料上绘制、张贴外,还包括广告柱、广告商亭、公路上的拱形广告牌等),霓虹灯广告、灯箱广告、交通车体广告、招贴广告(或称海报)、旗帜广告、气球广告等。

4. 邮寄广告

邮寄广告是指广告主采用邮寄售货的方式,供应给消费者或用户广告中所推销的商品。邮寄广告的内容包括:商品目录,商品说明书,宣传小册子,明信片,挂历广告,以及样本,通知函,征订单,订货卡,定期或不定期的业务通讯等。

邮寄广告是广告媒体中最灵活的一种,也是最不稳定的一种。

5. POP 广告

POP 广告是许多广告形式中的一种,它是英文 Point of Purchase Advertising 的缩写,意为"购买点广告、售点广告",简称 POP 广告,常见于商店或超市。

POP 广告是指在购买场所和零售店内部设置的展销专柜以及在商品周围悬挂、摆放与陈设的可以促进商品销售的广告媒体。POP 广告按外在形式的不同分为立式、悬挂式、墙壁式和柜台式四种;按内在性质的不同分为室内 POP 广告和室外 POP 广告两种。

6. 其他广告

其他广告指除以上五种广告以外的媒体广告,如馈赠广告、赞助广告、体育广告,以及包装纸广告、购物袋广告、火柴盒广告、手提包广告等。

二、广告媒体的选择

不同的广告媒体有不同的特征,所以企业在发布广告信息时要正确选择广告媒体,以求达到最佳的广告效果。准确地选择广告媒体,应考虑以下影响因素。

(一)产品因素

选择广告媒体,首先应当根据企业所要推销的产品或服务的性质和特征而定。因为各类媒体在展示、解释、可信度、注意力与吸引力等各方面具有不同的特点。

如果是技术性复杂的机械产品,宜用样本广告,它可以较详细地说明产品性能。也可以用实物表演,增加用户实感;而对于的一般消费品,则可用视听广告媒体。

(二)目标顾客的媒体习惯

不同的人会接触不同的媒体。有针对性地选择目标顾客易于接收的媒体,是增强广告效果的有效方法。例如,针对工程技术人员的广告,选择专业杂志为媒体就比较好;针对青少年、懂电脑的人来说,网络则是最有效的广告媒体;而销售玩具的企业,很少会在杂志上做广告,只能在电视上做广告。

选择广告媒体的时候,一定需要细心考虑和主动寻找。如果企业规模允许,最好成立负责产品品牌宣传的独立的广告企划部门,或者有人专门负责广告推广。

（三）媒体的传播范围

广告信息传播区域的宽窄受到广告媒体传播范围的影响。选择广告媒体，必须将媒体所能触及的影响范围与企业所要求的信息传播范围相适应。如果企业产品是行销全国的，宜在网上、全国性报纸杂志或中央电视台等广告媒体上作广告。

（四）媒体的费用

不同媒体所需成本也是选择广告媒体的重要因素。依据各类媒体成本选择广告媒体，最重要的不是绝对成本数字的差异，而是媒体成本与广告接收者之间的相对关系，即千人成本。比较千人成本，再考虑媒体的传播速度、传播范围、记忆率等因素之后择优确定广告媒体，可以收到较好的效果。广告发布之后需评价广告投资回报比。

例如，如果使用电视做广告需要支付的费用是50000元，公司预计目标顾客的收视人数为2000万人，那么，每千人支付的广告费用为2.5元。如果企业可以选择杂志作为广告媒体，所支付的费用为10000元，预计目标顾客的阅读人数为500万人，则每千人支付的广告费为2元。仅从媒体成本比较，杂志是企业更好的广告媒体。

（五）广告的内容

广告媒体选择还要受到广告信息内容的制约。如果广告内容是宣布明日的销售活动，网上、电视、报纸杂志媒体最及时。而如果广告信息中有大量的技术资料，则宜登载在专业杂志、进行网上宣传或邮寄广告媒体上。

◆ **任务实施**

第一步，首先将学生进行分组，每5~6人为一组，要求每一组都选择至少2个广告媒体（组与组之间可以重复，但全班的选择必须涵盖所有的广告媒体），并结合真实的产品促销广告，对所选广告媒体的优缺点进行讨论分析；

第二步，然后要求每一组具体选择一个实体产品，在组内讨论决定的基础上，选一个代表出来，向全班同学阐述该产品具体适合采用哪一种广告媒体做广告；

第三步，在以上两个步骤实施完成后，要求每一位同学利用课余时间做一次广告的市场调查，列举出一个现实生活中自己认为比较经典的产品广告，并用书面形式陈述企业产品广告所选用的广告媒体是否合理，理由是什么。

◆ **总结与回顾**

长期以来，电视、报纸、杂志在广告媒体组合中占有主导地位，而其他媒体则被忽视。但在现实生活中，由于电视广告受众多频道竞争越来越拥挤混杂的影响，致使观众对电视广告的抵触心理增加，广告效应已开始下降。因此，观众注意力的效果也趋于下降。一些店铺策划者发现采用印刷广告和网上广告相结合的方法，通常要比单独使用电视广告的效果好。因此，零售策划者必须每隔一段时间对不同的媒体进行检查评估，监测广告投资回报比，以决定选择购买最佳的广告媒体。

营销实践中，企业常用的广告媒体有报纸广告、杂志广告、电视广告、广播广告、户外广告、POP广告、邮寄广告等，不同的广告媒体有不同的优缺点。企业应根据自身的经济实力和产品类型，选择目标客户容易接触和乐于接受的广告媒体进行产品的促销宣传。因此，企业与广告媒体之间应该是一种目标朝向共赢的合作关系，只有广告效果好，企业盈利了，企业才愿意将广告长期持续下去。

本项目的教学重点和核心技能是不同广告媒介的优缺点分析及其正确选择。

◆ **复习思考题**

1. 简述广告媒体的概念与种类。
2. 简述电视广告、广播广告、报纸广告、杂志广告的优缺点。
3. 企业应如何正确选择适宜的广告媒体？

◆ **实训练习**

利用课余时间对自己身边的产品促销广告进行观察、调研，然后选择一些自己认为效果比较好的产品广告进行比较，并分析说明汽车、家电、服装、化妆品、旅游产品、文化用品等各适用于哪些广告媒体做广告。

项目二　广告方案的设计

◆ **知识、能力、素质目标**

使学生深刻理解广告方案设计的含义，掌握广告方案构思的主要原则，熟悉广告方案设计中的媒体运用和广告的语言艺术。

◆ **教学方法**

案例教学法　角色扮演法　课堂讲授法

◆ **技能（知识）点**

广告方案的设计　战术型广告设计　战略型广告设计

广告应该怎么做？

经过 1 年多的发展，张先生的企业已经由创业时期 3000 万元的资本，发展成为销售额超过 1.8 亿元，利润 3000 多万元的企业。其主要的产品是针对中老年常见病的中药保健品。目前，在山东、河北、江苏等市场上发展状态很好，产品以其良好的功效为广大目标客户所接受，企业计划 2009 年实现销售收入 3 亿元，利润 5000 万元。

现在，企业的销售人员有 300 多人，由于实行了保底工资加产品提成的奖励办法，销售队伍士气旺盛，产品代理商已经超过了 250 多家，但还不断有商家带着现金前来提货，要求做企业的分销商，张先生对企业的未来充满了信心。

但原先与企业合作的广告公司是一家地方性的广告公司，虽然这家公告公司在当地很活跃。但张先生觉得，企业下一步准备将业务扩大到全国市场，担心该广告公司的能力和关系不足，难以和企业很好配合。因此张先生决定分别在浙江、上海、江苏、成都和湖南选择不同的广告合作媒体,并准备参加中央电视台黄金栏目的广告招标,以求迅速占领全国市场。

根据营销情景中描述的事实,学生独立思考并回答:
1. 如果你是一位媒体公司的业务人员,你会通过什么方式来获得张先生的广告业务?
2. 请你给张先生的中药保健产品设计一个有创意的广告促销方案。

一则航空公司的广告方案设计

好的广告设计很多,一则航空公司的广告方案设计就很巧妙地把广告媒体的特点与广告想要表达的主题很好的结合在了一起:
(飞机飞行时强烈的噪声中)
某男乘客(痛苦的):"坐这个飞机轰鸣声真难受!"
(噪声突然消失)
某女乘客:"坐这架飞机就安静了!"
(出现旁白音)
——"欢迎您乘坐××航空公司的飞机。"

◆ 工作任务分析

广告方案设计是以塑造广告艺术形象为主要特征的富有创造性的思维活动。广告方案的设计是广告策略的关键环节,它的成败,直接影响到广告的表达效果。营销人员在此项目实施中的主要工作任务就是协助企业的营销部门选择适宜的广告机构和广告媒体,并同他们一起设计策划满意的的广告方案,以通过广告促销的方式引导和刺激人们的消费需求,达到扩大产品销售,宣传企业形象的目的。

◆ 相关知识

一、广告方案的设计构思

广告方案的设计是广告制作者在酝酿广告时的构想。在广告方案设计阶段,广告设计制作者要根据广告主的要求,在做过详尽的市场调查后,精心思考和策划,完成一个商品、劳务或者企业形象的综合广告方案。在生活中,我们每天都会接触到各种各样的广告。例如,"大家好才是真的好";"非常可乐——中国人自己的可乐";"不走寻常路,美特斯邦威"。那么,广告方案的设计究竟应从哪些方面入手呢?

广告方案的设计构思要遵循"真"、"简"、"奇"、"美"。攻心为上,杜绝"小和尚念经"式的设计构思,平淡、乏味、缺乏新意。

例如,麦伊广告公司长期以来一直是可口可乐公司的广告代理,1979年可口可乐公司要求麦伊广告公司重新更换一个广告主题,该广告公司立即把派驻全球各地机构富有创造力的主管全部召回纽约,经过反复激烈的讨论,最后才浓缩出一个主题,其广告设计的方案是"喝一口，笑一笑"（Have a coke and a smile）。

二、广告方案设计的媒体应用

广告方案设计不仅有广告文案设计，还包括广告宣传所使用的广告媒体的选择。目前，最主要的广告媒体是电视、报纸、杂志，但是其他的媒体形式也不可忽视。如何运用各种媒体的特点来为广告服务，同样十分重要。

例如，"西铁城"手表打入澳洲市场的广告创意，就是利用POP广告媒体，巧妙地宣传产品的质量。预告消费者某日某时某刻，该公司用飞机在堪培拉广场空投西铁城手表，谁捡到就归谁，届时飞机如期而至，数以万计的手表从天而降……试想，戴着高空落下、走时准确又不要钞票的手表，宣传的效果会怎样？还需要嘶声力竭地嚷嚷："永不磨损，世界名表"吗？还愁在老百姓中没有知名度吗？另外，公司不需花费任何费用，各大媒体竞相报道。

广告方案设计的媒体选择，同样也离不开现代科技。精工表的广告创意则充分显示了现代科技的运用：在城市的上空，突然飘来一朵彩云，这彩云不偏不倚停留在人群密集的广场上空，而且不断变幻的颜色，慢慢地映出醒目的大字："精工表世界销售总值第一"。

对于小公司而言，虽然不可能做出如此大的手笔，但并不表示他们不能充分发挥广告媒体在广告方案设计中的作用。

例如，某电风扇的广告方案设计是利用户外媒体。把电风扇放在大商场的橱窗，旁边醒目地写着："从××年×月×日起昼夜连续运转。请你计算一下，至今已连续运转了多少小时？"独特而其巧妙的构思设计引起了人们巨大的好奇心，甚至有人半夜三跑去检查该电风扇是否仍在转动。

三、广告方案设计的语言艺术

现在对于中国所有的烟民来说，非常熟悉的一句谚语"饭后一支烟，胜过活神仙"，早在19世纪末，就出现在中国的报纸广告上，是当时南洋兄弟烟草公司为其新产品"白金龙香烟"制作的广告词。事实证明，当初的广告词已成为如今瘾君子的座右铭。这说明广告方案设计的语言艺术对于广告来说是多么的重要。

由于我国的文字精练，寓意丰富。所以，广告的语言艺术体现的尤为明显。广告方案设计的语言艺术散见于各种商品广告之中。

例如，理发店的广告语言："虽是毫末技艺，却是顶上功夫"，猪饲料的广告语言："饲宝！催猪不吹牛！"，酸梅汁的广告语言："小别意酸酸，欢聚心甜甜"；粉刺药品的广告语言："只要青春不要'痘'！"；汽车的广告语言："车到山前必有路，有路必有丰田车"。

语言艺术还包括产品的商标名称和进入国外市场的译名。

可口可乐(Coca Cola)打入中国市场时，开始选译的是"蝌蚪啃蜡"，艺术性全无，无人问津，后转用"可口可乐"，美味可口，开心快乐，从此销路大增。还有"露华浓"、"家得宝"等都是如此。

◆ **任务实施**

第一步，选择 10 个以上的广告（最好是中国广告节获奖广告，选择广告的种类应该涵盖所有的广告媒体）；

第二步，将学生进行分组，每 5～6 人为一组。要求每一组选择 1～2 个广告案例，引导学生分析这些广告案例在构思方面、媒体运用方面以及语言文字方面有哪些独到之处；

第三步，每组在讨论自己所选择的广告设计方案后，再选择一个组内成员都比较熟悉的产品，共同设计策划一个有新意、有吸引力的广告方案。

◆ **总结与回顾**

广告的效果，不仅有广告媒体的作用，更重要的是，它和广告方案的设计分不开。高质量的广告方案设计能大大提升广告的宣传效果，能起到事半功倍的作用。

营销实践中，广告方案的设计构思要遵循 "真"、"简"、"奇"、"美" 的基本原则。在对广告媒体的选择方面，除了考虑传统的四大广告媒体外，有时被我们忽视的其他广告媒体在特殊的时间和地点，也能起到人们意想不到的效果。如何运用各种媒体的特点来为广告服务，同样很重要。由于中国语言文字的独特魅力，广告中的文案设计也变得格外重要。广告的语言艺术，同样是我们在广告方案设计中不可忽视的因素。

本项目的教学重点和核心技能是企业广告方案的策划与设计。

◆ **复习思考题**

1. 简述广告方案设计的基本原则。
2. 广告方案设计应从哪些方面着手？

◆ **实训练习**

每个同学选择一种自己比较熟悉的产品，为其策划设计一个广告方案，然后以组为单位进行讨论评比，并选出最优秀的广告设计方案在班上进行交流。

项目三　广告信息的发布

◆ **知识、能力、素质目标**

使学生明确广告信息是广告的重要组成部分，不同的广告信息产生的广告效应不同。学生应能根据不同广告媒体的特点、收费标准及产品宣传的目的，学会从繁杂的信息中选择对消费者最重要、最有价值的信息进行广告传播。

◆ **教学方法**

情景教学法　角色扮演法　案例教学法

◆ **技能（知识）点**

广告信息的筛选　广告媒体的确定　广告信息发布的注意事项

广告信息该怎么取舍?

赵旭婷是春江晚报广告策划部的工作人员,在"3.15"消费者权益日到来的前一个星期,她接到本市康尔美化妆品销售公司的一个业务电话,要春江晚报广告部在"3.15"这天为其"香榭丽水晶白3合1百合套装"在春江晚报上策划发布一则1/4版面的促销广告。要求广告设计要重点突出:"3.15百合行动,关爱女性,9元祛斑,买2赠1"的主题,广告语言要能鼓动女性朋友在活动期间踊跃购买,并在显耀位置标明所售产品的主要功能效用、活动时间、地点与促销方式等信息。

根据营销情景中描述的事实,学生独立思考并回答:

1. 如果你是春江晚报广告部的策划人员,按照企业对这则广告的要求,你会重点发布哪些广告信息?

2. 请策划设计出这则化妆品广告的校样?

泰诺击败老牌的阿司匹林

在药品行业,著名的阿司匹林曾经遭到过泰诺的挑战。泰诺在广告中说:"有千百万人是不应当使用阿司匹林的。如果你容易反胃或者有溃疡,或者你患有气喘、过敏或因缺乏铁质而贫血,在你使用阿司匹林前就有必要先向你的医生请教。阿司匹林能侵蚀血管壁,引发气喘或者过敏反应,并能导致隐藏性的胃肠出血。"结果泰诺一举击败了老牌的阿司匹林,成为首屈一指的名牌止痛和退烧药。

不过,这样的比较广告在我国是明令禁止的,许多比较广告纷纷落马。早在1995年,巨人吃饭香就曾因攻击娃哈哈儿童营养液"有激素,造成儿童早熟"遭到娃哈哈的起诉,最终法院判决巨人集团向娃哈哈赔款200万元,并在杭州召开新闻发布会,向娃哈哈公开道歉。

我国对比较广告的要求是不能贬低其他竞争者。不过,有时对是否贬低竞争者很难界定,"我只用力士"就属此种情况。因此,对于比较广告来说,表现形式非常重要。当初养生堂在推广"农夫山泉"矿泉水时,就曾运用比较广告,其拍摄的水仙篇电视广告直接对比纯净水和矿泉水的营养价值,一时间,纯净水、矿泉水之争迅速成为媒体热点,结果"农夫山泉"在水市场中,异军突起成为水业新贵。

◆ 工作任务分析

广告信息发布的促销作用已经众所周知,企业利用广告推销产品、开拓市场,目前已成为国内外厂家和商家的重要营销手段。营销人员在此项目实施中的主要工作任务就是协助企业的广告决策部门根据特定的广告目的、广告媒体和广告费用甄别选择最有价值的广告信息,以使企业的广告设计能在有限的时间、有限的版面内给消费者传递最有用的广告信息,以刺激诱导消费者产生购买欲望,作出购买行为。

◆ 相关知识

一、广告信息决策

广告信息决策的核心问题是设计一则能引起消费者注意或者说消费者感兴趣的广告传播信息（包括语言、文字、声音、图案、音乐、色彩等），以促使消费者采取购买行动，广告信息的决策一般包括三个基本步骤。

（一）广告信息的形成

广告信息可通过多种途径获得。例如，许多广告创作人员可以从消费者、经销商、专家及竞争者的谈话中收集灵感，也可以试着想象消费者在使用此产品时会格外关注产品的哪些属性（功能效用、质量价格、款式设计还是售后服务），以此来选择决定广告方案重点传播的信息。广告创作人员一般应设计多个可供选择的信息，以便从中进行挑选。

（二）广告信息的评价和选择

广告主应该评价各种可能的广告信息。信息首先要说明消费者对产品感兴趣的地方，并说明该产品不同于其他同类产品的独到之处，使广告信息具有很强的吸引力，具体应从以下三个方面评价选择。

（1）趣味性。务必指出能使消费者渴望或感兴趣的产品特点。

（2）独特性。理应提到该产品如何优于其他竞争对手的产品，但却不能有贬低竞争对手产品的语言。

（3）真实性。真实性是选择广告信息的一条极为重要的原则，必须考虑到消费者对广告信息真实性是否会持怀疑态度。

（三）广告信息的表达

广告效果不仅取决于它说什么，还取决于它怎么说。不同种类的产品，其表达方式是有区别的。如巧克力的广告往往与情感相联系，注重情感定位。而有关洗衣粉的广告，则更侧重于产品功效的理性定位。特别是对那些差异性不大的产品，广告信息的表达方式更为重要，能在很大程度上决定广告的效果。

在表达广告信息时，应注意运用适当的文字、语言、画面和声调，广告主题尤其要醒目易记、新颖独特，以尽量少的语言表达尽量多的信息。此外，还要注意版面、画面的大小和色彩、插图的运用，并将效果与成本进行权衡，然后做出正确的抉择。

二、广告信息发布的注意事项

为了促进我国广告业的健康发展，保护消费者的合法权益，维护社会经济秩序，保障广告发布的真实性和合法性，提倡平等竞争，就需要由国家颁布一个由广告主（企业）、广告经营者（广告公司和广告代理机构）、广告发布者（报刊、广播、电视等）三家应共同遵守执行的广告行为准则。于是，在 1994 年 10 月 27 日经第八届全国人民代表大会常务委员会第十次会议审议通过了《中华人民共和国广告法》，自 1995 年 2 月 1 日起正式施行。

我国的广告法律法规是调整广告主、广告经营者、广告发布者、广告监督管理机关以及用户和消费者之间在广告宣传、广告经营和广告管理活动中所发生的各种社会经济关系的法律规范的总称。

广告主无论发布何种广告，都要遵守《广告法》的规定。《广告法》第二章第七条明确规定："广告内容应当有利于人民的身心健康，促进商品和服务质量的提高，保护消费者的合法权益，遵守社会公德和职业道德，维护国家的尊严和利益"。同时该准则对药品、农药、医疗器械、食品、化妆品、烟草、酒类等 9 类特定的商品和服务广告又作了延伸性的限制，此类商品或服务在发布广告时，不但要遵守广告的基本准则，而且还要遵守广告的具体准则。

对于一般工业产品，《广告法》第二章第七条中有如下规定：
（1）不得使用中华人民共和国国旗、国徽、国歌；
（2）不得使用国家机关和国家机关工作人员的名义；
（3）不得使用国家级、最高级、最佳等用语。

如果工业产品广告中，涉及到产品性能、质量数据时，《广告法》第二章第十条规定："广告使用数据、统计资料、调查结果、文摘、引用语，应当真实、准确，并表明出处。"

当产品广告中涉及专利产品时，《广告法》第二章第十一条指出："广告中应当标明专利号和专利种类。未取得专利权的，不得在广告中谎称取得专利权。禁止使用未授予专利权的专利申请和已经终止、撤销、无效的专利作广告。"

在《广告法》第三章第二十四条中还规定："广告主自行或者委托他人设计、制作、发布广告，应当具有或者提供真实、合法、有效的下列证明文件：
（1）营业执照以及其他生产、经营资格的证明文件；
（2）质量检验机构对广告中有关商品质量内容出具的证明文件；
（3）确认广告内容真实性的其他证明文件。"

以上都是企业在制作发布广告时应该注意的问题。

◆ **任务实施**

第一步，对学生进行分组，每 5～6 人为一组，要求每组至少选择 2 个有代表性的广告案例，对其传播的广告信息进行趣味性、独特性、真实性分析，并看其广告信息有无违反广告法的情形；

第二步，在完成第一步工作以后，各组再选择确定 1～2 个同学们熟悉的产品品牌，要求每个同学为其设计一个广告方案，重点对广告信息进行设计；

第三步，邀请企业的广告负责人和教师一起，对学生设计的广告方案进行评价，选出优秀广告作品在本系学生中进行展览与交流。

◆ **总结与回顾**

由于广告的作用越来越明显，企业有时为了挤垮对手，独树一帜，会在广告语中使用一些自吹自擂、一鸣惊人，甚至贬低他人、抬高自己的语句，以期达到长期独领风骚、称霸市场的目的。这就需要企业在发布广告信息时必须了解《广告法》的有关条文，以免触犯法律。同时，要揣摩分析消费者对产品的兴趣点，在此基础上，设计真实性、趣味性、独特性高度统一的广告信息，并以合适的表达方式进行表达。表达时，应注意运用适当的文字、语言、画面和声调，广告主题要醒目易记、新颖独特，版面、画面的大小和色彩以及插图的运用务必要有吸引力，力争做到以尽量少的语言表达尽量多的信息。

本项目的教学重点和核心技能是企业产品广告信息的选择、确定与发布。

◆ **复习思考题**

1. 企业应如何进行广告信息的决策？
2. 企业发布广告信息时应注意哪些问题？

◆ **实训练习**

1. 实训项目：组建模拟公司并对某企业或某产品的广告信息进行设计
2. 实训目标：
（1）培养初步运用营销广告知识进行产品广告创意策划的能力；
（2）培养广告信息的初步设计能力。
3. 实训内容与方法：
根据所学知识与对某企业或某产品调查访问所获得的信息资料，组建模拟公司。
（1）以自愿为原则，6~8人为一组，组建"×××模拟公司"，公司名称自定；
（2）各组分别以"×××模拟公司"的身份，制订某企业或某产品的广告促销方案，每个人以"某企业或某产品广告策划方案"为题，设计能够体现产品独到之处的广告信息；
（3）以电视广告、报纸广告、广播广告、公交车体广告或其他广告媒体的形式将设计确定的产品广告信息进行模拟发布。
4. 成果与检测
（1）班级组织一次广告方案的评比交流，每个模拟公司选出两个优秀广告方案以PPT的方式进行演示；
（2）由教师与学生对演示的广告方案进行评估打分。

项目四　广告效果的测定

◆ **知识、能力、素质目标**

使学生明确什么是广告效果，掌握广告沟通效果与广告销售效果的测定方法，并能熟练应用直接打分法、组合测定法、实验测定法、回忆测定法、识别测定法，以及历史资料分析法和实验设计分析法对特定广告方案的效果进行具体测定。

◆ **教学方法**

案例教学法　问题导入法　课堂讲授法

◆ 技能（知识）点

广告沟通效果测定的有关方法及其应用　广告销售效果测定的有关方法及其应用

想一想，乳品广告的综合效应该怎样测定？

  2008年三鹿奶粉的三聚氰胺事件给中国的乳品企业不小的震动，乳制品的市场销售在短时期内急剧滑坡，为遏制这一事态的扩大蔓延，中国乳企开始了浴火重生、重塑诚信形象的艰难征程。各乳品企业使尽浑身招数，以公开、透明的方式拉引消费者了解乳品的生产流程。在2009年"3.15"消费者权益日到来之时，伊利启动了"放心奶大行动"。任何消费者均可通过点击悬挂于新浪网站上的"伊利数字化参观平台"登录页面，以网络视频的方式观看从奶牛饲养到机械挤奶，从产品灌装到出库流通的全部细节。蒙牛则邀请全国的普通消费者、记者、专家、政府官员和企业人士参观其产品的生产线和质量安全检测体系，让消费者亲眼目睹蒙牛放心乳品生产的全过程。夏进、庄园、燎原、好牛等地方乳企也积极跟进，一方面通过"透明窗"的方式，让消费者见证他们产品的每一个生产环节，另一方面，企业通过各种广告媒体进行产品的市场促销攻略。庄园、燎原作为甘肃的地方性品牌产品，在三鹿事件发生时，顺利通过了国家权威部门的质量安全检验，企业便借此机会，在电视、报纸、公交车、户外广告媒体上频频亮相，以真金不怕火炼的广告主题，拼全力抢占问题奶粉空出来的市场地盘，积极参与中国乳业的重新洗牌。燎原乳品在全方位广告的助推下，迅速走红市场。

  根据营销情景中描述的事实，学生独立思考并回答：
  1. 适合乳制品促销的广告媒体有哪些？其产生的广告效果应从哪些方面衡量？
  2. 请从广告媒体、广告效果、广告给消费者的记忆影响以及社会各界对广告的反应等方面设计一份乳制品广告的效果测定表，然后回答产品的广告效果主要指哪些效果？

联通公司的广告效果

  随着中国电信市场运营主体的增加，国内电信市场竞争越来越激烈。中国电信、中国联通和中国移动等通信企业纷纷在各种媒体上不遗余力地刊登广告，提高品牌知名度，争夺市场份额。中国联通自2000年以来，随着在海外的成功上市，大幅度地提高了在电视媒体上的广告投放量，有资料显示2000年上半年中国联通电视广告投入量呈快速增长的趋势。这些电视广告的渗透率如何？消费者对它们如何评价？广告起到了何种作用？为了了解和评估广告的效果，为中国联通的广告投放战略提供数据支持和决策依据，中国联通委托社会调查公司对广告效果进行了调研。

  当时联通公司主要投放六个广告（以下均为广告名称简称），主要是："篮球篇"、"婚礼篇"、"组合篇"、"千万篇"、"四海篇"、"上市篇"。通过调查、分析得知：

  (1) 三成被访者在过去两个月内曾经看过令他印象深刻的电信企业的广告，其中看过中国联通广告的最多，其次是中国电信，再次是中国移动。由此可以看出联通广告的渗透率要好于后二者。

（2）对于联通三项业务的了解程度，了解"手机上网"的人最多，超过了六成，了解"一机多网"的最少，了解"如意通"居于二者之间；了解的主要渠道，三者均是以电视和报纸为主，对于"一机多网"和"手机上网"，通过报纸和电视渠道了解的人数相差甚微，而对于"如意通"通过报纸了解的人比通过电视了解的人稍多一些。交叉显示20~30岁的人了解"如意通"和"手机上网"的人最多，30~50岁的人了解"一机多网"的人最多。

（3）对于联通广告，看过"千万篇"的人最多，其次是"篮球篇"，看过"上市篇"的人最少。比较而言，被访者对"千万篇"和"上市篇"这两个广告最容易理解，"四海篇"次之，对其余三个广告的理解程度稍差一些。对"组合篇"广告喜欢的人略多于其他几个广告，但总体来说调研对象对六个广告喜欢程度差别不大。调研显示，这六个广告的最大作用是加深了受众对联通品牌形象的认识。

◆ 工作任务分析

测定广告的效果，是完成整个广告活动不可缺少的重要组成部分。是企业上期广告活动的结束和本期广告活动开始的标志。营销人员在此项目实施中的主要工作任务就是协助企业的广告决策部门应用具体的方法技术对企业所做的市场广告从广告的沟通效果和广告的销售效果两个方面进行实际测定，为企业的广告投放战略提供数据支持和决策依据。

◆ 相关知识

一、广告沟通效果的测定

（一）广告的预测方法

1. 直接打分法

就是在目标顾客中随机抽取一个样本来对一则广告做出评价，直接填写评分问卷。关于问题的设定，可以简单直白，如"广告中的哪些因素使您购买本产品？"也可以复杂多样，如对广告引起注意的程度、广告的认知度等问题予以打分。

这种做法的理论依据是，如果一则广告的最终目的是刺激消费者产生购买行为，那么在这些指标上就都应该得高分。但是，这种方法对广告的评价往往只局限于顾客对注意力和了解力方面的形成能力。另外，直接打分法不一定能完全反映广告对目标顾客的实际影响。所以，这种方法主要用于淘汰那些质量差的广告。

2. 组合测定法

先给受试者一组实验用的广告，要求他们自由观看，等他们看完后，叫他们回忆看过的广告，并对所看广告进行最大可能的描述。以此来测定广告的效果。

3. 实验测定法

一些西方学者还通过测定受试者的生理反应来评估一则广告的可能效果。例如心跳、血压、瞳孔的扩大、出汗等。所用的仪器主要有电流计、脉搏计、形距测量管、瞳孔扩大的测量设备等。然而，这些生理测试充其量只能测量广告引人注意的程度，但无法测定出广告在可信度等方面的影响。

（二）广告的后测方法

广告的后测主要用来评估广告出现于媒体后所产生的实际沟通效果。主要测量方法有以下两种。

1. 回忆测定法

回忆测定法就是找一些经常使用该媒体沟通工具的人，请他们回忆发布于该媒体上的企业及其产品名称。请他们回想或复述所有能记得的东西。主持者在受试者回忆的过程中可以给予帮助，也可以不给。回忆结果的评分标准应是受试者的反应。评分结果可用来判断广告引人注意和令人记住的程度。

2. 识别测定法

识别测定法就是先用抽样的方法抽取某一特定沟通工具的接受者（如某一杂志的读者）作为受试者，再请他们反复阅读某一杂志，时间不限，然后说出认识杂志上众多个广告中的哪一个，最后根据识别的结果给予每一则广告三种不同的可读性评分：
（1）只注意到；
（2）尚记得名称；
（3）读过广告内容的一半以上。

二、销售效果的测定

沟通效果的测定可以帮助企业改进信息内容的质量，但却不能使人了解对产品销售的影响。如果企业想知道他最近的广告能带来多大的销售增量，或者能提高多大的品牌忠诚度，只靠广告沟通效果是不够的。必须对广告的销售效果进行测定。但是，对广告销售效果的测定比对广告沟通效果的测定要困难很多。现实中，常用以下两种方法来测定广告的销售效果。

（一）历史资料分析法

这是由研究人员根据同步或滞后的原则，利用最小平方回归法求得企业过去的销售额与企业过去的广告支出二者之间关系的一种测量方法。在西方国家，不少研究人员在应用多元回归法分析企业历史资料、测量广告的销售效果方面，取得了重大进展，尤以测量香烟、咖啡等产品的广告效果最为成功。

（二）实验设计分析法

用这种方法来测量广告对销售的影响，可选择不同的地区，在其中某些地区进行比平均广告水平强50%的广告活动，在另一些地区进行比平均水平弱50%的广告活动。这样，从15%、100%、50%三类广告水平的地区的销售记录，就可以看出广告活动对企业产品销售的影响，还可以导出销售反应函数。这种试验设计法已在美国等西方国家广为采用。

◆ **任务实施**

第一步，先将学生进行分组，每 5~6 人为一组，要求每组选择一则广告，可以是前阶段同学自己设计的广告方案，也可以是某企业或某产品正在实施的广告方案，种类不限，但要求每组的选择不得重复；

第二步，要求学生设计广告效果的调查问卷，对顾客或相关社会公众进行实际调查，搜集测定广告效果所需的有关信息资料；

第三步，选择一种或几种测定方法，根据收集到的资料信息，对广告的沟通效果、销售效果进行具体测定，为选择的广告进行打分，评价人们对其广告的反映和满意程度。

◆ **总结与回顾**

对广告效果的测定，许多企业认为它太复杂和繁琐，以至于无法直接测出其真实的效果。但是，它又是广告发布前和发布后，企业必须要做的工作。

如果要对广告的沟通效果进行评价测定，常选择直接打分法、组合测定法、实验测定法、回忆测定法和识别测定法来进行；如果要对广告的销售效果进行评价测定，则可选择历史资料分析法、实验设计分析法来进行。

本项目的教学重点和核心技能是广告沟通效果和销售效果的评价测定。

◆ **复习思考题**

1. 简述企业的广告效果具体包括哪些内容。
2. 简述企业广告沟通效果和销售效果的具体测定方法。

◆ **实训练习**

1. 实训项目：组建模拟公司并对某产品的广告效果进行评价测定
2. 实训目标：
（1）培养初步运用广告效果测定方法评价测定广告方案效果的能力；
（2）培养设计广告效果调查问卷和对顾客、社会公众进行实际调查的能力。
3. 实训内容与方法：
根据所学知识与对现实企业同类产品广告进行调查掌握的情况资料，组建模拟公司。
（1）以自愿为原则，6~8 人为一组，组建"×××模拟公司"，公司名称自定；
（2）选择××产品的广告方案，每个人以"模拟公司××产品广告效果测定"为题，具体设计广告效果测定的调查问卷，并进行广告效果的实地调查；
（3）选择合理的测定方法，根据调查掌握的资料对某产品广告效果进行具体评价测定。
4. 成果与检测

由教师与学生共同组成的考核小组对每一位同学完成工作任务的情况进行评价打分。

模块十一　销售促进策略的制定

促销是一个非常广义的概念，它包括了广告、公关、销售促进和人员推销。这里所讲的促销是狭义的促销，即单纯的销售促进，其出发点和侧重点都只是刺激消费者的购买欲望，诱导消费者在短期内进行大量购买。因此，销售促进是指"人员推销、广告和公共关系以外的，用以增进消费者购买和交易效益的那些促销活动，诸如陈列、展览会、展示会等不规则的、非周期发生的销售努力。"美国营销专家菲利普·科特勒 1988 年对销售促进所作的定义是："销售促进是刺激消费者或中间商迅速或大量购买某一特定产品的促销手段，包含了各种短期的促销工具。"从这个定义可以看出，销售促进是企业在短期内为了刺激需求而进行的各种活动，这些活动可以诱发消费者和中间商在短期内迅速而大量的购买，从而促进企业产品销售的快速增长。企业销售促进的对象有消费者、中间商和推销员。

项目一　销售促进的特点、目标及方式选择

◆ 知识、能力、素质目标

使学生深刻理解销售促进的含义、特点，了解销售促进与其他促销手段的区别。在此基础上，根据企业的营销目标合理确定销售促进的目标，并能根据产品的特点属性和企业销售促进的特定对象正确选择销售促进的时间和方式。

◆ 教学方法

情景教学法　案例教学法　分组讨论法

◆ 技能（知识）点

销售促进与其他促销手段的区别　销售促进目标的确定　销售促进方式的选择

营销情景

同一片蓝天下，A 消 C 长为哪般？

H 市是一个饮品消费很发达的市场，竞争非常激烈，曾有大大小小几十个品牌在拼杀，经过几轮洗牌，如今所剩品牌不足 10 个。其中，A 品牌为国内名牌，销量一度处于前列，但是其采用频繁的买赠政策，从"4 赠 1"到"3 赠 1"，直到没有"2 赠 1"就不卖货的地步，如今已很难再看到其产品了。B 品牌同是知名品牌，在初期它灵活运用促销提升市场份额，多种促销手段交叉并用，特别是敢于剑走偏锋，在当时其他品牌只做买赠不做特价的情况下，大胆推出特价活动，狠狠打击了一大批小品牌。但由于长

期特价，导致 B 品牌从以前市场第一的位置滑落到目前的第二位置。于是 B 品牌停止了长期特价，改为通过其他手段提高其市场销量和品牌地位。C 品牌是近年来新入市的一个品牌，它根据市场实际，灵活选择促销方式，市场份额迅速增长。在超市，C 品牌不做长期特价，而是采取灵活多变的消费者买赠活动；对待经销商，C 品牌则以陈列和返利为主，一改其他品牌以买赠为主的格局。如今 C 品牌在 H 市的销量已上升为第一。

根据营销情景中描述的事实，学生独立思考并回答：

1. 请分析 A 品牌倒下的原因。
2. 假设 B 品牌下一步的营销目标是从 C 品牌手中夺回销量第一的位置，请问应选择什么样的销售促进方式？

东方眼镜的销售促进

广州东方眼镜连锁集团，是国内最大的眼镜连锁集团之一，在广州设有 14 家分店。去年 11 月份，为刺激成熟品牌商品的销路，他们推出一项 SP 活动，在《羊城晚报》等报纸上刊登广告，发起以赠送"现金券"为主的秋季大行动。现金券从 5 元到 300 元不等，品种有护理药水、镜水和眼镜，包括浪尼卡、依莲娜、圣丹佛、罗敦斯德等 30 个品牌。每张现金券除了现金价以外，就是每个品牌的 CI 设计。因此，随着买卖的进行，商店提供给消费者的只是一种推销商品本身的信息，可以加强消费者对品牌的了解。但是，对于眼镜零售商来说，却很难建立消费者特殊偏好。这种赠送现金券的方法对于近期有购买欲望的消费者来说，是一种见效快的促销方式，也可以从同行业竞争者中争取到部分顾客。

◆ 工作任务分析

销售促进是短期的宣传、促销行为，是企业常用的重要促销工具，目的在于鼓励顾客立即购买的积极性或宣传一件产品、提供一种服务，向顾客提出了现在就购买的理由。企业营销人员在此项目实施中的主要工作任务就是在某一特定时期，根据企业销售促进针对的特定对象以及所要达到的目标，正确选择适合某一特定产品的销售促进方式。

◆ 相关知识

一、销售促进的特点

销售促进与其他促销方式相比，具有以下显著特点。

（一）见效快

企业可根据顾客心理和市场营销环境等因素，采取针对性很强的销售促进方式，向消费者提供特殊的购买机会，具有强烈的吸引力和诱惑力，能够唤起顾客的广泛关注，立即促成购买行为，在较大范围内收到立竿见影的效果。

（二）活动和政策的短期性

销售促进活动的开展只在特定的时期内进行，活动不可能长期开展。活动期间采取的优惠促销政策也只能在活动期内有效，促销活动结束后，企业的营销政策就要恢复到正常水平。如果促销活动经常化、长期化，那就失去了销售促进的意义。

（三）目标明确且容易衡量

销售促进活动的开展都有一个十分明确的营销目标。促销方案是否有效，关键就看活动结束后，促销目标的实现程度。

（四）与沟通群体的互动性

销售促进往往需要消费者或中间商积极参与，只有把他们的积极性调动起来，刺激其需求，促进其实现消费，才能达到企业的目的。因此，销售促进方案强调与沟通群体的互动性，形成良好的商业氛围和商业关系。

（五）具有直观的表现形式

许多销售促进方式具有吸引注意力的性质，可以打破顾客购买某一特殊产品的惰性。它们告诉顾客说这是永不再来的一次机会，这种吸引力，尤其是对于那些精打细算的人具有很强的吸引力，但这类人对于任何一种品牌产品都不会永远购买，是品牌的转换者，而不是品牌的忠实者。

（六）具有一定的局限性和副作用

有些方式显现出卖者急于出售的意图，容易造成顾客的逆反心理。如果使用太多，或使用不当，顾客会怀疑此产品的品质、产品品牌的可靠性、产品价格的合理性，可能会给人以"推销的是水货"的错误感觉。

二、销售促进的目标确定

销售促进又称营业推广，是指在短期内刺激消费者和经销商采取购买行为或激励推销员针对某一特定产品或市场加倍工作的一种促销措施。销售促进具有针对性强，有突发性和灵活多样的特点。国际上，常把销售促进和公共关系宣传一起视为广告和人员推销等主要促销手段的必要补充。在制定销售促进策略之前，企业必须明确销售促进的目标。

（一）针对消费者的促销目标

（1）鼓励消费者购买试用。新产品上市时经常采用免费试用等方式吸引消费者。如汽车销售中的试乘试驾活动，效果就十分好。

（2）短期促销吸引竞争对手的消费者改变购买习惯。如创维电视机曾经通过以旧换新的促销活动，吸引大量消费者改变了他们的购买习惯。

（3）争取潜在消费者尝试购买或使用。如化妆品生产厂家为鼓励潜在客户尝试购买而推出各种优惠活动。

（4）建立消费者对企业产品的忠诚度和美誉度。

（二）针对中间商的促销目标

（1）吸引中间商经营新的产品项目和维持较高的存货水平。通常销售旺季来临之前企业为增加中间商的存货，会开展销售促进活动诱导其大量购买，吸引中间商经营新产品，提高存货量，这样做一方面能转移企业库存，另一方面可在一定程度上排除竞争对手。

（2）增加销售渠道。企业为扩大销售渠道，吸引更多的经销商进货，可以针对中间商开展买赠等销售促进活动。

（3）建立中间商的品牌忠诚度，获得新的中间商的合作与支持。

（三）针对推销员的促销目标

（1）鼓励推销员支持一种新产品、新款式或新型号，激励其寻找更多的潜在顾客。

（2）刺激推销员开发新市场，激励其在淡季销售产品和推销冷落商品。

三、销售促进方式的选择

（一）选择销售促进方式应考虑的因素

在销售促进的对象和目标确定以后，企业就应针对不同的促销对象和目标选择适宜的促销方式。选择销售促进方式应考虑以下因素。

（1）销售促进目标。特定的销售促进目标往往对促销方式的选择有着较为明确的条件和要求，从而规定着销售促进方式选择的可能范围。

（2）产品特性。考虑产品处在生命周期的哪个阶段，不同的阶段表现出不同的市场特点，对应着不同的营销策略。此外还应考虑产品的品质特征及种类。

（3）销售促进的对象。不同的销售促进对象有不同的偏好，消费者往往比较感性，而经销商、零售商的购买行为却很理性。因此针对不同的推广对象要选择合适的销售促进方式。

（4）竞争对手的情况。企业在选择销售促进方式时，最好参考竞争对手以往开展促销活动时采用的销售促进方式，分析竞争对手为什么会选择这种方式，有什么优势及不足。

（5）销售促进预算。在选择推广方式前要"量入为出"，根据本次销售促进活动的预算确定选择哪种方式。

（二）销售促进方式的选择

1. 针对消费者的销售促进方式

针对消费者的销售促进方式主要包括赠送样品、折价券、集点、以旧换新、减价、交易印花、有奖销售、刮刮卡、分期付款、特别服务等。不同的销售促进方式对于消费者会产生不同的效果。如赠送样品、减价等可以让消费者瞬间产生购买欲望，从而产生购买；集点消费可以使消费者不断增加购买次数；刮刮卡等增加消费者的游戏乐趣，可以不断加深企业和产品在消费者心目中的美誉度。

这些促销方式在超级市场、百货商店等大型终端市场常常会产生事半功倍的效果，但由于终端市场具有谈判难度大、不可控制因素多的特点，所以，企业在终端市场开展促销活动，要把握操作性强、简单实用、效果显著等方面的要求。

2. 针对中间商的销售促进方式

针对中间商的销售促进方式主要包括购买折让、商品推广津贴、合作广告、联合推广、推广津贴、提供陈列设计资料、举办展览会、联谊会、销售竞赛等。

3. 针对推销人员的销售促进方式

针对推销人员的销售促进方式主要包括有组织的推销竞赛、发放红利、销售集会等。

◆ **任务实施**

第一步，选择一家卖场或一种适宜进行销售促进的产品，在某一特定时日（如节假日、企业开业庆典等），组织引导学生以小组为单位进行销售促进方式的市场调查；

第二步，对所选择的卖场或产品采用的销售促进方式，组织引导学生进行分组讨论，分析其销售促进的具体目标是什么；

第三步，以小组为单位，基于该卖场或该产品现有销售促进目标，另设计出 1~2 种销售促进方式。

◆ **总结与回顾**

促销的实质是基于消费者利益的信息沟通。就销售促进而言，营销人员必须准确理解销售促进的本质内涵，科学合理地确定所要达到的目标。在此基础上，结合企业实际，选择合适的销售促进方式，才能达到预期的效果。在选择销售促进方式时，企业的营销部门必须把握两点：一是销售促进方式不能过于陈旧，更忌模仿，要不断推陈出新；二是销售促进方式的选择确定不能偏离所要达到的目标，要紧紧围绕企业的促销目标进行。

本项目的教学重点与核心技能是销售促进方式的目标确定与方式选择。

◆ **复习思考题**

1. 简述销售促进的特点与作用。
2. 简述销售促进的主要方式方法。
3. 营销实践中一般哪些企业与产品适合销售促进的方式？

◆ **实训练习**

1. 实训项目：案例分析——里力的口香糖怎样成了畅销货
2. 实训目标：
（1）培养学生对销售促进方式的感性认识；
（2）培养学生根据特定企业、特定产品选择适宜销售促进方式的能力。

3．实训内容与方法：

（1）阅读以下案例，分析口香糖在上市初期，为什么无人问津？里力采用了什么样的促销方式，实现了口香糖市场的不断升温？这个案例给你哪些启示？

（2）先由个人阅读并进行独立思考，然后写出发言提纲，在班上进行分组交流。

美国商人里力在创制口香糖的初期，销势清淡，顾客稀少，仅有少许的儿童顾客。口香糖是不是没有赚钱盈利的商机呢？肯定不是。里力决定用心机来创造商机，他找来一本电话簿，按照簿上的地址，给每家家庭免费寄去4块口香糖，他一口气寄去了150万户，共600万块。此举令其他商人大惑不解。谁知几天以后，这一出奇的谋略奏效了，孩子们吃完里力赠送的口香糖，都吵着还要吃。聪明的里力紧接着走第二步棋：回收口香糖纸，换取口香糖。孩子们为了多得糖纸，就动员大人也大吃口香糖。这样，大人小孩一起吃，没过多久，口香糖就被里力炒成了畅销世界的热门货。

4．标准与评估：

（1）标准：能够根据案例中描述的情景，从理论与实践的结合上写出发言提纲，并能准确陈述自己的观点与认识。

（2）评估：每个人的发言提纲，可作为一次作业，由教师与各组组长组成的评估小组对其进行评估打分。

项目二　销售促进方案的制订

◆ 知识、能力、素质目标

使学生深刻理解一个完整的销售促进方案所包括的主要内容，并能比较熟练地掌握销售促进方案制订的一般方法。在此基础上，能够根据销售促进目标，结合企业的产品特点与市场状况制订出针对性强、效果优的销售促进方案。

◆ 教学方法

案例教学法　角色扮演法　分组讨论法

◆ 技能（知识）点

销售促进方案的基本框架与内容　销售促进方案的具体制订

市场也分南热北冷吗？

某品牌清洁剂在江南地区的销售一直很好。为进一步扩大市场，公司决定开拓东北市场，并确定哈尔滨、长春等地为产品促销的主打市场。连续数月，该市营销人员发起了广泛的营销宣传攻势，广告费、进场费、人员费用投入不少，并进行了大量的铺货工作，但进货终端却总不卖货，甚至有些终端已经开始打电话要求撤货。

应该说，负责该地区市场的营销人员做了大量的工作，但销量却上不去。问题到底出在哪里？公司针对该市的营销工作进行梳理分析后认为：既然该清洁剂在南方市场有大量消费者使用，证明产品的质量功效和去污能力没问题，因此，关键是要让消费者使用一次，然后就会产生重复购买。目前营销重点只放在终端上，虽然把货铺到了终端，但是如何让消费者关注该清洁剂并进行首次购买，才是整个销售促进工作的核心。

于是，营销人员重新设计了销售促进方案和执行工作。几个月后，该品牌清洁剂销量持续攀升，市场份额稳步扩大。

根据营销情景中描述的事实，学生独立思考并回答：
1. 消费者的消费体验或经验真的是产品销售的关键和核心吗？
2. 如果你是该地区的市场营销主管，你会如何重新设计销售促进方案？

台湾XX百货分店开幕销售促进方案

一、**活动构想**：以现场简单多样的促销活动为主，营造热烈的购物氛围，并考虑节日特点，选择多种传播媒体配合开幕活动造势。

二、**活动时间**：2000年9月28日—2000年10月8日（计11天）

三、**活动名称**：开幕盛大酬宾

四、**活动构架**：由主力促销活动，抽奖、多样促销活动及场外表演、气氛活动构成，配合辅助传播媒体。

1. 主力促销活动

活动名称：满2000送50。

活动方法：活动期间，顾客当日在卖场累计购物满2000元即送50元提货券，提货券可在全场使用。

2. 抽奖活动

活动名称：广播开奖，时尚玩物随时拥有。

活动方法：百货播音室在每一准点开出几个幸运数字，凡购物顾客的有效缴款凭证上的号码与幸运数字吻合，即可凭中奖的缴款凭证至兑奖处领奖。

奖品设置：新力MD机、MP3播放器、时尚滑板车、迷你相机等精美奖品。

3. 多样促销活动

活动名称：旧时尚换新时尚

活动内容：

（1）凭旧时尚杂志换开幕提货券（每天限兑500本）。①顾客可以将自己旧的时尚杂志拿至本百货兑奖处换取开幕提货券；②工作人员将根据时尚杂志的原价值之保存的完好程度进行兑换。

（2）凭其他时尚百货店或购物中心VIP卡可换取本百货的VIP卡。顾客可将自己原先的其他百货店或购物中心（包括已倒闭的百货店）的VIP卡至活动地点换取本百货的VIP卡。

（3）运动城全新亮相：速度投篮、寻找奥运明星、足球射门。

（4）场内表演活动。2000年秋冬流行服饰发布，由品牌厂商在美人鱼广场举办新品种展示活动，公布最新服装流行信息。

（5）创意 T 恤设计比赛。从即日起至 9 月 22 日止。在一楼服务台填写报名表，并将自行设计创意的靓 T 恤亲自交至一楼服务台或邮寄，于 9 月 25 日—10 月 10 日进行创意 T 恤展出。

（6）敢秀做真我。凡 9 月 28 日至 10 月 9 日在馆内购任何商品，都可免费参加 SPORT 100 运动形象秀，赢取精美礼品。参赛时间：每天晚 7 点；比赛方法：领取号牌，选手在 T 台上展示两周，重点是其当日所购货品与其整体形象搭配，由观众现场投票。

◆ 工作任务分析

完善的销售促进方案是实现销售促进目标的重要保证。企业的销售促进目标、选择的销售促进方式等均要体现在销售促进方案中。营销人员在此项目实施中的主要工作任务就是要在企业所提供刺激的大小、参与者的条件、促销时间的长短、促销媒体的分配、促销时机的选择、促销总预算等方面做出科学决策，在此基础上，协助企业营销部门制订出适应某一特定时期或要求的、有较强激励力的销售促进方案。

◆ 相关知识

一、销售促进方案的内容

要制订销售促进方案，必须首先明确销售促进方案应包括哪些内容。一般来讲，一个完整的销售促进方案应包括以下主要内容。

（一）销售促进的形式与范围

销售促进的形式是根据促销对象和产品所确定的具体推广方式而定。而销售促进的范围是指产品范围和市场范围的确定与划分。

就产品范围而言，不管是制造商还是经销商都不会经营单一的产品，因此，设计销售促进方案之前应考虑本次促销活动是针对整个产品系列还是只针对某一特定产品；是针对市场上正在销售的产品，还是针对特别设计包装的产品。

就市场范围而言。一次销售促进活动可以针对全国甚至全世界所有的市场同时开展；也可以只针对某些地区开展；或在很多市场同步推出，究竟在多大的市场范围内开展，必须在方案中明确。

（二）折扣率

折扣率是指企业对推广产品所做出的价格折扣幅度。折扣率的大小对推广产品的现场促销具有直接影响。企业在确定折扣率时，要对以往的销售促进实践进行分析总结，力求产生最大的销售反应，并结合新的环境条件确定适宜的刺激程度。

（三）销售促进对象

销售促进针对的是消费者、中间商还是推销员。

（四）销售促进媒介

决定如何将本次销售促进活动的信息传递给目标对象。

（五）销售促进时间

何时进行销售促进，何时宣布，持续时间及频率等。企业举办销售促进活动一般会选择以下时机开展活动。

（1）传统节假日。如元旦、春节、中秋节、端午节等。
（2）重大社会活动。如香港回归、申奥成功、抗震救灾、改革开放30周年等。
（3）企业周年庆典。
（4）引进外国文化的节日。如圣诞节、情人节、母亲节等。
（5）竞争对手开展销售促进活动时。
（6）其他企业认为需要开展销售促进活动的时机。

（六）销售促进预算

销售促进方案要根据企业销售促进的目标和范围，确定一个适当的促销规模，制订出企业的促销经费预算，并将促销经费和资源分配到各种促销方式上，以形成具体预算安排。

（七）销售促进的限制

即销售促进对象必须具备什么资格才能参加销售促进活动。

除以上内容之外，为保证销售促进活动的顺利开展，还必须制订其他的一些条款。如针对消费者的销售促进，要确定奖品的具体兑换时间、优惠券的有效期限、游戏规则等。对中间商的销售促进应明确中间商付款的期限、购买的数额等。

二、销售促进方案的制订

企业销售促进方案的制订。主要是对以上内容的决策与确定。具体包括所提供刺激大小的确定、参与者条件的确定、促销时间长短的确定、促销媒体的分配、促销时机的选择、促销预算的确定与分配等。

（一）确定所提供刺激的大小

要想取得销售促进的成功，一定限度的诱因是必需的。销售反应函数表明：诱因规模低于一定限度时销售反应很小，诱因规模达到一定水平时才会使促销活动开始引起足够的注意，诱因规模超过一定限度时诱因将以递减的形式增加销售反应。所以，市场营销管理部门应该通过考察销售和成本增加的相对比率，确定实现成本效益最佳的诱因规模。需要指出的是，较高的刺激程度会产生较高的销售反应，但其增加率却是递减的。

（二）决定参与者的条件

决定参与者的条件，也就是确定哪些人可以享受销售促进的优惠。通过确定参与者的条件，企业可以在一定程度上限制销售促进参与者的规模，可以有选择地排除那些不可能成为商品固定使用者的人。企业在决定参与者的条件时，既应考虑销售促进这一短期目标的要求，同时也要着眼于企业长期发展的需要。一般来说，刺激物可向每个人或者经挑选的团体提供。赠品可以仅仅提供给那些出示购物发票的消费者。

（三）决定促销的持续时间

如果销售促进的时间太短，许多顾客就不可能尝到甜头，因为他们可能来不及再次购买。如果持续的时间太长，交易优待则会失去其"即时发挥作用"的效力。理想的促销周期长度要根据不同产品种类乃至不同的产品特点来确定。

（四）促销媒体的分配

市场营销部门还要决定如何将促销信息传递给目标市场，选择好信息传递的媒体组合。一张20元的折价券可以通过这样几种途径来分发：如放在包装内在超市里分发、邮寄或附在广告媒体上。每一种分发方式的到达率、成本和影响都不同。

（五）决定促销时机

促销时机如果选择不当，将会导致企业销售促进的努力达不到预期的效果。市场营销部门在决定促销时机时，应从实际出发，综合考虑促销目标、顾客购买习惯、竞争者的营销策略等因素的影响。例如，制订出全年促销活动的日程安排，日程安排包括生产、销售和分销。有时需要一些临时性的促销活动，这就要求短期内组织协作。

（六）确定促销预算

促销总预算可以通过两种方式确定。一种是从基层做起，营销人员根据所选用的各种促销方式来估计它们的总费用。实际上，销售促进总成本 Pc 是由管理成本 Ac（如印刷费、邮寄费和促销活动费）加诱因成本 Ic（如赠奖、折扣等成本）乘以在这种交易活动中售出的预期单位数量 Qe 组成的，即：

$$Pc = (Ac + Ic) Qe \qquad (11.1)$$

就一项赠送折价券的交易来说，计算成本时要考虑到只有一部分消费者使用所赠的折价券来购买。就一张附在包装中的赠券来讲，交易成本必须包括奖品采购和奖品包装成本再扣减因包装引起的价格增加。

另一种更通常使用的制订促销预算的方法，是按习惯比例来确定各促销预算费占总促销预算的若干百分比。例如，肥皂的促销预算占总促销预算的30%，而清洁剂的促销预算则可能要占到总促销预算的50%。另外，在不同市场上对不同品牌的促销预算百分比是不同的，并且还要受到产品生命周期的各个阶段及竞争者的促销支出的影响。

◆ 任务实施

第一步，以某一产品的销售促进方案为例，组织学生分组讨论如何制订销售促进方案；

第二步，某一重要节日来临（如元旦、圣诞节、三八妇女节，甚至新生报到的日子），组织学生以小组为单位针对某商业机构或产品设计制订一个销售促进方案；

第三步，各小组的销售促进方案先在小组间进行交流对比，然后各组抽选出两份比较优秀的销售促进方案在班上进行交流,并由老师总结点评。

◆ **总结与回顾**

销售促进方案是企业开展销售促进活动的蓝本和规范。为了保证销售促进方案能达到预期的效果,营销人员必须从市场调研入手,在认真分析销售促进目标的基础上,在费用、活动对象、时间、方式、效益等方面作出科学的决策,最终制订出符合行业特点、适应市场实际的企业销售促进方案。

本项目的教学重点与核心技能是企业销售促进方案的制订与活动的策划。

◆ **复习思考题**

1. 简述影响销售促进方案制订的主要因素。
2. 试述销售促进方案的主要内容。

◆ **实训练习**

1. 实训项目:组建模拟公司,制订企业或企业产品的销售促进方案
2. 实训目标:
(1)从实践层面进一步加深学生对企业销售促进的理解;
(2)培养学生具体制订企业销售促进方案的能力;
(3)培养学生策划、组织销售促进活动的实际工作能力。
3. 实训内容与方法:

根据所学知识以及对现实同类企业销售促进活动的调查了解,制订模拟公司产品的销售促进方案。

(1)以自愿为原则,6~8人为一组,组建"×××模拟公司",公司名称自定;
(2)根据公司的实力、产品特点及销售促进的目标,以某一节日促销为特点,制订出一个完整的销售促进方案;
(3)与有关企业联系,让学生以企业工作人员的身份参加一次销售促进活动,现场观察体验顾客的购买行为和企业的促销实践,以训练学生策划组织销售促进活动的能力。

4. 标准与评估

(1)标准:能够根据模拟公司的实力、产品特点与促销目标,制订出完整的销售促进方案;能够通过参与现实企业或企业产品的销售促进活动,独立组织策划一场促销活动(可以班级模拟的方式或与超市、药店、眼镜店、书店、饰品店等联合的方式进行)。

(2)评估:每个人提供一份模拟公司产品的销售促进方案,作为一次作业,由教师与各组组长组成的评估小组对其进行评估打分。

项目三 销售促进方案的组织实施

◆ **知识、能力、素质目标**

使学生能以营销人员的身份准确理解销售促进方案的内容。在此基础上,针对目标市场,协调组织企业各种资源,有计划、有步骤、创造性地组织实施销售促进方案,并

能在方案实施中发现问题，及时纠偏。

◆ **教学方法**

情境教学法　角色扮演法　现场体验法

◆ **技能（知识）点**

销售促进方案的理解与把握　销售促进方案的具体实施　销售促进方案的效果评价

减肥品为什么没有"火"起来？

某减肥品经销商在南方某市举办了主题为"减肥效果万人大公证"的促销活动。希望通过这次活动，扩大产品的尝试人群，以便形成回头购买和口碑传播效应。经销商为使这次促销活动达到预期的目的做了大量的前期工作，但促销活动的结果却不尽如人意，这使他大惑不解，垂头丧气。现在就让我们回放一下此次促销的全过程。

1. 时间："3.15"消费者权益日。地点：市区某大药房门口
2. 内容：3月15日只需花19元就可以购买价值50元的××减肥胶囊。
3. 活动前媒体宣传

（1）3月12日、14日分别在当地《××日报》作促销活动宣传；

（2）3月10日至15日在当地广播电台发布促销活动广告。时间从早8：00至晚9：00，每天20次滚动播放；

（3）3月8日至15日（一周）在市区某大药房门口悬挂一条宣传横幅。

4. 活动经过

（1）现场促销员6名，由于报酬高，加上进行了临时培训，积极性很高，一开始就基本进入状态。

（2）为了增加活动气氛；让咨询顾客对活动及产品能快速准确了解，在活动现场制作大展板两块：一块介绍产品，一块介绍活动内容。顾客来咨询时，促销员一边发DM单，一边介绍活动及产品。

5. 活动结果

现场只来了50多名咨询顾客，其中32人当场购买产品，合计销量80盒。据事后统计70%买3盒，15%买4盒，10%买2盒。

根据营销情景中描述的事实，学生独立思考并回答：

1. 本次减肥产品促销活动不火的主要原因是什么？
2. 如果你是该减肥产品的经销商，计划在五一节期间再组织一次促销活动，应如何设计并实施销售促进方案？

滞销罐头成了热销品

美国一食品公司罐头滞销，请营销专家帮忙。营销专家给出的办法是，在罐头的外

包装上印上谜语，注明谜底在罐头底，吃完罐头便可得知。产品包装生动活泼，极富情趣。很快，滞销的罐头成了热销的产品。

◆ 工作任务分析

一个完整的销售促进方案，必须要得到缜密的组织实施才能达到期望的效果。企业营销人员在此项目实施中的主要工作任务就是准确理解销售促进方案，认真分析实施环境，充分估计到实施中可能出现的问题，提前设计好解决对策。并在活动现场，按照自己的工作分工和职责范围组织引导活动顺利开展，观察活动细节及存在的问题，做好反映活动效果的信息搜集工作，为企业下一次销售促进活动更有成效地开展提供事实依据和对策建议。

◆ 相关知识

销售促进方案制订好后，下一步的工作就是有计划、有组织地付诸实施，防止出现偏差，确保执行到位。在方案正式实施阶段，企业相关负责人一定要做好控制工作，保证销售促进活动严格按照具体操作计划实施，同时及时收集销售促进过程的信息，以便制订相应的应对措施。销售促进方案的执行一般包括方案预试、方案实施与控制、方案评价三个环节。

一、销售促进方案的预试

虽然销售促进方案是在经验基础上制订的，但仍应经过预试以确认所选用的促销方式是否适当，诱因规模是否最佳，实施的途径是否可行。面向消费者市场的销售促进能够轻易地进行预试，可邀请消费者对几种不同的可能的优惠方法作出评价，给出评分，也可以在有限的地区范围内进行试用性测试。

二、销售促进方案的实施与控制

对每一项销售促进工作都应确定实施和控制计划。实施计划必须包括前置时间和销售延续时间。前置时间是从开始实施这种方案所必需的准备时间。它包括：最初的计划工作，设计工作，材料的邮寄和分送，与之配合的广告准备工作，销售现场的陈列，现场推销人员的选择，个别分销商地区定额的分配，购买特别赠品和印刷包装材料，预期存货的生产，存放到分销中心准备在特定日期发放。还包括给零售商的分销工作等。

三、销售促进的结果评价

企业可用多种方法对销售促进结果进行评价。评价程序随着市场类型的不同而有所差异。例如，企业在测定对零售商促销的有效性时，可根据零售商销售量、商店货档空间的分布和零售商对合作广告的投入等进行评估。企业可通过比较销售绩效的变动来测定对顾客促销的有效性。在其他条件不变的情况下，销售的增加可归因于销售促进的影响。

◆ 任务实施

第一步，组织引导学生解读某一产品销售促进方案的内容，讨论方案实施中可能出现的问题并提出解决办法；

第二步，邀请某企业营销经理就企业某产品销售促进方案的实施过程给学生作专题讲座，并进行讨论互动；

第三步，针对某一特定群体（如刚入校的新生或即将离校的毕业生），要求学生每5人为一组设计一个能满足这一特定消费群体需求的某产品的销售促进方案，并利用双休日或课余时间进行具体实施；

第四步，对该产品校园销售促进方案实施效果进行评价分析，总结经验与不足。

◆ **总结与回顾**

说得好不如做得好！再完善的销售促进方案如果在实施环节出现失误，也难以达到企业预期的效果。实施环节既是对销售促进方案的落实，同时也是对方案本身是否科学合理进行的最后一次检验。方案中一些小的不足完全可以在实施环节予以弥补。因此营销人员做好、做细、做正，保证销售促进方案组织实施到位，对整个销售环节和市场反映（知名度和美誉度）都很重要。

本项目的教学重点和核心技能是销售促进方案的组织实施。

◆ **复习思考题**

1. 销售促进方案的实施包括哪些步骤？
2. 销售促进方案组织实施中应注意哪些细节？

◆ **实训练习**

1. 要求学生自己联系，利用寒暑假或节假日参与某企业产品的销售促进活动，并以书面形式写出参与促销实践的感受体会。

2. 前几年，河南省唐河县桐寨乡的农民种植了1300公顷蔬菜，收获季节时，日上市量高达20万公斤。但由于菜多而购买者少，虽有地处312国道优越的交通条件，可仍有大量蔬菜积压，无法销售出去，许多农民只好将其用来喂猪。后来，农民终于自己想出了好办法，大量的蔬菜源源不断地销往全国各地。从此，桐寨乡的农民走上了富裕的道路。

讨论：

（1）农民想的是什么办法？

（2）你认为还有什么更好的方法来扩大蔬菜销售，能使农民的收益更大？

模块十二　公共关系策略的制定

公共关系是企业或组织为了营造良好的外部发展环境，与它的各类公众建立有利的双方关系，而采取的有计划、有组织的行动。企业公共关系是近年来发展起来的一门独特的管理技术，它有利于树立企业良好的形象，沟通与协调企业内部以及企业与社会公众的各种关系，有利于企业的长远发展。从促销的角度考察，公共关系也是一种重要的促销方式。它通过公关活动，宣传企业及企业的产品，让社会公众了解企业产品的功能效用及其提供的服务，引导顾客购买，促使社会公众支持企业的营销活动，从而拓展市场，促进产品销售，提升企业的社会价值及其影响力。

项目一　公关计划的制订

◆ 知训、能力、素质目标

使学生深刻理解公关促销的本质内涵，熟悉公关计划的主要内容。在此基础上，能根据企业的营销目标并结合目标公众的特点，选择恰当的公关活动方式，能比较熟练地制订具有新意的公共关系计划。

◆ 教学方法

案例教学法　角色扮演法　体验教学法

◆ 技能（知识）点

公共关系促销的内涵　公关计划的内容　公关计划的具体制订

亨氏番茄酱为什么没有"销路亨通"？

2005年2月，英国食品标准局在官方网站上公布了一则通告：亨氏等30家企业的产品中可能含有具有致癌性工业染色剂"苏丹红一号"。随后，一场声势浩大的查禁"苏丹红一号"的行动席卷全球。就在英国食品标准局把这则通告发出十多天之后的3月2日，北京市查出了含有"苏丹红一号"的食品，经检测认定，某地产的亨氏番茄酱中含有"苏丹红一号"。

面对这场空前严重的公关风暴，亨氏企业选择了沉默。在一连串声讨声中，企业并没有及时制订一套完整的危机处理方案。迫于舆论压力，亨氏企业停止这些产品的生产和销售，同时宣布召回所有存在问题的食品。亨氏宣布：消费者可以将没有开封或食用后剩余的产品，连同邮寄费用单据一同寄回亨氏公司，公司负责支付全额退款和相应邮费。这一举措被认为是缺乏退换诚意，并不能方便消费者进行退换，这与国际通行的上门退货的做法背道而驰。更不可思议的是，面对危机事件，亨氏不是采取积极的态度去进行公关活动，挽回负面影响，而是将重要的质量检查工作失误归咎于原料供应商。本来可以借此机会策划一场挽回企业声誉的公关活动，反而却再次暴露了亨氏公关意识和公关能力的缺失。

就"苏丹红"事件的影响，有关机构做了一项专题调查，其中82%的消费者认为亨氏原料把关太差，道歉也没有；89%的消费者认为亨氏的承诺不可信；被问及会否再次购买亨氏的产品时，67%的被访者认为不会，29%的认为会尽量减少购买。

根据营销情景中描述的事实，学生独立思考并回答：
1. 从营销与公关的角度，分析亨氏企业犯了什么错误？
2. 假如你是亨氏企业的公关人员，你会怎样处理这起危机事件？

港湾公寓的公关计划

美国芝加哥市一家房地产公司在密执安湖畔建造了几幢质量一流、设施良好的豪华公寓，命名为港湾公寓。港湾公寓虽然景色迷人，服务优质，价钱合理，但开业三年来，只售出了35%；降价后仍不见起色。这家公司决定通过公共关系活动推动销售。

首先，找出了影响出售的原因。经过对附近住户和居民的民意测验，发现在密执安湖畔居住的公众对公寓存有偏见。如，住进去是否会太清静寂寞，交通不便是否会影响购物，小孩上学怎样办，尤其是缺乏娱乐和夜生活。针对这些问题，确定了港湾公寓的整体目标，即创造推销公寓的良好气氛，变滞销为抢手的公寓。

1. 制定实施分目标

为了实现这一整体目标，具体制定了实施的分目标：①在公众中树立公寓内部环境与社会服务设施相配套的完整形象；②在公寓已有住户中建立融洽的内部环境与和谐的气氛；③改善公寓外部交通条件；④争取本地意见领袖入住港湾公寓，达到劝服公众的目的；⑤制造新闻，提高知名度。

2. 选定公众对象

对应上述目标，分别选定公众对象：①确定潜在公众为各类公众对象的优先目标；②现有住户；③一般大众和政府部门；④意见领袖；⑤新闻记者和一般大众。

3. 制订具体行动方案

港湾公寓的行动方案是：①完善港湾的生活服务设施，如开设商店、音乐厅、酒吧、游泳池以及学校、幼儿园等；②选定感恩节开展各种活动，如通过已有住户向其亲友发贺年片、明信片、组织马戏团演出等；③资助政府建造小岛屿和陆地连接的公路；④组织政府、企业家、体育电影明星等社会名流参观公寓；⑤组织芝加哥历史纪念品大拍卖活动，为建筑教育基金捐款；⑥利用美国国旗制定二百周年之际，在公寓楼前组织升旗仪式。

这些活动计划为港湾公寓以后的公共关系活动奠定了良好的基础。从他们编制公共关系计划的全部构思不难看出，公寓之所以能在较短的时间内，改变原来的滞销状况，实现了最终目标。其中很重要的一点，就是他们针对当时存在的主要问题，即已经直接影响公寓存在与发展的问题，坚持了目标管理的思想，在具体策划公共关系活动项目时，自始至终都是互相关联，承上启下，有条不紊。

◆ 工作任务分析

公共关系作为一种沟通手段,能够获得长期效应,具有很高的可信度。凡事预则立,不预则废。良好的公关效果源于缜密的公关计划。企业营销人员在此项目实施中的主要工作任务就是根据企业的营销目标,详细调研市场需求、公众状况,在此基础上,协助企业公关人员制订出符合企业产品形象特点的公共关系计划。

◆ 相关知识

一、公关促销的概念与活动方式

(一)公关促销的概念

产品促销并不是公共关系的主要功能。公共关系的促销功能,是从公共关系的其他功能中派生出来的。用塑造良好的企业形象来提升企业的竞争力,是公共关系促销的显著特点之一。所谓公共关系促销,是指综合运用企业影响范围内的空间和时间因素,向消费者传递理念性和情感性的企业形象和产品信息,从而激发消费者的需求欲望,使其尽早采取购买行为的一种手段。公关促销活动能够协助企业完成以下任务:

(1)协助新产品上市;
(2)协助成熟期产品的再定位;
(3)增强消费者对某一产品的兴趣;
(4)影响特定的目标群体;
(5)保护已出现公众问题的产品;
(6)建立有利于表现产品特点的公司形象。

(二)公关促销的活动方式

营销实践中,企业常用的公关活动方式有以下几种。

1. 通过新闻媒介传播企业信息

这是企业公共关系最重要的活动方式。通过新闻媒介向公众介绍企业及企业产品,不仅可以节约广告费用,而且由于新闻媒介的权威性和广泛性,使它比广告效果更为有效。这方面的活动包括:撰写各种与企业有关的新闻稿件、举行记者招待会、邀请记者参观企业等。

2. 加强与企业外部组织的联系

在企业的公关活动中,企业应同政府机构、社会团体以及供应商、经销商建立公开的信息联系,争取他们的理解和支持,通过他们的宣传,树立企业及其商品的信誉和形象。

3. 借助公关广告

企业可以通过公关广告介绍宣传企业,树立企业形象。公关广告大致分为以下几种:一是致意性广告,即在节日或厂庆时向公众表示致意或感谢;二是倡导性广告,即企业率先发起某种社会活动或提倡某种新观念,可借助于公益广告的形式;三是解释性广告,即将企业或产品某方面的情况向公众介绍、宣传或解释。

4. 举行专题活动

通过举行各种专题活动，扩大企业影响。这方面的活动包括：举办各种庆祝活动，如厂庆、开工典礼、开业典礼等；开展各种竞赛活动，如知识竞赛、技能竞赛；举办技术培训班或专题技术讨论会等。

5. 参与各种公益活动

通过参与各种公益活动和社会福利活动，协调企业与社会公众的关系。这方面的活动包括：安全生产和环境卫生，防止污染和噪音，赞助社会各种公益事业、慈善捐助等。

二、公关计划的制订

《礼记·中庸》曰："凡事预则立，不预则废。"公关促销能否达到预期的效果，关键在于企业是否有缜密的公关计划。公关计划的形成一般要经过以下六个步骤。

（一）确定公关计划所要达到的最终目标

参照英国公共关系专家弗兰克·杰夫金斯绘制的目标清单，常用的公共关系目标概括起来有16种。

（1）新产品、新技术、新服务项目开发之中，要让公众有足够的了解。

（2）开辟新市场，新产品或服务推销之前，要在新市场所在地的公众中宣传企业的声誉，提高知名度。

（3）转产其他产品时，要调整企业对内对外形象，树立新的企业形象与新产品相适应。

（4）参加社会公益活动，并通过适当方式向公众宣传，增加公众对企业的了解和好感。

（5）开展社区公共关系活动，与企业所在地的公众沟通。

（6）本企业的产品或服务在社会上造成不良影响后，进行公共关系活动。

（7）为本企业新成立的分公司、新的销售店、新的驻外办事处进行宣传，使各类公众了解其性质和作用。

（8）让企业内外的公众了解企业高层领导关心社会、参加各种社会活动的情况，以提高企业声誉。

（9）发生严重事故后，要让公众了解企业处理的过程、采取的方法，解释事故的原因以及正在做出的努力。

（10）创造一个良好的消费环境，在公众中普及同本企业有关的产品或服务的消费方式、生活方式。

（11）创造股票发行的良好环境，在本企业的股票准备正式上市挂牌前，向各类公众介绍产品特点、经营情况、发展前景、利润情况等。

（12）通过适当的方式向儿童了解本企业产品的商标牌号、企业名称。

（13）争取政府对企业性质、发展前景、需要得到支持等情况的了解，协调企业与政府的关系。

（14）赞助社会公益事业。

（15）准备同其他组织建立合作关系时，对企业的内部公众、企业的合作者及政府部门宣传合作的意义和作用。

（16）处在竞争危急时刻，通过联络感情等方式，争取有关公众的支持。

公关目标确立后，公关人员还应考虑排列顺序，使公共关系工作按照各类目标的轻重缓急，分别实施。排列顺序要与企业的整体目标相一致，按其重要程度和实施时间先后排成目标时间表，目标时间表要优先排列立即实施的目标。

（二）选择公众对象

编制公关计划，自然要确定公共关系工作对象——公众。选择公众对象对于企业来说，会涉及到如何有效地与各类公众建立交往，运用何种媒介向哪类公众传递信息，怎样在有限的预算内与公众接触等，这些都是与企业存在发展密切相关的问题。因此，公关人员认识与熟悉企业所面临的各类公众是十分重要的。

1. 依据公众与企业的密切程度划分

（1）首要公众。与企业联系最密切、最频繁的一部分，对企业的发展前途和现状均有重要的制约力和影响力。如员工、股东、原料供应者、代销者、批发商、顾客、用户等。公关人员对这部分公众需要投入最多的时间、人力和资金，来维护与改善企业与他们的关系。

（2）次要公众。不属于与企业联系最密切的一部分，但对企业的存在发展有相当重要的影响，又不直接发生作用。如政府公众、社区公众、传播媒介、金融机构公众、企业的竞争者等。值得注意的是，其中的一部分有可能在某一特定时期或特定条件下转化为企业的重要公众。因此，企业公关人员要投入相当多的时间、人力、资金，不断改善企业与他们的关系，争取他们的合作与支持。

（3）边缘公众。与企业联系最不密切的一部分，对企业的存在发展并不十分重要。如一般社会大众、慈善机构、宗教团体、学校等。对这部分公众，公关人员不必要投入很多时间、人力和资金，维持和改善企业与他们之间的关系。但要注意在某种变故或某些特殊情况下，这类公众中的一部分存在着转化为比较重要公众的可能性。

2. 依据对企业的态度划分

（1）顺意公众。对企业的政策和行动持赞赏或支持态度，是推动企业发展的基本对象。公关人员在制订计划时，必须要加强同他们的联系与沟通，避免由于社会情况变动或企业自身的变化引起这类公众态度的逆转，产生不利于企业的影响。

（2）逆意公众。对企业的政策和行动持否定态度，是公共关系工作的重要对象。公关人员为了营造企业生存与发展的良好环境，必须特别加强与这部分公众的信息沟通和感情联络，促使他们态度的转变。

（3）独立公众。对企业的政策和行动态度不明朗，他们介于顺意公众与逆意公众之间，属中间态度。做好这部分公众的态度转变工作，争取得到他们的支持与赞赏，是公关人员的一项重要任务。

3. 根据公众演变的阶段划分

（1）非公众。对企业不产生影响，也不接受企业影响的团体或个人。

（2）潜在公众。企业对他们已经产生影响，但其本身还未意识到的团体或个人。

（3）知晓公众。已经意识到企业的行为对他们产生影响的团体或个人。

（4）行动公众。由知晓公众发展而来，对企业开始作出反应，并准备采取某种行动。

上述三种分类方法，反映了企业与公众之间的利益关系。公关人员可以把企业面对的各种类型的公众，根据他们与企业之间各种利益关系的相交点，来确定公众对象。这对于编制公关计划、选择工作方法非常实用。

（三）选择有利时机

一个良好的公共关系行动方案，如果错过了有利时机，也不可能有效发挥公共关系的作用。选择时机，对于一个企业来说至关重要。一般情况下，企业常选用以下时机作为开展公关活动的有利时机：

（1）企业开业之时；

（2）企业更名或与其他企业合并时；

（3）一个企业推出新产品、新技术、新服务项目时；

（4）企业遇到某种偶发事件时；

（5）企业发生某种失误或被公众误解时。

以上都是有利于企业扩大社会联系，提高企业知名度和美誉度、塑造企业美好形象的良机，公关人员千万不可忽视，错失良机。

（四）确定公关媒介

企业需要明确的是，将借助于哪些沟通渠道和沟通工具将有关信息发布给受众？常用的公关媒介有：

（1）发布新闻稿；

（2）撰写专题性文章；

（3）新闻发布会、小型群访或者邀请记者实地考察并采访；

（4）广播、电视或者报纸的访问；

（5）有选择性地发起或参加研讨会、年会；

（6）同特定的媒体进行深度合作，赞助和发起具有创意的活动；

（7）发动话题性的媒体攻势，即事件公关；

（8）网络的口碑传播。

在资源和预算经费限定的条件下，企业不可能做所有的事情，必须要充分考虑各种可能的传播方式，然后将力量集中在关键的几项上，再制订详细的公关方案。

（五）随时跟踪和衡量公关活动的效果

每次活动结束后，要及时分析结果，衡量预期的目标有没有达到，是否需要调整最初的公关计划？如果是，则应作怎样的调整？

◆ **任务实施**

第一步，课前布置学生上网或去图书馆查阅公关计划的相关资料（包括公关计划的内容、格式、撰写要求等）；

第二步，提供一项有问题的企业公关计划，组织学生分组讨论并找出其中存在的不足；

第三步，选择当地一家有影响的企业，就其某项专题活动（如店庆、新产品上市等）组织学生扮演该企业公关人员的身份讨论制订具体公关计划。

◆ **总结与回顾**

公关是营造企业良好生存发展环境，构筑其社会关系网络的促销活动。公关的本质定位在于有效地与相关的人、团体沟通，进而将企业的信息传达给企业以外的公众。公共关系的基本方针是着眼于长远打算，通过平时的努力和持续不懈的公关活动，潜移默化地达到目的，而不能急功近利、零敲碎打。所以企业形成完备的公关计划是必须的。

一个完整的公关计划包括：确定所要达到的最终目标、选择适宜的公众对象、选择开展公关活动的有利时机、确定必要的公关媒介、跟踪和衡量公关活动的效果。

本项目的教学重点和核心技能是公关计划的具体制订。

◆ **复习思考题**

1. 简述企业公共关系的活动方式。
2. 我国企业宣传性公关活动存在哪些障碍？
3. 简述公关人员如何制订公关计划。

◆ **实训练习**

全聚德作为驰名中外的老字号企业，创立至今已有140年的发展历程，经过几代人的努力，全聚德形成了以烤鸭为代表的系列美食精品和独特的饮食文化。全聚德这家百年老店已成为国家领导人宴请国际友人的重要场所，成为国内外朋友了解、认识北京的窗口。

在新世纪，全聚德品牌的发展同中国的餐饮业乃至中国商业、服务业一样，面临着良好的机遇和严峻的挑战。全聚德品牌战略的成败，是决定企业在新世纪能否保持旺盛生命力的关键。为此，全聚德决定利用隆重庆祝创立140周年之机，开展一系列大型的公共关系活动，以推动品牌建设和发展。

如果你有幸被全聚德集团公司聘请为这次大型系列公关活动的策划人，请以书面形式写一份公关计划。

项目二　公关计划的实施

◆ **知识、能力、素质目标**

使学生深刻理解公关计划实施的重要地位，明确公关计划实施的出发点，掌握公关计划实施中应注意的问题。在此基础上，能根据企业实际和公众特点，正确实施公关计划,并及时纠偏,保证公关计划目标的顺利实现。

◆ **教学方法**

情景教学法　角色扮演法　体验教学法

◆ **技能(知识)点**

公关计划的组织实施　公关计划实施中应注意的问题

企业敬老,公安部门为何追究?

某天,广东一家企业为了树立企业良好的社会形象,策划了一场敬老公关活动,并拉了许多赞助单位,包括一个烟花爆竹厂赞助了烟花爆竹。当时虽然广州还没有规定在城市放烟花要经过审批,但在公众场所进行集体活动必须经过审批。该企业认为组织敬老活动是在为社会做好事,没有向有关单位报批。当天活动开展得很热闹,有文艺节目演出,有很多赞助单位给老人送礼品,最后燃放烟花爆竹。但后来这场敬老活动却遭到了当地公安部门的追究。

根据营销情景中描述的事实,学生独立思考并回答:

1. 企业策划的这场敬老活动为什么会遭到当地公安部门的追究?
2. 结合上述营销情景中描述的情况,分析一项公关计划的实施,应考虑哪些实施细节?

"凯洛哥"的传播计划

美国凯洛哥公司是一家生产谷类食品的国际性公司,在世界许多国家和地区,"凯洛哥"几乎成了"早餐"的象征。它之所以获得这种形象,是该公司向世界各地推行"早餐有益"这种观念的结果。早在 1961 年,凯洛哥公司的人员发现,西方许多国家的早餐只是咖啡加面包,这很不利于人们的健康。于是,"凯洛哥"决定向销售本公司产品的所有国家开展一次大规模的传播活动,让这些国家的人们接受吃早餐有益于身体健康这一观念,并借机大规模地推销凯洛哥的产品。为了使这一传播计划得以顺利实施,"凯洛哥"主要做了以下三个方面的工作。

首先,"凯洛哥"在销售本公司产品的所有国家和地区成立了"凯洛哥营养委员会",由当地的知名营养专家所组成,其主要任务就是向广大消费者公众讲授有关营养的基本问题,编写有关营养方面的资料向当地媒介和消费者公众分发。

其次,凯洛哥公司指令该公司的公关协调人汤普森定期准备有关讨论营养问题的新闻稿,把它译为八国文字向不同国家的新闻媒介传递,并注意搜集媒体对新闻稿的反馈信息。

第三,凯洛哥公司制作了一部名为《向良好健康问早安》的影片,该影片被发往世界各地,估计观众已达百万。同时,"凯洛哥"又专门为青年人制作了一部名为《营养天地漫游》的影片，于 1976 年发行。发行两年间，观众就已达 520 万人。"凯洛哥"还同学校、医疗单位、青年团体、青年主妇协会、托儿所、政府机构以及一些以教育为主要内容的电视台联系，经常到他们那里去放映这两部影片。

经过以上这些大规模的宣传活动，"凯洛哥"终于实现了自己的公关目标——使许多人都相信，从营养学的角度看，吃好早餐，尤其是食用以谷类为主的各种早餐食品，是合理的。

"凯洛哥"的成功表明，实施传播是实现公关策划的重要步骤，如果只是绘制公关活动的计划蓝图，却不按照制订的计划方案具体作业，那么，计划就等于一纸空文。

◆ 工作任务分析

从执行的角度看，公关计划能否达到预期的效果，在很大程度上取决于计划实施的情况。企业营销人员在此项目实施中的主要工作任务就是准确理解即将着手实施的公关计划，认真分析实施环境，选择最有效的传播途径或方式，充分估计公关计划实施过程中可能出现的问题，提前设计好解决方案，以保证计划执行不走样，达到预期效果。

◆ 相关知识

一、公关计划实施的出发点

公关计划的实施，是把公关计划方案具体落实、付诸现实的过程。在这个过程中，组织公关人员以公共关系目标和公众需要为出发点，按照公共关系传播的基本原则，选择最有效的传播途径或方式，通过自身的努力，提高企业在社会公众中的知名度。因此，实施公关计划必须以公众的需要为出发点。

（一）选择公众所喜欢的传播媒介

公共关系工作计划的实施，主要通过公共关系的传播和技术。公共关系计划的实施，本质上是针对目标公众而进行的信息传播过程。信息传播要考虑目标公众利益的需要。要想使传播活动取得最大的成效，必须使发出的信息全部或大部分为目标公众所接受，这就需要选用目标公众所习惯使用的传播媒介来传播与目标公众利益有关的信息。

（二）设计制作能够为目标公众所接受的信息

信息传播要考虑目标公众的特点和兴趣。公关人员在设计制作信息时，一定要充分考虑在调查研究和制订计划过程中所了解到的目标公众的文化、社会、心理等方面的特点，并参照这些特点，编写适合目标公众需要的新闻稿件、广告稿、展览说明、小册子等，从而引起他们的兴趣，这样才能使传播活动取得最大的效果。

（三）及时澄清谣言取得公众支持

由于传播沟通本身的障碍，加上社会及公众的复杂性，某项计划、某个活动的执行中常常会受到谣言的干扰。竞争对手还会故意制造谣言，引起混乱，混淆公众视听。这就要求企业公关人员要非常敏锐地察觉并迅速将真情向公众传播，及时澄清谣言，取得社会舆论和公众的理解、支持。

（四）选择最佳的活动良机

在公共关系活动中，各个项目的执行都要考虑到影响时机的各种因素，从而选择适当的时机，以求取得行动的最佳效果，避免不必要的损失。

二、实施公关计划应注意的问题

公共关系工作是一门艺术，同样的计划方案，不同的人执行会有不同的效果，因此，组织在实施计划的过程中，必须注意以下问题。

一是让所有参加这次活动的有关人员详细了解活动方案的内容，同时应根据这些人员的各自特点合理地分配各自的任务，并明确规定任务的具体要求和完成期限。

二是在执行具体计划时，在没发生意外的情况下，对时间的安排、地点的选择、对象的确定、程序的控制、采用的形式、准备的情况、内容的构思以及费用开支要特别斟酌。在执行中，要严格控制工作进度，保证计划的顺利实施。

三是在公共关系活动开展的过程中还要注意从实现整体目标出发，统筹全局，不能因过分拘泥于某一个阶段或局部的工作，而忽略了与整体目标的一致性。要随时体察和防止过分重视局部而轻视整体的倾向，及时调整，以保证每个局部工作都紧扣整体目标。

四是建立必要的检查制度。这样不仅可以督促方案中各项措施的实施，掌握整个活动的进度和趋势，而且有助于及时发现问题并解决问题。

◆ 任务实施

第一步，课前布置学生以小组为单位上网或去图书馆查阅有关企业公关计划的实施案例；

第二步，组织引导学生分组讨论查阅到的公关计划实施案例，总结案例启示；

第三步，组织学生以班级为单位策划一场班级公关活动（义务献血活动、创业计划展示活动、精品团日活动、社区贫困帮扶志愿者活动等），以丰富学生课余生活，增强凝聚力，提高班级知名度和美誉度。要求制订公关活动计划并组织实施。

◆ 总结与回顾

细节决定成败！公关计划实施的过程实际上就是一个关注细节的过程。计划实施人员首先要深刻理解公关计划的实施背景、在企业营销活动中所处的重要地位、目标公众的基本状况。在此基础上，拟订实施方案，按照规定的程序，稳步推进。在实施过程中要对每一个环节、每一个步骤、每一项决策都要进行仔细分析，全面斟酌，加强检查反馈。根据实施过程中遇到的具体情况及时修正计划，以保证公关活动计划的执行能达到期望的效果。

本项目的教学重点和核心技能是公共关系计划的组织实施。

◆ 复习思考题

1. 简述影响企业公关计划实施的因素。
2. 简述企业公关计划实施的出发点。
3. 试述新产品公关计划如何实施才能达到预期效果。

◆ **实训练习**

以小组为单位,自定主题,如环保或某企业、品牌等,活动形式自定,充分发挥大家的创造性,设计一项公关活动,在校园内、社区或公共场合推广,看哪个小组设计的公关活动,吸引参与的人多,赢得的公众多,得到的好评多。

项目三 公关人员的管理

◆ **知识、能力、素质目标**

使学生深刻理解公关人员所必备的素质、岗位职责以及从事公关工作的行为准则,明确公关人员的能力素质决定公关活动的效果。引导学生从课堂做起,以一个公关人员的标准重塑自身形象,提升职业素养,培养恪守职业道德的良好行为习惯。

◆ **教学方法**

问题导入法　角色扮演法　课堂讲授法

◆ **技能(知识)点**

公关人员的素质　公关人员职责　公关人员的行为准则

你会相信一条陌生短信吗?

一天,某企业公关人员郑先生突然接到一条短信:朋友,我从西安只身一人骑自行车来京,现碰到一些困难,你能帮助我吗?非常渴望回音,手机:130……。郑先生拿起电话打了过去。对方传来非常兴奋的声音:"喂,你好!请问,贵姓?""我姓郑,刚才我看到了你的短信。""你是郑老师吧?""是的。"对方更加兴奋:"你好!郑老师,我是07年大学生志愿服务西部计划的支教老师张利军,我骑自行车历时12天来到北京,不好意思,我身上没钱了,你能帮助我吗?"郑先生不相信,以为是他编的故事,就立即约他到公司来。半个小时后,对方来到了公司。只见他衣衫褴褛,背着个破旅行包,脸色黝黑,双臂晒脱了一层皮,身上还散发出阵阵汗臭味,毕竟12天没洗澡了。郑先生热情地给他倒水、让坐,并查看了他的身份证,请同事上网核实了他的身份后,证实他没有说谎。经过公司的慎重研究,同意资助他,帮他完成北京到深圳的旅程。

根据营销情景中描述的事实,学生独立思考并回答:

1. 假如你是郑先生,你会对那条来自陌生人的短信有何反应,为什么?
2. 针对上述营销情景,策划一次公关活动,提出你的实施方案。

人命关天　仅是对不必要的麻烦道歉？

2005年5月25日，浙江省工商局公布了近期该省市场儿童食品质量抽检报告，其中黑龙江双城雀巢有限公司生产的"雀巢"牌金牌成长3+奶粉碘超标。26日，雀巢公司发布声明称，雀巢碘检测结果符合《国际幼儿奶粉食品标准》。27日，对问题产品撤柜。并称中国营养学会公布的《中国居民膳食营养素参考摄入量》，儿童碘摄入量的安全上限为每日800微克。28日，正式对外公布，出现碘超标质量问题的奶粉批次为：2004.09.21。但拒绝透露生产数量及销往哪些市场。29日，中央电视台经济半小时《雀巢早知奶粉有问题》。

在媒体广为流传的公关人员接受央视采访的照片，是低着头在摘耳麦的画面，那种神色和姿态，让人感觉就是做了错事、理亏心虚、但又不想认错的表现。而先后三次中断采访并以沉默来应对，不着边际的回答更是败坏了雀巢公司的形象；坚持安全说，缺乏诚信，一会儿说符合国际标准，一会儿说符合《中国居民膳食营养素参考摄入量》中碘摄入量的上限，推三阻四，没有丝毫的诚信可言，没有表现出任何为消费者负责的价值观；当全国各商店超市均已撤货时，雀巢还在表示不回收，只是对消费者"带来的不必要的麻烦"表示道歉。人命关天的事，难道只是不必要的麻烦？

◆ 工作任务分析

公关人员的能力素质决定着企业公关活动的成败。在必须具备从事公关工作知识能力的基础上，公关人员更应具备良好的职业素质，热爱公关工作，熟悉岗位职责，恪守公关工作的行为准则。企业营销人员在此项目实施中的主要工作任务就是不断提高自身的公关素质和公关能力，以保证企业各项公关任务的顺利完成。

◆ 相关知识

一、公关人员必备的素质与能力

公关人员的素质就是从事公关工作必须具备的先决条件，如对性格、气质、兴趣、风度、品德、知识、经验和能力等方面的要求。罗伯特·罗雷在《管理公共关系学》一书中将公关人员应具备的能力素质归纳为以下几个方面。

（一）组织能力

公关人员的工作就是开展各种公关活动，而各项公关活动都需要精心的策划和认真的组织，因此，公关人员首先应具有高超的组织协调能力。如一定的计划决策能力，评价和整理有关信息的能力，控制工作进程和考核工作成效的能力，协调人际关系的能力等。

（二）判断能力

公关工作在企业的经营管理和行政管理中都居于很重要的地位，公关部属于决策参谋部，这就要求公关人员了解企业各部门的情况，协调组织内部各部门的关系，从而要求公关人员善于发现问题、明辨是非，正确地估量各部门的功过是非、估量目标顾客的满意度，并预测未来目标顾客的要求，这都离不开公关人员的判断能力。

（三）传播能力

传播是联系公共关系主体(企业)与公共关系客体(公众)的中介，是公关工作的重要内容，公关人员传播能力的强弱直接关系到公关工作的成效。

（四）自控和应变能力

公关人员在公关工作中，遇到的人千差万别，遇到的事千变万化，这就需要公关人员有自我控制和灵活应变的能力。

（五）理解能力

理解力是一种领悟能力，因为每个人的悟性不同，所以很难确切地描述，但它绝对是公关人员所必须具备的能力。

（六）创造能力

公关工作本质在于创新，创新就在于对常规思维的突破，这就要求公关人员必须具有"别出心裁"的创新精神，墨守成规的人是不适合做公关工作的。

（七）表达能力

表达能力包括口头表达能力和文字表达能力两个方面。公关人员的工作离不开口头语言表达，如公关人员要在展览会上介绍企业概况、与消费公众接触时阐述自己的观点，等等。同时公关工作也离不开书面文字的表达，需要公关人员编写策划活动的宣传材料等，所以公关人员必须有一定的文字功底。

（八）正直

公关人往往是代表企业与外界进行交往的，这就要求公关人员的协调与处理各种公共关系时，用道德的水平来衡量自己的行为，这样公关工作才会成效显著。

（九）广博的知识

广博的知识是公关人员的资本，能帮助他们解决各种问题，使公关活动顺利进行。

（十）顽强的毅力

公关工作不可能是一帆风顺的，这就要求公关人员在遭受挫折时能百折不挠，要有"不达目的不罢休"的韧劲。

二、公关人员的职责

公关人员作为企业专门从事公关工作的专职人员，即是企业首脑的决策参谋，又是企业的情报员，同时还是企业外事活动的联络者和组织者。因此，公关人员必须明确自身职责，履行好自己的义务。

（一）运用新闻媒介进行宣传

（1）为新闻界提供有关企业最新情况的资料；
（2）与当地新闻机构建立并保持经常的关系；
（3）组织举办记者招待会，及时公布企业重大信息。

（二）负责广告方面的工作

（1）监督广告公司制订年度广告和销售计划及执行实施；
（2）提供必要的指导及各种相关材料；
（3）监督广告经费的分配；
（4）充当部门与广告公司的联络人，设计出各部门要求的各类宣传品。

（三）从事销售工作

同企业的产品销售部门配合制作邮寄性广告及其他广告，招徕更多顾客消费。

（四）从事内部交流

（1）编辑出版内部刊物；
（2）宣传员工活动情况。

（五）特殊场合宣传

利用一些特殊场合组织各种活动，以产生如下效果：①使更多的公众了解认识企业；②诱导更多人使用本企业的产品；③提高产品使用率和销售额；④产生对企业有利的舆论。

三、公关人员的行为准则

"公正、诚实、守法、守信"，是对公关人员最起码的要求，只有严格地按照这些要求去做，才能保证公共关系工作取得实效。

（一）办事公正

要求公关人员在处理公共关系时要公道正派、平等待人、不徇私情。因为公关人员是外部公众了解企业的一大窗口，他们所代表的是企业的形象，如果他们利用职责的便利谋取私利的话，必将严重破坏企业形象。

（二）诚实守信

诚实，要求公关人员实事求是、真诚老实。一方面，公关人员在向决策部门反映外界公众和内部公众对企业的看法时，不能投其所好，报喜不报忧，更不能无中生有；另一方面，公关人员向社会公众传播信息时，必须做到真实、准确，如果做不到这一点，其后果将是严重的。守信，则是要求公关人员"言必行，行必果"，要求公关人员对自己发布的信息、签订的合同、应诺的事情要千方百计地实现，不得出尔反尔。

（三）遵纪守法

公关人员的行为必须符合国家法律、法规的要求，要自觉接受法律约束，在法律允许范围内开展公关活动。不得营私舞弊，不得行贿受贿，要廉洁奉公，具有高尚情操。

四、公关人员的管理措施

具备了良好的公关能力和素养，并不意味着每个公关人员都能积极有效地搞好公关工作。企业应实施一系列的强化管理措施，激励公关人员尽心尽力开展公关活动。在公关实践中，企业常用的管理措施有以下两个方面。

（一）激励与惩罚

激励是通过对公关人员的物质奖励和精神鼓励，发掘公关人员的潜能；惩罚则是通过制定违章处理的条款，制约公关人员违章，防止违法行为发生。

（二）检查与监督

检查是指检验公关人员的公关效果。公关效果是公关人员的工作绩效。常用的检查方法是通过调查社会舆论、检验企业形象地位的变化；根据企业在新闻界的评比情况评价公共关系效果；编写公关年度总结，供企业领导判断和评价等。监督则是对公关人员公关活动的跟踪管理，通过对公关人员的有效监督，及时纠正公关人员的不当行为。

◆ **任务实施**

第一步，组织引导学生以小组为单位对引导案例进行讨论，做换位思考，如果你是雀巢公司的公关人员，你应怎样做；

第二步，组织学生填写公关人员素质测评表，现场测评，并进行结果分析；

第三步，联系一家企业，组织学生利用课余时间与企业的公关人员一起开展一次公关活动，现场观察企业公关人员表现，体验感受公关人员的行为准则。

◆ **总结与回顾**

在企业公关活动中，人的因素是第一位的。公关人员的态度、素质、能力决定着公关活动的成败。作为一种职业，公关人员应不断提高自身的业务能力，增强业务素质，严守职业道德，创造性地开展公关工作，用业绩回报企业，用满意赢得顾客。

合格的公关人员应具备良好的组织能力、判断能力、传播能力、自控应变能力、理解能力、创造能力、表达能力、正直、广博的知识和顽强的毅力。应办事公正、诚实守信、遵纪守法、履行好自己的职责。

本项目的教学重点和核心技能是公关人员能力素质的培养。

◆ **复习思考题**

1. 简述企业公关人员应具备的能力素质。
2. 简述企业公关人员从事公关活动的行为准则。
3. 企业对公关人员的管理措施有哪些？

◆ **实训练习**

1. 实训项目：公关能力素质训练
2. 实训目标：
（1）从公关实践中进一步加深学生对公关人员能力素质的理解；
（2）培养学生从事实际公关工作的能力素质。
3. 实训内容与方法：
（1）选择你所在学校的学生很可能去购物的两家商店（最好选择两家你认为在形象方面很不同的商店，但是所出售的产品类型一样）；
（2）逛这两家商店并详细记录商店氛围的不同特点，如店面颜色、展示的类型、照明设备、商品陈列展示、商店工作人员的形象气质等；
（3）设计一份简单的问卷，向你所在学校的学生作调查，询问他们对你所调查的两家商店的看法，如产品质量、价格、商店人员的能力和友好程度、对消费者的服务态度等，从中挖掘出每一家商店的"个性特点"；
（4）制订公关计划。根据调查结果，对两家商店进行比较，解释商店氛围不同的原因，选定其中一家商店，就如何形成商店独一无二的形象制订具体公关计划。
（5）通过以上四个方面的工作实施，锻炼学生的公关素质和能力。
4. 标准与评估
（1）标准：能够总结出两家商店的"个性特点"，能够通过详细观察和调查询问，解释商店氛围不同的原因，在此基础上，能制订出形成商店独特形象的具体公关计划。
（2）评估：每个人提供一份商店的观察记录、一份调查问卷、一份公关计划，作为实训作业，然后由教师与商店负责人组成的评估小组对其进行评估打分。

模块十三　会议营销策划

会议通常是有组织、有领导地商议事情的集会。企业的销售会议通常分为内部会议和外部会议。内部销售会议是指企业内部在管理营销队伍过程中组织销售人员（包括销售经理、区域主管、业务代表等）召开的会议，也叫"业务会议"，是企业销售工作中一项非常重要的活动。销售经理通过销售会议可以分配销售任务，掌控销售进度，可以及时发现产品销售过程中存在的问题，并提出具体整改措施。而外部销售会议通常叫做"会议营销"，是以会场为特定的销售场所来进行信息传播、产品介绍、沟通交流、现场促销的一种模式。一般通过会前数据甄别、会上销售产品、会后亲情服务来发展客户关系。

项目一　会议营销的特点与适用范围

◆ 知识、能力、素质目标

使学生了解会议营销的概念与特点，明确会议营销的适用范围，深刻理解会议营销作为一种强调整体力量的营销模式和一项公共关系实践，在营销实践中具有传统营销模式无法比拟的优势，进而使学生能够根据会议营销的特点与适用范围选择适宜的企业与产品。

◆ 教学方法

角色扮演法　现场体验法　归纳总结法

◆ 技能（知识）点

会议营销的优势特点　会议营销的适用范围　会议营销现场产品的宣传讲解

什么是会议营销

近年来，专业会议服务市场发展迅速。会议销售服务公司的主要业务是承接各大企业的工作年会、经销商会、产品推广会、业务洽谈会、人员培训会、销售奖励等各种会议，为企业提供全程的会议营销策划服务。管理专业本科毕业的张继明从事广告工作三年多，具有很强的广告策划设计能力，现在他就职的广告公司与一家很有名的会议销售服务公司合并，张继明被任命为新公司会议营销服务部的经理，但他却不懂会议营销，不知道怎样去策划一场成功的营销会议，更不知道会议营销的主要内容有哪些，他工作压力很大，但又不知从何入手，不知怎样才能打开工作局面。

根据营销情景中描述的事实，学生独立思考并回答：

1. 如果你是张继明,你会通过什么样的途径去尽快胜任工作?
2. 你认为会议营销的主要内容有哪些?会议营销策划应主要包括哪些方面的策划?

BDL公司的会议营销

北京BDL信息技术有限公司(简称BDL公司)是一家领先的采购信息化软件的供应商,经过多年的艰苦创业和产品研发,BDL公司的软件产品成功地在多家知名制造企业得到推广应用,产品的性能和价值也得到了客户的普遍认可。但随着市场形势的逐步好转,竞争对手随之而来,许多行业都出现了类似的产品。为了更快地抢占市场,BDL公司希望能够借助有效的市场营销手段,更为迅速和高效地发掘客户信息和项目机会。

采购信息化是一个新兴的软件应用领域,采购信息化理念也尚未被业界广泛接受和认可。因此,BDL公司的市场推广活动,便面临着教育客户和市场拓展的双重压力。但是,传统的广告促销手段,由于沟通受众过于泛泛,真正接触的目标客户却寥寥无几,营销支出的投入产出率太低。这些营销活动,虽然有助于提升BDL公司的品牌形象,扩大公司的影响力,但对于发掘潜在客户和项目机会的帮助却不是很大。为此,BDL公司找到了鼎智管理咨询公司,希望能够找到一个切实可行的解决方案。鼎智公司在了解、分析BDL公司的情况后,公司的咨询顾问认为,企业信息化软件作为一种典型的工业品,它的目标细分市场和潜在的企业客户是可以界定的。经过合理筛选,BDL公司逐步建立了目标客户数据库,并将营销预算的重点投向了这些目标客户,并与目标客户进行有针对性、持续性的接触和沟通,并逐渐发掘出有意向的潜在客户或项目机会,从而为公司创造了直接的收益机会。咨询顾问建议,BDL公司的市场营销应该由原先的大众营销模式逐步转向细分营销、定向营销和直接营销相结合的模式。于是,BDL公司通过对目标细分市场的合理选择和适当专注,借助会议营销、电话营销,大大提高了市场销售活动的绩效。

对于企业信息化软件产品,产品最重要的销售卖点是软件所凝聚的管理理念。而宣传管理理念的有效手段,则可采取管理培训课程、现场交流会和技术研讨会等方式。对于初次接触的陌生客户而言,管理培训课程是一种比较有效的方式。由于BDL公司处在新客户开拓初期,因此,BDL公司采取会议营销的方式,以挖掘潜在客户和项目机会,改善传统营销方案的不足。针对BDL的会议营销方案,咨询公司和BDL公司共同设计了一个"全面削减采购成本和采购信息化"的专业培训课程,通过培训内容的合理设计,使得培训课程既能潜移默化地介绍BDL公司软件的采购管理理念,同时又能展示BDL采购解决方案的应用案例。此外,咨询公司和BDL公司还在培训的整体氛围上达成了一致。双方一致同意,培训和讲授内容应该显得比较中立和公允,广告和营销色彩不宜太浓,否则对于那些初次见面的企业用户就显得过于唐突了。接下来,咨询公司根据BDL公司的产品特点,从行业数据库中,基于BDL公司提出的目标客户标准,成功地为BDL公司邀请到北京地区的40余家大中型生产制造型企业参会。这些客户分布在普通机械设备、交通运输设备、电子通讯设备、医药制药、化学工业、政府采购、金属制品等生产制造领域。参会的客户都是BDL公司之前从未接触过的企业,客户所在企业的年度采购规模都在1000万元以上,年度销售规模都在5000万元以上,并且70%的参会人员都是采购、供应、物资等领域部门经理级以上的关键决策人,这也正是BDL公司销售代表最希望见到和结识的人员。

通过此次会议营销活动，BDL 公司有效地接触和结识了潜在目标客户的关键决策人员。同时，目标客户也比较完整地接受了专业的采购信息化理论培训和学习，初步认同和接受了 BDL 公司产品的管理理念，这为 BDL 公司后续的销售跟进、市场开拓、项目洽谈，提供了有力的支持和帮助。

◆ 工作任务分析

会议营销强调企业整体营销力量的匹配，注重社会公共关系实践。营销人员在此项目实施中的主要工作任务就是根据会议营销的特点和适用范围选择适宜会议营销的企业与产品，并根据企业与产品的服务对象发掘客户资源，收集客户信息，确定目标客户，并与目标客户进行有针对性、持续性的接触和沟通，以为企业培育忠实客户、进行渠道建设、市场开拓、销售跟进、产品促销，提供有力的支持和帮助，进而为企业创造直接的收益机会。

◆ 相关知识

一、会议营销的概念

会议营销又名数据库营销，是指通过建立数据库，收集目标销售对象的数据，并对这些数据进行分析、归纳和整理，筛选出特定的销售对象，然后利用组织会议的形式，运用营销学、心理学、社会学等理念，结合各种促销手段，进行有针对性的销售、推广、发布的一种营销模式。会议营销的前身是室内活动营销，这一营销方式是在市场营销环境不断恶化、行业制约力日益强化、产品竞争越来越激烈的情况下形成的。

跟行军打仗一样，营销就是在适当的时间、地点，向适当的人群把产品卖出去。达成交易只是短短的一瞬间，但前期准备工作的累积，则是保证营销活动成功的重要内容。品牌企业讲究品牌传播的渗透力，讲究持之以恒，但这种恒久并不是随着时间、地点的变化而永远不变。因此，恰当时段的把握在营销中极其重要，这个时段就好似一个火候。会议营销就有一个火候的掌握度问题。在营销过程中，对消费者采取的推销行为，不论是对产品的类比吹捧，还是对消费者的宣传讲解，或是与顾客进行产品的交易，都存在一个"度"的问题。精彩生动而又不失真的演讲以及活动的节目安排，对促进销售无疑起着至关重要的作用。

二、会议营销的特点

无论是厂家还是商家，大多数企业每年都要举行各种形式、规模大小不一的会议，包括经销商座谈会、新产品上市推介会、年终总结会、行业趋势研讨会、大型促销活动启动仪式等。会议营销能够提供给企业与大量客户面对面接触的机会，它作为一种强调整体力量的营销模式和一项公共关系实践，与传统营销模式相比，具有以下突出特点。

（一）针对性强

随着市场竞争的日益加剧，传统的广告轰炸所产生的作用越来越小，已经很难令市场有新的起色。究其因就是由于传统的广告传播模式是针对广泛的大众，不能区分真正的目标消费者，不能满足不同目标客户群的不同需求，在目标消费者越来越注重体验式消费的今天，传统营销模式对消费者的激励效应越来越小。而会议营销则是有针对性的面向目标客户进行产品促销，不但有效地控制了费用支出，而且很好地解决了售后服务的问题。

（二）有效性强

会议营销是运用收集到的目标消费者的资料，进行有针对性的产品营销，这样就避免了传统的广告宣传所存在的广泛性和不确定性的缺陷，与传统营销方式相比，会议营销更节约营销成本，能让产品的推广更有效率。因此，对某些行业或企业来讲，在广告愈来愈难以奏效而产品同质化程度越来越高、消费者越来越强调个性化消费的今天，会议营销不失为一种降低营销成本、提高营销效率的营销模式。

（三）隐蔽性强

在传统营销模式中，运用电视、报纸、电台等大众传媒来进行广告促销是经常的事情，这样做的副反应是：企业无形中将自己暴露在竞争对手的面前，使竞争对手对自己的市场宣传了如指掌。如此也就很容易引发竞争对手发动相应的宣传攻击，从而削弱了广告的效果。而会议营销则不同，它只是在企业和目标消费者之间进行，从而避免了与竞争对手之间的正面交锋，同时也降低了竞争对手跟进的风险。运用会议营销，不需要借助电视、报纸等大众传媒，相比之下要比传统营销模式隐蔽得多，竞争对手也难以发现。再者，会议营销是企业和目标客户之间的面对面沟通，有利于拉近双方的距离，提高了目标客户对产品的忠诚度。

（四）激励性强

与传统营销模式相比，会议营销通过会前分析客户资料，邀约目标顾客；会上一个员工照顾几个顾客，抓住重点客户，兼顾意向客户，通过与客户单独、有效、亲情化、举例式的沟通，在现场强烈的营销气氛下，根据客户的差异化需求进行一对一的产品促销，能够激励顾客的冲动购买。同时，能直接了解掌握第一手市场信息，便于企业及时调整营销策略。

（五）复制性强

会议营销作为一种可复制的体验式营销模式，易于操作和运用。它主要通过收集、分析顾客的档案资料，邀请有购买动机或者有可能购买企业产品的客户参加产品说明会（此种活动的命名非常自由，但实质大同小异）及详细的流程安排来推销产品。一般需要的工作人员不多，但要熟悉行业和产品，再加上参与活动可领取奖品、学习知识等煽动，比较容易操作。

三、会议营销的适用范围

影响消费者选购产品的主要因素有信心、实力、好感和用途。可以说，产品的根本在于帮助消费者获得某种目的。在当今品牌林立、产品同质化相当严重的情况下，很多行业强势品牌纷纷打出"服务与文化"牌，拼广告、拼价格，营销手法也很雷同。会议营销也有不少企业一直在做，无论是知名品牌，还是一般产品，都一哄而上，把会议营销搞的花样百出，新招数层次不穷。如果搞会议营销活动都要拼实力，那么支撑产品的利润体系就会崩溃，会议营销的本质就会发生变化，相信无论出现哪一种结果，都不是企业所愿意看到的。营销需要从产品出发，选择适宜的营销方式，会议营销并非适合所有的产品、所有的企业。一般而言，适合做会议营销的企业应具备以下条件。

（1）产品质量过硬。企业要进行长久的营销，其产品必须具有较长的生命力，这点非常关键。通常优秀企业的做法是通过广告传播手段获得企业、产品的知名度，形成品牌，深入人心。另外，就是不惜代价获得某个权威机构或特殊研究机构的鉴定或证明。

（2）高利润空间。保持一定的利润空间对于维持会议营销的投资和费用相当重要。搞一场会议营销，其费用投入至少是销售收入的30%，因此，一定要有足够的利润空间作支撑。

（3）团队实力。一场会议营销活动的完成，终端操作人员包括主持人、专家团、客户服务人员以及一定数量的营销人员（能够发掘更多的目标消费者）。如此多的人员，其素质的高低决定了会议营销的成败。无论是前期资料收集（现场拉拢、保持联络）和分析，还是临场主持人的气氛调动、内部人员之间的配合与协作，都必须经过事先严格的演练。这种必须依靠人员素质感动消费者达成购买行为的营销方式，对团队整体作战能力有较高的要求。

（4）资金实力雄厚，投入相对周期长。完成一场会议营销活动往往持续一个月以上。刚导入会议营销的企业，其客户数据资源、会议营销现场火候的把握要经过很长一段时间、很多次小型会议营销的探索、总结和归纳，其风险大，费用支出多。专家队伍强不强，通常是费用说了算；场地好不好、主持人有没有名气、礼品到不到位，都是资金在左右。

◆ **任务实施**

第一步，与从事会议营销的企业和机构联系，组织学生分别以营销人员和客户的身份参加某产品的会议营销现场会，实地观察、了解、体验会议营销的氛围与全过程；

第二步，将学生进行分组，每5~6人为一组，要求他们根据参加会议营销后的切身感受与体会，分组讨论会议营销模式的优点、适用范围以及与传统营销模式的主要区别；

第三步，要求学生以书面形式总结会议营销的优势，并列举现实生活中哪些行业、企业和产品适合采用会议营销的模式，哪些行业、企业与产品不适合采用会议营销的模式。

◆ **总结与回顾**

会议营销是企业通过各种途径收集消费者的资料，经过分析、整理建立数据库并从中筛选出所需要的目标消费者之后，运用会议的形式，结合各种不同的促销手段，进行有针对性销售的一种营销模式。会议营销的实质是对目标顾客的锁定和开发，对顾客全方位输出企业形象和产品知识，以专家顾问的身份对意向顾客进行关怀和隐藏式销售。其具体形式包括：客户研讨会、技术演示会、技术培训会、专家交流会、媒体沟通会、现场推广会、渠道招商会、代理商会议等。

会议营销作为一项公共关系实践，能够给企业提供大量与顾客面对面接触的机会。与传统营销模式相比，会议营销具有高利润、低风险、稳现流以及目标客户明确的优势和针对性强、隐蔽性强、激励性强的特点。但在营销实践中，并不是所有的企业和产品都适宜搞会议营销。会议营销作为一种可复制的体验式营销模式，一般适宜产品质量过硬、利润空间大、营销团队整体实力强的企业和产品。

本项目的教学重点与核心技能是适合会议营销的行业、企业与产品的确定。

◆ **复习思考题**

1. 简述会议营销的定义以及与传统广告促销的区别。
2. 简述会议营销的特点与适用范围。
3. 在现实生活中，会议营销有哪些具体形式？

◆ **实训练习**

利用课余时间，主动联系参加一次会议营销的产品促销会，用书面形式详细描述会议营销的全过程，并总结归纳出自己参加会议营销现场会后的感受与体会。

项目二 会议营销的筹划

◆ **知识、能力、素质目标**

使学生熟悉会议营销的一般流程，精通会议营销的实际操作（组织、主持与演讲等），培养会议营销的创意策划能力，能够独立编写会务计划与活动方案，具有较强的人际沟通、语言表达能力，富有较强的亲和力和良好的团队合作能力，能对到访客户进行激励、引导，并能建立长期稳定的合作关系。

◆ **教学方法**

现场体验法　角色扮演法　分组讨论法

◆ **技能（知识）点**

会议营销策划方案的制订　会议营销的组织实施　会议营销的主持与演讲

细节决定成败

徐近东具有多年的会议营销策划经验，2008年12月6日，他就职的会议服务公司承揽了国内一家汽车轮胎制造企业的销售年会，企业老总将这次销售年会的策划方案交由徐近东完成，徐近东从会前、会中和会后三个环节入手，对会议时间、会议地点及会议主题的确定、会议接待安排、会议酒店预订、会议用餐标准、会议期间的会场布置、会议设备租赁、会议礼仪服务、会议秘书服务、会后活动安排、会后考察（旅游）、票务预订等各方面做了非常周密的计划安排。并根据企业举办这次会议的目的，对会议的规格、参会人员的级别、数量以及所需的经费预算通过与企业沟通进行了最终确定，徐近东原以为自己的策划方案已天衣无缝,但在用餐时,才发现选择的酒店没有民族餐厅,部分少数民族代表的用餐问题无法解决,尽管企业后来通过努力联系到了就近的一家民族餐厅解决了少数民族代表的用餐问题,但却给会议主办方造成了非常不好的影响,给客户一种该汽车轮胎企业不注重细节的感觉。事后,汽车轮胎制造企业与服务公司在策划费用的支付上发生了严重分歧。一单业务就这样因为一个细节的忽略而被砸锅。

根据营销情景中描述的事实,学生独立思考并回答:

1. 一个完整的会议策划方案应主要包括哪些内容?客户没有想到的,你在制订策划方案时应不应该考虑?

2. 会议涉及的环节很多,会议服务又十分讲究细节,企业在招聘会议策划人员时,是应强调理论造诣还是应注重实践经验?

徐家地板的"红色飓风"刮遍了业内外

作为一个有着 10 年发展历史的区域品牌,徐家地板在江苏的经销商渠道无疑是深厚的。问题的关键是,由于长年的自然增长,各区域之间发展极不平衡,经销商水平参差不齐。同时,公司的最新战略调整、凯纳在前期进行的系统营销策划等,未能与所有经销商完全共享,统一思想,统一步调。因此,在 2007 年徐家地板转型的关键时刻,一场经销商大会迫在眉睫!徐家地板总经理徐衡先生也提出"要开就开一场与众不同的转折性会议"!在会议营销越来越频繁,手段却越来越单一的今天,凯纳绝不会泛泛地、套路似地应付差事!凯纳徐家地板品牌小组,迅速确定:本次大会将是一场立体的、全方位的、系统的营销会议,它是一场符合企业文化、理念,以及具备"领袖气质"的年度行业营销事件!围绕这个核心,凯纳小组成员进行了数轮头脑风暴。"唐国强"、"领袖"、"毛主席"、"革命"、"井冈山"……当关联词想到这里的时候,一个完美的方案呈现在凯纳小组成员面前。两天后,一份主题为"红色盟友,决胜07"的经销商大会执行方案,摆在了徐总的办公桌上。看过方案后,徐总异常兴奋:"我们的大会就开到井冈山,把革命精神融入到现代营销中去!"

经销商大会也可以这样开。摒弃复杂,化繁为简,徐家地板经销商大会有两个最直接目的:第一,形成营销事件,在业内引起震动;第二,令经销商感到真诚和震撼,产生企业认同感与归属感。凯纳小组与徐总商讨后,最终果断决策,在经销商大会上进行"新银盾防潮1号"科技发布会,邀请国内顶尖地板专家到场,将徐家地板经销商大会开成国内地板界的年度大事件。

在会上,中国木材流通协会地板流通委员会副会长杨美鑫、副秘书长曲丕良代表中国地板界最高级别协会,祝贺徐家地板"新银盾防潮1号"的成功发布,并公布了地板流通委员会对徐家地板的最新辅助项目,杨美鑫副会长还进行近 1 个半小时的行业发展趋势演讲。同时,江苏省卫视业务部经理袁小叶作为媒体代表到场祝贺,并从宣传策略的角度,谈论对徐家地板的看法和信心,让经销商意识到企业对未来的规划和品牌塑造是务实和诚信的。

在会议召开前,会务组颁布了会议八大注意,以准军事化章程要求各位经销商。迟到早退等经销商大会中的常见诸多陋习,被杜绝。灵活的操作技巧,是优秀创意得以执行的必备条件之一,在实际操作中,会务组巧妙地以体验红军精神的新奇感,代替了军事化管理的约束感,消除经销商抵制情绪,使其欣然接受。值得一提的是,大会结束前,所有与会人员面对徐家地板的"正"字旗,做出了最庄严的宣誓。(誓词如下:在这庄严的时刻/在这神圣的土地/我们郑重宣誓/我们愿意携手徐家地板/为了共同的利益与追求/缔结战略同盟/徐家愿意携手大家/把双赢的合作进行到底/我们坚信/没有攻克不了的市场/团结是最伟大的力量/我们坚信/徐家地板基业常青/我们为创百年品牌而努力奋斗!)宣誓结束后,所有经销商现场立下销售军令状,主动要求提升55%年度指标,并在庄严的"正"字旗上签名明志,向徐家地板保证完成任务。会后多位经销商表示:"我们不再各自为战,我们是徐家人,我们是拧在一起的一股绳!"

徐家地板井冈山大会是一场信心大会,一场有战略意义的转折性营销事件,其以与众不同的创意,营造出一股席卷一切的"飓风",让经销商难以忘怀,通过传播,让业内人士、普通消费者记忆犹新!总结大会成功的原因,徐家地板营销会议有五大看点。

看点一:寻找最佳契合点。经销商大会需要一条能够与企业相契合的主线,这条主线可以具象为一个事件,也可以抽象成一种精神。2007年徐家地板正处于区域品牌向全国品牌的过渡期,这个阶段更需要团结一切可以团结的力量,以一种特殊的精神突出区域束缚。井冈山的革命精神、星火燎原精神,再符合要求不过,加上代言人唐国强的领袖气质、企业领导人与企业文化的基调,井冈精神成为经销商大会的最佳契合点。

看点二:营造差异化亮点。差异化是品牌立足之本。同样的,营造差异化亮点,才能使经销商大会与其他会议相区别。徐家地板经销商大会将与会人员定位成井冈山革命精神的体验者和继承者,通过穿军服、吃粗茶淡饭等准军事化管理,让参会者切身体验到并牢牢记着革命精神,并促使其融入到经销商的日常生活工作中去。

看点三:创意至上,细节无价。创意是灵魂。徐家地板本次经销商大会的创意独特,井冈山的本地居民、来往游客,见到徐家的"红色大军",无一不惊呼"红军来了!"加上一些操作简单,角度独特的仪式性环节,如宣誓、签字仪式等,都在潜移默化地增强着经销商的归属感和荣誉感。在充分进行会议创意的同时,徐家地板还关注着每一项细节。诸如会议前晚,徐家地板老总亲自拜访每一位经销商,与其进行单独会谈,以实际行动感动、感化经销商。

看点四:综合会议,一举多得。井冈山民间流传着洗脑、洗肺、洗胃的"三洗"说法,可见一举多得是中国人乃至中国企业的基本要求。徐家地板通过紧凑、却又张弛有度的议程设置,将一场经销商大会综合成一场总结会、计划会、培训会、颁奖会、订单会、高峰论坛、招商会、新技术发布会等。尤其,凯纳总经理沈国梁在大会上,详细地解读了徐家地板的整合营销策划方案,既统一了思想、步调,又让经销商们知道了企业的决心、企业详细的营销传播运作方案,并赢得他们由衷的赞赏,最终决定了他们的态度和投入的资金热情。

看点五:传播为王,造势为上。传播造势体现在两个方面。首先是对内。精心造势,在经销商心理上进行了充分的铺垫。让经销商明确地意识到这次大会不同于以往泛泛的经销商大会,可能会有重要的举措出台。加以会上江苏省卫视、中国木材流通协会地板委员会、江苏儿童少年福利基金会、上海凯纳策划等省内外知名企业单位到贺,让经销商对徐家品牌充满信心,得到巨大的心理激励。其次是对外。充分利用本次大会,在业内外进行宣传造势,从而提高徐家品牌知名度。

井冈山,革命起飞的地方。"红军不怕远征难,万水千山只等闲……"会议结束后的回程大巴上,电视连续剧《长征》的主题歌一路相伴。经销商们看着连续剧《长征》,一个个心中都充满了干劲,南通海安等几位心急的经销商已然开始打电话,联系接下来的促销活动和媒体宣传事宜。徐家地板企业团队和经销商的凝聚力和向心力得到了空前提高。会议后期的经销商大会满意度调查显示：经销商 100%满意本次大会设置，90%以上经销商认为本次大会将是徐家地板的一场转折性会议，经销商们对徐家品牌的信心大增……除了经销商，本次大会在徐家地板内部也形成一股"革命精神"。"坚决完成任务"、"保证达成目标"，军人的钢铁意志在徐家地板生根发芽。

大会顺利结束后，迅速引起了业内广泛的关注，中国木业信息网、南京365家居网等多家知名业内网站对其进行相关新闻报道。徐家地板的"红色飓风"刮遍了业内业外。

◆ 工作任务分析

会议营销要想获得成功，就必须进行精心策划安排，不仅要明确会议营销的主题、目的、形式与对象，选准会议营销的时机与地点，而且还要在争取上级支持的前提下，进行合理而有效的分工，以求发挥团队的整体效能。企业营销人员在此项目实施中的主要工作任务就是根据会议营销的基本流程，从会议营销的每个细节出发，协助企业的营销决策部门出点子、想办法，创造性地搞好会前、会中、会后的设计策划，并按照分工后自己的职责范围，独当一面地完成好承担的工作任务，以保证会议营销能达到预期的效果。

◆ 相关知识

一、会议营销的流程

会议营销通过寻找特定顾客，通过亲情服务和产品说明会的方式来销售产品。会议营销的实质是对目标顾客的锁定和开发，对顾客全方位输出企业形象和产品知识，以专家顾问的身份对意向顾客进行关怀和隐藏式销售。它一般包括会前、会中、会后三大部分。会前主要是应用数据库营销的方式，对顾客资源进行很好的收集、筛选，通过对顾客的分类，筛选出适合自己产品功效的消费者，将他们作为会议营销的重点对象。然后根据确定的具体时间、地点，进行会场布置，之后，通知参会者到场。会中是现场促销活动的具体实施，应根据企业文化、产品功效、服务对象、环境因素等最大限度地去激发消费者的购买欲望，促销人员要微笑自信地接待好顾客，合理安排新老顾客的座位，主持人应充分调动现场气氛，听讲时促销人员要进行配合互动，带头鼓掌，渲染现场气氛。促销时要把握好顾客心理，根据顾客的喜好及表情变化，灵活调整沟通交流方式，切忌现场态度逆转，无论推销是否成功，都应善始善终，面带微笑将顾客送出会场。会后营销经理、主管、会务主管及专家共同召开总结会议，分析成功或失败的原因，为下一次会议的召开积累经验。并对参加活动的消费者再次进行筛选，确定名单的有效性，然后进行跟踪回访，发展顾客，开展售后服务与连带销售，增加顾客的忠诚度和购买量。

（一）会前准备

1. 广泛收集客户信息资料

通过各种渠道收集消费者的信息资料。这些信息包括：消费者姓名、年龄、家庭住址、联系电话、家庭收入、健康状况等，建立消费者档案数据库，并对这些数据进行分析整理，把消费者按照需求状况进行分类，确定特定的目标消费群体。

消费者信息资料的搜集渠道有：①熟人，如亲戚、朋友、同事、邻居等；②通过熟人介绍他的熟人；③陌生拜访；④通过各种活动和其他途径搜集。

2. 确定会议日期、主题和目标

在会议日期确定后，就要研究确定会议主题。会议主题的确定要根据产品的特点及节目内容而定，应以感情色彩较浓的内容为主，在设计主题时要注重造势与煽情，以便于营造会场气氛，消除顾客的防御心理，拉近销售人员与顾客的距离。然后确定会议的预期销售额和个人的销售目标任务。

3. 会址选择与会场布置

首先应根据产品的重点销售区域、企业文化以及会议主题选择最佳的会议地点，地点确定后，再选择确定酒店和会议大厅的档次规格，力求做到面积大小适中、灯光明亮不压抑、音响效果好、位置便于顾客寻找、交通便利等。然后在会议前一晚进行会场布置，在最醒目的位置悬挂横幅，摆放好展板、桌凳及货品。并准备会上所用的各种物品、如请柬、签到簿、礼品、抽奖奖品、员工统一服装、公司宣传资料、会议日程、顾客档案表等。

4. 邀约专家与顾客参加营销会议

首先确定出席会议的主讲专家，并将该专家的特长交代给每一个工作人员，以鼓舞促销人员的信心。然后根据会场容量，确定参会人数，并通过上门邀约、发邀请函、电话邀约、团体邀约、广告邀约等方式邀请客户，特别是重点客户参加营销会议。企业工作人员在明确会议精神、个人任务的前提下应对有意向购买产品的重点客户进行家访邀请，保证他们届时到会，同时还应详细了解重点客户的情况，以便于专家在现场对他们进行有针对性的促销。

(二) 会场促销

1. 会议开始

顾客进场签到、安排座位、倒水、填写有关表格。会议主持人的开场白，向参会者介绍与会专家，说明本次营销会议的中心议题。下面我们就以好美离子饮水机的会议营销为例来具体说明主持人的开场白。

各位来宾，各位新老朋友，大家下午好！

很高兴再次和大家相聚在好美健康联谊会的现场。今天到场的有社会各界的人士、有医学界的专家、商界的精英以及一群热爱生命、注重健康的朋友们。欢迎你们的到来，通过上次春交会上的认识、沟通和交流，相信我们彼此都已成为朋友，那这次各位从百忙之中抽出宝贵的时间光临我们的健康联谊会，相信一定认为健康对我们来说非常的重要，对吗？休闲周末，健康生活，我们相聚一堂，共同讨论一个健康的话题，探索水的魅力，我相信各位新老朋友会度过一个愉快、美好的时光。

水孕育了生命、水发祥了文明，众所周知，阳光、空气和水是人类赖以生存的三大要素。阳光，人类共同拥有一个太阳，我们无法改变；空气，面对日益严重的全球性污染，单凭我们一个人的力量又无法加以全面的改善；那么，日常生活饮用什么样的水是可以由我们自己决定和选择的。今天我们相聚一堂，共同探讨水和健康的魅力，我相信大家同我的感受是一样的：水孕育生命，孕育健康，也孕育美丽。下面我们以热烈的掌声有请公司总经理龚军辉先生讲话，他将给各位新老朋友带来他精彩礼品和真诚祝福。

2. 会场促销演讲

接着由公司总经理以本次会议主题为线做总结过去，展望未来的简短发言（演讲稿略）。然后请与会专家对本次会议营销的产品从行业内不同主打品牌的对比出发，做权威性、引导性、推荐性的讲解。紧跟着由销售主讲嘉宾、产品专员及顾客做诱导性、煽动性、针对性地促销演讲。下面我们仍以好美离子饮水机的会议营销为例来分别说明销售主讲嘉宾、产品专员及顾客的促销演讲。

(1) 销售主讲嘉宾的促销演讲

拥有健康不等于拥有一切，但失去健康将意味着失去一切。据考证，一个人可以七天不吃饭，但是不可以七天不喝水。由此可见，水对于我们生命是尤其的重要。爱自己，要有知识，爱别人，要有方法。那么水和我们的健康到底有什么样的奥秘，以及日常生活中，我们容易出现亚健康状态和水又有着什么样的关系呢？今天我们邀请到深圳地区非常专业的营养师之一××先生，来告诉我们如何区分亚健康，好水成就健康这一话题。5年多的时间，他对营养保健有着专门的研究和实践经验，并经常被邀请到北京、上海、福建等地演讲、咨询，同时还帮助很多朋友改善了亚健康状况，这位老师演讲不仅幽默、风趣，而且还会把很专业的知识讲的通俗易懂，大家准备好了吗？下面就以最热烈的掌声有请深圳的专业营养师××先生讲话。

××先生重点从好水成就健康的角度向大家讲解饮用好美离子水的功效好处（讲演略）。

(2) 产品专员的促销演讲

通过刚才专家、公司领导及主讲嘉宾的演讲，我相信大家对水和健康的关系有了基本的了解。可是面对现在水质的污染，我们又如何改变日常饮用水的质量呢？适合我们饮用的好的纯净水又在哪里呢？请看我们公司生产的饮水机的现场示范实验。

工作人员抬出一台未拆封的好美离子饮水机，现场打开，倒入日常饮用水，然后由工作人员将经过饮水机净化处理后的水盛给现场人员品尝。之后，产品专员对日常饮用水和好美离子水进行对比演讲，深入讲解饮用好美离子水与健康的关系，重点突出长期饮用未净化污染水的害处和使用好美离子饮水机的优点和益处，以此来进行好美离子饮水机的促销宣传（讲演略）。

(3) 顾客发言

掌声感谢产品专员××先生给我们的精彩演讲，相信各位透过产品示范演示和XX先生的讲解，在座的各位心中应该有了非常清晰的概念，也知道如何才能饮用到好水，以维护健康，在今天的会议现场有几位朋友，也是我们公司产品的受益者，通过饮用好美离子水极大地提高了他们的生活品质，消除了他们身体亚健康的烦恼，他们也按奈不住心中的喜悦想和大家一起分享。下面就请好美离子水的受益者，我们的忠实朋友XX女士来给大家谈一下她使用好美离子饮水机后的切身感受（讲演略）。

3. 中场休息与顾客沟通交流、攻单

会场演讲结束后，应给与会者一定的休息时间，在休息时间内，可搞一些互动游戏、节目表演、抽奖活动等，以活跃气氛，拉进与客户的距离。同时，企业营销人员应主动与客户进行沟通交流，对自己负责联系的客户进行一对一促销、攻单，发展目标客户，培育忠实客户。在与顾客沟通交流时，要分析顾客心理，了解顾客需求，针对不同客户采取灵活多变的推销技巧，激励、诱导顾客现场签单购买。而对那些不能在现场做出购买决策的客户要进行登记记录，以便在会后进行联系、跟进和促销。

（三）会后跟进

会议谢幕，感谢所有来宾离场。会后对购买产品的客户进行售后跟踪服务，指导其使用，并对使用前后的效果进行比较，形成良好的口碑宣传效应。对会上未购买产品的客户做进一步的深入分析，甄别出有购买倾向的客户进行跟进，通过不间断的电话联系、上门一对一沟通，消除其顾虑，达成销售。

二、会议营销的筹划

作为一次会议营销，真正举行会议的时间很短，多者三五天，少者几个小时。企业之所以花费巨资开会，是希望通过举行会议解决问题，取得营销的巨大成功。因此，企业对会议常常寄予很大的期望，从这个角度来讲，会议营销承担着巨大的"责任"和压力。会议营销要想获得成功，必须事先做精心筹划。

（一）明确会议营销的主题、目的、形式和对象

首先要明确会议的主题。会议主题要吻合当前市场的实际需求，明确而非模糊。同时，会议主题（标语）还应该具有时尚、新颖、独特之处。就拿经销商座谈会来讲，以往，许多公司的经销商座谈会只是很简单的一个标语：××公司经销商座谈会（或恳谈会）。但如果我们采用一种时尚的做法，将主题变为："品牌缔造价值，实力致胜未来——××公司经销商营销会"。这个主题不仅新颖、独特，而且还能吸引与会经销商的眼球。

会议目的与主题息息相关，两者相辅相成，紧密结合在一起。原则上，一次会议营销目的应该只有一个，最多两个。例如，通过总结往年销售业绩，展望来年销售情况，给经销商打气；发布营销政策，激励、刺激经销商，提高经销商经营企业产品的信心；借助于企业实力，提升品牌形象；为某次大型促销活动作铺垫；新进入一个市场，或新品上市前的宣传造势；紧跟市场潮流，借势热点焦点，提高企业产品的知名度和美誉度，等等。主题与目的明确，会议营销就做到了"有的放矢"，不至于偏离主题，重蹈形式主义的覆辙。

当会议主题和目的明确之后，会议的形式和针对对象也就随之确定下来了。如以上××公司经销商座谈会的形式为：参观公司的生产车间、召开现场座谈会、私下勾兑等。针对的对象则是公司所有的新老经销商，至于行业协会领导、专家学者及媒体记者则不在考虑之内。会议形式和针对对象确立后，就能使后面的筹划工作有条不紊，按部就班，

真正做到"投入小、见效快、收益大、厂商双赢"。

(二) 选准会议营销的时机、日期和地点

一个合适的时机对会议营销成功与否具有相当大的作用。在市场上，往往有"先发制人、后发制于人"的说法，会议召开的时机必须选择好，否则，"机不可失，时不再来"，后悔也来不及了。此外，还有一句"借势"和"造势"的说法，在市场热炒时，企业"借力打力"，搭顺风车；在市场萧条时，寻找新的卖点，主动挑起炒作的大旗。而无论是淡季还是旺季，举行会议营销都必须选择好适宜的时机。如以上××公司经销商座谈会可选择在市场淡季后期，这个时机公司的营销政策已经出炉，新品即将全面上市，经销商可以参观到公司的整体实力和产品阵容；其次，淡季正好是总结去年、展望来年的大好时机，经销商的业务也不是非常多，可避开繁忙的销售旺季；再次，在濒临年底时，经销商的心思多放在销售、回收欠款以及与上级主管单位和领导联络感情方面。

在选准时机后，还要考虑会议举行的时间和地点。时间和地点的确定最好事先与企业的主要经销商进行必要沟通，以达成一致，看他们在什么时间方便，喜欢在什么地方开会，以使确定的开会时间能保证绝大多数经销商如期到会，会议地点能吸引经销商参会。

(三) 赢得上级支持

从事营销工作时间越长，就越能感觉到领导的作用。会议营销要想取得成功，就必须赢得上级领导的支持。因为举办会议是需要公司往外掏钱的，但是会议营销究竟会达到什么样的效果，谁也说不准。尽管每个人都知道会议营销非常重要，但因为没有一个量化的考核标准，加上现在市场竞争越来越激烈，每个公司的经费都比较紧张，所以上级领导对支持会议营销多存疑虑。当会议的具体负责人或策划师有了一个初步的想法，并明确了会议的主题、目的、形式、举办时间、地点、参与人后，会议负责人或策划师就应该及时向上级领导回报，并提出一个比较详尽的书面报告，对当前的市场环境、面临的挑战与机遇、举办会议的投入与预计的成效作详细的分析，力争取得上级的支持。

对于上级来说，是否支持会议营销，支持的力度有多大，一般取决于以下三个问题：为什么要举行这次会议营销？如何办好会议营销？会议营销的投入与产出各是多少（或投入与产出是否成正比）？第一个问题的答案在市场背景资料部分和会议的主题、目的部分；第二个问题的答案在会议的具体内容，包括形式、地点、时间、会议日程安排、人员分工部分；第三个问题的答案在会议预算费用表和预计收益表，以及会议结束之后的总结报告部分。会议营销要想获得上级支持，在提交给上级的报告中就必须解决三个问题，因此有人认为"报告是赢得上级支持、会议营销成功的敲门砖"。

上级领导对会议营销的支持主要体现在以下四个方面。

(1) 直接的预算费用支持。因为预算费用是上级领导最关心的问题，会议的预算费用应充分考虑到所需要的各种费用，愈周全愈好。同时，还应预算一部分意外费用，比如，飞机晚点，接待人员和来宾的额外饮食费用，或者是因为其他不可控制的因素导致的额外费用，这部分费用原则上应占到预算总费用的 5%～10%。

(2) 营销政策方面的支持。公司应该提前制定出相应的营销政策，包括在产品、价

格、渠道、促销、服务等方面所能提供的支持，这些都是经销商最关心的问题。

（3）通过上级部门的组织、协调，获得其他相关部门及人员的支持。稍大一点的会议，一般都会涉及到生产、研发、销售、广告、策划以及其他部门，如果缺少上级相关部门的支持，具体做事的人很难保证会议能比较顺利地进行。

（4）得到其他资源的支持。比如，产品的陈列，交通工具的提供，住宿和饮食方面的支持等，这些都应在打给上级的报告中尽可能全面地体现出来。

（四）充分而合理的分工

会议营销强调的是团队整体力量的发挥。因此，合理而有效的分工是会议营销取得成功的重要因素之一。在会议举行前，应成立专门的会务组，会务组成员一般包括以下部分。

（1）公司领导。他们的任务就是指定会议的具体负责人，寻求其他相关部门和员工的支持，取得公司高层领导的支持；对整个活动过程进行监控，提出建议和指导性意见，解决一些疑难问题和突发事件。

（2）会议具体负责人。会议的具体负责人是此次会议的总负责人。他的责任重大，主要任务是寻求其他部门的支持和协助；对会议的整个流程进行统筹规划，挑选核心成员，并对各个核心成员进行具体分工；取得活动经费；协调各个部门、成员间的工作，将所有的工作串联在一起；监督考核下面成员的工作，并解决一些疑难问题。

（3）会务组核心成员，会务组核心成员是最底层干事的成员。这些成员又具体分为：①负责宣传方面的成员，主要工作任务是撰写领导讲话稿、新闻稿件，准备相应的宣传资料、广告条幅内容、背景板、展板内容以及媒体接待等；②接待来宾的成员，主要工作任务是会议前的电话、网络、传真联系，发放邀请函，收回回执；安排、负责接机、火车站接待及现场接待工作；安排来宾的饮食、住宿及会后送客等；③负责活动现场布置的人员，主要工作任务是准备桌椅、花盆、条幅、横幅、地毯、背景板、展板、讲话桌、话筒、音响、电源、投影设备、礼仪小姐、气球、拱门等；④其他后勤人员，主要工作任务是准备资料袋、礼品、座次牌、嘉宾卡、乐队、交通工具等，这些工作都必须在会议开始前，全部负责安排到位。

总之，一次会议营销就相当于是经营一个小企业，唯有充分调动一切可以调动的力量，会议营销才有最终成功的可能。

（五）关注会议营销的相关细节

在会议召开的前一天，应将最后的会议日程安排确定下来，并打印发放到每位与会者手中。同时，会务组还应另外制定出更为详尽的会议日程安排表，将会议上每位讲话者的姓名、顺序、讲话时间都限定下来，并提前与各讲话者进行私下沟通，全面控制会议的整个流程，协调好现场气氛。会议中还应考虑到与会者的素质和喜好，应选择有丰富经验的领导讲话。

如果采用的是座谈会的形式，一般应采用圆桌会议，大家一视同仁，不伤害任何一位与会者的自尊。宴席期间，也应关注细节。针对来自天南地北的参会人员，应安排多种不同口味的食品，同时每桌都应有公司领导、业务员陪同。在吃饭中间也可安排一些文艺节目和抽奖活动，以活跃气氛，以使与会者感到"舒心、舒畅、舒服"。

◆ **任务实施**

第一步，与举办会议营销的企业与机构牵手合作，让学生以会议核心成员的身份参与某企业的营销会议，独立承担或具体负责某项工作任务；

第二步，要求每位学生在会议正式开始前，对自己分工负责的事项和承担的工作任务做出具体实施计划，并在老师和会议营销负责人的指导下，整合成一份完整的会议营销策划书；

第三步，营销会议开始后，要求学生配合企业工作人员完成好自己所承担的工作任务，并以企业工作人员的身份主动为客户服务，积极与客户沟通，确保每个环节不出问题；

第四步，会议结束后，召开一次由企业工作人员和学生一起参加的总结会，对学生的工作表现和完成任务的情况进行点评，尤其要对存在的问题与不足给予明确地指出；

第五步，再让学生根据参加营销会议后的感受体会，选择自己熟悉的行业、企业和产品，写一份完整的会议营销策划书，并让其他班级的同学扮演与会客户，本班同学扮演某企业的工作人员，模拟举办一次营销会议，以使学生熟练掌握会议营销的流程、技巧与操作规范。

◆ **总结与回顾**

会议营销的流程包括会前准备、会场促销、会后跟进三大部分。会前准备主要是收集顾客资源，对顾客进行筛选、分类，确定开会时间、地点，对会场进行布置，邀约专家与顾客参加营销会议等。会场促销则是通过专家、销售主讲嘉宾、产品专员、客户代表的促销演讲以及企业工作人员的互动配合来渲染现场气氛，激发客户购买欲望，并通过与客户的沟通交流来促进产品销售的活动过程。会后跟进是对会上未进行实质性决策购买的客户进行跟踪回访，沟通联络，一对一促销，发展目标客户的行为，目的是开展售后服务与连带销售，增加顾客的忠诚度和购买量。

会议营销要想获得成功，必须事先做精心筹划。在营销会议正式召开之前，要明确会议的主题、目的、形式和对象；确定适宜的开会时间和地点；争取赢得上级的支持；进行合理而有效的分工；注重会议营销的相关细节，以保证会议营销能够达到期望的效果。

本项目的教学重点与核心技能是会议营销的策划、组织与实施。

◆ **复习思考题**

1. 简述会议营销的基本流程。
2. 会议营销策划应注意做好哪些方面的工作？
3. 在营销会议现场，怎样与客户进行沟通交流？

◆ **实训练习**

1. 实训项目：组建模拟公司，制订企业会议营销的策划方案
2. 实训目标：
（1）从实践层面进一步加深学生对会议营销模式的理解；
（2）培养学生制订企业会议营销策划方案的能力；

（3）培养学生与客户沟通交流，进行会议促销的能力。

3. 实训内容与方法：

根据所学知识以及对现实同类企业会议营销模式与流程的调查了解，制订模拟公司产品会议营销的策划方案。

（1）以自愿为原则，6~8人为一组，组建"×××模拟公司"，公司名称自定；

（2）根据公司的实力、产品特点及会议营销的目标，制订完整的会议营销策划方案；

（3）模拟组织一次会议营销现场会，将学生进行角色转换，一部分扮演参会的客户代表，一部分扮演企业产品的促销人员，进行现场产品推销，训练学生的沟通技巧与推销能力。

4. 标准与评估

（1）标准：能够根据模拟公司的实力、产品特点与营销目标，制订出完整的会议营销策划方案；能够在会议销售现场轻松自如地扮演销售主讲嘉宾和产品专员；能够与客户进行熟练地沟通交流与产品促销。

（2）评估：每人完成一份模拟公司的会议营销策划方案，作为一次作业，然后根据每个同学在会议现场进行角色扮演的实际表现，由教师与各组组长组成的评估小组对其进行评估打分。

模块十四 客户管理

美国营销专家詹姆斯·穆尔说:"现代企业的命运在顾客手中,顾客是企业利润的最终决定者。"客户管理的指导思想就是对客户进行系统化的分析研究,以改进企业对客户的服务水平,提高客户的忠诚度并由此为企业带来更多的销售利润。客户管理主要以维持现有市场为出发点,把企业产品营销的重点放在现有客户身上,通过给现有客户提供满意的产品和到位的服务,培育发展企业的忠诚客户群,以便在企业与客户之间建立长期稳定的互惠互利关系,最终实现企业利润最大化和客户价值最大化的双赢目标。因此,客户管理意味着营销不再是一次性的交易,而是客户关系的巩固与维系。

项目一 客 户 分 析

◆ **知识、能力、素质目标**

使学生明确市场营销的对象是客户,了解客户的基本类型,掌握客户分析的方法,学会具体分析谁是企业的客户,哪些是企业的重点客户(大客户),哪些是企业的一般客户,哪些是企业的零星客户,在此基础上,深刻理解客户差异对企业利润的影响,以使学生明确从事现代市场营销工作必须区别不同客户,并根据不同客户采取不同的管理方式和差别化的营销策略。

◆ **教学方法**

角色扮演法　问题导入法　分组讨论法

◆ **技能(知识)点**

客户的定义与类型　客户分析的内容与方法　企业重点客户的确定

筛选出最有价值的客户

产品种类:小型饮水机、水瓶3公升(水质为地下矿泉水)。可以由商家供水或另购制水机。渠道方式:直接销售。零售价格:饮水机70元/台(出厂价,商家没有利润)、水瓶1元/个、制水机3000元/台。

小英是商家的销售代表。她寻找到以下4个客户:

A客户为小酒家客户,需购机2台,月平均供水销售额100元,需耗费小英2天时间。

B客户为大酒店客户,目前需购机2台,月供水销售额暂时为100元,耗费小英2天时间,竞争对手平均月供水销售额为1000元。

C客户为商业集团客户,需购机10台,月平均供水销售额500元,耗费小英10天时间。

D客户为美容店客户,需购机3台,月平均需供水销售额200元,需耗费小英2天时间。

根据营销情景中描述的事实,学生独立思考并回答:
1. 假定小英月平均销售额为6000元,请根据上述客户情况判断是否接单,为什么?
2. 分析以上四个客户中,哪个是小英的重点客户?哪个是小英的一般客户?

戴尔公司的客户关系管理

戴尔计算机公司成立于1984年,是全球成长最快的个人计算机公司。戴尔公司还是电子商务的早期应用者,目前每天在线销售额已达上千万美元。戴尔公司最成功的地方在于它的"直线订购模式",即按照客户要求制造计算机,并向客户直接发货。通过网上直销渠道,戴尔公司直接与消费者建立关系,公司可以提供个性化的服务,而且充分掌握所有客户的资料。在线销售方式的核心是灵活地对待客户,形成所谓"客户三角"。它将客户分为所有客户层、注册客户层、签约客户层和白金客户层四个层次。戴尔公司实行基于客户重要性的在线信息政策,客户收到的信息因客户级别而异,越重要的客户收到的信息越全面,得到的服务也越广泛,价格往往也更优惠。戴尔公司的所有客户层得到的信息都比较充分,保证在线质量,其中包括产品细节、配置一部计算机的能力、报价清单、一般技术支持、用户论坛,以及其他与公司有关的信息。从注册用户开始,公司提供附加的个性化信息。一个注册用户可以要求对有关信息的跟踪:如当新的特定信息出现时,就自动发出一个电子邮件;或根据客户订制在线新闻稿件。签约客户的采购历史都得以保存,他们可以查询这些历史资料,了解累计的销售额,建立习惯链接,享有定制化的服务和特殊折扣。白金客户得到的服务最具有个性化,公司翻译了18种语言,在36个国家设立了客户网站,白金客户可以在线与产品设计者一起讨论,保证新产品能够充分满足客户的需求。

由戴尔的案例,我们可以得出:戴尔公司对客户关系良好管理的前提是拥有全面的客户信息。可以说,戴尔公司成功的最大优势在于信息占有。通过向不同层次的客户提供不同层次的信息和不同级别的服务,使公司的活动能够反应客户个人的特殊需求和希望。客户与公司之间方便、灵活的互动,帮助戴尔公司建立并不断加深与客户的关系,使公司从相对固定的客户群中获得利益的最大化和关系的持久发展。

◆ 工作任务分析

优秀的企业把客户看作是一种极其重要的有价证券,把客户关系的维系和真诚客户的培育作为企业营销活动的重要内容。企业营销人员在此项目实施中的主要工作任务就是明确市场营销的对象是客户,不同客户对企业利润的贡献不同。因此,营销人员要能根据客户的信息资料对客户进行具体分类,并通过分析客户特征,评估客户价值,分清哪些是企业的忠诚客户,哪些是企业的零散客户,哪些是企业的重点客户,哪些是企业的一般客户,在此基础上,协助企业的客户管理部门制定适宜不同客户群的管理方式与营销对策,以达到巩固老客户,发展新客户的目的。

◆ 相关知识

一、对客户的全新认识

让我们先来看一则寓言。一粒麦子有三种命运：一是磨成面被人们消费掉，实现自身的价值；二是作为种子播种，结出丰硕的果实，创造出新的价值；三是由于保管不善霉烂变质，失去自身的价值。可见管理得当，麦子就会实现自身的价值或是为人类创造出新的价值；管理不善，就会失去自身的价值。同样道理，企业如果对客户管理有方，客户就会热情、积极地配合厂商的政策；而管理不善或是忽视对客户的管理就有可能丢失原有市场，使企业陷入产品滞销、竞争乏力的困境。因此，企业应认识到客户管理的重要性，像经营管理金融资产或实物资产那样来经营和管理企业与客户的关系。

（一）客户的定义

客户概念诞生于20世纪初。然而企业花费了将近100年的时间才真正领会了其中的含义。在产品与客户两大企业运营的焦点中，企业家们经常考虑的一个问题就是谁是本企业的市场营销对象？很显然，市场营销对象是客户，也就是营销传播者的受众，市场营销对象是市场营销活动的基本主体之一，从而确立了客户在营销管理中的主体地位。对大多数中国企业而言，对客户的理解还是处于比较模糊的阶段，有必要对客户的概念进行重新认识。

对企业而言，客户是对本企业产品和服务有特定需求的群体，它是企业生产经营活动得以维持的根本保证。从时间跨度上包括现实客户与潜在客户，从空间跨度上包括直接客户（直接从企业购买产品或服务）与间接客户（间接从企业购买产品或服务），从服务的对象上看还包括外部客户与内部客户（指企业内部员工）。

传统的观点认为，消费者（Consumer）和客户（Customer）是同一概念，两者的含义可以不加以区分，但对于企业而言，消费者和客户应该加以区分，它们之间的差别表现在以下四个方面。

（1）客户是针对某一特定细分市场而言的，他们的需求具有一定的共性，比如中国电信把客户分成家庭客户、政企客户、公用电话客户、无线市话客户；而消费者则是针对个体而言的，他们处于比较分散的状态。

（2）客户的需求相对较为复杂，要求较高，购买数额也较大，而且交易的过程延续的时间比较长，比如，客户购买了电脑后，涉及维修、耗材的供应、重复购买等；而消费者与企业的关系一般是短期的，也不需要长期、复杂的服务。

（3）客户注重与企业的感情沟通，需要企业安排专职人员负责和处理他们的事务，并且需要企业对客户的基本情况有深入的了解；而消费者与企业的关系相对比较简单，即使企业知道消费者是谁，也不一定与其发生进一步的联系。

（4）客户是分层次的，不同层次的客户需要企业采取不同的客户策略，而消费者可看成一个松散整体，并不需要进行严格区分。

（二）客户资源

1. 客户资源的属性

传统观念将企业的资源限定为各种生产要素，如土地、资本、劳动力等，而这些生产要素都属于企业的可控因素。管理的任务，就是将企业的人、财、物等各种生产要素进行合理的配置，以利用这些资源，实现利润最大化的目标。尽管企业也认识到客户的重要性，但仅是把客户视为企业实现经营目标的外部条件，属于不可控因素，被排除在企业资源范畴之外。

随着市场竞争的日趋激烈，企业的营销理念由以企业为中心转向以客户为中心，企业对客户的看法发生了根本的转变。企业越来越认识到客户不仅是企业的营销对象，而且也是企业的重要资源，其重要性已远远超出企业内部的各种资源，这是因为：

（1）现代企业的竞争优势已不仅仅体现在产品上，还体现在市场上，谁能获得更大的市场份额，谁就能在竞争中占据优势和主动；

（2）对市场份额的争夺实质上是对客户的争夺，而是否拥有客户取决于企业与客户的关系状况，归根结底取决于客户对企业所提供的产品和服务的满意程度；

（3）客户的满意度最终取决于企业自身的努力，只要企业能够充分地了解客户的需求，更好地满足客户的需求，就有可能使客户的满意程度不断提高。而客户的满意程度越高，企业的市场竞争就越强，市场占有率就越大，企业的盈利也就越丰厚。

因此，客户对企业来说不再是一个外在的不可控因素，而是企业实现其经营目标的一种可控的重要资源。只要企业充分重视对客户的发现、开发和保持，与客户建立起长期、稳定和互利的建设性伙伴关系，就能够从客户身上获得持久的利润并实现其利润的最大化。

2. 客户资源与一般资源的区别

将客户作为企业可以加以开发和利用的重要资源，是企业在认识上的一个重要进步。正是在这种观念的指导下，越来越多的企业开始重视对客户的管理，以提高客户对本企业的满意度和忠诚度，增加客户的价值。

然而，从严格意义上说，"客户资源"并不符合一般意义上的资源的定义。虽然客户对企业来说在某些方面具有一般资源所共有的一些特征，如它是由企业过去的经营活动所获得的，在某种程度上具有可用货币衡量的价值，通过与现有的企业资源相结合可以为企业带来收益等，但企业对客户不能像其他资源一样拥有控制权和所有权。因此，对于客户这种资源，不可以通过获得一般资源的途径而拥有。也正因为如此，对客户资源的管理也不同于一般资源的管理。企业只有通过维持和强化与客户的关系，培养客户的忠诚，才能使客户真正成为企业有用的资源，为企业的发展作出贡献。

二、客户的分类

（一）根据客户对企业的重要程度划分

在客户管理中，企业常常按照客户的重要程度，采取 ABC 分类法对客户进行分类。

ABC 分类法就是根据事物在技术或经济方面的主要特征，进行分类排队，分清重点和一般，从而有区别地确定管理方式的一种分析方法。由于它把被分析的对象分成 A、B、C 三类，所以又称为 ABC 分析法。用 ABC 分类法可把客户分为贵宾客户（VIP Customer）、主要客户（Major Customer）和普通客户（Commom Customer）。如表 14-1 所示。

表 14-1 用 ABC 分类法对客户进行划分

客户类型	客户名称	客户数量比例	客户为企业创造的利润比例
A	贵宾客户	5%	50%
B	主要客户	15%	30%
C	普通客户	80%	20%

表 14-1 所列的数字为参考值，不同行业、不同企业的数值各不相同。比如在银行业中，贵宾客户数量可能占到客户总数量的 1%，但为企业创造的利润可能超过 50%；而有些企业，如宾馆的贵宾客户数量可能大于 5%，为企业创造的利润可能小于 50%。

（二）根据客户忠诚度划分

根据客户对企业的忠诚程度来划分，可把客户分成潜在客户、新客户、常客户、老客户和忠诚客户等。潜在客户是指对企业的产品或服务有需求，但尚未开始与企业进行交易，需要企业花一定气力才能争取到的客户；新客户是指那些刚开始与企业开展交易，但对产品或服务还缺乏全面了解的客户；常客户是指经常与企业发生交易的客户，尽管这些客户还与其他企业发生交易，但与本企业的交易数量相对较大；老客户是指与企业交易有较长的历史，对企业的产品或服务有较深的了解，但同时还与其他企业有交易往来的客户；忠诚客户则是指对企业高度信任，并与企业建立起长期、稳定关系的客户，他们基本就在本企业消费。

不同忠诚度的客户对企业利润的贡献有较大差别，如图 14-1 所示。

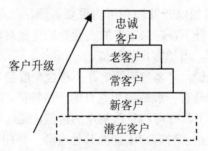

图 14-1 不同客户创造的利润分布图

一般来说，客户的忠诚度与客户和企业交易的时间长短和次数多少有关，只有忠诚的客户才能长时间、高频度地与企业发生交易。而客户的忠诚程度是不断发生变化的，只要企业对客户的服务得法，能赢得客户信任，潜在客户就可以变成新客户，新客户可以变成常客户，常客户可以变成老客户，老客户可以转化成忠诚客户；反之也是如此，如果企业不注意提高客户服务水平，随意损害客户的利益，都有可能使客户终止与企业的交易，弃企业而去。因此，在客户管理中，按照客户价值对客户进行分类，找到最有价值的客户，对企业至关重要。

三、客户分析的内容

在产业与市场的不同发展阶段,客户自身可能存在着相当大的差异,而这种差异及由此而导致的关系行为与市场特征的差异,都需要通过具体分析才能获得。所谓客户分析就是根据客户信息数据来分析客户特征,评估客户价值,从而为客户制订相应的营销策略与资源配置计划。通过合理、系统的客户分析,企业可以区分和识别不同客户的特征和行为,分析客户的需求和发展趋势,为满足不同市场和客户的需求而不断改善自己的产品结构,完善销售和服务体系,以便使企业能够在适当的时间,针对特定的客户,推出个性化的产品和服务。具体来说,客户分析可以包含以下六个方面的内容。

(一)商业行为分析

商业行为分析通过对客户的资金分布情况、流量情况、历史记录等方面的数据来分析客户的综合利用状况,主要包括以下几点。

(1)产品分布情况。分析客户在不同地区、不同时段所购买的不同类型产品的数量,可以获取当前营销系统的状态,各个地区的市场状况,以及客户的运转情况。

(2)消费者保持力分析。通过分析详细的交易数据,细分哪些是企业希望保持的客户,并将这些客户名单发布到各个分支机构以确保这些客户能够享受到最好的服务和优惠。细分标准可以是单位时间交易次数、交易金额、结账周期等指标。

(3)消费者损失率分析。通过分析详细的交易数据来判断客户是否准备结束商业关系,或正在转向另外一个竞争者。其目的在于对那些已经结束了交易的客户进行评价,寻找他们结束交易过程的原因。

(4)升级/交叉销售分析。对那些即将结束交易周期或有良好贷款信用的客户,或者有其他需求的客户进行分类,便于企业识别不同的目标对象。

(二)客户特征分析

(1)客户行为习惯分析。根据客户购买记录识别客户的价值,主要用于根据价值来对客户进行分类。

(2)客户产品意见分析。根据不同的客户对各种产品所提出的各种意见,以及当各种新产品或服务推出时的不同态度来确定客户对新事物的接受程度。

(三)客户忠诚分析

客户忠诚是基于对企业的信任度、来往频率、服务效果、满意程度以及继续接受同一企业服务可能性的综合评估值,可根据具体的指标进行量化。保持老客户要比寻求新客户更加经济,保持与客户之间的不断沟通、长期联系、维持和增强消费者的感情纽带,是企业间接的竞争手段。而且巩固这种客户忠诚度的竞争具有隐蔽性,竞争者看不到任何策略变化。

(四)客户注意力分析

(1)客户意见分析。根据客户所提出的意见类型、意见产品、日期、发生和解决问题的时间、销售代表和区域等指标来识别与分析一定时期内的客户意见,并指出哪些问题能够成功解决,而哪些问题不能成功解决,并分析其原因。

(2) 客户咨询分析。根据客户咨询产品、服务和受理咨询的部门以及发生和解决咨询的时间来分析一定时期内的客户咨询活动,并跟踪这些建议的执行情况。

(3) 客户接触评价。根据企业部门、产品、时间区段来评价一定时期内各个部门主动接触客户的数量,并了解客户是否在每个星期都收到多个组织单位的多种信息。

(4) 客户满意度分析与评价。根据产品、区域来识别一定时期内感到满意的20%的客户和感到不满意的20%的客户,并描述这些客户的特征。

(五) 客户营销分析

要想比较清楚地了解潜在趋势和销售数据模型,就必须对整个营销过程进行全面观察。

(六) 客户收益率分析

对每一个客户的成本和收益进行分析,可以判断出哪些客户是为企业带来利润的。在客户管理中,企业的生产、营销、服务及市场都是围绕客户而进行的。客户分析将成为成功实现客户管理的关键,帮助企业最大程度地提高客户满意度,同时也降低了企业的运作成本,提高了企业的运作效率。

◆ 任务实施

第一步,对学生进行分组,每 3~5 人为一组,要求学生以组为单位对某企业的客户档案进行分析,根据管理学的"二八原理"对企业的目标客户进行识别与分类,具体甄别哪些是企业的重要客户,哪些是企业一般客户;

第二步,根据前面的划分和掌握的情况信息,讨论制定被研究企业针对不同客户群的管理方式及营销策略;

第三步,与企业客户部、营销部的负责人进行沟通联系,征询他们对所提客户管理方式及营销策略的意见,以完善企业的客户管理方案。

◆ 总结与回顾

对于企业而言,客户是其生存、发展的战略资源。按照不同的标准可以将客户分成不同的类型,企业客户管理的一项重要内容就是根据客户的信息资料来分析客户的行为特征,评估客户的市场价值和对企业的忠诚度,从而要求企业针对不同的客户群制订不同的管理方式与营销策略。只有这样,企业才能有重点地建立发展与客户的关系,才能有区别、有成效地开展营销活动。在客户管理中,企业常按客户的重要程度,采用 ABC 分类法将客户划分为贵宾客户、主要客户和普通客户;也可按客户对企业的忠诚程度将客户划分为潜在客户、新客户、常客户、老客户和忠诚客户等。企业客户分析的内容一般包括:商业行为分析、客户特征分析、客户忠诚分析、客户注意力分析、客户营销分析和客户收益率分析六个方面。

本项目的教学重点与核心技能是客户类型的划分、客户特征分析及客户价值评估。

◆ **复习思考题**

1. 企业应如何界定客户？客户是如何分类的？
2. 如何理解客户资源是企业的一种战略资源？
3. 企业的客户一般分为哪几种类型？客户分析的主要内容有哪些？

◆ **实训练习**

1. 实训项目：案例分析——某网络产品公司的客户关系管理
2. 实训目标：

（1）培养学生进行客户关系分析的能力；

（2）培养如何与客户搞好关系，如何与大客户建立战略伙伴关系的能力；

3. 实训内容与方法：

（1）阅读如下案例，并讨论回答：①该网络产品公司为什么要实施客户关系管理系统？你认为客户关系管理系统中应储存客户的哪些信息？②作为网络产品公司，应通过哪些措施途径与所谓的大客户建立长期稳定的关系？

（2）先由个人阅读分析案例，并写出发言提纲，然后进行分组讨论。

某网络产品公司主要以注册域名、出租空间以及提供相应网站建设项目等为服务范畴。在互联网发达的时代，该公司充分利用自己的优势，制作精美的网站，链接搜索引擎，与相关专业网站进行合作联盟，或通过刊登广告、群发邮件等手段，以推广服务、吸引客户，进而对有需求的客户进行电话跟踪，促进交易的达成。

通过一段时间发展，该公司形成了庞大的客户网络。在这种情况下，如何与老客户保持合作关系，提高客户保有率和续费率，及时挖掘老客户的增值服务需求，并主动给予相应的服务，变得日益重要。于是，该公司在客户服务方面全面实施客户关系管理系统，并建立起全新的服务模式，以适应更高的客户管理需要，全方位提高服务竞争力。该客户关系管理软件系统，要求将客户的信息集中到统一平台，通过关键信息的收集来帮助客户分类和需求的分析，然后在系统中设立自动提醒功能，主动提示要与老客户联系，或做好相应服务跟踪和支持工作。客户服务人员进行客户跟踪、拜访，一定要将客户的最新信息反馈给录入员进行登记或更新，并在此基础上做个性服务分析。一旦客户提出服务要求，可以立刻从客户关系管理系统中调出客户信息，做好客户服务分析，并通知服务人员做好准备，以便更好地向客户提供服务。

4. 标准与评估

（1）标准：能从理论与实践的结合上，写出有说服力的发言提纲，分析入情入理，提出的措施途径切实可行。

（2）评估：每个同学的发言提纲可作为一次作业，由教师和各组组长组成的评价小组根据个人在讨论中的表现评估打分。

项目二　客户投诉的处理

◆ **知识、能力、素质目标**

使学生明确处理客户投诉是客户管理的重要内容。了解客户投诉的内容和处理客户投诉的基本原则,在此基础上,能根据客户投诉处理的原则与流程,采用适宜的方法,以最快的速度正确处理客户投诉,最大限度地做到让客户满意。

◆ **教学方法**

情景教学法　角色扮演法　案例教学法

◆ **技能(知识)点**

客户投诉内容　处理客户投诉的原则　客户投诉处理流程　正确处理客户投诉的要点

先安抚情绪后解决客户问题

陈小娜是某空调服务中心的客服人员。一天,来了一位中年家庭妇女姚女士,怒气冲冲追问陈小娜,空调安装的韩师傅哪里去啦。陈小娜忙问有什么事情可以帮忙。姚女士说,韩师傅早上安装的空调质量太差,要求退货。面对怒气冲冲的姚女士,陈小娜没有急于询问是什么原因,而是把姚女士请到接待室,端来一杯茶水先安慰对方不要着急,有什么问题一定会得到解决,我们决不会不负责任等。面对微笑着礼貌的服务人员,姚女士不好意思再怒气凌人。原来早上刚刚安装的空调,中午刚开机不久就停止运转,无论怎么遥控,也无法启动,看来空调质量不好,要求退货。面对姚女士的要求,陈小娜没有强辩,而是与姚女士商量,先派师傅随其往,检查一下空调,如果确实是质量问题,保证给予更换或者退货。对于合情合理的安排,姚女士无法表示出不同的意见。于是,空调师傅立即前往姚女士家,经过检查发现是空调专用的电源开关保险丝容量过小,导致超过负载而熔断。空调师傅重新换上大号的保险丝后,空调运转正常。面对企业良好的服务,姚女士深感自己行为欠妥,不仅向空调师傅致谢,还特意打电话到客服中心向陈小娜表示歉意。

根据营销情景中描述的事实,学生独立思考并回答:

1. 陈小娜良好的服务态度,给你什么样的启示?
2. 陈小娜如果没有安抚好客户情绪,能够解决好客户问题吗?

我国的客户投诉量总体呈上升趋势

据中国消费者协会的统计,2003年全国内地30个省、自治区、直辖市的消费者协会(委员会)一共受理消费者投诉695 142件。根据国家工商行政管理局发布的数据,在2003年各级工商行政管理机关通过"12315"渠道一共受理的消费者申诉达754 398件。2004年,根据中国消费者协会发布的数据,全国内地30个省、自治区、直辖市的消费者协会(委员会)一共受理消费者投诉724 229件,比2003年上升了4.2%。2005年上半年,消协方面受理的投诉量与2004年上半年相比,下降了7.5%。根据中消协的分析,下降有三大原因: (1)在市场竞争中,越来越多的企业认识到保护消费者权益的重要性，加强了售后服务工作，做好了纠纷和解工作；（2）维权渠道的多元化，分流了消费者协会受理的部分投诉；（3）消费领域投诉的热点难点、新问题不断出现，给消费者协会的调解工作带来很大难度，一些投诉因为法律法规及经营者的问题无法受理和解决。综合考虑这些因素，总体的客户投诉量应是呈增长趋势。2005年上半年消协受理的投诉问题，按性质分类数据如下：质量问题占65.0%，价格问题占6.7%，合同问题占3.1%，计量问题占2.9%，假冒问题占2.1%，安全问题占2.0%，广告问题占1.8%，虚假品质问题占1.4%，人格尊严问题占0.3%，其他问题占14.7%。这些数字说明，客户对企业的经营并不十分满意，要真正把客户当作上帝还需要做长期的努力。

◆ **工作任务分析**

由于客户认识和期望等方面的差异，以及企业服务人员服务的不到位，总会有一些客户会对企业的产品或服务产生不满意。客户的不满意并不可怕，可怕的是客户对不满意进行投诉的时候，企业的服务人员没有很好地处理客户的投诉，造成客户流失而永不回头。企业营销人员在此项目实施中的主要工作任务就是要经常倾听了解客户反映，特别是对顾客的投诉，要按照一定处理原则，以诚信的经营理念，良好的服务态度，恰当的处理方式正确处理客户的投诉，通过问题的合理解决，不仅能让客户满意，而且还能有效提升企业及企业产品在顾客心目中的形象地位。

◆ **相关知识**

一、客户投诉的主要内容及产生过程

（一）客户投诉的主要内容

当客户购买商品时，对商品本身和企业的服务都抱有良好的愿望和期盼，如果这些愿望和要求得不到满足，就会失去心理平衡，由此产生的抱怨和想"讨个说法"的行为，就是客户投诉。经营一家企业，总会不断地碰到客户投诉，除非企业压根没有客户。客户投诉的内容和原因很多，但主要包括以下几个方面。

（1）产品质量投诉。主要包括产品质量缺陷、产品规格不符、产品技术标准超出允许误差、产品故障等。

（2）购销合同投诉。主要包括产品数量、等级规格、交货时间、交货地点、结算方式、交易条件等与原购销合同规定不符。

（3）货物运输投诉。主要包括货物在运输途中发生损坏、丢失和变质，因包装不良造成损坏，因货物装卸不当造成损坏等。

（4）服务投诉。主要包括对企业服务质量、服务态度、服务方式、服务技巧等提出的批评与不满。

（二）客户投诉产生的过程

客户上门投诉只是最终结果，实际上在客户投诉之前就已经产生了潜在化的抱怨，即产品或者服务存在某种缺陷。潜在化的抱怨随着时间的推移就变成显在化的抱怨，而显在化的抱怨即将转化为投诉。比如说，你购买了一部手机，总是掉线，这时还没想到去投诉，但随着手机问题所带来的麻烦越来越多，就变成显在化抱怨，显在化抱怨变成

了潜在投诉,最终看到的便是投诉。

二、客户投诉的处理原则

(一) 预防原则

客户投诉往往是因为企业的组织不健全、管理制度不完善或疏忽大意引发的,所以防患于未然是客户投诉管理的最重要原则。即要求企业必须改善管理,建立健全各种规章制度,加强企业内外部的信息交流,提高全体员工的素质和业务能力,要树立以客户为中心的全心全意为客户服务的工作态度。

(二) 及时原则

对于客户投诉,各相关部门应通力合作,迅速作出反应,力争在最短的时间里全面解决问题,给投诉者一个及时、圆满的答复,绝不能拖延或互相推卸责任,否则会进一步激怒投诉者,使事情进一步复杂化。

(三) 责任原则

对客户投诉处理过程中的每一个环节,都事先明确各部门、各类人员的具体责任与权限,以保证投诉及时妥善地解决。为此须制定出详细的客户投诉处理规定,建立必要的客户投诉处理机构,制定严格的奖惩措施。

(四) 记录原则

对每一起客户投诉的处理都应作详细记录,包括投诉内容、处理过程、处理结果、客户满意度等。通过记录,可为企业吸取教训、总结投诉处理经验、加强投诉管理提供实证材料。

三、客户投诉的处理

(一) 客户投诉的处理流程

客户投诉的处理流程一般包括以下几个步骤,具体内容如图14-2所示。

1. 记录投诉内容

利用客户投诉记录表详细地记录客户投诉的全部内容,如投诉人、投诉时间、投诉对象、投诉要求等。

2. 判定投诉性质

了解客户投诉的内容后,先要判定客户投诉的类别,再判定客户投诉理由是否充分,投诉要求是否合理。如果投诉不能成立,应迅速答复客户,婉转地说明理由,以求得客户的谅解,消除误会。

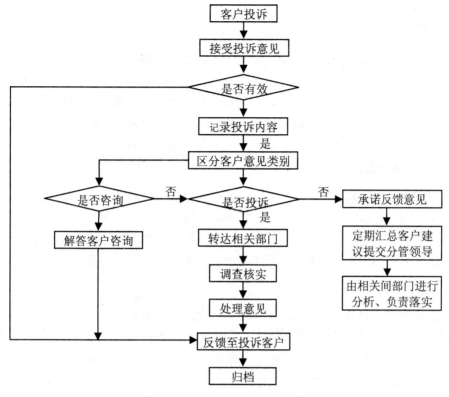

图 14-2 客户投诉处理流程图

3. 确定投诉处理责任部门

根据客户投诉的内容,确定相关的具体受理单位和受理负责人。如属运输问题,交储运部处理;属质量问题,则交质量管理部处理。

4. 责任部门分析投诉原因,提出解决方案

先要查明客户投诉的具体原因及具体造成客户投诉的责任人。然后根据实际情况,参照客户的投诉要求,提出解决投诉的具体方案,如退货、换货、维修、折价、赔偿等。

5. 提交主管领导批复并及时通知客户

对于客户投诉问题,领导应予以高度重视,主管领导应对投诉的处理方案一一过目,及时做出批复。投诉解决方案经批复后,应迅速通知客户。

6. 责任处罚

对造成客户投诉的直接责任者和部门主管,要按照有关制度进行处罚,同时对不及时处理问题造成延误的责任人也要进行追究。通常的做法是依据投诉所造成的损失大小,扣罚责任人的一定比例的绩效工资或奖金。

7. 提出改善对策

对投诉处理过程进行总结与综合评价,吸取经验教训,提出改进对策,不断完善企业的经营管理和业务运作,以提高客户服务质量和服务水平,降低投诉率。

（二）客户投诉的正确处理

随着消费商品和服务的日趋丰富，消费者权利意识的增强，消费时代已悄然来临。与之相伴的，对消费商品和服务的投诉也日趋增多。再规范、优质的企业，也不能100%保证自己的商品和服务没有任何差池；再幸运、豁达的个人，也不能100%保证不会遭遇投诉。如果一个投诉没有得到很好的处理，客户会转而购买竞争对手的产品，并将他的不愉快经历转告亲朋与同事。因此企业必须认真对待客户的投诉。

1. 要善于倾听客户心声

客户有情绪问题，通常需要一个良好的倾听对象。做客户所需要的倾听对象，让客户得到相应的情感发泄，有助于客户减轻压力，让情绪过渡到平衡状态。同时，通过良好的倾听，能够有效了解客户情况，迅速发现客户投诉问题，准确理解客户投诉的原因和动机，清楚客户期望所在，有助于更有针对性地解决客户投诉问题。

2. 要充分理解与宽容客户情绪

客户因为产品、服务、外界影响、自身等因素，产生不满意或不良情绪，因此有可能产生投诉行为，希望通过投诉得到补偿，期望新的要求和利益得到满足，同时想发泄个人不满以得到情感补偿。对客户情绪问题必须理解和宽容，不能因此歧视或嘲笑客户。

3. 要以微笑、礼貌、客气的方式对待客户

当客户有怒气、有情绪、有脾气时，受理服务人员不能因此而不冷静，要以微笑、礼貌、客气的方式对待客户，不能"以暴制暴"。否则，将会激起客户更大的怒气或产生不理智、冲动行为，甚至发生对抗或冲突，使局面变得难以收拾，产生不良的影响。

4. 要及时给予更多的关怀和关心

当客户有情绪时候，要站在客户角度去看待问题，学会同情、理解和共鸣，通过对重要问题的适当询问，或从客户角度予以必要的呼应和肯定，都能够让客户感受到服务的真诚，有效起到安抚客户情绪的作用。

5. 要给予客户一定的希望

处理客户投诉，尤其在客户有情绪的时候，一定要给客户解决问题的期望，这是客户投诉处理中的关键原则与技巧。当然，给予客户希望，不等于要给予解决的承诺，可以给予客户有希望的回应，但不能承诺解决的程度。

◆ 任务实施

第一步，选择比较熟悉的企业或产品，组织引导学生以组为单位采用上门回访、电话回访、信函回访、发放客户意见调查表等形式对所选企业或产品的经营销售进行走访调查；

第二步，记录顾客的投诉内容，判断顾客的投诉是否成立，如果投诉成立，具体确定投诉处理的负责部门及责任人；

第三步，责任部门分析投诉原因，提出处理方案，提交主管领导批示；

第四步，实施处理方案，通知客户，征询客户反馈意见，并对投诉处理过程进行评价。

◆ **总结与回顾**

处理客户投诉是客户管理的重要内容，在处理客户投诉时，服务人员要全面、准确了解客户投诉的内容。一般来讲，客户投诉的内容包括产品质量、购销合同、货物运输、服务提供等若个方面。处理客户投诉时要遵循预防、及时、责任、记录原则。在对待客户投诉时企业服务人员要善于倾听客户心声，要充分理解与宽容客户情绪，要以微笑、礼貌、客气的方式对待客户，要及时给予更多的关怀和关心，要给予客户一定的希望。

本项目的教学重点与核心技能是处理客户投诉原则与处理客户投诉方法的实际应用。

◆ **复习思考题**

1. 简述处理客户投诉的原则。
2. 简述如何正确处理客户的投诉。

◆ **实训练习**

1. 某知名咨询机构曾做过一项关于企业客户流失的调查，发现客户的流失呈以下规律：

（1）1%的客户死啦，对此我们毫无办法。
（2）3%的客户离开啦，我们无能力顾及，除非提高运营成本。
（3）5%的客户，随着时间其价值观发生了变化，改变了消费习惯和行为。
（4）9%的客户因竞争者的价格和利益而离去。
（5）68%的客户因为你置他们的要求于不顾而离开。

请你分析这一组数据给你什么样的启发？你认为企业应主要防止哪类客户的流失？

2. 美国某知名市场机构曾对客户抱怨与处理现象进行跟踪，得出以下一组数字：这一组数据给你什么样的启发？你认为企业处理客户抱怨的关键是什么？

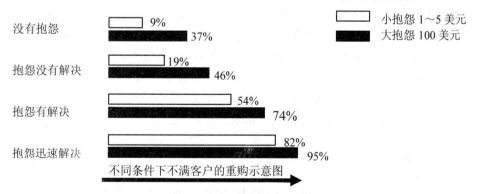

不同条件下不满客户的重购示意图

项目三　客户满意与客户忠诚

◆ **知识、能力、素质目标**

使学生深刻理解客户满意度与客户忠诚度的关系，明确实现客户满意、客户忠诚是企业客户管理的终极目标。在此基础上，能建立评价指标体系对客户的满意度与忠诚度进行衡量。

◆ **教学方法**

情景教学法　案例教学法　课堂讲授法

◆ **技能（知识）点**

客户满意与客户忠诚　客户满意度与客户忠诚度的衡量指标　客户满意度与客户忠诚度的关系

规定是死的服务是活的

五一长假期间，某机电配件公司的客户服务部周小姐值班，接到其客户的服务请求，要求紧急寄发某电机配件。周小姐查询客户需要的配件类型，发现客户需要的配件不是其公司所供应的，于是电话回复客户无法提供，请客户见谅。可是，隔天客户又来电话，说找了很多地方都找不到，如果再找不到生产可能要停下来，损失将会十分巨大，要求周小姐帮忙，看能不能帮他找到该配件。客户言辞恳切，使周小姐无法直接拒绝，只好答应做些努力。周小姐根据公司供应商关系渠道，正好找到客户所需要的配件，并私人代垫费用将配件快寄给客户。客户收到后多次致谢，并及时把费用汇给周小姐。收假上班后，周小姐主动向主管汇报该事情的经过。主管一听，吓了一跳，因为按照公司规定，任何人都不可以向客户供应公司经营范围外的产品，否则，要按公司规定给予处罚。为此，主管赶紧汇报有关领导。经过有关部门和主管研究，决定给予周小姐警告处分，并扣发当月奖金。大家都为周小姐感到冤屈，尤其是客户，多次打电话给公司进行理论。该公司总经理得知该情况后，以总经理的名义颁发嘉奖令，颁发特别服务贡献奖金，并号召大家向周小姐学习客户服务精神。时过半年，周小姐被提拔为客户服务部主任。

根据营销情景中描述的事实，学生独立思考并回答：

1. 请你思考，周小姐该不该为客户提供额外的服务，为什么？
2. 请你评价相关部门对周小姐实施处罚是否正确？为什么？
3. 请你评价总经理的奖励行为是否正确？为什么？

沃尔玛的客户服务理念

沃尔顿曾说："我们都是为客户工作，你也许会觉得是在为上司工作，但事实上他也和你一样。在我们的组织之外有一个大老板，那就是客户。"沃尔玛经营的秘诀就在于不断地了解客户的需要，设身处地为客户着想，最大限度地为客户提供方便，并且一贯坚持"服务胜人一筹，员工与众不同"的原则。走进任何一家沃尔玛店，店员立刻就会出现在你面前，笑脸相迎，客户便可亲身感受到沃尔玛员工热情周到的服务。店内贴有这样的标语："我们争取做到，每件商品都保证让您满意！"客户在这里购买的任何商品如果觉得不满意，可以在一个月内退货，商店返还全部货款。沃尔玛把超一流的服务看成是自己至高无上的职责，致力于向客户提供超一流的服务。这源自于沃尔顿的成功经营法则之一：超越客户的期望，他们就会一再光临。客户满意是企业培育忠诚客户的前提。

◆ 工作任务分析

客户满意是企业取得长期成功的必要条件，是企业参与竞争的法宝，更是企业实现客户忠诚的基础。客户忠诚是企业稳定的收入来源，是企业取得长期利润的保障，如果企业赢得了大批的忠诚客户，无疑就拥有了稳定的市场份额。企业营销人员在此项目实施中的主要工作任务就是牢固树立"以客户为中心"的经营理念，时刻提醒自己，从事现代营销工作必须从客户与企业双赢的角度来销售产品，进而以自己的实际行动和超值服务最大限度满足客户的需求，维护客户的利益，通过实现客户满意，来为企业培育忠实客户。

◆ 相关知识

一、客户满意的概念与衡量

（一）客户满意的概念

美国学者 Cardozo 在 1965 年首次将客户满意（Customer Satisfaction）的观点引入营销领域后，学术界掀起了研究客户满意的热潮，客户满意也成为颇受西方企业推崇的经营哲学。

客户满意是一种心理活动，是客户的需求被满足后形成的愉悦感或状态。美国著名学者菲利普·科特勒认为：满意是指个人通过对产品的可感知效果与他的期望值比较后所形成的愉悦感或失望的感觉状态。

从理论上说，客户满意可分为三种类型：不满意、一般满意和高度满意。如果可感知效果低于期望值，客户就会不满意；如果可感知效果与期望值相等，客户就会感到一般满意；如果可感知效果超过期望值，客户就会感到高度满意。

对企业来说，不满意的客户下次将不会再购买企业的产品，一般满意的客户一旦发现有更好或更便宜的产品后也会很快地更换品牌，只有高度满意的客户才有可能成为企业的忠诚客户。因此，现代企业把追求客户的高度满意作为自己的经营目标，以培养客户对品牌的高度忠诚度。菲利普·科特勒认为："市场营销就是指在可盈利的情况下创造客户满意"。

（二）客户满意度的衡量

客户满意度是指客户满意程度的高低，衡量客户的满意度常用以下指标来反映。

1. 美誉度

美誉度是客户对企业或者品牌的褒扬程度，借助美誉度，可以知道客户对企业或品牌所提供的产品或服务的满意状况。一般来说，持褒扬态度、愿意向他人推荐企业及产品或者服务的,肯定对企业提供的产品或服务是高度满意或者一般满意的。

2. 指名度

指名度是客户指名消费或者购买某企业或某品牌的产品或服务的程度。如果客户在消费或者购买过程中放弃其他选择而指名购买、非此不买,表明客户对这个企业或这种品牌的产品或服务是高度满意的。

3. 回头率

回头率是客户消费了某企业或某品牌的产品或服务之后,愿意再次消费的次数。客户是否继续购买某企业或某品牌的产品或者服务,是衡量客户满意度的主要指标。如果客户不再购买该企业或该品牌的产品或服务而改购其他企业或品牌的产品或服务,无疑表明客户对该企业或该品牌的产品或服务很可能是不满意的。在一定时期内,客户对产品或服务的重复购买次数越多,说明客户的满意度越高,反之则越低。

4. 投诉率

客户的投诉是不满意的表现,投诉率是指客户在购买或者消费了某企业或某品牌的产品或服务之后所产生投诉的比例,客户投诉率越高,表明客户越不满意。但是,这里的投诉率不仅指客户直接表现出来的显性投诉,还包括存在于客户心底未予倾诉的隐性投诉。研究表明,客户每四次购买中会有一次不满意,而只有5%的不满意客户会投诉,另外95%的不投诉客户只会默默地转向其他企业。所以,不能单纯以显性投诉来衡量客户的满意度,企业要全面了解投诉率还必须主动、直接征询客户,这样才能发现可能存在的隐性投诉。

5. 购买额

购买额是指客户购买某企业或某品牌的产品或者服务的金额的多少。一般而言,客户对某企业或某品牌的购买额越大,表明客户对该企业或该品牌的满意度越高,反之,则表明客户的满意度越低。

6. 对价格的敏感度

客户对某企业或某品牌的产品或服务的价格敏感度或承受能力,也可以反映客户对某企业或某品牌的满意度。当某企业或某品牌的产品或服务的价格上调时,客户如果表现出很强的承受能力,那么表明客户对该企业或该品牌肯定不是一般的满意;相反,如果出现客户的转移与叛离,那么说明这个客户对该企业或该品牌的满意度是不够高的。

此外,客户愿不愿意主动介绍他人购买或者消费,也可以反映客户满意度的高低。一般来说,愿意主动介绍他人购买的客户,表明他的满意度是比较高的,而不愿意介绍他人购买的顾客,表明他的满意度是比较低的。

二、客户忠诚的评价

(一)客户忠诚的概念

对于某企业或某品牌,如果说客户满意是一种价值判断的话,客户忠诚则是客户满意的行为化。客户忠诚（Customer Loyalty）是指客户对企业或品牌所提供的产品或服务认同和信赖，进而一再指向性的重复购买的一种行为趋向，客户忠诚是客户满意不断强化的结果。与客户满意倾向于感性感觉不同，客户忠诚是客户在理性分析基础上的肯定、认同和信赖。一个企业的忠诚客户越多，客户对企业保持忠诚的时间越长，客户为企业创造的价值越大，企业所获得的利益也就越多。因此，现代企业不仅要使客户满意，还要努力培养客户的忠诚度，使更多的满意客户进一步升级为忠诚客户。客户忠诚表现为两种形式，一种是客户忠诚于企业或品牌的意愿，另一种是客户忠诚于企业或品牌的行为。一般的企业往往容易将此两种形式混淆起来，其实这两者具有本质的区别，前者对于企业来说本身并不产生直接的价值，而后者则对企业来说非常具有价值。道理很简单，客户只有意愿，却没有行动，对于企业来说没有意义。企业要做的，一是推动客户从"意愿"向"行为"转化，二是通过交叉销售和追加销售等途径进一步提升客户与企业的交易频度。

（二）客户忠诚度的评价

客户忠诚度是指客户忠诚于企业或品牌的程度，客户忠诚度一般从以下方面进行评价。

1. 客户重复购买的次数

在一段时间内客户对某企业或品牌的产品或服务重复购买的次数越多，说明客户对企业或品牌的产品或服务的忠诚度越高；反之，则越低。对于产品多元化的企业而言，客户重复性地购买同一企业品牌的不同产品，也是一种忠诚度高的表现。

2. 客户挑选时间的长短

客户购买都要经过对产品或服务的挑选，但由于信赖程度的差异，对不同产品或服务的挑选时间是不同的。通常，客户挑选的时间越短，说明他对该企业或品牌的产品或服务的忠诚度越高，反之，则越低。

3. 客户对价格的敏感程度

客户对价格都是非常重视的，但这并不意味着客户对价格变动的敏感程度都相同。事实表明，对于喜爱和信赖的产品或服务，客户对其价格变动的承受能力强，即敏感度低。而对于不喜爱和不信赖的产品或服务，客户对其价格变动的承受能力弱，即敏感度高。因此，可以依据客户对价格的敏感程度来衡量客户的忠诚度。对价格的敏感程度高，说明客户对该企业或品牌的忠诚度低；对价格的敏感程度低，说明客户对该企业或品牌的忠诚度高。

4. 客户对竞争产品的态度

一般来说，对企业或品牌忠诚度高的客户会自觉地排斥其他企业或品牌的产品或服务，如果客户对竞争企业或品牌的产品或服务有兴趣并有好感，那么就表明他对本企业或品牌的忠诚度较低。

5. 客户对产品质量的承受能力

任何产品或服务都有可能出现各种质量问题。如果客户对企业或品牌的忠诚度较高,当出现质量问题时,他们会采取宽容、谅解和协商解决的态度,不会由此失去对它的偏好。相反,如果客户对企业或品牌的忠诚度较低,当出现质量问题时,他们会深感自己的正当权益被侵犯了,从而会产生强烈的不满,甚至会通过法律方式进行索赔。

当然,运用这一指标时,要注意区别事故的性质,即是严重事故还是一般事故,是经常发生的事故还是偶然发生的事故。

6. 客户购买费用的多少

客户对产品或服务支付的费用与购买同类产品或服务支付的费用总额的比值如果最高,即客户购买该产品或服务的比重最大,说明客户对此产品或服务的忠诚度高,反之,则低。

客户忠诚度的衡量标准非常丰富,这里无法一一例举,上面列举的各种因素,其重要程度也不一样,企业可以根据实际情况选择适合的因素给以不同的权值,设计适合自己的指标体系,采取相应的客户忠诚度的解决方案。

三、客户满意度与客户忠诚度的关系

忠诚客户所带来的收益是长期并具有累计效果的。一个企业的忠诚客户越多,客户对企业保持忠诚的时间越久,客户为企业创造的价值就越大,企业所获得的利益也就越多。因此,现代企业不仅要使客户满意,还要努力培养客户的忠诚度,使更多的满意客户进一步升级为忠诚客户。大量研究表明,客户满意度与客户忠诚度之间存在着如图14-3 所示的关系。

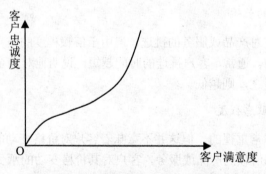

图 14-3 客户满意度与客户忠诚度关系曲线

从图 14-3 可以看出,客户满意度与客户忠诚度关系曲线上有一段较为平缓,客户满意度的提高并没有使忠诚度得到相应的提高,这一阶段即为高满意度低忠诚度的情况。而在图的右上端,客户的满意度和客户忠诚度呈现出近似线性的关系,而且斜率很大,客户满意度上升或是下降都会引起客户忠诚度的巨大变化。造成这一现象的原因是:客户的期望是由基本期望和潜在期望构成的,当客户的基本期望的满意度达到一定程度,客户忠诚度就会随着满意度的提高而提高,但是这种满意度对客户忠诚度的边际效用是递减的。尤其是客户忠诚度上升到平均忠诚度(行业平均水平的产品或服务所激发的客户忠诚度)附近,不管企业采取何种措施提高客户满意度,客户忠诚度的变化都不大。这是因为基本期望对客户而言需求层次比较低,其他供应商也能提供类似的价值,因此客户很难作出不满意的评价却缺乏再次购买的热情。但是当客户从产品或服务中获得了意想不到的价值（包括物质、心理、精神几个方面的价值），满足了自己的潜在期望时，客户就会感到高度满意，在下次购买时，为了再次体验到这种感觉，客户很可能仍然选择同一产品或服务。经过多次重复购买，客户对该产品或服务逐渐产生信任和依赖，形成长期的忠诚。

根据上面的分析可以得出结论：客户满意度不一定必然导致客户的忠诚，客户满意度是一种心理满足，是客户在消费后所表露出的态度；但客户的忠诚是一种持续交易的行为，是为促进客户重复购买而产生的。客户忠诚度的获得必须有一个最低的客户满意度，在该水平线以上的一定范围内忠诚度不受影响，但是满意度达到某一高度，忠诚度会大幅度增长。

◆ **任务实施**

第一步，以某类竞争产品，如手机、彩电、家用电脑等为例，组织引导学生以组为单位确认调查对象并建立客户满意度评价指标；

第二步，制订详细的调研方案（调研方案包括调研目的、调研内容、调研对象、样本规模、调研方法、调研时间等），然后组织学生进行实地调研；

第三步，根据调研情况，写出调研报告，明确指出顾客对企业或企业产品的哪些方面很满意、哪些方面比较满意、哪些方面不满意，在此基础上，提出具体改进意见。

◆ **总结与回顾**

客户满意是一种心理活动，是客户的需求被满足后形成的愉悦感或状态。客户满意取决于客户期望与客户感知效果。客户满意度是客户满意的程度。客户忠诚是客户对企业或企业产品与服务的一种认同和信赖。客户忠诚实际上是一种客户行为的持续性。客户忠诚度是指客户忠诚于企业或品牌的程度。客户满意度与客户忠诚度之间存在非常紧密的联系。一般来说，客户满意度越高，客户的忠诚度就会越高，客户满意是推动客户忠诚的最重要因素，但是客户满意与客户忠诚之间的关系又没那么简单，它们之间的关系既复杂，又微妙。

本项目的教学重点和核心技能是掌握客户满意度和客户忠诚度的衡量指标及实际应用。

◆ **复习思考题**

1. 什么是客户满意？客户满意度的衡量标准是什么？
2. 什么是客户忠诚？客户忠诚度的衡量标准是什么？
3. 简述客户忠诚度与客户满意度的关系。

◆ **实训练习**

1. 实训项目：案例分析——某物流软件商的"贴心大行动"
2. 实训目标：
（1）培养学生调查分析客户满意度的能力；
（2）培养在营销实践中通过提升客户满意度来培育企业忠实客户的能力；
3. 实训内容与方法：
（1）阅读如下案例，并讨论回答：①为什么大部分用户使用竞争对手的替代产品而不愿升级换代?②厂家的"贴心大行动",主要解决了什么问题?

(2)先由个人阅读分析案例,并写出发言提纲,然后进行分组讨论。

某开发与销售物流软件的厂家,采取项目开发与服务相结合方式,提供物流软件的项目服务。经过多年市场开发,形成一定的用户群。该厂家通常针对用户的需求特点,实施二次技术开发,确保软件安装成功及试运行稳定;同时,培训用户的软件管理或操作人员,使其能够正常使用该软件系统。

由于厂家软件技术不断发展与完善,用户系统也需要不断升级换代。根据用户系统特点以及安装年限长短,也需要适当收取一定的升级或换代费用。但在升级换代活动中,发现原有用户中,18%用户的系统已被竞争对手的系统所替代,35%的用户不作升级换代的考虑,16%的用户放弃该系统方案的使用,只有12%的用户愿意接受升级或换代服务。

面对这种局面,厂家大吃一惊,是什么原因造成这样的状况呢?于是,成立调研小组实施专项问题调查。

通过调查,发现主要问题在于大部分用户的管理员或操作员使用不当或操作维护技术较低,造成系统不稳定、不适用。同时,厂商售后服务支持量加大,服务常常不及时或脱节,导致系统经常发生瘫痪现象,数据丢失屡有发生。而且一旦发生这种情况,系统管理员或操作员因担心自己的责任问题,也将所有过失推在产品身上,造成用户单位对产品不信任。

为了改变这种局面,厂家出台"贴心大行动",针对用户单位的系统管理或操作员,实施常年技能培训,着重培养提升他们解决实际问题的能力。同时,针对各地区的技术支持要求,与当地软件服务商合作,成立技术服务队,对用户的系统问题提供支持,等等。

"贴心大行动"提高了用户的回头率,重新燃起用户单位对厂家的信任。在这一基础上,厂家的软件升级换代工作顺利进行,也使用户系统在新技术的支持下更稳定、更好用。

4. 标准与评估

(1)标准:能从理论与实践的结合上,写出有说服力的发言提纲,分析入情入理。

(2)评估:每个同学的发言提纲可作为一次作业,由教师和各组组长组成的评价小组根据个人在讨论中的表现评估打分。

模块十五　服务市场营销

　　实体产品市场营销的实质是一种交换关系，其理论和原则无疑也适用于服务产品的市场营销。但从企业经营的角度来看，服务市场营销的内容及其侧重点肯定与产品市场营销的不同。20 世纪 70 年代后期，美国经济的服务化越来越受到世人的关注，即服务业在经济与贸易中的地位日益突出。在我国的国内外贸易中，服务贸易也在飞速增长。1977 年，美国银行副总裁列尼·休斯坦克撰文《从产品营销中解脱出来》，文中指出：泛泛而谈营销观念已经不适应于服务营销，服务营销的成功需要新的理论来支撑，如果只把产品营销理论改头换面的应用于服务领域，服务营销的问题仍将无法解决。这就要求市场营销学界必须跳出传统的 4PS 框框来发展服务产品的市场营销理论与技巧。

项目一　服务质量的测定

◆ 知识、能力、素质目标

　　使学生深入理解服务质量的内涵与构成因素，熟练掌握服务质量的测定标准与测定方法，进而强化学生的服务营销意识，明确提升服务质量的基本途径。

◆ 教学方法

　　问题导入法　角色扮演法　课堂讲授法

◆ 技能（知识）点

　　服务质量的内涵　服务质量测定的方法技术　提升服务质量的方法途径

航班晚点，乘客会怎样评价？

　　乘过飞机的人或许有这样的经历，当你乘坐的航班因故晚点你不得不耐心等待时，令你不快的也许并不是航班的晚点，而是你迟迟得不到工作人员有关航班的任何信息。特别是当漫长的等待耽搁了你的就餐甚至睡眠却无人过问，也没有妥善解决时，此刻的你恐怕要怒发冲冠了。你对该航空公司的服务质量估计肯定也不会有好的评价了。

　　根据营销情景中描述的事实，学生独立思考并回答：

　　1. 令乘客不满的是航班的晚点还是航空公司对乘客等待中的焦躁和面临困境的漠视？

　　2. 什么是服务质量？如果你是乘客，你会怎样评价航空公司的服务质量？

用 SERVQUAL 值评估航空公司的服务质量

表 15-1　乘客对五家航空公司预期服务质量的平均评分

属性	A 公司	B 公司	C 公司	D 公司	E 公司	权重
安全性	100	80	90	100	100	0.5
正点率	90	60	70	80	100	0.2
价格	90	90	95	90	85	0.1
机型	80	80	95	100	95	0.1
空姐仪表	100	70	100	90	100	0.1

表 15-2　乘客对五家航空公司感知服务质量的平均评分

属性	A 公司	B 公司	C 公司	D 公司	E 公司	权重
安全性	85	75	85	95	95	0.5
正点率	75	55	65	75	95	0.2
价格	85	85	90	90	80	0.1
机型	75	75	90	95	90	0.1
空姐仪表	85	65	95	90	95	0.1

首先对 A 公司的服务质量进行测算：
A 公司预期服务质量总值=100×0.5+90×0.2+90×0.1+80×0.1+100×0.1=95
A 公司感知服务质量总值=85×0.5+75×0.2+85×0.1+75×0.1+85×0.1=82
A 公司的 SERVQUAL 分数=95-83=13
同样对 B、C、D、E 公司的服务质量进行测算，测算结果如表 15-2 所示。

表 15-3　五家航空公司服务质量的最终测算结果

公司	预期服务质量总值	感知服务质量总值	SERVQUAL 分数
A	95	82	13
B	76	71	5
C	88	83	5
D	94	90	4
E	98	93	5

通过对五家航空公司的服务质量进行对比，A 公司乘客感知服务质量与预期服务质量的分值差距最大，而且其预期服务质量低于 E，感知服务质量也低于 C、D、E 三家。B、C、D、E 四家航空公司虽然在感知服务质量上差距不大，但 E 公司的预期服务质量和感知服务质量明显高于其他三家公司，所以 E 公司的服务质量最优。

◆ 工作任务分析

服务质量由许多因素构成，顾客对服务质量的认识取决于他们的预期同实际所感受到的服务水平的对比，顾客对服务质量的评价不仅仅考虑的是服务的结果，而且还涉及服务的过程。服务企业要想扩大服务的销售，提升服务的竞争力，就必须努力提高服务的质量。企业营销人员在此项目实施中的主要工作任务就是根据服务的测定标准和测定方法对企业所提供的服务产品进行质量测定,并根据顾客的反映、评价与满意程度,对企业服务质量的提升、服务过程的优化、服务态度的改进提出具体整改意见,以推动企业的服务向规范化、标准化、品牌化、星级化的方向发展。

◆ 相关知识

一、服务质量的概念与构成因素

(一) 服务质量的概念

服务质量是产品生产的服务或服务业满足规定或潜在需求的特征及特性的总和。特性是用以区分不同类别的产品或服务的概念,如旅游有陶冶人性情、给人愉悦的特性;旅馆有给人提供休息、睡觉的特性。特征则是用以区分同类服务中不同规格、档次、品味的概念。服务质量的内涵包括:服务质量是顾客感知的对象;服务质量既要有客观方法加以制定和衡量,更多地要按顾客主观的认识加以衡量和检验;服务质量发生在服务生产和交易的过程中;服务质量是在服务企业与顾客交易的真实瞬间实现的;服务质量的提高需要内部形成有效的管理和支持系统。服务质量最表层的内涵则是指服务的安全性、适用性、有效性和经济性。

服务产品是一系列的非实体性过程,其生产和消费无法分离,同时顾客还要参与其中,因此,服务质量同有形产品的质量在内涵上有很大不同,表现在:一是服务的质量较有形产品的质量更难被顾客所评价;二是顾客对服务质量的认识取决于他们的预期同实际所感受到的服务水平的对比;三是顾客对服务质量的评价不仅考虑服务的结果,而且涉及服务的过程。

(二) 感知服务质量

服务质量可被定义为顾客对实际得到的服务感知与对服务预期之间的差距。服务质量是一个主观范畴,它取决于顾客对服务的感知质量和预期质量之间的对比。感知服务质量则是顾客对服务企业提供的服务实际感知的水平,预期服务质量即顾客对服务企业所提供服务预期的满意度。如果顾客对服务的感知水平符合或高于其预期水平,则顾客就能获得较高的满意度,从而认为企业具有较高的服务质量,反之,则会认为企业的服务质量较低。从这个角度看,服务质量是顾客的预期服务质量同其感知服务质量的比较。

从感知服务质量的角度来研究服务质量对企业有一定的意义。

(1) 按照顾客预期确定质量,把企业注意力从内部引向了外部。为此,企业必须不断观察环境与顾客态度的变化,这使得企业对外部变化的反应更加及时,有利于构建企业的竞争优势。

(2) 针对顾客的预期,服务企业会在服务过程中设法作用于顾客对服务质量评价的主观因素。如果营销目的仅仅是符合企业预定的服务特性,服务企业就不可能做到这一点。

(3) 服务企业通过确定服务质量如何符合或超过顾客预期扩大了企业的战略领域。当然,用这种方法来界定服务质量会增加确定质量概念的复杂性,以及相应的测定难度。

（三）服务质量的构成要素

服务质量既是服务本身的特性与特征的总和，也是消费者感知的反应。服务质量由服务的技术质量、职能质量、形象质量和真实瞬间构成，由感知质量与预期质量的差距体现。

1. 技术质量

技术质量是指服务过程的产出，即顾客从服务过程中所得到的东西。例如宾馆为旅客休息提供的房间和床位，饭店为顾客提供的菜肴和饮料，航空公司为旅客提供的飞机、舱位等。对于技术质量，顾客容易感知，也便于评价。

2. 职能质量

职能质量是指服务推广的过程中顾客所感受到的服务人员在履行职责时的行为、态度、穿着、仪表等给顾客带来的利益和享受。职能质量完全取决于顾客的主观感受，难以进行客观的评价。技术质量与职能质量构成了感知服务质量的基本内容。

3. 形象质量

形象质量是指消费者企业在社会公众心目中形成的总体印象。它包括企业的整体形象和企业所在地区的形象两个层次。企业形象通过视觉识别系统、理念识别系统和行为识别系统多层次地体现。顾客可从企业的资源、组织结构、市场运作、企业行为方式等多个侧面认识企业形象。企业形象质量是顾客感知服务质量的过滤器。如果企业拥有良好的形象质量，偶然的失误会赢得顾客的谅解；如果失误频繁发生，则必然会破坏企业形象；倘若企业形象不佳，则企业任何细微的失误都会给顾客造成很坏的印象。

4. 真实瞬间

真实瞬间则是服务过程中顾客与企业进行服务接触的过程。这个过程是一个特定的时间和地点，这是企业向顾客展示自己服务质量的时机。真实瞬间是服务质量展示的有限时机。一旦时机过去，服务交易结束，企业也就无法改变顾客对服务质量的感知；如果在这一瞬间服务质量出了问题也就无法补救。真实瞬间是服务质量构成的特殊因素，这是有形产品质量所不包含的因素。

二、服务质量的测定标准

服务质量的测定是服务企业对顾客感知服务质量的调研、测算和认定。从管理角度而言，优质服务应符合以下标准：①规范化和技能化。顾客相信服务供应方，职员营销体系和资源有必要的知识和技能，规范作业，解决顾客疑难问题（有关产出标准）。②态度和行为。顾客感到服务人员（一线员工）用友好的方式主动关心照顾他们，并以实际行动为顾客排忧解难（有关过程标准）。③可亲近性和灵活性。顾客认为服务供应者的地理位置、营业时间、职员和营运系统的设计和操作便于服务，并能灵活地根据顾客要求随时加以调整（有关过程标准）。④可靠性和忠诚感。顾客确信，无论发生什么情况，他们能够依赖服务供应者，它的职员和营运系统。服务供应者能够遵守承诺，尽心竭力满足顾客的最大利益（有关过程标准）。⑤自我修复。顾客知道，无论何时出现意外，服务供应者将迅速有效地采取行动，控制局势，寻找新的可行的补救措施（有关过程标准）。⑥名誉和可信性。顾客相信，服务供应者经营活动可以依赖，物有所值。相信它的优良业绩和超凡价值，可以与顾客共同分享（有关形象标准）。在优质服务的这六个标准中，规范化和技能化与技术质量有关，名誉和可信性与形象有关，它可充当过滤器的作用。而其余四项标准，态度和行为，可接近性和灵活性，可靠性和忠诚感，自我修复，都显然与过程有关，代表了职能质量。

在服务质量的测定方面，服务营销学家柏瑞和他的同事们作出了突出的贡献，后来他们将以上标准按照重要性排列归纳为五大属性：可感知性、可靠性、反应性、保证性和移情性。

（一）可感知性

可感知性是指服务产品的"有形部分"，如各种设施、设备以及人员的外表等。由于服务产品的本质是一种行为过程而不是某种实物，就有不可感知的特性，因此，顾客只能借助这些有形的、可感知的部分来把握服务的实质。服务的可感知性不仅为顾客提供了有关服务质量本身的有形线索，还直接影响到顾客对服务质量的感知。如当顾客乘坐某航空公司的班机时，清洁的机舱、美丽热情的空姐不仅显示出该公司的服务水准，而且顾客在评估其服务质量时也会给予较高的评价。

（二）可靠性

可靠性是指企业能够准确无误地完成其所承诺的服务。如一个顾客进入肯德基快餐店时，预期点菜快速、用餐迅速、环境清洁、照明良好和工作人员热情周到。可靠性就是对肯德基满足顾客预期的能力的一种测定标准。可靠性要求企业在服务过程中避免出现差错，服务差错不仅会给企业带来经济损失，而且还可能意味着潜在顾客的流失。在服务过程中，最令顾客不满意的就是企业的失信。

（三）反应性

反应性是指企业随时准备愿意为顾客提供快捷、有效的服务。对于在餐厅点菜的顾客来说，反应性就是尽量按照顾客的要求及时提供其所喜欢的饭菜，对于顾客的各种要求，企业能否给予及时的满足将表明企业的服务导向，即是否把顾客的利益放在第一位。同时，服务递送的效率则从一个侧面反映了企业的服务质量。研究表明，在服务递送过程中，顾客等候服务的时间是一个关系到顾客感觉、顾客印象、企业形象以及顾客满意度的重要因素。因此，尽可能地缩短顾客的等候时间，提高服务递送效率无疑会提高企业的服务质量。

（四）保证性

保证性是服务人员的友好态度与胜任能力，它能够增强顾客对企业的信任和安全感，当顾客同友好和善、学识渊博的服务人员接触时，顾客会认为自己找对了公司，从而获得信心和安全感。友好态度和胜任能力二者不可或缺，律师缺乏友善的态度会使顾客感到不快，而如果他们缺乏专业素养更会使顾客失望。尤其是在服务产品不断推陈出新的今天，服务人员更应有较高的知识水平。

（五）移情性

移情性是指企业要真诚的关心顾客，了解他们的实际需要并予以满足，使整个服务过程富有人情味。如果服务人员能够做到设身处地地为顾客着想，为顾客考虑，顾客也会认为企业的服务是优质的。

三、服务质量的测定方法

虽然服务质量的测定方法很多，但从本质上可以将它们分为两大类：基于事件（Incident-based）的测定方法和基于属性（Attribute-based）的测定方法。前者利用顾客在服务接触过程中经历的事件对服务的质量进行测量，属于定性研究方法；后者则利用各种属性变量对服务质量进行测量，属于定量研究方法。

（一）基于事件的测量方法——关键事件技术（Critical Incident Technique）

关键事件技术（CIT）是北欧学派经常使用的评价服务质量的方法之一。CIT记录顾客描述的服务接受过程中发生的事件并询问与事件相关的问题，进而对事件进行分类。从根本上说，CIT是一种对事件或关键事件等数据进行内容分析的系统分类技术。CIT同因子分析、聚类分析一样也是一种归纳分组方法，不同的是在数据分析阶段，CIT对事件进行内容分析，而非定量分析。

（二）基于属性的测量方法——SERVQUAL量表及其评价

服务质量研究者在实证研究过程中开发出了很多定量测量工具，其中应用最为广泛的是SERVQUAL量表。北美学派的代表人物PZB等人提出了SERVQUAL服务质量测量方法。他们认为顾客对服务质量的评价由服务感知与服务期望之间的差距决定。因此，他们分别使用22个项目测量顾客对服务质量的期望与感知，通过顾客感知与期望之间的差距（P-E）来评价服务质量。两者之间的正差异越大，服务质量越高。

PZB的实证研究确立了服务质量的五个维度：可感知性、可靠性、保证性、反应性和移情性。他们认为SERVQUAL量表具有较高的信度与效度，是一个适用于不同服务行业的量表。

SERVQUAL的核心在于根据服务质量的五个维度对企业表现的购前期望与购后感知进行间接的或客观的比较。服务质量被定义为消费者感知与期望之间算术上的差值，其得分是间接得到的，是由研究者而非消费者在感知与期望之间进行的比较。有些学者也将这种测量方法称作差异推断法测量方法，具体步骤如下所述。

1. 问卷调查、顾客打分

首先设计调查问卷，其内容是把五大属性分别具体化为4~5个问题，且便于顾客回答与打分。每个问题要求顾客在服务前打出服务质量的预期值（E）和在接受服务之后打出服务质量的感知值（P），评分为百分制。

2. 计算 SERVQUAL 分数

根据"差别理论"，顾客从预期和实际感受的角度对服务质量给出的评分往往不同，其差值就是服务质量的评估值。首先，将问卷上每个属性内相关的问题的预期与感知值相加平均，得到相应属性的预期质量与感知质量的平均评分值。其次，考虑到服务质量的五大属性对顾客来说其重要程度不同，因此，应对服务质量属性的重要性进行评估，然后确定每个属性在服务质量中的权重（权重数之和为1）。最后，对五个属性的预期质量与感知质量的平均评分值进行加权相加计算，分别得到顾客评出的预期质量总值和感知质量总值，这两个数值的差值就是顾客对服务质量的总评分，即 SERVQUAL 分数。

SERVQUAL 评估方法提供了比较科学实用的服务质量评估工具，在国内外营销界比较盛行，但它也存在一些不足，比如，如果顾客预期值较低，实际感知情况又恰巧比预期的低水平略高，我们以此来认定该企业的服务质量高就存在着风险。再如，对有些像医疗等比较复杂的服务，顾客可能无法确定事先预期的是什么，甚至很长时间都无法知道专家们实际上完成的服务工作是好是坏。此时，SERVQUAL 评估方法就无能为力了。

◆ **任务实施**

第一步，将学生进行分组，每 3～5 人为一组，组织引导学生以组为单位对城市公交服务、移动通讯服务、旅行社提供的旅游服务或者某种产品的售后服务进行市场调研；

第二步，根据调查掌握的情况资料，应用 SERVQUAL 评估方法测定顾客的预期服务质量总值和感知服务质量总值；

第三步，计算预期服务质量总值和感知服务质量总值的差值，并结合实际分析影响服务产品质量的主要原因，然后提出具体改进意见。

◆ **总结与回顾**

服务质量是顾客对实际得到的服务感知与服务预期之间的差距。服务质量是一个主观范畴，它取决于顾客对服务的感知质量和预期质量之间的对比。具体由技术质量、职能质量、形象质量和真实瞬间构成。服务质量标准按其重要程度排序具体包括：可感知性、可靠性、反应性、保证性和移情性。在企业服务产品的营销实践中，服务质量的测定方法有：关键事件技术（CIT）测定法和 SERVQUAL 评估测定法。

本项目的教学重点和核心技能是关键事件技术（CIT）测定法和 SERVQUAL 评估测定法的基本原理及其应用。

◆ **复习思考题**

1. 简述服务质量的内涵。
2. 简述服务质量的测定标准。
3. 简述服务质量测定的 SERVQUAL 评估方法。

◆ **实训练习**

利用寒暑假或双休日对你感兴趣的某类或某种服务产品（如酒店、航空、理发等）

的服务质量进行市场调研，在此基础上，对其服务质量进行 SERVQUAL 测定。

项目二　服务的有形展示与环境设计

◆ **知识、能力、素质目标**

使学生理解并能解释说明服务有形展示的内涵，明确服务有形展示的基本类型，了解进行服务环境及有形展示设计应考虑的因素，并能从服务营销的角度进行服务环境的设计。

◆ **教学方法**

情景教学法　角色扮演法　体验教学法

◆ **技能（知识）点**

服务有形展示的内涵　服务营销与环境设计　服务的内部有形展示与外部有形展示

你满意银行服务环境的有形展示吗？

近年来人们有这样一种感觉，无论是商场、饭店、美容院，还是电信局、银行、甚至学校，无一例外的都在关注环境问题。他们不仅千方百计改善门脸，提高内部装修档次，而且在环境设计上越来越多地考虑顾客的感受，尽量提升服务环境的舒适度和便捷性。虽然顾客对银行排对意见颇大，但没有人否认银行在改善服务环境方面所做的努力。和以往相比，人们在排队时不会再感到无所事事，他们可以坐在椅子或沙发上，一边看电视或者报刊，一边等待电子叫号。

根据营销情景中描述的事实，学生独立思考并回答：

1. 有形展示在服务营销中发挥什么作用？怎样通过有形展示来提升服务的营销水平？

2. 工行、中行、农行、交行及商业银行的服务环境设计有何不同？你对哪一家更满意？

麦当劳服务的有形展示也在改变

看到金色拱门和身穿红黄条滑稽服装的中年男人塑像时，你知道那肯定是麦当劳餐厅了。这些年麦当劳也在变换着各种有形展示，以应对新的服务变化。2003 年"尝尝欢笑，常常麦当劳"的品牌定位被"我就喜欢"替代的时候，麦当劳的员工也一改以往朴素规矩的着装而换成了 T 恤和棒球帽。2005 年 9 月 10 日和 11 日，麦当劳中国有限公司在全国各家餐厅内举办厨房开放日活动，目的在于在食品质量和安全问题备受重视的趋势下，与消费者进行零距离的沟通，建立中国消费者对麦当劳食品安全的信心。

◆ 工作任务分析

服务的有形展示是指一切可传达服务特色及优点的有形组成部分，服务环境则是指企业向顾客提供服务的特定场所，服务环境的设计，关系着局部和整体所表达出的整体印象，影响着顾客对服务产品的满意程度。企业营销人员在此项目实施中的主要工作任务就是根据顾客的消费心理及判断服务产品质量满意度的标准选择确定最合理的有形展示方式，并通过服务环境的美化设计，使提供服务产品的位置、风格、气氛、布局、定向以及前后台的具体划分不仅能体现企业服务产品的差异特色，而且能吸引消费者大量购买企业的服务产品。

◆ 相关知识

一、服务有形展示概述

服务因其无形性而不同于货物。货物以物质形态存在，服务以行为方式存在，顾客看不到服务，因此在购买之前面临不小的风险，这很大程度上会抑制顾客的购买行为。如何让顾客了解服务并激发他们的购买欲望呢？服务营销人员通过对服务工具、设备、员工、信息资料、其他顾客、价目表等这些服务线索的管理，增强顾客对服务的理解和认识，为顾客做出购买决定提供有形线索。因此，了解服务有形展示的类型和作用，加强服务有形展示的管理，对企业创造良好的服务环境具有重要的战略意义。

（一）服务有形展示的概念

在服务市场营销管理范畴内，有形展示是指一切可传达服务特色及优点的有形组成部分。有形展示的范围比较广泛，他不仅包括环境，还包括所有用以帮助生产服务和包装服务的一切实体产品、设施及人员，如服务设施、服务人员、市场信息资料、顾客等。这些有形展示，若善于管理和利用，可帮助顾客感觉服务产品的特点以及提高享用服务时所获得的利益，有助于建立服务产品和服务企业的形象，支持企业有关营销策略的推行；若管理和运用不当，就可能给顾客传达错误的信息，影响顾客对产品的期望和判断，进而破坏服务产品及企业的形象。有形展示是企业营销战略的重要组成部分。

（二）服务有形展示的类型

对服务的有形展示可以从不同角度进行分类，不同类型的有形展示对顾客的心理及其判断服务产品质量的过程有不同的影响。

1. 按有形展示的构成要素划分

（1）实体环境展示。实体环境分为周围因素、设计因素和社会因素。周围因素通常被消费者认为是构成服务产品内涵的必要组成部分。他们的存在并不会使顾客感到格外的兴奋和惊喜，但是，如果失去这些要素或者这些要素达不到顾客的期望，就会削弱顾客对服务的满意度。周围因素是不易引起人们重视的背景条件，但是一旦这些因素不具备或令人不快，马上就会引起人们的注意。设计因素是刺激消费者视觉的环境因素，这类要素被用于改善服务产品的包装，使产品的功能更为明显和突出，以建立有形的、赏心悦目的产品形象。如服务场所设计、企业形象标识设计等。与周围因素相比，设计因素对消费者感觉的影响比较明显，是主动刺激因素。设计优雅的服务环境能够促使消费者产生接近行为。设计因素又可分为美学因素和功能因素两类。美学因素包含建筑风格、色彩、格局等，功能因素包括标识、陈设、舒适等。设计因素既应用于外向服务的设备，又应用于内向服务的设备。社会因素是指在服务场所内一切参与及影响服务产品生产的人，包括服务员工和顾客。服务环境中的顾客和服务员工的数量、外表和行为都会影响消费者的购买决策。服务员工的仪表在服务展示中也特别重要，因为在一般情况下顾客并不对服务和服务提供者进行区分。

（2）信息沟通展示。信息沟通是另外一种服务展示的形式，这些沟通信息来自企业本身以及其他引人注意的地方。比如赞扬性的评论、商业广告、顾客的口头传播、企业标识等。这些不同形式的信息沟通都传送了有关服务的线索，使服务和信息更具有形性。有效的信息沟通有助于强化企业的市场营销战略。

（3）价格展示。在服务行业中，正确的定价特别重要。因为服务是无形的，作为可见性的价格因素对于顾客作出购买起着决定性的作用。价格虽然是一个符号，但它为消费者提供了产品质量和服务质量的信息，增强和降低消费者对产品和服务质量的信任感，提高和降低消费者对产品和服务质量的期望。消费者往往会根据服务的价格，判断服务档次和服务质量。可见，价格是对服务水平和质量的一种可见性展示。

2. 按有形展示能否被顾客拥有进行划分

（1）边缘展示。边缘展示是指顾客在购买过程中能够实际拥有的展示，如电影院的入场券。这类展示很少或根本没有什么价值，它只是一种使观众接受服务的凭证。还有一些展示可以让顾客更好地了解企业的服务，或满足顾客多方面的需求，构成对核心服务强有力的补充。如在宾馆的客房里通常有很多包括旅游指南、住宿须知、服务指南以及笔、纸之类的边缘展示，这些代表服务的有形物品的设计，都是处于对顾客需求的考虑，无疑是企业核心服务的有利补充。

（2）核心展示。核心展示是在购买和享用服务的过程中不能为顾客所拥有，但对顾客起重要作用的展示。如宾馆的级别、银行的形象、出租车的牌子等，都是顾客在购买这些服务时首先要考虑的核心展示。

3. 按有形展示要素的渠道进行划分

（1）内部有形展示。内部有形展示是在服务企业内部展现的，向顾客提供服务线索，传递服务质量的实体。主要有物的因素、人的因素以及气氛因素。其中物的因素包括环境因素、设备、价格、标准化信息明示等，在内部有形展示中占有很大比重。人的因素包括员工的外表、语言、行为方式、精神面貌等。顾客在接近或进入企业时就会与内部有形展示因素发生接触，内部有形展示的每一个细节都可能对顾客产生影响。

（2）外部有形展示。外部有形展示是服务企业通过一定的媒体、渠道，对企业的名声、服务特性和产品特色等进行传递的有形载体。它包括品牌载体、广告、公众口碑与名人效应等。品牌载体通过品牌标记、品牌理念象征物等来表示。外部有形展示的功能主要是吸引和诱导，实行无形服务的有形化。

在服务营销中，内外部有形展示不能各自独立，要相互配合并发挥作用，这样才能取得有形展示的最佳效果。

二、服务环境的设计

（一）服务环境的特点

服务环境是指企业向顾客提供服务的场所，它包括影响服务过程的各种设施及许多无形的要素。服务环境设计如何，关系着各个局部和整体所表达出的整体印象，影响着顾客对服务的满意度。服务环境设计是有形展示策略实施的重点。

对很多服务企业来说，进行服务环境设计并不是一项简单的工作，特别是那些高接触度的服务。从服务环境设计的角度来看，服务环境具有如下特点。

（1）环境是环绕、包括与容纳，一个人只能是环境的参与者而不能成为环境的主体。

（2）环境是多重模式的，也就是说，环境对于各种感觉形成的影响并不只有一种方式。

（3）边缘信息和核心信息总是同时展现，并共同构成环境的一部分，人们不会因为边缘信息未被集中展示就对其失去感觉。

（4）环境的延伸所透漏出来的信息，总是比实际过程的更多，其中有若干信息可能相互冲突。

（5）环境隐含有目的和行动。

（6）环境包含许多含义和许多动机性的信息。

（7）环境隐含有各种美学的、社会的和系统性的特征。

因此，服务业环境设计的任务，关系着各个局部和整体所表达出的整体印象。

（二）服务环境设计的基本原则

服务环境设计就是在综合考虑以上问题的基础上来决定操作的一个过程。服务环境设计除了需要花费大量财力以外，还要受到一些不可控制因素的影响。如某些服务企业对环境因素及其影响的认识及理解程度还有所欠缺；再如，由于个体差异的存在，人们对同一环境条件的认识和反应也不尽相同。因此，在设计服务环境时，由于众口难调，很难做到皆大欢喜。当然，这里有一些基本原则还是可以遵循的，主要有以下几点。

（1）设计理念保持统一，具体形象与设计理念保持吻合。这就要求服务环境各设施要素之间相互协作，共同营造一种统一且重点突出的组织形象。

（2）服务产品的核心利益应决定其设计参数，外部设计要体现服务的内在性质。比如，银行应设计某些形式的保管库，幼儿园建筑物表面应使用带色彩的装饰材料等。

（3）设计要适当。如购物中心的楼层高度、门窗位置等应符合人们舒适和安全的要求。

（4）设计要考虑美学与服务流程问题。

(三)服务环境设计的关键要素

由于服务性企业的服务环境对顾客而言十分重要,所以,企业在服务环境设计上需要考虑许多因素,如位置和建筑、风格、气氛、布局等。

1. 位置和建筑

位置和建筑对于许多服务企业来说极其重要,因此,在最初选址设计时,企业必须分析服务提供与目标顾客的关系。如果企业提供的是那种与位置有关的服务,位置就可能成为顾客经常光顾的主要理由,此时位置应当设置在目标顾客认为最合适的地方。与之相适应的建筑风格和档次也是必要的。一幢建筑物的具体结构,包括其规模、造型、建筑使用的材料、其所在地点位置以及与邻近建筑物的比较,都是塑造顾客感觉的因素。如果企业提供的是那种与位置无关的服务,位置自然没有那么重要了。当服务提供者与顾客交易随时进行时,如电话、自动提款机等,顾客是不会关心服务提供者身在何处的。

2. 风格

风格是组织或品牌识别的视觉(或听觉、嗅觉、触觉)表现。风格的重点在于满足各种感官需要,主要有视觉风格和听觉风格两类。视觉风格包括颜色、形状、线条、模式等,听觉风格包括音乐、音量、音高和节拍等。此外,气味、材料和质地也是风格的重要构成要素。

(1)视觉风格。视觉是最重要的风格要素。零售商店利用形状和色彩来打造其视觉形象。视觉商品化与形象建立和推销有关,零售业的视觉商品化,可以确保顾客无论是在搭电梯,还是在等待付账,服务的推销和形象的建立仍处于持续进行当中。照明、陈设布局、颜色、服务人员的外观和着装都是视觉商品化的一部分。因此,视觉呈现使顾客对服务产品惠顾的一个重要因素。

(2)声音。声音是营造气氛的一个要素,它可以形成一种强大的感情和行为暗示。如酒店、商场、美发厅、机场以及医生、律师等经常利用听觉刺激来加强与顾客的联系,从而得到顾客的认可、积极的联想和感觉。

(3)气味。气味来源于嗅觉,嗅觉是最强烈的感觉。不同的气味会产生不同的感觉。零售商店,如咖啡店、面包店、花店、香水店,都可使用芳香和香味来推销其产品。而办公室里皮件以及木质地板打蜡后的气味,往往可以发出一种特殊的豪华气派。

(4)触觉。材料可以使顾客产生对产品的某种"感受",如木质材料给人以自然感和温暖感,大理石地板给人以高贵感。虽然有些服务企业是禁止顾客触摸的(如博物馆),但利用材料和陈设展示确实可以使顾客产生一定的感觉。

3. 气氛

气氛是一种整体的空间设计,他由装潢、视觉、音乐、气味等要素组合而成,不同的组合产生不同的气氛。如肯德基的气氛就给人以优雅温馨的感觉。

4. 布局

布局是家具、机器、设施的表面分布,体现出规模、形态以及与空间的关系,如顾客与服务人员的距离、环境内部的规模、椅子或沙发的布置、家具摆设的灵活性等。良好的服务设施的布局可以为顾客和服务人员带来舒适和方便，还可以提高服务提供者的效率。相反，不良的布局则不仅引发顾客的反感，还会导致服务的低效化。

5.定向

定向是个人进入一个地方时的第一行为需要。当顾客进入一个环境时，第一行为需要就是利用先前的经验及可用的空间线索来确定他们所在何处，将去何处以及怎样做，否则他们就会感到焦虑和无助。定向问题可以由环境设计来解决，即充分考虑到先前经验、设计的易读性和定向帮助。如酒店通过标注"你在这里"的地图一类的定向标示，为顾客的自助服务提供指导。

6.前台与后台的划分

服务环境存在前台和后台，前台一直展现在顾客面前，后台通常不在顾客视线之内。为此，必须划分前台和后台的界限，防止顾客误入后台，否则很容易破坏原本脆弱的优质服务形象。有些企业通过调整前台和后台的分布方法，把一些后台展示转换成前台展示，以此来增加顾客的体验，提升企业的竞争力和顾客的信任感。

◆ **任务实施**

第一步，组织引导学生以组为单位进行某种或某类服务产品（如酒店、美发店、银行、等）环境设计的实地考查，全面收集相关信息资料；

第二步，从消费者的真实感受及服务产品营销的角度，对某类服务产品的环境设计风格、布局、氛围从一个顾客的角度进行分析评价；

第三步，根据调研结果，对某类服务产品的有形展示与环境设计方面存在的不利于服务营销的方面提出具体改进意见。

◆ **总结与回顾**

服务的有形展示与环境设计是服务市场营销组合策略的重要因素之一。服务的不可感知性使得服务的有形展示不仅必要而且重要。对有形展示可以从不同角度进行分类。根据有形展示的构成要素可以分为物质环境、信息沟通和价格三大主要因素。

服务环境设计是企业有形展示的核心内容，在进行服务环境设计时，首先要了解服务环境的特点，其次掌握进行服务环境设计的基本原则，最后要充分重视位置和建筑、风格、气氛及布局等构成要素，通过对这些要素的整合进行服务环境设计，以提高顾客对服务产品的满意度，进而扩大服务产品的销售。

本项目的教学重点和核心技能是服务环境的规划设计与有形展示。

◆ **复习思考题**

1. 什么是服务的有形展示？它对服务产品的营销有何作用？
2. 服务产品的有形展示有哪几种类型？
3. 服务业应从哪几个方面进行环境设计？

◆ **实训练习**

1. 实训项目：组建提供某服务产品的模拟公司，对其服务环境进行设计

2. 实训目标：
(1) 使学生从实践层面进一步理解服务产品有形展示对顾客选择其服务产品的作用；
(2) 初步培养学生从营销角度进行服务环境设计的能力。
3. 实训内容与方法：
根据所学知识以及对现实同类服务企业调查掌握的情况资料，制订模拟公司服务产品的环境设计方案。
(1) 以自愿为原则，6~8 人为一组，组建"×××模拟公司"，公司名称自定；
(2) 从企业文化、产品特色及服务营销的角度设计服务环境的有形展示方案；
(3) 以效果图的方式具体展示某一服务型企业服务产品的营销环境。
4. 标准与评估
(1) 标准：能够以效果图的方式具体设计展示某一服务型企业特定服务产品的营销环境，这一设计能够给顾客舒适惬意的感觉，能够吸引顾客选择购买本公司的服务产品。
(2) 评估：每个模拟公司推荐两名成员对其设计方案在班上进行交流，由教师与各组组长组成的评估小组对各模拟公司的设计方案从可行性与满意度方面进行评估打分。

项目三　服务价格的制定

◆ 知识、能力、素质目标

使学生明确服务定价的依据及影响因素，了解常用的服务定价策略，熟练掌握服务定价的方法技术，并能应用这些定价方法对服务项目进行合理定价。

◆ 教学方法

案例教学法　角色扮演法　课堂讲授法

◆ 技能（知识）点

服务产品的定价依据及影响因素　服务产品定价的方法技术　服务产品的定价策略

机票价格为何会五花八门？

经常乘坐飞机的人对五花八门的机票价格已司空见惯了。如果提前预订机票，或者愿意多花一些时间乘坐转机航班，或者选择飞行时间不太理想的航班，你就可以节省大把的钞票，只需要付出四折、三折甚至更低折扣的费用。因此，一些精明的人，在不影响工作档期的情况下也像淘其他商品一样开始淘机票了。

根据营销情景中描述的事实，学生独立思考并回答：
1. 为什么服务业对同一服务产品会有不同的价格？机票的打折取决于什么？
2. 服务产品的定价应考虑哪些因素？

卡洛尔太太的服务定价

卡洛尔太太在乡下小镇上经营一家小小的理发店,由于手艺精湛,很受当地人欢迎。但是,这家小店没有其他理发师,周末的时候常常要排两个小时的队才能等到服务,因此许多人并不愿意光顾她的理发店。罗伯特先生就是其中的一位,由于工作在外,他只有周六上午的时间可以用来理发,虽然很欣赏卡洛尔太太手艺,但紧张的时间安排让他无法接受长时间的等待。罗伯特先生也曾劝说卡洛尔太太接受预约安排,但卡洛尔太太担心这样会疏远顾客,不愿意改变目前的经营状况,罗伯特先生同她一起详细分析了理发店面临的问题:理发店在星期六过于拥挤,但是星期二却很少有顾客来;一些工作繁忙的顾客只会在星期六来,而其他退休的或上学的顾客可以在一周的任何一天理发;卡洛尔太太在星期六损失了不少顾客;理发店租金等费用在增长,但是许多顾客并不认可价格应因此而提高;卡洛尔太太考虑过再增加一张椅子和一个兼职理发师,但是她不知道这样要花费多少钱,又能增加多少收入。

根据上面的分析,罗伯特先生提出,应当提高周六的价格而降低周二的价格。原因是有些顾客情愿多花点钱换取周六的便利;而另一些顾客为了节省点钱也会乐意在周二来理发,用收益管理的术语来讲,叫认清细分市场上顾客对价格与便利的取舍。

开始,卡洛尔太太不太情愿这样做。她认为自己提供了相同的服务,不应根据服务时间的不同来设定不同的价格。但后来的一件事让她改变了自己的想法。在一个周六,卡洛尔太太正在为罗伯特先生理发,有一个人站在门口不断张望,当他看到等候室里坐满人时,摇摇头走开了。罗伯特先生问:"他是你的老顾客吗?""不是。"卡洛尔太太回答。"那么,"罗伯特先生说,"他今天将找到另外一位理发师,如果不是手艺特别糟,他将再也不会到你这里来。你不只是今天失去了一个顾客,而是永远失去了这位顾客。"听到这里,卡洛尔太太决定实行改革。

卡洛尔太太将周六的价格调高了20%,同时把周二的价格降了20%。结果,原本喜欢在周六等候聊天的退休老人和带小孩的母亲大都改成了在周二理发,周二生意不再清淡;匀出周六的时间,可以服务更多情愿多花点钱换取时间便利的客人,那些摇头离去的顾客又被吸引了回来。一年后,卡洛尔太太惊喜地发现,理发店收入增长了20%。

◆ 工作任务分析

服务产品的定价是服务产品营销的重要内容,在服务市场竞争日趋激烈的今天,价格往往是决定服务产品,特别是那些无差异的同质服务产品市场销量的关键因素。现实生活中有相当数量的客户在购买服务产品时是以价格的高低作为主要决策依据的。为此,企业营销人员在此项目实施中的主要工作任务就是根据特定服务产品的生产成本、市场供求以及竞争状况,在分析顾客认知价值及消费心理的前提下,协助企业的价格决策部门,采用正确的定价方法和定价技巧给企业的服务产品定价,以使价格的制定既能保证企业的经济利益目标又能促进服务产品的市场销售,不能因为定价不合理而影响顾客对企业服务产品的选择。

◆ 相关知识

一、服务产品定价的影响因素

(一) 服务产品定价的影响因素

影响服务产品定价的因素很多,但主要包括服务成本、服务需求和服务的竞争状况。成本是服务产品价值的基础部分,它决定着产品价格的最低界限,如果价格低于成本,企业便无利可图;市场需求影响顾客对产品价值的认识,决定着产品价格的上限;市场竞争状况调节着价格在上限和下限之间不断波动的幅度,并最终确定产品的市场价格。值得强调的是,在研究服务产品成本、市场供求和竞争状况时,必须同服务的基本特征联系起来。

1. 服务成本

服务营销人员必须理解服务产品的成本随时间和需求的变化而变化。服务产品的成本可以分为三种,即固定成本、变动成本和准变动成本。固定成本是指不随产出而发生变化的成本,在一定时期内表现为固定的量,如建筑物、服务设施、家具、工资、维修成本等。变动成本是随着服务产出的变化而发生变化的成本,如职员的工资、电费、运输费、邮寄费等。在许多服务行业中,固定成本在总成本中所占的比重较大,比如航空运输和金融服务等。准变动成本是指介于固定成本和变动成本之间的那部分成本,它们既同顾客的数量有关,也同服务产品的数量有关,比如,清洁服务地点的费用、职员加班费等。这种成本取决于服务的类型、顾客的数量和对额外设施的需求程度,因此,对于不同的产品其差异性较大。

2. 服务需求

服务业在制定价格时,需考虑顾客对该服务产品需求的价格弹性,需求的价格弹性是指因价格变动而相应引起的需求变动的比率,它反映了需求变动对价格变动的敏感程度。

价格弹性对企业收益有着重要影响。通常企业销售量的增加会产生边际收益,而边际收益的高低又取决于价格弹性的大小。在现实生活中,不同服务产品的需求是不尽相同的,如果对服务的需求是有弹性的,那么其定价水平就特别重要。例如,在某些市场上,需求受到价格变动的影响很大(如民航、旅游娱乐等),而有些市场则影响较小(医疗、中小学教育等)。如果服务的需求价格富有弹性,提高服务价格或服务价格水平确定的比较高,顾客对产品的需求就会大幅下降或者需求水平比较低,这都会影响企业的收入。

现代市场营销学中的寻找理论有助于进一步解释需求的价格弹性。该理论认为,顾客对价格的敏感度取决于购买时选择余地的大小。可选择余地越小,则需求越缺乏弹性;反之,如果顾客可选择余地越大,则需求弹性也越大。选择余地的大小来自于顾客对服务产品有关信息和知识的获得程度以及他们对产品特征的认知,这些特征包括可寻找特征、经验特征和可信任特征。如果顾客能够根据可寻找特征评价产品,顾客选择的余地就比较大,产品需求就有较高的弹性。当然,对于大多数服务产品而言它们更多地是拥有经验特征和信任特征,不过,价格本身就是一种可寻找特征。所以,在缺乏服务产品信息的情况下,顾客往往把价格高低作为衡量产品质量的一个指标,从而,他们对价格的敏感性也就比较高。

3. 服务竞争

市场竞争状况直接影响着企业定价策略的制定。在服务产品差异小、市场竞争激烈的情况下,企业在价格方面的活动余地也相应缩小。在价格确定上往往有相当程度的一致性。若服务产品具有很高的差异性或服务企业处于垄断地位,则产品的定价可以出现一定的差异,甚至很大差异。比如,在交通运输行业,企业之间的竞争不仅有不同品种之间的竞争,而且在不同运输工具之间、对顾客时间和金钱的利用方式之间都存在着竞争。总而言之,凡是服务产品之间区别很小而且竞争较强的市场,都可以制定相当一致的价格。此外,在某些市场背景之下,传统和惯例可能影响到定价(如广告代理的佣金制度)。

对于服务企业来说,在市场上除了从竞争对手那里获得价格信息外,还要了解它们的成本状况,这将有助于企业分析评价竞争对手在价格方面的竞争能力。无疑,向竞争对手全面学习,对于任何企业都十分重要。服务企业要借鉴竞争者如何确定其成本、价格和利润率,这将非常有助于企业自己制定适宜的价格策略。

(二)服务业特征对服务定价的影响

服务业特征对服务产品的定价有很大的影响。在不同的服务形态和市场状况中,这些特征所造成的影响也不同。因此制定服务产品的价格,除了考虑上面提到的三个基本因素之外,还必须考虑服务业的特征。

(1)服务的无形性特征使得服务产品的定价宽度远大于有形产品。对于有形产品而言,生产成本与价格之间的关系十分明显,但服务的无形性特征则使得服务产品的定价远比有形产品的定价更为困难。在购买服务产品时,大多数顾客也想根据其质量和自身的经验来判断价格是否合理。但是,由于服务是无形的,顾客很难客观地、准确地判断无形无质的服务。如果顾客是首次购买某种服务,他甚至不知道产品里面到底包含什么内容,再加上很多服务产品是按各类顾客的不同要求,对服务内容作适当的添减,使得顾客只能猜测服务产品的大概特色,然后同价格进行比较。但对结论却缺乏信心。因此,服务产品价格的上限和下限之间的定价区域一般要比有形产品的定价区域宽泛,最低价格与最高价格的差距也很大。这种情况在管理咨询、医疗和美容服务等行业中非常明显。因此,顾客在判断价格合理与否时,他们更多是感受服务产品中实体因素的影响,从而在心目中只能形成一个价值概念,并将这个价值同价格进行比较,判断是否物有所值。

企业定价时应当主要考虑顾客对服务产品价值的认识,而非它的成本。一般来说,实体成分越多,企业定价越倾向于使用成本导向方式,而且也就越倾向于采取某种标准;反之,实体成分越少,企业定价则越多地采用需求导向的方式,而且定价越缺少标准可循。服务的无形性也意味着提供服务比提供实体产品要有更多的变化,因此,服务水平、服务质量等都可以依照不同顾客的需要而调整配合,价格也就必须由买主和卖主之间通过协商来决定。

（2）服务的不可储存性及服务的需求不稳定性产生了不同时期有差别的服务产品价格。服务的易逝性、不可储存性使服务的供求始终难以平衡。当供大于求时，服务企业可能必须使用优惠价及降价等方式，以充分利用剩余的生产能力，从而使边际定价策略得到了普遍应用。例如在航空旅行和假期承包旅游团的定价中就很常见。但是，企业如果经常使用这种定价方式，往往会增强顾客的期待心理，他们可能会故意不消费某种服务，因为他们预期必然会降价。为了防止产生这种现象，服务企业就要给予提前订购服务的顾客优待性特价。

（3）服务业的同质性往往使价格之间的竞争更加激烈。顾客可以推迟或暂缓消费某些服务，甚至可以自己来实现某些服务的内容，类似的情况往往导致服务企业之间更加激烈的竞争，这种竞争又会在服务产品的价格上表现出来。另外，服务的同质性也使价格竞争更加激烈。不过，同业协会或政府管制部门，往往规定收费标准，防止不正常的削价。一般来说，越是独特的服务企业越可以自行决定价格，只要顾客愿意支付此价格。在这种情况下，价格可能用来当作质量指标，而提供服务的个人或公司的声誉，则可能形成相当的价格杠杆。另一方面，服务质量具有很高的差异性，服务与服务之间没有统一的质量标准作比较。往往是顾客要求的越多，则其得到的也就越多，而价格则没有变化。基于这种原因，一些顾客往往会偏爱于某个企业。这种情况为企业选择细分市场和制定价格战略提供了决策依据。

（4）服务与服务提供者的不可分割性，使服务受到时空因素的限制进而影响到服务的定价，消费者也只能在一定的时间和区域内才能接受服务，这种限制不仅加据了企业之间的竞争，而且直接影响到服务的定价水平。

二、服务产品的定价方法

在服务营销市场上，各种有形产品的定价方法均适用于服务产品的定价，但是，由于服务受产品特征的影响，企业与顾客之间的关系又比较复杂，企业定价不单单是给产品一个价格标签，服务定价战略也有其不同的特点。为提升服务产品的市场竞争力，必须给服务产品合理定价，以使服务产品的价格制定既能保证企业的经济利益目标又能促进其市场销售。

（一）服务产品定价的基本方法

如前所述，影响服务产品定价的三个基本因素是服务成本、服务需求和服务竞争，他们构成了服务产品定价的三个主要依据，由此服务产品定价的方法就有以下三种。

1. 成本导向定价法

所谓成本导向定价法，是指企业依据提供服务的成本决定服务的价格。成本导向定价法的主要优点，一是它比需求导向定价法更简单明了；二是价格公道。许多服务企业在制定服务价格时都运用成本导向定价法。在实践中，企业可以采用成本加成的方法（即在服务成本的基础上加一定的加成率）来定价。

2. 需求导向定价法

即企业根据市场需求强度来确定服务的价格，而不考虑提供服务的成本。以这种方法定出的价格不一定很高，尤其是在竞争加剧和需求降低的情况下，价格更是富有弹性。此外，运用此法还可以对于不同的顾客索要不同的价格，获取最大利益。因此，严格地讲，需求导向定价法也可以采取差别定价方式。例如，顾客差别定价（即根据顾客的付款能力定价）、服务差别定价（即不同形式的服务定不同的价格）、时间差别定价（即在不同时间内收取不同的服务费）和地理差别定价（即不同地理区域的服务定不同的价格）等。上述各种差别定价方式，需要先进行市场细分，然后，再根据各细分市场的成本、需求和利润目标，来确定各细分市场的服务价格。

3. 竞争导向定价法

竞争导向定价法，是根据同一市场或类似市场上竞争对手的服务价格来制定本企业服务产品的价格。它有通行价格定价和主动竞争定价等具体形式。

（二）基本服务产品的定价

1. 成本加成定价法及其应用

成本加成定价法就是以产品的单位成本为基础，再加上一定百分比的加成来具体制定服务产品价格的方法。其计算公式为：服务产品的加成价格=单位完全成本/（1-毛利率），即：

$$P=C/(1-R) \qquad (15.1)$$

式中，P 为单位产品售价；C 为单位完全成本；R 为毛利率。

例：某经济型酒店拥有 200 个房间，每年的固定折旧费用为 400 万，所有固定员工的年工资为 100 万，销售固定费用和其他固定成本费用 100 万元；每间客房出租一天的可变成本为 20 元，出租率为 70%，如果该酒店要获得 35% 的毛利（按销售价格计算），酒店该定怎样的价格？

依题意：

总固定成本=400+100+100=600（万元）

总变动成本=20×200×365×70%=102.2（万元）

单位完全成本=单位变动成本+总固定成本÷销售间天数

=20+6000000÷（200×365×70%）=137.42（元/天·间）

按照 35% 的毛利率计算，

加成价格=137.42÷（1-0.35）=211.42（元/天·间）

采用这种定价方法，成功的关键是制定适当的加成比例（毛利率）。如果竞争比较激烈，加成比例就要低一些，企业甚至应考虑改换采用其他以需求或竞争为导向的方法进行定价。

2. 目标利润定价法及其应用

目标利润定价法指在收集固定成本总额、单位平均变动成本后加上目标利润的因素来用财务管理的方法确定价格。如饭店的客房价格就是通过估算总的固定成本、变动成本，再加上目标利润得出来的。这种方法是建立在盈亏分析的基础上的。

按上例，计算该酒店的保本价格：

保本价格=单位变动成本+单位固定成本

=20+6000000÷（200×365×70%）=137.42（元/天·间）

假设该酒店目标利润为 300 万元，则可以依据以下的计算来确定自己的目标利润价格：

目标利润价格=单位变动成本+（总固定成本+目标利润）÷销售间天数

=20+（6000000+3000000）÷（200×365×70%）=196.13（元/天·间）

假如酒店定价为 200 元/天·间，则：

保本量=总固定成本÷单位边际贡献

=6000000÷（200-20）=33333（天·间）

由此可以推断，在定价 200 元/间·天的情况下，该酒店保持 45.7%（即 33333/365×200）的入住率就可以保本了。

采用这种方法，定价企业会设法降低固定成本和变动成本，以降低其必须的保本量。以上两种方法都是理想的定价模式，具有自负盈亏性质的服务企业定价时无论采用哪种定价方法，最初都必须运用两种方法其中之一进行基础定价，以便抵消成本并为企业带来合理利润，同时为企业的其他营销策略奠定一定的基础。

三、服务产品定价技巧

（一）折扣定价

折扣定价是在基价的基础上给予一定的折扣。在大多数的服务市场上都可以采用折扣定价法，服务产品营销通过折扣方式可达到两个目的：一是折扣是对服务承揽支付的报酬，目的是为了促进服务的生产和消费（如金融市场付给中间者的酬金），例如，付给保险经纪人的佣金或对单位委托顾问服务的支付；二是折扣也是一种促销手段，可以鼓励提早付款、大量购买或高峰期以外的消费，如广告代理公司对立即付款的顾客所提供的现金折扣、美容院给办理金卡的顾客提供五折消费优惠等。

（二）差别定价或弹性定价

差别定价是一种"依顾客支付意愿"而制定不同价格的定价方法，主要运用于以下两种情况：第一，建立基本需求，尤其是对高峰期的服务最为适用；第二，用以缓和需求的波动降低服务易消失性的不利影响。

差别定价的形式包括：

（1）价格/时间的差异（如电信服务在假期或夜间使用更低的价格）；

（2）顾客支付能力差异，如管理顾问咨询针对不同的客户收取不同的费用；

（3）服务产品的品种差异，如汽车租赁公司提供不同车型，其价格标准也就不同；

（4）地理位置差异，如旅馆房间的定价以及剧院的座位定价。

差别定价法是最为通用的定价技巧，但采用差别定价法必须具备一定的条件，即市场可以根据价格进行细分。使用差别定价有可能产生下列问题：第一，顾客可能延缓购买服务产品，一直等到差别价格的实施；第二，顾客可能认为采用差别定价的服务产品有折扣价格的例行现象。

（三）偏向定价

当一种服务原本就有偏低的基本价，或某种服务的局部形成低价格结构现象时，就会产生偏向价格现象。比如，餐厅为了增加惠顾而提供价廉物美的实惠简餐（如商业午餐、套餐或 10 元吃饱等），但大多数的客人一旦进入餐厅，最后还是会点其他比较高价的菜肴；汽车修理厂对一般性服务可能收费偏低，以便招徕更多的高价的修理工作。

（四）保证定价

"保证必有某种结果产生后再付款"就是典型的保证定价法。比如职业介绍所的服务，必须等到当事人获得了适当的工作职位后，才收取费用。保证定价法在以下的三种情况下是很适合服务业使用的：
（1）保证中的各种特定允诺是可以肯定和确保的；
（2）当高质量服务无法在削价的竞争环境中获取应有的竞争力时；
（3）顾客所寻求的是明确的保证结果，如防锈服务、有保障的投资报酬率等服务。

（五）维持定价

这是当消费者通过价格评判质量时使用的一种定价技巧。在某些情况下，某些服务企业往往有意地造成高质量高价位姿态。凡是已经培养出一种特殊的细分市场，或已建立起特殊高知名度的服务企业，可以使用这种以价格作为质量指标的定价策略。

（六）牺牲定价

这种定价技巧是指第一次订货或第一个合同的要价很低，希望借此能获得更多的生意，而后来生意的价格却比较高。在以下的市场情况适合采取此种做法：
（1）顾客不满意目前的服务供应者；
（2）顾客对提供的服务不精通。

这种定价方式的最大不利之处是：顾客有可能把起初的低价位作为服务的价格上限。一旦这个上限价位成立，顾客便会拒绝再加价。这种定价方法通常在营销顾问业和管理教育训练服务业上使用。

（七）阶段定价

这种定价技巧与前一种类似，即基本报价很低，但各种"额外事项"要价较高。例如，某管理咨询顾问的报价只是其执行服务花费的时间费而已，但不包括执行服务时的差旅费。

（八）系列价格定价

价格本身维持不变，但服务质量、服务数量和服务水平却反映成本变动的定价方法。这种定价方法往往被看做是一种并不适应于处理成本变动的定价方式。只有在企业固定了一套收费方式及相应的系列标准服务的情况下才适合使用这种定价方法。租赁公司往往使用此定价方式。使用这种方法的前提是：服务产品的质量、数量和水平的差异很容易被顾客了解。

◆ **任务实施**

第一步，以某类服务产品，如酒店、快餐、美发等为例，组织引导学生以组为单位对其价位水平进行实地调查；

第二步，对所调查的影响服务产品定价的因素进行分析；

第三步，根据行业内市场领导者的价位水平或者同类服务商品的平均市场价格，结合本企业产品的差异特色和市场影响力，进行具体的竞争导向定价。

◆ **总结与回顾**

服务产品的定价主要受成本、需求、竞争三个因素的影响。服务业的特征对服务产品的定价有很大的影响，并使服务产品的定价与有形产品的定价存在较大差异。现实中，常用的服务产品的定价方法包括：成本导向定价法、需求导向定价法和竞争导向定价法。常用的服务定价技巧包括：折扣定价、保证定价、差别定价、牺牲定价、高价位维持定价、偏向定价、阶段定价和系列价格定价等。

本项目的教学重点和核心技能是服务产品定价的影响因素、服务产品的定价方法及实际应用。

◆ **复习思考题**

1. 服务的特征对服务产品的定价有何影响？
2. 基本服务的定价方式有哪些？
3. 试分析超级市场中都使用了哪些定价技巧？

◆ **实训练习**

在快餐业中，肯德基、麦当劳、德克士居于市场领导者的地位，其他地方品牌的价格一般都低于这三大品牌，请你调查当地的快餐店，并对其同样服务产品的价格水平进行比较，然后说明地方品牌的定价是基于成本还是基于主要竞争对手的价格。

项目四　服务产品的分销与促销

◆ **知识、能力、素质目标**

使学生了解服务分销的方法特别是间接分销的方法，深刻理解有关服务渠道的类型、拓展与创新，掌握服务产品的各种促销方式并能应用这些促销手段进行某种服务产品的促销。

◆ **教学方法**

情景教学法　角色扮演法　问题导入法

◆ **技能（知识）点**

服务产品分销渠道的选择与调整　服务渠道的创新与拓展　服务产品的促销方式

基民应去哪里买基金

2006年，股民们心花怒放长达四年多的熊市终于结束，牛市奔腾而来。与股民一样兴高采烈的还有基民，"买基金了吗？"已经成为人们见面时经常问候的语言。去哪里买基金？每个人会有不同的购买渠道，有去银行买的，有去证券公司买的，还有直接去基金公司买的。怎么买呢？有人到银行或证券公司柜台去买，也有人在银行自助设备上购买，还有人通过电话来购买，或者直接进入基金公司或银行的网站去买……为什么顾客可以从不同的地方买到同样的服务呢？开放式基金多达几十支，买哪支好呢？大多数基民通过网上信息选择，还有在金融机构里推销人员那里获悉。

根据营销情景中描述的事实，学生独立思考并回答：

1. 服务产品有哪些分销渠道，服务企业如何对自身及其产品进行市场推销？
2. 你若买基金，你会通过什么渠道购买？为什么？

"疯狂英语"的分销与促销

林语堂先生曾经说过这样一句耐人寻味的话："西方的狂人太多了，所以被关进疯人院；东方的狂人太少了，于是人们崇拜他们。"李阳就是狂人，一个从默默无闻到成名天下知的传奇人物；同时，他也是改变亿万人英语学习观念的营销英雄。

一、打造"疯狂"个人品牌

营销人说：名人与品牌是共生的。"疯狂英语"和"李阳"的个人品牌就是共生品牌。在"疯狂英语"推广初期，李阳个人品牌的推广占主导地位，因为只有李阳的成功形象被人们认可，"疯狂英语"才有可能被人们接受；当"疯狂英语"成名之后，两个品牌携手共进，交相辉映；许多年过去了，"疯狂英语"早已深入人心，此时的李阳又转为辅助地位，成了"疯狂英语"的品牌形象代言人。由此看来，李阳的个人品牌在"疯狂英语"的打造过程中起着决定性作用。今天摆在人们面前的是李阳的名气和成功形象，但此前他的成名之路并不平坦。李阳并非生来就是英语天才。小时候的李阳害羞、内向、不敢见陌生人、不敢接电话、不敢去看电影。从小学到中学，这个语言木讷的"丑小鸭"都生活在父母的叹息、同学的讥讽和老师的遗憾当中，看不到将来有什么出息，英语老师更是为他伤透了脑筋。1986年，李阳从新疆试验中学高中毕业，经过一番拼搏，考进兰州大学工程力学系。第一学期期末考试中，李阳名列全年级倒数第一名，英语连续两个学期考试不及格。大学二年级上学期即将结束的时候，李阳已是13门功课不及格，他觉得很丢人，告诉自己必须从灰色的生活中突围出来。他选择了英语作为突破口，发誓要通过4个月后举行的国家英语四级考试。

很偶然的一次，李阳发现，在大声朗读英语时，注意力会变得很集中，于是他就天天跑到兰大校园的空旷地大喊英语。为了坚持下去，他想了两个办法：一是告诉很多同学他要每天坚持学英语、喊英语，使自己的心理上产生如果一旦放弃别人会一起嘲笑的刺激预期；另外，他还邀请了班内学习最认真的一位同学陪着他一起大喊英语。经过不懈的"疯狂"，在当年的英语四级考试中，成绩高居全校第二名，一个考试总不及格的李阳突然成为一个英语高手，这一消息轰动了兰州大学。

初尝成功的李阳，从此开始迈上奋发进取的人生道路，他发现，在大喊的时候，性格开始发生改变，内向、自卑、害羞等人性的弱点在大喊的过程中被击碎了，精力更加集中，记忆更加深刻，自信逐渐建立起来。他想，这种方法在他的身上取得成功。于是他暗下决心："疯狂到底"！就这样，他从兰州疯狂到广州。1992年，他在1000多人的竞争中脱颖而出，考到了广东人民广播电台英文台，工作后他才发现入选的播音员中别人都是北外、广外的研究生，只有自己是非英语专业出身的本科生。很快，李阳又成为广州地区最受欢迎的英文广播员和中国翻译工作者协会最年轻的会员。随后的几年，李阳得了个外号"万能翻译机"，曾创下过1小时400美金的口译记录和每分钟8000港元的广告配音员记录，超过香港同行，成为广州最贵的同声翻译……经过不懈努力而成功的传奇经历为李阳的个人品牌积累了丰富的资产，这笔资产为此后"疯狂英语"的品牌树立和推广打下了坚实的基础。如今每当人们提到"疯狂英语"的时候，总会第一时间想起黝黑脸庞、戴着眼镜、身体壮实的李阳，在人们眼里，李阳已不仅仅是一个英语教育品牌的推广者和代言人，还是一个英雄，一个偶像；李阳的成功形象正在把越来越多的人们引入"疯狂英语"的殿堂。

二、设计包装"疯狂"产品

为解除全中国三亿人"聋哑英语"的苦恼，为向更多的人推广自己英语成功的经验，1994年，李阳毅然辞去了电台的工作，组建了"李阳·克立兹国际英语推广工作室"。

李阳设计了他的产品。首先他取了一个振奋人心的名字"疯狂英语"。让为英语学习而苦恼的人们第一次为之"疯狂"。其次他的产品包括有形产品和无形产品。有形产品是一系列英语学习突破法的书籍和音像制品；无形产品则是一种特别的英语学习理念和方法。无疑后者才是"疯狂英语"的核心产品所在。因为英语"聋哑病"的症结在于学习者的心态不正确，不敢开口说，怕出错。"疯狂英语"学习法对症下药，李阳对"疯狂"的注释是："百分之百的投入！忘我、忘物、忘时！排除一切杂念，克服胆怯，树立信心！打破传统、突破极限、淋漓尽致地挑战自己的潜能。"

十年来，李阳通过不断总结，摸索出一套有别于传统英语学习的英语素质教育法，如一口气法、三最法、五大发音秘诀、句子中心论、手势突破发音法……李阳研究语言教学基本规律，将复杂神秘的英语学习变成了有趣而简单的游戏。在李阳看来，学习外语不再是脑力劳动，而是体力劳动，学英语不需要冥思苦想，只需要疯狂操练。他认为，大家都知道要想跳好舞就必须去跳，要想学会游泳就必须下水去游，只是看书、听别人讲或记笔记，肯定是不会跳和游的。学英语也是一样，英语是一种语言，语言如果不说，不去交流，怎么能叫语言呢？李阳还发明了"三最口腔肌肉训练法"，也就是"最大声、最快速、最清晰"，强行发展舌部和口腔肌肉，从而达到脱口而出的地道英语……这些闻所未闻的英语学习方法彻底改变了人们学习英语的观念。人们有理由为之疯狂！

李阳立誓要帮助三亿中国人说一口流利的英语。他带着他的"疯狂英语"，不辞辛劳，跋山涉水，向全国100余城市近2000万人送去疯狂英语快速突破法。李阳演说推广成功的原因除了他高超的演说技巧之外，更重要的还在于，他不仅传播了一套行之有效的学习方法，而且传播了一种积极向上、超越自我、激发潜能的文化精神，十年磨砺，李阳成为了年轻而著名的英语口语教育专家，被誉为"英语播种机"、"教英语口语的魔术师"、"语言教学领域的摇滚明星"。

李阳有两个"疯狂"的梦想："让三亿中国人说一口流利的英语，让三亿外国人讲一口流利的中文。"他决心为实现这两个目标而奋斗终生！李阳并不是一个空想家。十年来，他孜孜以求，除了在中国100多个城市、地区举办大规模英语素质教育巡回讲学，还在中国贫困地区援建100所李阳·克立兹希望小学；带领志愿者从中国960万平方公里的边境开始一个村庄、一个城镇地普及英语；争取企业赞助向中国边远贫困地区赠送英语书籍和教学设备，让他们从小学到地道的英文并时刻把全球装在脑海里；他还在日本、韩国等亚洲国家和地区开设英语培训中心，让中国人带动亚洲地区的英语学习；在美国、日本、英国等100个国家推广中文和中国文化，进行中国文化和投资巡回演讲；在世界著名城市和名牌大学开设中文和中国文化培训中心，全面推广中文和中国文化，让中国成为世界人民向往的乐园。

三、透视"疯狂"营销策略

1. 创新产品立下头功。根据中国英语教育消费者的特点，对传统僵化的中国英语应试教育产品作了大胆的改革和创新，允许学英语的人放弃无谓的"面子"，允许犯错误；而传统应试教育是以考试成绩作为英语学习的目标——这一制度很少允许学生犯错误，压抑学生的自尊与自信；在学习方法上，崇尚简单，从最简单的一字一句攻克英语，从最简单实用的口语大喊大叫开始学起，而传统英语教育则以枯燥的语法为基础，以考试为目的，背离了语言的听和说两大最基本的目的。

2. 成功的品牌策略。李阳先是巧妙地包装和推广了个人品牌，然后再利用个人品牌打造"疯狂英语"的品牌，最后两个品牌共同发展，相映生辉。

3. 独特的营销渠道策略。李阳的"疯狂"演讲在"疯狂英语"的推广中可谓功不可没。它打破了传统的课堂教育，而采用万人集会的"摇滚演唱会式"的推广，取得了奇效。

4. 巧用公关策略。支持希望工程等公关策略也为"疯狂英语"品牌知名度和美誉度的提升助了一臂之力。

然而，成功策略的背后还存有隐患。李阳在利用个人品牌推广"疯狂英语"品牌的运用上无疑是成功的，但似乎又过分地依赖他个人的魅力，致使个人成功的典范意义无法上升为理论总结，并通过产业化运作和市场化模式来巩固其成果。这使李阳目前的"疯狂英语"推广仿佛成了一种单枪匹马的"流寇"行为，缺乏产业化运行的平台，或者说缺乏一个健全的企业组织和制度。李阳成功了，"疯狂英语"也成功了，但他们的辉煌还能维持多久，取决于李阳对其企业组织和制度的完善及运营的规范。

◆ 工作任务分析

服务分销主要是服务产品销售渠道的正确选择，服务促销则是通过一定的促销方式来刺激消费者的购买欲望，以使其作出购买决策的活动过程。在现实生活中，服务产品的竞争越来越激烈，服务企业的压力越来越大，因此，服务产品的营销就越来越重要。企业营销人员在此项目实施中的主要工作任务就是根据服务产品的属性和企业的营销目标，协助企业的营销部门正确选择适于特定服务产品的分销渠道和促销模式，制定科学合理的营销策略，并通过卓有成效的促销努力，发展企业的忠实客户，拓展服务产品的销售市场，诱导更多的消费者选择购买企业的服务产品。

◆ 相关知识

一、服务分销

（一）服务产品的分销渠道

服务分销主要是指服务产品分销渠道的选择，是服务企业为目标顾客提供服务产品时对所使用的位置和渠道所做的决策，它包括如何把服务交付给顾客和应该在什么地方进行交付。在服务产品的营销中，可供企业选择的分销渠道有直接分销渠道和间接分销渠道两种。

1. 直接分销渠道

直接分销渠道即直销，直销是企业不经过中间商，直接向顾客提供服务产品的过程，它是最适合于服务产品的分销方式。服务企业选择直销，原因在于：一是它的效率最高；二是服务和服务提供者不可分割。当服务企业选择直销时，经营者的目的往往是为了获得某些特殊的营销优势，具体包括：

（1）对服务的供应与表现，可以保持较好的控制，若由中介机构处理，往往难以控制；

（2）能够形成有特色的服务，由于向顾客直接提供服务，服务人员可以向顾客展示个性化的服务；

（3）可以通过与顾客的直接接触，了解有关需求的变化和竞争对手等方面的信息。

例如，有些投资顾问机构或会计师事物所，可能都会有意地限制客户的数量，以便能提供个别服务。但是，如果由于服务和服务提供者难以分离而选择直销渠道（如法律服务或某些家务服务），那么，可能面临如下问题：第一，公司业务的拓展可能受到对某一特定专业个人的需求（如著名的辩护律师）的限制；第二，直销会使得服务企业的市场局限于某个地区性市场，尤其是那些人的因素所占比重很大的服务产品。

2. 间接分销渠道

服务企业最常用的分销渠道是通过中介机构进行营销，中介机构的责任是间接的，他只负责销售，生产者则负责生产。中介机构可以独立于服务生产者而以代理的方式存在，如保险公司；它也可以是零售商，如旅行社、银行代销信用卡和基金的代购等。

服务业市场的中介机构一般有下列五种。

（1）代理。一般是在观光、旅游、旅馆、运输、保险、信用、雇佣和工商业服务业市场出现。代理是代替服务生产企业与潜在购买者进行接触的机构或人员，它的职能相当于服务生产企业的一线人员。代理的一般模式是，代理收集产品订单，将其转交给生产者，在以各种方式得到付款。

（2）代销。专门执行或提供一项服务，然后以特许权的方式销售该服务。

（3）经纪。经纪就是在经济活动中，以收取佣金为目的，为促成他人交易而开展的居间或者代理的活动。在某些市场，因服务传统惯例的要求必须经由中介机构提供才行，如股票市场和广告服务。

（4）批发商。主要是从事批发业务的服务中介机构，如旅行社或旅游公司，其业务是将航空公司或其他交通运输企业的产品，与旅游目的地旅游企业的地面服务组合成整体性的旅游产品。

（5）零售商。零售商是那些面对广大顾客从事服务产品供应的企业。如照相馆和提供干洗服务的商店等。与代理相比，零售商是独立经营的，它承担着所有的买卖责任。

中介机构的形式还有很多，在进行某些服务交易时，可能会涉及到好几家服务企业。例如，某人长期租用一栋房屋，可能涉及到的服务业包括房地产代理、公证人、银行、建筑商等。另外在许多服务产品市场中，中介机构可能同时代表买主和卖主（如拍卖）。

（二）服务渠道的拓展和创新

1. 服务渠道的拓展

服务产品的分销渠道大都可以以独立渠道和结合型渠道两种方式来推动渠道的发展。

（1）独立服务渠道。独立渠道的兴起是为了满足特定需要而无需与另外的产品或服务相关联。一家顾问公司或一家旅行社，不与其他公司联合，而与其他公司分开经营，即属独立服务公司的例子。不过，独立服务公司当然也可以利用其他的中介机构。

（2）结合型服务渠道。结合型服务渠道是服务结合在一个销售某一产品的渠道之中。结合型服务渠道一般是由下述形式发展而来的：第一，收购，服务是整体产品组合的一部分（如对耐用消费品采购的融资）；第二，租用，服务在另一家公司的设施中提供和营运，特许权使用人必须给付租金或者营业额抽成给出租的公司；第三，合同，这是两家或两家以上的独立公司，以某种契约方式合作营销一项服务。

2. 服务分销渠道的创新

最近几年，在服务分销的方法上有了许多的创新，主要表现在以下几个方面。

（1）租赁服务。服务业经济的一个有趣现象是租赁服务业的增长，也就是说许多个人和公司都已经而且正在从拥有产品转向产品的租用或租赁。采购也正从制造业部门转移至服务业部门，这也意味着许多销售产品的公司增添了租赁和租用业务。此外，新兴的服务机构也纷纷投入租赁市场的服务供应。

在产业市场，目前可以租用或租赁的品种包括：汽车、货车、厂房和设备、飞机、货柜、办公室装备、制服、工作服等。在消费品市场，则有公寓、房屋、家具、电视、运动用品、帐篷、工具、绘画、影片、录像等。还有些过去是生产制品的公司开发了新的服务业务，提供其设备作为租用和租赁之用。在租用及租赁合同中，银行和融资公司以第三者身份扮演了重要的中介角色。

（2）特许经营。在标准化的服务业中，特许经营呈现出一种持续增长的现象。在一般情形下，特许经营是指特许人授权给受许人，使其有权使用授权者的知识产权（包括商号、产品、商标、设备分销等）进行分销。受许者按合同规定，在特许者统一的业务模式下从事经营活动，并向特许者支付相应的费用。

（3）综合服务。综合服务是服务业创新的另一个现象，即综合公司体系与综合性合同体系的持续发展，并已经开始主宰某些服务业领域。例如，在大饭店和汽车旅馆方面，综合体系如假日饭店，希尔顿和 Best Western 都愈显其举足轻重的地位。在观光旅游方面，许多服务系统正在结合两种或两种以上的服务业，譬如航空公司、大饭店、汽车旅馆、汽车租赁、餐厅、订票及订位代理业、休闲娱乐区、滑雪游览区、轮船公司等。目前有些大型的服务企业，正通过垂直和水平的服务渠道系统，进而控制了整体的服务组合，提供给旅游者和度假的人。以前，综合服务一直被认为是一种制造业的体制，现在已经变成许多现代化服务业体系中的一种重要特色。

（三）服务位置的选择

1. 选择服务位置的依据

位置是企业做出的关于它在什么地方经营和员工处于何处的决策。对服务来说，位置的重要性取决于相互作用的类型和程度。服务提供者和顾客之间具有三种相互作用方式：一是顾客来找服务提供者；二是服务提供者来找顾客；三是服务提供者和顾客在随手可及的范围内交易。当顾客不得不来找服务提供者时，服务业的位置就变得特别重要。如餐馆的位置就是顾客光顾的主要理由之一。因此，选择适宜的地点成为一个关键的问题。服务提供者能够来找顾客时，假定顾客在足够近的地方得到了高质量的服务，坐落位置就变得不那么重要了。服务提供者和顾客在随手可及的范围内交易时，位置是最无关紧要的。在这种情况下，这些地方装备了有效的邮递和电子通讯，便不关心服务供应者的实际位置在什么地方，如电话、保险等。

服务业位置的重要性依据服务业类型的不同而有所不同，但有几个问题是共同的，这是服务提供者在进行服务位置决策时必须考虑的，它们包括以下几点。

（1）市场的要求是什么？如果服务不在便利的位置提供，是否会导致服务采购或利用的延迟？不良的位置是否会造成顾客做出自己动手而无需服务的决定？可及性与便利是选择服务（如选用银行）的关键性因素吗？

（2）服务业公司所经营的服务活动的基本趋势如何？其他竞争者的势力正在渗入吗？

（3）服务业的灵活性有多大？它是基于技术还是人员？这些因素如何影响所在位置以及重置位置决策的灵活性？

（4）公司有选取便利位置的义务吗？（如保健等公共服务）。

（5）有什么新制度、程序、过程和技术，可用来克服过去所在位置决策所造成的不足？

（6）补充性服务对所在位置决策的影响性多大？顾客是在寻找服务体系还是服务群落？其他服务机构的位置是否加强已做出的任何位置决策？

由于许多服务业公司认识到位置的重要性，因此，目前在服务营运上更注重系统化方法的运用。服务营销人员全面系统地考虑这些问题将有助于做出正确的位置决策。

2. 服务位置的确定

一般来说，服务业依据它所在的位置可分为以下三种类型。

（1）与位置无关的服务业。有些服务业，如住宅维修、汽车抛锚服务及公用事业等，其所在位置是无关紧要的。因为，这些服务都要在顾客的处所实现。因而服务设备的所在位置与服务表现的特定地点相比不太重要。但是，这种服务最重要的是，当顾客需要服务的时候，服务如何能具有高度的可得性和可及性。就此意义而言，所在位置就不只是实体上的邻近而已。当然实体上的邻近对于某些服务企业是重要的，因而必须发展分支事务所，以接近客户（如广告代理、建筑师），为了能使顾客顺利地得到服务，重要的一个因素是传送系统，通过此系统可使顾客的需求能及时得到满足。

（2）集中的服务业。有些服务经常是集中在一起的，主要是因为供应条件和传统惯例。此外，还有一些其他的原因：如某些点的地位关联、需求密集度低、顾客移动的意愿、邻近核心服务的补充性服务的历史发展以及需求导向的不太重要等。

（3）分散的服务业。分散的服务业所在的位置取决于市场潜力。有些服务业由于需求特性及其服务本身的特征，必须分散于市场中。但是，有些时候机构可以集中（如企业顾问），但服务营运是分散的（如顾问走访特定客户）。

二、服务促销

（一）服务的促销目标

市场竞争越激烈，就越是需要采取有力的促销措施促使顾客理解、接受服务企业的服务。促销能够提高销售增长（尤其是在需求较弱的时期），加快新服务的引入，加速人们接受新服务的过程，使人们更快地对服务做出反应。促销不只限于对顾客，也可以被用来激励雇员和刺激中间商。因此，我们有必要对服务促销的目标和特点、不同营销工具的作用及其使用等问题进行考察。

促销就是带有刺激的沟通。沟通在营销中发挥着三种基本功能：告知、劝说和提醒。在服务营销活动中，企业不仅需要告诉顾客其所提供的服务的核心价值是什么，还需要让顾客了解有关产品的生产地点、时间、价格等方面的信息。

服务促销有助于界定和表现出一个服务企业的个性特征，并且描绘出特定的服务特色。对于服务企业而言，有效沟通能够展示出顾客看不到的后台活动，显现那些被掩盖起来的优势和资源，从而使无形服务有形化。服务促销还可以为顾客提供客观真实的信息，使他的决策更加理性。

服务营销的促销目标与产品营销大致相同，其主要的促销目标有：
（1）建立对该服务产品及服务公司的认知和兴趣；
（2）使服务内容和服务公司本身与竞争者产生差异；
（3）沟通并描述所提供服务的种种利益；
（4）建立并维持服务公司的整体形象和信誉；
（5）说服顾客购买或使用该项服务。

总之，任何促销努力的目的都在于通过传达、说服和提醒等方法，来促进服务产品的销售。由此可见，这些一般性目标，会根据每一种服务业及服务产品的性质而有所不同。例如在运输业和物流业，其促销目标就包括以下各项：①在所有潜在使用者之中树立公司的知名度；②对于公司的产品和服务提出详尽的解说，包括：成本/利益关系，价格以及其他有关的咨询；③改善公司在现有和潜在使用者中的形象以改善顾客对公司的态度，最主要的目标是：在公司将来开发新服务产品时，能让新的目标顾客群更容易接受；④消除已存在错误观念；⑤告知现有及潜在的顾客，有关本公司服务的特殊项目或附加服务及调整；⑥告知市场有关各种新的服务渠道。

但是，任何一种特殊服务的特定目标，在不同的产品市场状况中均要有所变动。因此，所使用的促销组合的构成要素也应有所不同。

（二）服务促销与产品促销的差异

服务促销和产品促销由于受其本身特征的影响，具有许多不同特点。这些差异大致可分为两类，一类是由于服务行业特征的影响，另一类是服务本身特征的影响。

1. 服务行业特征造成的差异

（1）营销导向的不同。有些服务业是产品导向的，只把自己当作服务的生产者，而不是提供顾客需要的公司。这类服务业的经理人，未受过训练也欠缺技术，当然更不懂促销在整体营销中应扮演的角色。

（2）专业和道德限制。由于传统和习俗的存在，某些类型促销方式在服务行业运用时被认为"不适当"或者"品位太差"。

（3）服务业务规模很小。许多服务业公司的规模很小，他们认为自己没有足够实力能够支付营销或在特别促销方面的费用。

（4）竞争的性质和市场条件。许多服务企业在现有范围内的业务已经饱和。不认为在目前状况下，促销可以维持稳固的市场地位，认为没必要进行促销。

（5）对于可用促销方式所知有限。服务企业可能只了解广告和人员推销方式，而对其他各种有效的促销方式知之甚少。

（6）服务本身的性质，可能会限制大规模使用某些促销手段。例如，广告代理服务企业极少使用大众媒体广告。也就是说，服务的种类、特定服务业的传统，在某些服务种类中，对某些促销方法的限制，使得许多促销方法不能自由发挥。

2. 服务本身特征造成的差异

（1）消费者态度。消费者态度是影响购买决策的关键。服务业无形性，致使消费者在购买时，往往是凭着对服务与服务表现者或出售者的主观印象，而这种对主观印象的依赖性，在购买有形产品时，则没有这么重要，对于服务销售者和服务业有两方面与有形产品不同：服务产品被视为比实体性产品更为个人化；消费者往往对于服务的购买较少满意。

（2）购买过程。有些服务的采购被视为有较大的风险，部分原因是顾客不易评估服务的质量和价值。另外，消费者也往往受到其他人，如对采购和使用有经验的邻人或朋友的影响。而这种在购买决策过程中易受他人影响的现象，对于服务营销而言有比较大的意义，尤其是在服务的供应者和其顾客之间，有必要发展形成一种专业关系，以及在促销努力方面建立一种"口传沟通"方式。

（三）服务促销组合

企业的促销活动是由一系列具体的活动所构成的，服务促销组合包括多种元素，即：广告、人员推销、营业推广、公共关系、口碑沟通、直接邮递等。任何一种促销方式都有它的特点和适用性，当一个服务企业的促销目标发生变化时，他的促销组合也会相应变化。因此，营销人员需要针对促销目标，并针对不同促销手段的优势和特点进行整合，实现有效沟通。

1. 服务广告

服务广告是指服务企业通过各种付费传播媒体向目标市场和社会公众进行非人员式信息传递的活动。对无形的服务产品作广告与对有形物品作广告具有很大的差异：一方面，由于服务是一项活动而不是物体，因此，广告就不只是鼓励消费者购买服务，还要把雇员当做第二受众，激励他们提供高质量的服务；另一方面，由于服务是无形的，在广告时应提供一些有形的线索来弥补服务的无形性的弱点。因此，广告不只是展示员工，还包括物质设施，如提供服务的场所。

（1）服务广告的主要任务

第一，在顾客心目中创造公司的形象。服务企业可以通过广告说明公司的经营状况和各种业务活动，展示服务的特色，传播公司的价值。

第二，传播企业和产品的定位，建立企业受重视的个性。塑造顾客对公司及其服务的了解和期望，并促使顾客能对公司产生良好的印象。

第三，建立顾客对公司的认同。通过广告来体现企业的形象，展示企业提供的各种服务，这些广告中传播的内容应和顾客的需求、价值观、态度相吻合。如中国人寿保险公司的广告语为"相知多年，值得托付"；中国平安保险公司的广告语为"中国平安，平安中国"。

第四，指导公司员工如何对待顾客。服务业所做的广告有两种诉求对象：即顾客和公司员工，因此，服务广告也必须能表达和反映公司员工的观点，并让他们了解，唯有如此才能让员工支持配合公司的营销努力。如中国国际航空公司的广告语"爱心服务世界，创新导航未来"，就是希望员工在服务中树立以"爱"为本的服务思想。

第五，协助业务代表们顺利工作。服务广告能为业务代表的更佳表现提供有利的背景。如果服务广告能够使顾客对公司和其服务有良好的认知，则对销售人员有很大的帮助。

（2）服务广告的指导原则

第一，传达明确、具体的信息。服务业广告的最大难题，就在于要以简单的文字和图形，传达所提供服务的领域、深度、质量和水准。不同的服务具有不同的广告要求，广告代理商因此而面临的问题是：如何创造出简明精练的言辞，贴切地把握服务内涵的丰富性和多样性，使用不同的方法和手段来传送广告信息，发挥良好的广告效果。

第二，强调服务利益。一则有影响力的广告，应该强调服务的利益而不是强调一些技术性细节，只有强调利益才能引起消费者对服务的兴趣。服务广告所强调的利益必须与顾客寻求的利益一致，因此，广告中所使用的利益诉求，必须建立在充分了解顾客需要的基础上，才能确保广告的最大影响效果。

第三，只宣传能提供的或顾客能得到的承诺。在服务广告中，对"使用服务可获得的利益"的诺言应当实事求是，而不应提出让顾客产生过度期望而公司又无力达到的允诺。服务的差异性特征，对服务企业的服务承诺是一个较大的挑战。对不可能完成或维持的服务标准所作的允诺，往往会对员工造成不当的压力。因此，有必要使用一种可以确保能够传递给顾客的最低一致性标准的方法。如果能做得比标准更好，顾客通常会更满意。

第四,对员工做广告。很多服务性行业的服务质量很大程度上受员工与顾客互动关系的影响。因此,服务企业的员工也是服务广告的潜在对象。因此,服务广告者所要关心的不仅是如何激励顾客购买,而且更要激励自己的员工去表现。

第五,建立口传沟通。口传沟通是一项服务营销者所不能支配的资源,对于服务企业及服务产品的购买选择有着较大影响,服务广告必须努力建立起这一沟通形态,其可使用的具体方法有:说服满意的顾客们让其他的人也都知道他们的满意;制作一些资料供顾客们转送给非顾客群;针对意见领袖进行直接广告宣传活动;鼓励潜在顾客去找现有顾客交谈。

第六,提供有形线索。为了弥补服务无形性的不足,服务广告者应该尽可能使用有形线索作为提示,才能增强促销努力的效果。这种较为具体的沟通展示呈现可以变成为非实体性的化身或隐喻。知名的人物和物体标志、术语、口号,数据和事实,服务机构的排名等都可以作为服务广告中的有形线索。

第七,发展广告的连续性。服务公司可以通过在广告中持续连贯地使用象征、主题、造型或形象,以克服服务业无形性和差异化带给顾客的不利之处。连续性的广告是服务企业的品牌和象征符号,消费者可从其象征符号中辨别出服务公司。

2. 服务人员推销

服务人员推销就是服务行业通过推销人员与消费者的直接接触,对服务产品进行推销和推广,鼓励和说服顾客购买。人员推销的原则、程序和方法,在服务业和制造业中的运用大致类似。但在服务市场上,这些工作的难度和执行手段则与制造业的市场有相当大的差异。一般情况下,推销服务要比推销有形物品难度大,因为推销人员无法把服务展示给顾客。与此相关的是,在某些服务业市场,服务企业必须雇用专门技术人员而不是专业推销人员来推销其服务。这种方式在促销专业服务时非常有效,如法律咨询、建筑咨询以及企业对企业的服务,如广告公司、科研公司的专业服务。

(1)服务人员推销的指导原则。由于服务是无形的,销售人员无法展示出它的样子,因此,必须用一些其他的方法让顾客相信服务的特性和质量。通过对具有代表性的产品和服务厂商进行调查,专家提出了服务人员推销的指导原则。

第一,发展与顾客的个人关系。服务企业员工和顾客之间建立良好关系,可以使双方相互满足。服务企业以广告的方式表达对个人利益的重视,必须依靠市场上真实的个人化关心协助实现。

第二,采取专业化导向。大多数的服务交易中,顾客总相信卖主有提供预期服务结果的能力,其过程若能以专业方法来处理会更有效。销售服务即表示卖方对于其服务工作能彻底胜任(如对该服务的知识很充分)。他们在顾客眼中的行为举止必须是一个地道的专家。因此,服务提供者的外表、动作、举止行为和态度都必须符合顾客心目中专业人员应有的标准。

第三,利用间接销售。以下三种间接销售形式可以采用:推广和销售有关产品和服务,并协助顾客们更有效率地利用各项现有服务,以刺激潜在需求,例如航空公司可以销售"假日旅游服务",旅馆业销售"当地名胜游览",电力公司销售"家电产品"以提高用电量;利用公断人、见证人与意见领袖,以影响顾客的选择过程,在许多服务业,顾客必须仰靠他人给予协助和建议（如保险代理业、旅行社、投资顾问、管理顾问咨询、观光导游业），因此，服务业的销售者应该多利用这类有关的参考群体、舆论意见主导者与其他有影响力的人，以增进间接销售。

第四，建立并维持有利的形象。有效的营销依赖于良好形象的创造与维持。营销活动（如广告、公共关系）试图达到的是要展现出一种希望被人看得到的个人或公司的形象，而且，要与顾客心目中所具有的形象一致。现有顾客和潜在顾客对某个公司及其员工的印象，在很大程度上会影响他们是否会做出惠顾决策。

第五，销售多种服务而不是单项服务。在推销核心服务时，服务公司可从包围着核心服务的一系列辅助性服务中获得利益。同时，这也使顾客的采购简易便利并省去了许多麻烦。

第六，使采购简单化。顾客对服务产品的概念可能不易了解，其原因可能是顾客不经常购买（如房子），也可能是因为顾客利用服务是在某种重大情感压力之下（如使用殡仪馆服务时）。在这类情形下，专业服务销售人员应使顾客的采购简易化，也就是说，以专业方式照顾并做好一切，并告诉顾客服务进行的过程即可，同时尽量减少对顾客提出各种要求。

3. 服务公关

服务公关宣传是服务企业用来影响大众对企业、服务和政策产生好感的一种间接促销工具。宣传和公关在促销全新或多风险的服务产品时非常有效。如新的电影、戏剧等产品取得成功，很大程度上依赖于影评与宣传。

（1）服务公关的特点。服务和产品的公关工作基本上并无差异。但是，在争取报刊杂志评论版面的方式、公关目标、公关工作对于服务业公司的重要性等方面也可能有所不同。但是，在竞争性公关的内容及诉求上都是相同的，而且都建立在三项具有显著性要素的基础之上。①可信度。新闻特稿和专题文章往往比直接花钱买的报导具有更高的可信度。②解除防备。公关是以新闻方式表达，而不是以直接销售或广告方式，更容易被潜在顾客或使用者所接受。③戏剧化。公关工作可以使一家服务业公司的一种服务产品戏剧化。

（2）服务公关的重点决策。公关工作的三个重点决策是：建立各种目标；选择公关的信息与工具；评估效果。这三个重点决策对所有的服务业公司都是必要的。许多服务业都很重视公关工作，尤其对于营销预算较少的小型服务公司。公关的功能在于它是获得展露机会的花费较少的方法，而且公关更是建立市场知名度和偏好的有力工具。

◆ **任务实施**

第一步，组织引导学生以组为单位对某种或某类服务产品的分销渠道进行实地调查，了解针对不同分销渠道类型所展开的促销活动；

第二步，根据调查掌握的情况资料分组讨论不同的渠道类型如何制定服务产品的促销组合策略；

第三步，选择你所熟悉的服务企业或服务产品，为其制定相应的渠道策略和促销策略。

◆ **总结与回顾**

服务产品的分销渠道有直接分销渠道和间接分销渠道。服务企业常用的中介有代理、经纪、代销、批发商、零售商等。当前，在服务营销事务上，服务渠道的创新主要有租赁服务、特许经营等。服务促销是服务企业借助各种促销手段向公众传递服务活动的信息，发挥告知、劝说和提醒的功能，以促使顾客理解、接受本企业服务产品的活动。

　　服务促销与产品促销有一定的差异，这是由服务行业的特征和服务本身的特征造成的。服务促销可以采用多种方式，由此形成促销组合。促销组合包括服务广告、服务人员推销、服务销售促进、服务公关等。服务广告和服务人员推销是服务促销组合中两种最重要的形式。

　　本项目的教学重点和核心技能是服务产品分销渠道的选择和促销策略的制定。

◆ **复习思考题**

1. 服务分销渠道有哪几种类型？
2. 试分析旅游产品的销售渠道。
3. 服务促销的主要方式有哪些？
4. 服务产品的广告促销和人员推销应遵循哪些指导原则？

◆ **实训练习**

1. 实训项目：校园模拟促销
2. 实训目标：
（1）培养学生分析"顾客"购买心理，制定服务产品具体营销策略的能力；
（2）培养学生初步应用各种促销技巧进行服务产品促销的能力。
3. 实训内容与方法：
（1）设定服务产品的营销情景，由学生即时进行示范和解决；
（2）营销情景为：学校鼓励在校大学生创业，学校涌现出了许多面向大学生需求提供产品和服务的公司。其中运作比较出色的是"学士餐厅"。由于其独具特色、经济实惠、服务热情周到颇受同学青睐。但是，最近一家新的餐厅搞促销活动即开业大酬宾使学士餐厅的客人流失了近一大半，可愁坏了学士餐厅的经理们，假如你是学士餐厅的经理，如何运用所学知识把流失的客人给重新吸引回来，学士餐厅要想取得竞争优势还必须再开辟哪些新的销售渠道，提出你的构思与方案。
（3）首先进行分组讨论，然后每组选出两个比较好的促销方案在班上进行交流。
4. 标准与评估
（1）标准：能够制订出"学士餐厅"切实可行的促销方案；能够围绕"学士餐厅"竞争优势的培育，提出具有一定创新性的渠道模式。
（2）评估：每人提供一份基于个人观点的促销方案，作为一次作业，然后由教师和"学士餐厅"的负责人从可行性、合理性的角度给每个同学的方案建议进行评价打分。

模块十六　国际市场营销

经济全球化使企业面临国内竞争国际化、国际竞争国内化的全新格局，世界各国的经济、技术及文化日益交融在一起，致使当今各国大部分企业的经营销售活动，如技术、资本、投资、生产、营销等均纳入了经济全球一体化的范围。对于单个企业而言，无论你是否走出国门，都会受到国际市场波动起伏的影响。面对滚滚而来的经济全球化浪潮，国际市场营销也将会越来越广泛地影响到企业的生产经营活动。

项目一　国际市场营销环境分析

◆ **知识、能力、素质目标**

使学生了解环境因素对国际市场营销的重要影响，明确影响企业国际市场营销的各种环境因素，在此基础上，熟练运用综合环境分析矩阵来分析企业面临的市场机会与威胁，以便为企业进入目标国市场、参与国际竞争提供可行建议和营销方案。

◆ **教学方法**

问题导入法　课堂讲授法　分组讨论法

◆ **技能（知识）点**

国际政治法律环境　国际经济环境　国际文化环境　国际技术环境　国际贸易环境

"芳芳"在美国市场上的尴尬？

某化妆品生产企业，生产了一种商标叫"芳芳"的口红，投入市场后销售特别好。该企业老总王林是一位非常有远见的领导，为了使产品的市场销量进一步扩大，他专门出国考察，考察后认为在美国市场上"芳芳"牌口红会有很好的市场前景与优势，于是他开始在美国建立产品营销机构。当产品大批运往美国后，王林却没有等到产品热销的好消息，反而销售人员频频告急，产品鲜有问津。后来一打听，才知道问题出在了"芳芳"二字上。国人一看到"芳芳"二字就不禁在心中升起美的联想：仿佛看到了一位花容月貌的少女，好像闻到了她周身袭来的香气。可商标音译成汉语拼音 Fang fang，英文读者一看心中不由得生起一种恐怖之感，因为"fang"恰好是一个英文单词，其义是① along, sharp tooth of a dog；②a snake ，splison-tooth.（①狗的长牙；②蛇的毒牙）。于是，他们想象的并不是一位涂了口红的美艳少女，而是一条张牙舞爪、毒汁四溅的恶狗或毒蛇，如同中国人看到了青面獠牙的"鬼怪"。由于品牌名称中的这一败笔，"芳芳"

口红在美国市场销路不畅也就不难想象了。无奈之下,王林只好重又把产品运回了国内。

根据营销情景中描述的事实,学生独立思考并回答:

1. "芳芳"牌口红在国内销量好,而到国外却无人问津,你认为问题出在哪里?
2. 假如你是王林,"芳芳"牌口红在进入美国市场前,你会考虑哪些环境因素?

重组汤姆逊 TCL 绕道国际市场

近年来,具有规模和成本优势的国内彩电业,在进军国际市场时,面临研发力量薄弱、贸易壁垒、目标市场的品牌知名度低、营销渠道不健全等问题,特别是研发力量薄弱、贸易壁垒两大问题,有可能让国内彩电企业在彩电技术升级浪潮和国际市场中遭遇重大挫折。

2003 年 11 月 4 日,TCL 集团与法国汤姆逊举行彩电业务合并重组协议;而美国当地时间 11 月 24 日,美国商务部初步裁定中国一些电视机生产商向美国市场倾销其产品,已圈定的长虹、TCL、康佳、厦华 4 家强制调查对象都被认定存在倾销,倾销价差为 27.94%~45.87%。这个裁定,对几家电视机生产商的打击是直接的,特别是长虹,它占据了国内出口到美国市场份额的半数以上。但正因为 TCL 的兼并,它不仅不会受损,反而是最大的受益者,填补了其他企业留下的市场空白。

1. TCL 重组汤姆逊事件回放

2003 年 11 月,TCL 集团与汤姆逊集团签署合作备忘录,拟由双方共同投入电视机和 DVD 资产,设立一合资公司,TCL 集团持有其 67%股份。该合资公司将被打造成为全球最大的彩电厂商。TCL 集团将会把其在中国内地、越南及德国的所有彩电及 DVD 生产厂房、研发机构、销售网络等业务投入新公司;而汤姆逊则会将所有位于墨西哥、波兰及泰国的彩电生产厂房、所有 DVD 的销售业务以及所有彩电及 DVD 的研发中心投入新公司。TCL——汤姆逊公司成立后,其全球彩电销量将达 1800 万台,而去年全球彩电销售冠军三星的业绩是 1300 万台。

2. TCL 策略解析

(1) 突破专利与研发实力薄弱的技术天花板。目前我国彩电企业在核心生产技术方面,基本没有专利权。在以往,核心零部件虽然需向外资企业采购,但国内企业依靠整机成本优势,在市场上还是有一定的发言权。但 2002 年年底,汤姆逊公司向我国彩电企业提出索要专利费的通牒,提出的专利共达 20 项,范围从小于 20 英寸的小彩电到 25 英寸的大彩电,平均每台要价 1 美元。作为老牌企业,汤姆逊在传统彩电领域拥有 3 万 4 千多项专利,中国彩电产品只要出口,就很可能落入专利的陷阱。而联姻汤姆逊,TCL 就轻易化解了专利危机。同时,根据协议,汤姆逊全球所有的电视和 DVD 研发中心都归合资公司所有,汤姆逊拥有传统电视机的所有主要专利和大部分数字电视与 DVD 专利。合资公司成立以后,TCL 虽然仍会按照市场规则支付专利费用,但李东生表示,合资公司有能力产生新专利。很快,TCL 就以实质行动证明了李东生的话。2003 年年底,TCL 与汤姆逊研制生产的 85HZ 背投电视,通过国家广播电视产品质量监督检验中心的验证。85HZ 背投电视是"第五代背投",TCL 此举,使得它在背投领域,超越了长期领先的长虹,而且,这一突破也将为 TCL 带来丰厚利润。

（2）绕开贸易壁垒。从 1988 年开始，欧洲市场就对我国和韩国彩电实施反倾销调查，并于 1991 年对我国彩电征收 15.3%的最终反倾销税；中国彩电被阻隔在欧盟市场之外长达 10 年之久。2003 年 5 月，美国也开始对我国彩电实施反倾销调查。2003 年 11 月 24 日，美国商务部初步裁定我国出口到美国的彩色电视机存在倾销行为。如果裁决结果依然是肯定的，那么今后五年内，美国进口我国彩电的税率将提高 30%以上，这对我国彩电生产企业来说，将是毁灭性的打击。据统计，目前我国彩电出口到美国市场已经超过 400 万台，如果征收高额关税，我国彩电将只剩下本土、东南亚、中东、南美等局部市场，我国彩电超过 1500 万台的生产能力将被闲置。如果不想坐以待毙，国内彩电企业必须想办法突破越来越严重的贸易壁垒。2002 年 9 月，TCL 成功收购了德国老牌电视生产企业施耐德，通过建立欧洲生产基地，绕开了欧盟的贸易壁垒。但施耐德存在其局限性，它的市场主要集中在德国、英国和西班牙三国，生产所在地的劳动力成本高昂，原有的重要客户在破产前已流失不少。而汤姆逊则不同，在欧洲和北美均拥有当地的强势品牌，而且在欧美已经建立了相对完善的营销网络；其生产基地也在劳动力相对低廉的墨西哥、波兰等国，虽然这些国家劳动力成本相对中国要高，但与日、韩等地相比，依然有较强的优势。而且，TCL——汤姆逊如果采用的是主要零部件在国内生产，墨西哥、波兰等地整机装配的办法，将可以继续发挥国内劳动力成本低廉的优势。2004 年，TCL——汤姆逊将通过其原先设在墨西哥的彩电制造厂出口北美地区，从而重新迈进美国市场的大门。

（3）节约品牌推广成本。在进入国际市场时，由于品牌推广成本的高昂，国内企业除了海尔等少数企业外，大多采用的都是与外资品牌合作，为其贴牌生产的方式。这样使得国内企业仅能获得微薄的加工利润。

如果 TCL 采用在欧美推广自有品牌的方式，就算扣除反倾销的影响，它也需时间建设销售网络，让当地消费者接受 TCL 品牌。但风云变幻的市场能给 TCL 留出时间吗？与汤姆逊的合作，使 TCL 面临的难题迎刃而解。百年品牌——汤姆逊目前为全球四大消费电子类生产商之一，是全球第一台互动电视专利技术的拥有者，在数字电视、解码器、调制解调器、DVD 机、MP3 播放器、电子图书和家用数字网络等方面均处于世界领先地位，是欧美消费者认可的数字巨人。旗下的 THOMSON 品牌和 RCA 品牌分别在欧洲与北美市场上拥有良好的品牌形象。经过多年经营，在欧美已有庞大的销售网络。利用这些有利条件，可以大大节省 TCL 进入欧洲数字彩电的品牌推广成本。

◆ 工作任务分析

国际市场营销是企业进入国际市场不可或缺的重要内容，由于国际市场环境的复杂性，而导致国际营销活动受到多种因素的影响和制约。营销人员在此项目实施中的主要工作任务就是协助企业的营销部门了解分析目标市场国的政治、法律、风俗习惯、价值观念等环境因素，并通过综合环境分析矩阵来判断企业所面临的市场机会与威胁，在此基础上，为企业进入国际市场，参与国际竞争制订切实可行的营销方案。

◆ 相关知识

一、国际市场营销的特点

国际市场营销（International Marketing）是指超越国界的市场营销活动，是国内市场营销活动在国外市场上的延伸,它包括了所有国内市场营销活动的内容。因而,指导国内市场营销的营销调研、环境分析、购买行为分析、市场细分、目标市场选择、市场定位及营销组合的一般原理和方法,均可用于指导国际市场营销。但由于国际营销跨越了国界,涉及到外国市场的复杂环境,面临的竞争对手更多更强,因此,相对于企业国内市场营销活动而言,国际市场营销活动具有以下特点。

(一)国际营销面临的环境更复杂

国际营销与国内营销相比,其最大的区别在于营销环境的巨大差异。由于各国的地理位置、自然条件、经济发展水平、资源状况、社会制度、政策法规等方面千差万别,导致了企业要面对各进入国不同的营销环境;另外,从事国际市场营销的企业还不可避免地要受到国际市场环境的影响,包括政治、军事、经济、科技等诸多领域。当企业进入两个以上国家和地区时,将面临更加复杂的情况。

(二)国际营销的不确定因素多

由于主观认识与客观实际的矛盾,加之客观过程的复杂性,使得市场存在更多的不确定因素,而对于国际市场来说远比国内市场复杂,比如,企业产品的需求量预测、竞争对手的反应等,更难以控制,因此不确定因素也就越多。

(三)国际营销风险更大

国际营销往往要面临一些特殊的风险因素,如政局突变、汇率波动、投机活动、国际诈骗等,这些因素一般难以调查、预测和防范,这在很大程度上增加了国际市场营销的风险。

例如:美国洛杉矶有一位商人1977年以25万元的巨款,买下一项专利,专门生产"米莎"玩具熊。这是1980年莫斯科夏季奥运会的吉祥物。此后2年,该商人一直致力于"米莎"的市场营销,成千上万的"米莎"生产出来,天随人愿,"米莎"的销路特别的好。该商人预测,这项业务的收入可达5000万到一亿美元。然而,意外发生了,由于当时的苏联入侵阿富汗并且拒绝撤军,美国宣布不参加1980年的莫斯科奥运会,一时间,"米莎"变成了被人深恶痛绝的象征,再也无人问津,该商人预计的收入也从此化为泡影。

(四)国际营销竞争更激烈

经济全球化的迅速发展,使各国各企业之间的市场竞争加剧,而交易双方的利益又与各自国家的利益密切相关。各国为了稳定国内市场,发展本国经济,贸易保护主义盛行,一方面高筑关税壁垒,阻挡国外商品进入;另一方面加强出口攻势,扩大本国商品出口。而发展中国家则尽力发挥其劳动力资源和自然资源的优势,并积极利用外国的资金和技术,力争以低成本优势参与国际竞争。此外,许多国家的政府、团体、政党也介入营销活动,参与竞争,这都使得国际市场竞争更加激烈。

（五）国际营销管理难度更大

除了国际市场营销的复杂性、不确定性、风险性等影响外，还有诸多的因素，比如：要面对出口、进口、国际运营管理，要关注政局的变化，要寻找即了解所在国环境又有一定外语水平的营销人员等，都使国际营销管理难度更大。

二、国际市场营销环境

（一）国际政治法律环境

政治和法律体现了一个国家政府的意志，它强烈影响着该国市场的国际营销活动。

1. 政治环境

国际企业开展的活动都是经济活动。但是，经济和政治许多时候都是不可分的，因为企业开展国际市场营销，必然要受目标市场国政治环境的影响，每个国家的政治环境都有其独特性，企业在进入一个新的外国市场之前，必须对其政治环境进行细致考察，以了解可能遇到的阻力和风险。

政治环境包括本国、目标市场国和国际（世界）的政治形势（局势），重大、突发性政治事件，政治稳定性和政治风险，政治制度和体制（国体、政体），政党和政府的作用，党政方针、政策、措施，政府办事作风、效率，国家政府之间的关系，地方政府之间的关系，参加国际组织的情况，等等。

（1）政治稳定性。政治稳定性是指政府、政党、政策等方面的稳定性。政局的稳定和政策的连续性是增强投资者信心与信任感的重要因素。如果东道国民族分裂，宗教纷争，暴动常起，骚乱不断，政权更替频繁，法律法令朝令夕改，政策摇摆不定，就会大大增加国际营销的风险。所以，国际市场营销不仅要考虑国际间或贸易国目前的政治气候，还必须要考虑其将来的稳定性。

（2）国家结构。世界上不同国家实行不同的政党制度，具体有单一制国家（如中国）和复合制国家（如美国）。国家结构决定了市场的某些特征，比如，单一制国家中，各项贸易政策，商业法规较为统一、直观，容易把握，而复合制国家中，各种法规政策繁复，地方之间差异较大，具有较大的易变性和不可控性。此外，从政治体制来看，实行不同政党制度的国家，会形成政治主张和政策纲领上的差异，对国家政策和政府行为起着决定作用。

（3）国家关系。国家关系是国际营销中一个非常重要的方面。在国际营销企业经营过程中，总会与东道国及其相关的国家发生交易往来，并受这些国家之间关系的影响。因而，良好的国家关系是进入东道国营销取得成功的重要条件，反之，如果国家关系是对抗的，那么营销活动就会阻力重重。

2. 法律环境

法律代表一个国家书面的或正式的政治意愿。每个国家都会通过法律规定直接对国际贸易活动施加影响，国际营销企业必须了解东道国的有关法律法规。一般情况下国际营销者主要关心的法律法规包括涉外法律、东道国法律、国际条约和国际惯例。

(1) 涉外法律。主要是指本国针对涉外经济关系所制定的法律、法规。例如，我国的《对外贸易法》、《中外合资企业法》等。

(2) 东道国法律。主要是指企业将要进入的国家的法律、法规、标准、条例等。各国通常都根据本国国情和利益制定管理本国市场的有关法律规定，如果要进入某个国家，营销者必须对此有一定的了解。例如，反不正当竞争法、反暴力法、产品质量法、环境保护法、标签法、广告法、商标法等。

(3) 国际条约。是指两个或两个以上国家之间，或国家组成的国际组织之间，或国家与国际组织之间，共同议定的在政治、经济、科技、文化、军事等方面，按照国际法规定它们相互间权利和义务关系的国际法律文件的总称，包括条约、专约、公约、协定、议定书、换文以及宪章、规约等。目前影响较大的有：《国际货物销售合同公约》、《保护工业产权国际公约》、《国际海上货物运输公约》、《解决国家与他国国民间投资争议公约》、《欧洲共同市场条约》等。

(4) 国际惯例。是在国际交往中逐渐形成的一些习惯做法和先例，国际惯例通常是不成文的，但又是国际法的主要来源之一。同国际商务活动有关的国际惯例主要有：《华沙—牛津规则》、《国际贸易术语解释通则》、《商业跟单信用证统一惯例》等。

(二) 国际经济环境

国际营销活动是一项经济活动，因而必须对经济环境作细致、深入的研究。通常国际营销的经济环境分为两个层次：一是国际经济环境，它对各国之间的贸易与投资活动都有影响；二是东道国国内的经济环境，它对国际营销企业与该国进行的贸易活动有着直接影响。

1. 经济发展水平

根据发展经济学家罗斯托的观点，世界各国的经济发展水平可归纳为以下五个阶段。

(1) 传统社会。以自然经济为主是这个阶段的主要经济特征。在这一阶段，经济发展落后，收入很低，市场面狭小，国民经济以农业为主或者资源开发为主，对大部分资本货物难以形成有效的需求，仅仅对有限的生活必需品有少量需求。目前被联合国列为最不发达的国家基本上还处于这一经济发展阶段。

(2) 起飞准备阶段。在这一阶段，农业开始向工业转移，现代科技已开始运用于工农业，产业结构以农、工业并存，市场规模不太大，经济增长不快，仍会有很大的自然经济成分，大多数发展中国家尚处于此阶段。

(3) 起飞阶段。此阶段的国家已经形成经济增长雏形。各种社会设施和人力资源得到开发，维持着稳定的经济增长速度，农业及各项产业逐渐现代化，同时，随着收入的增加，消费市场也具有相当的规模。目前一些新兴的工业化国家已经步入经济起飞阶段。

(4) 趋向成熟阶段。在经济起飞后，国内投资稳定增长，科技迅猛发展，经济结构中农业人数减少，服务业增加，开始参与国际竞争。目前西方的很多工业国家正处于这一阶段。

(5) 高消费阶段。此阶段代表了高度发达的工业社会。国民追求高质量的生活，服务业迅猛发展，公共设施、社会福利日益完善，在这一阶段，消费品饱和度已经很高，因此市场机会取决于发展创新和新产品的推出。目前世界上只有少数几个国家达到了这一阶段。

大致上讲，凡是前三个阶段的国家，一般被称为发展中国家，后两个阶段的国家，则被视为发达国家，一个国家的经济发展所处的阶段不同，居民收入水平明显不同，因此会直接或间接影响到企业的国际营销活动。

2. 市场规模

市场规模的大小一般由人口因素和收入因素决定。

（1）人口因素。一个国家的人口数量和人口增长率通常被作为衡量市场潜力的主要指标。比如基本生活必需品，如食品、日用品、教育用品等的需求总量在其他因素不便的情况下与其总人口是成正比的。其他一些人口特征，如人口分布、人口结构、性别结构、家庭规模等，对国际营销也都有重要影响。例如近年来随着家庭规模逐步小型化趋势，家庭数量和家庭规模的大小对购买产品的类型、数量都产生了直接影响。

（2）收入因素。收入是决定市场规模的另一个重要因素。因为仅有人口是不行的，还需要一定的购买能力，所以一个国家的总体经济发展水平和个人收入水平对于市场规模的影响是至关重要。国民生产总值可用于衡量国家或地区的总体经济实力与购买力，估计生产资料的需求，而人均收入、个人可支配收入等则更多地影响着消费资料的需求，能够表现非生活必需品的市场潜力。此外，还要注意收入分配是否均匀的问题，用人均收入来考察一国的消费水平，只有在大多数人的收入接近这一水平时才有价值。

3. 经济运行状况

东道国的经济运行状况会对国际营销活动产生很大影响。当一个国家的经济处于复苏繁荣时期时，其市场需求潜量较大；反之，当其经济处于衰退或萧条时期，其市场需求潜量较小。另外，通货膨胀、贸易逆差等也会影响该国的经济运行状况。因此，国际经营企业应注意分析和预测东道国经济运行的趋势。

（三）国际文化环境

文化环境包括影响一个社会的基本价值、观念、偏好和行为的风俗习惯等，是最复杂的环境因素。广义的文化指人类创造的一切物质、制度和精神，包括物质文化、制度文化和精神文化；而狭义的文化则主要指精神文化，又称社会文化，是一个特定社会中，所有成员共同拥有、代代相传的种种行为和生活方式的总和。不同国家社会文化的差异，会直接导致该国消费者的需求指向、消费偏好、购买方式等方面差异。因此，从事国际市场营销活动必须认真分析各个国际和地区的文化环境，以便采取相适应的营销策略。

1. 宗教信仰

宗教是人类社会发展到一定历史阶段、人类思维能力发展到一定水平以后产生的社会现象。宗教作为意识形态，首先表现为一种特定形式的思想信仰；其次不同的宗教反映了不同的社会文化、民族习惯、法律意识和政治制度，所以，宗教又是人类社会普遍的文化现象。目前世界上的主要宗教有基督教、伊斯兰教、佛教等，它们影响着人们的价值观念、生活习惯、购买方式、购买行为等。

2. 文化教育

在国际营销中，受教育水平的高低直接影响消费者的生活态度、购买行为特点、具体的消费方式、对广告促销的反应等方面。企业所销售的商品的复杂程度、技术性能，企业的促销策略和方式等都要适应一国具体的教育文化水平。

3. 风俗习惯

世界范围内不同国家或国家内的不同民族在居住、饮食、服饰、礼仪、婚丧等物质文化生活方式方面各有特点，形成了各具特色的风俗习惯，而这些又对人们的消费嗜好、消费方式起着决定性的作用。国际营销者应学会遵循他国包括商业习俗和惯例在内的风俗习惯。

4. 价值观念

价值观念是人们对事物所具有的相对持久而稳定的信念、看法和道德判断。不同的国家、民族的价值观念有很大差异。例如，美国偏好革新，中国注重传统；日本重视集体的作用，美国强调个人的力量；西方人重视现实享受而不喜欢延期消费，而东方人则偏爱储蓄；在发达国家，人们因时间观念强而欢迎快餐、速溶咖啡、成衣等能够节省时间的产品，而在发展中国家，这类产品就不一定有很大的市场。国际营销者需要对此加以区别，才能取得成功。

5. 社会阶层和社会组织

在每一个国家的每一种不同文化中，诸如男女地位、家庭和社会等级、群体行为等方面，都可能有不同的含义。社会阶层和社会组织之所以能影响国际营销活动，就在于它影响不同国家、不同文化条件下人们的观念、行为，乃至整个生活方式。

（四）国际物质技术环境

世界各国由于地理分布差异很大、技术水平发展各异，造成各国气候、地形和资源、技术水平的巨大差异，从而影响企业产品的生产、改进、销售、竞争等方面的能力，因此，开展国际营销还必须了解各国具体的物质环境以及当今世界的技术发展动态，把握技术发展脉搏，否则企业就可能会被激烈的竞争所淘汰。

1. 自然资源

自然资源的分布状态和可利用程度，是决定一个国家经济发展的关键因素，同时又影响着世界经济发展和贸易的格局。如加拿大森林资源丰富，生产的纸张原料好、质量高、价格廉，具有很强的竞争力，所以对加拿大进行国际营销时应选择其薄弱方面，如以棉花作为原料的产品。因此，在开展国际营销时，应该对目标市场的自然资源状况予以认真分析，充分注意其资源的开采量、出口量的变化及其资源拥有状况的变化，选择的产品应是销售地国所缺乏的或缺乏竞争力的，以提高产品国际营销的成功率。

2. 自然环境

不同的自然环境，对产品的使用性能会有不同的要求。例如，热带和寒带对空调的要求不同，平原和山地对汽车的要求不同。特定的自然环境条件，要求国际营销企业设计和生产出使用性能、使用寿命、使用效果与之相应的产品，满足消费者在特定自然环境条件下使用该产品的特殊需求。

3. 基础设施

为经济活动提供服务的公共基础设施主要包括能源供应、交通运输、通讯设施、仓储条件、金融机构以及各种中介服务机构等。一个国家的基础设施越是完备，越有利于国际营销活动的顺利开展，越有利于降低营销成本，因而其吸引力也就越大。

4. 技术环境

科技水平的不同，不仅影响国际营销企业产品的生产和改进，而且影响其营销活动的客观环境。例如，东道国对现代技术的吸收能力或开发能力较强，可为外国投资创造有利的条件；东道国的专业人才（如律师、工程师、会计师等）资源充裕，则可满足国际经营企业对人才的需求。

（1）互联网和电子商务。互联网的快速发展和电子商务的兴起，深刻改变了人类的经济和社会生活，使企业和消费者有了一对一的平台，改变了生产者和消费者的关系。从一定意义上讲，互联网是国际营销中满足消费者需求的最具魅力的营销工具，对企业国际营销产生深刻的影响。

（2）技术革命的发展趋势。技术革命带来技术创新，改变了企业的生产、经营和管理组合模式，同时改变了市场运行模式和机制，改变了传统工业经济时代的营销模式和竞争战略。今天的技术发展呈现出以下几个特点：以电子技术为代表的尖端技术发展迅猛；应用技术发展速度加快；研发费用增长速度加快；科技合作进一步加强等。

（五）国际贸易环境

在国际营销中，国际贸易环境中的一些特殊限制因素也对国际营销活动起着制约作用。

1. 贸易保护措施

一个国家开放市场，总是既有利也有弊，存在着双重影响，短期效益和长期效应之间也常常发生矛盾。许多国家为了趋利避害，保护本国生产和市场，往往采取各种贸易保护措施来进行某些限制，以谋求长期利益和短期利益的良性组合。这些措施主要分为关税和非关税壁垒两类。

（1）关税壁垒。关税壁垒是指高额进口税。通过征收各种高额进口税，形成对外国商品进入本国市场的阻碍，这可以提高进口商品的成本从而削弱其竞争能力，起到保护国内生产和国内市场的作用。常见的关税壁垒有以下几种形式：关税高峰、关税升级、关税配额、从量关税、从价关税。

（2）非关税壁垒。又称非关税贸易壁垒，是指一国政府采取的除关税以外的其他各种政策措施，目的是对本国的对外贸易活动进行调节、管理和控制，以限制进口，保护国内市场和国内产业的发展。非关税壁垒措施大致可以分为直接和间接两大类：前者是由海关直接对进口商品的数量、品种加以限制，其主要措施有进口限额制、进口许可证制、"自动"出口限额制、出口许可证制等；后者是对进口商品制订严格的海关手续或通过外汇管制，间接地限制商品的进口，其主要措施有实行外汇管制、对进口货征收国内税、制定购买国货和限制外国货的条例、复杂的海关手续、繁琐的卫生安全质量标准以及包装装潢标准等。

三、国际市场营销环境分析

对企业来说，国际营销环境是一个几乎不可控制的因素。企业分析、研究环境的目的，在于避免环境威胁和发现环境机会。众所周知的亚洲金融危机，拖跨了无数企业，日本许多企业将资金投向韩国，由于没有预测到这一重大经济环境的变化，许多企业血本无归。所以说，一个国际企业的命运不仅仅取决于其实力和所采用的营销组合，而且要看国际营销环境中的种种趋向和发展变化。现实中，任何企业都面临着若干环境威胁和环境机会，我们可通过"综合环境分析矩阵"来加以分析评价。如图16-1所示。

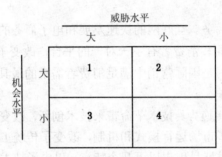

图 16-1 综合环境分析矩阵

从图中我们可以清楚地看到：

区域1：机会水平高，威胁水平也高，处于这种环境的企业称为"面临风险环境的企业"。面临这样的环境，企业必须加强调查研究，进行全面分析，发挥专家优势，审慎决策，以降低风险，争取利益。

区域2：机会水平高，威胁水平低，处于这种环境的企业称为"面临理想环境的企业"。这是企业难得遇上的好环境，企业必须抓住机遇，扬长避短，充分利用环境机会。

区域3：机会水平低，威胁水平高，处于这种环境的企业称为"面临困难环境的企业"。在这种环境中，企业处境已十分困难，必须想方设法扭转局面，减轻、摆脱威胁，同时要尽快发现机会，使企业走出困境。如果大势已去，无法扭转，则必须采取果断措施，另谋出路。

区域4：机会水平低，威胁水平也低，处于这种环境的企业称为"面临成熟环境的企业"。这是一种比较平稳的环境。面对这样的环境，企业一方面要按常规经营，规范管理，以维持正常运转，取得平均利润；另一方面，企业也要积极主动地做好应变准备，在竞争中争取主动，寻找适合自己生存的环境，开拓新的营销领域，创造出新的营销空间，使企业长盛不衰。

总之，企业应利用综合环境分析矩阵，全面分析，确认企业面临的环境以及自己企业所经营业务处于的状态，合理控制风险。

◆ **任务实施**

第一步，对学生进行分组，每 3~5 人为一组，每组学生利用媒体、网络或其他方式任选一家从事国际市场营销的企业，然后组织引导学生以组为单位利用网络、报纸、新闻等媒介对该企业的经营销售情况进行信息资料的收集；

第二步，根据收集、掌握的情况资料，引导学生以组为单位进行讨论，并利用综合环境分析矩阵分析该企业所面临的国际营销环境状况；

第三步，针对该企业面临的国际市场机会和环境威胁，提出具体营销对策。

◆ **总结与回顾**

国际市场营销环境由多种因素交织而成，因此复杂多变，它主要包括国际政治法律环境、国际经济环境、国际文化环境、国际物质技术环境、国际贸易环境等。企业在复杂多变的国际营销环境中可以利用综合环境分析矩阵来分析企业目前业务所处的状态，以便为企业发现营销机会，规避环境威胁，提供情报信息资料。

本项目的教学重点和核心技能是综合环境分析矩阵的实际应用。

◆ **复习思考题**

1. 简述国际市场营销环境的特点。
2. 国际市场营销环境主要包括哪些内容？

◆ **实训练习**

要求学生自行分组，通常 5~6 人为一组，组建团队，各团队任选所在地的一家有现实销售业务的食品企业，利用课余时间进行实地调查，并假设该企业欲进军韩国市场，但该企业不熟悉韩国市场，急于了解韩国市场所面临的环境情况，请在实地调查的基础上，通过网络、报纸、新闻等媒介，就韩国食品市场情况进行分析，为该企业制定韩国市场的营销组合策略提供信息资料和合理化建议。

项目二 国际市场细分与目标市场的确定

◆ **知识、能力、素质目标**

使学生深刻理解国际市场细分与国际目标市场选择的关系，了解国际市场细分的变量和主要依据，掌握国际市场细分的方法技巧。在此基础上，正确选择企业的国际目标市场，并为其制定相应的营销组合策略。

◆ **教学方法**

案例教学法 课堂讲授法 分组讨论法

◆ **技能（知识）点**

国际市场营销调研 国际市场细分 国际目标市场的选择

是同样的市场吗?

王亮是某农产品生产企业的厂长,近年来,他企业生产的产品销路一直不好,但同一区域内的另一家农产品加工企业的产品却大量出口,销路不错,王亮觉得这是解决企业营销困境的一个好途径。经多方打听,王亮了解到这家企业的产品主要出口到美国、日本、欧洲几个市场。王亮经过认真分析,认为产品类似,质量也相当。于是王亮利用个人关系,找到了美国的一家代理商。为了保证产品一炮走红,王亮狠抓产品质量。当王亮信心百倍的把第一批货物运到美国市场后,并没有如期等到他所期望的好消息。代理商在销售三个月后,要求把货物全数退回。这让王亮迷惑不已,为什么同样的产品,同样出口到美国市场,自己的产品却销售不出去?后来,经过了解才知道,美国、欧洲、日本这几个市场不仅都是实行严格农业保护的国家,而且当地人由于饮食习惯的问题,对王亮企业生产销售的农产品并不欢迎,而另一同类企业的产品虽然也是销售到美国、欧洲、日本等市场,但是该企业主要针对的目标顾客是这些区域的中国华侨,因为他们大多数仍然保持着中华饮食的习惯,而且长期以来企业也形成了专门针对这些华侨的销售网络,因此,企业产品的销路一直很好。

根据营销情景中描述的事实,学生独立思考并回答:
1. 王亮企业和同一区域内的另一农产品生产企业所进入的美国市场是同样的市场吗?
2. 你认为,王亮企业产品滞销的问题出在哪里?

法国欧莱雅独特的市场细分策略

巴黎欧莱雅进入中国市场至今,以其与众不同的优雅品牌形象,加上全球顶尖演员、模特的热情演绎,向公众充分展示了"巴黎欧莱雅,你值得拥有"的理念。目前已在全国近百个大中城市的百货商店及超市设立了近400个形象专柜,并配有专业美容顾问为广大中国女性提供全面的护肤、彩妆、染发定型等相关服务,深受消费者青睐。回顾上述成功业绩,关键取决于欧莱雅公司独特的市场细分策略。

首先,公司从产品的使用对象进行市场细分,主要分成普通消费者用化妆品、专业使用的化妆品,其中,专业使用的化妆品主要是指美容院等专业经营场所所使用的产品。

其次,公司将化妆产品的品种进行细分,如彩妆、护肤、染发护发等,同时,对每一品种按照化妆部位、颜色等再进一步细分,如按照人体部位不同将彩妆分为唇膏、眼膏、睫毛膏等;再就唇膏而言,进一步按照颜色细分为粉红、大红、无色等,此外,还按照唇膏性质差异将其分为保湿型、明亮型、滋润型等。如此步步细分,仅美宝莲唇膏就达到150多种,而且基本保持每1~2个月就向市场推出新的款式,从而将化妆品的品种细分推向了极限。

然后,按照中国地域广阔特征,鉴于南北、东西地区气候、习俗、文化等的不同,人们对化妆品的偏好具有明显的差异。如南方由于气温高,人们一般比较少做白日装或者喜欢使用清淡的装饰，因此较倾向于淡妆；而北方由于气候干燥以及文化习俗的缘故，一般都比较喜欢浓妆。同样东西地区由于经济、观念、气候等的缘故，人们对化妆品也有不同的要求。所以欧莱雅集团敏锐地意识到了这一点，按照地区推出不同的主打产品。

总之，通过对中国化妆品市场的环境分析，欧莱雅公司采取多品牌战略对所有细分市场进行全面覆盖策略，形成了包括高端、中端和低端三个部分的欧莱雅金字塔品牌框架结构。

塔尖部分为高端产品，约有12个品牌构成，如第一品牌的赫莲娜，无论从产品品质和价位都是这12个品牌中最高的，面对的消费群体的年龄也相应偏高，并具有很强的消费能力；第二品牌是兰蔻，它是全球最著名的高端化妆品牌之一，消费者年龄比赫莲娜年轻一些，也具有相当的消费能力；第三品牌是碧欧泉，它面对的是具有一定消费能力的年轻时尚消费者。欧莱雅公司希望将其塑造成大众消费者进入高端化妆品的敲门砖，价格也比赫莲娜和兰蔻低一些。它们主要在高档的百货商场销售，兰蔻在22个城市有45个专柜，目前在中国高端化妆品市场占有率第一，碧欧泉则是第四。而赫莲娜2000年10月才进入中国，目前在全国最高档百货商店中只有6个销售点，柜台是最少的。

塔中部分为中端产品，所包含品牌有两大块：一块是美发产品，有卡诗和欧莱雅专业美发，其中，卡诗在染发领域属于高档品牌，比欧莱雅专业美发高一些，它们销售渠道都是发廊及专业美发店。欧莱雅公司认为，除产品本身外，这种销售模式也使消费者有机会得到专业发型师的专业服务。还有一块是活性健康化妆品，有薇姿和理肤泉两个品牌，它们通过药房经销。欧莱雅，率先把这种药房销售化妆品的理念引入了中国。

塔基部分是指大众类产品，目前欧莱雅公司共推行5个品牌，其中，巴黎欧莱雅是属于最高端的，它有护肤、彩妆、染发等产品，在全国500多个百货商场设有专柜，还在家乐福、沃尔玛等高档超市有售。欧莱雅的高档染发品已是目前中国高档染发品的第一品牌。第二品牌是羽西，羽西秉承"专为亚洲人的皮肤设计"的理念，是一个主流品牌，在全国240多个城市的800家百货商场有售。第三品牌是美宝莲——来自美国的大众彩妆品牌，它在全球很多国家彩妆领域排名第一，在中国也毫不例外，目前已经进入了600个城市，有1.2万个柜台。第四品牌是卡尼尔，目前在中国主要是引进了染发产品，它相比欧莱雅更大众化一些，年轻时尚，在中国5000多个销售点有售。第五品牌是小护士，它面对的是追求自然美的年轻消费者，市场认知度90%以上，目前在全国有28万个销售点，网点遍布了国内二、三级县市。

◆ 工作任务分析

企业国际市场的细分及目标市场的确定关系到企业进入国际市场的成败，在这一环节中企业营销人员的主要工作任务就是对企业所面对的国际市场环境进行全面了解和深入分析，并在充分考虑企业产品差异特色与营销国消费者购买习惯的基础上，为企业选择最有利的细分市场，进而选择最理想的国际目标市场。

◆ 相关知识

一、国际营销调研

所谓国际营销调研，就是系统地收集、记录和分析国际市场信息，以使企业能正确认识市场环境、评价企业自身行为，为其国际营销决策提供充分依据。国际经营相比国内经营往往涉及资金多，一旦决策失误，损失也更大，因此国际市场营销要求掌握的信息要更充分、更及时、更准确。同时，国际营销决策所需要的信息与国内营销所需要的信息会有差异，如选择何种方式进入国际市场，对产品设计与品牌应作怎样的修改等，这些决策的作出需要国际营销调研提供信息支持。此外，国际营销调研比国内调研可能更困难、更复杂，这是因为有些信息在国内很容易得到，在国外却难以获得甚至根本不可能获得，尤其是发展中国家常常缺乏必要的、可靠的统计资料。由于统计方法、统计时间的差异以及汇率的变动，所获得的信息往往缺乏国与国之间的可比性，营销调研方法也需要因国别、地区环境的不同而不同，其成本当然也远远高于国内调研，如果跨国企业需要在多国市场上进行同一内容的调研，则调研的组织工作会更复杂。

国际营销调研主要有案头调研和实地调研两种。案头调研是为了获取第二手资料，它一方面可以较为经济地获取许多有价值的信息，另一方面也可为国外实地调研打下基础。其信息来源主要有：国际企业本身的信息系统，调研者案卷，各国政府机构及其驻外使领馆；国际组织，如联合国、世界银行、国际货币基金组织、经济合作与发展组织等；国内外行业协会，各国金融机构，国际交易会、博览会、展销会，国际商业刊物，海内外市场调研公司、消费者组织等。实地调研是为了获取案头调研所无法取得的第一手资料，其方法有访问法（面谈访问、电话访问、邮寄调查、计算机访问等）；观察法（直接观察、仪器观察、实地痕迹测量等）；实验法，这通常在某一种商品需要改变设计、包装、价格、促销手段时予以应用。

二、国际市场细分

在进行充分的国际营销调研和分析国际营销环境之后，企业就可以进行国际市场细分。国际市场细分通常具有两个层次的含义，即宏观细分与微观细分。

首先要进行宏观细分，以确定在整个国际市场上应选择哪个地区或国家作为准备进入的市场。这就是要根据一定的标准将整个国际市场划分为若干个细分市场，每一个细分市场包括一个或几个营销环境基本相同的国家，再考虑选择某一个或几个细分市场作为目标市场。

国际市场宏观细分的标准主要有：地理标准、经济标准、文化标准和组合法。地理标准是最常用的标准。因为，处于同一地理区域的国家往往文化背景相似。特别是由于区域性经济一体化的发展，地理上接近的市场更可能具有同质性，同时也便于跨国营销的企业进行业务管理。按经济发展水平细分，可以把国际市场分为原始农业型、原料出口型、工业发展型、工业发达型四类。所谓组合法，则是从市场潜量、营销风险和企业的相对竞争优势三个方面来综合分析世界各国市场，从中选择市场潜量大、营销风险小、本企业有相对竞争优势的国家作为目标市场。

接着要进行微观细分，微观细分类似国内市场细分，即当企业决定进入某一海外市场后，它会发现当地市场顾客需求仍有差异，需进一步细分成若干市场，以期选择其中一个或几个子市场为目标市场。这种一国之内的细分标准即微观细分标准。具体消费品市场又可分为地理环境、人口状况、消费者心理、购买情况四大标准。工业品市场又可分为地理环境、用户状况、需求特点和购买行为四大标准。

三、国际目标市场选择

国际市场营销中选择目标市场有两层含义：一是基于宏观细分基础上，在众多国家选择某个或某几个作为目标市场；二是通过微观细分，在一国众多的子市场中选择某个或某些作为目标市场，主要的市场选择策略有无差异营销策略、差异性营销策略和集中性营销策略。

◆ **任务实施**

第一步，对学生进行分组，每3~5人为一组，然后组织引导学生以组为单位选择某一国际市场营销企业或某一具体产品，利用网络、报纸、新闻等媒介对其进行资料收集；

第二步，根据调查、收集、掌握的情况资料，组织各组同学讨论该企业所面对的国际市场的需求状况，然后选择适宜的市场细分标准，为该企业进行国际市场细分，并说明理由；

第三步，在对国际市场进行细分的基础上，以组为单位进行发言，说明该组为所选企业或所选产品确定其目标市场的过程及方法，同时接受其他组同学的提问，并对本组所选择的国际目标市场的优势进行阐述。

◆ **总结与回顾**

尽管国际市场竞争日益激烈，但不充分竞争仍应是引导商品和资本在不同国家与地区之间流动的主要因素。国际企业在国际经营中，如何面对海外纷繁复杂的市场环境，寻求市场机会，以尽可能小的风险、尽可能高的投资回报，成功开拓海外市场，其首要问题就是要通过市场细分，正确选择适宜的目标市场。目标市场的选择需要借助于必要的市场调研，并在大量情况信息分析的基础上进行市场的宏观细分与微观细分，而后才能作出目标市场决策。

本项目的教学重点与核心技能是国际市场的营销调研、市场细分与国际目标市场选择。

◆ **复习思考题**

1. 简述国际市场细分的内容。
2. 简述国际目标市场的含义及可供选择的营销策略。

◆ **实训练习**

青岛啤酒是我国著名的啤酒品牌。近年来，青岛啤酒公司通过兼并中小啤酒厂，企业规模不断扩大，年啤酒生产能力已达到几百万吨。青岛啤酒公司需要进一步开拓国际市场。经过调查研究，公司拟将东南亚地区某一著名城市作为其首选目标市场。为此，青岛啤酒公司对这一城市的啤酒消费市场进行了实地调查，得到了以下调查数据：

1. 该城市主要消费场合啤酒的消费情况：

| 消费场所 | 普通瓶装 | 高档瓶装 | 听装 |

家庭用餐	94%	1%	5%
普通饭店	90%	2%	8%
高档酒店	0	85%	15%
歌厅茶座	0	10%	90%

2. 该城市消费者对产品价格的认同情况：

	低档价格	中档价格	高档价格
普通瓶装	94%	6%	0
高档瓶装	6%	45%	49%
听装	71%	29%	0

3. 该城市消费者对啤酒口味的偏好

醇厚型	85%
低酒精度	70%
清爽型	64%
保健型	15%
果味型	10%

4. 该城市消费者认知啤酒品牌的方式

广　　告	70%
亲朋好友议论	45%
新闻报道	29%
商场批发部的供销活动	25%
从报刊获得信息	20%

5. 该城市各种啤酒的竞争要素

要素	普通瓶装	高档瓶装	听装
口感好	24.3%	26.2%	25.4%
价格合适	20.1%	5.8%	15.6%
工艺技术先进	2.0%	8.4%	6.6%
包装精美	2.5%	12.1%	10.2%
知名度高	14.2%	13.1%	12.5%
购买方便	10.7%	10.1%	10.1%
广告印象	11.5%	10.4%	12.1%

根据以上数据资料，请回答以下三个问题：

（1）写出五个影响大众啤酒购买行为的主要因素；

（2）选用两个依据对啤酒市场进行简单细分；

（3）运用国际市场营销的基本原理，结合上述调查数据，对青岛啤酒公司开拓国际市场的营销组合策略进行设计。

项目三　国际市场进入方式的选择

◆ **知识、能力、素质目标**

使学生了解企业进入海外市场的各种模式,以及各种进入模式的利弊所在。在此基础上,能根据企业的实力、目标及战略选择确定进入国际目标市场的具体模式。

◆ **教学方法**

情景教学法　课堂讲授法　分组讨论法

◆ **技能（知识）点**

贸易进入模式及其应用　合同进入模式及其应用　投资进入模式及其应用

该企业是如何进入海外市场的？

某玻璃厂是我国的一家国有企业,曾一度陷入产品滞销境地,为了扩大产品销售,玻璃厂李厂长亲自出马到国外考察寻求海外市场。考察归来后,他发现汽车玻璃在澳洲、日本、俄罗斯都有很大的市场空间,而企业也有这方面的生产经验和能力。于是李厂长专门成立了科研攻关小组,根据澳洲、日本、俄罗斯这几个国家的需求,进行产品研发。同时,李厂长认为企业没有海外销售的经验,决定借助国外经销商的渠道方式进入。最初,海外经销商都能按照协议进行产品销售,但是后来由于产品质量好,经销商为了谋取更多的利益而私自提高价格,同时把低等级的产品按高等级产品销售,极大地影响了产品的声誉,但是企业对此却鞭长莫及。于是,为了加强对海外经销商的控制,李厂长决定设驻外办事处,专门负责收集市场情报,推销产品,负责产品实体分配以及提供服务、维修等。随着企业的不断发展,李厂长又在国外建立了子公司。目前,玻璃厂已成为一家真正的跨国公司,该厂汽车玻璃占据美国配件市场12%的市场份额,占澳洲、日本、俄罗斯的市场份额分别为17%、8%、12%。玻璃厂的制造、研发等基地均在国内,海外子公司基本上都是贸易型公司。

根据营销情景中描述的事实,学生独立思考并回答:

1. 李厂长在企业进入海外市场的初期采用了什么方式？你认为该方式有何利弊？
2. 你认为,该企业在海外市场能够取得成功的主要原因是什么？

海尔是如何进军国际市场的

众所周知,海尔原是一家国有企业,前身是青岛电冰箱总厂。从1991年12月,青岛电冰箱总厂、青岛冰柜总厂、青岛空调器厂组建海尔集团。到1996年2月，海尔莎只罗（印尼）有限公司在印尼雅加达正式成立，海尔首次进行跨国经营。海尔一路艰辛，不断壮大。

1. 品牌战略

海尔走的是一条自有品牌之路，而且走得很彻底，在国内经过多年的品牌经营，"海尔"成为一个让人联想质量、可靠性和售后服务的品牌。海尔迅速扩大海外军团，全面进军国际市场。在国际化的过程中，海尔始终坚持自己的品牌。海尔人认为，国际化不仅仅是出口创汇，更重要的是出口创牌。在国际市场，成本会随着售出产品的增多而被分摊，其边际成本将不断递减。而且因一种产品而建立起品牌，就会在消费者的心目中形成对该公司产品的心理定位和偏爱，这种品牌效应也可以应用于其他产品，以分享建立品牌所带来的好处。

2. 海尔的海外扩张

一般而言，扩张方式有四种：新建工厂、合资建厂、并购、受让生产线。在国际化道路上的海尔就是通过海外新建工厂或是合资建厂的方法把生产力延伸到国外。

海尔将全球分为11个经济区，为了降低国外建厂的风险，海尔坚持"先建市场、后建工厂，建厂时必须达到盈亏平衡点"的原则。海尔在海外出巨资打广告、建立庞大的销售网点，以延续它的战略。

根据张瑞敏"三个1/3"的构想，即1/3内销、1/3出口、1/3海外生产，海尔在海外发展企业成为其国际化的重点。或许，自身有着强大文化的海尔更能体会文化的重要，当文化差异很大时，跨国并购往往比国内并购更难进行整合，失败概率较高。而合资方式，既能获得合资伙伴在所在国的法律和社会事务上的帮助，又可以从头开始输入海尔文化。由于注重品牌，海尔的海外投资，尤其是在领先国家的投资，就较少考虑成本因素。如海尔在美国南卡州投资建设了一家冰箱制造厂，以美国工人10倍于中国工人的高工资，在制造方面显然缺乏竞争力，但这样可以让美国人了解海尔的管理水平和产品质量，从而提高海尔品牌声誉。

海外投资建厂，对于海尔而言，意义主要在于：①这是一种企业国际化的战略，不在于一时之得失，而在于5～10年后的发展；②海外生产使海尔更加了解了当地消费者的需求，从而得为顾客提供更为个性化的产品和服务；③由于国外市场家电业的技术更为先进，海外生产使海尔可以跟踪甚至引领国际最新技术的发展；④从政策角度讲，企业直接避开了贸易壁垒的阻碍和贸易关税的支出；⑤降低了物流的风险和费用。

◆ 工作任务分析

企业进入海外市场的模式很多，从大的方面可以分为贸易进入模式、合同进入模式、投资进入模式。由于进入模式不同，对企业的影响、利弊以及所要求的资本投入和管理能力等也各不相同。因此，企业营销人员在此项目实施中的主要工作任务就是熟悉每一种进入国际市场的经营模式，分析各种进入模式的利弊。在此基础上，协助企业选择确定最佳的进入海外目标市场的模式，以为企业进行有效的风险规避。

◆ 相关知识

一、贸易进入模式

通过向目标国出口商品而进入国际市场的模式称为贸易进入。根据是否选择中间商或选择中间商的不同,该模式又可分为直接出口和间接出口两种方式。

(一)直接出口

所谓直接出口,是指企业把产品直接卖给国外的中间商或最终用户。如果企业的产品由外国买主前来洽谈,则常常采取直接出口方式,不再经过他人(即不经过中间商),从而节省佣金或服务费。通常情况下,如果企业的外销数额已达到相当高的水平,或外销市场正在快速增长之中,就可以考虑直接出口方式。直接出口主要有以下几种形式。

(1)直接卖给最终用户。这是直接出口中最直接的一种形式,即不经过国外的经销商或代理商等中间机构,直接与用户成交。这种形式适用于价格极高、或技术性极强的产品以及大批量的原材料、零部件等。最终用户是国外官方机构或半官方机构,以邮寄方式向国外最终用户供货等。

(2)利用国外代理商。代理商是指不拥有产品所有权,只是接受生产者委托,从事商品销售业务的中间商。

(3)利用国外经销商。经销商是指在国外特定地区或市场上,在购买或转售本企业商品或劳务方面获得独家经销权或优先权的中间商。

(4)设立驻外办事处。设驻外办事处实际是企业向国外的延伸。办事处的主要职能是收集市场情报、推销产品、负责产品实体分配、提供服务和维修及零部件等。但必须有足够业务量,否则会得不偿失。

(5)设立营销子公司。国外营销子公司和国外办事处的职能相似,但所不同的是,子公司是作为一个独立的当地公司建立的,在法律和纳税上都有独立性。

以上五种直接出口的方式,可依实际情况灵活采用。

(二)间接出口

所谓间接出口,是指企业将产品卖给过国内的中间商,由其负责出口到国外市场。在这种情况下企业的主要任务是负责生产的组织,而不是自身直接从事国际市场的营销活动。通常情况下,对于初次涉足国际市场的企业和无力直接进入国际市场的企业是一种较好的选择。间接出口主要有以下几种形式。

(1)企业生产产品,由外贸公司收购,并将产品销售到国际市场。

(2)代理制。即生产企业委托外贸公司(国内或国外的中间商)办理各种出口业务。

(3)合作方式。它既有工贸结合,也有若干同类生产企业联合组建的专门从事产品外销业务的组织。

二、合同进入模式

合同进入是指通过与国外企业签订合同来转让技术、服务等无形产品而进入国际市场的模式。该模式主要有以下几种。

(一)许可证贸易

所谓许可证贸易,是指企业作为许可方与目标市场国的合作伙伴(被许可方)签订贸易许可协议，企业（许可方）在协议规定的条件下，允许被许可方对其所拥有的无形资产（专利、商标或专有技术等）享有使用权以及协议产品的制造权和销售权，而被许可方按规定支付技术转让使用费。许可证合同的核心是无形资产使用权的转移。

（二）特许经营

所谓特许经营，是指企业将商业制度、管理方法、工业产权等许可给独立的企业或个人，是许可证贸易的一种特殊方式。与其他许可证贸易方式所不同的是，特许方要给予被特许方以生产和管理方面的帮助，比如提供设备、帮助培训、融通资金、参与一般管理等。特许经营合同双方关系较为密切，特许方往往将被特许方视为自己的分支机构，统一经营政策、统一风格，对被特许方进行密切的监控。美国的肯德基、麦当劳等，都把特许经营作为进入国际市场的主要方式。

（三）合同制造

所谓合同制造，是指与外国公司签订某种产品的制造合同，外国公司按照合同要求生产出产品，再交给企业销售。这是一种介于许可贸易和对外直接投资之间的一种方式。

（四）管理合同

所谓管理合同，是指向国外目标市场国的某一企业提供管理技术，在合同规定期限内负责该企业的经营管理，借以进入目标市场的方式。管理合同仅仅是管理技术的转让，转让方并不拥有接受方的主权，仅仅拥有接受方的经营管理权。

（五）工程承包

所谓工程承包，是指企业通过与外国企业签订合同并完成某一工程项目，然后将该项目交付给对方的方式进入外国市场。工程承包合同主要是劳动力、技术和管理的转让合同，并且还可能涉及工程所需原材料和设备的进出口贸易。工程承包进入方式有利于发挥工程承包者的整体优势，所签订的合同往往是大型的长期项目，利润丰厚。该方式的缺点体现为经常由于项目的长期性导致不确定性因素增加，可能遭遇政治风险等。

三、投资进入模式

投资进入模式是指企业在国外进行生产投资，并在国际市场销售产品的模式。随着经济全球化及各国经济对外开放的发展，越来越多的企业将对外直接投资作为进入外国市场的主要模式。这是一种高层次的进入方式，这种方式又包括独资进入和合资进入两种。

（一）独资进入

所谓独资进入，是指企业到目标国家去投资建厂，对所建企业拥有全部产权，独立经营，自担风险，自负盈亏。建立独资公司可以采取两种方式。

（1）兼并。即在国外目标市场上兼并一家现存的企业。兼并方式的特点是市场起步快，效果好，可以利用被兼并当地企业的资源要素，包括技术、商标、设备、分销渠道等，但较难找到合适的兼并对象，并且有时会遇到目标市场国政策的限制。

（2）新建。即在目标市场国新建一家子公司。

（二）合资进入

所谓合资进入，是指企业为开拓国外目标市场，通过与当地企业或东道国政府或者是第三国企业签订合资协议，由双方共同投资组建合资企业，所有权属合资各方分享，共同经营、共担风险、共负盈亏。对合资企业的控制权一般由出资份额的多少而定。

◆ 任务实施

第一步，对学生进行分组，每3~5人为一组，要求学生首先查阅有关信息资料，然后以组为单位，讨论贸易进入模式、合同进入模式、投资进入模式这三种模式各有何利弊；

第二步，要求各组学生通过网络等媒介收集资料，自行虚拟一家有意开拓国际市场的企业；根据虚拟企业的实际情况及产品特点，各组同学在组织讨论、分析的基础上，为该企业选择进入国际市场的方式；

第三步，各组把虚拟企业的过程、所选择进入海外市场的模式以及相关建议、看法做成 PPT 课件，在课堂上以组为单位进行汇报，并对其他小组的提问做出合理解答。

◆ 总结与回顾

国际市场进入模式是国际营销企业进入海外市场的方法和手段，选择适宜的模式有助于企业规避风险和谋取最大的利益。企业具体进入海外市场的模式很多，从大的方面可分为贸易进入模式、合同进入模式、投资进入模式。由于企业自身的经营能力、资本投入、管理能力、产品特性等差异，所选择的进入模式也不同，而各个进入模式也各有其利弊。所以，国际市场营销者要开拓海外市场、参与国际竞争，必须选择确定最佳的市场进入模式。

本项目的教学重点和核心技能是企业国际市场进入模式的选择。

◆ 复习思考题

1. 贸易进入模式的具体形式有哪些，各有哪些优缺点？
2. 合同进入模式的具体形式有哪些，各有哪些优缺点？
3. 投资进入模式的具体形式有哪些，各有哪些优缺点？

◆ 实训练习

1. 实训项目：案例分析——肯德基、麦当劳和德克士是怎样进入中国市场的
2. 实训目标：
（1）培养学生从实践层面进一步理解企业进入国际目标市场的具体模式；
（2）培养学生根据目标国市场的需求、企业实力和产品定位选择最佳进入模式的能力。
3. 实训内容与方法：
（1）阅读如下案例，并讨论回答：①肯德基、麦当劳和德克士分别采取了什么样的

模式进入到了中国市场？②三个企业进入中国市场后各选择了哪一个细分市场作为他们的目标市场，他们各自采取了什么样的经营模式？

（2）先由个人阅读分析案例，并写出发言提纲，然后进行分组讨论。

肯德基和麦当劳分别在1987年和1990年进入中国市场，最初他们采用的都是直营连锁，基本上没有发展特许连锁。肯德基隶属于全球最大的餐饮集团——百胜餐饮集团。百胜集团是由百事公司分出来的一家专注于餐饮的公司。从1999年开始肯德基实施"零起点加盟"的特许经营，开店的数量迅速增加，仅仅5年的时间，就从1999年的327家发展到2004年的1200家，而这1200家餐厅中有5%即60家以上是特许加盟店。

与肯德基最近5年的大踏步前进相比，麦当劳的开店步伐明显减慢，从2002年到2004年的3年间，年均增加餐厅仅60家~70家，大大低于肯德基的年平均200家的开店速度。而且多年来，麦当劳一直坚持单一的直营连锁模式，直到进入中国14年后才开始考虑"直营连锁"与"特许连锁"的双向发展。但这时肯德基的门店数量已经达到麦当劳的两倍。

德克士1994年进入中国，1996年被台湾顶新集团收购，从此开始在国内市场快速扩张。经历了在国内一线城市直营连锁的失败后，从1998年开始，德克士开始特许经营，并选择二、三线城市进行突破，这一模式让德克士再次走上快速发展的道路。据悉，目前德克士已经在中国开设了432家连锁餐厅，其中85%以上都是特许加盟店；而在福州和郑州市场上，德克士的餐厅数量分别达到16家和32家，远远超过当地的麦当劳和肯德基餐厅。

麦当劳和肯德基都是国际知名快餐连锁品牌，拥有雄厚的资金实力和强大的品牌力，因此，在进入中国的最初10年间，他们都获得了成功，并取得巨大的收益，这很大程度上源于他们采用的直营连锁模式；随着门店数量的不断增长和一线城市市场的逐渐饱和，发展特许经营成为他们迅速抢占市场、加速市场扩张和降低投资风险的重要手段，于是，肯德基捷足先登，在国内迅速发展特许加盟，连锁餐厅数量迅速扩张，并深入到三、四线城市。而麦当劳由于决策反应速度的缓慢和保守的策略而在这一时期发展缓慢。

德克士选择特许经营的发展模式则是由企业自身的定位和实力决定的，在一线城市发展直营店与麦当劳、肯德基对抗遭到失败后，德克士就转向国内的二、三线城市，并采用特许经营方式。由于合理的加盟费用和成熟的加盟体系，德克士在国内迅速发展了200个以上的投资者，加盟连锁店数量仅次于肯德基和麦当劳。

4. 标准与评估

（1）标准：能从理论与实践的结合上，写出有说服力的发言提纲，分析入情入理。

（2）评估：每个同学的发言提纲可作为一次作业，由教师和各组组长组成的评价小组根据个人在讨论中的表现评估打分。

项目四　国际市场营销组合策略的制定

◆ 知识、能力、素质目标

使学生深刻理解营销组合策略对企业进入目标国市场的作用，明确产品策略、价格策略、分销策略、促销策略的具体使用方法和适用条件。在此基础上，能根据企业实力及目标国市场的实际情况，为企业制定国际市场的营销组合策略提出合理化建议。

◆ **教学方法**

案例教学法　课堂讲授法　分组讨论法

◆ **技能（知识）点**

国际市场产品策略　国际市场价格策略　国际市场渠道策略　国际市场分销策略

为何企业的高端节能汽车在日本市场遭冷落？

某企业经过科研攻关终于研发了一种能够利用太阳能、风能，和采用廉价玉米制成液化气的汽车，这个汽车的汽油箱是一个高效能的快速甲烷发生器，该发生器可把有机物如杂草等随时转化为燃料；汽车棚顶上装有太阳能电池板，当甲烷用尽时可由电池驱动，而在平时电池板给蓄电池充电；另外车上还装有一对风翼，以便在风向和风速适宜的条件下使用。这种汽车采用最先进的设计、材料和工艺技术，不仅重量轻，而且装有十分理想的气动装置。该企业认为这是个非常成功的发明，决定推向海外市场。为了使产品迅速得到认可，给产品进行了定位，由于这种汽车动力较小，空间有限，决定将目标顾客定位成年轻情侣。由于没有海外销售的经验，决定先选择一个国家作为其目标市场，然后再向其他国家渗透。经过一段时间的市场调研，认为日本能源紧缺，因此，企业决定首先在日本建立销售公司，当企业人员信心百倍地把第一批汽车投放市场之后，并没有得到他们所想象的火爆销售情景，反而销售冷落。经过调查后发现，原来汽车在设计的时候，没有考虑日本人的审美情趣，为了显示动感选择绿色和紫色，而在日本紫色是悲伤的颜色，绿色则是不吉的颜色；其次汽车的价格定位过高，车本身动力小，车型也小，价格却是日本本国汽车的两倍，而日本人买车一般又是理性消费，因此，多数人不买账；再次，由于该企业是首次进军海外市场，所以销售公司辐射能力有限，没有建立足够的销售渠道网络，同时，该汽车的广告是以中国的环境为背景，而日本人对此了解甚少。因此，企业的高端节能汽车投放日本后，市场反应冷淡。

根据营销情景中描述的事实，学生独立思考并回答：

1. 为什么企业的高端节能汽车，在投放日本市场后却没有获得成功？
2. 如果你是该汽车制造企业的销售经理，你会通过何种营销策略进行产品的市场推广？

吉列的体育情缘

1901年，吉列品牌诞生于波士顿滨水区，在1926年时吉列公司成立的25周年，吉列公司的创始人金·吉列在说到公司的旗舰品牌产品——安全剃须刀时说，"没有什么商品能把个人的用途传播得如此广泛，在我的人生旅途中，我终于找到了这样的商品，它就诞生于地球最北端位于撒哈拉沙漠的中心的挪威"。许多年以来,世界最著名的美国人非金·吉列莫属。金·吉列的头像出现在全球出售的每一个吉列剃须刀片的外包装上。每天早上,全球有数千万人都使用吉列刀片。这些话说起来很容易,然而要成功地将吉列的产品推向世界各地却并不是一件容易的事情。在公司建立100多年以来,吉列已经在全球的市场上获得领先的优势,而这种优势仍还在不断地加强,吉列公司公司超过70%的销售收入和利润来自于美国之外的市场。吉列不仅在研发和产品上真正做到了国际化和全球化,而且在营销上更是先于产品走在了全球化的前端。罗莎贝斯·莫斯·肯特说:"吉列做了每一个公司都应该做的国际化工作。"从波士顿到纽约,从约翰内斯堡到柏林,吉列的产品系列占领了广阔的市场,这比公司的创始人所预想的要好得多。

全球化的业务无疑带来了全球的市场,吉列公司曾在美国借助"体育系列"节目成功地打动了美国男人,顺利地打开了美国的市场,那么体育能不能帮助吉列也一样地打动整个世界的男人呢?历史再一次地给了我们答案。用GOOGLE搜索吉列体育,看到了在各类的以吉列冠名的体育节目。吉列公司通过一系列体育赞助活动塑造了自己的公益形象,如2001年11月在北京获得中国"最时尚运动员"称号的著名足球运动员杨晨出任吉列公司旗下品牌吉列、金霸王的形象代言人,并任职吉列2002世界杯足球赛形象大使。而出任吉列形象大使的还有世界著名球星贝克汉姆。正是这一系列的体育联姻,使得吉列不断地提升自己的品牌价值,成为世界上顶尖的品牌,也成为各项体育赛事的老牌赞助商。

吉列在美国体育节目上的成功,是否意味着它能打动全世界的男人,这是一个严峻的考验。足球是一个绝对的世界性的运动,它不但拥有绝对多数的男性球迷,而且它还培养了数量客观的女性观众,我们从贝克汉姆在世界范围内有多少女性球迷中可见一斑,而四年一度的世界杯足球赛,更是盛况空前,这是除了奥运会外的规模和影响是其他的比赛所无法比拟的,在这样的比赛中赞助对于吉列公司来说,是一个简捷快速而有效地让自己的目标客户群体了解吉列,迅速提升吉列知名度的大好时机。

吉列首次参与世界杯足球赛是在1970年的在墨西哥举行的那一届,吉列花了100万美元,取得了正式的赞助商资格,随着摄像机镜头的扫描吉列的LOGO,成千上万的观众都看到了巨大的广告牌,也知道了这个生产剃须刀的品牌。此次赞助中还收获了意外的成功,这归功于一位精明的吉列经理,他从巴西队挑选了一名年轻的球星为吉列的代言人,而巴西闯入决赛无疑是为吉列的营销锦上添花。在开始赞助时,吉列的高层领导们还担心这样大手笔的广告投入是否能得到相应的回报,而后来吉列的销售量的节节攀升证明了走和体育联姻的路是一条十分奏效的道路,这一次吉列是体会到了体育对于吉列是一个多么重要的宣传载体,也为后来吉列在体育的大量投入提供了一个坚实的事实依据。从此,场边的广告牌上的吉列商标,很快成了著名的足球赛事的景观之一,从智利到瑞典的亿万观众都对此非常熟悉。到1994年的世界杯赛时,吉列已经是足球赛的老资格的赞助商了。在此次世界杯的四年准备期内,吉列投入了近2200万美元,其中包括1200万美元获得正式赞助资格(1994年世界杯足球赛共有11家公司取得了正式赞助商资格)。此次赞助与以往不同的是,不再是像在墨西哥那样,除了吉列仅有一家世界性的大公司参与足球赛的赞助,其他的赞助商都是来自墨西哥国内,随着经济全球化的发展,很多国际性的大公司都看到了世界杯的巨大商机,赞助商的实力都是重量级的,包括可口可乐、通用汽车、菲利普这样世界知名的大公司,从取得赞助商资格的费用比较上就可以看出这里的竞争究竟有多激烈。吉列还是不惜巨额营销支出,在世界杯的赛场上竖立起自己的广告宣传牌。那到底这样的支出是不是值得呢?吉列国际部的广告事务主管蒂姆·谢勒姆算了这样的一笔账,在这个赛季的所有52场比赛中,大约每场都有8分8秒的广告展示吉列的品牌,其中争夺玫瑰杯的那一场冠亚军决赛,更是有将近10万球迷都来到了帕萨迪纳的球场观看比赛。巴西队大获全胜,而吉列的广告在电视屏幕上的时间也达到了10分56秒。这样算起来,52场的比赛总计收看人次达到了20亿,几乎完全覆盖了整个吉列的全球所有的市场。而如果吉列做特别广告要达到相类似的效果,所要投入的宣传费用则远远超过赞助世界杯赛的费用,需投入4600万美元。

◆ 工作任务分析

国际企业经过市场调研和细分,确定了自己的目标市场,并选择合适的进入方式之后,接下来便是如何制定在国际市场上销售产品的营销组合策略。虽然,国际市场上所采取的营销策略同国内市场一样,也包括产品策略、价格策略、分销策略和促销策略。但是,由于市场营销环境的巨大差异性,每一策略都有一些新的特点和需要解决的问题。企业营销人员在此项目实施中的主要工作任务就是根据企业以及目标国的实际情况,协助企业的营销部门选择适宜的营销组合策略,从而达到企业资源的最优利用和产品在国际市场上的火热销售。

◆ 相关知识

一、产品策略

开展国际营销活动,首先需要考虑使本企业的产品符合营销对象国的社会文化特点及消费者的购买偏好。一般有以下三种策略可供选择。

(一)直接延伸策略

直接延伸策略,就是将本国企业的产品直接销往国际市场,而不作任何改动,并且树立相同的品牌形象和使用相同的信息传播方式。

这种延伸方式的优点是:①有利于获得规模经济效益,因为推出的是现有产品,企业可以充分利用现有的生产能力,增大批量,获得规模经济效益;②节约成本,因为推出的是现有产品,不需额外的研究开发费用以及新的设备投资;③提高企业知名度,企业向所有的目标市场国推出同一产品,有利于在世界上树立企业及产品的统一形象;④有利于内外贸相结合,节省销售费用。

(二)产品调整策略

产品调整策略,就是根据营销对象国市场的需求特点,对现有产品的某些方面作适当调整或者改进以后再出口。这些调整,包括功能调整,外观调整,包装调整,品牌、商标调整、服务调整等。产品调整策略既可以是单方面的调整,也可以是几个方面的调整。从调整的原因看,产品调整策略大致可以分为以下三种。

(1)强制性调整。各国政府为了保护本国市场和消费者的利益,维持本国的商业习惯,会对进口商品作出一些规定和要求。出口商品必须符合东道国这些特殊的要求。

(2)物理环境适应性调整。为了与东道国的物理、资源、气候等环境因素相适应,往往需要对出口产品作出相应的改变。

（3）市场适应性调整。为了适应因经济发展水平、居民收入、社会文化背景等方面的不同所造成的消费需求差异，企业也往往需要对出口产品作出相应的改变。

产品调整策略的优点是：增加产品对国际市场的适应性，有利于扩大销售，增加企业的收益。缺点是：增加更改费用，提高产品成本。因而，进行非强制性调整，一般要先看调整带来的收益是否超过调整的成本。

（三）产品创新策略

产品创新策略是一种通过开发设计新产品，来适应特定国际目标市场的策略。具体的创新方式分后向创新和前向创新两类。

（1）后向创新。这种方式主要是发达国家向发展中国家出口产品时采用，主要是因为发展中国家的技术、经济、文化发展水平较低，这样，一些在发达国家已经过时的产品，可能仍符合或正好符合发展中国家的需要，这样就可以销往这些国家。

（2）前向创新。这种方式是开发一种全新的产品满足目标市场国的需要。这种方式投资大，风险相对也比较高，故而只有实力雄厚的公司可以采用。

二、价格策略

（一）国际市场价格的形成

影响国际定价的因素远比影响国内定价的因素多，除需求因素、成本因素、生产因素以外，还要考虑东道国关税税率、消费税税率、外汇汇率浮动、国外中间商毛利、国外信贷资金成本即利率情况、运输与保险费用、国外通货膨胀、母国与东道国政府的干预以及国际协定的约束等。

（二）国际定价管理

国际企业作定价决策，也要先确定定价目标。是以获取最大利润为目标，还是以获取较高的投资回报为目标；是为了维持或提高市场，还是为了应付或防止市场竞争，抑或为了支持价格的稳定。一个有实力的跨国企业在进入一个新兴的富有潜力的海外市场时，大多会以获得较高的市场占有率为目标，因此在短期内，其价格或收益可能不能覆盖成本。

国际企业定价决策通常有三种：母公司总部定价；东道国子公司独立定价；总部与子公司共同定价。最常见的方法是第三种选择，如此母公司既可对子公司的定价保持一定的控制，子公司又可有一定的自主权以使价格适应当地市场环境。

（三）国际营销的定价策略

为了实现国际市场营销的定价目标，企业应根据企业产品特点和目标市场国的情况，选用灵活多变的定价策略。常用的定价策略有以下三种。

（1）全球统一定价。同一产品，在各国实行统一定价。这种做法的特点是定价容易。其局限性是，同一种价格，在某些国家可能偏高，不利于开拓市场；而在另一些国家则可能偏低，不利于树立企业及产品形象。

（2）根据各国成本定价。这是一种相对简单的定价方法。但是，在成本高的国家，可能降低产品的市场竞争力。

（3）根据各国市场定价。这种方法根据各国市场的需求或消费者的承受能力制定相应的价格，它忽视了各国之间实现成本的差异，是一种比较灵活的定价策略，但可能不易持久。

三、分销策略

国际营销渠道一般要比国内营销渠道长。国际营销的分销渠道通常包括三个环节：第一个环节是本国的分销渠道，它由制造商和中间商组成；第二个环节是本国与进口国之间的分销渠道，由本国的出口商和进口国的进口商等组成；第三个环节是进口国国内的分销渠道，如图 16-2 所示。

图 16-2　国际分销渠道简图

国际分销渠道中的三个环节只是出口产品的一般流程，在实际交易活动中，制造商的产品出口有多种途径可供选择。

（1）通过本国批发商经由本国出口商出口。这种途径分销渠道相当长，难以及时取得完整而准确的信息，难以控制营销过程，但企业自身的麻烦较少，适用于数量不大的消费品。

（2）直接通过本国出口商出口，适用于买主和卖主比较集中的大宗交易。

（3）直接出口给国外进口商。

（4）直接出口给国外批发商或代理商，适用于需要借助批发商或代理商的市场力量来扩大市场覆盖面的商品。

（5）直接出口给国外零售商。

（6）直接卖给国外用户。这是典型的短渠道，很有利于节约经营成本及做好技术产品的服务，但产品扩散能力有限，适用于原材料、成套设备或零配件及政府或企业订货。

（7）在进口国设立生产厂，其产品由该国分销渠道分销。

四、促销策略

促销的主要任务是要在卖主与买主之间进行信息沟通，国际促销也不例外，它也是通过广告、营业推广、人员推销和公共关系活动来完成其任务的。

（一）国际广告策略

国际广告是指为了配合国际营销活动，在目标国或地区所做的广告。

1. 国际广告的主要限制因素

（1）语言差异。语言差异是国际广告进行有效交流的最大障碍之一。广告用语的翻译和设计必须以对不同语言的深刻了解为基础，特别要考虑到各国的文字寓意，必须避免可能产生的歧义。

（2）社会文化的差异。克服不同文化在交流中遇到的问题，也是国际广告面临的最大挑战之一。各个国家的风俗习惯、价值观念、宗教信仰等差别很大，因此在国际营销中，企业应特别重视国际广告与目标国的文化习俗相适应的问题。

（3）媒体的可利用性。各国大众传播媒体的可利用程度很不一样。有的国家媒体太多，需要用心选择；有的国家媒体又太少，缺乏选择余地；还有的国家对媒体进行限制。这些因素都会影响企业国际广告策略的实施。

（4）政府控制。各个国家都有自己关于广告管理的法律和政策，企业在国际营销中必须对此有所了解，否则，国际广告不仅可能达不到预期的促销效果，而且可能由于广告行为违反东道国法律而受到处罚。

2. 国际广告策略

（1）标准化策略。标准化策略，是指企业在不同国家的市场上，使用广告的主题和信息内容相同的广告。这种策略主要是考虑到各国或各地区市场存在某些共性，顾客的消费需求和观念在许多方面具有一致性，企业可以在各国市场使用统一设计制作的广告。该策略的优势在于有利于树立企业全球统一的产品和企业形象，有效降低企业广告促销活动的成本，充分发挥企业人、财、物的整体效益。

（2）本地化策略。本地化策略又称差异化策略，是指企业针对各国市场的特性，向其传送不同的广告主题和广告信息。该策略的优点是使广告适应不同文化背景的消费需求，针对性强；缺点是广告费用较高，企业总部对各国市场的广告宣传控制难度较大。

（二）国际人员推销策略

国际营销中，人员推销在工业品行业的应用较为普遍。在消费品行业，多用于向中间商的推销。由于各国市场文化、语言、需求等条件差异很大，国际推销人员的选拔、培养较为困难，且人员推销的接触面较窄。

国际营销中的人员推销主要有这样几种形式：通过企业的外销人员开展，企业派出外销人员在国外市场专门从事推销和贸易谈判，或做定期的考察和调研工作；设立常驻国外的推销机构，例如企业在国外设立的办事处、销售分公司等，专门负责企业产品在当地市场的销售工作；利用国外中间商进行推销，与国外中间商签订合同，通过他们开展产品推销活动。

（三）国际营业推广策略

1. 国际营销营业推广的影响因素

（1）各国的法律规定。企业在国外市场运用营业推广手段时，应特别注意各国法律对此类活动的限制。例如，法国法律规定禁止使用抽奖的办法推销产品；德国法律规定免费送礼品不得超过 0.1 德国马克；意大利禁止现金折扣等。

（2）当地市场竞争状况。目标国市场的竞争程度、竞争对手在促销方面的态度或举措等，直接影响到企业的营业推广活动。竞争对手若通过营业推广措施来争夺顾客和市场，企业如不采取应对措施，就有可能丧失顾客和市场。此外，企业的营业推广活动还可能遭到当地竞争对手的反对或阻挠，竞争对手甚至可能通过当地商会或政府部门利用法律法规对活动加以禁止。

（3）经销商的合作情况。国际营销中企业的营业推广活动经常要同当地经销商合作开展。当地经销商是否愿意支持和协助企业的营业推广活动，或者是否具有这种能力，是企业在决策时必须予以考虑的。如果当地经销商数量多、场地小，缺乏热情和相关经验，则营业推广很难取得满意的效果。

2. 国际会展

参加国际会展是国际营销中非常重要的营业推广方式，一些国家的政府或半官方机构也经常以此作为推动本国产品出口、开拓国际市场的重要方式。通过参加国际会展宣传、介绍企业和商品，对于企业开拓国外市场帮助很大，其形式有博览会、交易会、巡回展览、贸易代表团等。

（三）国际公共关系策略

公共关系是一项长期性的促销活动，其效果也只有在一个很长的时期内才能得以实际的反映，但不管怎样讲，在国际营销中，它仍是一个不可轻视的促销方式。由于在国际营销中，国际企业面临的海外市场环境会让其感到非常陌生，它不仅要与当地的顾客、供应商、中间商、竞争者打交道，还要与当地政府协调关系，如果在当地设有子公司，则还需积累如何与文化背景截然不同的母国员工共创事业的经验。试想，一个国际企业如果不能让其自身为东道国的公众所接受，其产品怎么可能让这些公众所接受呢？

在与东道国的所有公众关系中，与其政府关系可能是最首要的，因为没有政府不同程度的支持，国际企业很难进入该国市场，它对海外投资、进口产品的态度，特别是对某一特定企业、特定产品的态度，往往直接决定着国际企业在该国市场的前途。

所以国际企业要加强与东道国政府的联系与合作，利用各种媒介加强对企业有利的信息传播，扩大社会交往，不断调整企业行为，以获得当地政府和社会公众的信任与好感，如此国际企业方能在市场站稳脚跟并不断壮大。

◆ 任务实施

第一步，对学生进行分组，每 3~6 人为一组，要求学生以组为单位，自行虚拟一家有意开拓国际市场的企业，根据所收集的资料，以及所虚拟企业的情况、产品特点，在分组讨论的基础上，为该企业选择国际市场营销的产品策略、价格策略、分销策略、促销策略；

第二步，梳理该企业选择产品策略、价格策略、分销策略、促销策略所遇到的问题，各组同学进行进一步的分析讨论，提出可行性建议、拿出解决方案，修正所选择的策略，并形成比较成熟的市场营销策划方案。

第三步，各组把所制订的市场营销策划方案做成 PPT 课件，在课堂上以组为单位进行汇报，并对其他小组的提问做出合理的解答。

◆ 总结与回顾

国际市场营销的基本策略可分为产品策略、价格策略、分销策略、促销策略四个方面，由于国际营销环境的差异性，每一策略同国内的 4Ps 策略有所不同。国际市场营销的产品策略包括产品直接延伸策略、产品调整策略和产品创新策略；价格策略包括全球统一定价、根据各国成本定价和根据各国市场定价；分销策略包括通过本国批发商经由本国出口商出口、直接通过本国出口商出口、直接出口给国外进口商、直接出口给国外批发商或代理商、直接出口给国外零售商、直接卖给国外用户和在进口国设立生产厂，产品由该国分销渠道分销；促销策略包括国际广告、国际营业推广、国际人员推销和国际公共关系。

本项目的教学重点和核心技能是国际营销组合策略的选择及营销方案的制订。

◆ 复习思考题

1. 简述在国际市场营销中常用的定价策略都有哪些。
2. 试说明在国际市场营销中，制造商产品出口可供选择的途径有哪些。

◆ 实训练习

1. 实训项目：案例分析——家乐福为何兵败中国香港
2. 实训目标：

（1）培养学生从实践层面进一步理解什么是国际市场的营销组合策略；

（2）培养学生初步依据目标国市场的竞争格局、企业自身实力和产品与服务的市场定位制定国际市场营销组合策略的能力。

3. 实训内容与方法：

（1）阅读如下案例，并讨论回答：①家乐福在香港市场采取了哪些营销策略？家乐福兵败香港市场的主要原因是什么？②从此案例中提炼出的企业进军国际市场，实现成功营销的四点启示，你觉得有无实际借鉴价值？

（2）先由个人阅读分析案例，并写出发言提纲，然后进行分组讨论。

法国家乐福集团在全球拥有 5200 多家分店。这些分店遍布全球 26 个国家和地区，其全球年销售额达 3600 亿元人民币，赢利达 63 亿元人民币，员工逾 24 万人。近 10 年来，由于法国国内市场已趋饱和，法国政府为了保护传统的中小零售企业，制定了严格的限制开设大型零售店的法规，故该集团移师海外。目前，海外销售分店正逐渐成为家乐福集团总体销售额的主要来源。家乐福集团一站式购物方式的经营理念有 5 点，即一次购足、超低售价、货品新鲜、自助选购以及免费停车。1996 年 12 月"家乐福"投资 4 亿港元进攻香港市场，短时间内连开杏花村、奎湾、屯门、元朗四家大型超级市场，营业面积达 1.9 万平方米，其竞争矛头主要指向香港的两家超市集团"惠康"和"百佳"。但到了 2000 年 9 月 18 日，作为世界第二大超市集团的"家乐福"因在港的分店全部停业而退出香港。其中原因，耐人寻味。

1. 营销成功的基础：企业的核心能力与顾客需求的高度匹配。企业的核心能力不是企业人、财、物、时间、信息的简单堆积，而是一种能够发挥特殊职能的资源集合能力，具有良好的延展性，能创造新的市场机会。企业的核心能力具备三个特征：一是明显的竞争优势；二是扩展应用能力；三是竞争对手难以模仿的能力。

连锁企业的核心能力表现在配送和采购的低成本上。"家乐福"进军香港初期，成功地实现了规模扩张，使众多的小型零售店相继关门，如1997年中侨百货公司、八佰伴公司忍痛歇业。当然，"家乐福"独具特色的经营风格也使"百佳"受到了启发。自1996年起，"百佳"陆续兴建了28家巨型超市，使营业额增长了三成，市场占有率上升了1%，成功地遏制了"家乐福"的扩张势头。"家乐福"在快速扩张的同时，由于未与供应商建立战略同盟关系，导致其配送成本昂贵。而在配送物流控制中，"百佳"得到了英资第三方物流服务商TBG的合同服务。TBG在全球24个国家拥有28万余名雇员、8000台货运车辆和超过250万平方米的仓库，其配送的货物包括食品、日用品以及汽车，且它有能力与"家乐福"庞大的卫星控制自有物流系统相抗衡。另外，"百佳"还占有全港食品市场一成半的份额，这对一向以鲜活食品经营为特色的"家乐福"，无疑是致命的打击。1997年，"惠康"与"百佳"联手，要求供货商进入超市前必须与其签订协议，保证以最低价供货，且货品只能在他们的超市销售，不得向"家乐福"供货，这使"家乐福"的本地供货渠道被迫中断。"家乐福"虽拥有全球货物配送系统，但靠远程送货显然是不经济的。由此可见，在竞争优势、扩展力以及对手难以模仿的能力方面表现逊色，核心能力相对弱化，是"家乐福"兵败香港的原因之一。

2. 企业进入国际市场必须注重与东道国消费文化环境的融合。"家乐福"的一站式购物理念在欧洲运用得十分成功，但是难以融入香港地窄人稠的购物环境。此外，资源的运用不当，与目标顾客的需求脱节，也是"家乐福"在港难以创造新的市场机会、不能实现顾客价值的关键所在。

3. 营销成功的保证：通过协同竞争模式构建企业的竞争优势。协同竞争是近年企业常用的新的营销模式。随着经济全球一体化，资源可以超国界流动和配置。企业若发现了新的市场机会，但无力占有竞争所需资源，设置有效障碍，就需要借其他企业的力量共同做"蛋糕"，进行竞争，为了维护一个有利可图的"赢利行业"，保持稳定的优势地位，通过建立营销同盟，实现合作营销，与对手共同开发市场，共同激发消费需求，这就是协同竞争。它犹如一把双刃剑，既起防御作用又具备进攻功能。这种战略营销的价值观是协同各方超越"你成功我失败"的互动满意观的。而"家乐福"的败笔就在于此。"百佳"和"惠康"在港分别拥有31%和40%的市场占有率，作为大型零售商，拥有绝对高的市场份额是其立足之本。而"家乐福"在港只有不足一成的市场，从1996年开业到1999年一直处于亏损状态。看到"百佳"和"惠康"将传统街市与超级市场融为一体并受到了市民的欢迎，"家乐福"为此将利润降至零点，价格下浮10%，但仍收效甚微，作为国际知名企业，它不仅无力与两家当地对手抗衡，而且由于其在进入香港初期给予其他同行企业如大丸百货公司等以重创，失去了许多商业伙伴，因而它在港的最后结局是连选择协同竞争的余地都没有了。

4. 化解营销风险、谋求企业长期利益的法宝：树立整合营销理念，建立强有力的营销预控系统。营销组合强调将市场中的各种要素进行组合，即4P，而整合营销则强调企业与市场之间的互动关系，注重发现消费市场和创造新的市场机会。以注重企业、顾客和社会三方共同利益为中心的整合营销，将企业与消费者之间的交流、沟通放在十分重要的位置，其出发点是消费者，目标是在使消费者满意的同时获得企业的长期利益和发展。整合营销是以4C为中心的营销组合，4C即为：Consumer（消费者），指消费者的欲望与满足；Cost（成本），指获得消费者满意的成本；Convenience（便利），指购买的方便性；Communication（沟通），指与用户的沟通。其实质是以市场竞争为核心的互动式系统化的营销手段，它要求企业的营销活动与消费者、供应商、分销商、竞争者以及政府之间形成长期互惠合作的良好关系，相关成员关系平等、合作稳定、优势互补，以避免恶性竞争。由于"家乐福"在港与供应商、同行之间积怨太深，矛盾重重，陷入了十分尴尬的境地，这是"家乐福"兵败香港的又一重要原因。它若能导入整合营销理念，也许能解除进入市场的障碍。

在导入 4C 理念的同时，强化营销的预控机制对企业从事国际市场营销是十分必要的。市场的变数太多，加之市场有其特定的游戏规则，因而企业须根据自身特点选择某种战略，使营销风险降低至最低限度。1996年"家乐福"进入香港，正好遇上租金最高的时候。"惠康"及"百佳"控制了优势地段，只要是"家乐福"看好的地段，他们就哄抬地租价，使"家乐福"的经营成本大幅上升，导致其在九龙的业务受阻。这一切不仅有悖"家乐福"的经营宗旨，而且使其低成本领先战略由于在港的经营风险增加而难以实现。如果"家乐福"增强营销风险的预控能力，就可以通过警示指标，及时调整经营战略，选择差异化或集中性市场战略，提高其竞争力。

总之，"家乐福"在拓展香港市场时遭遇的"滑铁卢"值得业界反思。营销是一个系统化的管理过程，全球化的营销本质是全球营销理念，企业只有具备了这种竞争意识，才能产生成功的全球化营销行为。

4. 标准与评估

(1) 标准：能从理论与实践的结合上，写出有一定深度的发言提纲，分析入情入理。

(2) 评估：每个同学的发言提纲可作为一次作业，由教师和各组组长组成的评价小组根据个人在讨论中的表现评估打分。

参 考 文 献

[1] 菲利普•科特勒.市场营销管理（亚洲版第三版）[M].北京：中国人民大学出版社，1997.

[2] 吕一林.市场营销[M].北京：高等教育出版社，2000.

[3] 郭国庆.市场营销学通论[M].北京：中国人民大学出版社，1999.

[4] 刘金花，彭克明.市场营销学[M].北京：清华大学出版社，2002.

[5] 吴勇，邵国良.市场营销[M].北京：高等教育出版社，2005.

[6] 刘宗盛，薛骞.市场营销学[M].兰州：兰州大学出版社，2007.

[7] 李先国.促销管理[M].北京：中国人民大学出版社，1998.

[8] 李海洋，牛海鹏.服务营销[M].北京：企业管理出版社，1997.

[9] 张冬梅.市场营销策划[M].青岛：青岛海洋大学出版社，1998.

[10] 徐鼎亚.市场营销学[M].上海：复旦大学出版社，2001.

[11] 于建原.营销管理[M].成都：西南财经大学出版社，2003.

[12] 胡德华.市场营销理论与实务[M].北京：电子工业出版社，2005.

[13] 郭国庆.市场营销学（第二版）[M].武汉：武汉大学出版社，2000.

[14] 杨晓燕.国际市场营销教程[M].北京：中国商务出版社，2003.

[15] 程敏然，贺亚茹.国际贸易理论与实务[M].北京：北京大学出版社，中国林业大学出版社，2007.

[16] 单凤儒.管理学基础（第三版）[M].北京：高等教育出版社，2008.

[17] 徐二明.企业战略管理[M].北京：中国经济出版社，2008.

[18] 任天飞.市场营销案例分析[M].北京：国防大学出版社，2007.

[19] 中国人民大学复印报刊资料.市场营销[J].北京：中国人民大学书报资料中心，2008.1（上半月）.

[20] 中国人民大学复印报刊资料.市场营销[J].北京：中国人民大学书报资料中心，2008.3（上半月）.

[21] 中国人民大学复印报刊资料.市场营销[J].北京：中国人民大学书报资料中心，2008.9（上半月）.

[22] 南方网：http://www.southcn.com/

[23] 中国管理传播网：http://www.manage.org.cn/

[24] 中国策划人才网：http://www.chinacehua.com/

[25] 和讯网：http://www.hexun.com/

[26] 中国教学案例网：http://www.cctc.net.cn/

[27] 中国服装网：http://www.dresschinese.com/

[28] 易迈管理学习网：http://www.mba163.com/

[29] 唐酒快讯：http://www.tjkx.com/

[30] 江西美容美发网：http://www.cyfw.com/f/

[31] 中投网：http://www.ztou.com/

[32] 四川电大远程教学平台：http://v2.scopen.net/scdd_v2/

[33] 中国营销咨询网：http://www.51cmc.com/

[34] 华夏名网：http://www.bigwww.cn/

[35] 经济学家网：http://jjxj.com.cn/

[36] 人民网：http://www.people.com.cn/

[37] 新浪网：http://www.sina.com.cn/

[38] 中国考试网：http://www.sinoexam.cn/
[39] 营销管理网：http://www.chinayx.org/
[40] 中国营销传播网：http://www.emkt.com.cn/
[41] 资料搜索网：http://www.3722.cn/
[42] 业务员网：http://www.yewuyuan.com/
[43] 浙江在线：http://www.zjol.com.cn/
[44] 价值中国网：http://www.chinavalue.net/Index.html
[45] 论文天下：http://www.lunwentianxia.com/
[46] 慧聪网：http://www.hc360.com/